KRÖNERS TASCHENAUSGABE BAND 478

Formen der Literatur

in Einzeldarstellungen

Herausgegeben von
Otto Knörrich

[illegible]
September 1996

2., überarbeitete Auflage

ALFRED KRÖNER VERLAG STUTTGART

Formen der Literatur: in Einzeldarstellungen/
hrsg. von Otto Knörrich. – 2., überarb. Aufl. –
Stuttgart: Kröner, 1991.
(Kröners Taschenausgabe; Bd. 478)
ISBN 3-520-47802-1

Satz: SVA, Ludwigsburg
Druck: Omnitypie-Ges., Stuttgart

INHALT

VERZEICHNIS DER MITARBEITER

Wolfgang ADAM
Prof. Dr. phil., Universität Osnabrück
(Essay)

Dieter BALDO
Dramaturg, Trier
(Schauspiel, Tragödie)

Petra GALLMEISTER
Dr. phil., Lektorin, Wuppertal
(Bildungsroman, Historischer Roman)

Jürgen HEIN
Prof. Dr. phil., Universität Münster
(Anekdote, Komödie, Schwank, Volksstück)

Wolfgang JESKE
Dr. phil., Lektor, Frankfurt/M.
(Briefroman, Parabel, Zeit- und Gesellschaftsroman)

Otto KNÖRRICH
Studiendirektor, Augsburg
(Elegie, Epigramm, Hymne, Ode)

Josef KUNZ †
Prof. Dr. Dr. h. c., Universität Marburg u. Univ. de Paris X
(Novelle)

Georg KURSCHEIDT
Dr. phil., Mitarbeiter der Schiller-Nationalausgabe, Münster
(Schelmenroman)

Dieter LAMPING
Prof. Dr. phil., Universität München
(Aphorismus, Parodie)

Frank Rainer MAX
Dr. phil., Leonberg
(Epos, Idylle, Sage)

Leonie MARX
Prof. Dr. phil., University of Kansas
(Kurzgeschichte)

Dieter METTLER
Dr. phil., Bergische Universität – Gesamthochschule Wuppertal
(Sonett, Volkslied)

Michael MÜLLER
Dr. phil., Düsseldorf
(Hörspiel, Groteske)

Thomas NEUHAUSER
Kulturredakteur, Karlsruhe
(Fernsehspiel, Roman)

Volker OTT
Dr. phil., Bonn
(Fabel, Kriminalroman)

Therese POSER
Dr. phil., Köln
(Märchen)

Else RAPP
Dr. phil., Studiendirektorin, Augsburg
(Lied)

Bernhard SOWINSKI
Prof. Dr. phil., Universität Köln
(Fastnachtspiel, Heldenlied, Spruch)

Dietrich WEBER
Prof. Dr. phil., Bergische Universität – Gesamthochschule Wuppertal
(Gespenstergeschichte, Satire)

Winfried WOESLER
Prof. Dr. phil., Universität Osnabrück
(Ballade, Legende)

Peter ZAHN
Redakteur, Karlsruhe
(Geschichtsdrama, Tragikomödie)

EINLEITUNG

von Otto Knörrich

Der Titel dieses Buches nennt als dessen Gegenstand die »Formen der Literatur«. Der Band behandelt literarische Phänomene wie den Roman, den Aphorismus, die Ode, die Komödie usw. Der übliche Begriff dafür ist der der Gattung. Dessen Problematik, sein schwankender Gebrauch in der Literaturwissenschaft ließen es aber nicht geraten erscheinen, das Buch etwa »Die literarischen Gattungen« zu nennen. Vor allem war zu bedenken, daß die aufgenommenen Begriffe zum Teil auf verschiedenen Abstraktionsebenen liegen (z. B. Roman/Bildungsroman, Schauspiel/Geschichtsdrama) und schon deshalb einen möglichst allgemeinen Oberbegriff erforderlich machen. Auch sollte auf die Aufnahme solcher Grenzphänomene des konventionellen Gattungssystems wie Groteske, Parodie und Satire nicht verzichtet werden.

An dieser Stelle ist die Frage zu erwarten, warum die Begriffe für die den Gattungen offenbar übergeordneten, von Goethe so genannten »Naturformen« der Dichtung, Epik, Lyrik und Dramatik, nicht in den Band mit aufgenommen wurden, wenn denn schon das berücksichtigte Begriffsensemble auf verschiedenen Abstraktionsebenen angesiedelt ist; so wären dann Begriffshierarchien wie Epik/Roman/Bildungsroman komplett repräsentiert. »Epik«, »Lyrik« und »Dramatik« sind aber von einer grundsätzlich anderen Kategorialität als die Gattungsbegriffe, was schon daraus erhellt, daß die Gattungen nicht in der Weise unmittelbar abgeleitete Unterabteilungen dieser »Naturformen« sind, wie es auf die Untergattungen (z. B. Bildungsroman) in bezug auf die Gattungen (z. B. Roman) zutrifft. Als Grundstrukturen literarischen Sprechens können die »Naturformen«, ohne daß man deshalb gleich die Goethesche Bezeichnung mit der durch sie nahegelegten Vorstellung von ihrer Naturwüchsigkeit übernehmen muß (was heute kaum mehr jemand tut), einen größeren Anspruch auf Allgemeingültigkeit erheben als die

Gattungen mit ihrem ausgesprochenen Prozeßcharakter. Nur bei ihnen erscheint denn auch eine philosophische Deduktion »aus dem allgemeinen Begriffe des künstlerischen Darstellens«, wie sie Hegel versucht hat, überhaupt denkbar.

Mit dem Ausweichen auf den vergleichsweise unverfänglichen Begriff der literarischen Form im Titel des Bandes sind wir natürlich die gattungstheoretischen Probleme nicht losgeworden. Verstehen wir »Gattung« zunächst ganz allgemein als spezifische Gruppierung innerhalb der Gesamtmenge literarischer Texte, so stellen sich uns sogleich eine Reihe von grundsätzlichen Fragen wie: Gibt es Gattungen überhaupt? Wenn ja, in welcher Weise existieren sie? Woraus bestehen sie? Was für Konzepte liegen ihnen zugrunde? Was sind ihre Funktionen? Was leisten sie? Welche Beziehungen gibt es zwischen ihnen? Lassen sie sich in ein System bringen? Welcher Art ist ihr Verhältnis zum Gesamtkorpus Literatur? Welcher Art ist ihr Verhältnis zum individuellen Text? Durch welche außerliterarischen Faktoren werden sie mitbedingt? Alle diese Fragen sind ungleich komplexer und schwieriger, als sie auf den ersten Blick scheinen.

Die erste Frage, ob es Gattungen überhaupt gibt, braucht heute allerdings nicht mehr diskutiert zu werden: Die vor allem von dem italienischen Philosophen Benedetto Croce vertretene »nominalistische« Position, daß es nur die zahllosen einzelnen Kunstwerke gibt, aber keine sie übergreifenden »Generalia«, die dichtungsästhetisch irgendwie von Belang wären, ist längst überwunden. Dagegen steht es mit der Frage nach der Beschaffenheit der Gattungen nicht ganz so einfach. Für die früheren normativen Poetiken stellte jede Gattung einen Regelkanon dar, der allgemeine, überzeitliche Geltung beanspruchte. Inzwischen wurde zum einen erkannt, daß Gattungen nicht einfach Merkmalsbündel darstellen, zum andern, daß in ihnen in ganz besonderer Weise die Historizität von Literatur zum Ausdruck kommt (wobei beides miteinander zusammenhängt). Bloße Klassifikationen wurden in der Gattungspoetik zunehmend durch strukturale Definitionsversuche ersetzt, zugleich Struktur primär als dialektischer Prozeß (von Strukturierung, Destrukturierung und Restrukturierung) begriffen. Aber wenn auch heute Einigkeit darüber herrscht, daß Gattungen historische Phänomene darstellen – gerade die Einsicht in ihre (geschichtlich bedingte) Komplexität läßt noch Spielraum genug für die verschiedensten Deutungen ihres Wesens, ihrer Funktionen, ihres Stellenwerts im Gesamtsystem Literatur usw.

Jedenfalls lassen sich Gattungen zunächst einmal auf mehreren Ebenen realiter nachweisen: auf der Ebene ihrer Realisierung im Text, auf der Ebene der poetologischen Reflexion und auf der Ebene ihrer wissenschaftlichen Beschreibung, wobei vor allem die ersten beiden Ebenen in einem intensiven Wechselverhältnis zueinander stehen. Zwischen den letzten beiden läßt sich zwar keine scharfe Trennungslinie ziehen, trotzdem sind sie grundsätzlich auseinanderzuhalten: Poetologische Reflexion und wissenschaftliche Beschreibung werden von ganz verschiedenen Interessen bestimmt. Man könnte sie grob als literaturpraktische und literaturtheoretische Interessen bezeichnen. Am deutlichsten wird dieser Unterschied, wenn wir als Beispiele für wissenschaftliche Beschreibungsmodelle die modernen Versuche einer linguistischen Textsortenlehre heranziehen, die mit den traditionelleren Betrachtungsweisen einer historischen Gattungslehre konkurrieren: An ihnen wird das »abstrakte«, zweckfreie Systembedürfnis der Wissenschaft gegenüber der pragmatischen Orientierung einer praxisnahen Poetologie besonders deutlich. Die aus der poetologischen Reflexion erwachsenen historischen Gattungssysteme, die selbst keinen wissenschaftlichen Anspruch erheben können, sind ihrerseits wissenschaftliche Untersuchungsgegenstände, an denen z. B. ihre Entstehungsbedingungen und ihre sozio-kulturellen Funktionen interessieren, während eine kohärente wissenschaftliche Gattungstheorie die Aufgabe hat, ein allgemeingültiges generisches System als analytisches Instrumentarium für die Verfolgung wissenschaftlicher Erkenntnisinteressen zu erstellen.

Wichtig ist in diesem Zusammenhang, daß die Gattungsbegriffe als Elemente der poetologischen Reflexion, die sie primär sind, historische Begriffe darstellen, d. h., einen inkohärenten Begriffsapparat bilden, der sich keineswegs wissenschaftlichen Zielsetzungen verdankt. Das schließt zwar ihre Definition nicht aus, weil die Phänomene, auf die sie sich beziehen, wenn auch ihrerseits historisch, doch zugleich eine relative bzw. partielle ahistorische Konstanz besitzen; nur ist jede einheitliche Bestimmung in der Differenzierung des historisch Verschiedenen immer sogleich wieder »aufzuheben«. Es ist jedenfalls fraglich, ob sich aus ihnen eine systematische Terminologie entwickeln läßt in dem Sinne, in dem Klaus W. Hempfer die »Überwindung der Begriffsanarchie« fordert: »Die einzelnen Textgruppenbezeichnungen sind als normierte Prädikatoren einzuführen, die im Unterschied zu Gebrauchsprädikatoren kontextunabhängige und kontextinvariante Elemente einer spezifischen Wissenschaftssprache darstellen und in systematischem Bezug zueinander stehen müssen.« (221) Die historischen Gattungsbegriffe gehören der Gebrauchssprache des Literaturbetriebs an, und es macht gar keinen Sinn, sie aus ihren »Kontexten« herauszulösen. Zwar werden sie in der Literaturwissenschaft »als Verständigungsmarken gebraucht« (Hugo Kuhn), d. h., sie sind für sie zumindest als heuristische Hilfsbegriffe unverzichtbar, aber keiner der Versuche, sie in die Erstellung einer universalen Gattungssystematik einzubringen, ist überzeugend. Klaus Müller-Dyes, der erst jüngst einen solchen Versuch unternommen und vorgestellt hat, sich dabei freilich (und bezeichnenderweise) im wesentlichen auf die »Naturformen« beschränkt, muß selbst bekennen: »Allerdings ist wegen der unüberschaubar großen Zahl der Kombinationsmöglichkeiten die Chance, bei den Dichtungsarten (in seiner Terminologie die historischen Gattungen) zu einem kohärenten Klassifikationsschema (System) zu gelangen, ungleich geringer als bei den Gattungen (für ihn die Hauptgruppen Lyrik, Epik und Dramatik), so daß man sich mit einigen historisch gegebenen Standardkombinationen begnügen wird.« (52)

Angesichts dieses Sachverhalts ist es naheliegend, auf die linguistische Textsortenlehre zu setzen. Allerdings gilt für sie vorerst noch, daß ihre Versuche, »verbindliche Kriterien für die exakte und vollständige Beschreibung solcher Textsorten zu finden, in den Anfängen (stehen)« (Walter Hinck, IX). Vor allem aber ist auch zu fragen, ob ihre spezifischen Erkenntnisinteressen der literarischen Formensprache als konstitutivem Element der historisch-literarischen Praxis überhaupt gerecht werden können. Kann sie die Gattungen als historisch bedingte soziokulturelle Institutionen des literarischen Lebens adäquat ins Blickfeld rücken – oder auch nur als Modelle ästhetischer Gestaltung, in denen die ganze Komplexität literarischer Praxis »aufgehoben« ist? Es ist bezeichnend, daß für die Linguistik die historischen Gattungen nach einer Formulierung von Harald Weinrich nur als eine der »pragmatischen Vorgaben« gelten, die mitberücksichtigt werden müssen. Vor allem werden die erkenntnistheoretischen Einschränkungen, denen eine linguistische Textsortenlehre unterliegt, daran erkennbar, daß sie den ganzen Komplex der historisch-poetologischen Reflexion, die konstitutiver Bestandteil der Gattungen ist, außer Ansatz läßt.

Aus all diesen Umständen ergibt sich die Rechtfertigung für die vorliegende Darstellung der literarischen Gattungen in Form von einzelnen, in sich geschlossenen und in alphabetischer Reihenfolge angeordneten Kurzmonographien. Im Grunde ist sie die bei der gegenwärtigen Forschungslage einzig mögliche. Freilich schließt sie eine bestimmte Schwerpunktsetzung des Erkenntnisinteresses mit ein: Sie hebt vor allem auf das Eigenleben, das »subjektive Selbstverständnis« der einzelnen Gattungen ab, nicht auf ihre Beziehungen untereinander, die Interaktionsvorgänge zwischen ihnen, die Bedingungen, unter denen sie sich miteinander und gegeneinander entwickeln. Beide Schwerpunktsetzungen sind gattungsgeschichtlich gleichermaßen relevant, doch wird die Darstellung der (historischen) Zusammenhänge zwischen den Gattungen noch lange ein Desiderat bleiben, weil diese eben immer mehr im Hinblick auf eine universale Systematik betrachtet wurden, während sie doch im Sinne einer Abfolge von historisch bedingten und zeitlich begrenzten, dynamischen und offenen Systemen mit je besonderen epochenspezifischen Zügen gesehen werden müssen.

Es ist zugegebenermaßen ein Nachteil der vorliegenden Darstellungsform, daß sie es nur beschränkt ermöglicht, die Gattungsbegriffe als korrelative Begriffe in den Blick zu bekommen, die sie natürlich immer *auch* sind. (Klaus Müller-Dyes behauptet sogar, daß sie »immer nur als Korrelationsbegriffe fungieren«; 109.) Immerhin werden Korrelationen zumindest punktuell sichtbar in den definitorischen Abgrenzungen, so daß die

Gattungen doch nicht nur in additiver Aneinanderreihung vorgestellt werden. Auch muß betont werden, daß etwa auftretende scheinbare Ungereimtheiten in Wirklichkeit nur Ausdruck von Interdependenzen, Vermischungen, Kreuzungen sind, die zum Wesen des literarhistorischen Prozesses gehören. So ist es z. B. in der Tat völlig »legitim«, daß Brechts Gedicht *Auf einen chinesischen Theewurzellöwen* sowohl im Artikel »Epigramm« als auch im Artikel »Spruch« als Gattungsbeispiel auftaucht, weil kaum entscheidbar sein dürfte – und weil es wohl auch müßig wäre, zu entscheiden –, welchem der beiden generischen Traditionsstränge es eher zuzurechnen ist. Im übrigen gehört es, wie aus unseren bisherigen Ausführungen hervorgeht, nicht zur Konzeption des Bandes, ein Instrumentarium für die klassifikatorische Einordnung von Texten bereitzustellen. Die Frage, ob das Brecht-Gedicht ein Epigramm oder ein Spruch ist, würde vom Standpunkt einer historischen Gattungspoetik aus erst dann interessant, wenn der Autor selbst seinen Text ausdrücklich der einen oder der anderen Gattung zugeschlagen hätte, weil eine solche Zuordnung aufschlußreich für die historische Entwicklung des einen oder des anderen Gattungskonzepts wäre.

Es hängt mit dem historisch-pragmatischen, komplexen Charakter der Gattungen zusammen, daß den in diesem Band versammelten Artikeln kein einheitlicher Gattungsbegriff (und damit kein einheitliches Darstellungsschema) zugrunde gelegt werden konnte. Der Begriff der Gattung ist selbst ein historischer Begriff. »Die Skala der Möglichkeiten ist sehr groß: Sie reicht von der Auffassung der Gattung als einer Institution bis zur Definition der Gattung als einer ästhetischen Kategorie. Ähnliche Differenziertheit herrscht innerhalb der Einteilungsprinzipien.« (Glowiński, 163) Insofern ist es ein integrativer Bestandteil der einzelnen Gattungsgeschichten, darzustellen, welche Gattungskonzeption (etwa: welche »Einteilungsprinzipien« oder Merkmalsbestimmungen – inhaltliche, formale, wirkungsästhetische usw. – unter welcher Dominanzbildung und im Rahmen welcher Interdependenzen) zu welcher Zeit für die Bestimmung der jeweiligen Gattung maßgebend war. Die Gesamtheit der Artikel kann dann die Spannbreite der verschiedenen Gattungskonzeptionen sichtbar machen.

Zugleich zeichnen sich aber in der Vielfalt der Gattungsgeschichten doch bestimmte Grundtendenzen der allgemeinen gattungspoetischen Theoriebildung ab, wenn auch der von Gattung zu Gattung sehr unterschiedliche Forschungsstand notwendig zur Folge hat, daß sie nur in gleichfalls sehr unterschiedlichem Maße in die einzelnen Darstellungen eingegangen sind. Das gilt vor allem für die heutzutage mit Nachdruck geforderte sozial- und funktionsgeschichtliche Interpretation von Gattungen, deren Probleme z. B. Wilhelm Voßkamp in seinem Aufsatz *Gattungen als literarisch-soziale Institutionen* herausgearbeitet hat. Daß eine ausschließlich literaturimmanente Deutung literarischer Formen nur einen beschränkten Erkenntniswert besitzt, ist zwar eine opinio communis, doch muß auch Voßkamp feststellen, daß die Frage nach den Interaktionsbeziehungen zwischen historischer Realität und literarischer Struktur, diese »äußerst komplexe Vermittlungs-Frage«, »auch im Blick auf das Problem der Gattungen weiter offen und aufgegeben bleibt« (28).

Umgekehrt lassen sich Gattungen um so weniger auf ihre sozialen Bedingungen bzw. Funktionen reduzieren, je mehr sie sich, im Zuge der Autonomisierung der Kunst im 18. Jahrhundert, von den Prinzipien einer normativen Poetik emanzipieren, wenn auch diese Emanzipation ihrerseits vor allem sozialhistorisch interpretiert werden muß. Die damit verbundene Umorientierung von einem mehr pragmatisch-kommunikativen zu einem mehr (produktions)ästhetischen Ansatz in der Gattungspoetologie führt dazu, daß die Gattungen nicht mehr so sehr als »literarisch-soziale Institutionen«, sondern eher als »heuristische« Modelle für die Selbstreflexion literarischer Praxis fungieren: Sie beziehen ihre Bedeutung weniger aus ihrer Funktion als pragmatisch fundierten Schreibstrategien als aus ihrer Funktion für die Selbstentfaltung eines spezifisch literarästhetischen Bewußtseins.

Im Zuge dieser Entwicklung, die auf eine Ontologisierung literarischer Textformation hinausläuft, tritt auch der Anweisungscharakter der Gattungen zurück bzw. erfährt eine Modifikation. Zwar sind Gattungen, wie Michal Glowiński anmerkt, »immer normativ, stellen Komplexe von Direktiven dar«, Unterschiede werden jedoch »im Typus und Grad der Normativität evident« (168). Aus dem Zusammenhang der pragmatischen Auffassung der Gattungen als »literarisch-sozialen Institutionen« und der Verbindlichkeit ihrer Anweisungsstrukturen erklärt sich auch die größere Konstanz von Gattungen in »normativen« Epochen bzw. von solchen Gattungen, die mehr durch ihren gesellschaftlichen Gebrauchswert als durch ihren ästhetischen Status bestimmt sind, also vor allem den sogenannten Gebrauchs- und den Trivialformen der Literatur.

Grundsätzlich stellen sich die gattungsgeschichtlichen Prozesse als Vermittlungsprozesse zwischen den Kräften der Beharrung und denen der Erneuerung dar, und insofern ist das Wesen der Gattung zugleich als Varianz in der Stabilität und als Konstanz in der Variabilität bestimmbar. Aber zwischen diesen beiden Polen gibt es Schwerpunktverlagerungen nach der einen oder der anderen Richtung. Weil in den mehr (produktions)ästhetisch bestimmten Gattungen der Literatur im engeren Sinn das Spannungsverhältnis zwischen der bindenden und verpflichtenden Kraft ästhetischer Werte einerseits und dem Innovationsbedürfnis sowie der Kreativität des künstlerischen Subjekts andrerseits eine entscheidende Rolle spielt, tritt bei ihnen der Prozeß der beständigen »Selbstaufhebung« der Gattung im Doppelsinn des Wortes, als ihre beständige Erfüllung und Überwindung zugleich, deutlicher hervor als etwa bei den literarischen Gebrauchs- und Trivialformen, deren Prozeßcharakter in der Regel weniger stark ausgeprägt ist. Je nachdem ob in diesem dialektischen Prozeß die etablierten Formtraditionen oder das schöpferische Subjekt das Übergewicht haben, kann der Gattungsprozeß mehr zu dem einen oder zu dem anderen Pol hintendieren. Notwendig ergeben sich daraus für die Darstellung der einzelnen Gattungsgeschichten verschiedene Schwerpunktsetzungen, und darin *kann* es zumindest begründet sein, wenn in einem Teil der Artikel des vorliegenden Bandes mehr der »Nachweis der Gattungsstabilität in der Diachronie« (Marsch, 121 f.) im Sinne der klassischen Gattungsgeschichte erbracht wird, in einem andern Teil mehr die Dynamik der Strukturierungs- und Destrukturierungsprozesse, in denen sich die Gattungen konstituieren. Auch in dieser Hinsicht wäre es nicht sinnvoll gewesen, die Beiträger auf eine einheitliche Linie festzulegen.

Im übrigen dürfen auch in den mehr (produktions)ästhetisch begründeten Gattungen bzw. innerhalb von relativ autonomen gattungsimmanenten Entwicklungsvorgängen trotz des starken, auf Veränderung zielenden innovatorischen Moments, das ihnen innewohnt, die stabilisierenden Kräfte nicht unterschätzt werden, und dies vor allem, weil die grundsätzlich gegebene Anweisungsstruktur von Gattungen mit ihrem Beharrungseffekt nicht nur für die Textproduktion, sondern auch für die Textrezeption gilt. Gattungen fungieren als Rezeptionsanweisungen aufgrund der Erwartungshaltung, die sie in den Lesern erzeugen. »Konstante Gattungsmerkmale sind Informationshilfen für das Leserpublikum. (...) Die Lesbarkeit nimmt in dem Maße ab, in dem sich der Text vom Leser nicht mehr in ein bekanntes Gattungssystem einordnen läßt. (...) Gattungen regeln also die Verstehbarkeit des Werks.« (Marsch, 116 f.) Gerade der Erwartungshorizont der potentiellen Adressaten, das in ihnen lebendige Vorverständnis der Gattung, übt einen starken »Systemdruck« auf die Autoren aus – jedenfalls solange diesen daran liegt, den Leser zu erreichen. Die umgekehrte Bedeutung der Leser für die Gattungsentwicklung, die darin besteht, daß gerade über das Publikum gesellschaftliche Bedürfnisse auf den literarischen Prozeß einwirken können (wie denn überhaupt die sozialen Bedingungen der Gattungsentwicklung nicht zuletzt über das Publikum vermittelt werden), hat vor allem Hans Robert Jauß herausgestellt, der in der Geschichte literarischer Gattungen einen »zeitlichen Prozeß fortgesetzter Horizontstiftung und Horizontveränderung« (124) sieht. Eine einseitige Determination nach dem Vorbild einer undialektischen Literatursoziologie lehnt er jedoch ausdrücklich ab. Auch die Rolle des Publikums, das einmal mehr stabilisierend, ein andermal dagegen gattungsverändernd oder gar gattungsstiftend wirken kann, ist demnach nur historisch bestimmbar. Daß sie bei den literarischen Gattungen im engeren Sinn eine eher stabilisierende und daß sie bei diesen zugleich im allgemeinen geringer sein dürfte als bei den Gebrauchs- und Trivialformen der Literatur, geht aus den obigen Ausführungen bereits hervor. Das macht es erklärlich, wenn die Hinweise darauf innerhalb der Gattungsgeschichten des vorliegenden Bandes eher dürftig sind: Sie *können,* ja *müssen* bei den hier behandelten Gattungen eher dürftig sein.

Wenn sich bisher bereits in mehrfacher Hinsicht Unterscheidungsmöglichkeiten zwischen den literarischen Gattungen im engeren Sinn und den Gebrauchs- und Trivialformen der Literatur ergaben, so kommt dies dem Herausgeber sehr gelegen, der die Beschränkung der hier aufgenommenen Formen auf die erste Gruppe zu rechtfertigen hat. Sie ist primär in verlagstechnischen Zwängen begründet, denen gegenüber sich literaturtheoretische Bedenken doch nicht als dringlich genug erwiesen. Selbstverständlich stellt sie keine Option für einen intensiven und gegen einen extensiven Literaturbegriff dar, sie ist jedoch ein immerhin auch sachlich vertretbarer Ausweg aus dem Dilemma, daß der Band nicht auf den doppelten Umfang anschwellen sollte. Die Abgrenzungsschwierigkeiten können zwar nicht geleugnet werden, bedeuten aber keinen grundsätzlichen Einwand. Entscheidend für die Zuordnung ist die Frage, welche der zwei für literarische Texte (im weiteren Sinn) konstitutiven Funktionen jeweils dominiert: die pragmatisch-kommunikative oder die ästhetische. Entsprechend der jeweiligen Dominanzbildung ergeben sich dann bestimmte relative Merkmale wie die größere Bedeutung des künstlerischen Subjekts und die stärkere Prozeßhaftigkeit einerseits, der stärkere Einfluß des Publikums und die starrer ausgeprägte Anweisungsstruktur andrerseits. Eindeutigkeit kann es nicht geben – schon weil die Dominanzbildung in einzelnen Gattungen schwanken kann, etwa beim Essay, beim Feuilleton, beim Lehrgedicht und in der Agitproplyrik. Auch stellt die Abgrenzung von Gebrauchs- und Trivialformen der Literatur (beide Gruppen haben in der erwähnten Dominanzbildung ihr Gemeinsames) keinen Beitrag zur Lösung des Problems dar, »die literarische Trinität durch die Einführung einer vierten Gattung zu überwinden«, wie es u.a. von Friedrich Sengle nachdrücklich gefordert wurde, der eben in diesem Zusammenhang die Unterscheidung zwischen einem »Kernbereich« der Literatur und den sogenannten Zweckformen propagierte. Dagegen können wir uns entsprechend dieser Unterscheidung den Gesamtkomplex Literatur in der Form zweier konzentrischer

Kreise, eines inneren und eines äußeren, vorstellen, wenn auch mit fließenden Übergängen. Während der vorliegende Band den inneren Kreis abdeckt, soll ein weiterer Band den äußeren ausschreiten. Dabei verschlägt es wenig, daß man sich bei der einen oder anderen Gattung bzw. Textsorte darüber streiten kann, welchem Kreis sie zuzuordnen ist.

Die vorstehenden Ausführungen dienen vor allem dem Zweck, die Gesamtkonzeption und die wesentlichen theoretischen Grundlagen des Werkes zu skizzieren. Wenn sie in den einzelnen Beiträgen nicht immer gleichermaßen deutlich durchschlagen, so wird man das nicht allzusehr rügen wollen angesichts der altbekannten Tatsache, daß sich ein Team von zwanzig Mitarbeitern, zumal wenn es sich um Germanisten handelt, nie ganz auf eine einheitliche Linie einschwören läßt. Ohnehin war die Aufgabe der Beiträger schwierig genug. Die Einzeldarstellungen wollen einen mittleren Weg gehen zwischen der knappen lexikalischen Information und der umfangreichen monographischen Abhandlung, um so Informationsbedürfnisse mittleren Umfangs zu befriedigen, wie sie im Studien- und Wissenschaftsbetrieb, aber auch im Unterrichtsbetrieb der Sekundarstufe II ständig auftreten. Als Kurzmonographien dienen sie der Vermittlung eines möglichst umfassenden Überblicks über den Gegenstand in möglichst knapper Form und in möglichst starker Konzentration. Trotz der damit zwangsläufig sich ergebenden großen Informationsdichte sollten sie aber noch gut lesbar sein. Erwähnt werden muß in diesem Zusammenhang auch der enorme Arbeitsaufwand, den die Ausarbeitung der einzelnen Artikel erforderlich machte. Er steht in keinem Verhältnis zu deren relativ knappem Umfang, ergibt sich aber daraus, daß zumeist eine Vielzahl von Sekundärliteratur zur Kenntnis zu nehmen bzw. durchzuarbeiten war, um sie gebührend berücksichtigen zu können. Wo übrigens über die Darstellung des gegenwärtigen Forschungsstandes hinaus eigene Forschungen oder eigene Urteile in die Darstellungen eingegangen sind, wird es der Fachmann erkennen. Auch in dieser Hinsicht sollte man gewisse Unterschiede zwischen den einzelnen Artikeln in Kauf nehmen, weil es den »Gebrauchswert« des Buches nur erhöhen kann, wenn es zusätzlich zu seiner primär referierenden und informierenden Funktion auch neue Anstöße zu vermitteln vermag, die zukünftiger Beschäftigung mit den angesprochenen Gegenständen zugute kommen können.

Schematisch betrachtet, ist der Gegenstand der Artikel in der Regel ein doppelter: Er umfaßt einmal den jeweiligen Gattungsnamen, zum andern die jeweilige Gattung als Realität. Dementsprechend ist zu unterscheiden zwischen dem Aufweis der historischen Gebrauchsfunktionen der Gattungsnamen, die »in den verschiedenen Nationalliteraturen und zu verschiedenen Epochen keineswegs jeweils gleiche Textgruppenbildungen zu bezeichnen brauchen« (Hempfer, 130), und der historischen Beschreibung der Gattungen selbst. Diese wiederum hat erstens die dem jeweiligen Gattungsbegriff zugeordnete poetologische Reflexion, zweitens die historische Textreihe, in der sich die Gattung aktualisiert – und drittens deren gegenseitigen Begründungszusammenhang einzubeziehen. Das dabei hervortretende allgemeine Entwicklungsprinzip für generische Prozesse läßt sich nach dem Vorbild von Jauß als ein »Durchspielen einer begrenzten Zahl von Möglichkeiten« erfassen oder – differenzierter, jedoch durchaus mit der Formel von Jauß vereinbar – nach Hempfer als »Dialektik von Genese und Struktur (...), die einen nicht deterministischen, teleologiefreien Prozeß der Destrukturation existenter Strukturierungen und der Restrukturierung neuer Ganzheiten konstituiert« (227).

In Umfang und Zielsetzung sind die hier versammelten Kurzmonographien am ehesten mit den einschlägigen Artikeln des von Paul Merker und Wolfgang Stammler begründeten *Reallexikons der deutschen Literaturgeschichte* vergleichbar, das seit 1955 in zweiter Auflage erscheint (hg. v. W. Kohlschmidt und W. Mohr). Ihnen gegenüber werden sie sich vor allem zu behaupten haben. Es sei an dieser Stelle ausdrücklich auf sie hingewiesen, weil gewöhnlich darauf verzichtet wurde, sie in den einzelnen Literaturverzeichnissen anzuführen, um so die 43-fache Zitierung dieses Standardwerkes zu vermeiden. Für die vorliegende zweite Auflage wurden außer einer Reihe von Einzelberichtigungen und Druckfehlerkorrekturen vor allem die

Literaturangaben erweitert und fortgeführt. Der Artikel über die Kurzgeschichte wurde ausgetauscht.

Den in der Einleitung zur ersten Auflage ausgesprochenen Dank an alle Beteiligten, vor allem an die Mitarbeiter, möchte der Herausgeber ausdrücklich wiederholen.

Literatur: Sengle, F.: Vorschläge zur Reform der literarischen Formenlehre. Stuttgart 1967, ²1969. – Glowiński, M.: Die literarische Gattung und die Probleme der historischen Poetik (1969). In: Flaker, A./Zmegac, V. (Hg.): Formalismus, Strukturalismus und Geschichte. Zur Literaturtheorie und Methodologie in der Sowjetunion, CSSR, Polen und Jugoslawien. Kronberg 1974, 155–185. – Jauß, H. R.: Theorie der Gattungen und Literatur des Mittelalters. In: Jauß, H. R./Köhler, E. (Hg.): Grundriß der romanischen Literaturen des Mittelalters, Bd. I. Heidelberg 1972. – Hempfer, Klaus W.: Gattungstheorie. Information und Synthese. München 1973. – Hinck, W. (Hg.): Textsortenlehre – Gattungsgeschichte. Heidelberg 1977 (darin: Voßkamp, W.: Gattungen als literarisch-soziale Institutionen. Zu Problemen sozial- und funktionsgeschichtlich orientierter Gattungstheorie und -historie). – Müller-Dyes, K.: Literarische Gattungen. Lyrik, Epik, Dramatik. Freiburg 1978. – Marsch, E.: Gattungssystem und Gattungswandel. Die Gattungsfrage zwischen Strukturalismus und Literaturgeschichte. In: Haubrichs, W. (Hg.): Probleme der Literaturgeschichtsschreibung. Göttingen 1979, 104–123. – Willems, G.: Das Konzept der literarischen Gattung (...). Tübingen 1981. – Textsorten und literarische Gattungen (...). Hg. vom Vorstand der Vereinigung der deutschen Hochschulgermanisten. Berlin 1983. – Bickmann, Cl.: Der Gattungsbegriff im Spannungsfeld zwischen historischer Betrachtung und Systementwurf (...). Frankfurt/M. u. a. 1984. – Cremerius, J. (Hg.): Die Psychoanalyse der literarischen Form(en). Würzburg 1990. – Lamping, D./Weber, D. (Hg.): Gattungstheorie und Gattungsgeschichte. Ein Symposion. Wuppertal 1990. – Todorov, T.: Genres of Discourse. Cambridge 1990.

DIE ANEKDOTE

von Jürgen Hein

Die Anekdote ist eine noch heute lebendige und für künftiges Erzählen offene Form. Sie entzieht sich z. T. deshalb einer präziseren gattungstheoretischen Erfassung, und es muß davor gewarnt werden, das »Schubfach Anekdote (...) bloß mit kleinen Randstücken anderer Gattungen« (Bausinger, 267) anzufüllen.

Schwierigkeiten der Definition ergeben sich aus der Herkunft aus dem griechischen ἀνέκδοτον und der Herausbildung der heutigen Bedeutung, aus dem Verhältnis zur mündlichen Überlieferung, zu den ›einfachen Formen‹ und zur ›volkstümlichen‹ Dichtung, aus der Stellung innerhalb von Historiographie, Biographie einerseits und zu den epischen Kurzformen (z. B. Novelle, Kalendergeschichte, Schwank, Witz, Kurzgeschichte) andererseits, aus dem Verhältnis der dichterischen Anekdote zur publizistischen Anekdote als kommunikativer Gebrauchsform, schließlich aus den Versuchen, ›innere‹ Formkriterien zu bestimmen.

Das griechische ἀνέκδοτον bedeutete ursprünglich ›das Nicht-Herausgegebene‹. ›Anekdote‹ war also keine Gattungsbezeichnung, sondern editionstechnischer Terminus technicus und meinte die – aus welchen Gründen auch immer – nicht veröffentlichten oder geheimgehaltenen Aufzeichnungen über große politische Persönlichkeiten. Im 17. und 18. Jahrhundert bildete sich die heutige Bedeutung aus dem französischen ›l'anecdote‹ heraus, das weniger die Art der Mitteilung meint als die »geheimgehaltenen Vorgänge« selbst, die »Geschichten der Herrschenden«: »Hinfort kann etwas anecdote heißen, was längst nicht mehr unbekannt oder unveröffentlicht ist, und in dieser Bedeutung von ›Geschichtchen‹ wird das Wort auch im 18. Jahrhundert ins Deutsche übernommen« (Neureuter, 460). Daraus folgt, daß es zumeist falsch ist, die ursprüngliche Bedeutung von ἀνέκδοτον mit der späteren von ›anecdote‹ zu verbinden (z. B. »noch nicht herausgegebene, daher neue und besonders fesselnde Geschichte«), und daß in den Anthologien viele Texte als Anekdoten ausgegeben werden, die keine sind. Trotz der Definitionsschwierigkeiten haben sich einige wiederkehrende Kriterien herausgestellt: die abgegrenzte Begebenheit, ein kleines Ereignis von besonderer Wirkkraft; die geschichtliche Dimension, mitunter der historische Augenblick; die Charakteristik einer – meist historisch bekannten – Persönlichkeit; eine oft zugespitzt, pointiert oder dramatisch gestaltete Handlung und Sprache; meist eine witzige oder humoristische Erzählstruktur; der Zeit- und Publikumsbezug und die menschliche, schicksalhafte, nicht selten politische Bedeutung.

Von daher läßt sich das Anekdotische zunächst als eine besondere Weise des Erzählerbezugs zur darzustellenden Begebenheit *und* zum Leser beschreiben. Charakteristisch ist das mündliche Erzählen, weshalb die mündlich erzählte Anekdote vielfach als Urform überhaupt gilt. Sie entsteht in lebendigem Kontakt mit einem Publikum, dem der Erzähler ein miterlebtes oder gehörtes Ereignis wirkungsvoll darstellt. Ähnlich wie das Theaterstück zur vollen Wirkung erst durch die Bühnendarstellung vor Zuschauern kommt, gelangt die Anekdote erst durch die mündliche Erzählsituation oder wenigstens als mündlich angelegte (wie in den Volkskalendern oder bei JOHANN PETER HEBEL und BERTHOLD AUERBACH) zur vollkommenen Geltung. Dabei erweist sich nicht nur die Textqualität der Anekdote, sondern vor allem auch die Kunst des Anekdotenerzählens. Mancher Text, der vor den Kriterien literarischer Wertung nicht standhält, erhält erst durch das Erzählen Bedeutung. Bei der Anekdote ist das Verhältnis zwischen Erzähltem und Verschwiegenem bzw. als bekannt Vorausgesetztem wichtig – vgl. die Kurzanekdote »veni, vidi, vici« –, so daß Erzähler und Hörer bzw. Leser einen besonderen Beitrag zum Gelingen der Erzählung leisten müssen. Das Erzählen der Anekdote ist dann gelungen, wenn sich Erzähler und Publikum in der ›Bedeutung‹ des erzählten Falles einig sind.

Die Anekdote wird gerne in die Nähe der ›volkstümlichen‹ Dichtung und der ›einfachen Formen‹ gerückt. Einige ›einfache Formen‹ – z. B. Witz, Memorabile u. a. – stehen ihr nahe, sie selbst ist aber keine ›einfache‹, sondern eine Kunstform. Man könnte wohl einschränkend sagen, daß die Anekdote (oder das

Anekdotische) einmal ein volkstümlich-vorliterarisches Element des alltäglichen Erzählens ist, zum anderen eine literarische Gattung, schließlich eine Zweckform in der Geschichtsschreibung, der Biographie, vielleicht auch in den Massenmedien unserer Zeit. Alle drei Möglichkeiten hängen eng miteinander zusammen.

Die Anekdote im ursprünglichen Sinn stand im Dienst der Historiographie und Biographie. Die z. T. noch heute erkennbare Doppelheit von Unterhaltung und Belehrung haftet ihr seit der Antike an; dabei schwankt das belehrende Moment zwischen der Vermittlung von Wissen bzw. historischen Fakten und einer moralisierenden bis preisenden, lobsingenden Tendenz. Letztere dominiert vor allem seit dem 18. Jahrhundert und zeigt sich in der Verherrlichung großer politischer Persönlichkeiten. Nicht selten versteift sich diese Haltung zu einer konservativen, ja nationalistischen Tendenz.

Der historische Gehalt einer Anekdote ist meist ebenso schwer zu bestimmen wie der einer Sage; Poesie und Geschichte stehen in eigentümlicher Wechselwirkung. Historischer Gehalt und politische Dimension, selbst noch in trivialisierten Formen, z. B. in der Klatsch- oder Politikeranekdote unserer Tage durchscheinend, lassen Anekdoten vielfach zu Spiegelbildern der wichtigsten gesellschaftlichen Umstände einer Zeit werden. Meist gebunden an eine große historische Persönlichkeit, an bedeutende geschichtliche oder gesellschaftliche Ereignisse, bringt die Anekdote erzählhafte Einstellungen zur Wirklichkeit, sei es in heiterer Übereinstimmung, kritischer Zuspitzung oder ernsthaftsachlicher Auseinandersetzung. Erzählen als eine Möglichkeit der Bewältigung von Geschichte bewährt sich in der Anekdote. Von daher ist es problematisch, die ›dichterische‹ Anekdote streng von anderen Formen vorliterarischer, biographischer oder publizistischer Art zu unterscheiden.

Am ehesten wird man der Anekdote durch eine funktionale Wertung gerecht, die Kriterien der Entstehung und der Erzählstruktur ebenso berücksichtigt wie die Faktoren des Wirklichkeits- und Zeitbezugs sowie der Rezeption und Wirkung. ›Dichterisch‹ wäre dann einmal eine besondere (ästhetische, wirkungsvolle) Weise des Erzählens, ohne daß dabei die anderen

Kriterien vernachlässigt würden, zum anderen bezeichnete es die Art der Darbietung bzw. Veröffentlichung, den mehr fiktionalen Rahmen im Unterschied zur Anekdote in der historisch-biographischen Literatur oder in der Publizistik.

Schwank und Witz weisen auf den ersten Blick die meiste Ähnlichkeit mit der Anekdote auf; ebenfalls wird eine Nähe zu Novelle, Kalendergeschichte und Kurzgeschichte gesehen. – Nicht selten haben Schwank und Witz auch einen Bezug zur historischen Wirklichkeit, aber indem sie auf das Skizzieren typischer Verhaltensweisen aus sind, die dem versöhnenden oder kritischen Lachen preisgegeben werden, verfehlen sie das Wesentliche der Anekdote, die auf das Menschliche, Existentielle in einem besonderen Ereignis zielt und sich nicht mit dem Ausschöpfen der Komik begnügt. Die Grenze wird dort fließend, wo der Erzähler die individuellen, sozialen, historischen Besonderheiten typischer Situationen herausstellt und ihren existentiellen Hintergrund transparent macht, wo er nicht nur durch die Pointe ›glänzt‹, sondern ein Stück Geschichte bewältigt. Überdies muß die Anekdote durchaus nicht immer witzig oder komisch sein, und sie kann auf die Pointe völlig verzichten.

Da die Diskussion um die Novellentheorie fast noch verworrener ist als die Definitionsansätze zur Anekdote, scheint es kaum sinnvoll, die Abgrenzung beider Formen hier zu versuchen. Auch die Abgrenzung zur Kalendergeschichte fällt schwer, wenn man sie nicht nur als eine bestimmte Publikationsform nimmt, sondern als eine besondere literarische Form, eine spezifische Art, einem Leserpublikum etwas zu erzählen. Überdies enthielten die im 18. und 19. Jahrhundert weit verbreiteten Kalender viele Anekdoten, waren ›Kalendermänner‹ Anekdotenerzähler, knüpften Autoren des 20. Jahrhunderts – z. B. Bertolt Brecht, Oskar Maria Graf – an diese Tradition an. Wie bei der Anekdote kommt es auf eine Erzählweise an, die den bedeutsamen Stoff in einer leserbezogenen Art gestaltet, so daß nach Möglichkeit breiteste Leserschichten angesprochen werden. Am Beispiel Hebels wird klar, daß Anekdote und Kalendergeschichte auseinander hervorgehen. Das geschichtliche Element (z. B. in Sage und Legende), das belehrende (z. B. in der Exempelgeschichte und Parabel) und das schwankhafte sind auch in der Kalendergeschichte wesentliche Strukturmomente, so daß sie von daher als Publikationsform und als Schreibart neu bestimmt werden müßte, um den besonderen Stellenwert der Anekdote in diesem Kontext erkennen zu können (vgl. Rohner).

Anekdote und Kalendergeschichte werden oft als Vorformen der modernen Kurzgeschichte bezeichnet; diese besitze die Einfachheit der Kalendergeschichte, die Kürze der Anekdote, die Sachlichkeit der Skizze, das Verweisende der Parabel und das Menschlich-Schicksalhafte der Novelle. Vielleicht hat die Kurzgeschichte dort, wo sie auf Geschichtliches bezogen ist, wie bei WOLFGANG BORCHERT oder HEINRICH BÖLL, oder die Nähe zur Publizistik sucht, die kommunikative und lebensbewältigende Funktion der Anekdote übernommen.

Zusammengefaßt ergibt sich: Die Anekdote ist eine durch gesellschaftliche Erzählsituation entstandene und vermittelte Kurzprosaform, die ein historisch wahres oder mögliches, menschlich bedeutsames Ereignis (bzw. Persönlichkeit, Stand, Situation usw.) in einer pointierenden Weise erzählt, wobei sich Stoff, Form und Sprache entsprechen. Ihre Funktionen reichen von der rein geselligen Unterhaltung (Klatschanekdote) über das erzählende Informieren und Belehren (Charakter- und Zeitbilder) bis zur symbolischen oder kritischen Darstellung einer den Menschen, die Geschichte, die Gesellschaft charakterisierenden Situation. Ihre besondere Wirkung beruht auf der Verbindung von »Faktizität« und »Repräsentanz« des Geschehens sowie auf der »Kürze« und der Haltung der »Nachdenklichkeit« im Erzählen (vgl. Neureuter, 463 ff.).

Aufgrund der Vielschichtigkeit des Anekdotenbegriffs und seines historischen Wandels ist eine Gattungsgeschichte bisher nur in Ansätzen gelungen. In welcher Weise die anekdotische Erzählintention durch die Jahrhunderte konstant geblieben ist, ob sie von anderen Formen überlagert wurde oder ob andere Formen Funktionen der Anekdote übernommen haben, ist durchaus noch ungeklärt. Hier nur einige Daten zur historischen Entwicklung.

In der Renaissance löst sich die Anekdote aus dem Dienst der Geschichtsschreibung; über die schwankhafte Erzählform wird sie zur selbständigen literarischen Form (z. B. Frühformen bei

JÖRG WICKRAM und in den Schwank-Sammlungen). Im 16./17. Jahrhundert kommt die pädagogisch-lehrhafte Anekdote hinzu; im 18. Jahrhundert entsteht unter französischem Einfluß die biographische Anekdotenliteratur, in der bisher unbekannte – gefundene oder erfundene – Details von den ›Großen der Welt‹ einem neugierigen Publikum mitgeteilt werden. Im 19. Jahrhundert kristallisieren sich die ›klassischen‹ Anekdoten heraus, die bis in unser Jahrhundert als Vorbilder der ›dichterischen‹ Anekdote gelten; es sind die Anekdoten JOHANN PETER HEBELS im *Rheinländischen Hausfreund* (1808 ff.) und HEINRICH VON KLEISTS in den *Berliner Abendblättern* (1810/11). Während HEBELS Erzähler beschaulich fabuliert, die Wirklichkeit z. T. durch die ›ländliche Brille‹ sieht und nicht selten direkt moralisiert, mischt sich KLEISTS Erzähler nicht ein, sondern tritt ganz hinter das in Konzentration und Spannung dargebotene Geschehen zurück. Direkter Einsatz und prägnanter Stil führen unmittelbar zum Kern des Geschehens, der ethische und metaphysische Seiten der menschlichen Existenz enthüllt:

> Bach, als seine Frau starb, sollte zum Begräbnis Anstalten machen. Der arme Mann war aber gewohnt, alles durch seine Frau besorgen zu lassen; dergestalt, daß da ein alter Bedienter kam, und ihm für Trauerflor, den er einkaufen wollte, Geld abforderte, er unter stillen Tränen, den Kopf auf einen Tisch gestützt, antwortete: »sagts meiner Frau.«

An das Vorbild HEBELS knüpfen u. a. LUDWIG AURBACHER, BERTHOLD AUERBACH und LUDWIG ANZENGRUBER an, während gleichzeitig die Trivialanekdote des 19. Jahrhunderts Spiegel des literarischen Verfalls und der Erstarrung einer Erzählgattung wird. Lebendig bleibt die Form bei JEREMIAS GOTTHELF, ADOLF GLASSBRENNER und THEODOR FONTANE. Im 20. Jahrhundert sind verschiedene Erneuerungsbestrebungen zu beobachten; so u. a. bei WILHELM SCHÄFER, HANS FRANCK, die an KLEIST und HEBEL anzuknüpfen versuchen, z. T. aber der Ideologisierung der Gattung Vorschub leisten, FRANZ CARL WEISKOPF, der – ebenfalls von HEBEL und KLEIST ausgehend – den gesellschaftlichen Charakter und die kritische Funktion der Anekdote wiederentdeckt und dabei den unmittelbaren Kontakt zum Leser sucht, indem er das anekdotische Ereignis wieder an die konkrete historische Situation bindet. Wie OSKAR MARIA GRAF und BERTOLT BRECHT überbrückt er die Kluft zwischen ›hoher‹ Literatur und ›einfachem‹ Geschmack und befähigt die publikumbezogene Form der Anekdote wieder zur Aussage ›bedeutender‹ Inhalte. Heute zeigt sich die Anekdote weniger als selbständige Form denn als Strukturelement in Roman und Drama, Essay, Biographie und Memoirenliteratur. Als selbständige literarische Gattung ist sie z. T. Gegenstand des Experiments, z. B. bei ROBERT MUSIL, MAX FRISCH, PETER HANDKE, JÜRGEN BECKER, PETER BICHSEL. Nicht zu Unrecht hat man auch von ›Anti-Anekdote‹ bei diesen Autoren gesprochen (vgl. Schäfer), die sich kritisch-parodistisch mit der Anekdote und ihrer Tradition auseinandersetzen. Dennoch wird, davon ungebrochen, das Interesse an der Anekdote durch ihren ideologiebildenden, seltener ideologiekritischen Charakter bei breiten Publikumsschichten wachgehalten.

Literatur: Kopp, G.: Geschichte der deutschen Anekdote in der Neuzeit. Diss. Tübingen 1949. – Doderer, K.: Die Kurzgeschichte in Deutschland. 1953, Darmstadt [5]1977. – Bausinger, H.: Formen der ›Volkspoesie‹. Berlin 1968. – Grothe, H.: Anekdote. Stuttgart 1971. – Neureuter, H. P.: Zur Theorie der Anekdote. In: Jb. d. Freien dt. Hochstifts 1973, S. 458–480. – Hein, J.: Nachwort zu: J. H. (Hg.): Deutsche Anekdoten. Stuttgart 1976 ([2]1984). – Schäfer, W. E.: Anekdote – Antianekdote. Zum Wandel einer literarischen Form in der Gegenwart. Stuttgart 1977. – Rohner, L.: Kalendergeschichten und Kalender. Wiesbaden 1978. – Schäfer, R.: Die Anekdote. München 1982. – Knopf, J.: Die deutsche Kalendergeschichte. Frankfurt/M. 1983. – Schäfer, W. E.: Anekdotische Erzählformen und der Begriff Anekdote im Zeitalter der Aufklärung. In: ZfdPh 105 (1985), S. 185–204.

DER APHORISMUS

von Dieter Lamping

Der Aphorismus, eine der kürzesten, wenn nicht die kürzeste nicht-fiktionale Prosaform, ist zugleich eine der schwierigsten, weil schillerndsten. Schillernd ist schon die Terminologie, die gelehrte nicht weniger als die poetische. Der Literaturwissenschaft ist es, zumindest international gesehen, bis jetzt nicht gelungen, sich auf einen einheitlichen Begriff für ihren Gegenstand zu einigen. In Deutschland hat sich zwar, ähnlich wie in Spanien und Italien, inzwischen »Aphorismus« als Gattungsbezeichnung durchgesetzt; in Frankreich jedoch spricht man, wenn man das gleiche meint, von »maxime«, und in England schwankt der Sprachgebrauch zwischen »maxim« und »aphorism«. Alle diese Begriffe sind nicht einmal für sich betrachtet eindeutig, am wenigsten der Begriff Aphorismus. Schon in der Antike war das Wort vieldeutig: es bedeutete sowohl Abgrenzung und Definition wie (medizinischer) Lehrsatz und Weisheitsspruch. Ein noch weit bunteres Bild bieten die Benennungen seitens der Autoren, die einen einheitlichen Terminus geradezu vermeiden. Allein in der deutschen Literatur der letzten zweihundert Jahre kursierten Bezeichnungen wie »Bemerkungen« (LICHTENBERG), »Fragmente« und »Ideen« (F. SCHLEGEL), »Gedanken« (HERDER), »Maximen und Reflexionen« (GOETHE), »Sentenzen und Aphorismen« (NIETZSCHE), »Sprüche und Widersprüche« (KARL KRAUS) und »Aufzeichnungen« (ELIAS CANETTI). Ganz außer acht geblieben sind dabei noch die zahllosen poetischen Namen wie »Wetterbeobachtungen über den Menschen« oder »Kleine Zwielichter« (beide JEAN PAUL), »Blütenstaub« (NOVALIS), »Mengelstoffe« (PLATEN), »Sprikker« (WILHELM BUSCH), »Stufen« (CH. MORGENSTERN), »Schnipsel« (TUCHOLSKY), »Merkzeichen« (G. F. JÜNGER) oder »Monogramme« (ADORNO). Aus dieser Vielfalt der Bezeichnungen kann man über die Gattung viel – und nichts erfahren. Sie nährte, nicht nur bei übelmeinenden Kritikern, den Verdacht, der Aphorismus sei eine Gattung, die sich jeder Definition entziehe, eine im Grunde formlose Form, ein »Genre des Genrelosen« (J. R. BECHER).

Dieser Verdacht würde sich auch bestätigen, wollte man den Aphorismus durch das bestimmen, *was* er darstellt. Eine kaum überschaubare Fülle von Themen bietet sich da an: das Leben, die menschliche Seele und menschliches Verhalten, Natur, Geschichte, Politik, Gesellschaft, Kunst und Religion – das sind nur die wichtigsten Bereiche, denen sich der Aphorismus zuwenden kann. Einige von ihnen – Seelenbeobachtung, Charakterkunde und Menschenkenntnis – mögen mit der Geschichte der Gattung eng verflochten sein; nichtsdestoweniger würde sich der Begriff Aphorismus auflösen, wollte man ihn von seinen Themen her definieren. Der Aphorismus ist »sach- und fachunspezifisch« (Fieguth, 378). Seine Eigenart und Einheit ist nicht im Dargestellten, sondern in einer besonderen Art der Darstellung, des Ausdrucks und der Mitteilung zu suchen.

Unter dem Aspekt der Darstellung betrachtet, ist der Aphorismus die sprachliche Verkörperung eines Gedankens. Das Stichwort »Gedankenkunst«, das sich gleich aufdrängt, ist allerdings nicht unproblematisch – zumal wenn es dazu verleitet, Form und Gehalt auseinanderzureißen. Nichts wäre in diesem Fall verhängnisvoller; denn der Aphorismus ist nicht die gefällige oder auffällige Formulierung eines beliebigen Gedankens, der sich ohne Verlust an Substanz auch anders sagen ließe. Die Form ist im Aphorismus kein schmückendes Beiwerk, sie ist vielmehr sein Gehalt selbst. Die Feststellung, daß der Aphorismus eine poetische Form sei, bleibt so lange äußerlich, als sie nicht die Einsicht einschließt, daß er Darstellung eines Denkens ist, das selbst ästhetischen Charakter hat.

Dieses ästhetische Denken ist grundsätzlich subjektiv. Es ist primär nicht ein Produkt des Verstandes, sondern der Einbildungskraft, es ist nicht logisch, sondern assoziativ, nicht regelgerecht, sondern spielerisch. Als ein freies ist es zugleich ein eigenständiges Denken: es ist »Selbstdenken« im Sinne LICHTENBERGS – stets originell und schöpferisch, eine eigene Kunst des Findens und Verbindens, des Scheidens und Vergleichens. Vom Zwang des Systems befreit, ist es ein Denken aus besonderem

Anlaß, ein »Gelegenheits-«, bisweilen auch ein »Ausnahmedenken« (Requadt, in: Der Aphorismus, 352), das in mehrerer Hinsicht offen ist: offen sowohl für die Wirklichkeit wie für die Möglichkeit, vor allem aber für das Abseitige und Vernachlässigte, das Kleine und Kuriose, das Private und Persönliche. Ein solches Denken vermittelt keine wissenschaftliche Erkenntnis, sondern eine »ästhetische Idee«: »eine Vorstellung der Einbildungskraft, die viel zu denken veranlaßt, ohne daß ihr doch irgend ein bestimmter Gedanke, d. i. *Begriff* adäquat sein kann« (Kant, Kritik der Urteilskraft, § 49).

Dieses – auch anderweitig anzutreffende – ästhetische Denken erhält im Aphorismus eine spezifische Gedrängtheit. Sie entsteht aus dem für den Aphorismus grundlegenden Stilideal der Kürze, das nicht nur äußere Kürze, sondern auch Konzision im Ausdruck und Konzentration auf einen Zusammenhang bedeutet. Hinter einer solchen Gedrängtheit steht der Ehrgeiz des Aphoristikers, »die größte Masse von Gedanken in den kleinsten Raum« (F. Schlegel) zu bannen. Er bedingt eine typische Darbietungsweise, die man, mit einem anderen Wort Friedrich Schlegels, als »thetische Methode« bezeichnen könnte. Sie ist gekennzeichnet durch die Präsentation bloßer Behauptungen und durch den Verzicht auf Begründungen, Beweise und Erläuterungen. »Der Aphorismus«, so sagt es der Pole Brudziński, »ist ein Einfall zu etwas Größerem, durch keine Ausführung verdorben.«

Ein wichtiges, vielleicht sogar das wichtigste Mittel aphoristischen Denkens und Schreibens ist der Witz. Kurz, pointiert, auf verblüffende Weise kombinatorisch, auf anregende Weise spielerisch, kommt er der Ästhetik des Aphorismus schon von sich aus sehr entgegen. Zur poetischen Form des Aphorismus gehört eine Reihe von immer wieder verwendeten stilistischen und rhetorischen Figuren, von denen die gebräuchlichsten Antithese, Paradoxon, Parallelismus, Chiasmus, Wortwiederholung, Vergleich, Metapher und die Figuren der (mathematischen) Proportion und der Definition sind. Sie alle sind, idealiter, mehr als nur ein im Laufe der Gattungsgeschichte etablierter und äußerlich gewordener Kanon von Formen. In ihnen realisiert sich vielmehr unmittelbar der ästhetische Charakter des aphoristischen Denkens: als ein einfallsreiches, mitunter experimentelles, oft witziges, meist spielerisches, stets subjektives Denken in Widersprüchen, Umkehrungen und Analogien, das da einsetzt, wo der Verstand aufgegeben hat.

Der Aphorismus als Darstellung eines ästhetischen Denkens ist zugleich Ausdruck eines ästhetischen Erkenntnisstrebens, in das sich gleichermaßen eine Suche nach Wahrheit, ein »Gestaltungswille« und ein »Formtrieb« (Mautner, 47) mischen. Der Aphorismus kann freilich auch weniger sein: im schlechtesten Fall Ausdruck eines bloß gefallsüchtigen, leeren Spiels mit Worten, das den Witz schematisch und die Formen mechanisch anwendet. Er kann allerdings auch mehr sein: nämlich Ausdruck einer riskanten »aphoristischen Existenz«, die sichere Lebens- und Denkgewohnheiten aufs Spiel setzt, um zu einer persönlichen, und das heißt: »grundsätzlich subjektiven Anschauung und Wertung« (Wehe, in: Der Aphorismus, 131) zu gelangen.

Als Mitteilung schließlich besitzt der Aphorismus wesentlich Appellcharakter. Er appelliert an den Leser, »die ›Wahrheit‹ der Aussage, die Überzeugungskraft des Einfalls kritisch zu prüfen«, und, gegebenenfalls, »den Lehrsatz, die Lebensregel in die Erprobung der Praxis zu überführen« (Fieguth, 374). Vor allem aber ist er Anreiz zum Denken: er ist durch sein Vorbild Ermunterung zum Selbstdenken, durch seine Offenheit Aufforderung zum Weiterdenken und durch seine Gedrängtheit Zwang zum Nachdenken. Schon GOETHE bemerkte in *Wilhelm Meisters Wanderjahren*, »daß solche einzelnen kurzen Gedanken uns nötigen vermittelst eines umgekehrten Findens und Erfindens rückwärts zu gehen und uns die Filiation solcher Gedanken von weit her, von unten herauf wo möglich zu vergegenwärtigen«. Von daher nimmt es nicht wunder, wenn als höchstes Lob des Aphorismus gilt, daß er »Gedanken von der Art, welche Gedanken macht« (NIETZSCHE), hervorbringt und so zum Anstoß einer »Conversation der Geister« (HERDER) wird.

Der Aphorismus, wie er hier als poetische Form bestimmt wurde, ist noch vergleichsweise jung. Er taucht zwar schon in der spanischen Literatur des 16. und 17. Jahrhunderts bei PÉREZ und GRACIÁN auf. Eine eigentlich gattungsbildende Wirkung ging jedoch erst in der zweiten Hälfte des 17. Jahrhunderts von den

Aphorismen der Französischen Moralisten um LA ROCHEFOUCAULD aus, dessen *Réflexions ou sentences et maximes morales* (1665), als *Maximen und Reflexionen* ins Deutsche übersetzt, für lange Zeit auch stilbildend waren. In der deutschen Literatur erscheint der poetische Aphorismus erst am Ende des 18. Jahrhunderts. Was LA ROCHEFOUCAULD für die Franzosen (aber nicht allein für sie), war LICHTENBERG für die Deutschen. Höhepunkte aphoristischer Produktion waren in Frankreich das 17., in England das 18., in Deutschland die Wende vom 18. zum 19. Jahrhundert. Je nach Nationalliteratur verschieden verlief auch jeweils die Gattungsgeschichte. In Frankreich endet sie im Grunde zu Beginn dieses Jahrhunderts (mit VALÉRYS pensées); ähnlich ist es in England; allein in Deutschland, Spanien und Polen wird die (anspruchsvolle) Aphoristik bis in die Gegenwart hinein gepflegt.

Der Aphorismus ist keine ursprünglich poetische Form. Als Kunstform ist er von dem wissenschaftlichen und dem philosophischen Aphorismus zu unterscheiden, die beide älter sind.

Das erste Buch, das den Namen im Titel führte: die *Aphorismoi* des HIPPOKRATES (ca. 460–377 v. Chr.), war eine Sammlung medizinischer Lehrsätze; sie begründete eine lange Tradition wissenschaftlicher, insbesondere naturwissenschaftlicher Aphorismenliteratur, die bis ins 19. Jahrhundert hinein lebendig blieb. Neben den wissenschaftlichen tritt zu Beginn des 17. Jahrhunderts, initiiert von FRANCIS BACON, aber schon vorbereitet durch ERASMUS VON ROTTERDAM, der philosophische Aphorismus, der eine wichtige Ausprägung in der deutschen Philosophie des 19. Jahrhunderts, vor allem bei SCHOPENHAUER und NIETZSCHE, fand.

Man hat immer wieder versucht, den Aphorismus von benachbarten Formen abzugrenzen – so von der den Gedanken Schritt für Schritt entwickelnden Reflexion, vom volkstümlichen Sprichwort als der anschaulichen Zusammenfassung kollektiver Erfahrungen, von der Maxime als einer allgemeingültigen moralischen Vorschrift und von der Sentenz als einer »beiläufigen oder zusammenfassenden Ornamentierung in größerem Zusammenhang, einer Rede oder einem Drama etwa« (Mautner, 44). Diese Abgrenzungen mögen im Einzelfall hilfreich sein; aufs Ganze gesehen sind sie jedoch mitunter in ihrer Pauschalität und Rigidität fragwürdig.

Will man die Vielfalt und Vielzahl poetischer Aphorismen ordnen, so bieten sich einige typologische Unterscheidungen an. Die grundlegendste, weil äußerlichste, ist die zwischen dem isolierten und dem integrierten Aphorismus. Der isolierte Aphorismus ist der für sich stehende, vereinzelte Aphorismus, der allenfalls Teil einer Sammlung von Aphorismen ist. Der integrierte Aphorismus ist der in den größeren Zusammenhang einer Dichtung eingefügte Aphorismus. Solche integrierten Aphorismen finden sich zum Beispiel, einzeln oder zu mehreren um ein Thema gruppiert, als beiläufige Bemerkung, als Abschweifung oder als Fußnote, in vielen Romanen JEAN PAULS, aber auch in den Romanen GOETHES, vor allem im *Wilhelm Meister* und in den *Wahlverwandtschaften*.

Nach der Art der Hervorbringung hat Franz Mautner zwei Grundtypen von Aphorismen unterschieden: den »Einfall« und die »Klärung«. Der mehr irrationale, intuitive Einfall ist der Ausgangspunkt bewußten Denkens, die »plötzliche Schau eines Sinn-Ganzen oder plötzliche Evidenz einer Realität mit symbolischen Zügen oder Kristallierung eines Beziehungsknäuels zum überschaubaren Ganzen« (45). Die mehr rationale Klärung ist demgegenüber der Endpunkt bewußten Denkens, das »schließliche Finden der Antwort auf diskursives Fragen oder das Formulieren eines halb gewußten, aber noch nicht Sprache gewordenen Denkergebnisses« (ebd.). Die Klärung ist, aphoristisch gesprochen, »der letzte Ring einer langen Gedankenkette« (MARIE VON EBNER-ESCHENBACH), der Einfall ist ein Gedankenblitz.

Eine andere – ältere – Unterscheidung ist die zwischen der geschlossenen und der offenen Form. Der eine Typus ist gekennzeichnet durch das Bemühen um ausgewogene Strukturierung, äußerste Klarheit und Präzision; er ist am reinsten in den eleganten, fein ausbalancierten und pointierten *Sentences* LA ROCHEFOUCAULDS ausgebildet. Der andere Typus fällt durch den Verzicht auf formale Strukturierung, durch Mehrdeutigkeit und Dunkelheit, ja Rätselhaftigkeit auf; er findet seine deutlichste Ausprägung in den romantischen Fragmenten etwa eines NOVALIS.

Der Aphorismus ist, in der einen wie in der anderen Form, Kunst. Diese Einsicht hat es nicht immer leicht gehabt. Den Aphoristiker ließ man lange Zeit, sofern man ihn überhaupt unter die Künstler zählte, nur als einen Artifex zweiten Ranges gelten, bei dem es »zur ›poietischen‹ Fähigkeit, zur Gestaltung von Menschen und Vorgängen« (Mautner, Der Aphorismus, 73) nicht gereicht habe. Eine solche Bewertung, die eine Hierarchie der poetischen Fähigkeiten statuiert, läuft Gefahr, den Aphorismus in seiner Eigenart zu verfehlen: sie trägt von außen einen Maßstab an ihn heran, der das Urteil verzerrt. So ist das, was sie dem Aphorismus als Defizit verbucht, recht verstanden sein Spezifikum. Der Aphorismus ist Gedankenkunst – aber nicht in dem Sinn, daß ihm zum philosophischen Gedanken vor allem Präzision und zur großen Kunst alles bis auf den Gedanken fehlte, sondern in dem Sinn, daß er eine Brücke von der Literatur zur Philosophie schlägt: indem er nämlich das Denken als eine Kunst betreibt. Nur wenn man diese Besonderheit des Aphorismus reflektiert, wird man ihm in seiner Art gerecht werden können.

Literatur: Zur Einführung empfohlen sei der Artikel von Franz H. Mautner: Aphorismus. In: Fischer Lexikon Literatur. Hg. von W.-H. Friedrich und W. Killy, Frankfurt a. M. [4]1974. – Über den Forschungsstand informiert die Aufsatzsammlung: Der Aphorismus. Zur Geschichte, zu den Formen und Möglichkeiten einer literarischen Gattung. Hg. von Gerhard Neumann, Darmstadt 1976. – Die wichtigste Spezialuntersuchung ist Gerhard Neumanns Buch: Ideenparadiese. Aphoristik bei Lichtenberg, Novalis, Friedrich Schlegel und Goethe. München 1976. – Als Aphorismensammlung empfiehlt sich: Deutsche Aphorismen. Hg. von Gerhard Fieguth, Stuttgart 1978. – Die wichtigste und anregendste neuere Gattungsstudie ist: Harald Fricke: Aphorismus. Stuttgart 1984. Sie enthält den Versuch einer linguistisch präzisierten Definition, die allerdings, etwas einseitig, vor allem am Typ des isolierten Aphorismus als Teil einer Aphorismensammlung orientiert ist.

DIE BALLADE

von Winfried Woesler

Die Ballade ist ein erzählendes Gedicht, das auf den öffentlichen Vortrag hin angelegt ist. Nach verbreiteter Ansicht ist es überwiegend düsterer, todesnaher Stimmung, gilt meist einer Figur und einem besonderen, etwa dunkel-geheimnisvollen, schicksalhaften, mythisch-historischen oder heldenhaften Geschehen und ist spannend erzählt. Eine solche Definition orientiert sich weitgehend an der Ballade des 19. Jahrhunderts und deren epigonaler Fortsetzung im 20. Sie gilt zwar für den Großteil dieser Textsorte, wird aber z. B. schon den wichtigen Ideenballaden SCHILLERS kaum gerecht und hat zur Behauptung vom rezeptionsgeschichtlichen Ende der Gattung geführt. Autoren und Wissenschaftler versuchen heute den Begriff weiter zu fassen, beziehen BRECHTS und BIERMANNS entsprechende gesellschaftskritische, in der Nähe von Moritat und Politsong stehende Texte mit ein. So definiert, hat die Gattung Zukunft.

Das Wort Ballade leitet sich vom italienischen »ballata«, provencalisch »balada«, ab und bezeichnete in romanischen Ländern seit dem 12. Jahrhundert ein Lied mit Kehrreim, das zum Tanz gesungen wurde. Über Frankreich, wo sich im 15. Jahrhundert eine strenge Kunstform entwickelt hatte, kam das Wort zunächst in der Bedeutung »Tanzlied« im 16. Jahrhundert ins Deutsche.

Das Wort gelangte vom Französischen ebenfalls ins Englische, wo es vom 18. Jahrhundert an in der Form »ballads« alte erzählende Volkslieder bezeichnet. In dieser Bedeutung wurde es dann wiederum ins Deutsche übernommen, und seitdem BÜRGER und HÖLTY auch ihre diesen Liedern nachempfundenen Texte »Balladen« nannten, war die Gattungsbezeichnung, die somit Volks- und Kunstballaden umfaßt, festgelegt. Synonym gebrauchte man bis weit ins 19. Jahrhundert hinein häufig den Begriff »Romanze« – A. W. SCHLEGEL bezeichnete so GOETHES *Erlkönig* –, im Laufe der Zeit hat man die »Romanze« aber eher mit südlichen, die Ballade mit nordisch-tragischen Stoffen und Stimmungen verbunden.

Innerhalb des Gefüges der Gattungen verschieden eingeordnet, steht die Ballade formal oft der kurzen Verserzählung am nächsten, von der sie sich aber durch größere Verdichtung, Diskontinuität der Erzählweise und dramatische Zuspitzung an Stelle epischer Breite und Ruhe unterscheidet. Das Verhältnis von Ballade und Verserzählung ist im 19. Jahrhundert dem von Novelle und Roman teilweise vergleichbar. Die – viel geringere – Nähe zum Drama zeigen das schnelle Fortschreiten, die dialogische Auseinandersetzung und der durchweg tödliche Ausgang. Der Versuch, die Ballade als Untergattung der Lyrik zu systematisieren, kann sich auf den strophischen Aufbau, die häufige Liebesthematik, lyrische Stimmungselemente, insbesondere in der Nachfolge der Volksballade, stützen. Es fehlt jedoch zumindest in der Ballade des 18. und 19. Jahrhunderts das lyrische Ich als perspektivierendes Subjekt, vielmehr wird vom Autor die scheinbar objektive Haltung des allwissenden Erzählers bevorzugt. Erst im 20. Jahrhundert bekennt sich der Polit- und Protestsänger dazu, daß er aus einer bestimmten Perspektive und Distanz gesellschaftliche Verhältnisse kritisiert; hier unterstützt das Einbringen eigener Erlebnisse Glaubwürdigkeit und damit Wirksamkeit. Bei der heute vorliegenden Formenvielfalt der Gattung reicht also GOETHES angesichts der seinerzeit bekannten Balladen verschiedener Völker getane Äußerung nicht mehr aus, die lyrischen, epischen und dramatischen Elemente seien hier »noch nicht getrennt, sondern wie in einem lebendigen Ur-Ei zusammen ...«.

Die Geschichte der deutschen Ballade verläuft nicht kontinuierlich. Vor der sogenannten Kunstballade seit dem 18. Jahrhundert hat es die Volksballade gegeben: kurze erzählende, meist liedhafte Texte, die oft einen sagenhaften oder historischen Kern hatten. Ihre Verfasser sind heute unbekannt, die Texte, da mündlich verbreitet und oft zersungen, fast vollständig verloren. Der Ursprung dieser älteren Volksballade liegt im Dunkeln, denn in Deutschland ist eine breitere Überlieferung erst im 15. und 16. Jahrhundert bezeugt. Verschiedene Indizien weisen aber auf eine weiter zurückliegende Ballade der ritterlichen Zeit, die sicher einerseits an höfischen Stoffen orientiert war, andererseits noch ältere, wenn auch stark modifizierte Traditionen des germanischen Heldenliedes bewahrte. Für letzteres ist das *Jüngere Hildebrandslied* (15. Jahrhundert) ein Beispiel, für erstere ein nur als Bruchstück überliefertes Lied (bezeugt 1233) auf die 1227 anzusetzende Abschiedsszene zwischen Elisabeth von Thüringen und ihrem in den Kreuzzug ziehenden Mann Ludwig. Zuverlässigere Rückschlüsse auf Themen und Form dieser ritterlichen Ausprägung der Volksballade erlauben zahlreiche, offensichtlich von Deutschland beeinflußte mittelalterliche Erzählstoffe in Balladen dänischer und schwedischer Sprache.

Mit der Entfernung vom ritterlichen Lebensgefühl treten vom 15. Jahrhundert an auch andere Figuren und Themen in den Vordergrund, über die es bessere Informationen gibt. In diesen jüngeren Volksballaden spiegeln sich die sozialen Wandlungen in der Berücksichtigung von Bauern und Bürgern und der Verlagerung des Handlungsgeschehens von der Burg auf die Straße oder ins Wirtshaus. Spannung und Grausamkeit nehmen zu; von der ältesten balladesken Mordgeschichte, der *Frau von Weißenburg* (1150), war der Weg nicht mehr weit bis zur Moritat (= Mordtat). Ebenfalls fließend waren die Übergänge zum Volkslied, man denke an: *Es waren zwei Königskinder* (entstanden im 15. Jahrhundert). Die Volksballaden wurden von einer breiten, alle Stände umfassenden Öffentlichkeit rezipiert, erst im Laufe des 16. und 17. Jahrhunderts, bei fortschreitender Ausformung einer Gelehrtenwelt mit eigenen literarischen Bedürfnissen, wurde sie zur Gattung für das weniger gebildete Publikum.

Bei ihm wuchs die Beliebtheit des Bänkelsangs: Ein Sänger trägt, auf einem »Bänklein« auf einem öffentlichen Platz stehend, ein historisches Ereignis oder eine Zeitungsneuigkeit wie Verbrechen, Unglücksfälle vor, die – gelegentlich von einer zweiten Person – anhand von Bildern demonstriert werden; die Zuhörer können diese auf losen Blättern gedruckten Bildergeschichten auch erwerben. Da Bänkelsang Broterwerb bedeutete, unterlag er den Marktgesetzen. Ältere Berichte wurden der Publikumswirksamkeit wegen gern aktualisiert, Gefühlsklischees und Moralvorstellungen der Hörer bestätigt. Bänkelsang und Moritat lebten als sous-litterature bis ins 20. Jahrhundert, in dem sie von den Dichtern wiederentdeckt wurden.

Die Kunstballade setzte in Deutschland mit GLEIM ein, der sich bewußt, aber ohne großen Erfolg um eine Verbindung von Bänkelsang und romanischer Romanze bemühte. So entstand u.a. seine *Marianne* (1756) als Bearbeitung MONCRIFS. Wichtiger sind die Namen von HÖLTY (*Adelstan und Röschen*, 1771) und BÜRGER. BÜRGERS *Leonore* (1773) wurde auch in anderen europäischen Ländern zum Prototyp der Gattung. Den entscheidenden Anstoß für die Entwicklung der deutschen Kunstballade hatten MACPHERSONS *Ossian* (1760) und PERCYS Sammlung *Reliques of Ancient Poetry* (1765) gegeben. Ersterer ist ein sagenhafter nordischer Bardensänger, dem MACPHERSON freierfundene Gesänge unterschob, die Jahrzehnte als echt angesehen wurden. Letztere ist eine Sammlung von Volksballaden, Verserzählungen, Liedern usw. seit dem 15. Jahrhundert. Die nordischen Gesänge in den *Reliques* und im *Ossian* übten in Europa starken Einfluß aus, weil sie der damaligen Vorstellung von lebendiger und volksmäßiger Dichtung entsprachen. HERDER knüpfte daran auch theoretische Überlegungen, später u.a. veröffentlicht als Auszug aus einem Briefwechsel über *Ossian und die Lieder der alten Völker* (1773), und wandte sich selbst der Volkspoesie zu.

Von ihm angeregt, zeichnete GOETHE 1771 im Elsaß zwölf Balladen zugleich mit ihren Melodien auf. Die Sprache solcher Texte galt als der Schriftsprache überlegen, Wortwahl, Reimkunst, einfache Stilmittel, Strophenbau erschienen vorbildlich und nachahmenswert, was besonders für die nun allgemein aufblühende Balladenproduktion von Bedeutung war. Der Rückbesinnung auf das vermeintlich Ursprüngliche der Volkspoesie haftet zugleich etwas Irrationales an, und die Wiederentdeckung der anglo-germanischen Tradition verbindet sich im »Sturm und Drang« mit antiaufklärerischen Tendenzen. Geistererscheinung, Dunkelheit und Leidenschaftlichkeit bleiben über den Anfang der Kunstballade hinaus als nordische Elemente lange Zeit gattungsbestimmend. Von Spuk oder wundersamen Ereignissen, die auf außerirdische Mächte deuten, handeln auch eine Reihe von Balladen der »deutschen Klassik«. Hinzu kamen jedoch neue Tendenzen. Zwar gestaltete GOETHES *Erlkönig* (1782) im wesentlichen noch unter Wahrung des Fluidums eine dänische Volksballade, die Herder unter dem Titel *Erlkönigs Tochter* übersetzt hatte, doch tat er dies schon in einer leicht didaktisierenden Weise, wobei er aus den nordischen Naturgeistern Spukgestalten im kindlichen Gehirn machte.

Schillers *Kraniche des Ibykus* (1798), in denen in Anlehnung an Trivialmuster des Bänkelsangs auf geheimnisvolle Weise Schuld und Sühne in Einklang gebracht werden, zeigt zugleich die Öffnung der Ballade für neue, z. B. antike oder fremdländische Stoffe. Zum Teil in bewußter Abkehr von Bürgers Auffassung neigt die Ballade immer weniger zum hergebrachten Volkstümlichen, will vielmehr zur ästhetischen Erziehung beitragen. 1798 stellten Schiller und Goethe einen ganzen »Musenalmanach« in den Dienst ihrer Balladenproduktion; dort finden sich auch heute noch populäre Texte. Im Almanach 1799 folgte u. a. *Die Bürgschaft*, in der wie in Goethes *Iphigenie* das hohe Lied der Brüderlichkeit und Menschlichkeit gesungen wird, die schließlich auch den Tyrannen überzeugen. Die Ballade wurde zum selbstbewußten Ausdruck der Überlegenheit der neuen, bürgerlichen Prinzipien über traditionelle Normen. Im Gegensatz zur Ballade des »Sturm und Drang« behauptet sich in diesen Texten die Autonomie des Menschen angesichts eines unabwendbaren Schicksals.

Die von Herder angeregte Sammeltätigkeit wurde von den Romantikern noch intensiviert. Arnim und Brentano erfaßten und bearbeiteten in *Des Knaben Wunderhorn* (1800–1806) eine große Zahl von Volksballaden und machten sie so allgemein bekannt. Den Überarbeitungen sowie den eigenen Produktionen der Romantiker fehlt allerdings Urwüchsigkeit, z. B. Sprunghaftigkeit und Dunkelheit der Volksballade. Der Leser spürt den bewußteren Formwillen, die größere Musikalität der Sprache und eine leichte Tendenz zum Psychologisieren. Diese Tradition ist noch bei Uhland und dem jungen Heine nachweisbar.

Für das 19. Jahrhundert wurden die Balladen der »deutschen Klassik« mit dem Wachsen des Kultes um Goethe und Schiller zu Vorbildern, doch auch der Einfluß der »Sturm-und-Drang-Balladen« und der Texte aus *Des Knaben Wunderhorn* blieb wirksam. Daneben nahm die Ballade natürlich auch die Hauptströmungen der Zeit auf: Die Befreiungskriege, die Herausbildung des Nationalstaates förderten das Interesse an Stoffen der deutschen und germanischen Vergangenheit. Zunehmend in historisierender Manier (PLATEN: *Nächtlich am Busento ...*, entstanden 1820) werden Heerführer, Kaiser (»Barbarossa-Dichtung«) usw. im nationalen Sinne zu Integrations- und Identifikationsfiguren stilisiert. Über die historisierenden Balladen ragen qualitätsmäßig wegen ihrer Formkraft und der zum Symbolismus neigenden Darstellung diejenigen C. F. MEYERS heraus, vielleicht, weil er nicht nur affirmativ deutsche Geschichte gestalten wollte (z. B. *Die Füße im Feuer*, 1864). Im Verlauf der Nachromantik wurde auch die Geschichte der einzelnen deutschen Stämme und Landschaften wiederentdeckt. Eine Fülle von Lokalsagen und -legenden diente von nun an besonders heimatbezogener Balladendichtung als Quelle (MÖRIKE: *Die Geister am Mummelsee*, 1829), wobei die Balladen der DROSTE wegen ihrer Originalität und Schauerlichkeit besondere Beachtung verdienen (z. B. *Der Schloßelf*, 1841). Die Ballade des 19. Jahrhunderts kennt aber nicht nur die Beschäftigung mit zeitlich Fernliegendem, das heroisiert wird, sondern sucht zunehmend – zumal in der Fülle trivialer Texte – das Lob herausragenden bürgerlichen Lebens (vgl. FONTANE: *John Maynard*, 1886). Dabei bleibt entsprechend dem damaligen Gattungsverständnis meist eine etwas geheimnisvoll-numinose Grundstimmung, die sich rationaler Durchdringung entzieht und dem Rezipienten Schauder einflößen soll (FONTANE: *Die Brück' am Tay*, 1880).

VON MÜNCHHAUSEN, MIEGEL, VON STRAUSS UND TORNEY versuchten im 20. Jahrhundert diese Tradition fortzuführen. Trotz großer Beliebtheit bei den Zeitgenossen und einzelner gelungener Texte (V. MÜNCHHAUSEN: *Ballade vom Brennesselbusch*, entstanden 1910) bleibt der Eindruck der Epigonalität. Vollends nach dem Einmünden dieser Tradition in die Blut-und-Boden-Dichtung des Dritten Reiches scheint sie in Deutschland nicht mehr fortführbar.

Wenn trotzdem heute Autoren wieder lebendige »Balladen« verfassen, so liegt das an der Aufnahme einer anderen Tradition. Nicht zufällig nennen HEINE, BRECHT und BIERMANN als Vorbild den Vagantendichter VILLON (1431–1463?), der acht Balladen in seine Lebensbeichte aufnahm, die sich durch Wahrhaftigkeit und radikalen Nonkonformismus, ablesbar etwa an den Argot-Ausdrücken, auszeichnet. Solche Elemente kehren in der sozialen Ballade wieder, die in Deutschland ihren Anfang bei CHAMISSO (u.a. *Der Bettler und sein Hund,* 1831) nahm, von FREILIGRATH (*Der Mohrenfürst,* 1838) und HERWEGH (*Vom armen Jakob und von der kranken Lise,* 1843), bei denen sie ins Sentimentale umzuschlagen drohte, fortgeführt wurde, bis HEINE sie schließlich in der Mitte des Jahrhunderts (*Das Sklavenschiff,* 1853) eindeutig ins Gesellschaftskritische wandte. Mag in der 2. Hälfte des 19. Jahrhunderts die Masse der Balladenproduktion fast ausschließlich auf die affirmative Selbstbestätigung des Bürgertums angelegt sein, spätestens seit ARNO HOLZ und WEDEKIND (*Der Tantenmörder,* 1897) kritisiert eine zunehmende Zahl von Balladen Anspruch und Realität des Bürgertums schonungslos. Bewußt greifen Autoren Form und Sprache des Bänkelsangs und der Moritat wieder auf, wodurch ihre in scheinbarer, gefühlvoller Naivität gehaltenen Texte ironische und satirische Töne erhalten. Die sozialkritische Ballade wird in einigen Balladen BRECHTS endgültig ins Politische gewandt; *Die Legende vom toten Soldaten* z.B. entstand aus den Erfahrungen des Jahres 1918 und travestiert die traditionelle Heldenballade. BRECHTS Nachahmer in den 60er und 70er Jahren schufen den Protest- und Politsong, dessen balladeske Stoffe, Motive und Formen nie literarischer Selbstzweck sind, sondern auf Veränderung der politischen Wirklichkeit zielen. Die emanzipatorische Grundhaltung dieser Texte steht allerdings in einem gewissen Widerspruch zu der festen Einbindung der Autoren in die Unterhaltungsindustrie, so daß in Zukunft für den Politsong neben der Wirkungslosigkeit des Kabaretts auch das Herabsinken zum Schlager denkbar ist.

Aus der Geschichte der Ballade ergeben sich Affinitäten zu verwandten Formen: Heldenlied, Volkslied, Bänkelsang, Moritat, Politsong. Die Balladen selbst, gemeint sind durchweg Kunstballaden, und zwar im wesentlichen die bis 1900 ausgeprägten Formen, werden nach verschiedenen, keineswegs immer glücklich gewählten, insgesamt oft widersprüchlichen Begriffen in der wissenschaftlichen Literatur typologisiert. Die »nordische« Ballade hatte ihre Wurzeln in den Volksballaden Englands und Nordeuropas, ehe sie in Deutschland neue Produktionen anregte. Kennzeichnend sind die nordische Welt, Nebel, Dunkelheit, Grauen, Tod, daher differenzierend oft Geister- oder Totenballade genannt, aber auch germanisches Heldentum, germanische Ehrvorstellungen und Leidenschaftlichkeit. Der Mensch kämpft mit Feind, Schicksal und Naturgewalt. Als Gegenbegriff wird gelegentlich die »Romanze« verwendet, wenn südländische Stoffe und Farbigkeit vorherrschen. Eine Spielart der »nordischen Ballade« ist die »naturmagische Ballade«, in der sich die Elemente dem Menschen gegenüber als bedrohlich erweisen (GOETHE: *Der Fischer*, 1779, MÖRIKE: *Der Feuerreiter*, 1832). Die »Geschichtsballade« des 19. Jahrhunderts kann sowohl nordische Elemente enthalten wie auch Ereignisse und Personen der Vergangenheit in historisierende Kostüme stekken, wie es z.B. schon früh die romantische Ritterballade versuchte. Das Geschehen wird sowohl schicksalhaft-tragisch als auch heroisch (»Heldenballade«) stilisiert. Stimmungselemente der »nordischen Ballade« zeigt daher die sogenannte »Schicksalsballade«, die geistesgeschichtlich mit dem Schicksalsdrama des frühen 19. Jahrhunderts verwandt ist. Meist trivial, selten heute noch überzeugend, werden Schuld und Sühne verknüpft (DROSTE: *Die Vergeltung*, 1841). All diese Typen sind wesentlich von einem irrationalen Moment bestimmt, das gern auf das Wirken einer höheren Macht verweist, weshalb man lange auch von der »numinosen Ballade« gesprochen hat. Eine viel stärker vom Vertrauen auf die menschliche Kraft geprägte Grundstimmung trägt dagegen die »Ideenballade« der deutschen Klassik. (Vgl. den Ehrbegriff in SCHILLERS *Der Handschuh*, 1798, oder den Wahrheitsbegriff in *Das verschleierte Bild zu Sais*, 1795.) In den letzten Jahren wird auch der Terminus der »legendären Ballade« häufiger im Gegensatz zu dem der »nordischen Ballade« verwandt. Damit ist weniger die Gestaltung eines legendären Stoffes (BRECHT: *Legende von der Entstehung des Buches Taoteking [...]*, 1938) gemeint als vielmehr die Darstellung eines auf den menschlichen Bereich beschränkten Geschehens, das von der Opferbereitschaft und Einsicht eines Menschen, also gewissermaßen eines säkularisierten Heiligen, bestimmt wird. Von »sozialkritischen Balladen« spricht man, wenn menschliches Leiden oder Handeln weniger als individuelle Leistung denn als Folge historisch fixierbarer gesellschaftlicher Zustände erscheinen und somit zumindest indirekt zu deren Änderung aufgerufen wird (WEDEKIND: *Brigitte B.*, 1897). Auf noch stärkeres, z.T. recht konkretes politisches Engagement zielen manche heute modernen balladesken Texte des Politsongs (BIERMANN: *Ballade vom Mann*, 1965), für die sich der Begriff »politische Ballade« anbietet.

Der Typenvielfalt der Ballade entspricht ihre Formenvielfalt. Fast durchgängig ist eine strophische Gliederung. In der Tradition der englischen Ballade und der Volksballade werden vierzeilige Volksliedstrophen, insbesondere die Chevy-Chase-Strophe oder – weniger streng – der Wechsel von vier- und dreihebigen Versen mit freier Senkungsfüllung bevorzugt. Die Ballade der Romantiker bedient sich gern der spanischen Romanzenstrophe, bestehend aus vier vierhebigen assonierenden Trochäen. Sonst verbieten sich generalisierende Bemerkungen zu Vers und Strophe. Das außerordentliche Ereignis wird in einem außerordentlichen, z.B. heute pathetisch wirkenden Tone vorgetragen. So entsprechen der Dramatik des Geschehens stilistisch die Kürze der Sätze, der knappe Dialog, die Interjektion. Beim Gesamtaufbau, der ganz auf den Schluß, entweder die pointierte Wendung oder häufiger den Tod des Helden angelegt ist, fällt oft eine durch eine zeitliche Zäsur betonte Zweiteilung, die Schilderung eines Vorganges und seiner späten Folge auf. Dies alles gilt freilich nur von dem, was man herkömmlicherweise unter Ballade versteht. Zieht man die Linie weiter bis zum Politsong, bleibt gemeinsam die Anschaulichkeit, das Drastische in Geschehen und Sprache, und im Formalen, was wohl auf die Tradition der Volksballade zurückgeht, die Neigung zu Einfachheit und Wiederholung.

Mögen die Balladen seit GOETHE und SCHILLER bis zur Jahrhundertwende in der Schule zunächst als stilistische Muster, dann wegen ihres nationalen Gehaltes eingesetzt worden sein, in der Folge wurde die Vermittlung ethischer Werte immer wichtiger: So hat die legendenhafte Ballade der nordischen den Rang abgelaufen. Das Bürgertum setzte Balladen zur Sozialisation der nachfolgenden Generation ein, und diese scheint das Identifikationsangebot gern aufgenommen zu haben. Der jüngste Versuch der Literaturdidaktiker, die alte Ballade dadurch am Leben zu erhalten, daß man in ihr eine gesellschaftskritische Potenz zu entdecken versucht, scheint wenig glücklich, ansprechender erweisen sich heute im Unterricht die kritischen Themen der modernen Ballade.

Literatur: Kämpchen, P. L.: Die numinose Ballade. Versuch einer Typologie der Ballade. Bonn 1930. – Kayser, W.: Geschichte der deutschen Ballade. Berlin 1936. – Riha, K.: Moritat, Song, Bänkelsang. Zur Geschichte der modernen Ballade. Göttingen 1965. – Hinck, W.: Die deutsche Ballade von Bürger bis Brecht. Kritik und Versuch einer Neuorientierung. Göttingen 1968, [3]1978. – Kretschmann, W.: Ballade. In: D. Krywalski (Hg.): Handlexikon zur Literaturwissenschaft. München 1974. – Trumpke, U.: Balladendichtung um 1770. Ihre soziale und religiöse Thematik. Stuttgart 1975. – Riha, K.: Moritat, Bänkelsong, Protestballade. Kabarett-Lyrik und engagiertes Lied in Deutschland. Frankfurt/M. 1975, [2]1979. – Köpf, G.: Die Ballade. Probleme in Forschung und Didaktik. Kronberg 1976. – Freund, W.: Die deutsche Ballade. Theorie, Analysen, Didaktik. Paderborn 1978. – Laufhütte, H.: Die deutsche Kunstballade. Grundlegung einer Gattungsgeschichte. Heidelberg 1979. – Weißert, G.: Ballade. Stuttgart 1980. – Müller-Seidel, W. (Hg.): Balladenforschung. Königstein 1980. – Elschenbroich, A.: Anfänge einer Theorie der Ballade im Sturm und Drang. In: Jb. des Freien deutschen Hochstifts 1982, S. 1–56. – Freitag, Chr.: Ballade. Bamberg 1986. – Grimm, G. E. (Hg.): Gedichte und Interpretationen. Deutsche Balladen. Stuttgart 1988. – Laufhütte, H. (Hg.): Deutsche Balladen. Stuttgart 1991; Nachwort, S. 592–632.

DER BILDUNGSROMAN

von Petra Gallmeister

Ein Bildungsroman dreht sich um einen jungen Menschen, der Klarheit über sich selbst und über die Welt gewinnen will und der erste Erfahrungen mit der Wirklichkeit sammelt. Er thematisiert die Auseinandersetzung einer Figur mit verschiedenen Realitätsbereichen und akzentuiert die Spannung zwischen Subjekt und Welt, zwischen Ideal und Realität. Er weist von daher Berührungspunkte mit dem autobiographischen Roman und mit dem Zeit- und Gesellschaftsroman auf.

Neben dem Begriff ›Bildungsroman‹ benutzt die Forschung den Begriff ›Entwicklungsroman‹. Einige Forscher sehen den Terminus Entwicklungsroman als Oberbegriff an und verstehen unter Bildungsroman die typische Ausprägung des 18. Jahrhunderts, andere verwenden beide Begriffe synonym. Im Bildungsroman geht es um die Bildung des Helden oder des Lesers, wobei Bildung sowohl das Ziel, den Endpunkt der Entwicklung als auch den Weg dorthin bezeichnet.

Der Begriff Bildungsroman stammt von KARL MORGENSTERN, der ihn in seinen Dorpater Vorlesungen von 1810, 1819 und 1820 folgendermaßen vorstellte: Ein Bildungsroman beschreibt die Bildung des Helden bis zu einer gewissen Stufe der Vollendung, er fördert die Bildung des Lesers, und er legt die Bildung und Welterfahrung seines Autors dar (vgl. Martini). MORGENSTERN bezeichnete GOETHES *Wilhelm Meister* als hervorragendes Beispiel der Gattung.

MORGENSTERNS Begriffsprägung fand zunächst wenig Beachtung, erst DILTHEYS Neubestimmung setzte den Terminus durch. In *Leben Schleiermachers* (Band I, 1870) nannte DILTHEY solche Romane Bildungsromane, die in der Tradition des *Wilhelm Meister* stehen. Im *Hölderlin*-Aufsatz des Bandes *Das Erlebnis und die Dichtung* (1906) führte er aus, daß die Bildungsromane einen jungen Menschen darstellen, der in das Leben eintritt, Freundschaft und Liebe erfährt, in Konflikte mit der Realität gerät, Lebenserfahrungen sammelt, sich selber und seine Aufgabe in der Welt findet. Die Bildungsromane formulieren, seiner Meinung nach, den Individualismus einer Kultur, die auf das Privatleben eingeschränkt ist; sie zeigen den Kampf der Ideale mit einer gealterten Welt. Sie stellen die gesetzmäßige Entwicklung eines Individuums dar, in der Konflikte als notwendige Durchgangsstufe zur Reife und Harmonie erscheinen, sie sehen das Glück der Menschen in der Entfaltung der Persönlichkeit. DILTHEYS Überlegungen rückten die Besonderheiten des Bildungsromans ins Bewußtsein der Literaturwissenschaft, und der Bildungsroman erschien den Kritikern bald als die typisch deutsche Romanform, als Roman der Dichter und Denker.

Der Bildungsroman entstand im 18. Jahrhundert, er reflektiert die Ideen, Probleme und den Emanzipationsprozeß des Bürgertums. Die Bildungsromane suchen nach sinnvollen Bildungszielen, nach einer Möglichkeit zur Entfaltung der individuellen Anlagen und nach einem Betätigungsfeld für den einzelnen in der Gesellschaft; sie werfen Fragen auf, die für das Bürgertum des 18. Jahrhunderts von Bedeutung waren. Aufgrund der Umgestaltung der Produktionsweise durch den einsetzenden Kapitalismus und der veränderten Lebensführung erschienen dem Bürgertum, das diese Entwicklung vor allem trug, die politischen, sozialen und religiösen Bindungen und Lebensordnungen des Feudalismus als überholt, als Hindernis für die weitere Umwandlung, und es empfand die Notwendigkeit, seinen sozialen Ort und sein Lebensziel neu zu bestimmen, nach neuen Normen zu suchen. Die Herauslösung des einzelnen aus einem traditionellen gesellschaftlichen Gefüge und die Emanzipation von überkommenen sozialen und religiösen Bindungen führten zu einer Konzentration auf das Individuum, zur Frage nach einem jeweils individuellen Entwicklungsziel. Die Entfaltungsmöglichkeiten für die Bürger waren jedoch begrenzt, denn gesellschaftlicher Aufstieg und politische Betätigung blieben ihnen weitgehend versagt. Sie sahen sich – neben der beruflichen Tätigkeit – auf die Sphäre des Privatlebens und der Kultur eingeschränkt. Die weit verbreitete pietistische Religiosität und die Empfindsamkeit förderten die Analyse der eigenen Seele und der subjektiven Gefühle; beide Strömungen führten dazu, sich verstärkt um die Entwicklung der eigenen Persönlichkeit zu kümmern (vgl. Jacobs).

Die politische Machtlosigkeit des Bürgertums förderte die Herausbildung und Entfaltung des Bildungsromans. Kritiker dieses Romantyps wie Börne und Laube warfen ihm vor, sich nur auf ein Individuum und sein Privatleben zu konzentrieren und damit den bürgerlichen Leser auf Innerlichkeit und Privatheit zu verweisen, sie stellten fest, daß die Unfreiheit und Enge in den deutschen Kleinstaaten es verhindert habe, im Roman ein Bild der Wirklichkeit des öffentlichen Lebens zu liefern.

Die ersten Bildungsromane stellen die Auseinandersetzung des Bürgertums mit dem Adel dar. Die Bürger orientieren sich noch an der Lebensweise des Adels, sie wollen ihm gleichgestellt werden und bemühen sich dafür um Bildung. Seit dem 19. Jahrhundert thematisieren die Bildungsromane Auseinandersetzungen zwischen Bürgertum und Bürgertum, die jugendlichen Helden geraten in Konflikte mit Bürgern, bei denen nur Erwerbsstreben gilt oder die die eigene Machtposition behaupten wollen und den alten bürgerlichen Idealen wie Freiheit und Gleichheit keine Beachtung mehr schenken. Die Autoren stellen diese Problematik anhand des Gegensatzes zwischen Künstler und Gesellschaft und, vor allem im 20. Jahrhundert, zwischen Intellektuellem und Gesellschaft dar; sie reflektieren vielfach ihre eigene Situation.

Der Bildungsroman fußt auf zwei Voraussetzungen: der Wertschätzung der Individualität und der Forderung, der einzelne solle sich in die Gesellschaft integrieren und am politischen Leben teilnehmen können. Die Problematik des angestrebten Ausgleichs zwischen Ich und Welt führt zu einer kontemplativen Haltung der Autoren, die in ihren Bildungsromanen auf eingeschränkte Entwicklungsmöglichkeiten für den einzelnen und repressive gesellschaftlich-politische Verhältnisse hinweisen. Die Bildungsromane zeigen keinen unversöhnlichen Gegensatz zwischen Individuum und Gesellschaft, formulieren aber ein gebrochenes Verhältnis zu der Vorstellung, der einzelne könne in Gesellschaft und Staat nützlich wirken und zugleich seine Individualität bewahren.

Morgenstern und Dilthey sahen im Bildungsroman noch die

Darstellung einer zur Reife gelangenden Persönlichkeit, sie interpretierten die Romanschlüsse als erreichten Ausgleich zwischen Ich und Welt. Sie berücksichtigten dabei nicht, daß die Helden der Bildungsromane sich zwar verändern, aber ihre Ziele Selbstverwirklichung, Persönlichkeitsentfaltung, harmonische Eingliederung in die Gesellschaft häufig nicht erreichen, daß ihre Bildung unabgeschlossen bleibt. Der Ausgang vieler Bildungsromane wirkt melancholisch; die Romanfiguren geben bestimmte Vorstellungen auf, ihre Einordnung in die Gesellschaft bedeutet Entsagung, oder die Autoren führen ein utopisches Element ein, beschreiben eine in anderen Zeiten oder an anderen Orten angesiedelte Wirklichkeit, die erst ein ›glückliches‹ Ende ermöglicht.

Die Helden der Bildungsromane sind formbare, biegsame Menschen, die den Einflüssen der Außenwelt ausgesetzt werden und mühsame Lern- und Entwicklungsprozesse durchlaufen. Sie haben schon aufgrund des oftmals beschriebenen frühen Verlusts des Vaters ein gebrochenes Verhältnis zur Tradition und keine klare Vorstellung von einem zu erreichenden Ziel. Ihnen zur Seite stehen Mentoren, die ihnen die eigenen Erfahrungen jedoch nicht ersparen, sondern nur behutsam eingreifen und Anstöße geben. Die Autoren schildern ihre Figuren häufig aus der Distanz, behandeln das Geschehen mit Ironie und formulieren keine festen, unwandelbaren Bildungsziele.

Im folgenden soll die Geschichte des Bildungsromans anhand einiger bedeutender Beispiele dargestellt werden.

Den ersten deutschen Bildungsroman schrieb CHRISTOPH MARTIN WIELAND mit seiner *Geschichte des Agathon* (1766/67); 1773 und 1794 erschienen zwei weitere Fassungen, die vor allem den Schluß veränderten. WIELAND verfolgt Agathons Lebensweg unter zwei Aspekten: der Darstellung seiner schwärmerischen Haltung zur Welt und seiner politischen Tätigkeit. Der junge Agathon täuscht sich über sich selbst und über die Wirklichkeit, er glaubt an die Gültigkeit von Moral und Tugend, an eine gute Welt. Die relativistische und epikureische Philosophie von Hippias stellt seine Überzeugungen auf eine harte Probe und dämpft seine Emphase, seine Erfahrungen als Fürstenerzieher und Premierminister in Syrakus, sein politisches Scheitern desillusionieren ihn. Dennoch bewahrt er seinen ethischen Anspruch, zieht sich aber von der politischen Tätigkeit in die Innerlichkeit zurück und siedelt in die utopisch gezeichnete Tugendrepublik Tarent über. Die Wendung zur Utopie zeigt, daß WIELAND in der realen Wirklichkeit Deutschlands keine Möglichkeit für den Reformen anstrebenden Bürger sah, politisch und moralisch zu handeln. WIELAND behandelt seinen Helden distanziert und ironisch; Agathon stellt ein Modell dar, das die Kritik des Autors an Schwärmerei und Realitätsverkennung demonstriert.

KARL PHILIPP MORITZ' Roman *Anton Reiser* (1785–90) ist als »negativer Bildungsroman« (Hans Joachim Schrimpf) bezeichnet worden, da er eine Figur vorführt, die sich keine stabile Entwicklung, keine Bildung leisten kann. MORITZ versteht Bildung als sozialen Vorgang, und er zeigt die gesellschaftlichen Bedingungen – Unterdrückung im Elternhaus, im Lehrbetrieb, in der Schule und erzwungene Anpassung –, die die Entwicklung Anton Reisers hintertreiben. Reiser kann kein eigenes Ich entwickeln, keine eigenen Normen aufstellen, er bleibt abhängig vom Urteil der anderen. Sein Leiden an der Wirklichkeit kompensiert er mit Lesen und Theaterspielen, was ihn jedoch von der Realität entfernt, ihn nur vermittelte und keine eigenen Erfahrungen sammeln läßt, ihm keine eigene Existenz ermöglicht. Reiser erscheint als Prototyp des Erfolglosen, als Opfer einer unterdrückenden Gesellschaft. Der Roman trägt autobiographischen Charakter wie die meisten Bildungsromane – er greift auf das Muster von ROUSSEAUS *Confessions* zurück –, der Autor versucht eine Selbstanalyse, eine Diagnose seines Lebenslaufs.

GOETHES Bildungsroman *Wilhelm Meisters Lehrjahre* (1795/96) gilt als das wichtigste Muster der Gattung, er beeinflußte die Gestaltung aller weiteren Bildungsromane. Die *Lehrjahre* bauen auf dem Fragment *Wilhelm Meisters theatralische Sendung* (geschrieben 1777–85) auf, verändern aber die Bedeutung des Theaters. In den *Lehrjahren* stellt es kein Ziel, sondern nur noch eine Durchgangsstufe dar, es enttäuscht die Hoffnungen, die Wilhelm mit ihm verbunden hat. Sein Ziel, die Selbstfindung, erreicht Wilhelm erst durch seine Vaterschaft, durch die Übernahme von Verantwortung. Er durchläuft einen Prozeß der Entbürgerlichung, einen Weg vom Standesbürgertum zum

Weltbürgertum. Er flieht aus einer bürgerlichen Existenz, die ihn auf die Ausbildung nur einer Fähigkeit und auf Nützlichkeits- und Erwerbsdenken einschränkt, ihn zieht die Möglichkeit der Adligen zur Selbstentfaltung und -darstellung an, ihre repräsentative Lebensform, deren Hohlheit er jedoch allmählich erkennt. In der Turmgesellschaft lernt er gebildete, ihrer Zeit gegenüber aufgeschlossene Adlige kennen, die sich bürgerlichen Lebensweisen – wirtschaftliche Tätigkeit, Sorge um die Zukunft der Kinder – annähern und somit bestimmte adlige und bürgerliche Lebensformen verbinden. Alle Bildungsideen des Romans – Selbstfindung, Entbürgerlichung, tätiges Leben, Geselligkeit, Entsagung – stehen gleichberechtigt nebeneinander, alle werden problematisiert, relativiert und durch eine Sentenzensprache ironisiert. Wilhelm erscheint als ein Schnittpunkt verschiedener Bildungsideen, er ist wie die meisten Helden der Bildungsromane ein blasser, unscharfer Charakter, ein Suchender und Werdender, der Konflikten ausweicht und verschiedene Möglichkeiten ausprobiert. Der Schluß wirkt wie eine glückliche Fügung; das Schicksal von Mignon und dem Harfner demonstriert ein Gegenbild. Die Möglichkeit zur Bildung ist nur einigen wenigen gegeben, und der Entschluß der Figuren aus *Wilhelm Meisters Wanderjahre* (1829), nach Amerika auszuwandern, verdeutlicht, daß Europa mit seinen feudalen Strukturen die Menschen nicht zu sich selber kommen läßt.

Die Bildungsromane konzentrieren sich stets auf einen männlichen Protagonisten; den Frauen kommt nur die Rolle von Bezugspersonen zu, was ihrer realen gesellschaftlichen Stellung entspricht: Sie besaßen nicht die Möglichkeit, eine Wanderung durchs Leben anzutreten, um sich selber und einen Platz in der Gesellschaft zu finden, ihre soziale Position und ihre Bildungsziele waren vorgegeben. GOETHE schuf im *Wilhelm Meister* bestimmte Frauentypen, die spätere Bildungsromane aufnahmen. Philine verkörpert den Mythos des freien Menschen, der unabhängig von den Normen der Gesellschaft leben kann; Mariane dagegen übernimmt die Normen und zerbricht daran. Aurelie stellt den Typ einer zerrissenen Person dar, die ständig Konflikte mit der Gesellschaft austrägt. Natalie, die schöne Seele, wirkt wie eine überirdische Erscheinung, sie ist eine Frau ohne erotische Ausstrahlung, eine Kunstfigur, die man nur verehren kann.

Die Bildungsromane des 18. Jahrhunderts vertreten – bei aller Skepsis – den Anspruch des Bürgertums auf ungehinderte Entfaltung der Persönlichkeit und auf Teilhabe am politischen Leben. Zu Beginn des 19. Jahrhunderts überwiegt aufgrund der ausgebliebenen Revolution in Deutschland und der Restaurationszeit nach Napoleons Sturz die Überzeugung, in der Gegenwart die eigenen Vorstellungen nicht verwirklichen zu können.

Im *Titan* (1803) von JEAN PAUL bildet die Sehnsucht ein zentrales Motiv, das Ungenügen an der Wirklichkeit und der Wunsch, aus der Gegenwart zu fliehen. Albanos Entwicklung hebt sich von dem Schicksal seiner Freunde Roquairol und Schoppe ab, deren Exzentrik und Zerrissenheit sie in Selbstmord bzw. Wahnsinn treiben. Roquairol demonstriert einen Entfremdungs- und Verbildungsprozeß durch zu frühe Beeinflussung. Die Darstellung von Albanos Entwicklung konzentriert sich auf sein Innenleben, seine Gefühle, sein Liebesleid, sie spart das politische Leben, die Öffentlichkeit aus. Albano findet zwar seine Aufgabe in der Gesellschaft, als er von seiner Bestimmung zum Fürsten erfährt, aber ob er dieser Stellung gewachsen ist, läßt der Roman offen.

Die Bildungsromane des beginnenden 19. Jahrhunderts äußern Zweifel an der Vorstellung, mit Hilfe von Bildung gesellschaftliche Ziele zu erreichen. Sie zeigen, daß Bildung auch aus der Wirklichkeit in den Bereich reiner Theorie führt, sich völlig von gesellschaftlicher Praxis trennen und zum Dekor werden kann.

Die Parodie eines Bildungsromans schrieb E.T.A. HOFFMANN mit *Kater Murr* (1820/22); schon die Wahl des Helden, eines Katers, wirft auf die Bildung ein dubioses Licht. Murrs Entwicklung zielt nicht auf Individualität, sondern verläuft in normierten, stereotypen Bahnen. Seine Zitate aus den Klassikern verbrämen seine wirklichen Gefühle, seine ›Bildung‹ verhilft ihm nicht zu einer besseren Weltkenntnis. Murr entwickelt sich zu einem Philister und versinnbildlicht ein Bürgertum, das seine Borniertheit und die Fragwürdigkeit seiner Lebensweise mit gebildeter Lebensart zu kaschieren sucht. Seine Schwermut und seine

Immobilität charakterisieren die Bürger, die über kein Selbstbewußtsein und keine Zukunftshoffnung verfügen. HOFFMANN verbindet Murrs Autobiographie mit der Lebensgeschichte des Musikers Kreisler. Kreisler strebt nach Individualität und Unabhängigkeit, er wird zum Außenseiter der Gesellschaft und gerät in Konflikte mit dem Adel und dem Bürgertum, die beide für seine Sehnsucht nach dem Unendlichen kein Verständnis haben. Er demonstriert den in den Bildungsromanen des 19. Jahrhunderts häufig auftretenden Konflikt zwischen Künstler und Gesellschaft, und der Roman zeigt die Unmöglichkeit der Integration eines Künstlers in eine bürgerlich geordnete Existenzweise.

Weitaus günstigere Bedingungen für die Teilnahme des einzelnen am öffentlichen Leben bot die demokratische Schweiz. GOTTFRIED KELLER formuliert in seinem Bildungsroman *Der grüne Heinrich* (1855, 1879/80) als Bildungsziel die politische Wirksamkeit, die Tätigkeit des einzelnen für Staat und Gesellschaft. Allerdings durchläuft der Held Heinrich Lee einen schmerzlichen Weg bis zur Übernahme eines Amtes. Sein Schulverweis, seine Neigung zur Introversion, seine Isolierung machen ihn zu einem Außenseiter der Gesellschaft, der nur beobachtet und von einer schöneren Wirklichkeit träumt, er dokumentiert die Haltung vieler Intellektueller. Das Scheitern seiner Künstlerlaufbahn, von der er sich Freiheit und gesellschaftlichen Aufstieg versprochen hatte, und die Schuldgefühle beim Tod seiner Mutter führen in der ersten Fassung des Romans sogar zu seinem Tod. Erst in der zweiten Fassung läßt der Autor Heinrich eine Stellung annehmen und seine Kenntnisse, wenn auch mühsam, in Tätigkeit umsetzen. Seine früheren schmerzlichen Erfahrungen erlauben ihm nur ein bescheidenes Glück, über dem Schluß des Romans liegt ein Ton verhaltener Resignation.

Das Bürgertum in Deutschland verharrte nach der gescheiterten Revolution von 1848 in Resignation und machtgeschützter Innerlichkeit, es paßte sich den Gegebenheiten an. (Vgl. Thomas Mann: *Leiden und Größe Richard Wagners*, 1933.)

THOMAS MANNS Bildungsroman *Der Zauberberg* (1924) setzt sich mit der Saturiertheit und trügerischen Sicherheit des Wilhelminischen Zeitalters auseinander und rechnet mit den geistigen Traditionen der Vorkriegsgesellschaft ab. Während der

Weimarer Republik erkannte T. MANN den Wert der Demokratie. Er behandelt im *Zauberberg* den Kampf der Demokratie mit der Reaktion in einem philosophischen Rahmen als Auseinandersetzung zwischen Licht und Finsternis, Gesundheit und Krankheit, Leben und Tod. Er setzt seinen durch Krankheit sensibilisierten Helden Hans Castorp den Erziehungsbemühungen zweier Mentoren aus, deren gegensätzliche Ausführungen faszinieren und verwirren, die aber auch relativiert und ironisiert werden. Castorp sucht, wie T. MANN selber, nach einer vermittelnden Position. Er durchläuft keinen Bildungsweg wie die Helden der früheren Bildungsromane, deren Wanderung durchs Leben die Aufbruchsstimmung des Bürgertums des 18. Jahrhunderts symbolisierte. Der Roman beschreibt ein krisenhaftes Zeitalter, in dem die Möglichkeit eines ausgeglichenen Lebens nur in einer Vision, in der Utopie sichtbar wird. Der Schluß des Romans zeigt einen Helden, der diese Vision schon vergessen hat und der in den Krieg, eine Pervertierung aller Bildungsbemühungen, zieht.

Im Exil gelangte T. MANN – wie andere Autoren auch – aufgrund der faschistischen Bedrohung zu der Überzeugung, der Intellektuelle habe die Aufgabe, in die politischen Ereignisse einzugreifen. Aus dieser veränderten Einstellung folgte die Konzipierung eines anderen Heldentypus, eines handelnden Menschen. Steht im *Zauberberg* ein passiver Held im Mittelpunkt, so zeichnet er in seiner Tetralogie *Joseph und seine Brüder* (1933–43), die er zu weiten Teilen im Exil schrieb, die Entwicklung eines träumerischen, in sich selbst verliebten Menschen zu einer Persönlichkeit, die in der Gesellschaft soziale Aufgaben erfüllt und für die Gemeinschaft handelt. Allerdings benutzt er zur Darstellung dieser Thematik eine mythische Figur, den biblischen Joseph. Die Tetralogie wendet sich den Anfängen menschlicher Entwicklung zu und führt eine in der Vergangenheit angesiedelte Utopie vor. Josephs Lebenslauf gilt T. MANN als exemplarisch für die Menschheit, deren Bestimmung es ist, eine humane Lebensweise für alle zu realisieren; Josephs Handeln stellt ein Muster dar, das auch für die eigene Zeit Gültigkeit besitzt.

Die Versinnbildlichung eines Vorbilds und die Frage nach den

Zielen politischen Handelns charakterisieren auch HEINRICH MANNS Bildungsromane *Die Jugend des Königs Henri Quatre* (1935) und *Die Vollendung des Königs Henri Quatre* (1938). H. MANN, der schon frühzeitig die politische Verantwortung des Schriftstellers betont hat, behandelt in seinen Bildungsromanen die Entwicklung eines Politikers. Henri tritt für Güte und Vernunft ein; er verkörpert einen wehrhaften Humanismus, er weiß, daß man kämpfen muß, um seine Ziele zu erreichen und seinen Platz in Staat und Gesellschaft zu behaupten. H. MANN zeichnet Henri als einen Intellektuellen, der es lernt, Geist und Tat, Theorie und Praxis zu verbinden. Die Kluft zwischen Geist und Handeln zu überwinden war schon das Bestreben einiger Schriftsteller der Weimarer Republik und wurde zu einem der wichtigsten Themen der exilierten Autoren. H. MANN behandelt Henris Auseinandersetzungen mit seinen Gegnern als ein Gleichnis für den Kampf (der Exilierten) gegen den Faschismus, von daher gewinnt Henri seinen Vorbildcharakter. Seine politische Wirksamkeit allerdings erscheint nicht ungebrochen; Äußerungen der Entsagung und der Trauer über die Vergänglichkeit des Guten nehmen zu, als Henri erkennen muß, daß sein Lebenswerk Fragment bleibt. Der Schluß jedoch, die Allocution d'Henri, ruft zur Weiterführung seines Kampfes um Humanität, Gerechtigkeit und Freiheit auf, und die Romane vermitteln die Überzeugung von der Notwendigkeit dieses Engagements.

Die beiden letztgenannten Beispiele bilden einen vorläufigen Endpunkt des bürgerlichen Bildungsromans. Persönlichkeitsentwicklung und Ausgleich zwischen Individuum und Gesellschaft gelingen, werden aber in vergangenen Zeiten angesiedelt. Nach dem zweiten Weltkrieg thematisierten viele Autoren einen unaufhebbaren Bruch zwischen Ich und Welt.

In letzter Zeit hat PETER WEISS es unternommen, von einer sozialistischen Position aus die Tradition des Bildungsromans aufzunehmen. Seine *Ästhetik des Widerstands* (I–III 1975–1981) führt den Bildungsweg einer Figur aus der Arbeiterklasse vor. Die Entwicklung des Ich-Erzählers zielt auf künstlerisches und auf politisches Engagement, wobei er eine Verschränkung beider Tätigkeiten anstrebt. Er will weder auf die Kunst, die Wahrheitssuche, die Reflexion, noch auf das Handeln verzichten, er will sich selbst und die Welt verändern. Der zweite Band zeigt, wie beide Bereiche aufeinander einwirken, indem er den Ich-Erzähler zur selben Zeit in der schwedischen kommunistischen Untergrundbewegung politisch aktiv werden und sich, ausgehend von der Mitarbeit in Brechts Kreis, künstlerisch betätigen läßt. Die Figuren haben mehr repräsentativen als individuellen Charakter; der Ich-Erzähler demonstriert eine Möglichkeit für die Arbeiterklasse, sich das künstlerische Erbe anzueignen, und beweist dabei ein hohes intellektuelles Niveau, vor allem bei der Interpretation bedeutender Kunstwerke aus der Sicht der Unterdrückten. Die drei Romane zeigen den Zwiespalt der Intellektuellen zwischen künstlerischem und politischem Engagement und die im dritten Band immer stärker problematisierte Hoffnung auf einen Ausgleich.

Literatur: Schlechta, K.: Goethes Wilhelm Meister. Frankfurt a. M. 1953. – Martini, F.: Der Bildungsroman. In: DVjs 35, 1961 Heft 1, S. 44–63. – Hass, H.-E.: Goethe. Wilhelm Meisters Lehrjahre. In: B. v. Wiese (Hg.): Der deutsche Roman. Düsseldorf 1963. – Scharfschwerdt, J.: Thomas Mann und der deutsche Bildungsroman. Stuttgart 1967. – Röder, G.: Glück und glückliches Ende im deutschen Bildungsroman. München 1968. – Köhn, L.: Entwicklungs- und Bildungsroman. Stuttgart 1969. – Jacobs, J.: Wilhelm Meister und seine Brüder. München 1972. – Schrader, M.: Mimesis und Poiesis. Poetologische Studien zum Bildungsroman. Berlin, New York 1975. – Meier, H.: Gottfried Kellers »Grüner Heinrich«. Zürich, München 1977. – Selbmann, R. (Hg.): Zur Geschichte des deutschen Bildungsromans. Darmstadt 1988. – Jacobs, J./Krause, M.: Der deutsche Bildungsroman. Gattungsgeschichte vom 18. bis 20. Jahrhundert. München 1989.

DER BRIEFROMAN

von Wolfgang Jeske

Als Teil der Gattung Roman fand der Briefroman seine eigentliche Ausprägung im 18. Jahrhundert; in seiner ›reinen‹ Form besteht er ausschließlich aus Briefen, die häufig von einem fiktiven Herausgeber durch eine Einleitung, ein Nachwort oder durch Anmerkungen begleitet werden. Die Briefe können dabei auf einen Schreiber begrenzt bleiben – damit tritt der Briefroman in die Nähe des Tagebuchs und des Tagebuchromans –, genauso aber auch auf zwei Absender, meist ein Paar, verteilt werden – der Briefwechselroman wird vergleichbar mit dem Gespräch oder dem Symposion –, und als weitere Möglichkeit ist die Briefsammlung von mehreren Schreibern zu unterscheiden, wobei nicht jeder mit allen übrigen korrespondieren muß. Häufig werden zum Briefroman auch Romane gerechnet, die zumindest in großen Teilen aus Briefen bestehen; dabei wird jedoch die grundsätzliche Unterscheidung zwischen dem Briefroman und dem Brief *im* Roman vernachlässigt (Honnefelder).

Zu den Wurzeln des Briefromans wird zum einen die Tradition der Heroiden gezählt – nach den fingierten Liebesbriefen antiker Helden in der Nachfolge von OVIDS *Epistulae* und *Heroides*; zu nennen ist auch die Verwendung von Briefen im griechischen *Alexanderroman* –, zum anderen gehören in diesen Zusammenhang fiktive Briefsammlungen: Immer wird dabei an die *Lettres Portugaises* (1669) erinnert (1913 übersetzt von R. M. RILKE), zu denen die Liebesbriefe der portugiesischen Nonne MARIANA ALCOFORADO die Vorlage geliefert haben sollen (der Streit um ihre mögliche Echtheit ist nicht beendet). Eine dritte Komponente ist die Verwendung des Briefs im Roman, eine eigene Tradition, die vor der des Briefromans einsetzt und neben diesem fortbesteht: zuerst im Volksbuch und im Renaissanceroman wurde der Brief für den Roman entdeckt, wobei seine Eigenständigkeit dazu führt, daß er auch ohne den erzählenden Rahmen auskommen könnte bzw. zur darin dargestellten Handlung nur begrenzt beiträgt, eine Tatsache, die sich etwa an den Romanen JÖRG WICKRAMS zeigen läßt: Während in *Ritter Galmy uß Schottland* (1539) der Brief verwendet wird, ohne selbst Bedeutung zu erlangen, die Briefinhalte sogar anschließend vom Erzähler wiederholt werden, erhält der Brief z. B. in WICKRAMS *Der Goldfaden* (1557) mehr Funktion, die andererseits durch die ausführliche Darstellung der Briefübergabe, der Empfindungen des Schreibers beim Abfassen und des Adressaten beim Empfang des Briefes wiederum verlagert wird. Insgesamt verliert der Brief aber allmählich »seine Rolle, als Versatzstück einer Handlungsführung zu dienen, die auf keine andere Art und Weise in den Griff zu bekommen ist, und wird zum Medium einer beginnenden psychologisierenden Darstellungsweise« (Honnefelder, 31). Im Barockroman wird diese Tradition des Briefes im Roman fortgesetzt durch Romane wie PHILIPP VON ZESENS *Adriatische Rosemund* (1645) oder ANTON ULRICH VON BRAUNSCHWEIGS *Aramena* (1669). Eine ausführliche Untersuchung zu dieser Tradition insgesamt hat Honnefelder vorgelegt – in ausdrücklicher Abgrenzung zum eigentlichen Briefroman.

Hinzu kommt als ›Vorform‹ nicht zuletzt der Einzelbrief selbst (zu den verschiedenen Brieftypen, vgl. Voss), mit dessen Theorie sich gerade die Autoren des 18. Jahrhunderts, an die griechische Brieftheorie der Antike anknüpfend, intensiv auseinandergesetzt haben: C. F. GELLERT in *Praktische Abhandlung von dem guten Geschmacke in Briefen* (1751), J. C. STOCKHAUSEN in *Grundsätze wohleingerichteter Briefe* (1751) u. a. »Wir müssen bey einem Briefe alles in diese drey Umstände abwiegen, unsere eigene Person, die andere, an welche der Brief gerichtet ist, den Innhalt des Schreibens selbst, und in welchem Zusammenhang oder in welchem Verhältnis diese Umstände miteinander stehen« (Stockhausen bei Voßkamp, 83).

Insgesamt lassen sich die Vorformen des Briefromans durch folgende Momente, die in ihm fortwirken, charakterisieren: durch »das Problem der Fiktionalisierung authentischer Briefe oder Briefsammlungen [wie evtl. der *Lettres Portugaises*] und die Rolle von Musterbriefen, die Aufnahme einzelner Briefe oder Korrespondenzen in größere Erzählzusammenhänge vor allem im Roman [bei WICKRAM u. a.] und schließlich eine auffallende Dominanz erotischer Thematik in der Tradition literarischer Briefformen [vgl. die *Heroiden* etc.]« (Voßkamp, 86).

Der Zusammenhang von theoretischer Behandlung des Briefes und seiner literarischen Verwendung im Briefroman wird bei einem der wichtigsten Vertreter dieser Gattung im 18. Jahrhundert deutlich: SAMUEL RICHARDSON schreibt seinen Briefroman *Pamela, or Virtue Rewarded* (1740) im Anschluß an die Zusammenstellung eines Briefstellers, eines Leitfadens für die Abfassung von Briefen zu verschiedenen Anlässen (*Lettres Written to and for Particular Friends*, 1741). RICHARDSONS Romane – neben *Pamela* besonders *Clarissa* (1748) – gelten als klassische Beispiele des Briefromans, zu dessen »poetologischen Grundfaktoren« der Einzelbrief und die Gesamtkomposition gehören: »der Ich-Struktur des Einzelbriefs in der Selbstanalyse und -aussage des Individuums steht die übergeordnete Struktur der Romankomposition in ihrer überindividuellen Bestimmtheit gegenüber« (Voßkamp, 89 f.).

Diese Ich-Struktur hat im Zusammenhang mit den Typisierungen der Gattung Roman einen Streit um die Zuordnung des Briefromans zum Ich-Roman ausgelöst: Bei der Unterscheidung von Er- und Ich-Erzählung zwar als dritte Möglichkeit angegeben, wurde die Briefform doch als »Modifikation der Ich-Erzählung« eingestuft (W. Kayser: Das sprachliche Kunstwerk. 1956, 203). Auf die Unterschiede bei gleichzeitiger Anerkennung der Vergleichbarkeit ist mehrfach hingewiesen worden (vgl. Würzbach, 57 ff.): »Die Erzählsituation im Briefroman unterscheidet sich von jener des eigentlichen Ich-Romans durch die Verkürzung oder Aufhebung der Erzähldistanz« (F. K. Stanzel: Typische Formen des Romans. 1964, 38). Es wurde sogar die folgende strenge Konsequenz gezogen: »Dem echten Briefroman jedoch ist die für den Ichroman typische epische Erzählsituation, die durch das Auseinanderfallen von Erzähl-Ich und Erzähltem-Ich [bei Stanzel: erzählendes und erlebendes Ich] bewirkt wird, fremd. Im Briefroman rücken Erzähl-Ich und Erzähltes-Ich zeitlich nahezu bis zur Identität zusammen, und man wird denjenigen Briefromanen, in denen aus einer dem Ichroman analogen Erzähldistanz erzählt wird, wie etwa in Hölderlins ›Hyperion‹, den echten Gattungscharakter absprechen müssen« (Mandelkow, 15). Dadurch wird jedoch, wie mir scheint, insgesamt genausowenig für die Gattung des Briefromans gewonnen wie bei dem Versuch, durch seine Gliederung in »Erzähleinheiten« (Neuhaus, 40ff.) – sie geht davon aus, daß das erzählende Ich über ein erlebendes Ich der Vergangenheit berichtet, gleichzeitig erlebendes Ich für das künftig erzählende Ich ist – den Vergleich mit dem Ich-Roman zu ermöglichen, der dann doch nur (und bedingt) auf diese Einheiten anwendbar wird.

Für die Komposition des Briefromans bestimmend sind besonders die Vielfalt der verschiedenen Formen und die Existenz eines Herausgebers der Briefe. Dieser angebliche Herausgeber hat die Aufgabe, die fiktiven Briefe »im Roman zu beglaubigen und sie als wahr auszugeben« (Voßkamp, 90), auf Herkunft und Geschichte des nun von ihm ›Publizierten‹ hinzuweisen, an das er meist unter merkwürdigen Begleitumständen gelangt sein will. Dies teilt der fiktive Herausgeber häufig in einem Vorwort mit oder gibt weitere Informationen in einem Nachspann. So enthält RICHARDSONS *Clarissa* »Preface« und »Postscript«, JEAN-JACQUES ROUSSEAUS *Julie ou La Nouvelle Héloise* (1761) »Préface« und »Préface de Julie ou Entretien sur les romans«, J. K. A. MUSÄUS' *Grandison der Zweite* (1760/62) – in Anlehnung an RICHARDSONS *The History of Sir Charles Grandison* (1753/54) – »Vorbericht« und »Avertissement An das Publicum«, *Les Liaisons dangereuses* (1782) von CHODERLOS DE LACLOS »Avertissement de l'Editeur« und »Préface du Redacteur« und GOETHES *Die Leiden des jungen Werthers* (1774) einen kurzen Vorspann und im zweiten Buch den Einschub »Der Herausgeber an den Leser«. Außerdem kann sich der Herausgeber in Anmerkungen, Fußnoten u. ä. einschalten, um zu den einzelnen Briefen Erläuterungen, Verweise oder Kommentare zu geben, wie etwa besonders in J. T. HERMES' *Sophiens Reise von Memel nach Sachsen* (1770/72). Je intensiver diese Möglichkeit genutzt wird, um so mehr nähert sich seine Funktion der (für den Briefroman nicht eigentlich typischen) Rolle, die im Roman der auktoriale Erzähler (Stanzel) einnimmt. In *Sophiens Reise* von HERMES kommt es sogar zu einer zweifachen Kommentierung (vgl. *Les Liaisons dangereuses*): Neben den Herausgeber tritt der ebenfalls fiktive »Setzer« des Buchs, der auch jenen kommentieren kann. Der

Herausgeber ist darüber hinaus im allgemeinen auch ›verantwortlich‹ für die Anordnung der Briefe, teilweise sogar für ihre Auswahl, für Kürzungen etc.; auch dies kann im Briefroman direkt angesprochen werden, wie etwa in ROUSSEAUS *Héloise*. Daß der Briefroman auch ohne einen Herausgeber auskommen kann, zeigen z. B. LUDWIG TIECKS *Geschichte des Herrn William Lovell* (1795/96) und FRIEDRICH HÖLDERLINS *Hyperion oder der Eremit in Griechenland* (1797/99). Andererseits wird aber der Herausgeber auch als ›Garant‹ für die angestrebte ›Echtheit‹ der Briefe ›gebraucht‹. Seine häufige Anonymität ließe sich mit der festgestellten »Dominanz erotischer Thematik« (Voßkamp, 86) erklären; der entscheidendere Grund dafür ist aber, daß die namenlose literarische Herausgeberfigur nicht mit ihrem Autor verwechselt werden kann und soll, wie ja auch Romanerzähler und Romanautor nicht gleichzusetzen sind. Der zweite die Komposition bestimmende Faktor ergibt sich aus der Anzahl der Briefschreiber. Man unterscheidet zwischen monologischer, dialogischer und »polylogischer« Form (Picard; Voßkamp, 95). Beim monologischen Briefroman (z. B. *Pamela, Werther*) ist auf die Nähe zu Memoirenroman und Autobiographie (Voßkamp, 95) bzw. zum Tagebuch (Picard, 22 f.) hingewiesen worden, um gleichzeitig aber auch das Trennende deutlich zu machen: Der Briefroman kennt nicht die große zeitliche Distanz zwischen Erinnertem und dessen Niederschrift, wie er andererseits ein Gegenüber voraussetzt, an das die einzelnen Briefe gerichtet sind, obwohl sie von diesem auch unbeantwortet bleiben können. Der Briefwechselroman zwischen zwei (oder mehreren) Schreibern, als »Idealtypus« des Briefromans eingestuft (Voßkamp, 96), wurde bereits von seinen Autoren als dramatisch charakterisiert: GOETHE nennt die »Romane in Briefen völlig dramatisch, man kann deswegen mit Recht förmliche Dialoge, wie auch Richardson getan hat, einschalten« (GOETHE an Schiller, 23. 12. 1797). Rückblickend stellt er in *Dichtung und Wahrheit* außerdem interessanterweise fest: Die »Wertherschen Briefe haben nun wohl deshalb einen so mannigfachen Reiz, weil ihr verschiedener Inhalt erst in solchen ideellen Dialogen mit mehreren Individuen durchgesprochen worden, sie sodann aber, in der Komposition selbst, nur an *einen* Freund und Teilnehmer gerichtet erscheinen«. Jean Paul bestätigt dies im allgemeinen und variiert es im speziellen, wenn er seinen Abschnitt *Über den Roman* in seiner *Vorschule der Ästhetik* (1804) mit der Bemerkung einleitet: »Der Roman verliert an reiner Bildung unendlich durch die Weite seiner Form, in welcher fast alle Formen liegen und klappern können. Ursprünglich ist er episch; aber zuweilen erzählt statt des Autors der Held, zuweilen alle Mitspieler. Der Roman in Briefen, welche nur entweder längere Monologen oder längere Dialogen sind, gränzet in die dramatische Form hinein, ja, wie in Werthers Leiden, in die lyrische.«

Durch die Verbindung der beiden Faktoren im Briefroman, den Briefen in ihren unterschiedlichen Ausprägungen und der Gesamtkomposition, wird gleichzeitig versucht, zwei »scheinbar widerstreitende künstlerische Intentionen« ineinszusetzen: »ein individualisierendes, auf psychologische Charakterschilderung zielendes, dramatisch-dialogisches Moment und ein überindividuelles, episch-teleologisches der Gesamtkomposition« (Voßkamp, 105). Die im Briefroman vorliegende, dokumentarischen Anspruch erhebende Selbstdarstellung der einzelnen Personen, auch die gegenseitige Darstellung der Beteiligten (Picard, 13, 18ff.), legt mehr Wert auf die Reflexion über die (sonst im Roman wichtigen) Ereignisse als auf diese selbst: Es geht ihm um die »innere Geschichte« (Emmel, 498); entscheidend ist die Entstehung der Ereignisse, mehr noch deren Nachwirkung auf das jeweilig betroffene Individuum.

Dazu hatte schon Friedrich von Blanckenburg in seinem *Versuch über den Roman* (1774) bemerkt, um seine ablehnende Haltung gegenüber dem Briefroman zu begründen: »Es dünkt mich nämlich, daß dieser Zusammenhang [von Wirkung und Ursache], mit *Wahrscheinlichkeit* nicht anschauend erhalten werden kann, wenn die Personen selbst den Roman schreiben, das ist, wenn er in Briefen geschrieben ist. Die Personen sind, den Voraussetzungen des Dichters zu Folge, oft in zu großer Bewegung, als daß sie in sich selbst zurück kehren, Wirkung und Ursach gegen einander abwiegen, und das *Wie* bey dem Entstehn ihrer Begebenheiten so aufklären könnten, wie wir es sehen wollen. [...] Und wenn sich jene Beobachtungen [über das Entstehen der wichtigsten Begebenheiten] gar nicht, mit irgend einer Wahrscheinlichkeit, in den Briefromanen erhalten ließen: so dürfte die ganze Erfindung dieser Behandlung wohl nicht das Verdienst haben, das man gewöhnlich ihr beylegt. Ein Roman in Briefen wäre dann sicher, ein so dramatisches Ansehn er hat, der schlechtere Roman; und ich weis nicht, ob wir in den wirklichen Beyspielen, die wir davon haben [den gleichzeitig erscheinenden *Werther* hat er später ausgenommen], Widerlegungen dieser Meynung finden«.

Zu diesem individuellen Moment in der eigenen oder mitmenschlichen Sicht tritt die in der Briefform angelegte zwischenpersonale Beziehung hinzu (Picard, 21 ff.), die auch dann gegeben ist, wenn der Adressat nicht antwortet (*Werther*), die erhoffte Hilfe oder Rettung z. B. nicht in Aussicht gestellt wird; an dessen Stelle kann sich aber »Der Herausgeber an den Leser« wenden, der die Gesamtkomposition ›Verantwortende‹ sich einschalten. Dadurch wird einerseits die Gegenwärtigkeit der Briefe als eine historische deutlich gemacht; andererseits kann sich die in der Zeit des 18. Jahrhunderts bestimmende »Empfindsamkeit«, die sich in der Wirklichkeit nur ›heimlich‹ vollziehen konnte, in Brief und Briefroman – hier symbolisiert durch die mögliche Gefangenschaft der Schreiber (Neuhaus, 37) – ›ausdrücken‹, kann auch beim Leser Mitgefühl (entsprechend dem Mit-leid der aristotelischen Dramatik) erzeugt werden, das aber gleichzeitig durch die (wenn auch anfänglich weniger bewußt werdenden) Eingriffe des Herausgebers zumindest abgeschwächt wird, so daß auch der Leser die Möglichkeit erhält, mit seinem Urteil ›dazwischen‹ zu kommen (Brecht). Außerdem ermöglicht dies eine Erweiterung der Aussage des gesamten Briefromans, die über die Perspektive der verschiedenen ›Helden‹ hinausgeht.

Die Funktion des Lesers ist beim Briefroman vielfältig: Wird er einerseits in den Briefschreiber versetzt und übernimmt er andererseits die Rolle des Adressaten, des Dialogpartners (Voßkamp, 107 f.), so wird diese Doppelfunktion zusätzlich überlagert durch die distanzierte Reflexion, die der Herausgeber – der ›implizite Leser‹ (vgl. Neuhaus, 48 f.) – ermöglicht (Voßkamp, 109). »Der Leser wird im Briefroman zum Fluchtpunkt der divergierenden Perspektiven. Das aber heißt nichts anderes, als daß er in einem gewissen Sinne diejenige Rolle übernimmt, die im epischen Erzählen der Erzähler innehat« (Mandelkow, 16).

Die besondere Ausprägung des Briefromans im 18. Jahrhundert macht deshalb eine genauere Analyse des damaligen Lesepublikums nötig, die einmal die »gesamteuropäische ›Empfindsamkeit‹« und auch die Vergrößerung dieses Publikums um den ›Mittelstand‹ zu berücksichtigen hat; gerade wegen der unmittelbaren Thematisierung der »Konflikte und Bedürfnisse« dieser Leser sind die Briefromane »weitgehend« als ›Zeitromane‹ einzustufen (Voßkamp, 110f.). Die thematische Bevorzugung der »privaten Innerlichkeit des Familienlebens« im Briefroman ist bedingt durch die literarisch umgesetzte »Fähigkeit zur wechselseitigen Selbstaufklärung aller ›Privatleute‹«, die eine »Moralität der privaten Tugenden« zum Ausdruck bringen möchte: die Vorstellung einer »eigenständigen bürgerlichen Tugendmoral«, die sich gegen »›politische‹ Verhaltensnormen des Adels« und gegen deren von einem Teil des Bürgertums angestrebte Übernahme richtet (Voßkamp, 113). »Als literarisches Kunstwerk bleibt der Briefroman prinzipiell von gesellschaftlicher Wirklichkeit unterschieden – aber eben darin fungiert er auch als Medium und Instrument eines historischen Bewußtseinsprozesses« (Voßkamp, 115). Das heißt: Er dient der Entdeckung der Subjektivität und der Thematisierung der bürgerlichen Moral, die sich in der Wirklichkeit zur öffentlichen Gewalt (›öffentliche Meinung‹) entwickelt.

Nach der Entwicklung des Briefromans im 18. Jahrhundert und der häufigen Verwendung der Briefform in dieser Zeit wird sie erst im 20. Jahrhundert, wenn auch nur vereinzelt und nicht strengen Maßstäben genügend, wieder benutzt: Als Beispiel sind hierbei einmal die *Briefe, die ihn nicht erreichten* (1903) von Elisabeth von Heyking zu nennen – neben der (obligatorischen) Liebesgeschichte enthalten die Briefe vor allem Anmerkungen zur chinesischen bzw. amerikanischen Geschichte und Gesellschaft, die die Schreiberin aufgrund zurückliegender bzw. paralleler Beobachtungen machen kann. Zu nennen sind außerdem Ricarda Huchs »Erzählung in Briefen« *Der letzte Sommer* (1910), aber auch die *Briefe eines Dollar-Königs an seinen Sohn* (1902) von G. H. Lorimer. (Ein besorgter Vater und Fleischgroßhändler schreibt an seinen studierenden bzw. seine geschäftliche Laufbahn beginnenden Sohn.) Zumindest in der Nähe des Briefromans anzusiedeln sind schließlich THORNTON WILDERS *Die Iden des März* (1948) – eine Montage aus fiktiven Briefen, Berichten, Tagebüchern, Flugschriften und anderen Aufzeichnungen aus dem Vorfeld der Ermordung Cäsars, die den Strukturen des Briefromans folgt, fortlaufend vom ›Herausgeber‹ erläutert, kommentiert und datiert wird. Beeinflußt haben dürfte die Tradition des Briefromans BERTOLT BRECHTS Romanfragment *Die Geschäfte des Herrn Julius Cäsar* (1938–40), das selbst jedoch nicht als Briefroman betrachtet werden kann.

Literatur: Voss, E. Th.: Erzählprobleme des Briefromans, dargestellt an 4 Beispielen des 18. Jahrhunderts. Bonn 1960. – Mandelkow, K. R.: Der Briefroman. Zum Problem der Polyperspektive im Epischen. In: K. R. M.: Orpheus und Maschine. Heidelberg 1976, S. 13–22 [zuerst 1960]. – Kimpel, D.: Entstehung und Formen des Briefromans in Deutschland. Interpretationen zur Geschichte einer epischen Gattung des 18. Jahrhunderts und zur Entstehung des modernen deutschen Romans. Wien 1961. – Würzbach, N.: Die Struktur des Briefromans und seine Entstehung in England. München 1964. – Neuhaus, V.: Der Briefroman. In: V. N.: Typen multiperspektivischen Erzählens. Köln/Wien 1971, S. 32–72. – Picard, H. R.: Die Illusion der Wirklichkeit im Briefroman des achtzehnten Jahrhunderts. Heidelberg 1971. – Voßkamp, W.: Dialogische Vergegenwärtigung beim Schreiben und Lesen. Zur Poetik des Briefromans im 18. Jahrhundert. In: DVjs 45, 1971, S. 80–116. – Honnefelder, G.: Der Brief im Roman. Untersuchung zur erzähltechnischen Verwendung des Briefes im deutschen Roman. Bonn 1975. – Emmel, H.: Artikel »Roman« im Reallexikon der deutschen Literaturgeschichte von Merker-Stammler, Bd. 3, Berlin 1977, § 8 ff.

DIE ELEGIE

von Otto Knörrich

Die (neben dem Epigramm) wichtigsten antiken Gedichtformen Ode, Hymne und Elegie lassen sich dahingehend unterscheiden, daß die Ode in ihrer Geschichte vorwiegend formal, die Hymne vorwiegend inhaltlich, die Elegie jedoch abwechselnd einmal mehr formal (metrisch), dann wieder mehr inhaltlich bestimmt wurde, so daß ihre Entwicklung mehr noch als die anderer lyrischer Gattungen von der Problematik des Form-Inhalt-Zusammenhangs bestimmt wird.

Der Begriff bezeichnet ursprünglich das »elegische« Versmaß, d. h. das aus einem Hexameter und einem Pentameter bestehende Distichon. In diesem Versmaß, das schon im 7. vorchristlichen Jahrhundert nachzuweisen ist (KALLINOS, ARCHILOCHOS), wurden von Anfang an die verschiedensten Themen behandelt, nicht zuletzt auch politische, und früh wurde es auch zum bevorzugten Versmaß des Epigramms. Die thematische Vielfalt führte zur Ausprägung verschiedener Formen der Elegie. So unterscheiden wir die threnetische oder Klage-Elegie, die paraenetische Elegie (Exhortatio, Ermahnung), die gnomische (spruchhafte, epigrammatische) Elegie, die politische und die erotische Elegie.

Die späteren thematischen Einschränkungen der Gattung (vor allem auf die threnetische Elegie, auf Trauer, Klage, Melancholie) lassen sich kaum aus dem Form-Inhalt-Zusammenhang erklären, wie entsprechende Versuche selbst deutlich machen, wenn sie dem elegischen Maß ganz unterschiedliche Wirkungen zuschreiben. So urteilt z. B. GOTTSCHED in seiner *Critischen Dichtkunst* ([4]1751): »Die abwechselnde Ungleichheit der Zeilen macht hauptsächlich, daß die Elegie so traurig und beweglich klingt.« Dagegen ruft GOETHE im letzten Stück seiner *Römischen Elegien* Hexameter und Pentameter als geeignete Ausdrucksmittel für sein »Entzücken« darüber an, »wie sie (die Geliebte) des Tags mich erfreut, wie sie des Nachts mich beglückt«. Aber wenn auch das elegische Maß keine inhaltlichen Festlegungen zuläßt, so weist es doch bestimmte Stileigentümlichkeiten auf, in denen sich ähnlich wie bei der Hymne spezifische »Grundhaltungen« aussprechen können (nicht müssen). So gibt es neben dem Stilbegriff des Hymnischen auch den des Elegischen. Friedrich Beißner, der die Geschichte der deutschen Elegie geschrieben hat, betont zwar in seinem Vorwort, daß es eine allgemein gültige Bestimmung der Gattung nicht geben kann, neigt aber im Verlauf seiner historischen Darstellung doch ständig zu Verallgemeinerungen und zur Aufstellung von Gattungsnormen. Immerhin leitet er diese primär von dem wesentlichen Stilmerkmal des Distichons ab, das er im Gegensatz zum »epischen Drängen« des monostichischen Hexameters den »elegischen Verhalt« nennt. Er ergibt sich aus dem »charakeristische(n) Strömen und Stauen des Versmaßes« (6), dem »Wechsel zwischen der hellen Melodie hexametrischen Vorwärtsdrängens und dem dumpf verhaltenden Doppelstoß des Pentameters« (31). Eine solche Deutung der Gattung aus dem Metrum sieht ihr Wesen in einer eigentümlichen Brechung des sich aussprechenden Gefühls, sei dieses nun freudiger oder trauriger Natur, so daß es nie ganz es selbst bleibt, sondern in Distanz zu sich selbst rückt, ja sich seinem jeweiligen Gegenpol annähert. Beißner spricht mit Bezug auf die threnetische Elegie von dem »eigentümliche(n) Zwischenzustand der zärtlichfrohen Wehmut, des läuternden und geläuterten Nachdenkens, der stillfreudigen Vergegenwärtigung und Beschwörung des Vergangenen und Verlorenen« (24).

Diese Gattungskonzeption nun erfährt ihre deutlichste Ausformung zu einer Zeit, in der die Gattung zugleich ihren Höhepunkt erreicht: zur Zeit der Empfindsamkeit. Die sogenannte empfindsame Elegie, vor allem in England beheimatet (THOMAS GRAYS berühmte *Elegy written in a Country Churchyard* von 1750 ist das vielbewunderte und einflußreiche Vorbild), ist das eigentliche historische Muster, von dem sich jene Gattungskonzeption herleitet. Süße Wehmut ist das Gefühl, das sie vor allem kennzeichnet: »It discovers sweets in melancholy which we could not find in mirth«, formuliert der englische Vorromantiker WILLIAM SHENSTONE in der Einleitung zu seiner Elegiensammlung. In Deutschland erfährt diese bis hin zu Beißner als »Vertiefung des elegischen Empfindens« (86) interpretierte Konzeption ihre zusätzliche Begründung durch die von der aufklärerischen Kunstpsychologie aufgestellte Theorie der »vermischten Empfindungen«, die vor allem von THOMAS ABBT in die Gattungsreflexion eingebracht wurde (*Briefe, die Neueste Litteratur betreffend*. XIIter Theil. Berlin 1762, S. 69–83; dazu Herder in seinen *Fragmenten zur deutschen Literatur*). Unter ihrem Einfluß wird die Elegie zum Ausdruck des Spannungsverhältnisses zwischen der Unmittelbarkeit des Gefühlserlebens und seiner »Aufhebung« durch zeitliche Distanzierung. Die Trauer über erlittenen Verlust spricht sich im zugleich vergegenwärtigenden und abstandnehmenden Rückblick auf das Verlorene aus: Sie verschwebt zwischen freudiger Beschwörung und melancholischer Klage.

Ähnlich wie Beißner in dem »verhalten trauernde(n) Rückblick von der Gegenwart in eine idealische Vergangenheit« (in der das Verlorene noch Besitz war) als das »vornehmste Merkmal« der Gattung jedenfalls in der Neuzeit ansieht (15) und dieses in einen unmittelbaren Zusammenhang mit der metrischen Gestalt bringt, glaubt auch Klaus Weissenberger eine spezifisch »elegische« Sprechhaltung jenseits aller historischen Wandlungen der Gattung zu erkennen und sucht das ihr zugrunde liegende »Prinzip der Antithetik« sowohl in der äußeren Struktur, nämlich im »Prinzip des Gegensatzes im Distichon«, als auch in der inneren Struktur, d.h. im »Gegeneinander verschiedener Grundhaltungen«, vor allem in der »Antithetik zwischen dichterischer Nähe und Distanz«, die zum Ausgleich zu führen sind (vgl. vor allem S. 50–53 u. 154–158). So wollen beide im »Nachweis einer bestimmten äußeren und inneren Struktur der Elegie« zeigen, »wie die Form dem Gehalt entspricht« (Weissenberger, 11). Solchen Versuchen ist aber entgegenzuhalten, daß die Festlegung der Gattung auf jenen »eigentümliche(n) Zwischenzustand« vermischter Empfindungen ausgerechnet zu einer Zeit erfolgt, in der sie sich von ihrer metrischen Form weitgehend gelöst hat. Es ist also nicht nur keine Korrespondenz zwischen »Form« und »Gehalt« auszumachen, sondern es scheint geradezu so, als schaffe erst die Befreiung vom Formzwang den Raum für die Ausbildung jener elegischen »Grundhaltung«. Es ist in diesem Zusammenhang bemerkenswert, daß in England, dem – im Sinne der Empfindsamkeit – »klassischen Land der Elegie« (Helmut de Boor), die Gattung eigentlich kaum je formal, immer nur inhaltlich definiert wurde. Und der Verzicht auf das elegische Maß in der deutschen Dichtung, der ja nicht zuletzt unter dem Einfluß der englischen Elegie erfolgt, ist um so auffallender, als es in Deutschland eine lange, tief verwurzelte Formtradition gab, die sich eigentlich als zählebiger hätte erweisen müssen. Das aus der Antike überkommene distichische Metrum ist sowohl in der mittellateinischen wie in der neulateinischen Elegie (also im Mittelalter und im Humanismus) bestimmendes Gattungsmerkmal, und daraus erklärt sich nach Beißner die »starre formale Auffassung«, die auch noch das 17. Jahrhundert von der Elegie hat (49). Sie führt bei der Einbürgerung der Gattung in die volkssprachliche Literatur zur Nachahmung des antiken Distichons durch Ersatzformen im alternierenden deutschen Vers, die sich vor allem des Wechsels zwischen männlichen und weiblichen Versausgängen bedienen, um ähnliche Wirkungen wie der Wechsel zwischen Hexameter und Pentameter zu erreichen. So entsteht die barocke Wechselreimelegie, für die vor allem OPITZ das Vorbild schuf. Aber auch noch bei GOTTSCHED und in der Anakreontik finden sich solche Versuche, das antike Maß mit den Mitteln des deutschen Verses, vor allem im Rahmen des Alexandriners und des vers commun, nachzubilden.

Die Gültigkeit der formalen Gattungsbestimmung aus dem Metrum wird auch durch die Pioniertat KLOPSTOCKS nicht vollständig wiederhergestellt, obwohl ihm als erstem die genaue Nachbildung des strengen antiken Elegienmaßes im Deutschen gelang. Selbst seine begeisterten Schüler, die Dichter des Hainbunds, bezeichnen neben streng distichischen Elegien auch Lieder und Oden mit »elegischem« Gehalt als Elegien (von »elegischen Oden« spricht schon HERDER), und dies obwohl einer der ihren, JOHANN HEINRICH VOSS, sich wie kein anderer um die genaue Erfüllung der antiken Formvorschriften bemühte. Aber auch an GOETHE wird deutlich, daß die von KLOPSTOCK hergestellte »Einheit der formalen und inhaltlichen Elegie« (Weissenberger,

15) für die Gattung nicht konstitutiv wurde: Bekanntlich lassen sich die in elegischen Distichen geschriebenen *Römischen Elegien* (1795) kaum auf »elegische« Gehalte im engeren Sinn festlegen (sie stehen in der antiken Tradition der erotischen Elegie), während umgekehrt die sogenannte *Marienbader Elegie* (entstanden 1823), für die GOETHE eine Stanzenform wählte, die Gattungsbezeichnung nur vom Inhalt her empfängt. Da die inhaltliche und die formale Bestimmung der Gattung aus verschiedenen Wurzeln kommen, jene aus der Empfindsamkeit, diese aus dem Neuhumanismus, kann es nicht erstaunen, daß sie mehr nebeneinander her bestehen, als daß sie miteinander vermittelt werden. Solche Vermittlung erscheint eher als klassisches Zwischenspiel denn als zeitlos gültige Erfüllung der Gattung. Dabei erfährt die inhaltliche Komponente durch SCHILLER eine bedeutsame Vertiefung. Er stellt die Definition des Elegischen als »Empfindungsweise« in einen umfassenden dichtungstheoretischen und zugleich geschichtsphilosophischen Rahmen: Es ist Ausdrucksform des sentimentalischen Dichters, und zwar behandelt es dessen eigentlichen Gegenstand, den Widerspruch zwischen dem Ideal und der Wirklichkeit, in der Weise, »daß die Darstellung des ersten überwiegt und das Wohlgefallen an demselben herrschende Empfindung wird«; zugleich ist aber das Ideal ein »Gegenstand der Trauer«, insofern es »als unerreicht dargestellt wird« (*Über naive und sentimentalische Dichtung*, 1795/96). Die Dialektik von Abstand und Nähe und die Vermischung der Gefühle sind nicht mehr einfach zeitlich bedingt (in diese Sehweise fällt dann später FRIEDRICH THEODOR VISCHER wieder zurück in seiner *Ästhetik oder Wissenschaft des Schönen*, 1846–57), sondern Ausfluß des idealistischen Denkens: Die elegische Empfindungsweise erscheint als eine Stufe in der Kulturentwicklung des Menschen, wie sie ihm von seiner idealischen Bestimmung vorgezeichnet ist.

Während GOETHES Gattungsvorstellung trotz SCHILLERschen Einflusses doch wesentlich von den Traditionen der threnetischen und der erotischen Elegie bestimmt blieb, begegnet das vertiefte Elegieverständnis SCHILLERS auf höchster dichterischer Stufe wieder bei HÖLDERLIN. In »dürftiger Zeit« der Gottferne hält der Dichter die Erinnerung an die geschwundene Gemeinschaft zwischen Menschen und Göttern wach, indem er es unternimmt, »ein unschuldiges Vergangene«, um nun doch eine Formulierung GOETHES aus *Dichtung und Wahrheit* zu verwenden, »mit anmutiger Trauer wieder heranzufordern«:

Seliges Griechenland! du Haus der Himmlischen alle,
Also ist wahr, was einst wir in der Jugend gehört?
Festlicher Saal! der Boden ist Meer! und Tische die Berge,
Wahrlich zu einzigem Brauche vor alters gebaut!
Aber die Thronen, wo? die Tempel, und wo die Gefäße,
Wo mit Nektar gefüllt, Göttern zu Lust der Gesang?
Wo, wo leuchten sie denn, die fernhintreffenden Sprüche?
Delphi schlummert und wo tönet das große Geschick?
(*Brot und Wein*)

SCHILLER hatte betont, daß »bei der Elegie die Trauer nur aus einer durch das Ideal erweckten Begeisterung fließen« dürfe. Dieses Elegieverständnis bedingt eine gewisse Nähe der Gattung zur Hymne, die um so größer wird, je mehr die Begeisterung durch das Ideal die Trauer über seine Ferne oder seinen Verlust überwiegt. Sie zeigt sich bei SCHILLER selbst, aber auch, worauf Beißner hinweist, bei HÖLDERLIN, für den die Elegie »Durchgang zum Hymnus« wird (176).

In diese Traditionslinie dürfen auch, über die Niederungen epigonaler Elegiendichtungen im 19. Jahrhundert hinweg, RILKES *Duineser Elegien* (1912–1922) eingereiht werden. Aus der Klage um »dieses so ins Bodenlose gehängte Leben« ringt sich der Dichter zur Rühmung des Daseins durch, in der sich der Auftrag des Menschen zur »Verwandlung des Sichtbaren in Unsichtbares« erfüllt (vgl. den Hulewicz-Brief vom 13. 11. 1925):

Denn nur zum Rühmen noch steht mir das Herz, so
gewaltig
weiß ich die Welt. Und selbst meine Klage
wird mir zur Preisung dicht vor dem stöhnenden Herzen.
(Elegienfragment vom Januar 1912)

Das elegische Distichon allerdings ist zur Entstehungszeit der *Duineser Elegien* schon so ziemlich außer Gebrauch gekommen, und auch RILKE nähert sich ihm in seiner Versbehandlung nur an, ohne es zu übernehmen. Das mag in der Tendenz zum Hymnus begründet sein, die schon bei HÖLDERLIN die Hinwendung zu freirhythmischen Formen bedingt. Doch führte allein schon die Abkehr vom antikisierenden Geschmack dazu, daß das klassische Elegienmaß durch andere, vielfach freirhythmische Formen ersetzt wurde – soweit nach RILKE überhaupt noch Elegien geschrieben wurden.

Die Gattungsbezeichnung immerhin ist auch in der Moderne so wenig verschwunden wie etwa die der Ode. Nach Kurt Leonhard ist zwar CELAN »der einzige, der die große Überlieferung der freirhythmischen Hymnen- und Elegienform (...) in unserer Gegenwart auf seine und unsere Weise fortsetzt« (Moderne Lyrik. Monolog und Manifest, Bremen 1963, 166), aber wenn man CELAN nennt, muß man zumindest auch seinen Lehrmeister erwähnen, YVAN GOLL, bei dem die Bezeichnungen für die klassischen Gedichtformen Ode, Hymne und Elegie auffallend oft vorkommen. Von KROLOW gibt es die berühmte *Koreanische Elegie* (*Zeichen der Welt*, 1952); seine *Elegie auf den Tod eines jungen Dichters* (1953) knüpft im Titel an SCHILLERS *Elegie auf den Tod eines Jünglings* an. Eines der bedeutendsten Zeugnisse der modernen Elegie ist BOBROWSKIS *Pruzzische Elegie* (entstanden 1952), die, nach den eigenen Worten des Dichters, »die Erinnerung an das vom Deutschen Ritterorden ausgerottete Volk der Pruzzen« heraufruft. In diesem Klagegesang ist nichts mehr von der süßen Wehmut der empfindsamen Elegie zu spüren, er ist »dunkel« und »von Klage/ bitter«, »hell« aber nur »von zorniger Liebe« – womit das Prinzip der »vermischten Empfindungen« hier eine bedeutsame Modifikation erfährt. An KLOPSTOCK, von BOBROWSKI als Vorbild in Anspruch genommen, erinnern allenfalls formale Einzelheiten, die freirhythmische Versbehandlung dient jedoch nicht der hymnischen Steigerung, wie wir sie noch bei RILKE beobachten können, vielmehr erscheint der hohe Ton klassischer Dichtkunst in dieser Elegie spätzeitlich gebrochen: Sie ist »Gesang, vor Klage/ arm«.

Konsequenter Endpunkt dieser Entwicklung ist der Lakonismus. Als Ausdrucksform der Gattung, die nach JOHANN GEORG SULZER einmal eine »einnehmende etwas schwatzhafte Art« kennzeichnete (vgl. Beißner, 168), erscheint er z. B. in einer 1959 entstandenen *Elegie* von Hans-Jürgen Heise (*Ausgewählte Gedichte 1950–1978*, 14):

1
Kohlköpfe haben die Sahara umzingelt
in Regennächten rücken sie
immer weiter vor

2
Löwen ihr kommt
ausgestopft
ins Museum

Wüstensand du mußt
ein Schildchen dran
unter Glas

Auch dies ist Klage: Klage über die immer engere Umzingelung der unberührten Natur durch den Menschen. Verstärkt wird sie durch den Umstand, daß sie der Natur in ihrer dürftigsten Form, der Wüste, gilt, die freilich auch eine ihrer stolzesten Formen ist (Löwe!): So dürftig kann Natur gar nicht sein, daß ihr Verlust nicht zum Gegenstand der Klage werden müßte. Aber es ist eine Klage jenseits jeder Klagetönerei: unberedete, ja selbst unberedte Klage. In die Ernüchterungen und Austrocknungen der Sprache, die sich in der lakonischen Redeweise niederschlagen, mündet so die Tradition elegischen Gesangs, wird in ihnen »aufgehoben« in des Wortes doppelter Bedeutung.

Literatur: Beißner, F.: Geschichte der deutschen Elegie. Berlin 1941, [3]1965. – Castle, E.: Das Formgesetz der Elegie. In: Zeitschrift für Ästhetik 37 (1943). – Strauß, L.: Zur Struktur des deutschen Distichons. In: Trivium. Schweizerische Vierteljahrschrift für Literaturwissenschaft VI (1948). S. 52–85. – Hardörfer, L.: Formanalytische Studien zu Rainer Maria Rilkes Duineser Elegien. (Diss. Mainz) Köln 1959. – Potts, F. A.: The Elegiac Mode. Ithaca 1967. – Weissenberger, K.: Formen der Elegie. Von Goethe bis Celan. München/Bern 1969. – Ziolkowski, Th.: The Classical German Elegy. 1795–1950. Princeton 1980. – Bernhardt, E. D.: Goethe's Römische Elegien. The Lover and the Poet. Bern u. a. 1990.

DAS EPIGRAMM

von Otto Knörrich

Das Epigramm ist eine der ältesten literarischen Gattungen, die wir kennen. Es hat sich durch die Jahrhunderte, ja durch die Jahrtausende mit relativ großer Konstanz durchgehalten und wird heute noch ähnlich wie schon in antiken Zeiten gepflegt.

Seinem Ursprung nach gehört es zu den epischen Kleinformen, jedoch wurde schon sehr früh, im 8. Jahrhundert vor Christus, der Vers dafür üblich. Dementsprechend zählen wir es seiner allgemeinen Bestimmung nach zu den lyrischen Kurzformen. Da es vorwiegend reflektierenden Charakter hat, wird es gern der sogenannten Gedankenlyrik zugeordnet. Eine besondere Bedeutung erlangte in der Definitionsgeschichte die »Kanonisierung« des satirischen Epigramms zum eigentlichen Prototyp der Gattung. Sie geht in Deutschland auf MARTIN OPITZ zurück, den Ahnherrn der deutschen Epigrammtheorie, der in seinem *Buch von der deutschen Poeterey* (1624) das Epigramm »eine kurtze Satyra« nennt. Gegen diese einseitige Festlegung hat sich vor allem HERDER gewandt, doch bestimmt sie teilweise noch heute bzw. gerade heute wieder mehr oder weniger stark die Gattungsvorstellung.

Der in der griechischen Wortbedeutung ausgewiesenen Herkunft des Epigramms von Aufschriften auf Gräbern oder Weihegeschenken (Grab- und Weih-Epigramm), auf Statuen, Denkmälern, Altären usw. blieb man sich stets bewußt, obwohl schon im Hellenismus der Übergang zum sogenannten »Buchepigramm« erfolgte. Noch im Barockzeitalter sind die Bezeichnungen »Aufschrifft« oder »Überschrifft«, auch »Bey-Schrifft« (GRYPHIUS) übliche Gattungsnamen, und der Beischrift-Charakter des Epigramms klingt auch in dem Titel des brühmten Gemeinschaftswerks von GOETHE und SCHILLER an: Xenien sind bei MARTIAL Begleitverse zu Gastgeschenken. Auch auf die Rolle, die das Epigramm in der barocken Emblematik spielt, wo es häufig als Subscriptio dient, ist in diesem Zusammenhang hinzuweisen: Auch hier ist es ja ein Begleittext, in diesem Fall zu einem Bild, der sogenannten Pictura. Schließlich gehören in diese Traditionslinie selbst noch BRECHTS »Foto-Epigramme«, die er während seines Exils, vor allem während der ersten Kriegsjahre, verfaßte und die aus versifizierten Begleitkommentaren zu ausgeschnittenen Zeitungsphotos bestehen.

Wenn das Bewußtsein von der ursprünglichen Funktion der Textart auch nach ihrer Ablösung lebendig blieb, darf man das als Hinweis darauf nehmen, daß bestimmte, ursprünglich mit dieser Funktion zusammenhängende Textmerkmale auch für das »Buchepigramm« von Bedeutung blieben. Drei solche Merkmale sind zu nennen:

1. Epigramme sind ihrem Ursprung nach Gelegenheitsgedichte mit Gebrauchscharakter. Insofern erscheint denn auch seine Entwicklung zum (satirischen) Zeitgedicht und zum sogenannten Spottepigramm als eine »natürliche« Möglichkeit der Gattung, die nur noch so unruhiger politischer Verhältnisse bedurfte, wie sie z. B. im Rom des ersten vorchristlichen Jahrhunderts und in der römischen Kaiserzeit herrschten, um sich zu realisieren. Auch die Blüte des »satirischen Epigramms« im Barockzeitalter findet sicher eine Teilerklärung in der Aufgewühltheit der damaligen Zeitumstände und der Gemüter. GOETHES und SCHILLERS *Xenien* (1797) dienten primär der polemischen Auseinandersetzung mit den Gegnern in der literarischen Szene, sie galten ihnen als Zwischenarbeit, eingeschoben zwischen ihre eigentlichen literarischen Vorhaben, an Rang und Bedeutung mit diesen nicht vergleichbar, und GOETHES *Venezianische Epigramme* sind ein reines Gelegenheits-, ja Verlegenheitsprodukt: Sie entstanden, als er, einsam und in erzwungener Muße, 1790 in Venedig weilte, auf die verzögerte Ankunft der Herzogin von Weimar wartend, die er abholen sollte. Bis auf den heutigen Tag blieb der Rang des Epigramms als anerkannter Gattung der »hohen« Literatur umstritten, und es gibt denn auch außer MARTIAL kaum einen bedeutenden Autor, dessen literarischer Ruhm sich ausschließlich auf sein epigrammatisches Werk gründet. In der deutschen Literatur wäre hier allenfalls LOGAU zu nennen. LESSING, der sich in seinen *Zerstreuten Anmerkungen über das Epigramm und einige der vornehmsten Epigrammatisten* (1771)

immerhin recht ausführlich mit der Gattung beschäftigte, nennt sie zwar eine »Gattung intellektueller Schönheit«, andererseits aber auch »nicht gerade die vornehmste und interessanteste«. Und J. M. R. LENZ deutet in einem Meta-Epigramm (*Ob das Epigramm eine Gattung der Poesie zu nennen?*) an, daß es ihrer Funktion nicht gemäß ist, poetischen Rang zu beanspruchen. Bezeichnend ist es schließlich, daß die wenigen bedeutenden Epigrammatiker des 20. Jahrhunderts, vielleicht mit der Ausnahme von SCHNITZLER, alle Vertreter einer littérature engagée, einer »angewandten Lyrik« mit Gebrauchscharakter sind: BRECHT vor allem, KARL KRAUS und ERICH KÄSTNER, schließlich ARNFRIED ASTEL. BRECHTS besondere Hinwendung zum Epigramm im schwedischen und finnischen Exil (1939–41) verdankte sich übrigens, und hier zeigt sich eine gewisse Parallele zur Entstehungsgeschichte von GOETHES *Venezianischen Epigrammen*, der für ihn sehr schwierigen, ihn frustrierenden und lähmenden Situation in der Zeit von Hitlers großen Kriegserfolgen, von der er selbst berichtet: »Im Augenblick kann ich nur (!) diese kleinen Epigramme schreiben, Achtzeiler und jetzt nur noch Vierzeiler.« – »Mich in einigen Epigrammen versucht (...). Ganz unfähig, Dramatisches zu arbeiten.« (*Arbeitsjournal I*, 151 u. 135)

2. Epigramme sind ursprünglich Personen oder Gegenständen zugeordnet: »Zweierlei liegt bereits im Ursprung der Gattung begründet: der Bezug auf bestimmte Gegenstände (Weih- und Gastgeschenke) und der auf bestimmte Personen (als Inschrift auf Denkmälern, Statuen und Gräbern)« (Neumann, 320). Der Bezug auf Personen wird wichtig für die satirische Variante der Gattung, und in dieser Form wird das Epigramm zur Waffe in der literarischen Fehde oder in der politischen Auseinandersetzung, dient aber auch gern dazu, ähnlich wie die Charakterkomödie bestimmte Menschentypen aufs Korn zu nehmen: den Geizigen, den gehörnten Ehemann usw. Die ursprüngliche Gegenstandsbezogenheit des Epigramms dagegen vermittelt seiner mehr reflektierenden Form wichtige Anstöße. Das wird an solchen Beispielen deutlich, die scheinbar von einem bestimmten Gegenstand handeln, diesen aber in Wirklichkeit nur zum Anlaß für ein geistreiches Gedankenspiel oder die Ableitung tiefsinniger Spruchweisheiten nehmen. In den Epigrammtheorien wird auf

diese Grundstruktur der Gattung, die in dem »Doppelverhältnis von ›Gegenstand‹ und ›Deutung‹« (Neumann, 319) greifbar wird, immer wieder verwiesen, vor allem bei LESSING, für den sich alle »vollkommenen Sinngedichte (...) von selbst in zwei Stücke (zerlegen), in deren einem unsere Aufmerksamkeit auf irgendeinen besonderen Vorwurf rege gemacht, unsere Neugierde nach irgend einem einzeln Gegenstande gereizt wird, und in deren anderm unsere Aufmerksamkeit ihr Ziel, unsere Neugierde einen Aufschluß findet.« Und wenn auch das Epigramm, in der Ausweitung seiner Thematik, über diese seine Grundstruktur vielfältig hinauswächst, kehrt es doch auch in der dichterischen Praxis immer wieder zu ihr zurück – bis hin zu BRECHT, der auch in dieser Hinsicht bemerkenswert traditionsverhaftet ist. Auf sein berühmtes Gedicht *Auf einen chinesischen Theewurzellöwen* z. B. trifft genau die aus der griechischen Epigrammtradition hergeleitete Definition HERDERS zu, »daß das Epigramm ein gegenwärtiges Object zu einem festbestimmten Punkt der Lehre oder derEmpfindung poetisch darstelle oder wende und deute«:

Die Schlechten fürchten deine Klaue.
Die Guten freuen sich deiner Grazie.
Derlei
Hörte ich gern
Von meinem Vers.

Eine »Lyrik der Gegenstände« nennt BRECHT selbst seine »finnischen Epigramme« (*Arbeitsjournal I*, 160). Auf ein ganz modernes Beispiel einer solchen »Lyrik der Gegenstände« kommen wir am Schluß noch zu sprechen.

3. Wie der Gelegenheitscharakter und die Gegenstandsbezogenheit ergibt sich auch das dritte Merkmal, das der Kürze, aus der ursprünglichen Funktion des Epigramms: »Auf und an den Weihgeschenken steht wenig Raum zur Verfügung, und der Wanderer, der an den Gräbern vor der Stadt vorbeikommt, hat für die Inschriften wenig Zeit übrig: so muß hier wie dort aus der Not eine Tugend gemacht, gehaltvolle Knappheit zum Gebot der Gattung werden.« (Luck, 200). Gegen diese Art der Ableitung hatte sich freilich schon HERDER in seinen *Anmerkungen über das griechische Epigramm* (1785) gewandt und den »Grund der

Regel« in der »innere(n) Natur« des Epigramms gesehen: »Ein Gegenstand nämlich soll zu einem einzigen Punkt der Wirkung vorgezeigt werden; wie kann dies anders geschehen, als mit streng gehaltener Einheit, mit Sparsamkeit sowohl als mit weisem Verhältniß der Züge gegen einander und auf den letzten Punkt des Ausgangs?« HERDER verkennt zwar, daß die »innere Natur« einer Gattung (d. h. die sie konstituierenden Aussage- und Wirkungsabsichten) und die ihr entsprechenden formalen Gestaltungsmöglichkeiten sich gegenseitig bedingen können, und vor allem ist auch er noch einer ahistorischen Gattungsvorstellung verhaftet, aber im Gegensatz zu LESSING, dem es darum geht, die Einheit der Gattung zu bestimmen, arbeitet er in seiner kritischen Replik auf dessen Epigrammtheorie ihre Vielfältigkeit heraus, und obwohl auch er vom »kleinsten der Gedichte« spricht, ist er der erste Theoretiker, der das Merkmal der Kürze relativiert. Er unterscheidet sieben »Gattungen des Sinngedichts« und nennt die siebte »die rasche oder flüchtige«: Sie ist gekennzeichnet durch eine »Spitze oder Pointe«, und nur von ihr sagt er, sie »liebt Kürze«. In der Tat ist es die einseitige Festlegung des Epigramms auf Witz, Satire und überraschende Pointe, die in der Epigrammtheorie immer auch zu der Forderung nach Kürze führt. Diese in der römisch-martialischen Tradition begründete Vorstellung vom Epigramm beherrscht die Poetiken von der Renaissance bis zur Aufklärung: von SCALIGER über OPITZ und die Barock-Poetiker bis zu GOTTSCHED und LESSING. Allerdings hält sich die poetische Praxis nicht immer daran. Neumann (334) weist darauf hin, daß es z. B. bei LOGAU Epigramme von bis zu 196 Versen gibt, obwohl auch er das Epigramm als »kurtzes Stichel-Geticht« definiert. Für witzig-pointierte Sageweisen ist Kürze, Lakonismus zwar ein wichtiges Stilmittel der Wahl, jedoch kein notwendiges, und es ist um so weniger konstitutiv für die Gattungszugehörigkeit eines Textes, je deutlicher trotz des Verzichts darauf andere Merkmale der Gattung ausgeprägt sind, die in einer bestimmten Zeit als typisch für sie angesehen werden: in diesem Fall Witz, Pointiertheit, satirische Schärfe usw.

Wie aus dem bisher Gesagten bereits deutlich wird, bewegt sich die Geschichte des Epigramms im wesentlichen zwischen zwei Polen und hat zwei Entwicklungsstränge ausgebildet, die freilich nicht immer scharf zu trennen und außerdem vielfach miteinander verknüpft sind: die Traditionslinie der versifizierten Spruchweisheit, die sich primär vom griechischen Epigramm (überliefert in der sogenannten *Anthologia Graeca*) herleitet, und die römisch-martialische des satirisch-kritischen Kurzgedichts. Von »zwo Gattungen des Epigramms« spricht dementsprechend HERDER in einem Meta-Epigramm, in dem er die eine mit der Biene, die »sauset und sticht«, die andere mit der Rose vergleicht, und eine ganz ähnliche Unterscheidung, nur in anderer Metaphorisierung, trifft KLOPSTOCK:

> Bald ist das Epigramm ein Pfeil,
> Trifft mit der Spitze;
> Ist bald ein Schwert,
> Trifft mit der Schärfe;
> Ist machnmal auch – die Griechen liebten's so –
> Ein klein Gemäld', ein Strahl, gesandt
> Zum Brennen nicht, nur zum Erleuchten.

Nach einer langen Unterbrechung der Epigrammtradition im Mittelalter, in dem die Gattung wenig bekannt war, erfährt sie, wie andere antike Gedichtformen, ihre große Wiederentdeckung und Wiederbelebung in der Renaissance, und zwar zunächst in der neulateinischen Dichtung (OWEN in England; CELTIS, HUTTEN und CORDUS in Deutschland). Wenn sich folglich das neuzeitliche Epigramm dann auch innerhalb der einzelnen nationalsprachlichen Literaturen vorwiegend unter dem Einfluß der römisch-martialischen Tradition weiterentwickelt, so hängt das nicht zuletzt damit zusammen, daß sich der europäische Humanismus des 16. Jahrhunderts, im Gegensatz zum Neuhumanismus im 18. und 19. Jahrhundert, vor allem mit der römischen, und erst in zweiter Linie mit der griechischen Antike beschäftigte. Für das deutschsprachige Epigramm kommt der Durchbruch erst im Barockzeitalter. Entscheidende Impulse erfährt die neu aufblühende Epigrammatik im Übergang vom Mittelalter zur Neuzeit aus den geistigen und politisch-sozialen Umbrüchen der Epoche, vor allem als Waffe in den Auseinandersetzungen zwischen den alten und neuen Kräften, aber auch als didaktisch-pädagogisch motiviertes Mittel zur Durchsetzung neuer Denkformen und

Wertvorstellungen. Der kritisch-rationalistische Geist sichert dem Epigramm seine Stellung bis in die Aufklärungsliteratur hinein. Er bestimmt zwischen OPITZ und LESSING auch die poetologische Reflexion und fordert vom Epigramm Witz, Scharfsinn, gedankliche Eleganz, »intellektuelle Schönheit«. Diese Forderungen entsprechen zugleich spezifischen Denk- und Formprinzipien des Barocks, jedoch bringen diese in dialektischer Kehre auch ganz andere Ausprägungen epigrammatischen Sprechens hervor: neben dem geistreichen Einfall, dem beziehungsreichen Wortspiel auch die dunkle Rätselrede, das tiefsinnige Paradoxon, die mystisch motivierte Sprachesoterik, wie sie uns vor allem bei ANGELUS SILESIUS begegnet. Sowohl die begrifflich-logische Antithetik wie mystische Dialektik finden ihre adäquaten Ausdrucksformen im Alexandriner oder im Distichon, bevorzugten Versformen des Barocks. Das Distichon fand schon früh, spätestens im 7. vorchristlichen Jahrhundert, Verwendung für das Epigramm, und wir finden es als Bauelement antithetischer Fügung auch noch im 20. Jahrhundert, etwa bei HOFMANNSTHAL. Vor allem haben GOETHE und SCHILLER sich seiner bedient: in den *Xenien*, in den *Venezianischen Epigrammen*. Erst der alte GOETHE verzichtete in seiner Spruchdichtung darauf. Doch scheidet er keineswegs streng zwischen distichischen und nichtdistichischen lyrischen Kurzformen. So faßt er z. B. in der Werkausgabe von 1815 eine Gruppe seiner Alterssprüche unter dem Titel *Sprichwörtlich*, eine andere unter dem Titel *Epigrammatisch* zusammen, und neben den distichischen Xenien gibt es in der Ausgabe letzter Hand von 1827 die nicht-distichischen *Zahmen Xenien*. Erst Erich Trunz hat in der Hamburger Goethe-Ausgabe die nicht-distichischen »Epigramme« GOETHES unter dem Titel »Sprüche« zu einer eigenen Gruppe zusammengefaßt, ihnen so den eigentlich epigrammatischen Charakter absprechend. Neumann glaubt den Spruch an seiner »minder pointierten, kürzere Verse bevorzugenden, oft der Lebensweisheit sich zuneigenden, fast durchweg unpolemischen Form« (344) zu erkennen. Demnach wäre die von HERDER propagierte nicht-martialische Variante des Epigramms eher als Spruch zu bezeichnen. Aber von den Textbefunden her läßt sich diese Unterscheidung nicht durchhalten. PREISENDANZ und ALTMANN neigen dazu, das »Spruchgedicht« als den Oberbegriff aufzufassen, definieren aber das Epigramm als Unterabteilung verschieden. Alle Systematisierungsversuche gehen an der Tatsache vorbei, daß sich Epigramm und Spruch allererst nach ihren historischen Herleitungen unterscheiden, sich in ihrer Entwicklung aber vielfältig miteinander vermischen.

Unabhängig von ihrer Benennung (weder die Bezeichnung Epigramm noch die Bezeichnung Spruch wird in der zeitgenössischen Literatur noch viel verwendet) ist die Gattung in ihren spezifischen Grundstrukturen bis in die Gegenwart hinein relativ konstant geblieben. In jüngster Zeit hat sie vor allem durch die Politisierung des Gedichts und das aktuelle Formprinzip des Lakonismus neuen Auftrieb erfahren. Wie eine späte Zusammenfassung der Gattungstradition von den griechischen Anfängen bis in ihre vielfältigen neuzeitlichen Ausprägungen erscheint das folgende Beispiel aus dem Band *Kläranlage* (1970) von Arnfried Astel:

Fallbeil

man
man geht
man geht nicht
man geht nicht mehr
man geht nicht mehr ohne
man geht nicht mehr ohne Kopf

Dieses Epigramm ist eine Aufschrift im ursprünglichen Sinn, die sich freilich den Gegenstand, auf den sie sich bezieht, nach dem Vorbild der Konkreten Poesie in der Form eines Ideogramms selbst schafft. Der Satz »Man geht nicht mehr ohne Kopf« klingt seiner Formulierung nach wie eine modische Verhaltensregel aus einem Anstandsbuch, er impliziert aber in

Wirklichkeit, darin liegt die Pointe des Textes, den Gedanken an die Endgültigkeit physischer Vernichtung. Im witzigen Wortspiel wird, so will es das Epigramm, in bündigster Weise über den Menschen verhandelt. Freilich läßt sich fragen, wie weit die (satirisch-)epigrammatische Form dem hier angeschlagenen Thema von der Liquidation des Menschen durch den Menschen noch adäquat ist. Doch kann sich Astel bei solcher Grenzerprobung der Gattung auf keinen Geringeren als Logau berufen, den bedeutendsten Altmeister des deutschen Epigramms, der mehr als dreihundert Jahre früher schon denselben gedanklichen Einfall, wenn auch in anderer Pointierung und vor allem mit anderer, »affirmativer« politischer Tendenz, epigrammatisch verwandte:

Engeländer Königs-Mörder

König Carl in Engeland
Ward der Krone quit erkannt;
Daß er dürffe keiner Krone,
Machten sie ihn Köpffes ohne.

So bestätigt sich die Bemerkung von Novalis, daß »man alles zum Gegenstand eines Epigramms oder Einfalls machen kann«.

Literatur: Keydell, R.: Artikel ›Epigramm‹ im Reallexikon für Antike und Christentum, Bd. V. Stuttgart 1962. – Luck, G.: Artikel ›Epigramm‹ im Fischer-Lexikon ›Literatur‹, Bd. 2/1. Frankfurt/M. 1965. – Pfohl, G. (Hg.): Das Epigramm. Zur Geschichte einer inschriftlichen und literarischen Gattung. Darmstadt 1969. – Neumann, G.: Nachwort zu: G. N. (Hg.): Deutsche Epigramme. Stuttgart 1971. – Angress, R. K.: The Early German Epigram. A Study in Baroque Poetry. Lexington 1971. – Dietze, W.: Abriß einer Geschichte des deutschen Epigramms. In: W. D.: Erbe und Gegenwart. Aufsätze zur vergleichenden Literaturwissenschaft. Berlin/Weimar 1972. – Skreb, Z.: Das Epigramm in deutschen Musenalmanachen und Taschenbüchern um 1800. Wien 1977. – Weisz, J.: Das deutsche Epigramm des 17. Jahrhunderts. Stuttgart 1979. – Barner, W.: Vergnügen, Erkenntnis, Kritik – Zum Epigramm und seiner Tradition in der Neuzeit. In: Gymnasium 92 (1985), S. 350–371. – Hess, P.: Epigramm. Stuttgart 1989. – Verweyen Th./Witting G.: Das Epigramm. Zum Problem von Struktur und Funktion am Beispiel seiner Geschichte. In: D. Lamping/D. Weber (Hg.): Gattungstheorie und Gattungsgeschichte. Wuppertal 1990.

DAS EPOS

von Frank Rainer Max

Das Epos entwirft Welt in anschaulicher Weise als Totalität, als großen, aber eindeutigen und überblickbaren Zusammenhang, innerhalb dessen alles seinen festen, unbezweifelbaren Ort hat: »Die Epopöe gestaltet eine von sich aus geschlossene Lebenstotalität« (Lukács, 51). Die Struktur des epischen Kosmos wird durch den Helden nicht problematisiert, sondern ihre Gegebenheit wird handelnd erfahren und bestätigt. Die epische Welt präsentiert sich als Sinneinheit, deren Verbindlichkeit aus einer als prästabiliert empfundenen Harmonie erwächst, die zwischen Erzähler, Erzähltem und Zuhörer herrscht. Erzähler und Publikum sind Gleichgesinnte, ihnen ist »die jeweilige Gegebenheit der Welt ein letztes Prinzip, sie ist in ihrem entscheidenden und alles bestimmenden transzendentalen Grunde empirisch« (Lukács, 37).

Die im Epos beschriebene Welt ist nie private, sondern stets geprägt vom Charakter der Gemeinschaftlichkeit. So gehört zu den Voraussetzungen des Epos eine einheitlich strukturierte – meist aristokratische oder feudale – Gesellschaft, in deren Wertesystem auch die Einheitlichkeit der dargestellten Welt fundiert ist. Gesellschaftliche Normen konstituieren ein Ordnungsgefüge, das innerhalb des epischen Geschehens reproduziert und konkretisiert wird, das der im Epos entwickelten Welt prägnante Umrisse und Geschlossenheit sichert.

Im Epos geschieht die Erkundung und Aneignung von Welt nicht reflektierend, sondern im konkreten Handlungsvollzug. Das epische Gedicht bedingt nach GOETHE »den außer sich wirkenden Menschen« (368). Reisen, Kriege, Schlachten sind die bevorzugten Anlässe, bei deren Gelegenheit Realität in den Blick genommen wird; »jede Art von Unternehmung, die eine gewisse sinnliche Breite fordert« (Goethe, 368), ist geeignet, den Kreis der jeweiligen Weltvorstellung erzählerisch abzuschreiten.

Stofflich basiert das Epos auf Heldensagen und religiösen

Mythen. Eine in Heldenliedern und Kurzepen tradierte historische oder legendäre Vergangenheit (s. Art. »Heldenlied«) wird zu einem extensiven Weltbild zusammengefaßt, dessen Kohärenz sich der Leistung des Ependichters verdankt. Andererseits bewahren die in Einzelliedern vorgegebenen Stoffe trotz ihrer Überformung und ihrer neuen, auf einen größeren Kontext ausgerichteten Akzentuierung im Großepos eine durchaus noch erkennbare und für die Genese des Epos aufschlußreiche Selbständigkeit. Trotz der synthetisierenden Tendenz wird vom Dichter des Epos die Eigenständigkeit seiner Quellen respektiert, die ja auch im kollektiven Bewußtsein seiner Zeit noch präsent sind. Er will nicht erfinden, sondern ausdrücklich Geschehnisse der Vergangenheit referieren; er überliefert, was ihm die »Muse« erzählt oder was »in alten maeren« berichtet wurde. Er vermischt in seiner Weltschau archaische Daseinsformen mit zeitgenössischen Zügen, die vor allem in den Gleichnissen zutage treten, variiert und verbindet traditionelle Motive, läßt daneben aber auch Ungereimtheiten stehen, die sich aus den Divergenzen seiner Quellen ergeben.

Gerade die Widersprüche in den HOMERISCHEN Epen führten Friedrich August Wolf zu der – 1795 in seinen *Prolegomena ad Homerum* dargelegten – Annahme, daß die überlieferte Gestalt der Epen einen späteren Redaktor erweise, der lediglich einzelne, voneinander unabhängige und mündlich tradierte Lieder kompiliert habe. Diese Wolfsche Homeridentheorie suchte Lachmann, unter ausdrücklicher Berufung auf Wolfs Schrift, für das *Nibelungenlied* (um 1200) fruchtbar zu machen (*Über die ursprüngliche Gestalt des Gedichts von der Nibelungen Noth,* 1816). Er erblickte im *Nibelungenlied* eine »Zusammensetzung einzelner romanzenartiger Lieder« (1), die von verschiedenen Verfassern stammen. Erst spät wurde diese Lieder- oder Sammeltheorie von Heusler (*Lied und Epos in germanischer Sagendichtung,* 1905) revidiert, wobei jedoch Heusler nun seinerseits den Einfluß liedhafter Vorstufen für das Epos unterschätzte. Wie für das *Nibelungenlied,* hat sich auch für die HOMERISCHEN Epen die Liedertheorie als unhaltbar erwiesen; allerdings nimmt man für *Ilias* und *Odysee* (um 700 v. Chr.) zwei verschiedene, zeitlich etwa durch eine Generation getrennte Verfasser an.

Zwar gespeist aus dem alten »Gut des Heldensanges«, wie Schadewaldt mit Bezug auf die *Ilias* konstatiert, sei diese doch vor allem »Schöpfung auf dem Untergrunde einer langen Entwicklung« (39). Schadewaldt versteht das HOMERISCHE Epos als »Organismus«, als »Abbild einer unermeßlichen Weltfülle, die, auch im einzelnen stets ganz, sich zum lebendigen Ganzen zusammenschließt« (ebd.). In der Tat scheint Staigers Beschreibung des epischen Kompositionsprinzips als »einfache Addition« (86) nicht zureichend. Dennoch sind auch unter der Voraussetzung einer ›organischen‹ Form Gewicht und Eigenständigkeit der einzelnen Partien im Epos zu betonen. So machte für SCHILLER gerade »die Selbständigkeit seiner Teile einen Hauptcharakter des epischen Gedichtes« aus (an Goethe, 21. April 1797). Solche »Selbständigkeit« der Teile läßt ein System strenger Bezüglichkeiten nicht zu. Gleichwohl sind auch im Epos strukturierende Momente festzustellen. Kayser unterscheidet »Figur, Geschehen und Raum« (356) als tragende Substanzen, von denen die Konstituierung der epischen Welt geleistet wird, die auch jeweils zueinander in Beziehung stehen, wobei aber ein Element dominieren kann, wie etwa in der *Ilias* das Geschehen, dem die Figuren zugeordnet sind, in der *Odyssee* dagegen die Figur, die nicht als individuelle, sondern als repräsentative Welt erschließt, während DANTES *Divina Commedia* (vollendet 1321) in erster Linie »vom Raum her strukturiert wird« (358).

Beim Epos kann allerdings nicht von einer strukturierenden Handlung im dramatischen Sinn gesprochen werden, die mit Stringenz einen Zweck verfolgt und zielgerichtet ist, die allen Teilen das Kreuz strenger Funktionalität auferlegt. Dennoch scheint es »für das Epos immer noch sinnvoll, von »*Handlung*« als von einem einheitlichen Kompositionsprinzip zu sprechen, häufig freilich mehr im Sinne einer rahmenschaffenden Fiktion« (Steckner, 382). Das Epos folgt noch in der episodischen Abschweifung der grundsätzlichen Intention, Prospekte einer »totalen Welt« (Kayser, 356) zu entfalten, eine Absicht, der es freilich schon mit jedem Schritt genügt, die sich in der Kontinuität des narrativen Prozesses verwirklicht und nicht in der Einholung einer finalistischen Idee. Der »Zweck« des epischen Dichters »liegt schon in jedem Punkte seiner Bewegung; darum eilen wir nicht ungeduldig zu einem Ziele, sondern verweilen uns mit Liebe bei jedem Schritte« (Schiller an Goethe, 21. April 1797).

Nicht die Kausalität der Ereigniskette, sondern die eigenmächtige Substantialität seiner Teile charakterisiert das Epos. Nicht auf ein Ziel oder auf einen Endzweck hin wird erzählt, es wird keine Spannung aufgebaut, die sich katastrophal oder kathartisch zu entladen hätte. Das Epos gerät vielmehr zur Manifestation einer Gelassenheit, die sich ihrer beschriebenen Welt gewiß ist. Statt in dynamischer Progression erscheint der Strom des epischen Erzählens als eine gemessene Prozession mannigfaltiger Gegenständlichkeit. Es dominiert die sinnliche Veranschaulichung konkreter Weltfülle. Eine reiche Außenwelt wird vorgeführt, die epischen Gegenstände werden gewissermaßen aus der Nähe betrachtet und in aller Ausführlichkeit beschrieben, und das daraus resultierende stete Verweilen des Erzählvorgangs dokumentiert seinerseits nur wieder die müßige Lust an der Plastizität des mundus sensibilis. Die sprichwörtliche »Geschwätzigkeit Homers und seiner Helden« ist für A. W. SCHLEGEL deutliches Indiz epischen Stils: »ganz das verweilende Fortschreiten, die sinnlich belebende Umständlichkeit, die besonnene Anordnung...« (278)

Mit der Gegenständlichkeit des Erzählten korrespondiert die Objektivität des Erzählens. Schon das durchgehende Präteritum signalisiert einen Abstand zu den geschilderten Ereignissen, der eine ruhige, gelassene und vorurteilslose Betrachtungsweise impliziert. Im Epos wird Geschehen als vergangenes vergegenwärtigt. GOETHE sah den wesentlichen Unterschied zwischen epischer und dramatischer Dichtung gerade darin, daß »der Epiker die Begebenheit als vollkommen vergangen vorträgt« (367). Die prinzipielle Abgeschlossenheit der zu erzählenden Vorgänge erlaubt Retardationen, episodische Abschweifungen, sich verselbständigende Dialoge, ausführliche Herkunftsbeschreibungen der Helden oder sich vom Kontext regelrecht emanzipierende Gleichnisse, eben weil der Epiker ohne Hast und Affekt über seinen Stoff verfügen kann, weil ihn auch auf Umwegen noch der Weg interessiert, so wie er andererseits durch Weissagungen und Antizipationen andeuten kann, daß er die Fäden des Geschehens jederzeit in der Hand hält: »Die

Behandlung im Ganzen betreffend, wird der Rhapsode, der das vollkommen Vergangene vorträgt, als ein weiser Mann erscheinen, der in ruhiger Besonnenheit das Geschehene übersieht, sein Vortrag wird dahin zwecken, die Zuhörer zu beruhigen, damit sie ihm gern und lange zuhören, er wird das Interesse egal verteilen...« (Goethe, 369)

Der ruhigen Distanziertheit, mit welcher der epische Stoff behandelt wird, entspricht das Zurücktreten des Rhapsoden hinter die Gegenstände seines Erzählens. Er versteht sich nicht als Individuum, das mit auktorialem Gestus einen poetischen Kosmos schafft, sondern als unpersönliches Mundstück der Muse, als Sprachrohr einer tradierten Vergangenheit. Er wird zum ebenso unaufdringlichen wie souveränen Verwalter der erzählten Welt und sollte nach Goethe »als ein höheres Wesen in seinem Gedicht nicht selbst erscheinen, er läse hinter einem Vorhange am allerbesten, so daß man von aller Persönlichkeit abstrahierte und nur die Stimme der Musen im allgemeinen zu hören glaubte« (369).

Die Distanziertheit des Epikers wird im Gleichmaß der Verse oder Strophen manifest: »Das Gleichmaß bedeutet den Gleichmut des Dichters« (Staiger, 62). Die strenge, rhythmisierte und fast zeremonielle Form des sprachlichen Gefüges, der erhabene Ton und die solenne Monotonie der epischen Diktion sind Ausdruck der Klarheit und Geschlossenheit der epischen Welt. Dignität und Einförmigkeit kennzeichnen einen Sprachgestus, dessen monostichische oder strophische Gebundenheit gleichzeitig die reiche Gegliedertheit des epischen Kosmos akzentuiert, als dessen kleinste »selbständige Teile« für Staiger »bereits die einzelnen Verse« (80) in Betracht kommen. Vor allem der Vers und Satz zur Deckung bringende Homerische Hexameter fördert die Autonomie des Verses als kleinster Sinneinheit, wobei der Vers oft erst durch formelhafte Füllsel komplettiert wird, wie ähnlich auch der letzte Vers der vierzeiligen Nibelungenstrophe häufig als schematische Vorausdeutung fungiert. Die epische Sprache verfügt bei aller konkreten Fülle und Bildhaftigkeit doch auch über ein großes Repertoire von vielfach wiederholten Formeln, stereotypen Tätigkeitsbeschreibungen, stehenden Beiwörtern und Iteraten, die einerseits als Relikte des mündlichen

Improvisierens gelten können – wie überhaupt das Epos trotz seiner schriftlichen Fixierung als rhapsodisch vorgetragen gedacht werden muß –, die andererseits jedoch auch eine ästhetische Eigenqualität haben und die Suggestion einer statischen Welt, eines kontinuierenden Ordnungsgefüges verstärken. So reproduziert die Sprache durch das Gleichmaß und die feierliche Rhythmik ihrer Verse, durch ihre gleichzeitige Klarheit und Monumentalität das epische Weltbild als das einer weiträumigen und differenzierten, aber anschaulichen und genau bestimmbaren Totalität.

Bei jeder definitorischen Beschreibung des Epos gilt es, die Unterscheidung von epischer Dichtung im allgemeinen und der speziellen Form des Epos zu beachten, zu deren äußerlichen Charakteristika ein großer Umfang, gleichförmig konstruierte Verse oder Strophen, die Gliederung in mehrere Gesänge, Aventiuren, Cantos etc. gehören, im weiteren aber auch ein rhapsodisch-hoher Ton bei gleichzeitiger Objektivität sowie der Anspruch, eine ›totale‹ Welt – im Sinne des jeweiligen Welt- und Menschenbildes – zu repräsentieren. Zudem wird im Fall des Epos jede Beschreibung gattungsspezifischer Merkmale dadurch problematisch, daß meist das HOMERISCHE Epos als Archetyp fungieren muß, an dessen Maßstab das Epische oder Unepische späterer Beispiele zu bemessen ist. Dies führt zur Verabsolutierung eines historisch-konkreten Paradigmas und impliziert normative Konsequenzen. Es liegt die Gefahr einer Festschreibung von Kriterien nahe, die zumal bei einer literarischen Form leicht inadäquat werden können, die gattungsgeschichtlich vom babylonischen *Gilgamesch-Epos* (früheste Bruchstücke ca. 2000 v. Chr.) bis ins 20. Jahrhundert reicht.

Eine Poetik, die ihren Begriff vom Epos ausschließlich der HOMERISCHEN Epik zu applizieren vermag, tendiert dazu, realhistorische, soziologische und geistesgeschichtliche Veränderungen zu vernachlässigen, die jedoch für das Epos, das eine verbindliche Abbildung der jeweiligen Welt erstrebt, nicht ohne poetische Konsequenzen bleiben können. Andererseits ist die Gattungsgeschichte des Epos sehr weitgespannt und differenziert, dabei gerade innerhalb der Neuzeit insofern kompliziert, als man sich hier sowohl um zeitgemäße und der eigenen Nationalität

Rechnung tragende Gestaltungen bemüht, als auch permanent auf die antiken Muster rekurriert, so daß eine am Beispiel HOMERS zu gewinnende epische Idealgestalt doch auch wieder geeignet scheint, einer Typologie der späteren Neuansätze zur Folie zu dienen und zum Orientierungspunkt zu werden, von dem aus sich Modifikationen des antiken Modells begreifen lassen.

War schon das HOMERISCHE Epos »das voraussetzungsreiche Erzeugnis einer epischen Spätzeit« (Schadewaldt, 36), so konnten nach der Auflösung der aristokratischen Gesellschaft, aus der es hervorgegangen war, ähnliche Epen nicht mehr entstehen. HESIODS Epen spiegeln kaum ein Jahrhundert nach HOMER bereits kein heroisches, sondern ein karges, alltägliches Dasein. Innerhalb der hellenistischen Dichtung lehnt KALLIMACHOS das große Epos mit heroischer Thematik schließlich als unangemessen ab und fordert die kleine elegische Erzählform des Epyllion, dessen schönstes Beispiel er mit seiner *Hekale* gibt. Das ausgedehnte und komplexe Staatsgebilde der römischen Republik, ohne einen genuinen Mythos, führt in den Epen des NAEVIUS und ENNIUS (3. bis 2. Jahrhundert v. Chr.) eher zur detaillierten Geschichtsdarstellung auf dem Hintergrund abstrakter Wertvorstellungen. Erst VERGILS *Aeneis* (ca. 29–19 v. Chr.) konzentriert umgekehrt den Prozeß römischer Staatsgründung in der mythischen Person des Aeneas, schafft einen Mythos von innen heraus und leistet mit den formalen Mitteln des Epos eine symbolische Gestaltung römischer Geschichte, die – durch die Verbreitung des Lateinischen gefördert – bis über das Mittelalter hinaus vorbildhaft blieb.

Im germanischen Raum entstehen anonyme Epen, deren Stoffe und Heldengestalten aus der Zeit der Völkerwanderung und Christianisierung stammen und die erst im 12. und 13. Jahrhundert als Buchepen fixiert werden. Dazu gehören neben dem *Nibelungenlied* die *Kudrun*, die *Wolfdietrich-*, *Ortnit-* und *Dietrich*epen sowie der *Waltharius* als die einzige lateinische Bearbeitung eines germanischen Stoffes. Älter als die genannten ist der angelsächsische *Beowulf*, dessen Text in der überlieferten Form wahrscheinlich ins 10. Jahrhundert zu datieren ist und auf Quellen des 7. und 8. Jahrhunderts zurückgeht. Dieser mittelalterlichen Heldenepik stand der höfische Versroman gegenüber, der seine Stoffe nicht der volkstümlichen Überlieferung verdankt, sondern den Grals- und Artussagen entnimmt. Am Ausgang des Mittelalters gelingt mit DANTES *Divina Commedia* noch einmal die Darstellung einer Lebenstotalität, in der sich jedoch schon ein Subjektivierungsprozeß andeutet, indem der Dichter sich selbst zum ›Helden‹ macht. Die streng architektonische Konstruktion des DANTESCHEN Terzinen-Epos, die schon in der strukturbestimmenden Zahlensymbolik manifest wird, hebt die in der HOMERISCHEN Epik gegebene Selbständigkeit der Teile auf; die Jenseitsorientierung DANTES integriert den Menschen in einen Heilsplan, der zu einer Hierarchisierung des Daseins führt. Realistische Weltfülle, vornehmlich in dem – auch motivisch an die antiken Hadesfahrten anknüpfenden – »Inferno« gegeben, wird von metaphysischer Sinngebung überlagert, so daß statt einer sich weltimmanent entwickelnden »Organik« eine teleologische Architektur die epische Konstruktion bestimmt: »der postulatslosen Organik des älteren Epos stellt Dante die Hierarchie erfüllter Postulate gegenüber« (Lukács, 59).

Während in Deutschland allenfalls BRANTS *Narrenschiff* (1494) als didaktisches Epos und FISCHARTS *Flöh Haz* (1573) als Tierepos zu erwähnen sind, entstehen mit CAMÕES' *Lusiadas* (1571) das Nationalepos Portugals und im Italien der Renaissance mit ARIOSTS galant-ironischem *Orlando furioso* (1516) und TASSOS idealisch-ritterlichem *La Gerusalemme liberata* (1581) Epen, die erst spät für Deutschland fruchtbar werden, nachdem die mehr theoretischen Bemühungen des Humanismus und des Barock in epischer Hinsicht nur unbedeutende Staats- und Heldengedichte hervorgebracht hatten und OPITZ überhaupt an der Möglichkeit des Epos zweifelte, da die Götter tot seien. Eine entscheidende Anregung, insbesondere für KLOPSTOCKS biblisches Epos, liefert auch MILTONS *Paradise Lost* (1667), das in Blankversen Sündenfall und Vertreibung aus dem Paradies schildert. BODMER, der 1732 eine Prosaübersetzung von MILTONS Epos herausgab, ästimiert aus der Wendung gegen den klassizistischen Rationalismus heraus das religiöse Epos als Krone der Poesie und versucht sich selbst darin mit seinem *Noah* (1752). Zuerst an MILTON, dann an KLOPSTOCK entzündete sich der Streit

BODMERS und BREITINGERS mit GOTTSCHED, welcher sogar das nüchterne Epos *Hermann oder das befreyte Deutschland* (1751) des Freiherrn VON SCHÖNAICH – sozusagen als Argument gegen KLOPSTOCK – drucken ließ. Generell gilt der Aufklärung das Epos, das Heldengedicht, als höchste Dichtungsart; darin waren GOTTSCHED und die Schweizer durchaus einer Meinung. Zumal an einem deutschen Exempel, das mit den italienischen oder englischen Epen oder auch mit VOLTAIRES *Henriade* (1723) konkurrieren konnte, war man allgemein interessiert. Diesen Anspruch realisierten dann, allerdings in sehr verschiedener Weise, KLOPSTOCK und WIELAND.

Die ersten drei Gesänge von KLOPSTOCKS *Messias* erscheinen 1748, vollendet ist das Epos jedoch erst 1773. KLOPSTOCK wählte das Martyrium Jesu als den höchsten Gegenstand, dessen er habhaft werden konnte. Dennoch liegt die Bedeutung seiner Messiade nicht in der zerdehnten epischen Handlung, sondern zum einen in der Ablösung des im Barock als heroisches Versmaß geltenden Alexandriners durch den klassischen, allerdings sehr rhythmisch-frei behandelten Hexameter, zum andern in der Innovation einer hymnisch-lyrischen Dichtersprache, deren empfindsamer Enthusiasmus dem Werk selbst liturgischen Charakter verleiht und es zum emphatischen Medium privater Offenbarungserlebnisse werden läßt. Der *Messias* findet viel Beifall, und in seiner Nachfolge entstehen zahlreiche sogenannte Patriarchaden. Einen anderen Weg als KLOPSTOCK mit seinem seraphischen Bibel-Epos schlägt WIELAND ein, dessen epische Versuche auch mit einer Patriarchade (*Der geprüfte Abraham*, 1753) anheben, der sich später jedoch am Vorbild ARIOSTS orientiert und mit *Idris und Zenide* (1767), dem didaktischen *Musarion* (1768) und dem *Neuen Amadis* (1771) rokokohaft-graziöse Epen schreibt, in denen Pathos und Monumentalität durch ein spielerisches Element ersetzt werden, das der *Neue Amadis* – in der Nachfolge von POPES *Rape of the Lock* (endgültige Fassung 1714) – bis zum Komischen steigert. In dem romantischen Epos *Oberon* (1780) kommen schließlich Ironisches, Märchenhaftes und Humanes zu einem harmonisch-heiteren Ausgleich, der sich schon der Idealität der Weimarer Klassik nähert.

Der schon bei WIELAND symptomatische Verzicht auf die

epische Großform signalisiert eine Tendenz, die sich über Voss und Goethe bis ins Biedermeier hinein fortsetzt. Schon im *Reineke Fuchs* (1794), der als Tierepos einer Gattung zugehört, die schon seit der Ilias-Travestie der *Batrachomyomachia* (zw. 6. u. 3. Jhdt. v. Chr.; zu deutsch: Froschmäusekrieg) Bestand hat und eine satirische Kontrafraktur des Heldenepos ist, hatte Goethe sich des Hexameters bedient; angeregt durch den ebenfalls in Hexametern geschriebenen, jedoch ohne Epos-Anspruch auftretenden Idyllen-Zyklus *Luise* (1795) des Homer-Übersetzers Voss, entsteht das bürgerlich-idyllische Epos *Hermann und Dorothea* (1797), das zwar der traditionellen Hochschätzung des Epos noch einmal Vorschub leistet und in diesem Sinn bis weit ins 19. Jahrhundert hineinwirkt, gleichzeitig aber durch seinen idyllisch-begrenzten Charakter sowie die nur andeutungsweise Einbeziehung der revolutionären Zeitereignisse auf die Prätention einer Totalitätsabbildung verzichtet. Der mythologische Apparat oder das Wunderbare, wie man in der Aufklärung sagt, bei Klopstock und Wieland noch in allerdings divergierender Weise präsent, fehlt bei Voss und Goethe völlig; auch Geschichte begegnet jetzt nicht mehr im mythischen Raum heroischer Vorzeit, sondern – wenn überhaupt – als auf Distanz gehaltene Zeitgeschichte; epische Geschlossenheit scheint nur noch im beschränkten Zirkel einer aufs Familiäre reduzierten Gemeinschaft erreichbar. Goethe begann noch einmal ein episches Unternehmen im Homerischen Stil, brach seine *Achilleis* (1799) nach einem Gesang jedoch ab.

Gerade das Verhältnis des Epos zum Mythischen und Geschichtlichen erfährt im 19. Jahrhundert signifikante Wandlungen. Angefangen von Herders Romanzen-Epos *Der Cid* (1805), ist das gesamte Jahrhundert voll von epischen Neufassungen alter Sagenstoffe. Die Mittelalter-Renaissance der Romantik brachte nicht nur Ritterepik wie Fouqués *Corona* (1814) oder *Betrand du Guesclin* (1821), sondern vor allem auch Übersetzungen und Bearbeitungen, unter denen Simrocks *Amelungenlied* (3 Bde., 1843–49) insofern eine Sonderstellung einnimmt, als Simrock hier aus fragmentarischen und ungleichgewichtigen Quellen im Konnex mit Eigenerfindungen in 20jähriger Arbeit einen epischen Komplex erstellte, der vorher nicht existiert hatte. Märchenhaften Charakter haben PLATENS *Abassiden* (1835), die von BYRONS *Child Harold's Pilgrimage* (1812–18) beeinflußt sind und von PLATEN als einziger aus einem guten Dutzend epischer Pläne ausgeführt wurden. Eine Variation innerhalb der Gattung stellen die komischen Epen dar wie IMMERMANNS *Tulifäntchen* (1830), in dem der Held zum Däumling geschrumpft ist, GRÜNS *Nibelungen im Frack* (1843) oder HEINES *Atta Troll* (Buchausgabe 1847), eine Satire auf die Tendenzpoesie.

JULIUS MOSEN eröffnet die Reihe der geschichtsphilosophischen Menschheitsepen mit dem *Lied vom Ritter Wahn* (1831) und *Ahasver* (1842). LENAUS *Savonarola* (1837) und *Die Albigenser* (1842) gestalten religionsgeschichtliche Themen. Eine Verserzählung wie ANNETTE VON DROSTE-HÜLSHOFFS Westfalen-Dichtung *Die Schlacht im Loener Bruch* (1838), die ein historisches Sujet aus dem Dreißigjährigen Krieg zum Vorwurf nimmt, bezeugt in ihrer Reduktion des Epischen bis in die Nähe des Balladenhaften deutlich die Vorzüge des Kleinepos gegenüber den mythisierenden Geschichtsbeschwörungen der 2. Jahrhunderthälfte, zumal wenn die Dichtung der DROSTE durch ihren Detailrealismus und ihre anschauliche Landschaftlichkeit ein Maß an Substantialität erhält, das in den späteren Epen WILHELM JORDANS oder HERMANN VON LINGGS (*Die Völkerwanderung*, 1865–68) durch hohe Stilisierungen vergeblich angestrebt wird. Das kulturgeschichtliche Interesse des Bildungsbürgertums führt hier zu einer Goldschnittepik der hehren Selbstbestätigung. Die epische Restauration nationaler Vergangenheit kennt – fast buchstäblich – keine Grenzen mehr: JORDANS *Nibelunge (Sigfridsage* 1868, *Hildebrandts Heimkehr* 1874) umfaßt 34000 Verse. (Eher ein Kuriosum ist es, daß JORDAN als Rhapsode seiner eigenen »Machenschaften« auf Tournee durch Europa und bis nach Amerika ging.) Bescheidener im Anspruch, anschaulicher in seiner landschaftlichen Gebundenheit und seinen Naturschilderungen ist – als eine Art katholisches Gegenstück zu SCHEFFELS *Trompeter von Säkkingen* (1854) – WEBERS *Dreizehnlinden* (1878), das bis weit ins 20. Jahrhundert Schullektüre blieb.

Im 20. Jahrhundert entstehen nur noch wenige, zum Teil allerdings sehr bemerkenswerte Epen. Das Interesse gilt – sofern es überhaupt noch geschichtlich ausgerichtet ist und mit Ausnahme von Paul Ernsts *Kaiserbuch* (1923) – nicht mehr der nationalen Vergangenheit, sondern der modernen Weltwirrnis, als die der 1. Weltkrieg und die Nachkriegszeit erlebt werden und die Anton Wildgans in *Kirbisch* (1927) und Gerhart Hauptmann in seinem *Till Eulenspiegel* (1928) darzustellen und spekulativ zu deuten versuchen. Der Konkretion des Ideellen verpflichtet waren schon Liliencrons *Poggfred* (2. Fassung 1908) und Spittelers *Olympischer Frühling* (endgültige Fassung 1910). Spitteler, der sich selbst als einen zum Epos Prädeterminierten empfand, erklärt zwar das Mythologische seines Epos damit, daß der Dichter erst »durch Projektion in die Wolken frische Perspektiven für das Menschliche« (419) erhalte, betont aber gleichzeitig, die poetische Imagination müsse exakte und plastische Vorstellungen entwerfen: »Denn nur das Klar-Anschauliche haftet dauernd in der Phantasie.« (422)

In Harts *Lied von der Menschheit* (1888 – 96), einem Riesenprojekt, das jedoch ganz in den Anfängen steckenblieb (von 24 Gesängen, die bis ins Jahr 3000 führen sollten, wurden nur 3 fertiggestellt), wird ebenso wie in Dehmels *Zwei Menschen* (1903) und Däublers *Nordlicht* (1. Fassung 1910, 2. Fassung 1921–22) die Menschheitsentwicklung auf mythischen Wegen anvisiert. Däublers sprachmächtiges und formenreiches Epos entwickelt in visionärer Schau einen Mythen-Zyklus, der sich in einer zum Ende hin immer stärker symbolisch verfahrenden Weise zur Däublerschen Privatkosmogonie zusammenschließt. Das Faszinierende des *Nordlicht* beruht indes weniger auf seinem mythischen Entwurf, als vielmehr auf der lyrischen Kraft dieser Wortwelt. Stark lyrische Färbung haben auch Albrecht Schaeffers Epen *Der Raub der Persephone* (1919), *Der göttliche Dulder* (1920) und *Parcival* (1922). Nach dem 2. Weltkrieg verebbt die Epenproduktion fast völlig. In Arno Schmidts Roman *Kaff auch Mare Crisium* (1960) finden sich Travestien der *Nibelungen* und des *Cid*. Neuerlich hat Hans Magnus Enzensberger mit dem *Untergang der Titanic* (1978) einen Versuch im epischen Genre unternommen.

Literatur: Goethe, J. W. (zus. mit Schiller): Über epische und dramatische Dichtung (entst. 1797). Zit. n.: Sämtliche Werke. Bd. 14. München (dtv) 1977, S. 367–370. – Heusler, A.: Lied und Epos. Dortmund 1905. – Sengle, F.: Von Wielands Epenfragmenten zum »Oberon«. In: Festschrift für P. Kluckhohn u. H. Schneider. Tübingen 1948, S. 266–285. – Schadewaldt, W.: Von Homers Welt und Werk. Stuttgart [4]1965. – Pollmann, L.: Das Epos in den romanischen Literaturen. Stuttgart (u. a.) 1966. – Kayser, W.: Das sprachliche Kunstwerk. München [13]1968. – Maiworm, H.: Neue deutsche Epik. Berlin 1966. – Schröder, W. J. (Hg.): Das deutsche Versepos. Darmstadt 1969. Danach zitiert wurden: Schlegel, A. W.: Vom Epos. S. 270–281; Lachmann, K.: Über die ursprüngliche Gestalt von der Nibelungen Noth. S. 1–82; Spitteler, C.: Über das Epos. S. 416–423; Steckner, H.: Epos und Roman. S. 360–391. – Lukács, G.: Die Theorie des Romans. Neuwied u. Berlin 1971. – Staiger, E.: Grundbegriffe der Poetik. München (dtv) 1971. – Haymes, E. R.: Das mündliche Epos. Stuttgart 1977. – See, K. v. (Hg.): Europäische Heldendichtung. Darmstadt 1978. – Schneider, H. J.: Idylle und bürgerliches Epos. In: Deutsche Literatur. Bd. 5. Hg. von H. A. Glaser. Hamburg 1980, S. 130–143. – Heißenbüttel, H.: Die Erfindung der Libido. Das deutsche Epos in der 2. Hälfte des 19. Jahrhunderts. Wiesbaden 1981. – Koopmann, H.: Vom Epos und vom Roman. In: Handbuch des deutschen Romans. Hg. von H. Koopmann. Düsseldorf 1983, S. 11–30.

DER ESSAY

von Wolfgang Adam

Am Ende des 16. Jahrhunderts erschienen in Frankreich und England zwei Sammlungen kürzerer Prosatexte, die, ungeachtet möglicher Vorformen in der antiken oder volkssprachlichen Literatur, den Beginn der Gattungsgeschichte des Essays markieren. 1580 publizierte MICHEL DE MONTAIGNE in Bordeaux die ersten beiden Bücher seiner *Essais*, 17 Jahre später lagen in London FRANCIS BACONS *Essayes* vor. MONTAIGNE und BACON stehen so am Anfang einer literarischen Tradition, die bis in die Gegenwart wirkt. Ein Blick in die Wochenendausgaben der Tageszeitungen und in die bedeutenden Zeitschriften (*Merkur, Akzente, Neue Deutsche Hefte, Kursbuch* u. a.) zeigt die Beliebtheit und Vitalität der Gattung. Und dies, obgleich nach MAX BENSES kundigem Urteil »der Essay die am schwierigsten zu meisternde wie auch zu beurteilende literarische Form darstellt« (BENSE, 35).

Was berechtigt dazu, von einer eigenen literarischen Form des Essays zu sprechen? Gibt es neben leicht feststellbaren Themenpräferenzen auch formale Kennzeichen, die es gestatten, den Essay als selbständige Gattung abzusondern von anderen literarischen Formen wie der wissenschaftlichen Abhandlung, dem Traktat, dem Fragment, dem Brief, dem Gespräch, der Tagebuchaufzeichnung oder dem Feuilleton? Die Beantwortung dieser Fragen fällt nicht leicht – wie kaum eine andere Textart entzieht sich der Essay literaturwissenschaftlichen Einordnungen, und nichts wäre unangemessener als eine enge definitorische Umgrenzung einer literarischen Form, deren Kennzeichen gerade die Vielfalt und spielerische Anordnung der Themen ist. Diese Einsicht führt nicht notwendig zur Wiederholung der erfolglosen Versuche, das Charakteristische des Essays in einem Essay zu bestimmen. Im Gegenteil, mit dem literaturwissenschaftlichen Verfahren des Formenvergleichs sollen Merkmale herausgearbeitet werden, die den Essay von anderen Aussagemöglichkeiten trennen und eine eigene »Kunstform« (LUKACS, 8) legitimieren.

Was unterscheidet z. B. einen Essay über die Anlage der italienischen Villa von einer wissenschaftlichen Abhandlung zum gleichen Thema? Die gravierenden Differenzen zeigen sich in der Intention, der Methode und dem Stil. Während der Verfasser einer wissenschaftlichen Abhandlung für einen Kreis von Fachleuten seine Forschungsergebnisse veröffentlicht und den Leser mit Hilfe von Daten und Fakten belehren und überzeugen will, schreibt der Essayist seine Meditationen über einen selbstgewählten Gegenstand für Liebhaber, denen durch gleiche Bildungs- und Reiseerlebnisse das Sujet des Essays vertraut ist. Der Autor doziert nicht, er muß nicht die ganze inhaltliche Breite des Themas in einer kausal begründeten Reihenfolge abhandeln und die Ergebnisse durch nachprüfbare Zitate belegen. Im Essay herrscht das Gesetz der losen Verknüpfung: Beginn, Ende, ja Abbruch bestimmt der Autor, der nur die Aspekte des Themas streift, die ihm wichtig erscheinen. Der Exkurs, die assoziative Verbindung, die Spekulation – all dies ist im Essay erlaubt, charakterisiert ihn als eigene Kunstgattung. Der Essay ist notwendigerweise »methodisch unmethodisch« (ADORNO, 29). Stilistische Eleganz, prägnante Wort- und Bildwahl und der Reichtum der Metaphernsprache trennen den Essay von der soliden Fachprosa der wissenschaftlichen Abhandlung.

Nichts verbindet den Essay, dem ein »antisystematischer Impuls« (ADORNO, 27) eigen ist, mit der Form der philosophischen Abhandlung, die mit dem Terminus Traktat bezeichnet wird. Das Schreiben eines Traktats ist nach WALTER BENJAMINS berühmter *Erkenntniskritischer Vorrede* zu dem *Ursprung des deutschen Trauerspiels* (1928) nur möglich in Epochen, »denen die unumschreibliche Wesenheit des Wahren vor Augen« steht (BENJAMIN, 208). Der Autor eines Traktats spricht in und zu einer Gesellschaft, die sich über moralische Wertmaßstäbe verständigt hat oder auf der Suche nach dem Konsens ist. Das »autoritäre Zitat« (BENJAMIN, 208), die lehrhafte Maxime, die in Dogmen kristallisierten Wahrheiten sind die bevorzugten Gedankenfiguren des Traktatschreibers, während der Essayist in seinem Suchen nach Wahrheit sich gegen jede Form der »Orthodoxie« des Denkens wendet (ADORNO, 49). Der Essay ist die »kritische Form par excellence« (ADORNO, 39), die in einem permanenten Prozeß des Urteilens und Denkens die Widersprüchlichkeit der Realität aufzeigt.

Das aggressive Angehen gegen die »geistige Gicht« (F. SCHLEGEL, *Phil. Frag.* IV, 318) war auch das erklärte Ziel der SCHLEGELS und NOVALIS' in ihren Fragmentsammlungen. Das frühromantische Fragment ist nahe verwandt mit dem Essay: Beide Gattungen zielen auf die Totalität und Unendlichkeit ihres Gegenstandes. Fragmente sind folgerichtig für F. SCHLEGEL »nur kleine Essays« (*Phil. Frag.* V, 846). Das Fragment, das »gleich einem kleinen Kunstwerke« (*Athenäumsfrag.* 206) in sich selbst vollendet sein muß und der deskriptiven Passagen des Essays entbehrt, bedarf in noch weit stärkerem Maße als dieser der Prägnanz und Unmittelbarkeit des Einfalls. In dem Verlust des »ästhetischen Wahrnehmungsmodus des ›Plötzlichen‹« sieht Karl Heinz Bohrer einen der Gründe für den gegenwärtigen »Essayismus des Kulturgehorsams«, der unreflektiert tradierte kulturelle Normen erfüllt und diese gerade nicht mit radikaler Subjektivität in Frage stellt (Bohrer, 21, 23).

Selbst Autoren wie LUKACS, BENSE und ADORNO sprechen nach Bohrer »vom Essay in seiner letzten kulturkonservativen Ausformung und eben selbst auf eine kulturkonservative Weise« (Bohrer, 20). Das Fragment und die vergleichbaren Formen des Aphorismus und Aperçus ähneln in der Aussagestruktur so sehr dem Essay, daß es nicht überrascht, im Œuvre bedeutender Essayisten auch umfangreiche Fragmentsammlungen zu finden. Neben den Schriften der französischen Moralisten wäre hier vor allem das Fragmentarrangement BENJAMINS *Zentralpark* (1939/40) zu nennen.

Der Essay ist nach einem Eintrag des NOVALIS in das *Allgemeine Brouillon* (1798/99; 68) zwischen dem Brief und der Abhandlung angesiedelt. Unbestritten ist in der modernen Essayforschung, daß die römische Briefliteratur – vor allem die Aufzeichnungen CICEROS, SENECAS und des jüngeren PLINIUS – den frühen Essayisten wichtige Anregungen gaben (Friedrich, 330 ff.; Schon, 44 ff.). BACONS Essays bieten zahlreiche Belege für die

Vertrautheit des Verfassers mit den Briefen der römischen Kaiserzeit. Und MONTAIGNE überrascht in der *Consideration sur Cicero* den Leser mit dem Geständnis, daß er gerne seine Gedanken in Briefform niedergeschrieben hätte – allein ihm fehle der geeignete Adressat. Dies ist vielleicht nur ein schalkhaftes Spiel des Autors, denn im gleichen *Essai* findet sich ein wichtiger Hinweis, der die wahren Gründe für die Wahl einer neuen literarischen Form erahnen läßt. MONTAIGNE haßt die »lettres ceremonieuses« (Ed. Maurice Rat I, 284) mit ihrem gespreizten Stil und ihren affektierten Anreden und Grußformeln. Die neue Gattung des Essays ist auch eine bewußte Gegenschöpfung zum humanistischen Brief, den im 16. Jahrhundert die Neigung zu geschraubter Gelehrsamkeit und rhetorischem Zierat kennzeichnete. All dies streift MONTAIGNE in seinen »Versuchen« ab, er verzichtet auf das formale Gerüst der Anrede und erweitert die der alten Gattung des literarischen Briefes innewohnenden Möglichkeiten, wie die Lizenz der Ich-Aussage und der Digressio, zu Charakteristika einer eigenständigen Gattung. Die Verwandtschaft zwischen beiden Textarten zeigt allein die Tatsache, daß bis heute Essayisten für wesentliche Aussagen die Briefform wählen. So meditiert LUKACS in einem Schreiben an Popper über das Wesen des Essays und HOFMANNSTHAL läßt den Lord Chandos in einem fingierten Brief an Francis Bacon über die Existenzkrise des Dichters, die Sprachkrise, berichten.

Neben dem Brief zählt Hugo Friedrich das Gespräch und den Dialog zu den Vorläufern des modernen Essays (Friedrich, 335 f.). Sowohl die umständlichere Form des mittelalterlichen Streitgesprächs, der disputatio in utramque partem, als auch der elegantere platonische Dialog waren dem belesenen MONTAIGNE vertraut. Auch hier liegen die Gemeinsamkeiten beider Gattungen weniger im Formalen – der Essayist benötigt nicht das bisweilen den Lesefluß aufhaltende Ritual zweier oder mehrerer Gesprächspartner – als in der Art der Gedankenführung. Essay und Gespräch kennen den Reiz des unvermuteten Einstiegs in das Thema, in beiden ist das Abschweifen und Verweilen in gleicher Weise erlaubt, und auch den leichten, fast scherzhaften Ton platonischer Dialoge findet der Leser in manchem Essay wieder. Vielleicht nennt LUKACS deshalb Platon den »größten

Essayisten« und betrachtet das Leben des Sokrates als »das typische für die Form des Essays« (LUKACS, 24 f.).

Essayähnliche Passagen finden sich seit dem 18. Jahrhundert auch im deutschen Roman. Debatte und Exkurs sind beliebte Bauformen WIELANDscher Romane, JEAN PAUL ist ein Meister der Abschweifung, und im epischen Alterswerk GOETHES finden sich manche Textstellen, die, isoliert gesehen, an einen Essay erinnern. In ROBERT MUSILS Roman *Der Mann ohne Eigenschaften* (1952) dominieren nicht nur die Essay-Partien über die Handlungsführung, Essay und Essayismus werden zu Chiffren für die Lebensform des Romanhelden Ulrich: »Ungefähr wie ein Essay in der Folge seiner Abschnitte ein Ding von vielen Seiten nimmt, ohne es ganz zu erfassen, – denn ein ganz erfaßtes Ding verliert mit einem Male seinen Umfang und schmilzt zu einem Begriff ein – glaubte er, Welt und eigenes Leben am richtigsten ansehen und behandeln zu können.« (Kap. 62). Aber selbst bei wachsendem Umfang und steigender Bedeutung essayistischer Textteile sind diese in aller Regel mehr oder minder fest im fiktiven Erzählsystem des Romans verankert. Mit welcher Technik und in welchem Maße ein Autor diese Integration erstrebt oder erreicht, kann nur mit Hilfe der Einzelanalyse gezeigt werden.

Nicht eingebunden in einen fiktionalen Erzählzusammenhang ist die Tagebuchaufzeichnung, eine Präsentation subjektiver Reflexionen und Beobachtungen, die trotz aller formalen und inhaltlichen Unterschiede oft in Stoff und Aussagestruktur dem Essay ähnelt. Essayist und Tagebuchschreiber reagieren auf den Anstoß von außen. Lektüre, Reiseerlebnisse, kulturelle und politische Ereignisse des Tages geben Anregung und sind Thema individuell geprägter Notizen. Die Intensität der Ich-Aussage und das Verhältnis zur literarischen Öffentlichkeit differenzieren beide Gattungen. Mit dem Verzicht auf eine Publikation gewinnt der Schreiber des Tagebuchs einen Freiraum der Kritik, der dem Essayisten nicht zur Verfügung steht. Die Schärfe des Urteils im Tagebuch kennt keine Rücksichten auf das Lesepublikum. Eine später beabsichtigte Veröffentlichung der privaten Gedanken oder gar ein Schreiben, das auf die Aufmerksamkeit der zeitgenössischen Leser und der Nachwelt spekuliert, schränken diese besonderen Möglichkeiten der Gattung wieder ein.

Fließend sind die Grenzen zwischen Essay und Feuilleton. Seit GEOFFROY am 26. Juni 1800 im *Journal des Débats* eine für kulturelle Nachrichten reservierte Rubrik mit Hilfe eines Strichs von den übrigen Meldungen absonderte, gehört das Feuilleton zu den nicht wegzudenkenden Bestandteilen eines gehobenen Journalismus. SAINTE-BEUVE setzte mit den *Causeries du Lundi* (1851 ff.; rev. Fassung 1857 ff.) die Maßstäbe für diese Gattung. Zwischen dem Feuilletonbeitrag in einer Tages- oder Wochenzeitung und dem in einer literarischen Zeitschrift oder als Einzelveröffentlichung publizierten Essay besteht kaum ein Unterschied. Die Themen sind nahezu gleich. Nur werden sie dem Journalisten in stärkerem Maße von den aktuellen Ereignissen in Politik und Kultur diktiert. Zudem können äußere Faktoren wie Machtstrukturen in den Zeitungsredaktionen und das von Journalisten erwartete Eingehen auf Interessen und Wertvorstellungen der Käuferschicht die Freiheit der Stoffwahl und die Offenheit der Kritik einschränken. Dies berührt natürlich die Substanz; der konformistisch geschriebene Feuilletonbeitrag wird auch nicht durch die Publikation in Buchform zum Essay.

Mit der Erfindung des Rundfunks bot sich dem Autor des 20. Jahrhunderts ein neues Medium mit anderer Publikumsstreuung und eigenen Gesetzen zur Erprobung an. Zwar eignet sich jeder gelungene Essay zum Vorlesen und somit auch zum Verlesen im Radio, aber ein in kompliziertem Periodenstil verfaßter Text ist für den Hörer schwerer zu verstehen als ein ausdrücklich für die Darbietung im Funk geschriebenes Prosastück, in dem der Autor sich bemüht, durch deutlich wahrnehmbare Strukturierungen der akustischen Aufnahmefähigkeit des Radiopublikums entgegenzukommen. Von nicht zu überschätzender suggestiver Wirkung und zugleich von dokumentarischem Wert ist zudem die Lesung des Essays durch den bedeutenden Autor. Horst Krüger hat in einem Beitrag der Neuen Deutschen Hefte systematisch untersucht, welchen »Umstrukturierungsgesetzen« der klassische Essay durch die Wirkung des Mikrophons und Lautsprechers unterworfen ist (Krüger, 102). Mit der Aufteilung der Essaypartien an verschiedene Sprecher, der gezielten Verwendung des Mischpultes und dem Einspielen von Tondokumenten wird der Bereich des Radioessays verlassen, diese technischen Effekte charakterisieren das Feature.

Von der spielerischen Verwendung tradierter Formen bis zur konsequenten Nutzung eines neuen Mediums reicht heute die Spannweite dieser Gattung, deren besondere Merkmale resümierend so beschrieben werden können: Der Essay ist ein gekonnt geschriebenes Prosastück mittlerer Länge, in dem der Autor einen Stoff seiner Wahl völlig unabhängig von anderen Formmustern behandeln kann. Das aggressive Aufbrechen gedanklicher Verkrustungen und Vorurteile ist sein wesentliches Kennzeichen.

Von der ersten Konkretisierung der Gattung bei MONTAIGNE und BACON bis zu den Rundfunkessays H. M. ENZENSBERGERS und WELLERSHOFFS hat der Essay manche Veränderung erfahren. Wichtige Stadien der Gattungsgeschichte seien hier skizziert.

»Mon stile et mon esprit vont vagabondant de mesmes« (MONTAIGNE, II, 438 f.). Mit diesem Bekenntnis in dem berühmten *Essai De la vanité* hat MONTAIGNE das innovatorische Element der Gattung in einem Satz getroffen. Seine über das ganze Œuvre verstreuten Bemerkungen zur Methode des Schreibens, der Grazie des Stils und der Rolle des Schriftstellers inspirieren bis heute die bedeutenden Theoretiker der Gattung. Der hohe moralische Anspruch des Autors, seine geradezu fanatische Liebe zur Wahrheit (»Je caresse la vérité«, II, 358), hat bei aller Veränderung des historischen und sozialen Kontextes auch für den Essayisten der Gegenwart nichts an Aktualität verloren.

Während MONTAIGNE nur die Gesamtheit seiner Schriften und nicht die für sich stehende Abhandlung als *Essai* bezeichnet, benutzt BACON den Begriff für das einzelne Prosastück. Die Themenbereiche, die von MONTAIGNE und BACON angesprochen werden, sind ähnlich. Bei beiden finden sich Reflexionen über existenzielle menschliche Erfahrungen wie Liebe, Freundschaft, Krankheit und Tod. Völlig verschieden ist jedoch das Verfahren des Schreibens. Die strenge, fast traktathafte Tektonik der Essays BACONS kennt nicht den zwanglosen Gedankenspaziergang MONTAIGNES. Von ihm hat BACON eigentlich nur den Titel übernommen, die prägenden Vorbilder fand er in der lateinischen und volkssprachlichen Literatur seines Landes (Schirmer-Imhoff; Borinski). Die Geschichte des deutschen Essays ist nach Justs treffender Bemerkung »untrennbar mit derjenigen des englischen Essays verbunden« (Just, Sp. 1898). COWLEY mit seinen höchst originellen *Several Discourses by way of Essays, in Verse and Prose* (1688, Ed. Alex. Grosart 1881), FIELDING in dem brillanten *Essay on Nothing* (1743) oder in dem *Essay on Conversation* (1743) und ADDISON, den HERDER bewundernd den »Vater aller Versuchschreiber (Essay-writers)« nannte, waren auch für deutsche Autoren Vorbilder.

Die steigende Auflage der Moralischen Wochenschriften, bevorzugtes Publikationsorgan englischer Essayisten, förderte die Popularisierung dieser Gattung, die sich so gut zum Vorlesen im geselligen Kreis eignete und deren Inhalt leicht zum Thema entspannter Unterhaltung werden konnte. Die lockere Darbietung ›witziger‹ Gedanken in essayistischer oder auch aphoristischer Form entsprach zudem dem Gesellschaftsideal des Gentleman oder Honnête Homme, der ohne Verkrampfung seine Belesenheit und Bildung in die Gespräche einfließen ließ. Fritz Schalk hat auf diesen Konnex zwischen literarischer Gestaltung und Geselligkeit in seinen Analysen zum Œuvre der französischen Moralisten hingewiesen (Schalk, I, 11). Während die Wirkung MONTAIGNES im Vergleich zu den englischen Essayisten in Deutschland bis zur Mitte des 18. Jahrhunderts relativ gering blieb, standen die großen essayähnlichen Abhandlungen VOLTAIRES und DIDEROTS im Zentrum der Kritik der deutschen Aufklärung.

Bereits vor der Verwendung des Begriffes Essay als Gattungsterminus 1859 durch HERMAN GRIMM gibt es eine deutsche Essayistik, deren Entstehung Küntzel aus gutem Grunde in das 18. Jahrhundert datiert und mit dem Streben der Autoren nach einer originellen Prosa in Verbindung bringt (Küntzel, 22 ff.). Gleichsam ein Präludium der Gattung bilden LOENS *Kleine Schriften* (1749–1752), MÖSERS *Harlequin, oder Vertheidigung des Groteske-Komischen* (1761) und WINCKELMANNS *Versuch einer Allegorie, besonders für die Kunst* (1766), während LESSINGS und HERDERS literaturkritische und ästhetische Schriften einen ersten Höhepunkt deutscher Essayistik darstellen (LESSING: *Laokoon, oder über die Grenzen der Malerey und Poesie*, 1766;

Wie die Alten den Tod gebildet, 1769. HERDER: *Über die neuere Deutsche Litteratur,* 1766 f.; *Kritische Wälder,* 1769).

Gegen Ende des 18. Jahrhunderts stellte FRIEDRICH SCHLEGEL in seiner Charakteristik FORSTERS (1797) einen der bedeutendsten deutschen Essayisten vor. Der weitgereiste und weltgewandte Autor, ein »echter Weltbürger, deutscher Herkunft« (SCHLEGEL, II, 89) hat in seinen Essays die Vollendung erreicht, die SCHLEGEL immer wieder in seinen Fragmentsammlungen forderte: »Er geht vom Einzelnen aus, weiß es aber bald ins Allgemeine hinüberzuspielen, und bezieht es überall aufs Unendliche« (II, 82). Diesen hohen Anspruch an den Essayisten löste SCHLEGEL selbst in dem Athenäumsaufsatz *Über Goethes Meister* (1798) ein. Die gleiche Reflexionshöhe findet sich in den Schriften SCHLEIERMACHERS (*Vertraute Briefe über Friedrich Schlegels Lucinde,* 1800; *Gelegentliche Gedanken über Universitäten in deutschem Sinn,* 1808) und SCHOPENHAUERS (*Über Schriftstellerei und Stil; Über Lesen und Bücher.* Paralipomena, 1851). Kulturgeschichte im weitesten Wortsinn war einer der bevorzugten Themenbereiche der deutschen Essayisten im 19. Jahrhundert. HERMAN GRIMMS dem Vorbild des amerikanischen Schriftstellers EMERSON nacheifernde Essays zur Kunst- und Literaturhistorie, FALLMERAYERS *Fragmente aus dem Orient* (1855), GILDEMEISTERS und HILLEBRANDS literarische Portraits sowie JACOB BURCKHARDTS geschichtsphilosophische Betrachtungen sind wichtige Belege für diese Tendenz.

Die eigentümlich fiebrige Stimmung des fin de siècle – die Gereiztheit der »überfeinen Nerven« (HOFMANNSTHAL), der Kult des Schönen, die Koketterie der an der Kunst sich orientierenden Lebenskonzepte, diese Atmosphäre ist eingefangen in den Schriften WALTER PATERS, OSCAR WILDES und GABRIELE D'ANNUZIOS. Die genannten Autoren gehören zu den »paar tausend Menschen, in den großen europäischen Städten verstreut«, die das »Bewußtsein« der Generation um 1900 verkörperten (HOFMANNSTHAL, Reden und Aufsätze I, 175). Die Themen dieser Zeitgenossen waren auch Themen der literarischen Gespräche, Prosaskizzen und Aufsätze des jungen HUGO VON HOFMANNSTHAL. Die differenzierte, in bestimmten Lebensphasen distanziert-kritische Haltung HOFMANNSTHALS zu der zur Modegattung avancierten literarischen Form – eigene Arbeiten bezeichnet er nicht als Essays – hat Arno Scholl in seiner grundlegenden Studie zur Prosa HOFMANNSTHALS nachgezeichnet. Als HOFMANNSTHAL 1920 das Programm einer »dem Scheingeschmack einer Epoche widerstrebenden Monatsschrift« skizziert und von den in ihr vertretenen literarischen Formen spricht, bleibt die »alles verschlingende Unform: das Essay« ausgeschlossen (HOFMANNSTHAL, Aufzeichnungen, 368). Mit HUGO VON HOFMANNSTHAL, HERMANN BAHR, RUDOLF BORCHARDT, SIGMUND FREUD und RUDOLF KASSNER sind nur einige der bedeutendsten Essayisten dieser Zeit genannt. Musterbeispiele des literarischen Essays schrieben auch HEINRICH MANN (*Choderlos de Laclos*, 1905) und THOMAS MANN u. a. mit seinem 1955 dem »Andenken in Liebe gewidmeten« *Versuch über Schiller.*

In der Literatur der Moderne hat der Essay seinen festen Platz. Schriftsteller wie ERNST BLOCH, GOTTFRIED BENN, HERMANN BROCH, WALTER BENJAMIN und KARL JASPERS stehen für unterschiedliche Tendenzen der deutschsprachigen Essayistik des 20. Jahrhunderts. Bis heute erweist sich der Essay dank seiner Offenheit für intellektuelle Experimente als bevorzugte Form des nichtfiktionalen Schreibens. ROLF DIETER BRINKMANNS programmatischer Essay *Der Film in Worten* (1969; 1982) dokumentiert in beeindruckender Weise die ungebrochene Attraktivität der Gattung. Selbst für einen Autor, der den radikalen Bruch mit traditionellen Wahrnehmungs- und Darstellungsmodi vollzieht, bleibt der Essay so »eine zeit-adäquate Form« (*Der Film in Worten*, 233).

Literatur: Lukács, G.: Über Wesen und Form des Essays: Ein Brief an Leo Popper. Berlin 1911. Zit. nach G. L.: Die Seele und die Formen. Essays. Neuwied, Berlin 1971, S. 7–31. – Bense, M.: Über den Essay und seine Prosa. In: Plakatwelt. Vier Essays. Stuttgart 1952, S. 23–37. – Schirmer-Imhoff, R.: Montaigne und die Frühzeit des englischen Essays. GRM 34 (1953), S. 121–135. – Schon, P. M.: Vorformen des Essays in Antike und Humanismus. Ein Beitrag zur Entstehungsgeschichte der Essais von Montaigne. Wiesbaden 1954. – Scholl, A.: Hofmannsthals essayistische Prosa. Studien zur Entwicklung ihrer Form. Diss. Mainz 1958. – Adorno, Th. W.: Der Essay als Form. In: Noten zur Literatur I. Frankfurt 1958,

S. 9–49. – Just, K. G.: Essay. In: Dt. Phil. im Aufriß II. Berlin ²1960, Sp. 1897–1948. – Schalk, F. (Hg.): Die französischen Moralisten I. Bremen 1962. Zit. nach der Ausgabe München 1973. – Krüger, H.: Der Radioessay. Versuch einer Bestimmung. Neue Deutsche Hefte 101 (1964), S. 97–110. – Berger, B.: Der Essay. Form und Geschichte. Bern, München 1964. – Borinski, L.: Die Vorgeschichte des englischen Essay. Anglia 83 (1965), S. 48–77. – Rehder, H.: Die Anfänge des deutschen Essays. DVjs 40 (1966), S. 24–42. – Rohner, L.: Der deutsche Essay. Materialien zur Geschichte und Ästhetik einer literarischen Gattung. Neuwied, Berlin 1966. – Friedrich, H.: Montaigne. Bern, München ²1967. – Küntzel, H.: Essay und Aufklärung. Zum Ursprung einer originellen deutschen Prosa im 18. Jahrhundert. München 1969. – Haas, G.: Essay. Stuttgart 1969. – Bohrer, K. H.: Ausfälle gegen die kulturelle Norm. Erkenntnis und Subjektivität – Formen des Essays. Literaturmagazin 6 (1976), S. 15–29. – Faber, R.: Der Collage-Essay. Eine wissenschaftliche Darstellungsform. Hommage à Walter Benjamin. Hildesheim 1979. – Dell'Orto, V.: Audience and the Tradition of the German Essay in the Eighteenth Century. The Germanic Review 50 (1975), S. 111–123. – Wohlleben, J.: Goethe als Journalist und Essayist. Frankfurt/M./Bern 1981. – Weissenberger, K.: Der Essay. In: Ders. (Hg.): Prosakunst ohne Erzählen. Die Gattungen der nicht-fiktionalen Kunstprosa. Tübingen 1985. – Adam, W.: Poetische und Kritische Wälder. Untersuchungen zu Geschichte und Formen des Schreibens ›bei Gelegenheit‹. Heidelberg 1988, S. 309 ff. – Butrym, A. J.: Essays on the Essay. Redefining the Genre. Athens, Georgia 1989. – McCarthy, J. A.: Crossing Boundaries. A Theory and History of Essay Writing in Germany, 1680–1815. Philadelphia 1989.

DIE FABEL

von Volker Ott

Der griechische Sklave ÄSOP erzählt um 550 v. Chr. erstmals die Fabel von Wolf und Lamm:

> Ein Wolf kam an einen Bach, um dort zu trinken. Da gewahrte er ein Lamm, das ein Stück unterhalb von ihm seinen Durst löschte.
> »Warum trübst du mir das Wasser, das ich trinken will?« wollte er wissen. »Wie kann ich das Wasser trüben, das von dir zu mir herabfließt?« antwortete das Lamm. »Jedenfalls weiß ich«, sagte der Wolf, »daß du vor fünf Monden übel von mir geredet hast«.
> »Wie sollte das möglich sein?« erwiderte das Lamm. »Damals war ich noch gar nicht geboren.«
> »Dann ist es dein Vater gewesen«, schrie der Wolf und zerriß das Lamm, um es zu verschlingen.

Diese Fabel, die zu den ältesten überlieferten Texten der vermutlich aus dem Orient (Indien und Arabien) stammenden Gattung gehört, enthält alle ihre wesentlichen Charakteristika: Es agieren redende Tiere anstelle von Menschen, die sich konträr gegenüberstehen und so die dialektische Struktur mitbedingen; die Form ist kurz und pointiert, episch und dialogisch zugleich; Moral, Gleichnischarakter und Kritik sind offenkundig. MARTIN LUTHER, der wesentliche Beiträge zur Fabeltheorie und -praxis geleistet hat, umreißt die letzten drei Elemente in seiner Bearbeitung dieses Motivs etwa zwei Jahrtausende später mit der Erkenntnis: »Der wellt lauff ist/Wer frum sein wil/der mus leiden [...] Denn Gewalt gehet fur Recht [...] Wenn der wolff wil/so ist das lamb unrecht.«

Sprechende Tiere gelten gemeinhin als wichtigstes Erkennungszeichen der Fabel und haben gelegentlich die bedauerliche Gleichsetzung mit der (oder gar Unterordnung unter die) Tiergeschichte begünstigt. Da dieser Systematisierungs- und Definitionsversuch wesentlichere Gattungsmerkmale außer acht läßt, einen äußerlichen Kunstgriff überbetont und darüber hinaus in unzulässiger Weise verallgemeinert, ist er irreführend und zur Gattungsbestimmung wenig brauchbar. Außer den bekannten Fabeltieren wie Löwe, Bär, Wolf, Fuchs oder Hase agieren in einer nicht unbeträchtlichen Anzahl von Texten auch Pflanzen, Gegenstände, Menschen oder deren Körperteile. Zu erinnern wäre etwa an Eiche und Schilfrohr (BABRIOS), die beiden Töpfe (LA FONTAINE), den Aufschneider (ÄSOP) und den Magen und die Glieder (TITUS LIVIUS). Analog zum Terminus Tierfabel haben sich in der Forschung die Bezeichnungen Pflanzen-, Ding- und Menschenfabeln eingebürgert. Aber auch solche Bezeichnungen sind stark vereinfachend, denn es sind auch Kombinationen zwischen diesen Bereichen gebräuchlich: der Esel und der alte Hirt (PHÄDRUS), Krähe und Urne (AVIANUS), der Besitzer des Bogens (LESSING), Eiche und Schwein (LESSING).

Für die Beliebtheit der Verwendung von Tieren in der Fabel sind zahlreiche Gründe genannt worden. BREITINGER versteht sprechende Tiere als ein Element des Wunderbaren in der Dichtung, das Interesse beim Leser erwecke, wogegen LESSING, zweifellos einer der wichtigsten Fabeldichter und -theoretiker, überzeugend einwendet, diese Wirkung verliere sich bald durch den häufigen Gebrauch. Er sieht die Funktion der Tiere vornehmlich darin, dem Leser Orientierungs- und Verständnishilfen für Lektüre und Sinnerfassung zu geben und so zur prägnanten Kürze beizutragen:

> »[...] man hört: *der Wolf und das Lamm;* sogleich weis jeder, was er höret, und weis, wie sich das eine zu dem andern verhält. Diese Wörter, welche stracks ihre gewissen Bilder in uns erwecken, befördern die anschauende Erkenntniß [...]« (*Sämtliche Schriften Bd. 7,* Stuttgart [3]1891, 451).

Im Lichte der abgesicherten Erkenntnis, daß – zumal in der Frühzeit der Fabel – Schwache und Unterdrückte (die Fabeldichter ÄSOP und PHÄDRUS waren Sklaven) den Mächtigen und Unterdrückern mit dieser Kunstform verhüllt die Meinung sagen konnten, gewinnt der Gebrauch von Tieren (aber auch von Gegenständen und Pflanzen) eine zusätzliche Funktion als

Schutz vor eventuellen Sanktionen – ein Aspekt, auf den anläßlich des Gleichnischarakters der Fabel noch zurückzukommen sein wird. Phädrus berichtet in einem seiner Fabelbücher, wie Äsop die Fabel erfunden haben soll:

> Jetzt sei, weshalb die Fabel man erfand,
> Noch kurz berichtet. Der bedrängte Sklave,
> Der was er mochte nicht zu sagen wagte,
> Barg seines Herzens Meinung in die Fabel
> Und wich dem Vorwurf aus in droll'ger Maske.
> (*Phädrus' des Freigelassenen des Augustus Äsopische Fabeln*, übs. v. Johannes Siebelis, Berlin/Stuttgart 1855–1912, 41).

Die Konfrontation von Tieren, Pflanzen, Gegenständen oder Menschen mit unterschiedlicher Lebenseinstellung oder -führung (Grille und Ameise), unterschiedlichen natürlichen Anlagen (Eiche und Schilfrohr) oder Interessen (Bauer und Esel) bedingt bereits im Ansatz die dialektische Struktur der Fabel. Aus den Gegensätzen zwischen aggressivem Jäger und friedfertiger Beute (Wolf und Lamm) oder fleißigem Bürger und faulem Künstler (Grille und Ameise) muß bei näherem Kontakt ein Konflikt erwachsen, der jedoch nicht immer zugunsten des anscheinend Mächtigeren und Stärkeren entschieden wird: Das Schilfrohr kann aufgrund seiner Flexibilität dem Sturm widerstehen, die Mücke aufgrund ihrer Winzigkeit den Ochsen stechen. Jedes Tier repräsentiert eine bestimmte Weltsicht oder -haltung, von denen eine (ggf. auch beide) nach kurzem, die gegensätzliche Position stark akzentuierendem Dialog im Verlauf einer Handlung verifiziert oder falsifiziert wird und so die Lehre der Fabel konstituiert. Diese Moral geht bereits deutlich aus dem Geschehen hervor (im einleitenden Beispiel: Der Stärkere erreicht sein Ziel notfalls auch ohne rechtfertigende Argumente), kann jedoch auch, der didaktischen Absicht und pädagogischen Zielsetzung der Gattung entsprechend, als Pro- oder Epimythion der Handlung voran- oder nachgestellt werden (in La Fontaines Fassung der Fabel von Wolf und Lamm: »Der Stärkere hat immer recht«). Die in der Fabel vermittelten Lehren können bei einer so alten Gattung je nach Epoche, Autor, politischen Verhältnissen usw. stark variieren, sie vermitteln jedoch stets einen Einblick in – wie LUTHER es nennt – »der wellt lauff«. Wollte man grob differenzieren, ließen sich zwei wichtige größere Gruppen nennen: Häufig zu finden sind praktische Lebensweisheiten (»Sei nicht geschickt, man wird dich wenig hassen,/Weil dir dann jeder ähnlich ist« in GELLERTS Fabel vom Tanzbär) und gesellschaftliche bzw. politische Aussagen (»Ihr Zwingherrn, bebt! Es kömmt ein Tag,/An dem der Sklave seine Ketten/Zerbrechen wird, und dann vermag/Euch nichts vor seiner Wut zu retten« in PFEFFELS Fabel vom Tanzbär).

Die Fabel ist bis heute ein beliebtes Instrument des Protests geblieben, wie zeitgenössische Texte von SCHNURRE, KUNZE und THURBER zeigen. Um diesen Aspekt vertiefen zu können, sollen für einen Augenblick Inhalt und Aussage der Fabel zugunsten formaler Aspekte zurückgestellt werden. Um weitere Spezifika der Gattung zu erläutern, ist nämlich nach wichtigen formalen Elementen der Fabel und ihrer Bedeutung für die Gesamtaussage zu fragen. Zwei Aspekte schieben sich in den Vordergrund: der Aufbau und vor allem der Gleichnischarakter.

Die Kürze ist von fast allen Fabeltheoretikern als wichtiges Stilmerkmal erkannt worden, wenn auch in der Praxis von einigen Fabeldichtern häufig dagegen verstoßen wurde. LESSING, bei dem in dieser Beziehung Theorie und Praxis übereinstimmen, erklärt kategorisch: »Die Kürze ist die Seele der Fabel« und begründet dies:

»Wenn ich mir einer moralischen Wahrheit durch die Fabel bewußt werden soll, so muß ich die Fabel auf einmal übersehen können; und um sie auf einmal übersehen zu können, muß sie so kurz seyn, als möglich. Alle Zierathen aber sind dieser Kürze entgegen; denn ohne sie würde sie noch kürzer seyn können: folglich streiten alle Zierathen, in so fern sie leere Verlängerungen sind, mit der Absicht der Fabel.« (*Sämtliche Schriften Bd. 7,* 470).

Seine bekannte Fabel ›Der Besitzer des Bogens‹ illustriert diesen Sachverhalt anschaulich: Der Bogen ist zur Jagd, die Fabel zur Belehrung bestimmt; unnützer Zierat be- oder verhindert ihre eigentliche Zweckbestimmung. Die Kürze der Fabel wird auch von anderen Theoretikern und Forschern aus ihrer Belehrungsfunktion abgeleitet. Zusammen mit der pointierten Struktur bedingt sie weitere Besonderheiten des Aufbaus, die vor allem Dithmar erkannt und beschrieben hat und die sich an der einleitend als Paradigma zitierten Fabel von Wolf und Lamm vorzüglich demonstrieren lassen. Der Dialog, ein Streitgespräch zwischen den beiden Protagonisten, ist in einen epischen Kontext (Sätze 1, 2 und letzter Teil von Satz 8) eingebettet. Die Exposition (Sätze 1 und 2) führt den Ort der Handlung und die Akteure ein, der durch Frage und Antwort, Anklage und Rechtfertigung dialektisch strukturierte Hauptteil (Sätze 3 bis 8, erste Hälfte) spitzt die Handlung schnell auf den Höhepunkt (zweiter Teil von Satz 8) zu, mit dem die Fabel – recht abrupt – endet. »Die Fabel ist episch und dramatisch zugleich; sie ist das in eine Erzählung eingefügte Drama in knappster Form« (Dithmar, 103). Das gilt sowohl für die Prosa- als auch für die Versfabel.

Bei der Besprechung der Funktion von Tieren in der Fabel wurde bereits kurz auf den parabolischen Charakter der Fabel hingewiesen. Die Einkleidung einer Wahrheit oder Lehre in eine kurze Geschichte, in der Tiere agieren, hat Lessing in seiner berühmten, jedoch stark aufklärerischem Denken verpflichteten und idealtypisch einseitigen Definition beschrieben:

»Wenn wir einen allgemeinen moralischen Satz auf einen besondern Fall zurückführen, diesem besondern Falle die Wirklichkeit ertheilen und eine Geschichte daraus dichten, in welcher man den allgemeinen Satz anschauend erkennt: so heißt diese Erdichtung eine Fabel.« (*Sämtliche Schriften Bd. 7*, 446)

Diese dichterische Verkleidung einer bestimmten Erkenntnis oder These in eine Tier-, Pflanzen- oder Dinghandlung erfordert vom Rezipienten den intellektuellen Akt des Transfers. Er wird versuchen, hinter der vordergründigen Handlung menschliche Verhaltensweisen und eine Moral zu erkennen, die er im Analogieschlußverfahren von der fiktiven Ebene auf seine reale Existenz übertragen muß. Obwohl dieser Vorgang zweifelsohne einen Denkakt darstellt, darf – wie es in der Forschung gelegentlich geschehen ist – diese Leistung nicht überbetont werden, da die Auflösung des nie sehr komplizierten Gleichnisses durch zahlreiche Hilfestellungen, häufig sogar durch das *fabula docet* als Pro- oder Epimythion, erleichtert wird. Auch der naivste Rezipient wird die Fabel von Wolf und Lamm nicht als beklagenswertes Ereignis zwischen zwei Tieren an einem Bach mißverstehen, sondern als ein in die Tierwelt verlagertes Beispiel für menschliche Abhängigkeits- und Unterdrückungsstrukturen begreifen.

Wozu dann aber die von LESSING als recht komplizierter schriftstellerischer Prozeß dargestellte parabolische Verkleidung? LUTHER erkennt mit seiner Antwort auf diese Frage eines der wesentlichsten Gattungsmerkmale:

»Nicht allein aber die Kinder/sondern auch die grossen Fuersten und Herrn/Kan man nicht bas betriegen/zur Warheit/und zu jrem nutz/denn das man jnen lasse die Narren die Warheit sagen/dieselbigen koennen sie leiden und hoeren/sonst woellen oder koennen sie/von keinem Weisen die Warheit leiden/Ja alle Welt hasset die Warheit/wenn sie einen trifft.« (*Martin Luthers Fabeln,* hrg. Willi Steinberg, Halle 1961, 84)

Die parabolische Struktur erweist sich wie die Verwendung der Tiere (die ja stark zum Gleichnischarakter beiträgt) als eine Schutzmaßnahme der Unterdrückten und Abhängigen. Da die Moral der Fabel sehr viel eher gesellschaftskritisch als gesellschaftsaffirmativ ist, leuchtet ein, daß die kritischen Fabeldichter, die zumeist Angehörige der unteren und unterdrückten Gesellschaftsklassen waren oder sich zumindest als solche begriffen, die Wahrheit und den Protest nicht direkt artikulieren konnten, sondern aus Vorsichtsgründen verhüllt formulieren mußten. Auch unter diesem Aspekt erweist sich die Fabel als eine Form der gesellschaftskritischen, gar politischen Literatur. Dies bedeutet nicht notwendig, daß jede Fabel auf gesellschaftliche und/oder politische Mißstände hinweisen will (das träfe z. B. auf einige verniedlichende Tierfabeln für Kinder oder religiöse Fabeln mit Sicherheit nicht zu), sondern vielmehr, daß die Fabel aufgrund ihrer Herkunft und ihrer Struktur »der Herrenmoral entgegengesetzt« (Schirokauer, 181) ist und sich so hervorragend zur Reflexion und Artikulation politischer Sachverhalte eignet. LESSINGS Fassung der Fabel von Wolf und Schaf mag diesen Sachverhalt veranschaulichen:

»Der Durst trieb ein Schaf an den Fluß; eine gleiche Ursache führte auf der anderen Seite einen Wolf herzu. Durch die Trennung des Wassers gesichert und durch die Sicherheit höhnisch gemacht, rief das Schaf dem Räuber hinüber: »Ich mache dir doch das Wasser nicht trübe, Herr Wolf? Sieh mich recht an; habe ich dir nicht etwa vor sechs Wochen nachgeschimpft? Wenigstens wird es mein Vater gewesen sein.« Der Wolf verstand die Spötterei; er betrachtete die Breite des Flusses und knirschte mit den Zähnen. »Es ist dein Glück«, antwortete er, »daß wir Wölfe gewohnt sind, mit euch Schafen Geduld zu haben«; und ging mit stolzen Schritten weiter.

LESSINGS Fabel spiegelt deutlich eine grundlegende Veränderung der gesellschaftlichen Verhältnisse wieder. Wie bei ÄSOP, PHÄDRUS, LUTHER und LA FONTAINE ist auch bei LESSING der Wolf eindeutig der physisch Stärkere, das Lamm bzw. Schaf der Schwächere. Die Unterschiede ergeben sich zunächst aus einer geschickten Änderung der Details der Szenerie: LESSING läßt seine Akteure nicht auf einer, sondern auf zwei Seiten des Flusses trinken; die Breite des Wassers garantiert dem Schaf Sicherheit. Das aufsteigende und selbstbewußt gewordene Bürgertum ist durch die veränderte Geisteshaltung der Aufklärung (z. B. Gedanke der Freiheit und Gleichheit) und politische und wirtschaftliche Reformen (z. B. teilweise Aufhebung der Leibeigenschaft) vor der Willkür des Adels – zumindest vorläufig – geschützt und kann sich gar selbstsicher leisten, auf die früheren Verhältnisse spöttisch anzuspielen. Die Macht- und Abhängigkeitsverhältnisse scheinen sich zugunsten der früher Unterdrückten verändert zu haben. LESSING benutzt hier ein klassisches Fabelmotiv zur Darstellung der veränderten gesellschaftlichen Realität, läßt aber den Ausgang offen und betrachtet damit den gesellschaftlichen Umschichtungsprozeß als noch nicht abgeschlossen. Es bleiben viele Fragen offen, aber die wichtigste ist: Wie wird sich das nächste Zusammentreffen zwischen beiden gestalten? ARNTZENS Bearbeitung dieses Stoffs zeigt, wie sich die Beziehungen zwischen Wölfen und Lämmern im Zeitraum von drei Jahrhunderten entwickelt haben:

Der Wolf kam zum Bach. Da entsprang das Lamm. »Bleib nur, du störst mich nicht«, rief der Wolf. »Danke«, rief das Lamm zurück, »ich habe im Äsop gelesen.«

Der Mächtige muß den Schwächeren geradezu bitten, zu bleiben; letzterer zeigt sich nicht nur als vorsichtig, sondern ist auch gebildet. Der Stärkere ist – wie bei LESSING – nicht mehr unbedingt der Überlegene, aber der Schwächere ist durch seine Belesenheit über seine frühere Abhängigkeit informiert und insgesamt, nennen wir es ruhig so, emanzipiert. ARNTZENS Fabel(parodie?) reflektiert aktuelle gesellschaftliche Verhältnisse unter Einbeziehung ihrer historischen Komponenten durch die Anspielung auf literarische Vorbilder bei ÄSOP und LESSING.

Literatur: Staege, M.: Die Geschichte der deutschen Fabeltheorie. Diss. Basel 1929. – Spoerri, T.: Der Aufstand der Fabel. In: Trivium 1 (1942), H. 1, S. 31–63. – Sternberger, D.: Figuren der Fabel. Frankfurt 1950. – Schirokauer, A.: Die Stellung Äsops in der Literatur des Mittelalters. In: Festschrift für Wolfgang Stammler. Bielefeld/Berlin 1953, S. 179–191. – Meuli, K.: Herkunft und Wesen der Fabel. In: Schweizerisches Archiv für Volkskunde 50 (1954), H. 2, S. 65–88. – Briegel-Florig, W.: Geschichte der Fabelforschung in Deutschland. Diss. Freiburg 1965. – Dithmar, R.: Die Fabel. Paderborn 1971. – Bauer, G.: Der Bürger als Schaf und als Scherer. In: Euphorion 67 (1973), H. 1, S. 24–51. – Leibfried, E.: Fabel. Stuttgart 1976, ^{4}1982. – Doderer, K.: Fabeln. München 1977. – Hasubek, P. u. a. (Hg.): Die Fabel. Theorie, Geschichte und Rezeption einer Gattung. Berlin 1982. – Hasubek, P. (Hg.): Fabelforschung. Darmstadt 1983. – Leibfried, E.: Fabel. Bamberg 1984. – Elschenbroich, A.: Die deutsche und lateinische Fabel in der Frühen Neuzeit. 2 Bde. Tübingen 1990.

DAS FASTNACHTSPIEL

von Bernhard Sowinski

Fastnachtspiele sind szenische Vortragstexte, oft mit kurzen Regieangaben, aus dem 15. und 16. Jahrhundert, die sich in ihrem Entstehungsanlaß, im Inhalt und in ihrer Aufführungsform und -tradition von anderen Spieltexten dieser Zeit (Osterspielen und anderen religiösen Spielen, Schuldramen, Humanisten- und Reformationsdramen u. a.) unterscheiden.

Überliefert sind diese Fastnachtspiele in verschiedenen Papierhandschriften und Frühdrucken, vor allem in Bibliotheken in Wolfenbüttel, Dresden, Nürnberg und München. Die vorhandenen Texte sind bisher zwar annähernd vollständig, textkritisch jedoch noch unzureichend ediert worden (vor allem durch A. v. Keller, C. Schnorr v. Carolsfeld, O. Zingerle, W. Seelmann, E. Goetze, D. Wuttke). Eine genaue Bestimmung und Abgrenzung des Fastnachtspiels wird dadurch erschwert, daß sowohl dessen Autoren und Abschreiber als auch die neuzeitlichen Editoren nicht präzis genug differenzierten und mitunter auch andere dramatische oder dialogische Texte, die nichts mit der fastnachtlichen Aufführungspraxis und Spieltradition zu tun hatten, so bezeichneten oder in die Editionen einbezogen. Inwieweit alle als Fastnachtspiele bezeichneten Texte, etwa auch die von Hans Sachs und Jacob Ayrer, mit dem Fastnachtsbrauchtum verbunden sind, muß allerdings ohnehin offenbleiben.

Über die Entstehung des Fastnachtspiels ist in der bisherigen Forschung sowohl von volkskundlicher als auch von literaturwissenschaftlicher Seite viel gerätselt worden. Die mit der Erforschung des Brauchtums beschäftigte Volkskunde hat verschiedene Hypothesen entwickelt, die von einer Verwurzelung in heidnisch-germanischen Männerbünden (vgl. O. Höflers Ansatz) oder einer Entwicklung aus primitiven Fruchtbarkeitskulten (R. Stumpfl) bis zur Herleitung aus jahreszeitlichen oder fastnachtlichen Bräuchen (Winteraustreibung, Schembartlauf, Tänzen) und Brauchtumsfeiern oder aus dem mittelalterlichen Vagantentreiben und einem Nachleben antiker Mimen reichen. Überzeugende Erklärungen fehlen hier aber ebenso wie in der Literaturwissenschaft, die das Fastnachtspiel aus älteren weltlichen Spielen (Neidhartspiel), Schwänken, Streitgesprächen, Spruchdialogen, aus den komischen Szenen geistlicher Spiele (Salbenkrämer-, Arztszenen) oder aus den sozialen Spannungen zwischen den Handwerksgesellen und Zünften oder Patriziern oder den Stadtbürgern und den Bauern abzuleiten suchte. Die Vielfalt der vom Fastnachtspiel adaptierten Stoffe, Formen, Themen, Figuren und Sprachschichten bietet Belege für die verschiedenen Herleitungsansätze, erschwert aber auch plausible monokausale Erklärungen, so daß man eher davon ausgehen muß, daß verschiedene Faktoren zur Entwicklung dieser literarischen Gattung beigetragen haben.

Gemeinsam scheint jedoch allen Fastnachtspielen die Integration in das Fastnachtgeschehen oder eine Angleichung daran und an das Fastnachtspublikum zu sein. Die Wurzeln der Fastnacht liegen aber ebenso im Dunkeln wie die des Fastnachtspiels. Fest steht nur, daß das Fastnachtbrauchtum, besonders in West- und Süddeutschland, in Österreich und in der Schweiz, recht vielfältig ist und war und daß hierbei improvisierte oder ausgearbeitete revueartige Darbietungen durch bestimmte Personengruppen häufig sind, mitunter sogar in ihren nichtliterarischen Formen als Fastnachtspiele bezeichnet werden. Manche dieser Bräuche gehen wahrscheinlich auf heidnische mythologische Zusammenhänge zurück, etwa auf die Vorstellungen von Dämonen- und Hexenumzügen (›Wildes Heer‹ zwischen Weihnachten und Epiphanie), auf Winteraustreibungen, Fruchtbarkeitskulte u.a.m., sind aber unter kirchlichem Einfluß in die Zeit vor Beginn der 40tägigen Fastenzeit (ab Aschermittwoch) verdrängt und als Teil einer allgemeinen Ausgelassenheit vor den Fasttagen mit ihrem Verbot von Festen, Hochzeiten, Gastmählern sowie allen Lustbarkeiten aufgefaßt worden.

Die uns als besondere dramatische Literaturgattung erhaltenen Fastnachtspiele spiegeln häufig in den Einleitungs- oder Schlußversen oder in beiden die Einbettung dieser Texte und ihrer szenischen Darbietung in solche zumeist privaten oder halböffentlichen Fastnachtlustbarkeiten; zumindest gilt dies für einen großen Teil der älteren Nürnberger Fastnachtspiele insofern, als sie die Zuschauer durch Entschuldigungen sowie Aufforderungen zum Urteil oder zu Tanz und Fröhlichsein häufig in das Geschehen miteinbeziehen. Die ebenfalls überlieferten Nürnberger Ratsprotokolle (Ratsverlässe) enthalten manche Hinweise auf die Vorbereitung und Aufführung dieser Spiele. Sie erfolgte zumeist durch Gruppen aus Handwerksgesellen oder anderen Bürgersöhnen unter der Leitung eines Spielführers, der Hauptmann genannt wurde und oft auch die Rolle des Ansagers oder Präcursors übernahm. Er mußte beim Stadtrat die Erlaubnis beantragen, mit seiner Gruppe in Wirtshäuser und Privathäuser gehen zu dürfen, um sein Spiel aufzuführen. Die Gruppen wurden oft ermahnt, keine Masken zu tragen, also erkennbar zu bleiben, und ›zuhtige reimen‹ zu gebrauchen, also moralisch Anstößiges zu meiden, was aber wohl – manchen erhaltenen Texten zufolge – sehr großzügig verstanden wurde. Ob die Nürnberger Fastnachtspiele tatsächlich gleichsam als Ventil unterdrückter Sexualität der Handwerksgesellen (und wohl auch des Publikums) fungierten, wie manche Forscher (Catholy, Lenk, Merkel) vermuten, muß offenbleiben. Allerdings sollte man dabei nicht neuzeitliche ästhetische und moralische Maßstäbe zugrundelegen, die ohnehin lange Zeit den Zugang zu einer objektiven Würdigung dieser Literaturgattung erschwert haben.

Das Fastnachtspiel als literarische (nichtimprovisierte) Form scheint in den ersten Jahrzehnten des 15. Jahrhunderts entstanden zu sein. Ein erster Hinweis auf Aufführungen von Fastnachtspielen stammt vom Jahr 1426 aus Hall in Tirol. Aus Lübeck sind Aufführungen seit 1430, aus Nürnberg seit 1440 bezeugt. Später finden wir Zentren des Fastnachtspiels in Sterzing in Tirol (seit etwa 1500), in der Schweiz (Basel, Luzern, Bern?), im Elsaß und wahrscheinlich in einigen niederdeutschen Städten (Hildesheim, Münster, Danzig, Königsberg). Aus anderen Orten werden gelegentliche Aufführungen berichtet (Zwikkau, Breslau, Eger). Fastnachtspieltraditionen behaupten sich dabei entweder neben geistlichen und anderen Spielen (in Tirol, der Schweiz, Lübeck) oder an ihrer Stelle (Nürnberg).

Im einzelnen sind aus diesen Spielorten nach Zahl, Inhalt und

Form recht verschiedene Spiele überliefert. Von den etwa 144 Spielen vor 1500 stammen wahrscheinlich 108 allein aus Nürnberg (nach Wuttke); von den Lübecker Spielen, die durch die patrizische Zirkelgesellschaft aufgeführt worden sind, kennen wir – bis auf ein einziges überliefertes Spiel – nur 73 Titel und Aufführungsjahre aus der Zeit von 1430 bis 1515 sowie aus dem Jahre 1537. Aus Tirol sind nur vier frühe Spiele überliefert (vgl. A. v. Kellers Ausg. (= K) Nr. 54, 56, 57, 128); diese sind jedoch älter und dramatisch bereits ausgeprägter als die Nürnberger Stücke und scheinen darin mit dem gleichzeitig überlieferten Großen Neidhartspiel (K 53) verwandt zu sein, das auch in verschiedenen Fastnachtspielversionen begegnet. Aus der späteren Tiroler Fastnachtspieltradition, vor allem in Sterzing, sind für die Jahre 1510–1535 insgesamt 26 Spiele durch den Spielleiter Vigil Raber überliefert, die zumeist Umformungen Nürnberger Stücke des 15. Jahrhunderts sind. Aus dem alemannischen Raum (Schweiz, Elsaß) sind zwar weltliche Spieltexte aus dem 15. Jahrhundert bekannt; eine eigene Fastnachtspieltradition mit stofflich allerdings recht verschiedenen Stücken beginnt hier aber wahrscheinlich erst im 16. Jahrhundert (nach Catholy).

Die Versuche (besonders von E. Catholy u.a.), den einzelnen Zentren bestimmte Spieltypen zuzuordnen, sind angesichts der Formenvielfalt noch nicht überzeugend; dennoch kann man bestimmte Formtraditionen annehmen. Zwei Haupttypen sind dabei erkennbar: 1. das Reihenspiel, 2. das Handlungsspiel. Im Reihenspiel einfachster Form treten Einzelsprecher auf, die jeweils ihre zumeist komische Rolle kennzeichnen und ihr Verhalten oder ihre Erlebnisse beschreiben. Häufig leitet ein Vorredner (Präcursor) diese Revue ein, indem er die Zuschauer begrüßt und das Stück charakterisiert; zuletzt beendet er es durch eine weitere Ansprache an die Zuschauer. Die Sprecher der Reihenspiele verkörpern meistens bäurische Narren oder Närrinnen, die sich ihrer Dummheit, Ungeschicklichkeit oder Unmäßigkeit, besonders in der Liebe, brüsten oder anklagen, zumeist in zotig-derber Sprache, und so durch ihre Abweichung von stadtbürgerlichen Lebensgewohnheiten und Moralvorstellungen komisch wirken (vgl. K 13, 14, 16, 25, 26, 28 u.a.m.).

Eine Erweiterung dieser einfachen Form besteht in der Einführung von Gegenrednern oder Richtern, so daß aus Monologen Dialoge werden können. Themen solcher Gerichtsspiele (vgl. z. B. K 18, 27, 29, 34, 40, 41, 42 u. a. m.) sind meistens Ehestreitigkeiten, Rechtshändel, Prahlereien. Mitunter enden solche Spiele in Schlägereien.

Von diesen revueartigen Reihenspielen unterscheiden sich die Handlungsspiele durch die Darstellung eines stärker dramatischen Geschehens. Die Stoffe dazu entstammen entweder dem bäuerlichen oder städtischen Alltag oder der Sage und Literatur. Antike (z. B. Trojasage, Paris und die Grazien, Aristoteles, Venus) und Bibel (Salomon, AT und NT, Antichrist) liefern hier ebenso Themen wie die mittelalterliche Literatur (Artusepik, Neidhart- und andere Schwänke, Spruchdichtung, Pfaffen- und Ständesatire) sowie die Zeitgeschichte (Türkengefahr, Judenfeindschaft, Arztsatiren, Rittersatiren, Kirchen- und Kleruskritik, Reformation). Insbesondere außerhalb Nürnbergs sowie bei den namentlich bekannten Autoren des späten 15. u. des 16. Jahrhunderts (Hans Folz, Nicolaus Mercatorius, Hans Sachs, Peter Probst, Pamphilus Gengenbach, Niklas und Hans Rudolf Manuel, Jörg Wickram, Zacharias Bletz, Jacob Frey, Jacob Ayrer u. a.) dominiert das Handlungsspiel, das sich immer mehr vom Fastnachtsgeschehen löst und zur weltlichen oder zur humanistischen bzw. reformatorischen Komödie hin entwickelt. Ans Fastnachtspiel bleibt es aber durch die direkte Publikumsansprache, durch den Umfang (meist 80–500 Verse) und oft auch durch die Stoffe gebunden. Mancherorts ist diese Entwicklung auch durch eine zunehmende Moralisierung gekennzeichnet. So werden z. B. in Lübeck etwa ab 1480 die moralischen Werte der einzelnen Spiele als Titel hervorgehoben, nicht – wie vorher – die Personen und Handlungen (vgl. z. B. 1434: *Salomons erste gerichte*, 1438: *de helle vnde vor Crimolt*; dagegen: 1480: *van der truwe unde warheyt, ene wolde vor de andere starven*, 1481: *van dreu dogeden; dat erste, dat men dencke, ende mot de last dregen, ock scal me woldaet nicht vorgeten, unde dat ock wiesrat beter is wen grote starcke.*) Manche Autoren (z. B. Hans Sachs) unterscheiden ausdrücklich zwischen Fastnachtspiel und Komödie, wenn auch solche Gattungsbezeichnungen und die Übergänge zwischen dem eigentlichen Fastnachtspiel und dem reformatorischen und humanistischen Drama unscharf bleiben.

Ob wir im primitiver anmutenden Reihenspiel eine ältere, im Handlungsspiel dagegen als Ergebnis einer Entwicklung zur Autonomie der Formen eine jüngere Form vor uns haben, wie Catholy meint, ist umstritten (vgl. hierzu D. Wuttke im Nachwort seiner Ausgabe), zumal die früher überlieferten Tiroler Spiele bereits Handlungsspiele sind und auch in Nürnberg ein Nebeneinander von Reihenspiel und Handlungsspiel anzunehmen ist.

Zwar bevorzugt der ältere Nürnberger Fastnachtspieldichter Hans Rosenplüt (1400–1470?) Reihenspiele, im Gegensatz zum jüngeren Nürnberger Dichter Hans Folz (1435?–1513), doch ist auch ein ursprüngliches Nebeneinander beider Typen möglich. Die Revueform war sowohl früher (vgl. die Totentänze) als auch später (in einzelnen Reformationsstücken) eine beliebte Darbietungsform neben anderen.

Nachdem das Fastnachtspiel im 16. Jahrhundert von der Reformation zunächst als volkstümliches ›Werbemittel‹ genutzt (mit Papst- u. Kleruskritik) und durch die Nürnberger Dichter (Hans Sachs mit 85 Fastnachtspielen, ferner Probst, Ayrer) zu erneuter Blüte gebracht worden war, wurde es am Ende des 16. Jahrhunderts immer häufiger unterdrückt und durch andere Formen komischer Kritik und Unterhaltung verdrängt (Schuldrama, Satiren). Im ›Sturm und Drang‹ und in der Romantik besannen sich einzelne Dichter (Goethe, Lenz, Klinger, Tieck, A. W. Schlegel) erneut auf diese Tradition (vgl. z. B. Goethes *Satyros, Pater Brey, Jahrmarktsfest in Plundersweilern*); Goethe inszenierte 1776 in Weimar sogar *Das Narrenschneiden* von Hans Sachs, dessen Stücke dann im 20. Jahrhundert in der Laienspielbewegung und in der Jugendbewegung zu neuem Leben gelangten.

Heute ist das Fastnachtspiel nur noch Gegenstand der historischen Erforschung und Würdigung. Es hat neben den kirchlichen Spielen des Mittelalters und der humanistischen Wiederbelebung antiker Stücke zweifellos entscheidend zur Ausprägung eines deutschsprachigen Dramas beigetragen und in seinen einfachen satirischen Darstellungsstrukturen und in seiner Publikumsbindung auch noch auf neuere Autoren eingewirkt (z. B. BRECHT, DÜRRENMATT, HACKS).

Die Edition und Erforschung der Fastnachtspiele ist lange Zeit vernachlässigt worden. Wegen der derb-obszönen Bildersprache, vor allem in den Nürnberger Reihenspielen, wurde im 19. Jahrhundert die gesamte Gattung als ästhetisch weniger wertvoll angesehen. Lediglich dem Sammelfleiß A. v. Kellers ist es zu verdanken, daß etwa 130 *Fastnachtspiele aus dem XV. Jh.* in einer vierbändigen, textkritisch jedoch noch unzureichenden Ausgabe vorliegen. Hinzu kommen Editionen von weiteren Spieltexten durch F. Schnorr v. Carolsfeld und O. Zingerle. Die zunächst positivistisch sammelnde und registrierende Forschung hat erst seit den 60er Jahren unseres Jahrhunderts neue Impulse erfahren. Als besonders wichtig sind dabei die Arbeiten von E. Catholy, W. Lenk, H. G. Sachs und D. Wuttke, vor allem auch D. Wuttkes Textauswahl von Fastnachtspielen des 15. und 16. Jahrhunderts (mit Nachwort) zu nennen.

Literatur: Michels, V.: Studien über die ältesten dt. Fastnachtspiele. Straßburg 1896. – Sachs, H. G.: Die dt. Fastnachtspiele von den Anfängen bis zu Jakob Ayrer. Diss. Tübingen 1957. – Catholy, E.: Das Fastnachtspiel des Spätmittelalters. Tübingen 1966. – Wuttke, D.: Zum Fastnachtspiel des Spätmittelalters. Eine Auseinandersetzung mit E. Catholys Buch. In: ZfdPh 84 (1965), S. 247–267. – Catholy, E.: Fastnachtspiel. Stuttgart 1966. – Lenk, W.: Das Nürnberger Fastnachtspiel des 15. Jhs. Ein Beitrag zur Theorie und zur Interpretation des Fastnachtspiels als Dichtung. Berlin 1966. – Simon, G.: Die erste dt. Fastnachtspieltradition. Zur Überlieferung, Textkritik und Chronologie der Nürnberger Fastnachtspiele des 15. Jhs. Lübeck u. a. 1970. – Könneker, B.: Hans Sachs. Stuttgart 1971. – Merkel, J.: Form und Funktion der Komik im Nürnberger Fastnachtspiel. Freiburg 1971. – Michael, W. F.: Dt. Literatur bis 1500: Drama. In: L. E. Schmidt (Hg.): Kurzer Grundriß der germanischen Philologie bis 1500. Bd. 2: Literaturgeschichte. Berlin 1971, S. 598–602. – Krohn, R.: Der unanständige Bürger. Untersuchungen zum Obszönen in den Nürnberger Fastnachtspielen des 15. Jhs. Kronberg 1974. – Wehrli, M.: Geschichte der dt. Literatur. Bd. 1: Vom frühen Mittelalter bis zum Ende des 16. Jhs. Stuttgart 1980. – Bastian, H.: Mummenschanz. Sinneslust und Gefühlsbeherrschung im Fastnachtspiel des 15. Jhs. Freiburg 1983. – Sowinski, B.: Zur Stofftradition und Handlungsstruktur des Fastnachtspiels »Von fürsten und herren« (Keller 17). In: Festschrift H. G. Roloff. Bern 1983, S. 106–117. – Michael, W. F.: Das Drama des Mittelalters. Ein Forschungsbericht. In: DVjs 62 (1988), S. 148–195.

DAS FERNSEHSPIEL

von Thomas Neuhauser

Anfang der fünfziger Jahre, als die Fernsehanstalten in der Bundesrepublik mit der regelmäßigen Ausstrahlung von Fernsehspielen beginnen, setzt auch die theoretische Diskussion darüber ein, wie ein Fernsehspiel aussieht bzw. wie es auszusehen hat. Bereitwillig konzedieren Kulturkritiker und Medientheoretiker dem Fernsehspiel eine Sonderstellung innerhalb des generell noch skeptisch beurteilten Massenmediums Fernsehen, man glaubt, im Fernsehspiel die eigentliche Kunstform des neuen Mediums entdeckt zu haben. In *Die Kunst des Fernsehens*, der ersten umfassenden Publikation zum bundesdeutschen Fernsehen, bezeichnet Gerhard Eckert das Fernsehspiel als die »extremste künstlerische Äußerung des Fernsehens« (10) und damit schlichtweg als die »Krönung des Fernsehens« (83). So trägt das Fernsehspiel bereits in seiner ersten Entwicklungsphase eine schwere kulturelle Hypothek (vgl. die Einleitung bei Beling, Theorie ..., 7), die es in Konkurrenz zu Theater, Film und Literatur treten läßt und die seine Entwicklung zu einer »Darstellungsform mit unverwechselbarem ästhetischen Selbstverständnis« (Beling, ebd.) eher behindert als befördert.

In den fünfziger Jahren wird eine eigenständige Ästhetik des Fernsehspiels in erster Linie aus seinen technischen Produktionsbedingungen hergeleitet, im übrigen sieht man darin »eine neue Kategorie visueller Literatur« (Schmitthenner, 395) und legt entsprechende literatur- und theaterwissenschaftliche Bewertungsmaßstäbe an.

In diesem hohen, an literarästhetischen Kategorien orientierten Kunstanspruch, der dem Fernsehspiel gleich zu Beginn entgegengebracht wird, ist eine der Ursachen dafür zu sehen, daß allgemein gesagt werden kann: »Am Anfang war das Fernsehspiel Fernsehtheater« (Volker Canaris: Fernsehspiel und Theater, in: Kreuzer, Literaturwissenschaft – Medienwissenschaft, 61). Darüber hinaus ergibt sich aus den noch sehr eingeschränkten technischen Möglichkeiten, mit denen in den fünfziger Jahren Fernsehspiele produziert werden, geradezu zwangsläufig die Nähe zum Theater. Für die elektronischen Fernsehkameras gibt es noch keine Möglichkeit, Sendungen aufzuzeichnen, die Magnetaufzeichnungstechnik (MAZ) wird erst Ende der fünfziger Jahre entwickelt. Da viele Fernsehredaktionen aus einem Abgrenzungsbedürfnis heraus möglichst nicht auf die Film-Kamera ausweichen wollen, gibt es nur Live-Fernsehspiele, die aus dem Studio direkt übertragen werden. Die Direktübertragungen aus den Theatern selbst bleiben hier außer acht, da selbst bei einer weitgefaßten Definition als Fernsehspiel nur gelten kann, was in irgendeiner Form auch für dieses Medium bearbeitet wurde. Fernsehspiel bedeutet also in diesen Jahren in der Hauptsache, daß im Studio Theater gespielt wird und die Fernsehkamera den Platz des Zuschauers einnimmt. Entsprechend haben die Fernsehadaptionen der dramatischen Literatur bis etwa 1961 einen hohen Anteil an der Fernsehspiel-Produktion insgesamt (vgl. Canaris, a. a. O.). Das Live-Prinzip des Fernsehspiels, eigentlich ein technischer Notbehelf, wird von ECKERT und anderen zum künstlerischen Prinzip erhoben, die »Kongruenz Ereignis = Sendung« (G. Eckert: Was ist das Fernsehspiel?, in: Beling, Theorie des Fernsehspiels, 18) wird als fernsehspezifisches ästhetisches Element interpretiert (vgl. Schneider, 105). HANS GOTTSCHALK kritisiert als einer der ersten in seinem Aufsatz *Fernsehspiel und Fernsehfilm* (1954) die vorherrschende Live-Ideologie und tritt dafür ein, daß das Fernsehspiel, um sich vom Theater zu emanzipieren, auch die Filmaufzeichnung verstärkt verwenden solle. Durch Schnitt und Montage sollen die Möglichkeiten des Fernsehspiels erweitert werden (vgl. Gottschalk in: Beling, a. a. O., 27).

Mit der Einführung der MAZ-Technik Anfang der sechziger Jahre, die nun auch die elektronische Bildaufzeichnung erlaubt, endet die Diskussion um das Live-Prinzip als ästhetische Kategorie des Fernsehspiels. Nur noch ganz vereinzelt wird von nun an das Live-Fernsehspiel verteidigt. So argumentiert RUDOLF NOELTE noch 1966 in seinem Aufsatz *Fernsehspiel?* (in: Schmitthenner, 408 ff.), daß das Live-Fernsehspiel als einziges literarisches Medium die Möglichkeit hat, gleichzeitig ein Millionenpublikum zu erreichen, ohne die Spontaneität und Unmittelbarkeit des Theaters aufgeben zu müssen.

Mit der neuen elektronischen Aufzeichnungsmöglichkeit verfügt das Fernsehspiel nicht nur über die Schnitt- und Montagemöglichkeiten des Films, die Elektronik ermöglicht es auch, jede Aufzeichnungsphase am Regiepult zu überwachen und gegebenenfalls sofort zu korrigieren. Die aufwendige Technik ist jedoch ans Studio gebunden und wesentlich schwerfälliger als die Filmkamera, für Außenaufnahmen muß auf die Filmtechnik zurückgegriffen werden, was wiederum der Etablierung des Fernsehspiels als eigenständiger Kunstform zuwiderläuft. Entsprechend suchen in dieser Zeit Regisseure, Autoren, Dramaturgen und Produzenten nach Themen und Inhalten für das Fernsehspiel, die den spezifischen Produktionsbedingungen des Fernsehens ebenso gerecht werden wie seinen Rezeptionsbedingungen. Vor allem aufgrund des kleinen Bildschirms und der häuslichen Rezeptionssituation wird das Anschauen eines Fernsehspiels zu einem »intimen Vorgang«, aus dem HANS GOTTSCHALK schon 1956 glaubt die entscheidenden ästhetischen Merkmale und Prinzipien ableiten zu können (Grundsätzliche Überlegungen zum Fernsehspiel, in: Rundfunk und Fernsehen Heft 2/1956, 122 ff.). Vom Fernsehspiel verlangt GOTTSCHALK sowohl in der Handlung wie auch in den Mitteln der Darstellung »Intimität«, »Intensivierung« und »Komprimierung«. Diese drei Kategorien bestimmen die Diskussion um Form und Inhalt des Fernsehspiels bis weit in die sechziger Jahre hinein. In der Nahaufnahme, der Beschränkung auf kleinsten Raum und intensivsten Ausdruck und in der »konsequenten Reduktion auf das Wesentliche« (Gottschalk in: Beling, Theorie ..., 78) in Bild und Dialog glauben viele die für das Fernsehspiel geeignetsten Darstellungsformen gefunden zu haben. Da GOTTSCHALK von Anfang an in der Verwendung von Filmmaterial die eigentlichen künstlerischen Möglichkeiten für das Fernsehspiel sieht, liegt ihm daran, das Fernsehspiel in Abgrenzung zum Film zu definieren: »Der Film möchte stets die ganze Welt zeigen (...), das Fernsehen nur den charakteristischen Ausschnitt, der für einen viel größeren Komplex steht. (...) Film und Fernsehen verhalten sich ungefähr wie Roman und Novelle zueinander.« (Gottschalk: Die neue Poesie des Fernsehens, in: Akzente Heft 2/1956, 139ff.) Auch der Dialog gewinnt im Fernsehspiel eine größere Bedeutung als im Film, da die Suggestionskraft der Bilder entsprechend dem kleineren Bildformat wesentlich geringer ist, Wort und Bild also zueinander in ein ausgewogenes Verhältnis treten können. Die Sprache ist »nicht mehr Sklavin des Optischen« (Gottschalk, ebd.).

So richtig die von GOTTSCHALK, ECKERT und anderen erarbeiteten ästhetischen Kategorien für das Fernsehspiel im einzelnen auch sein mögen, so treffend kritisiert IRMELA SCHNEIDER die bis Mitte der sechziger Jahre vorherrschende Fernsehspiel-Theorie, wenn sie feststellt, daß stets aus der Apparatur »unmittelbar das künstlerische Prinzip abgeleitet« wird (106) und dabei eine »Ästhetik des Privaten« für das Fernsehspiel entsteht, die als Reflex auf das auf Privatheit ausgerichtete Orientierungssystem der Nachkriegsgesellschaft verstanden werden kann (110).

Die Diskussion, ob ein Fernsehspiel filmisch oder elektronisch aufgezeichnet werden soll, tritt Ende der sechziger Jahre ebenso in den Hintergrund wie die Frage nach seinen spezifischen ästhetischen Kriterien gegenüber Theater oder Film.

Viel mehr interessiert man sich nun für »die Chancen des Fernsehspiels, gesellschaftliche Relevanz zu erlangen«, wie es GÜNTER ROHRBACH in seinem Aufsatz *Fernsehspiel als Ersatz für Wirklichkeit* (1968) formuliert (in: Beling: Theorie ..., 85). Regisseure und Autoren beginnen nun mit der Erprobung der Leistungsfähigkeit des Fernsehspiels bei der Darstellung gesellschaftlicher Realität. ROHRBACH plädiert für ein Fernsehspiel als »Zeittheater« und nicht als »Bildungstheater«, das Fernsehspiel soll seine Möglichkeiten zur Wirklichkeitsanalyse nutzen und dabei, fern vom elitären Kunstanspruch, seine massenkommunikative Ebene stärker beachten (Bildungstheater oder Zeittheater, 1966, in: Schmitthenner, 404). Das private Weltbild, das dem Fernsehspiel bisher eigen war, wird um die gesellschaftliche Dimension erweitert, die »Wohnküchendramaturgie« (Oliver Storz: Gibt es schon Fernseh-Regeln, und wie kann man sie lernen?, in: Beling, Theorie ..., 73) weicht kritisch-realistischen Ansprüchen. Dementsprechend verändern sich die Themen und die Inhalte des Fernsehspiels, soziale Ungerechtigkeiten und

Minderheitenprobleme werden dargestellt, der Alltag und die Arbeitswelt werden verstärkt mit einbezogen (vgl. Thomas Koebner: Das Fernsehspiel – Themen und Motive, in: van Rüden, 20ff.).

Nur wenige Autoren und Regisseure sind jedoch in der Lage, diese realistischen Ansprüche an das Fernsehspiel auch ästhetisch-dramaturgisch umzusetzen. WOLFGANG RUF kritisiert 1975, »daß manches so ungeheuer kritisch einherkommende Fernsehspiel sich in plattem Naturalismus, esoterisch verpuffendem Radikalismus oder klischeehafter Verflachung von Menschen und Konflikten erschöpft...« (Für ein realistisches Fernsehspiel – Beobachtungen, Thesen, Beispiele, in: Beling, Theorie..., 148).

Überblickt man die ersten beiden Jahrzehnte einer regelmäßigen Fernsehspielproduktion und die damit verbundene theoretische Diskussion in Deutschland, so lassen sich, wenn auch mit einer hier unvermeidlichen Verallgemeinerung, zumindest zwei verschiedene theoretische Grundpositionen erkennen.

In den fünfziger Jahren geht es vor allem darum, das Fernsehspiel als eigenständige Kunstform zwischen Film und Theater zu etablieren, wobei die ästhetischen und dramaturgischen Kategorien für das Fernsehspiel in erster Linie aus den besonderen Bedingungen der Fernsehtechnik hergeleitet werden. Die innerhalb dieses Diskussionszusammenhangs sehr unterschiedlichen Positionen, die ich hier nur habe andeuten können, sind exemplarisch dokumentiert in den drei Aufsätzen von HANS GOTTSCHALK, HEINZ SCHWITZKE und LEO LICHTINGHAGEN in Heft 1 der Zeitschrift »Rundfunk und Fernsehen« von 1954.

Im Verlauf der sechziger Jahre werden besonders die Chancen des Fernsehspiels innerhalb des Massenkommunikationsmittels Fernsehen diskutiert, man fragt nach seinen besonderen Wirkungsmöglichkeiten und versucht den kritisch-realistischen Anspruch einzulösen, mit dem Fernsehspiel Wirklichkeitsanalyse zu betreiben. Vor allem OLIVER STORZ, GÜNTER ROHRBACH und WOLFGANG RUF bemühen sich in dieser Hinsicht um eine Neubestimmung des Fernsehspiels, unterstützt von einzelnen Regisseuren wie z. B. EGON MONK, der sich als einer der ersten dafür einsetzt, das Fernsehspiel als gesellschaftskritisches Instrument zu nutzen (vgl. das Gespräch mit Monk in der Tageszeitung »Die Welt« vom 21. 8. 65).

Bis in die siebziger Jahre hinein bestimmen die sogenannten »Macher«, also Regisseure, Autoren, Dramaturgen und Produzenten, auch die theoretische Diskussion um das Fernsehspiel. Der in der Literaturwissenschaft verbreitete Trivialitätsverdacht gegenüber dem Fernsehen und die damit zusammenhängende Selbstbeschränkung des wissenschaftlichen Arbeitsfeldes auf literarische Texte verhindern lange eine intensive Beschäftigung mit dem Fernsehspiel. Erst eine Literaturwissenschaft, »die ihren Gegenstandsbereich nicht eingrenzt auf einfach-codierte Texte, sondern ihn in den gesellschaftlich relevanten kulturellen Objektivationen sieht, zu denen nicht zuletzt Fernsehspiele als doppelt-codierte Texte zu zählen sind« (Schneider, 101 f.), ist aufgerufen, sich auch beim Fernsehspiel mit ästhetisch-dramaturgischen Fragen auseinanderzusetzen und geeignete Interpretationsansätze zu erarbeiten. Helmut Kreuzer fordert 1975 in seinem Aufsatz *Fernsehen als Gegenstand der Literaturwissenschaft* dazu auf, eine »Dramaturgie beziehungsweise Poetik der audiovisuellen Unterhaltungssendung« zu entwickeln (Veränderungen des Literaturbegriffs, Göttingen 1975, 36). Obwohl (oder weil?) bis heute ein Mangel an sogenannten »Original-Fernsehspielen« besteht und das Fernsehspiel nach Literaturvorlage nach wie vor ein Hauptbestandteil der Produktion ist, hat es die Literaturwissenschaft bis auf wenige Ausnahmen versäumt, in Zusammenarbeit mit den »Machern« eine Theorie der visuellen Interpretation auszuarbeiten, die das Fernsehspiel als eigenständige Form begreift und nicht die Werktreue gegenüber der Literaturvorlage zur Beurteilungsgrundlage macht. Die besonderen Möglichkeiten des Fernsehspiels, literarische Werke visuell zu interpretieren, sind allerdings auch in den Fernsehanstalten selbst lange nicht unvoreingenommen gesehen worden. Primär galt und gilt die Literatur als Materialbasis, als Lieferant von Stoffen. Doch hofft man auf genügend fernseheigene Literatur und betrachtet das Fernsehspiel nach Literaturvorlage eher als Übergangs- oder Notlösung denn als Herausforderung (vgl. Schneider, 114). Fernseheigene Literatur gibt es allerdings immer noch nicht genug, der Mangel an brauchbaren Original-

Vorlagen für Fernsehspiele dürfte bei steigendem Bedarf auch weiterhin andauern.

Um das zunehmend in schulmeisterlicher Gesellschaftskritik oder trockenem Dokumentarismus erstarrte Fernsehspiel neu zu beleben, empfiehlt ROHRBACH 1977 den freieren Umgang mit dem Material, wobei er auch vorschlägt, auf Literaturvorlagen zurückzugreifen (Gesellschaftlicher Auftrag zwischen Narkotikum und Lebenshilfe, in: epd/Kirche und Rundfunk, Nr. 25/1977, 4). Auch ROHRBACH sieht in der Literatur vor allem eine reiche Materialbasis, es geht ihm keineswegs um die ästhetisch-visuelle Vermittlung von literarischen Texten. Das Fernsehspiel soll nicht nur Geschichten erzählen, sondern auch Geschichte darstellen, und dafür liefern die literarischen Texte, sofern man es versteht, sie auch als historische Zeugnisse zu lesen, die besten Vorlagen. So glaubt ROHRBACH die Literatur für das Fernsehspiel nutzen zu können, ohne seine Position von 1972 aufgeben zu müssen, als er sich radikal gegen das Fernsehspiel als Kunstform für eine bildungsbürgerliche Minderheit wandte (Haben Fernsehspiele noch Zukunft?, in: van Alst, 93 ff.).

Kritisch-realistische Fernsehspiele nach Literaturvorlagen wie EGON MONKS Fallada-Verfilmung *Bauern, Bonzen und Bomben* (1973), Fernsehspiele, die sich mit der Alltagswirklichkeit auseinandersetzen, wie RAINER WERNER FASSBINDERS *Acht Stunden sind kein Tag* (1972) und experimentell-anspruchsvolle Produktionen für literarästhetisch geschulte Zuschauer wie WALTER JENS' *Der tödliche Schlag* (1975) haben zwar auch noch Ende der siebziger Jahre, ebenso wie alle anderen Fernsehspielformen (vgl. die Typologie bei Waldmann, Teil IV), einen festen Platz im Programm (beim ZDF etwa in der Reihe »Das kleine Fernsehspiel«), ganz allgemein ist jedoch die Tendenz zu erkennen, die Spiel- und Unterhaltungsfunktion des Fernsehspiels stärker zu betonen. Die moderne Fernsehzuschauer-Forschung, wie sie im Auftrag von ARD und ZDF kontinuierlich von den Instituten Infratest und Infratam durchgeführt wird (vgl. G. Unholzer: Fernsehzuschauer-Forschung, in: van Alst, 185 ff.), ermöglicht es den Sendeanstalten, auch in der Fernsehspielproduktion die Wünsche und Bedürfnisse der Mehrheit der Fernsehzuschauer zu berücksichtigen. Die berechtigte Forderung, nicht mehr am

Publikum vorbeizuproduzieren, gefährdet jedoch gleichzeitig die innovative und experimentelle Funktion des Fernsehspiels innerhalb des Gesamtprogramms. Sobald die Einschaltquoten und Bewertungsindices, die die Zuschauerforschung liefert, die entscheidenden Kriterien für die Programmkonzeption bilden, haben Fernsehspiele, die traditionelle Sehgewohnheiten verändern oder in Frage stellen, kaum noch Chancen, auch produziert zu werden. In diesem Zusammenhang muß auch über die Zukunft des Fernsehspiels in privatrechtlich strukturierten Fernsehanstalten nachgedacht werden.

Im öffentlich-rechtlich strukturierten Fernsehen der Bundesrepublik sieht GÜNTER ROHRBACH die Zukunft des Fernsehspiels in der Aufhebung der strikten Trennungslinie zwischen Film und Fernsehen (Das Subventions-TV. Ein Plädoyer für den amphibischen Film, in: Beling, Theorie ..., 160ff.). Da das Fernsehen in der Bundesrepublik immer mehr Kinofilme mitfinanziert und ins Programm übernimmt, Kino und Fernsehen sowieso in einer Art »Vernunftehe« leben, meint ROHRBACH, daß die Zukunft dem »amphibischen Film« gehöre, der im Kino wie im Fernsehen eingesetzt werden kann. Diese Entwicklung wird durch die Neuerungen der Fernsehtechnik begünstigt. Durch die Verbreitung des Farbfernsehens und die größer werdenden TV-Monitore nähern sich die beiden Medien einander an, zumindest was die Präsentationsmöglichkeiten der Filme bzw. der Fernsehspiele angeht. Ästhetisch-dramaturgische Unterschiede zwischen filmischer oder elektronischer Produktionsweise diskutiert ROHRBACH nicht mehr, er betont allerdings, daß das Fernsehen das Kino weder ersetzen darf noch kann, »weil Film zunächst und vor allem ein Gemeinschaftserlebnis ist« (164).

Ein vom Fernsehen mitfinanzierter Film wird in der Regel nach dem Kinoeinsatz in das Programm aufgenommen. Eine der größten Fernsehspiel-Produktionen des deutschen Fernsehens, RAINER WERNER FASSBINDERS 14teilige Döblin-Adaption *Berlin Alexanderplatz* (1980), zeigt möglicherweise, daß dies nicht der einzige Weg ist. FASSBINDER plant, nach der Fernsehausstrahlung auch noch eine Kinofassung herzustellen.

Die Frage, ob es, abgesehen von der Herstellungs- und Präsentationstechnik, eine spezifische Form des Fernsehspiels gibt, also eine Bildersprache mit eigenständiger Ästhetik und Dramaturgie, angesiedelt zwischen Kinofilm und Fernsehtheater, diese Frage wird sich gerade auch bei den »amphibischen Formen« stellen. Das Fernsehspiel im Kino und der Kinofilm im Fernsehen, beides bleibt sehr wahrscheinlich immer ein Kompromiß.

Literatur: Eckert, G.: Die Kunst des Fernsehens. Emsdetten/Westf. 1953. – Rohtert, B.: Das Fernsehspiel. Regie, Dramaturgie und Sendung als Ausgangspunkt für den Versuch einer wesensgemäßen Einordnung in die Möglichkeiten der schöpferischen Mitteilung. Diss. München 1961. – Schmitthenner, H. (Hg.): Acht Fernsehspiele. München 1966. – Berg, H. O.: Die Transformation von Erzählwerken in Fernsehspiele. Diss. Bochum 1968. – Alst, T. v.: Millionenspiele – Fernsehbetrieb in Deutschland. München 1972. – Rüden, P. v. (Hg.): Das Fernsehspiel. Möglichkeiten und Grenzen. München 1975. – Beling, K.: Fernsehspiel und epische Vorlage. Diss. Mainz 1976. – Kreuzer, H. (Hg.): Literaturwissenschaft – Medienwissenschaft. In: medium literatur. Heidelberg [6]1977. – Waldmann, W.: Das deutsche Fernsehspiel. Wiesbaden 1977. – Schneider, I.: Die Diskussion um das Fernsehspiel. In: Zeitschrift für Literaturwissenschaft und Linguistik. H. 29 (1978). – Beling, C. (Hg.): Theorie des Fernsehspiels. In: medium literatur 12. Heidelberg 1979. – Kreuzer, H. (Hg.): Fernsehforschung und Fernsehkritik. Göttingen 1980. – Rüden, P. v.: Das Fernsehspiel der Bundesrepublik. Stuttgart 1980. – Schneider, J.: Dramaturgie des Fernsehspiels. München 1980.

DAS GESCHICHTSDRAMA

von Peter Zahn

Im 9. Kapitel seiner *Poetik* bestimmt Aristoteles nicht nur die Aufgabe des Dichters als eine gesellschaftliche – Herausarbeitung des Allgemeinen, über die Begebenheit hinausweisend und Verbindlichkeiten vorführend –, sondern weist der Dichtkunst auch einen höheren Rang zu gegenüber der Geschichtsschreibung, die reales Geschehen, Einzelheiten wiedergibt, dem Dichter vielleicht Stoff und Namen liefernd, aber nur zur Untermauerung bestimmter Aussagen. Bis heute sind die Ansichten Aristoteles' wirksam, und der Streit um ein nichtaristotelisches Theater, von Brecht entschieden gefordert, bezieht seine Nahrung lediglich aus der Wirkung, die theatralische Aufführungen zu haben haben; die Verbindung von Drama und Geschichte bleibt davon weitgehend unberührt und durchgehend aristotelisch. Das Verhältnis von Drama *und* Geschichte ist aber ein Problemfeld, das nicht einfach auf den Terminus Geschichtsdrama festgelegt werden kann, denn weder gibt es *das* Geschichtsdrama (auch formal nicht), noch ist das Verhältnis zur Geschichte ein eindeutiges. So ist ein Drama immer vom Verständnis der Zeit gegenüber der Geschichte und der gegenwärtigen Gesellschaft geprägt, was eine genaue Definition erschwert und die Analyse teilweise von den subjektiven Kriterien des Analysierenden abhängig macht. Verschiedene Erscheinungsformen des als geschichtlich bestimmbaren Dramas (z. B. Schicksalsdrama, Charakterdrama, Tendenzdrama etc.) verführen zur Suche nach dem kleinsten gemeinsamen Nenner oder einfach zur Postulierung eines »literarischen Mythos« (Sengle). Als vordergründig gleichbedeutend erscheinen die Bezeichnungen »Historisches Drama« und »Geschichtsdrama«. Neubuhr (5) grenzt zwei Bereiche voneinander ab: das »historische Drama«, das sich über den Gehalt an realgeschichtlichem Stoff definiert, und das »geschichtsdeutende Drama«, bei dem der Primat auf dem »Anliegen des Dichters« liege und der Gehalt an historischer Realität auf ein Minimum zurückgedrängt werden könne. Die beiden »Kreise« (Neubuhr) überschneiden sich dort, wo Geschichtsdeutung und Geschichtsdarstellung zusammentreffen. Genau hier glauben manche Forscher des eigentlichen Geschichtsdramas habhaft werden zu können. Dem Klärungsversuch Neubuhrs wäre allerdings der gesellschaftliche Aspekt hinzuzufügen, wie er z. B. bei Keller (319) ansatzweise formuliert ist: »Das Geschichtsdrama ist Teil der in einem historischen Stoff gebrochenen und verfremdeten Selbstaussage eines Autors und Ausdruck der vielfältigen Tendenzen seiner Entstehungszeit, auf die es wiederum zurückwirkt.« Die Abhängigkeit des Dichters von der gesellschaftlichen Wirklichkeit korrespondiert mit der vom Dargestellten ausgehenden Wirkung. Das schließt zeitlose, ewige Wahrheiten aus, die z. B. Helbig (144) für das Büchnersche Geschichtsdrama *(Dantons Tod)* als positives Kriterium postuliert. Einer traditionellen Auffassung vom Drama des Individuums, das letztendlich Geschichte macht, bleibt Weisstein verbunden, der zu Recht auch das moderne dokumentarische Theater als »Form der Verwirklichung« des Geschichtsdramas in dieses mit einbezieht.

Von einem weit gefaßten Begriff »Geschichtsdrama« aus gesehen, kann eine Analyse also unter verschiedenen Gesichtspunkten erfolgen: Verarbeitung einer historischen Begebenheit (Dramatisierung von Geschichte; z. B. GOTTSCHEDS *Pariser Bluthochzeit*), Benutzung historischer Gestalten zum Zwecke des Zeigens (Ideen erläuternd; z. B. SCHILLERS *Wallenstein*), transzendierendes, auf Geschichte verweisendes Drama (z. B. HEBBELS Dramen), historisierendes, Bezüge als Prozesse darstellendes Drama (z. B. BRECHTS *Tage der Commune*).

Als eines der ersten Geschichtsdramen überhaupt gilt die Tragödie *Die Perser* (472) von AISCHYLOS. Gesehen werden muß aber, daß hier zwar Geschichte, und dazu politisch brisante, verarbeitet wird, aber der mythische Rahmen, gegeben durch die Aufführungspraxis innerhalb der Kulthandlung und das besondere Geschichtsverständnis, das menschliche Geschichte nur in Verbindung zu den Göttern zuläßt, nicht verlassen, sondern bestätigt wird. Andererseits orientiert sich diese Tragödie nicht an sagenhaften Überlieferungen (wie die späteren Stücke *Sieben gegen Theben*, 467 und *Orestie*, 459), sondern gibt einem realen, fast noch gegenwärtigen Ereignis Raum. Die Tragödien des SOPHOKLES und des EURIPIDES können dagegen nicht als Geschichtsdramen gelten, da ihren Werken lediglich die bewährte mythische Geschichte zugrunde liegt. SENECAS spätere Behandlung griechischer Stoffe thematisiert diese durch starke Literarisierung wohl als geschichtliche, übernimmt jedoch durchaus den Mythos. Für die Entwicklung der Gattung erlangt SENECA Bedeutung dadurch, daß seine Vermittlung der griechischen Tragödie und seine formalen Gestaltungsprinzipien sich in den Theorien der Humanisten widerspiegeln und Einfluß bis weit in das Barockzeitalter hinein ausüben. Im hohen Mittelalter, nach einer Zeit kirchlich angeordneter absoluter Theaterfeindlichkeit, sind zwar Ansätze einer Dramaturgie zu erkennen, wenn szenische Darstellungen mit der Liturgie verknüpft werden, aber keinerlei theatralische Voraussetzungen vorhanden. Es werden Szenen der Bibel vorgeführt, die allerdings für tatsächliche Geschichte genommen werden, an deren Wahrheitsgehalt niemand zweifelt. Diese »kultischen Spiele« stellen Heilsgeschichte dar und unterstützen anschaulich den christlichen Mythos. Ähnlich wie das antike Theater an den Kult und die überlieferten Mythen gebunden ist, weshalb reale Geschichte bzw. deren Deutung in ihm eigentlich nicht vorkommt, ist das mittelalterliche Spiel Teil des Gottesdienstes und an den christlichen Kult gebunden (Knudsen, 1 ff.). Renaissance und Humanismus entdecken den Menschen und seine Geschichtlichkeit, berufen sich auf eine Tradition, schaffen so die geistesgeschichtlichen Voraussetzungen und, durch das Schuldrama, formal als Lehrstück (Geschichte als Exempel) konzipiert und dementsprechend aufgeführt, auch die theatralischen für die spätere Geschichtsdramatik (Sengle, 8 f.). Zunächst wirkt dies im englischen Sprachraum, wo Werke entstehen, die eng mit der zeitgenössischen Wirklichkeit, der elisabethanischen Epoche mit ihrem neuen Selbstwertgefühl im Gefolge der nationalen und wirtschaftlichen Entwicklung, verknüpft sind (vgl. W. Weiß: Das elisabethanische Zeitalter. In: Shakespeare-Handbuch, hg. v. I. Schabert, 1978, 2–40). Das history play, »dramatischer« Ausdruck dieser Zeit, basierend auf der über SENECA vermittelten Klassik und dem mittelalterlich-moralischen Christentum (Ribner, 21 f.), kann lediglich als Zwischenglied zur Ausbildung eines Geschichtsdramas angesehen werden, das wohl mit MARLOWE und vor allem mit SHAKESPEARE erreicht wird. Die Königsdramen SHAKESPEARES (später unter der Bezeichnung Historien zusammengefaßt) stehen in der Tradition der history plays, gehen aber in der dramatischen Gestaltung über die Darstellung historischer Begebenheiten und dem damit verbundenen Tudor-Geschichtsdenken hinaus, indem Handlung mit Charakterisierung der handelnden Personen, dabei auch Abhängigkeit derselben untereinander und von der historischen Situation aufzeigend, verbunden wird. Befassen sich die Historien ausschließlich mit englischer Geschichte, finden sich unter den Tragödien weitere Stükke, die mit nicht-englischen geschichtlichen Stoffen arbeiten (z. B. *Macbeth, Coriolanus, Julius Caesar, Hamlet*), aber bei weitem nicht so eng an die Historie gebunden sind, vielmehr Geschichte im Schicksal des großen Individuums spiegeln. Unter dem Gesichtspunkt der universalgeschichtlichen Tendenz des 17. Jahrhunderts möchte Gillespie neben den Dramen mit historischen Stoffen von GRYPHIUS, *Leo Arminius* (1650), *Carolus Stuardus* (1657), *Papinianus* (1659), auch das Märtyrerdrama *Catharina von Georgien* (1651) zu den Geschichtsdramen gezählt wissen, da es »gattungsmäßige Elemente des Sagenhaften oder einer ›höheren Wirklichkeit‹« (Gillespie, 101) enthält, die die Hauptfigur »von den Ketten der Geschichtlichkeit« [!] befreien und »sie als ein – im Hegelschen Sinne – ›welthistorisches‹ Individuum kennzeichnen« (99). Nun werden zwar bei GRYPHIUS, im Gegensatz zu den Märtyrerdramen der Jesuiten, die absoluten Glaubensprinzipien zugunsten einer allgemeinen christlichen Ethik zurückgedrängt und damit wahre Begebenheiten einer neuen Wertung unterzogen, aber es sollte nicht vergessen werden, daß der in dieser Zeit vorherrschende christliche Stoizismus, verbunden mit der Vorstellung vom blinden Walten der Fortuna, ein Hegelsches Geschichtsdenken nicht zuläßt. Weniger ideell ausgerichtet, dafür politisch konkreter sind die Dramen LOHENSTEINS, dessen *Sophonisbe* (1669) von Kayser (120) als die »erste große und echte geschichtliche Tragödie der deutschen Dichtung« angesehen wird. Auch die vorhergehenden Werke,

Ibrahim Bassa (1650), *Cleopatra* (1661), *Agrippina* und *Epicharis* (beide 1665), basieren auf geschichtlichen Stoffen. In geradezu fortschrittlicher Manier agiert WEISE, der mit *Masaniello* (1682) ein »Gegendrama gegen die religiöse Weltsicht und gegen den Klassizismus der barocken Tragödie« (Martini: Weise, 16) verfertigt und die »Vielfalt der Konflikte und Intrigen dieser mannigfaltigen gesellschaftlichen Wirklichkeit« (ebd.) zeigt. Das Thema – ein Volksaufstand, der 1647 in Neapel stattfand – bedingt ein Auftreten des niederen Volkes, das als handelndes gezeigt wird und tragische Dimensionen gewinnt (zumindest in der Hauptfigur), ein der Poetik des Barock widersprechendes Vorgehen. Als Schulstück weist es in der Förderung einer kritischen Haltung bereits auf die Aufklärung voraus, geht in der Tendenz der »Wirklichkeitsdarstellung« sogar darüber hinaus.

In der *Critischen Dichtkunst* (1730) GOTTSCHEDS wird historische Treue auf Wahrscheinlichkeit festgelegt: »Ich verstehe nämlich durch die poetische Wahrscheinlichkeit nichts anders, als die Aehnlichkeit des Erdichteten, mit dem, was wirklich zu geschehen pflegt« (VI. Hauptstück, 1.§), d.h., es wird eine künstliche Wirklichkeit erstellt (entsprechend dem aristotelischen Vorbild), die in sich stimmig zu sein hat; reale Geschichte kann aber zum Zwecke der Glaubwürdigkeit benutzt werden und typische, »gewohnte« Charaktere dürfen der Geschichte unverändert entnommen werden (X. Hauptstück, 21.§). Dieser dramaturgischen Regel entspricht der *Sterbende Cato* (1731), wo historische Gestalten passend eingesetzt werden. Wirkliche Geschichte gerät so aus dem Blickfeld und verschwindet hinter einer normativen Kunstanschauung, die bestehende Ordnungsgefüge nur bestätigen kann (s. z. B. die Personalstruktur in den Tragödien der französischen Vorbilder CORNEILLE und RACINE). Daß GOTTSCHED selbst in der *Pariser Bluthochzeit* (1745) der Regel scheinbar widerspricht – er hält sich an die Quellen (zur Bartholomäusnacht, 1572) und verzichtet auf »freie« Behandlung – ergibt »sich aus dem Bedürfnis, die kaum glaubliche Grausamkeit des Vorgangs als authentisch hinzustellen« (Jacobs, 64) und damit der Wahrscheinlichkeit Genüge zu tun. Der Gottsched-Schüler J. E. SCHLEGEL dagegen befürwortet eine Bearbeitung geschichtlicher – auch nationalhistorischer (*Hermann*,

1743) – Themen und möchte dabei möglichst die historische Treue gewahrt sehen, wenn die Thematik in direkten Bezug zur Gegenwart gebracht wird (Sengle, 24).

Von einer Totalität Geschichte-Natur-Gott ausgehend, feiert HERDER SHAKESPEARES Werk als dramatisierte Geschichte, die schöpferischen Geist beinhaltet (das Genie erschafft Geschichte). Unter Vernachlässigung dramaturgischer Aspekte – HERDER kennt SHAKESPEARES Werke nur als Lesedramen – kann er von den realen technischen Möglichkeiten der Bühne völlig absehen und die Illusion von Wirklichkeit gewinnen: »Mir ist, wenn ich ihn lese, Theater, Akteur, Koulisse [!] verschwunden! Lauter einzelne im Sturm der Zeiten wehende Blätter aus dem Buch der Begebenheiten, der Vorsehung, der Welt! [...]« (*Von deutscher Art und Kunst*, 1773). Illusion wird zum Ideal erhoben und, der neuen Unmittelbarkeit einer subjektiven Weltsicht des Sturm und Drang entsprechend, der moralisierenden Aufklärung entgegengesetzt. Um dies alles umzusetzen, ist für HERDER die Fähigkeit eines Genies nötig, das »wahre Natur« zu gestalten weiß. Später gesteht er GOETHES *Götz von Berlichingen* (1773) zu, als einziges deutsches Drama seinen Ideen nahegekommen zu sein. Die starke Individualisierung des *Götz* verführt dazu, in dem Stück ausschließlich ein Charakterdrama zu sehen, was den historischen Gehalt (Anachronismus des Rittertums und Bauernaufstand) darauf reduziert, Persönlichkeit sichtbar zu machen. Die Betonung des Individuums hängt aber zusammen mit der für GOETHE – gegenüber SHAKESPEARE – anderen historischen Situation: Deutschland verfügt nicht über eine nationale Geschichte wie das elisabethanische England; der Götzdichter muß eine »abgelöste Vergangenheit« (Martini: Goethe, 108) aktualisieren, um sie der neuen Zeit als Kritik an ihr vorzuführen, was »den Individualitätsbegriff selbst zu einer historischen Kategorie macht« (R. Nägele in: W. Hinderer [Hg.]: Goethes Dramen, 1980, 70). Viele der in der Folge verfaßten Ritterdramen zeigen deutlich, daß der kritische Ansatz des *Götz*, die Stellung des Individuums in der Geschichte betreffend, nicht aufgenommen wird, sondern in reißerischen Kostümstücken Rittermythen trivialisiert werden.

»Der Genueser Fiesco sollte zu *meinem* Fiesco nichts als den

Namen und die Maske hergeben – das übrige mochte er behalten«, schreibt SCHILLER in seiner »Erinnerung an das Publikum« anläßlich der Aufführung des *Fiesco* (1784) und zeigt damit noch sehr geringes Interesse an der Geschichte. Die bald darauf folgenden ausführlichen Geschichtsstudien verhelfen ihm zu einem konkreten Geschichtsbild, das er konsequent dramatisch umsetzen möchte. Im *Wallenstein* (1798/99) schlagen sich sowohl das Studium zur *Geschichte des Dreißigjährigen Krieges* (1792) nieder als auch das SHAKESPEARE-Studium während der Arbeit an der Trilogie. So ist in diesem Werk einerseits historisches Kolorit vorhanden, andererseits ist es Spiegelung des historischen Verständnisses in der Charakterdarstellung bzw. Handlungsführung. Diese zweite Komponente ist besonders für *Maria Stuart* (1800) maßgebend, während *Wilhelm Tell* (1804) mehr einer geschichtlichen Idee der Freiheit verpflichtet ist.

Aufgrund der romantischen Hinwendung zum Phantastischen und Mystischen polemisiert KLINGER im 738. Stück der *Betrachtungen und Gedanken* (1803–1805) gegen die Romantiker und übersieht deren Bemühungen um die eigene Geschichte. Freilich ist die Kritik insofern berechtigt, als die Ablehnung des Rationalen eine mythisierende Geschichtsauffassung begünstigt. A. W. SCHLEGEL stellt 1808 fest: »Die würdigste Gattung des romantischen Schauspiels ist aber die historische« (nach Sengle, 102) und empfiehlt die Nationalgeschichte als Thema. Für EICHENDORFF spielt dabei die historische Objektivität – verschieden von der kritisch-rationalen der Geschichtswissenschaft! – eine entscheidende Rolle. An Werken wären z. B. zu nennen: WERNERS *Martin Luther oder Die Weihe der Kraft* (1806), KLEISTS *Käthchen von Heilbronn* (1808), UHLANDS *Ernst, Herzog von Schwaben* (1818) und *Ludwig der Baier* (1819).

Am klassischen Formbegriff festhaltend, lehnt GRILLPARZER getreue Wiedergabe von Geschichte ab (*Tagebuch* 3268 v. 1837) und räumt der Handlung den entscheidenden Part beim Drama ein, da sie in der Lage sei, die Ursachen darzustellen, während eine Begebenheit sich nur als Folge einer historischen Sachlage darstellt, also nur Teil der Handlung sein kann (*Tagebuch* 3193 v. 1896). Fülleborn verweist auf KANT, der sagte, Begebenheit sei Geschichte an sich, Geschichte aber Begebenheit als Erscheinung, und dessen Denkmodell GRILLPARZER übernehme; das zeige sich besonders in *Ein Bruderzwist in Habsburg* (1872), einem Werk, das den »bedeutendsten Beitrag« zum deutschen Geschichtsdrama und gleichzeitig ein Vermächtnis GRILLPARZERS darstelle. Historische Begebenheiten werden unter einem »menschlich-handlungsmäßigen Aspekt« (Fülleborn, 204) vorgeführt, Geschichte als Struktur menschlichen Handelns.

Sengle nennt GRABBE den »größten Vertreter der dramatischen ›Historie‹«, und ein Blick auf die innerhalb von zehn Jahren entstandenen Dramen bestätigt dies: *Marius und Sulla* (1827), *Die Hohenstaufen* (1829/30), *Napoleon oder Die hundert Tage* (1831), *Hannibal* (1835), *Die Hermannsschlacht* (1838). Gegen den SHAKESPEARE-Kult gerichtet, schreibt Grabbe: »Aber vom Poeten verlange ich, sobald er Historie dramatisch darstellt, auch eine *dramatische, concentrische und dabei die Idee der Geschichte wiedergebende Behandlung«* (Über die Shakespearo-Manie, 1827), und eben dies habe SHAKESPEARE nicht geleistet. Der zitierten Forderung hält Sengle (160) entgegen, GRABBE habe »hie und da etwas von Weltgeist und Idee gehört, aber er erlebt die Geschichte niemals als Entwicklung einer Idee«, schon gar nicht im Sinne der einflußreichen Geschichtsauffassung HEGELS; denn für GRABBE sei allein der »große Mann« Träger einer »geschichtlichen Bewegung«, was zu einer Transponierung ins Übermenschliche und Titanische führe. Martini (367) sieht das ähnlich, wenn er zum *Napoleon* schreibt: »Sein Titanismus enthüllt den Verlust an objektiver Sinngebung der Geschichte«. Allerdings werde hier das historische Drama »zur Maske des politisch-sozialen Dramas« (369) und gehe damit über das Persönlichkeitsdrama hinaus, und dies vor dem Hintergrund einer zutiefst pessimistischen Geschichtsauffassung, die als Rückgriff auf das Schicksalsdenken des Barock erscheint. Die in diesem Stück eingesetzten dramaturgischen Mittel, z. B. Verfremdungstechnik, Dynamisierung der Vorgänge, heben dieses Drama für Martini heraus, da es expressionistische Versuche und filmische Techniken vorwegnehme (362/366) und der »ästhetisch abgegrenzte Raum der Dichtung und Bühne gesprengt, der Rahmen [...] zur Realität der Geschichte hin erweitert« werde (367).

Büchners vielzitierter Brief vom 28. 7. 1835, in dem der dramatische Dichter als Geschichtsschreiber bezeichnet wird, der die »Geschichte zum zweiten Mal erschafft«, aber doch »Charaktere« zu gestalten habe, zeigt ein an realer Historie orientiertes Geschichtsbild, das er in *Dantons Tod* (1835) für erfüllt ansieht. Doch gerade dieses Stück wird durch Anlastung einer fatalistischen Geschichtsauffassung von vielen Kritikern entpolitisiert. Gnüg (288) setzt dagegen Büchners Wissen um den Ausgang der französischen Revolution und die Einsicht in die momentanen Verhältnisse, die eine eingreifende Veränderung nicht zuließen. Als den über der Historie stehenden und zur »zeitlosen Wahrheitsaussage« fähigen Geist, der sich weder einer allgemeinen Idee unterordne noch am historischen Ereignis selbst hafte, sieht Helbig den Danton-Dichter.

Hebbel, der als Geschichtsdramatiker par excellence gilt, wiederholt im Vorwort zu *Maria Magdalena* (1844) seine früher geäußerte Ansicht (in *Ein Wort über das Drama*, 1843) vom an sich schon historischen Drama, da »die Kunst die höchste Geschichtsschreibung sei«. Kunst ist aber auch »realisierte Philosophie« und kann sich deshalb nur in der höchsten Form darbieten, der Tragödie. Das bedeutet nicht blindes Festhalten an einer überkommenen Form, sondern Gestalten im Sinne der Tragödie heißt welthistorische Prozesse sichtbar machen, und »da das Brechen der Weltzustände ja nur in der Gebrochenheit der individuellen erscheinen kann«, trifft dies auch auf das Zerbrechen der Ordnung im bürgerlichen Rahmen zu: Meister Anton: »Ich verstehe die Welt nicht mehr!« *(Maria Magdalena)*. So kann das bürgerliche Trauerspiel tragisch im welthistorischen Sinne sein, da es den gegenwärtigen Weltprozeß veranschaulicht.

In der Debatte um Lassalles *Franz von Sickingen* (1859) zeigt sich bereits die Trennung in ein immer mehr von den sozialen Gegebenheiten bestimmtes Drama und dem epigonalen Geschichtsdrama (z. B. der Bildungsdichter), das über Hebbel hinaus keine qualitative Steigerung aufweist. Erst die moderne Dramatik ist in der Lage, dem Geschichtsdrama wieder neue Impulse zu geben, was mit einem veränderten, nun gesellschaftlich vermittelten Geschichtsbewußtsein zusammenhängt.

BRECHTS *Galilei* (Erstfassung 1938/39) wird wegen der historischen Gestalt im Mittelpunkt und der mit dieser verbundenen Begebenheit, der Begründung und Unterdrückung der modernen Physik, als Geschichtsdrama eingestuft. Erwiesenermaßen hat BRECHT Galilei-Studien betrieben (vgl. J. Knopf: Brecht-Handbuch, 1980, 160 f.), aber er hat kein Drama über die historische Situation verfaßt; vielmehr gelingt es BRECHT, geschichtliche Kontinuität herzustellen: »Die Wirkungsgeschichte [Galileis] erscheint mit der eigentlichen Geschichte identifiziert« (Knopf, 162). Das heißt: Die Wirkung Galileis auf die moderne Zeit und deren Wissen (das Wissen um die physikalische Machbarkeit und Anwendung der Atombombe wird in die späteren Fassungen eingebracht) werden so mit der historischen Situation und deren Vertretern verbunden, daß sich erkennbare Zusammenhänge ergeben. Die Sicht auf die Geschichte wird mit einem neuen Sehen verbunden. Weist schon der *Galilei* neue geschichtsdramatische, der Historie wie der Ästhetik angehörende Dimensionen auf, so geht das Stück *Die Tage der Commune* (1949) weiter: BRECHT bietet Handlungen aus den Tagen der Pariser Commune von 1871 an, die unter der Rubrik »geschichtsdeutend« laufen könnten, wenn nicht Szenen mit eindeutigen Aussagen zur Geschichte (z. B. mit Thiers und Bismarck) neben solchen mit gesellschaftlichen Bezügen stünden. Sowohl die »neue Gesellschaft«, dargestellt in den Schwierigkeiten mit sich selbst, ihrer eigenen Konsistenz unsicher, als auch die »alte Ordnung«, als dekadent entlarvt, erscheinen bei BRECHT als Verweis auf gesellschaftliche Realität und ihre mögliche Veränderbarkeit. Das Sichtbarmachen der »verschwiegenen« Geschichte, nämlich die der Betroffenen und ihrer geschichtemachenden Funktion, ergänzt diese Verweise. Die Welt nicht als sich verändernde, aufgrund des Fatums oder einer Idee oder geschichtemachender Männer, sondern als veränderbare zu zeigen, ist der Ansatz, den BRECHT neu in das Geschichtsdrama einbringt.

Nach der »Katastrophe von 1945« entsteht eine besondere Form des Geschichtsdramas, das »Bewältigungsdrama« (Huyssen): Darstellung der jüngsten Vergangenheit. Da aber die überkommenen kulturellen Einrichtungen wieder instandgesetzt werden – Adorno hält es für unfaßbar, wenn auch logisch –, kann der Blick auf die gerade erlebte Geschichte auch nur alten dramatischen Regeln gehorchen. Zwei Stücke aus dem Jahre 1946 belegen die Situation: *Die Illegalen* von WEISENBORN und *Des Teufels General* von ZUCKMAYER. Weisenborns Drama schildert den Widerstandskampf in einer deutschen Stadt während des Krieges und versucht die von der Goebbels-Propaganda Verunglimpften zu rehabilitieren, indem er ihre ethische Haltung vorstellt. Diesem Versuch, eine Auseinandersetzung um politische Problematik mit Hilfe des alten Theaters in Gang zu setzen, ist ZUCKMAYERS Drama entgegenzusetzen. Bei ZUCKMAYER ist der historische Hintergrund nur Staffage, das Hauptaugenmerk liegt auf dem Helden, dem General Harras, als Mitläufer alte soldatische Ehre verkörpernd, der schließlich sogar seinen Heldentod bekommt – und zu Recht sein Staatsbegräbnis. Wenn von Geschichtsdeutung die Rede sein kann, dann aufgrund der Tendenz, Kollektivschuld zurückzuweisen und das »echte blutvolle deutsche Wesen« der »unheilvollen finsteren Macht«, dem (unausweichlichen!) Verhängnis, entgegenzusetzen. Eine andere Abrechnung mit Geschichte (auf die neueste beziehbar, aber nicht so gemeint!) erfolgt in DÜRRENMATTS *Es steht geschrieben* (1946), wo der historische Stoff (Wiedertäuferbewegung) benutzt wird, um die Sinnlosigkeit »menschlicher« Bemühungen, Geschichte zu gestalten, zu zeigen. Dies wird weitergeführt in *Romulus der Große* (1948), einer »ungeschichtlichen historischen Komödie«, mit dem Vorschlag, sich der »Geschichte« zu verweigern, wobei Passivität das auf jeden Fall schuldig machende Handeln ersetzt.

Den einzelnen wieder in seine Funktion einzusetzen, Helden im klassischen Sinne zuzulassen – und das trotz des Wissens um die Austauschbarkeit des Individuums und dessen nachhaltige »Erledigung« im Dritten Reich –, diese Zielsetzung korrespondiert bei HOCHHUTH mit einer an Spengler orientierten Geschichtsauffassung, die immerwährende »Wiederkehr« propagiert und eine auf ein positives Endziel zusteuernde Entwicklung leugnet. Im *Stellvertreter* (1963) agiert der tragische Held in einem »Christlichen Trauerspiel« – das eigentlich ein bürgerliches ist – und endet der dramatischen Funktion entsprechend tragisch (das Schicksal des Helden ist unabwendbar). Da der Papst im Stück wegen des Stillschweigens zu den Greueln der Nazis angegriffen wird, war die Resonanz unausweichlich. Die *Stellvertreter*-Diskussion kam in Gang und wurde erbittert geführt, ging aber insoweit am Stück selbst vorbei, als die vordergründige Anklage gegen das Individuum (Pius XII.) zu ernst genommen wurde, damit gleichzeitig von den bundesrepublikanischen Bewältigungsschwierigkeiten ablenkend, und das dahinterstehende Problem, nämlich »Hochhuths Geschichts- oder Faschismusverständnis« (vgl. Huyssen, 50), kaum beachtet wurde. KIPPHARDTS *In der Sache J. Robert Oppenheimer* (1964) verdeutlicht an Hand der Nachzeichnung des Untersuchungsprozesses gegen den Vater der Atombombe (zur Zeit der McCarthy-Verfolgungen) die geschichtliche Verantwortung (implizit die politische) des Naturwissenschaftlers. Wobei das Problem der »Verwendungsfähigkeit« des Wissenschaftlers nicht, wie im *Galilei*, historisierend, sondern allgemein moralisch zum Ausdruck kommt, der Realität des Kalten Krieges somit nur teilweise Rechnung tragend. WEISS stellt in *Die Ermittlung* (1965) die Verbindung zur Vergangenheit über die Gegenwart her: »Es ist die deutsche Geschichte, die im Drama lebendig und aus heutiger Sicht beurteilt wird, es ist also auch nicht Schilderung der Vergangenheit, sondern Schilderung der Gegenwart, in der die Vergangenheit wieder lebendig wird« (WEISS in einem Interview; nach Huyssen, 50 f.). Die dramaturgische Behandlung des Frankfurter Auschwitz-Prozesses (nach Notizen und Berichten vom Prozeßverlauf) zeigt, daß Vergangenheit in der Gegenwart aufgehoben ist: konserviert in der unveränderten Haltung der Schuldigen, hochgehoben auf eine neue Stufe der Geschichte (aber an die vorhergehende anschließend), beendet im Versuch der gerichtlichen »Bereinigung« der Begebenheiten. FORTES *Martin Luther und Thomas Müntzer* (1970) schließlich versucht an Hand der historischen Ereignisse zwischen 1514 und 1525 die Notwendigkeit eines neuen Geschichtsverständnisses zu belegen. Luthers Reformation (bzw. deren Finanzierung), deutsche Geistesgeschichte verkörpernd, erscheint der realen Geschichte, der des kleinen Mannes, gegenübergestellt, das Bekannte damit relativierend in Frage gestellt. Geschichte wird wieder zum

Lehrobjekt, und damit dient die dramatische Gestaltung wieder der Aufklärung.

Literatur: Kayser, W.: Lohensteins Sophonisbe als geschichtliche Tragödie. 1941. In: E. Neubuhr (Hg.): Geschichtsdrama. Darmstadt 1980. S. 108–130. – Martini, F.: Chr. D. Grabbe: »Napoleon oder Die hundert Tage«. 1958. In: F. Martini: Geschichte im Drama – Drama in der Geschichte. Stuttgart 1980. S. 349–371. – Knudsen, H.: Deutsche Theatergeschichte. Stuttgart 1959. – Ribner, I.: The English History Play in the age of Shakespeare. London 1965. – Sengle, F.: Das historische Drama in Deutschland. 2. Aufl. Stuttgart 1969. – Fülleborn, U.: Geschichtsdrama und geschichtliche Begebenheit. 1970. In: Neubuhr: Geschichtsdrama. S. 189–207. – Martini, F.: Chr. Weise: »Masaniello«. 1970. In: Martini: Geschichte im Drama. S. 15–38. – Martini, F.: Goethes »Götz von Berlichingen«. 1972. In: Martini: Geschichte im Drama. S. 104–128. – Durzak, M.: Politisches oder politisiertes Drama? 1973. In: Neubuhr: Geschichtsdrama. S. 323–343. – Helbig, L. M.: Das Geschichtsdrama Georg Büchners. Bern und Frankfurt 1973. – Huyssen, A.: Unbewältigte Vergangenheit – Unbewältigte Gegenwart. In: Geschichte im Gegenwartsdrama. Hg. v. R. Grimm und J. Hermand. Stuttgart 1976. S. 39–53. – Weisstein, U.: Das Geschichtsdrama: Formen seiner Verwirklichung. In: Geschichte im Gegenwartsdrama. S. 9–23. – Keller, W.: Drama und Geschichte. In: Beiträge zur Poetik des Dramas. Hg. v. W. Keller. Darmstadt 1976. S. 298–339. – Gillespie, G.: Andreas Gryphius' ›Catharina von Georgien‹ als Geschichtsdrama. 1978. In: Neubuhr: Geschichtsdrama. S. 85–107. – Gnüg, H.: Georg Büchner. In: Handbuch des deutschen Dramas. Hg. v. W. Hinck. Düsseldorf 1980. S. 286–300. – Jacobs, J.: Das klassizistische Drama der Frühaufklärung. In: Handbuch des deutschen Dramas. S. 61–75. – Neubuhr, E.: Geschichtsdrama. Darmstadt 1980. Einleitung S. 1–37. Bibliographie S. 427–446. – Hinck, W. (Hg.): Geschichte als Schauspiel. Deutsche Geschichtsdramen. Interpretationen. Frankfurt/M. 1981. – Wikander, M. H.: The Play of Truth and State. Historical Drama from Shakespeare to Brecht. Baltimore 1986.

DIE GESPENSTERGESCHICHTE

von Dietrich Weber

Die Gespenstergeschichte ist zweifellos keine der prominentesten unter den Formen der Literatur, immerhin aber auch keine derart ans bloß Effektvolle gefesselte Gattung, daß sie sich nur als Unterhaltungsliteratur verwirklichen könnte. Wenigstens eine Notiz sollte sie deshalb verdient haben.

Ihr Hintergrund, den sie als reflektierte literarische Form voraussetzt, um sich dagegen abzusetzen, ist die aufgeklärte Welt, die keine Gespenster zuläßt. »Gerade wenn es mit den Gespenstern aus ist, geht das rechte Zeitalter für ihre Geschichte an«, heißt es charakteristischerweise 1810 im *Gespensterbuch* von Apel und Laun, einer der ersten Anthologien von Gespenstergeschichten, in denen die Gattung im literarischen Leben auch weiterhin vorzüglich ihren Ort hat.

Ihr Thema, das sie in den unterschiedlichsten Formen und auf die unterschiedlichste Weise immer aufs neue behandelt, ist das wirkliche oder vermeintliche, mehr oder weniger verstörende Eindringen von Rätselhaft-Gespenstischem, das nicht von dieser Welt ist oder es nicht zu sein scheint, in die Welt des Handfest-Realen und Alltäglich-Vertrauten.

Grundlegend für sie, wenn anders ihr Begriff nicht verschwimmen und alles umfassen soll, was nur irgend mit Gespenstischem zu tun hat – wie etwa die Märchennovelle in der Art von Tiecks *Blondem Eckbert* oder die poetisch-visionäre Erzählung in der Art von Poes *The Masque of the Red Death* –, ist die realistische Fiktion und die Konzentration auf das Faktische des Erzählten. Wie keine Gattung sonst spiegelt sie ihr fiktives Geschehen nach allen Regeln illusionistischer Kunst als wahres Geschehen vor – gleichsam in strikter Befolgung der von Lessing in bezug auf das Gespenst auf dem Theater ausgegebenen Devise: »Alles, was die Illusion hier nicht befördert, stört die Illusion« (*Hamburgische Dramaturgie*, 11. Stück).

Sie verrät sich damit nicht gleich als Lügengeschichte; alle ihre Wahrheitsbeteuerungen und Beglaubigungen – durch Berufung auf Erlebnis und Erinnerung, Zeugenschaft und Überlieferung – haben vielmehr das Eigene, daß sie offen lassen, ob sie als Lügensignal oder als Wahrheitssignal gemeint sind – jedenfalls so lange, bis das Motiv ganz heraus ist. Ihre charakteristische Sprache schillert dementsprechend zwischen Ernst und Spott, sie ist insinuierend und skeptisch zugleich – es gehe eben nicht ohne diesen »zweideutigen Ton«, heißt es in WLADIMIR ODOJEWSKIJS *Salamander,* »wenn man von vielen Dingen in dieser Welt spräche und zumal von den Dingen, die nicht ganz von dieser Welt seien«.

Dem entspricht es weiterhin, daß die Gespenstergeschichte sich in aller Regel keineswegs widerstandslos dem Gespenstischen überläßt. Sie wendet es hin und her, läßt es von den Figuren im Für und Wider mit Beispielen und Gegenbeispielen diskutieren – und dazu oft genug noch auf verschiedenen Ebenen in der Rahmenerzählung wie etwa in GOETHES *Unterhaltungen deutscher Ausgewanderten* oder HOFFMANNS *Serapions-Brüdern,* wobei dann am Ende auch der Fiktions- und Erfindungscharakter der einzelnen Geschichte zur Debatte steht.

Ihre Spielarten sind, was die Abschattierungen ihres zentralen Motivs betrifft, unübersehbar, weil sich prinzipiell jeder Gegenstand schon durch Verkürzung der Perspektive in den Zustand des Gespenstischen versetzen läßt — »alles, wo wir eine Wirkung ohne eine Ursache wahrnehmen, ist es vorzüglich, was uns mit Schrecken und Grauen erfüllt«, heißt es schon in Tiecks Abhandlung über *Shakespeares Behandlung des Wunderbaren.* Immerhin bilden die Begriffe Gespenstergeschichte und Spukgeschichte, jeweils im engeren Sinn verstanden, wenigstens einigermaßen deutliche Orientierungsmarken: Gespenstergeschichte im engeren Sinn als Geschichte von Erscheinungen Gestorbener, die im Medium des Spuks ihr zweifelhaftes Wesen treiben; Spukgeschichte im engeren Sinn als Geschichte, die es, ohne dafür gleich Gespenster zu bemühen, mit rätselhaften optischen oder akustischen Erscheinungen zu tun hat, die sich physikalisch nicht gehören – Wirkungen ohne (erfindliche) Ursache.

Ausgeprägte Spielarten lassen sich dagegen im Hinblick auf

das Spannungsverhältnis zwischen Gespenstischem und Realem unterscheiden. Drei Möglichkeiten kommen hier in Betracht: Erstens die »unechte« Gespenstergeschichte, die das Gespenstische nach dem Muster des »explained supernatural« in der Tradition des englischen Schauerromans am Ende als Schein erweist (Maschinerie, Intrige, Täuschung, Traum, Wahn oder Einbildung) – brillant erzählt in dieser »Antiform«, wie Kanzog sie genannt hat (574), nicht nur JOHANN PETER HEBEL seine *Merkwürdige Gespenstergeschichte,* sondern noch GOTTFRIED KELLER seine *Geisterseher* und gespielt enttäuscht KIPLING seine Lügen-Lügengeschichte *My own true Ghost Story.* Zweitens die – im gewöhnlichen Sinn des Wortes – »phantastische« Gespenstergeschichte, die die Spannung in umgekehrter Richtung auflöst und etwa wie HAUFFS *Geschichte von dem Gespensterschiff* ins Gespenstermärchen übergeht. Drittens – als zweifellos interessanteste Spielart – die »mysteriöse« Gespenstergeschichte, die die Spannung bestehen läßt – HOFFMANN verfährt schon so in seiner ersten – allerdings auch satirischen – Erzählung *Ritter Gluck,* und M. R. JAMES hat in labyrinthischer Metaphorik als Rezept dafür formuliert, es gelte, die »Ausgangstür zu einer natürlichen Erklärung« zwar offen zu halten, aber doch nur so knapp, »daß man von ihr keinen Gebrauch machen kann« (Todorov sieht in dieser Form seinen Begriff des Phantastischen am reinsten verwirklicht).

Abzugrenzen ist die Gespenstergeschichte von der Horror Story, soweit deren Atmosphäre des Schreckens noch nicht mit Übersinnlichem vermischt ist, und auszuzirkeln als eine Spezialität ist sie aus dem großen Bereich der neuerdings vieldiskutierten »Phantastik«.

In den weitaus meisten Fällen, in denen sich die Gespenstergeschichte als Unterhaltungsliteratur verwirklicht, sind solche formalen Ab- und Ausgrenzungen allerdings weniger von Belang als die funktionalen Gemeinsamkeiten. Jedenfalls solange die Gespenstergeschichte auf nichts weiter als auf Gruseleffekte angelegt ist, ordnet sie sich reibungslos in die umfassende Tradition ein, die vom Schauerroman des 18. Jahrhunderts bis zum gegenwärtigen Horrorfilm reicht. Nicht nur auf die Gespenstergeschichte mit natürlicher Auflösung, sondern auf das meiste in ihrem Genre paßt Fontanes Diktum: »Immer dieselbe

Geschichte: wenn der Morgen anbricht, sieht man, daß es ein Handtuch war, aber in der Nacht hat man sich gegrault«.

So eng die Grenzen der Gattung auch festgelegt zu sein scheinen, so gibt es in ihr doch eine reiche Fülle von Texten, die sich im Unterhaltungswert keineswegs erschöpfen oder sich überhaupt nicht darauf beziehen lassen. Es sind, um es systematisch zu fassen, Texte, die das Gängige des Genres im Ausdruckswert oder Darstellungswert, im Symbolwert oder Gestaltungswert übertreffen.

Leicht faßbar sind Ausdrucks- und Darstellungswerte. KLEISTS *Bettelweib von Locarno* beispielsweise, von Hoffmann wie Grillparzer als Muster des Schauerlichen gepriesen, setzt sich als verzweifelter Ausdruck verstörter Weltordnung entschieden gegen die genreübliche, schematische Verwendung des Rachegespenstmotivs zur Bestätigung moralischer Weltordnung ab, ebenso wie HOFFMANNS *Sandmann* oder MAUPASSANTS *Horla,* jeder in seiner Zeit, als Ausdruck grundverstörter Wirklichkeitserfahrung das Genre übertreffen, wie immer suggestiv sie die Aufmerksamkeit während der Lektüre auf die genreübliche Rätselfrage nach dem Wirklichkeitsgrad des Gespenstischen auch konzentrieren mögen.

Der Darstellung und Anheimstellung von »problematisch Wahrem« gelten andrerseits beispielsweise die Spukfälle in GOETHES *Unterhaltungen,* wobei die in der Erzählrunde empfohlene pragmatische Einstellung dazu, die zwischen rationalistischer Abwehr und irrationalistischer Schwärmerei die Mitte sucht und sich dabei zugleich genreüblich ironisch reserviert gibt, bedeutsamer erscheint als die Geschichten selbst. Darstellende Auseinandersetzung mit rätselhaften Zwischendingen und Ausdruck der Verunsicherung dadurch zugleich ist musterhaft HOFFMANNS rasante Spukgeschichte mit dem selbstironisch als »abgeschmackt« zugestandenen Motiv des »schwebenden Tellers«, die in Hoffmanns Terminologie in die Sphäre zwischen Psychischem und Dämonischem, in parapsychologischer Terminologie in die Zone der Psychokinese hineinführt und so oder so ins Unberechenbare.

Problematischer im Hinblick auf die Gattungsgrenzen sind Erzählungen, die das gespenstische Phänomen, wie rätselhaft immer sie es im Zusammenhang der erzählten Begebenheiten bleiben lassen, im Erzählzusammenhang als symbolisch zu verstehen geben. Über dem Tiefsinn, der dadurch gewonnen wird, geraten die genreüblichen Reize leicht in Gefahr, verlorenzugehen. Die besondere Kunst, dem literarischen Sinn und der Gattung zugleich zu genügen, besteht immer wieder darin, den Symbolcharakter für die Dauer der Lektüre zwischen den faktischen Geheimnissen zu verstecken und ihn erst mit dem Ende der Erzählung auszuspielen. NIKOLAIJ LJESSKOW verfährt so in seiner kunstvollen und tiefsinnigen Erzählung *Der weiße Adler*, deren Titel insgeheim schon alles enthält und sich in seiner ganzen Sinnfülle doch erst der Betrachtung im Abstand erschließt (er bezeichnet ineins einen erstrebten Orden, eine Person, die ihrerseits eine von dem Betroffenen erstrebte und ihm doch unerreichbare Lebensform verkörpert, und dazu das wirkliche oder vermeintliche Gespenst, das so oder so sinnfällig im Kopf des Betroffenen herumspukt). In bescheidenerem Format hält MARIE LUISE KASCHNITZ in ihrer virtuosen Erzählung *Gespenster* erst mit der Schlußpointe dazu an, gleichsam in einer Art Krebsganglektüre den wahrhaften Gespenstercharakter des vordem Erzählten zu akzeptieren und weiterhin – in Umschaltung auf die Betrachtung des Textes im ganzen – zuletzt auch sein zentrales Symbol zu entdecken: gespenstisches Unleben von zwei jungen Menschen, die bei einem Verkehrsunfall ums Leben gekommen sind, als poetisch sinnfälliges Bild überschießender, im Leben nicht ausgeschöpfter Lebenskraft.

Eine andere Form, das Gängige der Gattung innerhalb der Gattung zu übertreffen, finden Erzählungen, die bei aller Realistik des Erzählten die Grenzen des aufs bloß Faktische konzentrierten Erzählens überschreiten und die Aufmerksamkeit zugleich auf die rhythmische Anordnung und Entsprechung der Bilder und Gesten oder auf den Sprachgestus selbst lenken. Auch dies ist ein Balanceakt, aber auch der damit erreichte Gewinn an poetischem Gestaltungswert muß nicht notwendig mit dem Verlust der Gattungsreize bezahlt werden. In DICKENS' Erzählung *The Signal-Man* verliert das Schauerliche auf diese Weise nur sein Grelles und gerät dafür poetisch um so eindringlicher. Ähnlich bewahrt eine Erzählung aus jüngster Zeit das Potential der Gattung, noch indem sie – auf der Suche nach einer der Verstörung angemessenen Sprache – die hier überhaupt denkbar letzte Konsequenz zieht, nämlich – artikuliert – verstummt: Ein Vertreter, der in seinem Wagen ein Mädchen mitgenommen hat, muß – in FRANZ HOHLERS *Erzählung* – am Zielort schließlich erfahren, »er sei jetzt schon der dritte / der nach ihrem Tode komme / und erzähle / daß er ein Mädchen mitge / das hieher / frage / ob sie schon zu Hause / (Er sei dann ratlos weggefahren / und seit diesem Vorfall / fühle er sich sehr allein / und wisse nicht was machen / weil)«.

In solcher Konsequenz zeigt die Gattung exemplarisch, daß sie sich ihrem Gegenstand kategorial nur annähern, ihn umkreisen, seine Problematik nicht lösen, sondern – mit Schopenhauer zu reden – allenfalls »ventilieren« kann. Ihr eigentliches Thema sind nicht die Gespenster, schon gar nicht in dem Sinn, wie sie der Gattung den Namen gegeben haben, und nicht einmal das Gespenstische in seinen von Fall zu Fall und historisch wechselnden Erscheinungsformen, sondern das Geheimnisvolle im Realen und letzten Endes das Geheimnisvolle des Realen.

Die Bewußtseinslage, die die Gespenstergeschichte immer aufs neue anzeigt (auch da, wo sie wie bei HEINE zur Satire dient, und auch da, wo sie sie ausschlachtet) hat Wieland 1781 in seiner Abhandlung *Über den Hang der Menschen, an Magie und Geistererscheinungen zu glauben* auf die Formel gebracht: »Wir sind bei der allgemeinen Aufklärung unsrer Zeit *zu viel* Philosophen, um Geistererscheinungen *zu glauben;* und wir sind mit aller unsrer Aufklärung nicht Philosophen genug, um sie *nicht zu glauben.* Zwischen diesem Glauben und Nichtglauben hin und her schwankend, werden wir größtenteils immer so *raisonnieren* oder *scherzen,* als ob wir sie *nicht* glaubten, und, sobald uns ein neues Geistergeschichtchen erzählt wird, so andächtig *zuhören* – auch bei Gelegenheit uns ebenso herzhaft – vor Geistern *fürchten,* als ob wir sie glaubten. – Überhaupt aber, wie weit es auch immer noch mit der Aufklärung der menschlichen Vernunft kommen mag, werden einzelne Begebenheiten, die in das Fach gehören, wovon bisher die Rede war, immer allgemein interessant bleiben, und es auch für den denkendsten und weisesten Teil der Menschen wenigstens aus diesem Grunde bleiben, weil es *ungewöhnlichere* Vorfälle und, es sei nun, daß sie bei der Untersuchung als etwas Wirkliches oder als Täuschung befunden werden, immer wenigstens dieser Untersuchung würdig sind.«

Literatur: Speziell zur Gespenstergeschichte: Klaus Kanzog im Reallexikon der deutschen Literaturgeschichte (1958); Peter Penzoldt, The Supernatural in Fiction, New York 1965 (Erstveröffentlichung 1952). – Allgemein zur phantastischen Literatur: Tzvetan Todorov, Einführung in die fantastische Literatur, München 1972; Phaicon-Almanach der phantastischen Literatur, hg. v. Rein A. Zondergeld, Bd. 1 ff., Frankfurt/M. 1974 ff.; Phantastik in Literatur und Kunst, hg. v. Christian W. Thomsen und Jens Malte Fischer, Darmstadt 1980. – Zu speziellen Techniken und typologischen Problemen der Gespenstergeschichte: Dietrich Weber, Theorie der analytischen Erzählung, München 1975. – Dietrich Weber, Kleine Logik der Gespenstergeschichte, in: D. W. (Hg.), Gespenstergeschichten, Stuttgart 1989; in erweiterter Form in: Gattungstheorie und Gattungsgeschichte. Ein Symposion, hg. v. Dieter Lamping und D. W., Wuppertal 1990 (Wuppertaler Broschüren zur Allgemeinen Literaturwissenschaft 4).

DIE GROTESKE

von Michael Müller

Texte, die sich »Groteske« nennen, begegnen uns sporadisch in der deutschsprachigen Literatur des ausgehenden 19. Jahrhunderts, auffallend häufig dann im Expressionismus und seinem Umfeld.

In der Einleitung zu seinem 1914 erschienenen, damals vielgelesenen *Buch der Grotesken* wagt der Herausgeber F. LORENZ eine Wesensbestimmung: »Die Groteske ist wie das Leben selbst: trügerisch, unberechenbar, auf- und abfahrend, die Dinge bald fremd zusammentreibend, bald ihr Harmonisches auseinanderreißend, Schein und Sein verwechselnd, ein Viertel Wahrheit, drei Viertel Halluzination.« Erzählungen dieses Typus hat er zu einem »lustig-grausig-buntphantastischen Siebenundzwanziggeschichtenabenteueralbum für Leute, die nicht schlafen gehen wollen«, zusammengetragen – und das, obwohl er zugeben muß, nicht genau zu wissen, was der diesen Geschichten gemeinsame Grundzug, was »das« Groteske eigentlich ist: »Eine klare Definition dieses Begriffes gibt es nicht.« »Groteske« ist jedoch letzten Endes lediglich ein Name, der auf die in einem so bezeichneten Text vorwiegenden inhaltlichen und formalen Elemente »des Grotesken« verweist, er bezeichnet im Grunde keine eigenständige Form der Literatur. »Die« Groteske bestimmen zu wollen setzt also den Versuch voraus, »das« Groteske, das es als Phänomen in der Kunst lange vor dem Namen gab, zu definieren.

So großzügig wie LORENZ sind viele mit dem Terminus Groteske verfahren, die sich theoretisch mit ihm auseinandersetzten oder sich selbst als Groteskschriftsteller empfanden: MYNONA, K. H. STROBL, H. H. EWERS, P. SCHEERBART, CH. MORGENSTERN, M. BROD, um nur einige zu nennen. »Groteske« war seit dem Beginn des Jahrhunderts ein Modewort, ein Etikett, das sich Texten der verschiedensten Art, der verschiedensten Inhalte aufkleben ließ: Die Palette reicht von den übermütig-burlesken Spottgeschichten H. REIMANNS bis zu den finster-pessimistischen

Untergangsvisionen G. Meyrinks. Offenbar war ein ausgesprochenes Bedürfnis nach Grotesken vorhanden, und der Zusatz »eine Groteske« schien für den Absatz des betreffenden Titels zu garantieren. Gegen diese Entwicklung nimmt 1920 Reimann – allerdings wiederum in einer »trügerischen« Groteske – Stellung: »Ich lebe unter dem Fluche, Grotesken zu schreiben. Bringe ich die simpelsten, banalsten Dinge zu Papier – Dinge, die ich mit eigenen Augen sah und ohne irgendwelche ›Ausschmükkung‹ notierte –, so heißt es, sie seien ›grotesk‹. Nichts ist grotesk auf dieser Erde. Selbstverständlich ist alles grotesk auf dieser Erde. Aber es kommt darauf an.«

Versucht man das dieser Flut von erzählerischen, dramatischen und lyrischen Grotesken Gemeinsame zu ermitteln, so stößt man auf einen Grundzug, den Lorenz in der Formel »ein Viertel Wahrheit, drei Viertel Halluzination« anzudeuten versucht hat: Sie verzichten auf mimetische Abbildung der allgemein als wahr empfundenen und erkannten Welt, sie zielen vielmehr auf Verfremdung dieser Welt – und sie irritieren dadurch den Leser. Über die Art dieser Irritation, d.h. über Inhalt, Sinn und Funktion grotesker Kunst herrscht Uneinigkeit; das ist es, was Lorenz meint, wenn er sagt, daß es keine klare Definition des Begriffes gebe. Eine primär formale Bestimmung des Begriffes »grotesk« ist jedoch, seitdem sich Literatur- und Kunstwissenschaft mit ihm auseinanderzusetzen hatten, immer mit einiger Sicherheit gegeben worden. Ausgangspunkt ist die besondere Art von Malerei, für die der Terminus »grottesco« im 16. Jahrhundert geprägt wurde, antike römische Wandmalereien, die bei Ausgrabungen (ital. grotta = die Höhle) freigelegt wurden; Bilder, in denen die Bereiche des Menschlichen, Tierischen und Pflanzlichen eine befremdende Verbindung eingingen, die also auf Reproduktion der Wirklichkeit verzichteten und an ihre Stelle die Verzerrung setzten, die Verfremdung durch Vermischung von Objekten, die gemeinhin heterogenen Vorstellungsbereichen angehören: »Bildwerke, welche aus mancherley nach der Fantasie geschlungenen Zügen bestehen, und in der Natur nicht angetroffen werden« (Adelung 1775). E.T.A. Hoffmann scheint Bilder dieser Art beschwören zu wollen, wenn er seinem sprechenden Hund Berganza – selber eine groteske

Gestalt – »Eidechsen mit albern lachenden Menschengesichtern, spiegelglatte Iltisse, Mäuse mit Rabenköpfen« erscheinen läßt. Das in der Realität voneinander Getrennte wird gewaltsam zusammengebracht; das Groteske bildet sich durch »seltsame Verknüpfungen heterogener Elemente« (Hegel, *Aesthetik*), es ist die »unvereinbare Gleichzeitigkeit« solcher Elemente, die »Vereinigung des Unvereinbaren« (Kayser). Ausgeweitet und auf die Literatur übertragen: »In der Vermischung der Bereiche, Ordnungen, Stile besteht ... wesentlich die Erscheinung des Grotesken« (Heselhaus). Vielfältig sind die Varianten, sind die Möglichkeiten, diese Vermischung herbeizuführen. G. HEYM erreicht sie durch Bilder und Metaphern, die den Menschen verdinglichen oder animalisieren, wie bei dem Gehängten, der »da Jahre hing, und den Winter trug, / In dem eisigen Winde tanzte zum Spaß, / Und wie ein Glockenklöppel, den Rost zerfraß, / An den zinnernen Himmel schlug« *(Der Baum)*. G. BENN befremdet durch die Unangemessenheit des Ausdrucks. *Schöne Jugend* beginnt er harmlos, um dann zu offenbaren, daß er von den jungen Ratten spricht, die sich an einer Mädchenleiche gütlich getan haben. *Mann und Frau gehen durch die Krebsbaracke,* der Spaziergang eines Liebespaares, vertrautes und dem Publikum liebgewordenes Sujet der Lyrik, ereignet sich an einem Ort, wo nur Tod und Verfall herrschen. Ähnlich wie BENN erweckt SCHEERBART in seiner Groteske *Die Nußbaumtorte* Stimmungen im Leser, die er dann durch einen gewollten Stilbruch zerstört:

> Auf der Pyramide des Cekrops, die in der Nähe der alten Sphinx zum Himmel aufragt, flüsterten die Gespenster; sieben durchsichtige Totengräber legten eine Mumie auf die zehnte Stufe der Pyramide vorsichtig hin.
> Der Mond glänzte.
> Und die sieben Totengräber steckten flüsternd sieben Streichhölzchen an und weckten die alte Mumie.
> Nach dieser geheimnisvollen Tat verschwanden die sieben Totengräber – wie Zigarrendampf verschwindet, wenn ein großer Wind kommt.

Irritation des Lesers ist das oberste Prinzip. Welche Absicht verfolgt aber der Dichter, der sich der Mittel des Grotesken bedient, mit dieser Irritation, welche spezifische Reaktion will er mit der im ästhetischen Bereich realisierten Verzerrung in der Wirklichkeit des Lesers hervorrufen? Heselhaus meint vom Standpunkt des Jahres 1962 aus, daß eine Beantwortung dieser Fragen vielleicht gar nicht möglich sei, »weil das Groteske nach der jeweiligen Gesellschaftslage andere Funktionen und andere Inhalte hat«. Festzustellen ist, daß der Begriff im Lauf seiner Geschichte starke Wandlungen erfahren hat. »Grotesque« – in der französischen Form des Wortes in Deutschland seit dem 17. Jahrhundert für die Kennzeichnung des künstlerischen Phänomens gebräuchlich – implizierte zunächst eine vor allem komische Wirkung, Komik, die eben aus dem dargestellten Kontrast, aus der Unangemessenheit resultierte. In Adelungs Wörterbuch von 1775 wird »grotesk« als »seltsam, unnatürlich, wunderlich, lächerlich« definiert. Der Terminus hatte zudem einen pejorativen Beiklang, da der Groteskkünstler oft nicht mit sonderlich subtilen Mitteln arbeitet, sondern sein Heil in der maßlosen Übersteigerung, in der cruden Vermischung sucht. Das Umschlagen des grotesken Humors ins Niedere, ins Obszöne und Vulgäre fand man z. B. in F. RABELAIS' *Gargantua et Pantagruel,* einem Werk, das nichtsdestoweniger in Fischarts freier Übersetzung rasch populär wurde und noch im 20. Jahrhundert als eine Art Enzyklopädie für die verschiedenen Spielarten und Möglichkeiten des Grotesken gilt. Eine *Vertheidigung des Groteske-Komischen* unternahm 1797 J. MÖSER, der in ihm, wie auch K.-F. FLÖGEL, 1788, den Ausdruck der Vitalität des Menschen, eines Ur-Bedürfnisses sah: »... ehe der Mensch so gesittet ward, daß er das feine und hohe Komische erfinden, oder an demselben Geschmack haben kann, ist der Geschmack an dem übertrieben und groben Komischen lange vorhergegangen, weil sich derselbe mit den rohen Sitten des ungebildeten Menschen weit besser verträgt, und natürlicher Weise daraus entstehen muß«. (Flögel/Ebeling, 1862)

Das Groteske als Unterkategorie des Komischen – wie ist es aber mit den furchterregenden grotesken Gestalten, die in HOFFMANNS Berganza erscheinen, darunter auch die Kröte »mit der Larve, die, etwas Menschliches in sich tragend, das Menschliche höhnte«? HOFFMANN beruft sich für seine *Fantasiestücke* auf den Zeichner J. CALLOT, den er in der Vorrede so preist: »Die Ironie, welche, indem sie das Menschliche mit dem Tier in Konflikt setzt, den Menschen mit seinem ärmlichen Tun und Treiben verhöhnt, wohnt nur in einem tiefen Geiste, und so enthüllen Callots aus Tier und Mensch geschaffene groteske Gestalten dem ernster, tiefer eindringenden Beschauer alle die geheimen Andeutungen, die unter dem Schleier der Skurrilität verborgen liegen.« HOFFMANN fordert dazu auf, das Groteske ernst zu nehmen. Er verweist auf seine seriöse Seite, auf das aggressive, bedrohliche und furchterregende Element in ihnen, und er ist nahezu radikal modern mit der Erkenntnis, daß Lachen und Grauen sich nicht gegenseitig ausschließen, sondern gemeinsam die Wirkung des Grotesken ausmachen. Die Wirkung des Schreckens ist zwar – mehr oder weniger stark ausgeprägt – in jeder grotesken Darstellung, in jeder Deformation angelegt, offenbar bedarf es aber einer besonderen Weltsicht, um sie zur vollen Geltung gelangen zu lassen; HOFFMANN sieht »die Gestalten des gewöhnlichen Lebens« in einem »fremden, wunderlichen Putze«.

Wenn das Groteske die natürliche Ordnung auf den Kopf stellt, so muß es in dem Maße an Bedeutung gewinnen, in dem man die Existenz einer solchen Ordnung in Zweifel zieht. Groteske Kunst wird im 19. Jahrhundert plötzlich wieder realistisch. Sie steht »im Widerspruch zu aller idealistischen Kunst«; es gibt einen Zusammenhang zwischen ihrer Bedeutungszunahme und dem Versuch, »Anschauungsweisen der Wirklichkeit zu Kategorien der Kunst zu machen« (Heselhaus, 287). Die subjektive Erfahrung einzelner, die Erfahrung eines Zwiespalts mit sich und der Welt, die mit HOFFMANN etwa Schriftsteller wie E. A. POE und V. DE L'ISLE ADAM teilten, wurde zu Beginn unseres Jahrhunderts zum Lebensgefühl einer ganzen Generation. Nur so kann auch LORENZ zu dem Schluß kommen, daß die trügerische Groteske »wie das Leben selbst« sei. 1921 unterzieht J. E. Poritzky in seiner Untersuchung *Dämonische Dichter* die zeitgenössischen Groteskschriftsteller einer kritischen Überprüfung; er fordert von ihnen, daß »das, was sie schreiben, aus innen herausgeboren und wenigstens im Geiste durchlitten und durchlebt ward«. Mit anderen Worten: Die groteske Dichtart darf – so wie sie jetzt vorwiegend verstanden wird – nur von dem in Anspruch genommen werden, der mit Poritzky die Einsicht teilt: »Das Leben ist entlarvt, und hinter unserer lückenhaften Erkenntnis steht das ›Ignorabismus‹ – fliegende Brücken, die über Abgründe gebaut sind. Den Einen trägts noch hinüber, der Nächste stürzt hinab.« Das Groteske wird zum adäquaten Ausdruck einer so empfundenen Welt, das Leben selbst ist eine Groteske – für viele jedenfalls. Um Reimanns Worte zu wiederholen: »es kommt darauf an«.

Die ›verkehrte Welt‹ als Thema der Dichtung: »In allen Lüften hallt es wie Geschrei, / Dachdecker stürzen ab und gehn entzwei«; im Extrem Visionen vom *Weltende* (van Hoddis), in jedem Fall das Setzen einer anderen, phantastischen, von rational nicht durchschaubaren Gesetzen regierten Welt gegen die Welt des philiströsen Bürgertums, das sich anmaßt, das Leben bis ins kleinste durchleuchten, erkennen, bestimmen zu können.

Mit der zunehmenden Aktualität »des« Grotesken entsteht der Terminus »die« Groteske, der, meist als Untertitel verwendet, die Tendenz eines so benannten Werks plakativ deutlich machen will. Einer der frühesten Belege findet sich bei A. Schnitzler. In *Der grüne Kakadu, Groteske in einem Akt* (1898) läßt sich eine Gesellschaft von französischen Adeligen, während draußen auf den Straßen der Sturm auf die Bastille losbricht, die Revolution auf der Bühne eines Theaters vorspielen und amüsiert sich – »Schein und Sein verwechselnd« (Lorenz) – darüber, mit der »Lustigkeit von Leuten, die nächstens gehenkt werden«.

»Groteske« ist, wie schon gesagt, in erster Linie ein Name, sie bildet keine eigenen Formgesetze aus, es sei denn, man sieht ein solches Formgesetz in der relativen Kürze der meisten Grotesken. Die groteske Wirkung beruht zu einem großen Teil auf der Überraschung des Lesers, auf der plötzlichen Enttäuschung seiner Erwartungen, auf einem Schock, und ein solcher Schock läßt sich nicht beliebig oft – wie es in einem längeren Werk, das eine reine Groteske sein wollte, geschehen müßte – wiederholen, ohne daß sich im Leser Abwehrmechanismen aufbauten und die Wirkung stumpf würde. Selbstverständlich existiert das Groteske auch weiterhin in solchen Texten, die nicht von vornherein so benannt werden, weil sie eben nicht ausschließlich aus dem

Grotesken ihre Wirkung beziehen. Der Roman *Die Blechtrommel* von G. GRASS z. B. steht in der Tradition grotesker Dichtung. Der Begriff »Groteske« ist in der neuesten Literatur wieder außer Mode gekommen, vielleicht, weil mit seiner Ausweitung und der Übernahme in die Umgangssprache (›politische Groteske‹) eine Bedeutungsentleerung verbunden war. »Tragische Komödie« nennt F. DÜRRENMATT sein groteskes Drama *Der Besuch der alten Dame.*

Erst in jüngster Zeit haben Literatur- und Kunstwissenschaft damit begonnen, das Phänomen des Grotesken systematisch zu untersuchen und zu ergründen. Die Diskussion um die Funktion grotesker Kunst ist noch in vollem Gange. Einigkeit herrscht darüber, daß sie eine aggressive, kritische Art von Literatur ist, der Satire darin nicht unverwandt. Aber eine Antwort darauf, warum sie mit dieser spezifischen Mischung von Komik und Grauen auf den Leser eindringt, ist bis heute nicht gültig formuliert worden, vielleicht weil man mit dieser Frage allzuweit in den Bereich der Psychologie eindringt. Kayser nennt das Groteske »die entfremdete Welt«, ihre Bestimmung sei der »Versuch, das Dämonische in der Welt zu bannen und zu beschwören«. Die unterschwellig komische Perspektive, die sich dem Leser gleichzeitig auf die entfremdete Welt eröffnet, dient einer solchen Theorie zufolge dazu, das aufgezeigte Dämonische ertragbar, wieder verarbeitbar zu machen. Heselhaus nimmt in seiner Untersuchung zur lyrischen Groteske eine gewisse Gegenposition ein; seiner Meinung nach ist das Groteske in der Moderne zu sehr dämonisiert worden, es habe immer noch – wie MÖSER und FLÖGEL schon betonten – »viel mehr mit dem Komischen und Humanen zu tun«, sei »ein entscheidendes Mittel zur Selbsterkenntnis der modernen Gesellschaft«, der Erkenntnis seiner Torheit, seiner Nichtigkeit als einigkeitstiftendes Element zwischen Mensch und Mensch. Allerdings: »Man könnte die Frage nach der Struktur der Gesellschaft aufwerfen, die ihre Zusammengehörigkeit erst beim Anhören von Grotesken erfahre.« Werfen wir die Frage auf; wie ist die Gesellschaft beschaffen, die einen Sinn entdeckt in der Kurzgroteske REIMANNS:

VON DEM KANARIENVOGEL,
DER MIT DEM KOPF DURCH DIE WAND WOLLTE

Eine traurige Geschichte.
Mein Herz bricht, wenn ich daran denke.
Erspart mir, sie zu erzählen.

Literatur: Eine kurze, übersichtliche Darstellung der Begriffsgeschichte, in der auch die Theorien Hegels, Mösers und Flögels behandelt werden, gibt Norbert Kassel in seiner Untersuchung *Das Groteske bei Franz Kafka,* München 1969. – Wesentlich umfassender ist Wolfgang Kaysers *Das Groteske. Seine Gestaltung in Malerei und Dichtung,* Oldenburg 1957. – Clemens Heselhaus' Untersuchung der lyrischen Groteske ist in seinem Band *Deutsche Lyrik der Moderne,* Düsseldorf 1961, enthalten. – Einen Überblick über die Forschung vermittelt der Sammelband von O. F. Best (Hg.): Das Groteske in der Dichtung. Darmstadt 1980.

Scheerbarts Groteske *Die Nußbaumtorte* findet sich in der im Text zitierten Anthologie von Lorenz. – Reimanns Äußerungen über die Groteske sind seiner Groteske »Sneewittchen, der Apfel in« in *Kobolz,* Leipzig 1917, entnommen. – Die Groteske vom »Kanarienvogel« ist in *Kaktusse,* München 1920, enthalten.

Es sei noch darauf hingewiesen, daß Flögels *Geschichte des Grotesk-Komischen* in der Bearbeitung von F. W. Ebeling, Leipzig 1862, als Reprint in der Reihe »Die bibliophilen Taschenbücher«, Dortmund 1978, wieder zugänglich ist.

DAS HELDENLIED

von Bernhard Sowinski

Als *Heldenlieder* (heroische Lieder) versteht die germanistische Forschung meistens jene schriftlich überlieferten oder aus Andeutungen oder späteren Dichtungen erschlossenen balladenartigen Textgestaltungen, die aus vorliterarischer Zeit stammen und die schicksalhafte Bewährung, oft auch den Tod bestimmter ständisch hervorgehobener Helden schildern.

Die Literaturwissenschaft hat sich dieser Gattung aus zwei Gründen schon frühzeitig zugewandt: 1. weil ihr hier die frühesten Zeugnisse der eigenen Literatur begegnen (neben wenigen heidnisch-christlichen ›Zaubersprüchen‹), 2. weil hier die Vorstufen der verhältnismäßig reich entfalteten *Heldenepik* des Hoch- und Spätmittelalters zu suchen sind, wobei allerdings die gemeinsamen stofflichen Grundlagen dieser *Heldendichtung* in der Form von *Heldensagen* häufig erst durch später überlieferte oder umgeformte Dichtungen erfaßt werden können.

Wer sich dem *Heldenlied* zuwendet, muß sich zugleich mit den Problemen der *Heldensage* und der *Heldendichtung* insgesamt (vgl. auch Art. *Epik*) auseinandersetzen. Aus der schriftlich erhaltenen Heldendichtung (Heldenlied, Heldenepik) sowie aus den Spuren älterer Heldendichtung muß auf deren stoffliche und literarische Voraussetzungen zurückgeschlossen werden, damit so die Genese, Entwicklung und Phänomenologie dieses Literaturbereiches begriffen werden kann.

Für die Erforschung der Heldenlieder galt es daher, zunächst alle vorhandenen und auswertbaren Zeugnisse zur Heldensage zu sammeln und zu analysieren. Die erstere Aufgabe ist bereits von Wilhelm Grimm in seinem Sammelwerk *Die deutsche Heldensage* 1829 (^{2}1867, ^{3}1889, ^{4}1957 m. Nachträgen von Karl Müllenhoff u. Oskar Jänicke) erfüllt worden, wo mit rund 230 größeren und kleineren historischen und literarischen Belegen sowie zahlreichen Essays und Exkursen alle damals erreichbaren Zeugnisse vom 6. bis zum 18. Jahrhundert zusammengetragen und erläutert worden sind. Grimm berücksichtigt dabei – im Widerspruch zum Titel seines Werkes – Quellen aus allen germanischen Literaturen. Eine solche Ausweitung erweist sich als notwendig, da viele der für die Heldenlieder des deutschen Sprachraumes relevanten Zeugnisse in benachbarten Literaturen zu finden sind. Die spätere Forschung, die hier nur angedeutet werden kann, hat versucht, die Ansätze Grimms weiterzuführen, seine mosaikartige Belegsammlung zu ergänzen und mit Hilfe anderer Perspektiven und Rekonstruktionen zu ordnen. Hierzu seien nur die Namen von Andreas Heusler genannt, der meinte, daß Heldensage nur in der poetischen Form von Heldenliedern gelebt habe (was heute nicht mehr unbedingt vertreten wird), ferner von Friedrich Panzer, der wegen des Vorkommens von Märchenmotiven in Heldensagen diese aus Märchen abzuleiten suchte, von Franz Rolf Schröder, der (in Anlehnung an W. Grimm, Uhland u. a.) in den Heldensagen profanisierte Mythen sah, oder von Hermann Schneider, der – wie Theodor Frings u. a. – die geschichtliche Bindung der Heldensagen betonte, und von Kurt Wais etwa, der vor allem die Vorgeschichte einzelner Heldensagen, besonders der Nibelungensage, in ihren Entwicklungsstufen zu erhellen suchte. Jede Erforschung des Heldenliedes hat von den vorhandenen Texten auszugehen. Die deutschsprachige Literatur besitzt nur im fragmentarisch erhaltenen *Hildebrandslied* ein Heldenlied aus früher Zeit, das in einer althochdeutsch/altsächsischen Sprachmischung auf der ersten und letzten Seite eines ursprünglich fuldischen Codex zu Beginn des 9. Jahrhunderts aufgezeichnet worden ist (68 alliterierende Langzeilen erhalten, ohne den wichtigen Schluß). Diese Aufzeichnung bestätigt, daß in der Karolingerzeit (wie auch später noch) derartige Heldenlieder im deutschen Sprachraum bekannt waren; sie macht auch die Mitteilung des Chronisten Einhart glaubwürdig, wonach Karl der Große derartige heimische Heldenlieder aufzeichnen ließ. Als solche weiteren Heldenlieder, die wir jedoch nur aus späteren epischen Dichtungen in lateinischer, mittelhochdeutscher, altenglischer oder altnordischer Sprache erschließen oder aus einzelnen historischen oder literarischen Angaben vermuten können, kommen in Betracht: 1. Lieder über Walther und Hildegunde (vgl. das lateinische

Waltharius-Epos, das altenglische *waldere*-Fragment und das mittelhochdeutsche *Walther-und-Hildegunde*-Bruchstück), 2. Lieder über Siegfrieds Tod und über den Untergang der Burgunder im Kampf mit den Hunnen (vgl. das altnordische *Sigurdlied* und *Atlilied* in der Lieder-Edda sowie andere altnordische Versionen und das mittelhochdeutsche *Nibelungenlied* (= NL)), 3. Lieder über Dietrichs von Bern (= König Theoderich (von Verona)) Flucht und Rückkehr (vgl. die verschiedenen mittelhochdeutschen *Dietrich-Epen*, die altnordische *Thidreksaga*, das althochdeutsche *Hildebrandslied* sowie zahlreiche Einzelerwähnungen), 4. Lieder über den Kampf der Goten gegen die Hunnen und den Tod des Ostgotenkönigs Ermanerich (vgl. das altnordische *Hamdirlied* und das niederdeutsche Lied *Koninc Ermenrîkes Dôt* sowie mehrere Einzelerwähnungen), 5. Lieder aus dem fränkischen Bereich (vgl. das mittelhochdeutsche *Wolfdietrich*-Epos, Lieder um Karl den Großen und Roland (mittelhochdeutsches *Rolantslied?*)), 6. Lieder aus dem langobardischen Bereich (vgl. die Namen des Hildebrandsliedes, die Sagen von Alboin und Thurisind sowie von Alboins Tod bei Paulus Diaconus), *König Rother*, 7. Lieder aus dem sächsischen Bereich (Sage von Irings Verrat, Wielandssage?), 8. frühmittelhochdeutsche Lieder um den Konflikt Ottos des Großen mit seinem Sohn Liudolf als eventuelle Vorstufen des mittelhochdeutschen *Herzog-Ernst*-Epos.

Der Bestand an Heldensagen und Heldendichtungen erweitert sich (wie hier schon angedeutet), wenn man – nach Georges Zink – den seit W. Grimm bestehenden traditionellen Kanon der germanisch-heroischen Stoffe durchbricht und die (aus romantischer Sicht so bezeichneten) ›Spielmannsepen‹ mit ihren Brautraub-, Verräter- und Empörergeschichten *(König Rother, Herzog Ernst, Ortnit, Adelger*-Episode der *Kaiserchronik)* einbezieht. So läßt sich auch das mittelhochdeutsche *Kudrun*-Epos mit seinen z. T. sehr alten Einzelschichten (Hagen–Hilde–Kudrun) besser in die Heldendichtung integrieren. Auch die altfranzösische *Chanson de geste*, die die Vorlage des mittelhochdeutschen *Rolandsliedes* des Pfaffen Konrad (um 1170?) bildet, geht letztlich auf eine anderen Heldensagen analoge Umbildung und Umkompilation historischer Ereignisse und Figuren zurück und kann so der Heldendichtung zugesellt werden, wenn auch das heroische Verhalten Rolands und seiner Gefährten bereits verchristlicht erscheint. (Noch schwächer erscheint diese Komponente im althochdeutschen *Ludwigslied,* das gelegentlich als ›christliches Heldenlied‹ gekennzeichnet wurde).

Bei allen zuletztgenannten Stoffen und Werken zeigt sich allerdings auch – wie bei allen anderen Sagenstoffen und ihren epischen Realisierungen –, daß wir es mit jeweils unterschiedlichen Entwicklungsstufen der Heldendichtung zu tun haben. So ist z. B. in den altnordischen Werken der Lieder-Edda eine ältere (liedhafte) Stufe besser bewahrt als im durch höfische Kleider- und Festbeschreibungen und märchenhafte Nebenhandlungen (z. B. Drachenkampf, Zwergen- u. Hortgeschichten) bereicherten mittelhochdeutschen *Nibelungenlied.* In ähnlicher Weise sind im *König Rother,* im *Ortnit,* in der *Kudrun* und in den *Dietrichepen* teilweise bereits höfische Erzählnormen wirksam geworden. Noch anders zeigt sich die erzählerische Entwicklung im *Herzog Ernst,* wo möglicherweise eine auf historischen Ereignissen beruhende Empörergeschichte zunächst nach dem Muster altfranzösischer ›Ächtermären‹ (liedhaft?) gestaltet, später aber in der Zeit des staufisch-welfischen Gegensatzes der höfischen Epik angenähert und dann durch eine Kreuzzugsgeschichte mit eingefügten fabulösen Orientabenteuern erweitert worden ist. Die meisten dieser Sagenstoffe und Heldendichtungen spiegeln geschichtliche Vorgänge aus der germanischen Völkerwanderungszeit, die allerdings weniger in ihren historisch-politischen Dimensionen als vielmehr in bestimmten individuell-heroischen Konstellationen einzelner ›Helden‹ reflektiert werden.

Ein Musterbeispiel dafür ist der Nibelungenstoff in seinen verschiedenen Ausprägungen. Hier zunächst seine wahrscheinlichen geschichtlichen Grundlagen: Ein Menschenalter nach ihrer Ansiedlung im Römischen Reich um Mainz und Worms (im Jahre 406) suchten die Burgunder unter ihren Herrschern Gundahari, Gislahari und Godomar ihr Gebiet zu erweitern. Daraufhin ließ der römische Heermeister Aëtius das Burgunderreich 437 durch hunnische Truppen zerstören und erlaubte den Resten der Bevölkerung die Ansiedlung im Rhone-Gebiet. Für die Nachwelt erschien dieses Ergebnis römischer Föderatenpolitik (die die Hunnen als Gegengewicht zu den ins Reich eingedrungenen germanischen Föderaten einsetzte) als ein persönlicher Racheakt des Hunnenkönigs Etzel (des historischen Hunnenherrschers Attila, der 453 an der Seite seiner germanischen Frau oder Kebse Hildico an einem Blutsturz starb) oder aber seiner germanischen Frau, die später als Schwester der Burgundenkönige verstanden wurde. Politische Vorgänge werden so in der Heldensage personalisiert; es vollzieht sich, besonders im germanischen Norden, die »für das Heldenlied charakteristische Umwandlung großräumigen Völkergeschehens in die Kleinräumigkeit von Halle und Gefolgschaft – d. h. in einen Lebensraum früher Gemeinschaften, wodurch allein schon die postulierte Existenz von Heldenlied vor und außerhalb der großen Wanderungen denkbar ist«. Sie »bringt zugleich eine Verdichtung (im Doppelsinn des Wortes) auf die direkte Konfrontation von Einzelpersönlichkeiten, in der sich die Bewährung des Helden vor dem Schicksal, der Sieg über den Gegner oder der innere Sieg der Selbstbehauptung im Untergang vollziehen« (Beyschlag, 171).

Das in der Lieder-Edda überlieferte isländische *Atlilied (Atlakviđa)* nennt Goten und Hunnen als Völker, dazu die Personen: Atli; Gunnar; seine Schwester Gudrun, Atlis Frau; deren Kinder Erp und Eitel; ferner Högni und Kneföd. In der umfangreicheren grönländischen Version des *Atliliedes (Atlamâl)* werden indes nur noch die Personen genannt.

Auch die Handlungen sind in allen Heldenliedern persönlich motiviert. Die Niflungen (Gunnar, Högni und ihr Gefolge) lassen sich trotz heimlicher Warnungen ihrer Schwester Gudrun von ihrem goldgierigen Schwager Atli unter Versprechungen an dessen Hof locken, werden dort aber überfallen und nach Verweigerung ihrer Schätze umgebracht, worauf Gudrun die Kinder tötet und (in einer Art Atreusmahl) die Herzen dem Vater zur Speise gibt, schließlich ihren Mann trunken macht und tötet und sich mit ihm in der Königshalle verbrennt.

Im späteren mittelhochdeutschen *Nibelungenlied* sind die Verhältnisse geändert: Kriemhild (= Gudrun) lädt ihre Brüder und Hagen zur Etzelburg, um den Hort ihres ersten Gatten Siegfried (altnordisch Sigurd) von Hagen zurückzuerhalten und die Ermordung des Gatten zu rächen, nach der Hortverweigerung tötet sie zuletzt den Bruder und Hagen, bevor sie selbst von Hildebrand erschlagen wird.

Allen epischen Ausprägungen der Sage vom Burgundenuntergang geht jedoch die Sage von Siegfrieds (Sigurds) Tod voraus, der die Motivation für Kriemhilds (Gudruns) Rache bietet. Die historische Fixierung der Siegfriedsage ist schwieriger. Möglicherweise boten schon die altgermanischen Preislieder auf Arminius, von denen Tacitus berichtet, Muster für den Heldenpreis des sieghaften und tragisch endenden Siegfried, wie O. Höfler vermutete. Sie sind möglicherweise mit fränkisch-merowingischen oder burgundischen Streitgeschichten verbunden worden. Siegfried, der Sohn eines (ebenfalls sagenumwobenen) Königs Siegmund (dessen Name auch historisch überliefert ist), war vielleicht ein fränkischer Schwager der Burgundenkönige, der vor dem Burgundenuntergang ermordet worden war. Zur Motivierung dieses Todes mag der spätere Streit zwischen den merowingischen Königinnen Brünhild(!) und Fredegund beigetragen haben, der auf Betreiben Fredegunds zur Ermordung von Brünhilds Gemahl Sigibert († 575) führte. Die fortlebende Sage machte daraus eine Eifersuchtstragödie der durch den Brautwerber oder Werbehelfer Siegfried (Sigurd) überlisteten und besiegten mythischen Brünhild, die ihren Mann Gunther (altnordisch Gunnar) bzw. im NL dessen Vasallen Hagen (altnordisch Högni) zur Ermordung des überlegenen und ihr eigentlich gemäßen Siegfried drängt. Erst spätere Dichter haben wohl beide Sagenstoffe zu einem Werk vereinigt, wie es im mittelhochdeutschen *Nibelungenlied* repräsentiert wird.

In dieses Werk integriert erscheint – zumindest bruchstückhaft – jener germanische Sagenbereich, der – der spätmittelhochdeutschen Heldenepik zufolge – die meisten poetischen Ausprägungen gezeitigt hat: der Sagenkreis um Dietrich von Bern bzw. den historischen Ostgotenkönig Theoderich (von Verona) (471–526), der im Auftrag Ostroms sein Volk aus Pannonien in erbitterten Kämpfen gegen den weströmischen Patricius und Heerkönig Odoaker siegreich nach Italien geführt hatte (489–93), Odoaker eigenhändig tötete (in Ravenna) und dann 33 Jahre über Italien herrschte. Die Sage kehrte jedoch die historischen Fakten um: Nach ihr war Dietrich mit seinen Mannen (unter ihnen Hildebrand) von Odoaker vertrieben worden und konnte erst nach 30jährigem Exil am Hof des Hunnenkönigs (Attila?) den römischen Herrscher in einer Schlacht bei Ravenna (der ›Rabenschlacht‹) besiegen und töten.

Diese Dietrichsagen bilden auch den Rahmen des althochdeutschen *Hildebrandliedes*, in dem es heißt, daß Hildebrand, Dietrichs bester Held, 30 Jahre nachdem er die Frau und den unmündigen Sohn verlassen hatte, um mit Dietrich in die Verbannung zu gehen, zurückkehrt und zwischen zwei Heeren im Zweikampf auf seinen Sohn trifft, ihn nach einem Wortstreit angreift und – altnordischen Erwähnungen und Sagenparallelen zufolge – in einem schicksalhaften, tragischen Pflichtenkonflikt zwischen Kriegerehre und Vaterliebe im Kampf tötet. Wie bei manchen anderen Heldensagen, so ist auch diese historisch verwurzelte Sage mit Motiven indogermanischer Wandersagen, hier mit dem in irischen, persischen und russischen Parallelen vorkommenden Vater-Sohn-Kampf, verknüpft worden. Der dem heroischen Schicksalsglauben der Germanen gemäße Ausgang, der im Hildebrandslied – wohl schon unter christlichem Einfluß – bereits als Tragik reflektiert wird (vgl. Z. 49: welaga nû, waltant got ... wêwurt skihit), ist in dem balladenartigen ›Jüngeren Hildebrandslied‹ aus dem 15. Jahrhundert und in der Wilzensage (14. Jh.), den spätmittelalterlichen Sentimentalisierungs- und Harmonisierungstendenzen gemäß, zu einem versöhnlichen Schluß umgestaltet worden; die Angaben des heroischen Heldenliedes bleiben dabei nur resthaft bewahrt.

Mit der Dietrichsage ist auch die ältere Ermanerichsage verknüpft worden, die den Tod des greisen Ostgotenkönigs vor der Entscheidungsschlacht gegen die Hunnen (375, nach dem römischen Historiker Ammianus durch Selbstmord) als Folge einer Blutrache der Brüder Sarus (altnordisch Sörli) und Ammius (altnordisch Hamdir) wegen der grausamen Tötung ihrer Schwester Sunilda (altnordisch Svanhild) durch Ermanerich erklärt. In dieser Form wird die Sage durch den Chronisten Jordanes (um 550) und – poetisch verkürzt – im altnordischen Hamdirlied (Hamdismál) sowie in wieder abgewandelter Form als Dietrichslied im mittelniederdeutschen Gedicht von *Koninc Ermenrîkes dôt* überliefert.

Im völlig anderen Sagenbereich der verschiedenen Brautwerbungs- und Brautraubgeschichten, wie sie in einzelnen mittelhochdeutschen ›Spielmannsepen‹ *(König Rother)* und Heldenepen (*Kudrun, Ortnit, Wolfdietrich,* Brünhildwerbung im NL) und z. T. in nordischen Varianten *(Thidreksaga)* poetisiert wurden, sind die historischen Reminiszenzen nur schwach entwickelt, mitunter nur an historische Namenparallelen gebunden, z. B. im *König Rother* an den Langobardenkönig Rothari († 652) bzw. seinen Vorgänger Authari († 590), weniger wohl an den Normannenkönig Roger II. († 1154) und deren jeweilige Werbungsgeschichten. So bleibt hier offen, ob es sich nicht um jüngere Episierungen ohne Heldenlieder als Vorstufen handelt, soweit nicht – wie im Falle der *Kudrun* – ältere Hinweise (z. B. Namen im altenglischen *Widsith* und im mittelhochdeutschen *Dukus Horant*) auf eine lange Sagentradition mit wahrscheinlichen Liedrealisationen verweisen.

Allgemein kann davon ausgegangen werden, daß bei allen poetisch überkommenen Heldensagen bestimmte historische Schichten und erzählerische Entwicklungsstufen vorauszusetzen sind. Davon zeugen schon die unterschiedlichen Fassungen im deutschen und im nordischen Bereich, wobei die meisten nordischen Fassungen, etwa die Lieder der Edda, in der Regel ältere Erzählstufen bewahren oder umstilisieren.

Denkbar wäre etwa eine Abfolge folgender epischer Stufen: 1. eine (oft verkürzende und umformende) Erzählung historisch-politischer oder familiärer oder mythischer Ereignisse, auch in Prosaform (wie z. B. die Ermanerichsage bei Jordanes) (meist im 4.–7. Jh.), 2. ein balladenartiger Bericht mit dialogischen Einschüben (= Heldenlieder, im 6.–12. Jh.), 3. eine Ausweitung zum (kürzeren) Epos unter Einbezug mythologischer wie märchenhafter Elemente (Zwerge, Riesen, Zauber) (wohl im 12. Jh.), 4. eine Ausgestaltung zum Großepos unter Hereinnahme höfischer Elemente (im 13. Jh.), 5. eine balladeske oder volksliedartige Reduzierung und Umformung einzelner Sagen und Epen bzw. ihrer Teile (im 14.–16. Jh.).

Der Sagenstoff muß allerdings nicht alle diese Stufen durchlaufen; auch mit dem Überspringen einzelner Stufen oder einer anderen Abfolge muß mitunter gerechnet werden. Die Entwicklungsgeschichte der Sage vom Herzog Ernst z. B., die verschiedene Eigenheiten der Heldendichtung aufweist und daher von G. Zink ihr zugezählt wird, wenn auch als eine späte Nachahmung, bietet dafür anschauliche Belege. Von ihr liegen aus der Zeit vom 12.–15. Jahrhundert mehrere epische Fassungen vor. Mittelhochdeutsche Reimpaarepen (A, B, D) erscheinen neben lateinischen Hexameter- und Prosafassungen (C, E, Erf.) sowie einer spätmittelhochdeutschen Balladenfassung (G) und einem Volksbuch (Prosa). Eine Heldenliedfassung als Vorstufe kann indes nur vermutet werden.

Neben den stofflichen finden sich in den einzelnen Stufen auch stilistische Unterschiede: Die Heldenliedfassungen der germanischen Heldensagen bevorzugen kurze berichtende Angaben und Dialoge in den Kernszenen und Gelenkstellen des Geschehens (sog. Gipfeltechnik), das durch den alliterierenden Stabreimstil zusätzliche Akzentuierungen erfährt und durch Autor- und Personenreflexionen psychologisch vertieft werden kann (vgl. das *Hildebrandslied*). In den metrisch oft unregelmäßigen Reimpaaren der späteren Kurzepen sind solche Akzentuierungsmöglichkeiten bereits eingeschränkt. Die zumeist strophischen Heldenepen erschließen dagegen neue erzählerische Möglichkeiten durch die Ausweitung szenischer und deskriptiver Einzelheiten, wogegen die balladesken Spätformen sich erneut auf Kernszenen mit kurzen Berichten und Dialogen beschränken.

Literatur: Grimm, W.: Die deutsche Heldensage. Darmstadt [4]1957. – Heusler, A.: Lied und Epos in german. Sagendichtung. 1905. – Bowra, C. M.: Heroic Poetry. London 1952 (dtsch.: Stuttgart 1964). – Wais, K.: Frühe Epik Westeuropas und die Vorgeschichte des Nibelungenliedes, 1. Bd.: Die Lieder um Kriemhild, Brünhild, Dietrich u. ihre frühen außerdeutschen Beziehungen. Tübingen 1953 (Beih. z. ZsfromPh 95). – Betz, W.: Die deutsche Heldensage. In: Stammler, W. (Hg.): Aufriß d. dt. Philologie Bd. 3 (1956), Sp. 1459–1548. – de Vries, J.: Heldenlied und Heldensage. Bern 1961. – Hauck, K. (Hg.): Zur germanisch-deutschen Heldensage. Sechzehn Aufsätze zum neuen Forschungsstand. Darmstadt 1965. – Sowinski, B. (Hg.): Herzog Ernst. Ein Mittelalterliches Abenteuerbuch. Stuttgart 1970. – Zink, G.: Heldensage. In: Schmidt, L. E. (Hg.): Kurzer Grundriß d. german. Philologie bis 1500, Bd. 2: Literaturgeschichte, Berlin 1971, S. 1–47. – Uecker, H.: Germanische Heldensage. Stuttgart 1972 (Slg. Metzler M 106). – Beyschlag, S.: Artikel ›Heldendichtung‹. In: Krzywalski, D. (Hg.): Handlexikon zur Literaturwissenschaft, München [2]1974, S. 169–175. – Gutenbrunner, S.: Von Hildebrand und Hadubrand. Lied–Sage–Mythos. Heidelberg 1976.

DER HISTORISCHE ROMAN

von Petra Gallmeister

Ein historischer Roman definiert sich zunächst von seinem Thema her: Es handelt sich um einen Roman, der historische Personen und Ereignisse schildert oder anhand von erfundenen Figuren das Bild einer vergangenen Epoche einzufangen versucht. Er gestaltet den Lebensweg einer geschichtlichen Person mit dichterischem Einfühlungsvermögen, oder er baut historische Begebenheiten in eine erfundene Handlung ein. Er leistet die sinnliche Vergegenwärtigung vergangener Personen und Geschehnisse. Viele historische Romane behandeln jedoch nicht nur eine historische Thematik, sondern reflektieren auch Probleme der Zeit, in der sie entstehen. Ein historischer Roman bewegt sich demnach häufig auf zwei Zeitebenen: Er schildert eine vergangene Epoche, und er handelt Konflikte der Gegenwart des Autors ab. Darüber hinaus vertritt der Autor in einem historischen Roman eine bestimmte Auffassung über Entstehung und Ablauf geschichtlicher Strömungen und Auseinandersetzungen, er liefert eine bestimmte Interpretation der Überlieferung und verdeutlicht an der Art seiner Schilderung seine Geschichtsphilosophie.

Historische Romane stehen in einem Spannungsverhältnis von Vergangenheit und Gegenwart; sie stellen den Leser vor die Frage, inwieweit ihre Darstellung vergangener Vorgänge historisch getreu ist und welche Aussagen sie über die Gegenwart treffen.

Die ästhetische Qualität eines historischen Romans mißt sich neben der sprachlichen Gestaltung, der Lebendigkeit der Figuren und der Glaubwürdigkeit ihrer Schicksale an der Art der Präsentation von Geschichte, an der gelungenen Einflechtung historischer Vorfälle in die Handlung, an der Verschmelzung historischer und fiktionaler Personen und Begebenheiten zu einem einheitlichen Bild.

Der historische Roman entstand zu Beginn des 19. Jahrhunderts. Voraussetzungen für den historischen Roman bildeten die Erkenntnis von der Prozeßhaftigkeit geschichtlicher Abläufe und die Herausbildung eines spezifischen Geschichtsbewußtseins; eine Entwicklung, die in Deutschland mit HERDER einsetzte und die HEGEL und die Romantiker fortsetzten. HERDER führte aus, daß jede Phase der geschichtlichen Entwicklung aus sich selbst heraus verstanden und beurteilt werden muß; HEGEL betonte den Prozeßcharakter von Geschichte, die von inneren bewegenden Kräften bestimmt wird und sich auf alle Bereiche des menschlichen Lebens auswirkt, er sah den Menschen als Produkt seiner Tätigkeit in der Geschichte an. Die Romantiker sprachen von der historischen Geprägtheit der Menschen und ihrer Lebensweisen, sie erkannten, daß politische Institutionen, Recht, Sprache und Kunst nur aus ihrer Geschichte heraus verständlich sind. Derartige Überlegungen erst ermöglichten es, das spezifisch Historische an einer Epoche zu erkennen und literarisch zu gestalten, und zwar durch »die Ableitung der Besonderheit der handelnden Menschen aus der historischen Eigenart ihrer Zeit« (Lukács, 23). Bis dahin diente die Geschichte in den Romanen als Hintergrund und Kulisse, als Beispiel für philosophische und moralische Ideen oder als Lieferant abenteuerlicher Geschehnisse und Anekdoten über berühmte Personen. Das Bewußtsein für historische Entwicklungen ergab sich aus den politischen und sozialen Umwälzungen des ausgehenden 18. und beginnenden 19. Jahrhunderts (Französische Revolution, Revolutionskriege, Napoleons Aufstieg und Fall, Beginn der Industrialisierung und der kapitalistischen Wirtschaftsweise). Die Menschen erfuhren Geschichte als einen Prozeß, der unmittelbar in ihr Leben eingreift, und sie interessierten sich zunehmend für politische Vorgänge, was, nach WOLFGANG MENZEL (*Walter Scott und sein Jahrhundert*, 1827), eine Voraussetzung für den historischen Roman bildete.

Die ersten historischen Romane erschienen in England, das der Entwicklung auf dem Kontinent stets voraus war. Als Begründer gilt WALTER SCOTT. 1814 kam sein erster historischer Roman, *Waverley*, heraus. Er behandelt den um 60 Jahre zurückliegenden Staatsstreich Karl Stuarts. SCOTT schrieb nach diesem großen Anfangserfolg viele weitere historische Romane über die Geschichte Schottlands. Sie zeichnen sich durch eine völlig neue historische Treue des Details aus, sie beschreiben Menschen, die in ihrer Psychologie und in ihrem Schicksal ihrer Zeit verhaftet sind, und sie entwickeln den Typus des mittleren Helden, der in die politischen Auseinandersetzungen verwickelt wird und dessen Aufgabe es ist, dem Leser die Motive und Ziele der verschiedenen gesellschaftlichen Strömungen und Parteien vorzuführen. SCOTTS historische Romane behandeln als erste Geschichte um ihrer selbst willen.

Seine Romane wurden aufgrund des wachsenden Interesses an Geschichte schnell in viele europäische Sprachen übersetzt, er gehörte in den 20er Jahren des 19. Jahrhunderts zu den meist gelesenen Autoren. In seiner Nachfolge entstanden überall in Europa historische Romane. Zu den bedeutenden gehören: ALFRED DE VIGNY: *Cinq Mars* (1826), VICTOR HUGO: *Notre Dame de Paris* (1831), ALESSANDRO MANZONI: *Promessi sposi* (1827), LEO TOLSTOI: *Krieg und Frieden* (1869), HENRYK SIENKIEWICZ: *Quo vadis* (1896).

In Deutschland wandten sich zunächst vor allem die Romantiker der Historie zu, da sie in der Gegenwart nur den Zerfall der alten Ordnung und die Umwertung der geltenden Normen sahen und über keine konkreten Perspektiven für die künftige Entwicklung verfügten. Sie siedelten deshalb ihre Zielvorstellungen in einer meist verklärt gesehenen Vergangenheit an. Ihre Romane, die in der Vergangenheit spielen, sind häufig zeitlich nicht genau fixiert und legen keinen besonderen Wert auf geschichtliche Wahrheit, im Gegensatz zu SCOTTS Werken, denen es um die Aufhellung der Vorgeschichte der Gegenwart ging. ACHIM VON ARNIMS Roman *Die Kronenwächter* (1817) basiert zwar auf historischen Studien, aber die Beschreibung der Vergangenheit ist noch von märchenhaften Elementen überlagert.

Die ersten deutschen historischen Romane, Romane, die sich den Problemen der dargestellten Zeit widmen und einen politischen Konfliktfall aufgreifen, schrieben HEINRICH ZSCHOKKE mit *Addrich im Moos* (1824) – schildert Kämpfe der Bauern gegen die Städte im 17. Jahrhundert – und *Freihof in Aarau* (1825) – beschreibt die Fehden der Schweizer gegen Österreich am Ausgang des Mittelalters – und WILHELM HAUFF mit *Lichtenstein* (1826). HAUFF sah es als das Anliegen der historischen Romane SCOTTscher Prägung an, die geschichtlichen Hintergründe der politischen und gesellschaftlichen Zustände des eigenen Landes darzulegen, und wandte sich deshalb der eigenen nationalen, der schwäbischen Geschichte zu. *Lichtenstein* beschreibt Episoden aus dem Krieg zwischen dem schwäbischen Bund und dem Herzog Ulrich von Württemberg.

WILLIBALD ALEXIS kritisierte an der Wahl des Themas, daß die deutsche Geschichte aufgrund der Zersplitterung Deutschlands zu wenig Stoff von allgemeinem Interesse biete, griff später jedoch selber auf die deutsche Geschichte zurück, was ihm ähnliche Vorwürfe eintrug. ALEXIS wollte die Gegenwart durch die Konfrontation mit der Vergangenheit aufrütteln und stellte die brandenburgisch-preußische Geschichte vom ausgehenden Mittelalter bis in die jüngste Vergangenheit in einer Romanserie dar: *Cabanis* (1832), *Der Roland von Berlin* (1840), *Der falsche Waldemar* (1842), *Die Hosen des Herrn von Bredow* (1846), *Ruhe ist die erste Bürgerpflicht* (1852), *Isegrimm* (1854) und *Dorothea* (1856). ALEXIS gelang es als erstem, das Gesamtbild einer Epoche zu zeichnen, indem er von einer Beziehung zwischen den geschichtlichen Geschehnissen und den Schicksalen der Menschen ausging. In *The Romances of Walter Scott* (1832) verlangte er vom historischen Roman Wirklichkeitsnähe und Objektivität, er übernahm von Scott das Muster des mittleren Helden, der in seinen Verwicklungen mit der Umwelt und der Politik gezeigt wird. Ähnliche Überlegungen führten THEODOR MUNDT (*Ästhetik*, 1845) zu seiner Forderung nach Verschmelzung von Historie und Poesie im historischen Roman.

Nach einer ersten Blütezeit des historischen Romans in den 20er und 30er Jahren entstanden in den 40er Jahren des 19. Jahrhunderts nur wenige historische Romane. Erwähnenswert ist vor allem *Vittoria Accorombona* (1840) von LUDWIG TIECK. Dieser Roman behandelt sowohl Fragen der dargestellten Zeit als auch der Gegenwart TIECKS; er vermittelt ein anschauliches Bild von den Machtkämpfen in der italienischen Renaissance, und Vittorias Verlangen nach Unabhängigkeit entspricht den zu TIECKS Zeit aktuellen Überlegungen zur Frauenemanzipation.

Von 1850 bis etwa 1890 rückte der historische Roman aus folgenden Gründen in den Mittelpunkt des Interesses. Zum einen bot die Gegenwart nach der gescheiterten Revolution von 1848 wenig Raum für politisches Eingreifen, und einige Autoren verlagerten deshalb politische Überlegungen in die Vergangenheit oder wichen aktuellen Fragen aus. Zum anderen suchte das Bürgertum in den historischen Romanen nach Harmoniekonzeptionen als Gegenbildern zu einer verstörenden Gegenwart (verstärkte Technisierung, Industrialisierung, Anwachsen des Proletariats), oder es trachtete danach, seine Zielvorstellungen durch geschichtliche Analogien zu legitimieren.

HERMANN KURZ sah 1856 den Wert des historischen Romans darin, daß er die Bedeutung der geschilderten Ereignisse für die Gegenwart mitreflektieren kann – er forderte also den Gegenwartsbezug im historischen Roman – und daß er die Lücken der Geschichtsforschung auszufüllen und den von ihr vermittelten grauen Umrissen Leben zu verleihen vermag. KURZ bemühte sich in seinen historischen Romanen *Schillers Heimatjahre* (1843, 1856) – schildert die gesellschaftlich-politische Situation Württembergs unter dem Herzog Karl Eugen – und *Der Sonnenwirth* (1955) – behandelt denselben Fall wie Schillers *Verbrecher aus verlorener Ehre* – um eine Verbindung von urkundlicher Wahrheit und Gegenwartskritik.

In der Folge von RANKE und seiner Schule, die die Methode exakter Forschung auch auf die Erhellung der Vergangenheit übertrugen, zeichnete sich eine enge Verflechtung von Forschung und Dichtung ab, die Autoren historischer Romane bemühten sich um historische Treue. JOSEPH VICTOR VON SCHEFFEL führte das Quellenstudium dazu, seinen historischen Roman um den mittelalterlichen Mönch *Ekkehard* (1855) mit wissenschaftlichen Anmerkungen zu versehen. Wissenschaft und Kunst zu vereinen war sein Ziel, wie auch das von WILHELM HEINRICH RIEHL, der in seinen *Kulturgeschichtlichen Novellen* (1856) in Genrebildern die Sitten vergangener Zeiten schildert. SCHEFFELS Wendung zur Geschichte bedeutete eine Aufforderung zur Umkehr, eine Flucht in die Vergangenheit, die sich noch eine treuherzige Welt- und Lebensansicht und naive Frische bewahrt haben sollte.

Die Verbindung von Wissenschaft und Literatur führte zum sogenannten Professorenroman: einem von Professoren geschriebenen historischen Roman, der sich um eine anschauliche Zeichnung vergangener Epochen bemühte, sich vor allem an die überlieferten Fakten hielt und sich wenig um die künstlerische Gestaltung des Stoffes kümmerte. Hierzu gehören: GEORG EBERS: *Eine ägyptische Königstochter* (1864), FELIX DAHN: *Ein Kampf um Rom* (1876), ERNST ECKSTEIN: *Die Claudier* (1881).

Der historische Roman kam in Mode, und viele Autoren schrieben Unterhaltungsliteratur über historische Themen. LOUISE MÜHLBACH beispielsweise, die sich vor 1848 in ihren Werken kritisch zur Gegenwart geäußert hatte, verfaßte Dutzende von Romanen über die deutsche Geschichte, in denen sie die historischen Personen menschlich-psychologisch beleuchtet, was einer Privatisierung von Geschichte gleichkommt. Die Geschichtswissenschaft überließ der Literatur die Erhellung der individualpsychologischen Komponente geschichtlicher Begebenheiten, sie selbst befaßte sich vor allem mit der positivistischen Sammlung der Fakten. Die Professorenromane und die unterhaltenden historischen Werke neigen zu einer Verklärung der Vergangenheit, sie gehen von einer modernen Psychologie aus und setzen dabei voraus, daß die Handlungsweisen der Menschen und ihre sittlichen Normen zu verschiedenen Zeiten gleich bleiben. Die unterhaltenden historischen Romane führten zum Kostümroman, in dem die dargestellte vergangene Zeit selbst keine Rolle mehr spielt und der das historische Kolorit nur als abenteuerliche, fremde, neugiererregende Kulisse benutzt. Der Professorenroman und der Kostümroman bilden zwei extreme, einander entgegengesetzte Ausuferungen des historischen Romans, die das Genre insgesamt bei der Literaturwissenschaft in Mißkredit brachten.

Die nationalen Einheitsbewegungen in Italien, der Schweiz und in Deutschland in der zweiten Hälfte des 19. Jahrhunderts förderten die Herausbildung eines gesamtnationalen Geschichtsbewußtseins und das Interesse an einer dichterischen Rückschau auf die bisherige Geschichte. GUSTAV FREYTAG ging es in seinem achtbändigen historischen Werk *Die Ahnen* (1872–1881), das die Geschichte eines Geschlechts von der Völkerwanderung bis 1848 schildert, um die Darstellung der Kontinuität in der geschichtlichen Entwicklung des deutschen Volkes und des Zusammenhangs des einzelnen mit seinen Vorfahren. Die Erkenntnis dieser Zusammenhänge sollte Sicherheit vermitteln und das Gefühl, auf festem Grund zu stehen.

Ist hier schon der Bezug zur eigenen Zeit des Autors deutlich, so thematisierte CONRAD FERDINAND MEYER in seinem historischen Roman *Jürg Jenatsch* (1874) und in seinen historischen Novellen ausschließlich gegenwärtige Erfahrungen und Problemstellungen. Er behandelt das Thema der nationalen Einheit und Konflikte zwischen Handeln und Schuld, Leidenschaft und Gewissen. Es ging ihm um die Darstellung seiner persönlichen Erfahrungen und Empfindungen. Er zog die historische Erzählung dem Zeitroman wegen der besseren Maskierung seiner selbst und wegen der Distanzierung vor. Es gelang ihm, den Stil strengster Objektivität mit individuellen und subjektiven Aussagen zu verbinden.

Die Kritik an der Gegenwart bildet für viele Autoren historischer Romane ein wichtiges Moment. ADALBERT STIFTERS *Witiko* (1867) greift die böhmische Geschichte des 12. Jahrhunderts auf und entwirft als Gegenbild zu STIFTERS eigener Zeit ein politisches Modell, das auf den Gesetzen der Moral und des Rechts beruht.

Eine kritische Auseinandersetzung mit der preußischen Geschichte findet sich in THEODOR FONTANES historischen Romanen *Vor dem Sturm* (1878) und *Schach von Wuthenow* (1882). *Vor dem Sturm* erzählt in epischer Breite und Detailmalerei von der preußischen Erhebung gegen Napoleon und versucht, ein Zeit- und Sittenbild zu vermitteln; *Schach von Wuthenow* ist eine psychologisch einfühlsame Studie preußischen Offiziersgeistes in der Vergangenheit und in FONTANES Gegenwart, der einer harten Kritik unterzogen wird.

Um die Jahrhundertwende entstanden historische Heimatromane, die z. T. eine nationalistische Selbstglorifizierung betrieben, z. B. HERMANN LÖNS' *Wehrwolf* (1910).

Andere Autoren legen auf das Historische im historischen Roman keinen besonderen Wert, sie wollen im historischen Roman wie in jedem anderen Roman auch die tiefere Wahrheit des Lebens darstellen und zur Sinndeutung der Wirklichkeit beitragen. Diese Auffassung vertritt beispielsweise MAX BROD (Von Sinn und Würde des historischen Romans, 1956), sein historischer Roman *Tycho Brahes Weg zu Gott* (1916) schildert die Gottessehnsucht und Sinnsuche des Hofastronomen Tycho Brahe im 16. Jahrhundert.

RICARDA HUCH dagegen versuchte, das Wesen der von ihr beschriebenen Epoche zu erfassen. In ihrem historischen Roman über den Dreißigjährigen Krieg *Der große Krieg* (1912/14) verbindet sie intensive Quellenforschung, genaue psychologische Charakterisierung und eine künstlerisch anspruchsvolle Gestaltung.

Nach Beendigung des Ersten Weltkriegs erlangte die Geschichte aufgrund der bedeutenden geschichtlichen Umwälzungen wie dem Untergang von Monarchien, dem Aufbau von Republiken unter revolutionären Unruhen in Deutschland und Österreich und der Oktoberrevolution in Rußland wieder verstärktes Interesse bei Autoren und Lesern. Die politischen Veränderungen verstärkten die Erkenntnis, daß geschichtliche Entwicklungen und Ereignisse das Leben des einzelnen beeinflussen; sie führten zu dem Bemühen, geschichtliche Abläufe besser zu verstehen, oder zu der Sehnsucht nach dem klarer geordneten Leben der Vergangenheit. Die Autoren historischer Romane wichen entweder den Gegenwartsfragen und einer Stellungnahme zu der neuen Republik aus, oder ihre Wendung zur Geschichte diente der Selbstvergewisserung und der Gegenwartskritik. Die Zeitkritik erfolgte sowohl von einer liberalen bis sozialistischen Position aus als auch von einer konservativen oder völkischen. Als Beispiel für die Darstellung des letzteren Standpunkts sei WALTER VON MOLOS *Fridericus*-Trilogie (1918–21) genannt.

Der Gegenwartsbezug im historischen Stoff ergab sich für die meisten Autoren aus ihrer Überzeugung von der Wiederkehr des Gleichen im geschichtlichen Ablauf. Vor allem LION FEUCHTWANGER benutzte zur Darstellung aktueller Probleme und Erfahrungen eine historische Thematik, sie diente ihm zur besseren Distanzierung und Objektivierung. In *Jud Süß* (1925) zeichnet er den Weg eines Mannes vom Handeln zur Betrachtung. Er beabsichtigte zunächst, diese Entwicklung am Beispiel Walter Rathenaus zu gestalten, beschloß dann aber, das Thema anhand des Lebenswegs des Juden Süß Oppenheimer im 18. Jahrhundert darzustellen. ALFRED DÖBLIN weist in *Wallenstein* (1920), der aufgrund seiner Erlebnisse im Ersten Weltkrieg entstand, auf die machtpolitischen und ökonomischen Hintergründe des Dreißigjährigen Krieges und gleichzeitig des Ersten Weltkriegs hin.

Die Autoren historischer Romane behandelten jedoch nicht vordringlich geschichtliche Hintergründe oder die Mechanismen machtpolitischer Auseinandersetzungen, sie beschränkten sich vielfach auf die psychologischen Aspekte historischer Vorgänge. BRUNO FRANK konzentriert sich auf die psychische Situation seiner historischen Figuren; *Tage des Königs* (1924) schildert die sexuellen Probleme, die Vereinsamung und die daraus folgende Härte Friedrichs II., *Trenck* (1925) die unerfüllte Liebe zwischen Friedrichs Schwester Amalia und dem Adjutanten Trenck. ALFRED NEUMANNS historische Romane beschreiben in erster Linie vielschichtige Beziehungen zwischen den Menschen, die historischen Ereignisse bilden den Hintergrund für ihre verwickelten Schicksale, und politisches Handeln erscheint als inhuman oder Unglück stiftend. *Der Teufel* (1926) thematisiert die Bindung zwischen Ludwig XI. von Valois und seinem vertrauten Ratgeber Necker, *Guerra* (1928) behandelt die Revolution der italienischen Einigungsbewegung von 1848.

Eine eindringliche Zeitschilderung leistet JOSEPH ROTH mit *Radetzkymarsch* (1932). ROTH stellt den Verfall der Habsburgermonarchie am Beispiel der Familie Trotta dar und fängt die Melancholie und Untergangsstimmung der letzten Jahre vor dem Ersten Weltkrieg ein. Die Fortsetzung *Die Kapuzinergruft* (1938) verfällt dagegen in eine Apologie der Vergangenheit.

Die Machtergreifung der Nationalsozialisten im Jahr 1933 führte zu einer Trennung der deutschen Literatur in die im Exil und die im Dritten Reich verfaßten Werke; in beiden Gruppen kam es zur Behandlung historischer Stoffe.

Die Autoren, die in Deutschland blieben, schrieben historische Romane, um die Geschichtsauffassung der Nationalsozialisten darzulegen – zu ihnen gehören HANS FRIEDRICH BLUNCK und ERWIN GUIDO KOLBENHEYER – oder um aktuellen Fragen auszuweichen oder um im Rahmen einer historischen Begebenheit Symptome nationalsozialistischer Herrschaft zu kritisieren. Die letzteren benutzen häufig eine symbolistische Sprache und gehen von religiösen Wertvorstellungen aus. Vertreter dieser Position sind WERNER BERGENGRUEN mit *Der Großtyrann und das Gericht* (1935) und REINHOLD SCHNEIDER mit *Las Casas vor Karl V.* (1938).

Die exilierten Autoren wandten sich aus verschiedenen Motiven der Geschichte zu: Die Gegenwart war ihnen angesichts ihrer Vertreibung aus Deutschland und des nationalsozialistischen Terrors unbegreiflich geworden; sie wollten die geschichtlichen Entwicklungen darstellen, die zur Machtergreifung der Nationalsozialisten geführt hatten, und es ging ihnen darum, Vorbilder für ihren Kampf für Freiheit, Gerechtigkeit und Humanität zu finden. Nur wenige Schriftsteller sahen den historischen Roman wie HERMANN KESTEN als ein ästhetisches und nicht als ein politisches Problem an, die meisten wiesen ihm eine aktuelle Bedeutung für ihre Auseinandersetzung mit dem Faschismus zu. ALFRED DÖBLIN (*Der historische Roman und wir*, 1936) legte dar, daß die Betroffenheit durch die eigene Zeit Auswahl und Gestaltung eines historischen Stoffes bestimmt.

GUSTAV REGLER ging es darum, in der Geschichte der Entrechteten aller Zeiten Bundesgenossen für den gegenwärtigen Kampf zu suchen. Er gestaltet in *Die Saat* (1936) den Zusammenschluß der Bauern im Bundschuh im 15. und 16. Jahrhundert und die politische Agitation von Joss Fritz unter den Bauern. HEINRICH MANN behandelt die historische Gestalt als ein Gleichnis für seine eigene Zeit und stellt den kämpferischen Humanismus Henri Quatres in seinen beiden *Henri-Quatre*-Romanen (1935, 1938) als ein Beispiel hin, dem nachzueifern ist und das Mut zuspricht. Er verdeutlicht den Bezug der historischen Auseinandersetzungen zu seiner Gegenwart, indem er die Gegner Henris, die Liga um den Herzog von Guise, mit nationalsozialistischen Zügen ausstattet. Eine Karikatur der Theatralik der Nationalsozialisten entwirft FEUCHTWANGER in *Der falsche Nero* (1936).

Ein wichtiges Thema für die exilierten Autoren bildete die Rolle des Schriftstellers in der Gesellschaft. BRUNO FRANK zeichnet in *Cervantes* (1934) die Entwicklung von Cervantes zu einem Dichter, der die Mißstände der Gesellschaft und menschliches Fehlverhalten aufgreift und lächerlich macht. FEUCHTWANGER behandelt in seiner Trilogie über den jüdischen Historiker Flavius

Josephus *Der jüdische Krieg* (1932), *Die Söhne* (1935) und *Der Tag wird kommen* (1945) die Problematik des Verhältnisses von Geist und Macht und fragt nach der Wirkung der Geschichtsschreibung. In ARNOLD ZWEIGS Zyklus über den Ersten Weltkrieg gelangt ein Schriftsteller allmählich zu der Erkenntnis von der Notwendigkeit gesellschaftspolitischen Engagements auch des Künstlers. In diesem Romanzyklus greift ZWEIG ein weiteres wichtiges Thema der Exilierten auf: die Entstehung eines Krieges. *In Erziehung vor Verdun* (1935) und *Einsetzung eines Königs* (1937) läßt er seinen jeweiligen Helden einen Entwicklungsprozeß durchlaufen, in dem er lernt, daß es im Ersten Weltkrieg um Machtfragen und wirtschaftliche Interessen geht.

Nach dem Zweiten Weltkrieg entstanden zunächst, abgesehen von der Unterhaltungsliteratur, kaum noch historische Romane. Die Geschichte war suspekt geworden; die Autoren beider deutscher Staaten befaßten sich mit der Gegenwart oder versuchten eine Aufarbeitung der jüngsten Vergangenheit. Seit den 70er Jahren wenden sich die Schriftsteller wieder der Geschichte zu; nach der Konsolidierung der neuen gesellschaftlichen Verhältnisse und der Enttäuschung von Hoffnungen (Studentenbewegung, Reformbestrebungen von 1968) besteht wieder ein Interesse, in der Geschichte nach Parallelen für die eigene Situation zu suchen, historische Entwicklungen aufzuzeigen, die zum Heute geführt haben, oder die Vergangenheit neu zu deuten.

Literatur: Feuchtwanger, L.: Das Haus der Desdemona. Rudolstadt 1961. – Lukács, G.: Der historische Roman. In: ders.: Werke, Probleme des Realismus III, Band 6. Neuwied, Berlin 1965. – Eggert, H.: Studien zur Wirkungsgeschichte des deutschen historischen Romans 1850–1875. Frankfurt a.M. 1971. – Schröter, K.: Der historische Roman. In: R. Grimm und J. Hermand (Hg.): Exil und innere Emigration. Frankfurt a. M. 1972. – Meyer, M.: Die Entstehung des historischen Romans in Deutschland und seine Stellung zwischen Geschichtsschreibung und Dichtung. München 1973. – Nyssen, E.: Geschichtsbewußtsein und Emigration. München 1974. – Geppert, H. V.: Der »andere« historische Roman. Theorie und Strukturen einer diskontinuierlichen Gattung. Tübingen 1976. – Limlei, M.: Geschichte als Ort der Bewährung. Menschenbild und Geschichtsverständnis in den deutschen historischen Romanen (1820–1890). Frankfurt/M. u. a. 1988.

DAS HÖRSPIEL

von Michael Müller

Hörspiel, ›radio play‹, ›radiodramma‹: Nicht nur im Deutschen hat bei der Prägung des Namens das Drama, das Schau-spiel Pate gestanden. Mit Hörspiel assoziiert man gemeinhin die dramatische Form; aber nicht nur das: Dem Vorverständnis vieler zufolge ist ein Hörspiel ein in ein anderes Medium übertragenes Theaterstück. Dabei ist die Geschichte des Hörspiels auch die Geschichte des Versuchs, sich von dem Vorwurf zu befreien, nur ein Derivat des Schauspiels, ein Surrogat zu sein. Auch heute noch weist das ›typische‹ Hörspiel formal überwiegend dramatische Elemente auf, aber es ist ein dramatisches Gebilde sui generis, mit eigenen Regeln und Gesetzen.

Das Hörspiel hat keine lange Tradition, es entstand mit dem technischen Instrumentarium, auf das es zu seiner Realisierung angewiesen ist. Verschiedene Auffassungen von dem, was es sei, was es zu leisten habe, haben sich in dieser relativ kurzen Zeit mit verwirrender Geschwindigkeit abgelöst. Dazu haben neben anderen Faktoren auch die rapiden Fortschritte auf dem Gebiet der Rundfunktechnik beigetragen. Man könnte sich fragen, ob Hörspiele heute noch für das gleiche Medium geschrieben werden, für das sie früher einmal verfaßt wurden. Allein schon von diesen Entwicklungen her, die außerhalb des Machtbereichs des Hörspielautors liegen und auch von den Theoretikern nicht vorausgesehen werden können, verbietet es sich, eine normative Poetik für »das« Hörspiel entwerfen zu wollen; man kann ihm »Horoskope« stellen, wie es 1932 R. KOLB und 1968 H. HEISSENBÜTTEL getan haben, oder man kann versuchen, rückblickend zu beschreiben, wie »das« Hörspiel in den verschiedenen Stadien seiner Geschichte – unter jeweils anderen Bedingungen – aufgefaßt wurde.

Aus pragmatischen Gründen bietet es sich an, die Geschichte des deutschen Hörspiels in vier große Phasen zu gliedern: die Pionierzeit (ca. 1924–27), die Zeit von 1927–33, die Nachkriegszeit bis zum Ende der sechziger Jahre, und – Ende offen – die Zeit danach. Das Hörspiel der Hitlerzeit ist ein Kapitel für sich, aber es braucht in einer Untersuchung über die ›literarische Form‹ Hörspiel eigentlich nur am Rande gestreift zu werden. Selbstverständlich sind die Grenzen zwischen diesen ›Epochen‹ fließend; Auffassungen der zwanziger Jahre waren durchaus auch in der Nachkriegszeit noch aktuell. »Heute, 1961, ist es im Hörspiel finster wie am ersten Tag«, polemisiert F. KNILLI und bezieht sich damit auf die absolute Frühphase des Hörspiels. Denn: Am Anfang war die Dunkelheit.

Radiohörer sind Behinderte, auf ein einziges Wahrnehmungsorgan angewiesen. Veritable Blinde sind Könige unter ihnen: »Blinde sind bekanntlich die besten Rundfunkkritiker, da sie augenblicklich (!) jene Partien einer Sendung herausfinden, welche andere als Aufnahmefähigkeiten durch das Gehör erfordern« (Pick). Fast makaber muten die Forderungen an, die frühe Theoretiker des Hörspiels an Autoren und Publikum stellen: »Er (der Autor) muß sich, um es grob herauszusagen, gleichsam *blind stellen*, muß sich sagen: Was ich jetzt schreibe, muß so beschaffen sein, daß seine akustische Wirkung fähig sein wird, dem Zuhörer den Gesamteindruck einer Theatervorstellung zu vermitteln« (Pick). R. HUGHES – von den meisten Rundfunkhistorikern als Schöpfer des ersten echten Hörspiels anerkannt – hatte diese Weisung bei der Abfassung seiner *Comedy of Dangers* (1924) befolgt. Er stellte sich selbst mit den blinden Zuhörern auf eine Stufe; sein Stück spielt in einer Kohlengrube – und, weil ihm das Dunkel dort noch Licht zuviel war, erfand er einen Kurzschluß, der alle Lichtleitungen in dem Bergwerk zerstörte.

Was in den ersten Jahren des Rundfunks – in Deutschland wurde der Sendebetrieb 1923 aufgenommen – den Hörern als »Sende- oder Hörspiel« präsentiert wurde, war ›Theater im Dunklen‹, formal und inhaltlich am ›Schau-spiel‹ ausgerichtet, mit der Einschränkung, daß alles auf eine rein optische Wirkung hin Angelegte wegfallen oder in das andere Medium transponiert werden mußte. Sprache und Geräusche können bekannte visuelle Eindrücke evozieren; aber Vorsicht: Der Hörer darf nicht überfordert werden: »Der Hörspieldichter darf ... bei der Zugrundelegung der äußeren Handlung nicht über das Einfache und Primitive, also über das, was für *jeden leicht* vorstellbar ist, hinausgehen« (Kolb). Getreu dieser Devise sind viele der frühen Hörspiele simplifizierte Dramen. Schauspiele, in denen – aus Rücksicht auf die Hörerschaft – Komplikationen wie Ortswechsel, Gebundenheit an ein bestimmtes Milieu, an eine bestimmte historische Periode, die sich dem Sehenden durch Kulisse, Kostüm, Requisiten etc. mitteilen, aus dem Wege gegangen wird. In den Sendeanstalten oblag die Sorge um das Hörspiel der Abteilung »Schauspiel und Literatur«; in dem Bewußtsein, den Massen an den Detektoren Bildung vermitteln zu können, wurde die Inszenierung von Hörspielen sorgfältigst wie die von Theaterstücken betrieben. Die Produktionen fanden noch, um ein Modewort zu gebrauchen, ›live‹ im Studio vor dem Mikrophon statt. Man kleidete die Sprecher – zumeist Bühnenschauspieler – in adäquate Kostüme, ließ sie in der Handlung entsprechenden Kulissen agieren; noch 1938 »gibt man den Sprechern notwendige Requisiten (Tasse, Schaufel, Fahrrad usw.), die es ihnen erleichtern, in die richtige Stimmung zu kommen« (Eckert). Selten ist die Erkenntnis und das Bekenntnis, daß man auf diese Weise nicht das stürmisch geforderte arteigene Spiel des Funks schaffen kann, sondern nur Ersatz – wie z. B. in einer Ankündigung des *Berliner Börsencouriers,* daß repräsentative Theateraufführungen der Saison 1931 »im Senderaum wiederholt« werden sollten: »es kommt hier auf die möglichst getreue Wiedergabe des Theaters an – nicht auf ein in sich geschlossenes Sendespiel.« Im selben Jahr äußert der Intendant H. Flesch, ein Pionier des Hörspiels, in einem Rückblick auf fünf Jahre der ›Berliner Funkstunde‹: »Die Präzision eines eingespielten Theaterensembles ... läßt sich eben auch im Rundfunk nicht an Wirkung erreichen oder gar überbieten, solange die Hörspiele an ihre heutigen Formen gebunden bleiben. Diese Formen sollen in Zukunft die konsequente Weiterbildung des *Hörfilms* sprengen ...«.

Beim Film, dem anderen Kind des technischen Zeitalters, hatte schon 1924 der Rundfunksprecher, Regisseur und Autor A. Braun Hilfe gesucht. Hörfilme sind Aneinanderschneidungen kurzer Sequenzen mit typischen Eigengeräuschen: »Jedes der kurzen Bilder (!) stand auf einer besonderen akustischen Fläche, in einer besonderen akustischen Dekoration, zwischen besonderen akustischen Kulissen (...): 1 Minute Straße mit der ganzen lauten Musik des Leipziger Platzes, 1 Minute Demonstrationszug, 1 Minute Börse am schwarzen Tag, 1 Minute Maschinensymphonie, 1 Minute Sportplatz, 1 Minute Bahnhofsvorhalle, 1 Minute Zug in Fahrt usw.« (Braun) Auch die akustischen Filme wollten also im Grunde an vertraute visuelle Vorstellungen erinnern; das Publikum an den Empfängern sollte beim Hören der Geräusche die dazugehörigen Bilder ergänzen. Kritik erregten Experimente dieser Art jedoch nicht, weil sie ebenso wie die Dramenadaptionen oder die als Dramen konzipierten »Originalhörspiele« die Illusion der optisch wahrnehmbaren Welt erzeugen wollten, sondern weil sie zu sehr dem Basteltrieb, dem Wunsch, die technischen Möglichkeiten des neuen Mediums Radio zu erproben und kennenzulernen, entsprungen zu sein schienen – wobei man diese Möglichkeiten offenbar häufig überschätzte: »Der Hörspielautor denkt zu viel an den Apparat, an Geräuschschaltungen, an akustische Kulissen, an geräuschtragende Ausdrucksmittel, er vergißt den einsamen Hörer in einsamer Stube, der, mit Wänden und Sorgen vertraut, kaum die anonymen Stimmen von den anonymen Geräuschen zu unterscheiden vermag. So wird die neue Kunstform von den Autoren selbst in eine Entwicklung gebannt, die dem eigentlichen Wert der Wirkung, der Wirkung des Worts, entgegenarbeitet« (Anders). Dem Wort, dem reinen Wort zur größtmöglichen Wirkung zu verhelfen, das wurde in der zweiten Phase der Geschichte des Hörspiels zum Programm erklärt; dieses Programm ist – mehr oder weniger verdeckt – noch heute gültig. Oft haben und hatten die Beschwörungen, sich wieder auf die Macht des gesprochenen Worts zu besinnen, einen nahezu sakralen Unterton: 1954, aus einer Hymne an das Radio: »Da ist endlich ein Mittel, dessen göttlicher Makel, die Nur-Hörbarkeit, uns das Wort wieder beim Wort nehmen heißt« (Prager). Nach der Frühphase, nach der Orientierung am großen Vorbild Theater und nach den sie begleitenden Experimenten mit den technischen Mitteln des Radios setzte – ungefähr 1927 – eine Entwicklung ein, die kritisch als »Verwortung« des Hörspiels bezeichnet worden ist (Knilli).

In zunehmendem Maße begannen sich etablierte Schriftsteller für das neue Phänomen zu interessieren. B. BRECHT und A. DÖBLIN äußerten sich nicht nur theoretisch über das Hörspiel, sie schrieben auch für den Funk oder adaptierten eigene Werke für ihn (BRECHT: *Der Flug Lindberghs*, 1929; DÖBLIN: *Berlin, Alexanderplatz*, 1930). Wie DÖBLIN kam eine Reihe aus dieser ›zweiten Generation‹ von Hörspielautoren nicht vom Theater her: Die Emanzipation des Hörspiels vom Theater hatte eingesetzt; das Hörspiel wurde eine eigene literarische Gattung und bildete Untergattungen aus, die auch heute noch dazu dienen können, den größten Teil der aktuellen Produktion zu kategorisieren. Ausschlaggebend war die Erkenntnis, daß ein rein auf akustische Vermittlung ausgerichtetes Werk nicht so sehr versuchen sollte, eine äußere Handlung darzustellen, als vielmehr innere Geschehnisse zu gestalten, seelische Vorgänge, die sowohl in dialogischen und in monologischen Situationen als auch in einer Art ›inneren Monologs‹ zum Ausdruck gebracht werden konnten. So entstand das »epische Hörspiel«, in dem ein Erzähler über Vergangenes oder Gegenwärtiges berichtet und der Bericht mit »Spielszenen« wechselt, das »lyrische Hörspiel«, in dem auf eine konfliktbeladene Handlung fast völlig verzichtet wird und Reflexionen, monologische Selbstbetrachtungen an ihre Stelle treten. Es bilden sich Formen aus wie das »Feature« – ein Begriff, der allerdings erst aus der Nachkriegszeit stammt –, in dem über eine Person oder ein Ereignis berichtet wird und in dem das Referat authentischer Fakten und die Präsentation fiktiver Illustration eine Verbindung eingehen: »Dokumentarische Zeugnisse standen neben Spielszenen, realistische Diskussionen neben literarischen Spiegelungen, scheinbar ungeordnet, wie einem Zettelkasten entnommen, und doch innerlich gebunden und die Totalität anstrebend« (BRAUN). Zahlreich waren die Mischformen zwischen dem epischen, dem lyrischen und dem primär dramatischen Hörspiel, wobei das dramatische Element in allen Formen letztendlich dominierte, weil man meinte, den Hörer durch eine Spielhandlung besonders zu fesseln und sein Interesse für die Dauer der Sendung wachhalten zu können. Thematisch waren dem Hörspiel keine Grenzen gesetzt, wobei jedoch in den ausgesprochen dramatischen eine Neigung zu Realitätsnähe und Aktualität, in den mehr epischen und lyrischen eher eine Vorliebe für allgemeinmenschliche und zeitlose Themen festzustellen gewesen sein soll (Fischer). Was allen diesen verschiedenen Formen jedoch gemeinsam war, war die Konzentration auf das Wort: »... die Sprache mit allen ihren Werten und Kräften zur größtmöglichen Deutlichkeit zu steigern, bleibt wichtigste Forderung. Geräusch und Ton schalten als primäre Erscheinung aus« (Anders).

Zu einer reinen Gebrauchsform degenerierte das Hörspiel nach der Machtübernahme der Nationalsozialisten im Jahre 1933. Die ›Säuberungen‹, die auf allen Gebieten der Kunst vorgenommen wurden, trafen, weil man die Massenwirkung des Rundfunks schon seit langem erkannt hatte, das Hörspiel mit ungeheurer Radikalität. Unliebsame Experimentatoren wie FLESCH und BRAUN wurden in ein KZ ›überführt‹; O. Jahn, zum Dramaturgen des Deutschlandfunks berufen, kommentiert die Entwicklungen auf dem Sektor des Hörspiels: »Aus den vielen Vergehen der Kunst wird jetzt das einzige Geschehen der Kunst im Aufruf des deutschen Gewissens« (Melcher). Schon im Juni des Jahres 33 sieht das typische Hörspielprogramm einer Woche so aus: »sechs Hörspiele ... darunter drei militärische, ein Grafenschwank, ein Querschnitt eines Industriellenlebens und eine Verhimmelung des märkischen Adels.« Die (unnötige?) Erklärung: »Die maßgebenden Herren des Rundfunks sind ja auch alle Mitglieder der NSD Arbeiter-Partei« (Melcher). Was in den folgenden Jahren aus den Volksempfängern drang, waren »Thingspiele« und »Gemeinschaftsspiele« wie R. EURINGERS *Deutsche Passion* (1933), E. W. MÖLLERS *Der Weg zum Reich* (1934), JAHNS *Schau, wohin die Sonnenadler schweben* (1935). Jegliche Art literarischen Anspruchs wurde aufgegeben zugunsten des höheren Ziels, das Volk über die Mission des Führers zu belehren und mit seiner eigenen Passion zu versöhnen: *Komm und Nimm, Eintopfsonntag* (Werbespiel für das Winterhilfswerk 1934/5).

Das Nachkriegshörspiel mußte notwendigerweise dort anknüpfen, wo es 1933 stehengeblieben war. Den ersten großen Erfolg hatte 1947 W. BORCHERTS *Draußen vor der Tür*, aber zum Vorbild für die Hörspielautoren der 50er Jahre wurde der Lyriker

G. EICH, der schon vor dem Krieg Hörspiele verfaßt hatte. Allein im Jahr 1951 wurden drei Hörspiele von EICH urgesendet: *Träume, Sabeth, Fis mit Obertönen*. Ironisch sprach man vom »Eichmaß«, das an die Werke anderer angelegt werde. Die Tendenz, die sich schon 1927 abgezeichnet hatte, verstärkte sich: Schriftsteller, die wie EICH eigentlich von anderen literarischen Gattungen herkamen, stießen in die Rundfunkstudios vor: P. BAMM, E. WICKERT, H. BÖLL, F. DÜRRENMATT, W. JENS, I. AICHINGER, W. HILDESHEIMER, A. ANDERSCH, M. L. KASCHNITZ, I. BACHMANN, S. LENZ. Das Hörspiel wurde endgültig Literatur, als eigene Form, als eigene Gattung anerkannt. Es erlebte – vor der Etablierung des großen Konkurrenten des Rundfunks: des Fernsehens – eine ungeahnte Blüte. Es gibt nicht *das* ›typische‹ literarische Hörspiel dieser Zeit, aber was den meisten Produktionen gemeinsam war, war dies: einmal – mit Einsicht in die Tatsache, daß sich das Hörspiel im Bereich des Nur-Hörbaren vollzieht – eine Beschränkung: weitgehender Verzicht auf eine äußere Handlung, stattdessen Aufbau einer inneren Handlung, die von relativ wenigen Personen – oder Stimmen – getragen wird. Weiterhin: Aufgliederung der ›Fabel‹ in kurze Einzelszenen, die einander rasch folgen, und »ein deutlicher, sinnfällig pointierter Dialog, der bewegt und in kurzen Phasen abläuft« (Martini). Das sind Regeln, die aus den Konzessionen entstanden, die man an die Aufnahmebereitschaft des Publikums machte. Andererseits erkannte man erstmals in vollem Umfang die Vorteile, die aus der Nur-Hörbarkeit resultieren. Da der Hörer nur die entkörperte Stimme wahrnimmt, durch keine optischen Eindrücke festgelegt wird, ist ein rascher Wechsel von direkter Rede und von »innerem Sprechen«, in dem sich Emotionen oder Gedanken ausdrücken, möglich. Ohne Illusionsbrechung kann man tote Materie oder Tiere zum Sprechen bringen (EICH, *Der Tiger Jussuf*). Die Ebene der empirischen Erfahrungswirklichkeit, die mit visueller Wahrnehmung verknüpft ist, ist verlassen. Martini vergleicht das moderne Hörspiel, das alles Stoffliche im rein Akustischen auflöst, mit der gegenstandslosen Malerei; es schließt wie sie eine »Abstraktion wie eine Intensivierung des Phantasiegeschehens« ein. Der bewußte Verzicht darauf, empirisch Wahrnehmbares und Bekanntes evozieren zu wollen, gibt dem Autor auch Freiheit im Umgang mit den Dimensionen von Zeit und Raum. Vergangenes kann plötzlich in einem in das aktuelle Spielgeschehen eingeblendeten Dialog heraufgeholt, Zukünftiges vorweggenommen werden. Das Geschehen kann aber auch völlig im Zeitlosen und im Nirgendwo und Überall angesiedelt werden. Im Hörspiel kann die Vermittlung von inneren Vorgängen »weit über die Grenzen des empirisch Räumlichen und Zeitlichen wie des Individuell-Historischen hinaus geweitet werden« (Martini), es bringt oft symbolisch etwas Allgemein-Menschliches zum Ausdruck. Neue technische Möglichkeiten gaben dem auf dem gesprochenen Wort beruhenden Hörspiel Tiefe. Stimmen konnten moduliert, mit Echo versehen, verzerrt, verfremdet werden. Aber gegen die Verwendung von allzuviel Technik herrschte nach wie vor Skepsis. Gerade aus der Erkenntnis heraus, daß das Hörspiel nicht darauf angewiesen war, die Wirklichkeit des Raums abbilden zu müssen, wurde die Einführung der Stereophonie, also des ›Raumklangs‹, heftig debattiert. Stereophonie – so argumentierte man – werde das Hörspiel dem Hörer wieder als eine ›Ersatzform‹ erscheinen lassen, der Wunsch, das räumlich Gehörte auch sehen zu können, werde unnötigerweise wieder erweckt. Ähnlich umstritten war die Verwendung von Geräuschen, die man mit immer aufwendigeren Apparaturen aufzeichnen und reproduzieren, aber auch künstlich herstellen konnte. Geräusche sollten nur sparsam verwendet werden, zur Untermalung einzelner Szenen, zur Kennzeichnung von Orts- und Zeitwechseln oder – wie kurze musikalische Intermezzi – zur Zäsurierung des Geschehens dienen. Tragendes Element sollte eben das gesprochene Wort bleiben.

Gegen die »Verwortung« des Hörspiels regten sich die ersten Stimmen schon, als dieser Hörspieltypus noch in voller Blüte stand. F. KNILLI sammelt 1961 in seiner Monographie *Das Hörspiel* diese kritischen Äußerungen und gelangt zur Forderung nach dem »totalen Schallspiel«. Nicht ganz unberechtigt scheint sein Hinweis, daß die meisten zeitgenössischen Hörspieltexte eigentlich nicht der Realisierung durch den Funk bedürften, sondern ebensogut gelesen werden könnten; überspitzt spricht er von einer neuzeitlichen Restauration des ›Lesedramas‹.

Knillis Forderungen ließen nicht nur die Bedürfnisse und Ansprüche des Hörspielpublikums außer acht, sie berücksichtigten wohl auch nicht die Produktionsbedingungen, die in den verschiedenen Sendeanstalten herrschten, Bedingungen, die nicht technischer Natur sind. Ähnlich unzufrieden mit der aktuellen Hörspielproduktion wie er, polemisiert 1969 H. Hostnig gegen das »Akustische Museum Rundfunk«, in dem aufgrund etablierter hierarchischer Strukturen Regisseure, Techniker und Sprecher keine Möglichkeit zur eigenen kreativen Entfaltung hätten. H. Geissner spricht vom »angepaßten Hörspiel«: »apparativ vermitteltes Kulinarisches, das gegen entsprechendes Honorar als Kulturware produziert und gegen geringes Entgelt konsumiert wird«. Im selben Jahr, 1969, jedoch schien diesen Unzufriedenen ein Stern aufzugehen mit E. Jandls und F. Mayröckers *Fünf Mann Menschen*, das bald als »Neues Hörspiel« apostrophiert wurde. *Fünf Mann Menschen* zeichnet die Lebensstationen von fünf Männern vom Leben bis zum Tode nach – und es tut dies vorwiegend mit Geräuschen, mit Geräuschen, die Menschen in ihrem Leben begleiten und für die verschiedenen Phasen ihrer Entwicklung charakteristisch sind. Dieses Hörspiel ist »Dialog mit dem Lärm der Welt«: »Mit Geräuschen, die menschliches Handeln sind. Etwa mit einem Schuß, hinter dem einer zusammensackt. Mit bläkendem häßlichem Babygeschrei. Mit einem ›Boß‹! und einem ›o. k.‹, die ganze Gedichte ersetzen« (Leier).

Einem solchen Hörspiel liegt kein Text mehr zugrunde, der auch gelesen werden könnte, sondern eine Art Partitur, die der Verwirklichung durch die Mittel des Rundfunks bedarf. Das Hörspiel entfernt sich von der Literatur, es stößt in die Bereiche der modernen Musik vor; Mayröcker: »es muß akustisch befriedigen, faszinieren, reizen, d. h. der akustische Vorgang muß beim Hörer eine ganz bestimmte Reaktion hervorrufen, etwas das in der Nähe des musikalischen Genusses liegt« (zit. n. Schöning). Es ist nur konsequent, daß die Autoren selber versuchen, ihre Partituren zu vertonen oder den ›Interpreten‹, den Regisseuren und Technikern größeren Anteil am eigentlichen Schaffensprozeß, der sich primär im Studio abspielt, einräumen. »Offenheit« des Hörspiels wird zum Stichwort, es ist keine

Domäne des Autors mehr, sondern gleichberechtigt wirken Dramaturgen, Regisseure, Tontechniker und Sprecher an ihm mit. Beim Hörer wird eine veränderte Rezeptionshaltung vorausgesetzt. An die Stelle des rationalen Mitverstehens soll ein Mitempfinden treten; das Wort soll nur ein ausdrucktragendes Element neben Ton und Geräusch sein. Dieses »Neue Hörspiel« ist gewiß kein ›kulinarisches‹, zwischen Nachrichten und Sportreportage leicht verdauliches Produkt mehr. Aber mehr als das: ein Programm für Minderheiten. Mit seiner radikalen Abstraktion von der Erfahrungswirklichkeit des Hörers spricht dieser Typus des Hörspiels nur ein sehr kleines, intellektuelles Publikum an. Aber nicht nur diese Einschränkung, sondern auch die Erkenntnis, daß sich die Komplexität des menschlichen Lebens, die Vielschichtigkeit der Anliegen, Probleme und Nöte des Menschen doch nicht primär in Geräuschen und Tönen ausdrükken läßt, daß sich Gedanken in Worten artikulieren, führt dazu, daß sich das »Schallspiel« in reiner Form nicht durchsetzt.

Eines wurde jedoch von den Verfechtern des »Neuen Hörspiels« erreicht: Auch die konventionell konzipierten »Wort-Hörspiele« machten zunehmend von den technischen Möglichkeiten des Rundfunks Gebrauch. Wort, Ton und Geräusch ergänzen sich: »Die formalen Möglichkeiten, die es (das »Neue Hörspiel«) erschlossen, und eine neue Sensibilität, die es ausgebildet hat, kann man bei Autoren und Produzenten – und zum Teil auch bei Hörern – heute voraussetzen« (KLÖCKNER). Die »Deutschen Hörspiele der 70er Jahre« sind mediengemäßer geworden. Um nur zwei Beispiele aus KLÖCKNERS gleichnamiger Anthologie herauszugreifen: In S. HOFFMANS *Lebendig gestalteter Unterricht mit Toten* wird die Möglichkeit, Geschehen auf Tonträger aufzuzeichnen und jederzeit wieder abzurufen, thematisiert und gleichzeitig zum formbildenden Element dieses Hörspiels. Eine Lehrerin spielt ihrer Klasse eine Industriereportage, die sie auf Tonband aufgezeichnet hat – eine (fiktive) ›Vorort-Reportage‹ mit typischen Geräuschen der Arbeitswelt – abschnittsweise vor. Die Unterrichtsstunde, d. h. die Präsentation der Reportage und die Reaktionen der Schüler darauf, sind wiederum auf einem Tonband festgehalten worden, das von dem Schulleiter und einem Schülervater abgehört werden. Drei zeitlich verschobene Handlungsebenen, die der ›Vorvergangenheit‹ angehörige Reportage, die ›Vergangenheit‹, in der sich die Unterrichtsstunde vollzogen hat, und die ›Gegenwart‹, in der die beiden Zeiten der Vergangenheit aktualisiert werden, werden dem Hörer also gleichzeitig dargeboten. In D. KLANTES *Aktion Abendsonne* wird das Medium Radio selbst, eines seiner populärsten Programmbestandteile, die unterhaltsame Quizsendung, problematisiert: Vier ältere Menschen stellen sich in einer (scheinbaren) Livesendung dem Radiopublikum vor. Fragen eines ›Moderators‹ sollen ihren sozialen Hintergrund, ihren Bildungshorizont aufdecken. Ziel dieser Sendung scheint zu sein, diese Menschen zu versteigern, Hörer zu finden, die sie adoptieren möchten. »Fiktion mit Wirklichkeit verwechselnd«, meldeten sich tatsächlich zahlreiche Hörer bei der Sendeanstalt, die einen der ›Kandidaten‹ bei sich aufnehmen wollten.

Die zeitgenössischen Hörspielautoren beziehen die Eigenarten des Mediums, für das sie schreiben, in die Konzeption ihrer Stücke ein. Oder aber: Regisseure und Dramaturgen, die eigentlichen Verwalter der technischen Möglichkeiten des Radios, wagen es mit gestärktem Selbstbewußtsein, ältere Werke »neu« zu inszenieren. W. ADLER traute sich 1972 sogar eine Neuinterpretation von EICHS *Geh nicht nach El Kuwehd!* (Erstsendung 1950) zu. Die Ansagerin läßt er verkünden, daß die »hyperempfindliche Kunstkopftechnik eine extrem leise Produktion möglich mache« und daher die Erscheinungsformen der Macht in EICHS Spiel »entgegen dem bisherigen Klischee, als Ruhige, Selbstsichere, sich ihres Sieges Gewisse« dargestellt werden könnten. Da der Hörende bei einer Kunstkopfproduktion ein ausgestrahltes Monosignal »in seinem Kopf« höre, sei eine Verstärkung der Identifikation mit der Hauptfigur möglich, der Hörende werde »zum Denkenden, Mithandelnden« gemacht.

Was »das« Hörspiel aus der Sicht des Jahres 1980 kennzeichnet, ist seine Pluralität, ist die Universalität in bezug auf Inhalte, ist die Vielfältigkeit seiner Formen. Es ist keiner der traditionellen Gattungen eindeutig zuzuordnen: Es kann lyrisch, dramatisch und episch zugleich sein. Experimente, die es immer gegeben hat und weiterhin geben wird, können versuchen, es aus dem Bereich der Literatur zu entfernen, es z. B. in das Gebiet der

Musik zu überführen. Trotzdem ist es dem Verständnis des ›Gelegenheithörers‹ zufolge eine Art dramatisches Gebilde. Und die ›Hauptströmung‹ des Hörspiels, die sich den Experimenten zum Trotz herauskristallisiert hat, ja von diesen sogar befruchtet und vorangetrieben wird, gibt diesem ›naiven‹ Hörer, für den es ja letztlich verfaßt wird, recht. Dramatisch sind die meisten Hörspiele – auch die der siebziger Jahre – zumindest in dem Sinne, daß es ›Rollen‹ gibt, die von Sprechern ausgefüllt werden, Sprechern, die sich durch das Timbre und den Klang ihrer Stimmen voneinander unterscheiden; dramatisch ist es auch dadurch, daß sein Inhalt sich in Dialogen entfaltet, daß Personen miteinander oder gegeneinander sprechen; daß es Konflikte gibt, die eine wie auch immer geartete Handlung entstehen lassen, die für Entwicklung sorgen, für die Dynamik, die das Hörspiel in den sechzig oder neunzig Minuten seiner Existenz braucht, um den Hörer zu interessieren und zu fesseln. Das tragende Gerüst hat dramatische Form, eine Form, die jederzeit durchbrochen und erweitert werden kann. »Das« Hörspiel formal und inhaltlich definieren zu wollen verbietet sich. Vielleicht liegt gerade in dieser Unmöglichkeit, es festzulegen, sein eigentlicher Wert, seine Aussichten für die Zukunft. Um aus dem Horoskop zu zitieren, das HEISSENBÜTTEL dem Hörspiel stellt: »Alles ist möglich, alles ist erlaubt.«

Literatur: Zur Einführung in das Thema kann die Anthologie Theorie des Hörspiels, hg. von H. Scheffner, Stuttgart 1978 empfohlen werden. Diese Sammlung enthält auch die oben zitierten Beiträge von R. Kolb und M. Leier.

Weiterhin wurden zitiert: Anon., Theater im Rundfunk. In: Berliner Börsen-Courier vom 11. 2. 1931. – Flesch, H.: Hörspiel und Klangfilm. In: Berliner Börsen-Courier vom 26. 2. 1931. – Anders, H. W.: Das ideale Hörspiel. In: Die Literatur, 34. Jg. (1931/32), S. 664. – Melcher, G.: Das neudeutsche Hörspiel. In: Die Neue Weltbühne, 2. Jg., Nr. 24 (15. 6. 1933). – Pick, O.: Wie ein Hörspiel entsteht. In: Die Kritik, 2. Jg. Nr. 2 (Sept. 1934), S. 8 ff. – Eckert, G.: Wie entsteht ein Hörspiel? In: Die Literatur, 41. Jg. (1938/39), S. 46 ff. – Prager, G.: Das Hörspiel in sieben Kapiteln. In: Akzente, 1. Jg. (1954), H. 6, S. 514 ff. – Knilli, F.: Das Hörspiel. Mittel und Möglichkeiten. Stuttgart 1961. – Braun, A. (über den Hörfilm) bei Knilli, a. a. O., S. 12. – Fischer, E. K.: Das Hörspiel. Stuttgart 1964. – Braun, A. (über das Feature) bei Fischer, a. a. O., S. 83. – Heissenbüttel, H.: Horoskop des Hörspiels. In: Sonderheft der Deutschen Akademie der Darstellenden Künste und des Hessischen Rundfunks (1968). – Hostnig, H.: Akustisches Museum Rundfunk. In:

Akzente, 16. Jg. (1969), H. 1, S. 15 ff. – Geißner, H.: Spiel mit Hörer. In: Akzente, 16. Jg. (1969), H. 1, S. 29 ff. – Mayröcker, F. bei Schöning, K.: Akustische Literatur: Gegenstand der Literaturwissenschaft? In: Rundfunk und Fernsehen. 27. Jg. (1979), S. 464 ff. – Klöckner, K. (Hg.): Und wenn du dann noch schreist. Deutsche Hörspiele der 70er Jahre. München 1980. – Martini, F.: Artikel: Hörspiel. In: Reallexikon der deutschen Literaturgeschichte.

Aus der neueren Forschungsliteratur seien genannt: Keckeis, H.: Das deutsche Hörspiel 1923–1973. Ein systematischer Überblick mit kommentierter Bibliographie. Frankfurt/M. 1973 – Hörburger, Ch.: Das Hörspiel der Weimarer Republik. Stuttgart 1975. – Klippert, W.: Elemente des Hörspiels. Stuttgart 1977. – Würffel, St. B.: Das deutsche Hörspiel. Stuttgart 1978. – Schöning, K.: Hörspielmacher. Autorenporträts und Essays. Königstein 1983. – Grün, R. v. d.: Das Hörspiel im Dritten Reich. Frankfurt/M. 1984. – Thomsen, Chr. W./Schneider, I. (Hg.): Grundzüge der Geschichte des europäischen Hörspiels. Darmstadt 1985. – Döhl, R.: Das Neue Hörspiel. Darmstadt 1988. – Hannes, R.: Erzählen und Erzähler im Hörspiel. Ein linguistischer Beschreibungsansatz. Marburg 1990.

DIE HYMNE

von Otto Knörrich

Während die Ode als Gattungsform eng mit bestimmten Vers- und Strophenmaßen verknüpft ist, wenn auch nicht so eindeutig wie etwa das Sonett, gibt es für die Hymne keine metrisch-strophischen Vorschriften, vielmehr hat man bei ihrer schwierigen Abgrenzung von der Ode gerade die metrische Ungebundenheit zum wesentlichen Unterscheidungsmerkmal erhoben, und innerhalb der geschichtlichen Entwicklung erscheint denn auch die freirhythmische Hymne in der Tat als der Höhepunkt der Gattung. Die Formproblematik des freien Rhythmus war aber von Anfang an in besonders starkem Maße inhaltlich vermittelt, so daß sich die inhaltliche Bestimmung der Gattung aus ihren angeblichen religiösen Ursprüngen mit ihrer formalen Festlegung auf den freien Rhythmus verbinden konnte. Ernst Busch geht z. B. in seiner Untersuchung der Stiltypen der deutschen freirythmischen Hymne von der Voraussetzung aus, »daß das Problem des freien Rhythmus aus der religiösen Perspektive zu erleuchten ist« (11). Eine allgemeingültige inhaltliche Bestimmung der Gattung ist aber so wenig möglich wie eine formale, wenn man von der liturgischen Gebrauchshymnik des Mittelalters absieht, wie wir sie vor allem aus der ambrosianischen Dichtungstradition kennen. Schon in der Antike ist der Begriff nicht auf den kultischen Lobgesang beschränkt, und im Lauf ihrer Geschichte wendet sich die Hymne den verschiedensten Gegenständen zu: Neben dem Preislied auf Götter gibt es das auf Heroen, auf Heilige und Fürsten, auf Landschaften, Städte und Länder, auf Naturphänomene und auf abstrakte Wertinhalte. Ahistorische Invarianten der Gattung finden sich am ehesten auf der stilistischen Ebene. So gibt es, anders als bei der Ode, neben dem Gattungsbegriff Hymne den Stilbegriff des Hymnischen, das in verschiedenen Gattungen in Erscheinung treten kann. Es ist seinerseits in einer »bestimmten Grundhaltung des Dichters« begründet, die Hellmut Thomke so charakterisiert: »Entscheidend ist nicht der Gegenstand an sich, sondern der *Lobpreis eines für den Dichter erhabenen Gegenstandes in einem gehobenen Sprachstil,* welcher der Ergriffenheit, der Begeisterung, ja der Ekstase Ausdruck verleiht« (8). Diese hymnische »Grundhaltung« suchten KLOPSTOCK und seine Vorläufer vor allem durch die Überwindung des starr alternierenden deutschen Verses zu verwirklichen: zuerst mittels der antiken Odenmaße, schließlich mittels freier Rhythmen. Erst daraus erklären sich die terminologischen Schwierigkeiten, die wir mit den beiden Gattungsbegriffen Ode und Hymne haben. KLOPSTOCK und seine Zeitgenossen, aber auch GOETHE, HÖLDERLIN und die Romantiker kannten sie nicht und hatten auch gar nicht das Bedürfnis nach genauen begrifflichen Abgrenzungen. So bezeichnet KLOPSTOCK auch die freirhythmischen religiösen Gedichte aus seiner Kopenhagener Zeit als Oden, während umgekehrt zur selben Zeit Gedichte in antiken Odenmaßen Hymnen genannt werden, z. B. HÖLTYS *Hymnus an die Morgensonne* und *Hymnus an den Mond,* obwohl deren religiöse Elemente sich längst veräußerlicht haben. Nach Thomke (8) bleiben selbst noch im Expressionismus die Begriffe Ode und Hymne austauschbar.

Auch in der Literaturwissenschaft schwankt ihr Gebrauch, und zwar unabhängig davon, ob der formale oder der inhaltliche Aspekt mehr betont wird. Nicht recht einzusehen ist z. B., warum Paul Böckmann in seiner *Formgeschichte der deutschen Dichtung* (4. Aufl. 1973) KLOPSTOCKS freirhythmische Preisgesänge als »religiöse Oden«, GOETHES freirhythmische Sturm-und-Drang-Lyrik hingegen als Hymnen bezeichnet. Wenn andrerseits heute beide genannten Gedichtgruppen zusammen mit dem späten Hymnenwerk HÖLDERLINS allgemein als die Höhepunkte der deutschsprachigen Hymnendichtung angesehen werden, so ist das eine (relativ junge) literarhistorische Konvention, die sich eingebürgert hat, ohne daß sie gattungstheoretisch genauer reflektiert worden wäre. GOETHE hat so wenig wie KLOPSTOCK seine Gedichte Hymnen genannt, und auch HÖLDERLIN verwendet den Begriff zwar für seine Jugendhymnen in der Form der SCHILLERschen Reimstrophen, nicht aber für seine freirhythmischen späten Hymnen, für die er den Ausdruck »Vaterländische Gesänge« gebraucht.

Das »Selbstverständnis« der Gattung und die literaturwissenschaftliche Begriffsbildung klaffen hier denkbar weit auseinander. Gerade daran läßt sich aber der historische Entfaltungsprozeß ablesen, der die Gattung konstituiert. Er ist im folgenden kurz zu skizzieren.

Die Grundvorstellung der Gattung wird bis tief in die Neuzeit hinein bestimmt von der christlichen Hymnentradition des Mittelalters. Danach war der Hymnus ein dem Lobpreis Gottes dienender kultischer Gemeindegesang, also thematisch und funktional eng begrenzt sowie als überindividueller Ausdruck der religiösen Gemeinschaft (Chorlyrik!) Gegentypus zur individuellen Lyrik als einer Form der subjektiven Gefühlsaussprache. So wird z. B. in einer Jesuitenpoetik aus dem Jahre 1594 die Hymne als »Dei laus per carmen« definiert (Jacobus Pontanus, *Poeticorum institutionum libri III*), und so nennt sie auch OPITZ in seinem *Buch von der deutschen Poeterey* (1624) »Lobgesänge (...) / die sie jhren Göttern vor dem altare zue singen pflagen / und wir unserem Gott singen sollen«. Er räumt allerdings bereits ein, daß sie »auch zuezeiten was anders loben« und verweist auf Ronsards Hymnen »der Gerechtigkeit / der Geister / des Himmels / der Sternen / der Philosophie / der vier Jahreszeiten / des Goldes / etc.« Wenn in der Folgezeit solche Themen in der Hymnendichtung auftauchen, ist daraus jedoch nicht ohne weiteres auf eine Säkularisierung der Gattung zu schließen. In der Aufklärungszeit kann die Hymne vielmehr dazu dienen, die Natur als Offenbarung Gottes religiös aufzuwerten, und so zum Ausdruck einer auf GOETHE vorausweisenden Weltfrömmigkeit werden. Allerdings entwickelt sich aus der Empfindsamkeit bald ein nur noch sich selbst genießendes Schwärmertum, das sich der hymnischen Gestaltungsweise zur pseudoreligiösen »Vergottung profaner Gegenstände« (Wolfgang Promies) bedient. Die »weltliche« Ausweitung der Gattung wird dann deutlich erkennbar in der Dichtung des Göttinger Hains, etwa in den beiden schon erwähnten »Hymnen« HÖLTYS, die in anakreontischer Manier Sonne und Mond harmlos-freundlich besingen.

In der Klassik und in der Romantik behauptet sich jedoch die ursprüngliche Gattungsidee gegenüber ihrer Säkularisierung. GOETHE hat nur eines seiner Gedichte als Hymne bezeichnet: das verlorengegangene Eingangsgedicht zu dem von ihm geplanten Mahomet-Stück. Nach seinem Bericht in *Dichtung und Wahrheit* (3. Teil, 14. Buch) war ihr Inhalt die Verehrung der »unendlichen Gestirne als ebenso viele Götter« und die Erhebung des Gemüts »zu Gott, dem Einzigen, Ewigen, Unbegrenzten« (Hamburger Ausgabe, Bd. 10, 39 f.). Dagegen ist der ursprünglich dem gleichen Dramenbruchstück entstammende *Mahomets-Gesang* nicht Verherrlichung Gottes, sondern des religiösen Genies und letztlich, wie alle sogenannten Jugendhymnen GOETHES, subjektive Selbstaussprache des außerordentlichen Menschen, gewiß des Gottes voll, aber Gott nur indirekt preisend: in der Verherrlichung des eigenen Ichs. Bedenkt man also GOETHES eigene Terminologie, dann ist es nicht so, daß bei ihm die Hymne zur »titanisch-genialischen Form schlechthin« wird (Paul Böckmann); vielmehr bezeugt er sein genaues Gattungsverständnis, wenn er es trotz eines übersteigerten Selbstbewußtseins vermeidet, das »hymnisch«-enthusiastische Bekenntnis zu sich selbst mit dem Lobpreis des Höchsten terminologisch gleichzusetzen.

SCHILLER hat eine *Hymne an den Unendlichen* geschrieben, und er hat das Gedicht *Der Triumph der Liebe* eine Hymne genannt, in der die Liebe als numinose Macht verherrlicht wird, der selbst noch die Götter sich beugen; das berühmte Gedicht *An die Freude*, nach Ivo Braak seine »einzige spezifische Hymne«, hat er dagegen nicht als solche bezeichnet: Die Freude, wenn auch »schöner Götterfunken«, bleibt für den Dichter, als menschliches Gefühl und bewegende Naturkraft zugleich verstanden, Element des Irdischen.

Geradezu noch eine weitere Aufwertung erfährt die Gattung in der Romantik. FRIEDRICH SCHLEGEL bezeichnet in seinem *Gespräch über die Poesie* (1823) als höchste Stufe der Dichtkunst die »Poesie der Begeisterung«. Sie ist geistliche Dichtung, denn »das Göttliche (ist) der wahre und eigenthümlichste Gegenstand der höchsten Begeisterung«, und findet im Hymnus ihre reinste Verwirklichung: »Der alte Hymnus ist die Grundform der lyrischen Dichtung und eben darum auch der Anfang aller Poesie.«

SCHLEGEL war es, der 1800 die *Hymnen an die Nacht* von NOVALIS unter diesem Titel veröffentlichte, obwohl der Dichter selbst vorgeschlagen hatte, die Gattungsbezeichnung wegzulassen. Die Hymnen sind Verkündigung mystischer Nacht-Erfahrung, der »Nachtbegeisterung« als Form göttlicher Offenbarung, und entsprechen so präzis SCHLEGELS Vorstellung einer geistlichen »Poesie der Begeisterung«. Die besondere Stellung dieser Hymnen innerhalb der Gattungsgeschichte mag man darin sehen, daß in ihnen eine immer wiederkehrende Problemkonstante der Gattung so deutlich wie sonst vielleicht nur noch bei HÖLDERLIN ausgeprägt ist: die Dialektik von Gefühl und Gedanke, d. h. die Auflösung des Gedankens in Gefühl und der Aufschwung des Gefühls ins Reich der Gedanken und Ideen.

Der Vergleich mit HÖLDERLINS später Hymnendichtung drängt sich, trotz aller Unterschiede, auf. »Geistliche Gedichte« im Sinne SCHLEGELS sind auch sie. Aber die Nacht ist bei HÖLDERLIN nicht der Ort mystischer Gottnähe, sondern Symbol der Gottferne, denn »es wandelt in Nacht, es wohnt, wie im Orkus, / ohne Göttliches unser Geschlecht« *(Archipelagus)*. Das macht den Preis der Götter um so dringlicher – aber auch, in dem Maße seiner Vergeblichkeit, um so verzweifelter. Die »Vaterländischen Gesänge« suchen das Göttliche gleichsam herbeizufeiern, doch in der Nacht der Gottferne steht jeder hymnische Überschwang in der Gefahr, in schlechte Utopie zu münden. Arthur Hübscher hat versucht, das Zerfließen und die Zerrüttung, schließlich den »Zusammenbruch der hymnischen Form«, der ja gleichbedeutend mit dem Zusammenbruch von Hölderlins Persönlichkeit ist, in den späten Fassungen und Entwürfen nachzuweisen (Hölderlins späte Hymnen, München 1942).

Waren »der Begeist'rung Stunden« mit HÖLDERLIN an ein Ende gekommen? Eine hymnische Dichtung von Rang und Bedeutung setzt erst wieder ein mit den religiös gestimmten vitalistischen Gegenströmungen gegen das positivistisch-»materialistische« 19. Jahrhundert, die vor allem mit den Namen NIETZSCHE und BERGSON verknüpft sind, den beiden Hauptvertretern der sogenannten Lebensphilosophie. Wieder ist es, wie schon im Sturm und Drang, der Irrationalismus, der entscheidende Impulse für einen neuen Aufschwung der Gattung vermittelt. NIETZSCHE fühlt sich in einer »theoretischen Kultur« als der »letzte Jünger und Eingeweihte des Gottes Dionysos« und greift mit seinen

Dionysos-Dithyramben (1888) auf einen Formbegriff zurück, der seit der Antike eine Untergattung der Hymne bezeichnet und der sich uns mit der Vorstellung »rauschhafter Ekstase, also Steigerung des Tons über den der Hymne hinaus« (Braak) verbindet. NIETZSCHES Dithyramben sind, nach seinen eigenen Worten, »die Lieder Zarathustras, welche er sich selber zusang, daß er seine letzte Einsamkeit ertrüge«. Sie preisen keinen Gott mehr, denn »Gott ist tot«. Aber singend gelangt Zarathustra zu einem dionysischen Ja zum Leben und wird so zum Begründer einer neuen Religion, nach der der Mensch, als »Übermensch«, sein eigener Gott ist. Aus dem Lobpreis Gottes durch den Menschen ist die Selbsterhebung des Menschen zum Gott geworden.

NIETZSCHES Motiv der Schaffung eines neuen Menschen wurde auch ein zentrales Motiv des Expressionismus und setzte in ihm eine starke Welle hymnischen Dichtens frei. Außer von NIETZSCHE ist diese expressionistische Hymnendichtung von dem Belgier EMILE VERHAEREN und vor allem von dem Amerikaner WALT WHITMAN beeinflußt. »Der Whitman-Kult seit der Zeit des ausgehenden Naturalismus war ein Zeichen für jene Sehnsucht nach religiöser Vertiefung des Daseins, die nach einer Epoche des Materialismus und Positivismus das geistige Leben mehr und mehr beeinflußte und die in der Dichtung nach hymnischen Ausdrucksformen rief« (Thomke, 24). Eine metaphysische Daseinsbejahung drängte nach ekstatischer Lebensfeier im übersteigerten lyrischen Ausdruck, allen Ernüchterungen und allem Krisenbewußtsein zum Trotz – so bei WERFEL, bei STADLER, BECHER u. a. Aber sofern diese Dichtung ein Ansingen gegen Katastrophenstimmung und nihilistische Verzweiflung ist, steht auch sie unter einem ähnlichen Vorzeichen wie bei NIETZSCHE und schon bei HÖLDERLIN, bedroht von eigener innerer Zwiespältigkeit. Die Skepsis, die wir heute dem hymnisch daherschreitenden Erneuerungs- und Aufbruchspathos des Expressionismus entgegenbringen, wird deutlich beim Vergleich zweier so gegensätzlicher Urteile wie dem eines zeitgenössischen Literaturkritikers und eines aus heutiger Sicht zurückblickenden Literarhistorikers. Rudolf Kayser schrieb 1921: »Die Lyrik unserer Zeit, ganz aus Not und Zukunftsfreude geboren, sucht neue Heimat und neuen

Glauben. Sie ist religiös. Sie wagt den Weg zu Gott: einem heidnisch-christlichen Gott, der, allen Höllen und Paradiesen zugekehrt, doch Rettung und Erlösung verspricht« (zit. n.: O. F. Best, Theorie des Expressionismus, Stuttgart 1978, 166 ff.). Dagegen meldet Hellmut Thomke »Zweifel an der Echtheit des hymnischen Ausdrucks« in der expressionistischen Hymnendichtung an: »Es drängt sich immer wieder die Frage auf, ob nicht die ekstatische Verkündung göttlichen Menschentums in Wirklichkeit nur die Angst des völlig vereinsamten, beziehungslosen Menschen übertönen sollte. Die Ekstase der expressionistischen Hymniker war zum Teil nur künstlich erzeugter Rausch (...)« (11).

Die nachexpressionistische lyrische Moderne schloß von ihren Grundlagen und Intentionen her jeden hymnischen Lobpreis mehr oder weniger aus. Ein nach 1945 entstandenes Gedicht von GOTTFRIED BENN mit dem Titel *Eine Hymne* bezeugt nur den Ernüchterungsprozeß, den die expressionistische Generation selbst noch durchmachte. Es zeichnet ein existenzialistisch desillusioniertes Menschentum und dementiert so die NIETZSCHEsche und expressionistische Zukunftsekstatik. BENNS resignativer, sich lässig-salopp gebender Altersstil ist dem hymnischen Aufsingen konträr entgegengesetzt. Dieses wird nur noch versprochen, wenn es am Schluß heißt: »Eine Hymne solchem Mann.« Die Schlußzeile allein bedingt den Titel.

Wenn es ein Beispiel dafür gibt, daß sich auch in der modernen Lyrik eine hymnische Grundhaltung, wie gefährdet sie auch immer sei, glaubhaft auszusprechen vermag, so ist es INGEBORG BACHMANNS Gedicht *An die Sonne* (*Anrufung des Großen Bären*, 1956), in dem eine versachlichte Ausdrucksweise (»der beachtliche Mond«) und moderne Metaphorik (»blauer Zufall am Horizont«) einerseits, Erlebnisunmittelbarkeit und die Stilhöhe der freirhythmischen Hymnensprache andrerseits bruchlos miteinander verschmolzen sind. Aber solche moderne Weiterentwicklung der Gattung bleibt Ausnahme. Da die Hymne als eine Form des lyrischen Preisens und Rühmens ihrem Wesen nach affirmativ ist, bietet sie sich vielmehr in Zeiten, die eine kritische Literatur herausfordern, geradezu dazu an, in ihren eigenen parodistischen Gegengesang verkehrt zu werden. Das geschieht

z. B. in Rolf Dieter Brinkmanns *Hymne auf einen italienischen Platz*, die aus einer tumultuarischen Anhäufung von O-Ausrufen besteht, beginnend mit »O Piazza Bologna in Rom!« und endend in den Versen:

> O Tiergestalt! O Farmacia Bologna, kaputte Hausecke,
> Senso Unico! O Scusi! O Casa Bella! O Ultimo Tango
> Pomodoro! O Sciopero! O Lire! O Scheiß!
>
> (*Westwärts 1 & 2*, 1975)

Hier endet vorläufig der Weg einer Gattung, die als eine der ältesten und vornehmsten gilt. Im Überblick über diesen Weg zeigt sich ihre Einbindung in die Geschichte: Vom gemeinschaftlichen, »objektiven« Lobpreis Gottes geht er über dessen Subjektivierung und Säkularisierung zu seiner Parodierung. Das ist von einer geradezu simplen historischen Folgerichtigkeit.

Literatur: Busch, E.: Stiltypen der deutschen freirhythmischen Hymne. Frankfurt/M. 1934, Neudr. 1975. – Kommerell, M.: Die Dichtung in freien Rhythmen und der Gott der Dichter. In: M. K.: Gedanken über Gedichte. Frankfurt/M. 1943, ²1956. – Closs, A.: Die freien Rhythmen in der deutschen Lyrik. Versuch einer übersichtlichen Zusammenfassung ihrer entwicklungsgeschichtlichen Eigengesetzlichkeit. Bern 1947. – Szövérffy, J.: Die Annalen der lateinischen Hymnendichtung. 2 Bde. Berlin 1964/65. – Böckmann, P.: Hymnische Dichtung im Umkreis Hölderlins (Einleitung). Tübingen 1965. – Albertsen, L. L.: Die freien Rhythmen. Rationale Bemerkungen im allgemeinen und zu Klopstock. Aarhus 1971. – Thomke, H.: Hymnische Dichtung im Expressionismus. München 1972.

DIE IDYLLE

von Frank Rainer Max

Der Begriff Idyll oder – mit dem heute gebräuchlicheren Femininum – Idylle verstand sich in der Antike als rein äußerliche Kennzeichnung eines kleinen, selbständigen, dabei inhaltlich nicht näher spezifizierten Textes. Die suggestive Übersetzung von eidyllion als »kleines Bildchen« im Sinne einer Schilderung idealisierten Hirtenlebens oder hymnisch-pastoralen Daseins allgemein charakterisiert zwar zutreffend den Rahmen idyllischer Motivik, ist etymologisch jedoch nicht haltbar.

Urheber der Gattung ist THEOKRIT (etwa 300–260), dessen Idyllen – von 30 gelten nur 22 als echt – sich als kleine epische Einheiten präsentieren, die sowohl durch Liedeinlagen als auch durch Dialoge formale Erweiterung erfahren. Bei THEOKRIT konstituiert sich bereits der typische Raum idyllischen Daseins als der einer unwiderständigen, äußeren und inneren Frieden gewährenden Ländlichkeit, die Götter, Halbgötter und Menschen zu Feiern einer fröhlich-müßigen Seinsweise stimuliert. Dennoch lebt in dieser unberührten Archaik bereits das Bewußtsein eines Spannungsverhältnisses, das sich aus der Divergenz ableitet, die zwischen THEOKRITS hellenistischer Realität und der als zeitlos geschilderten Idealität der Idylle besteht, und das in der Differenz zwischen dem poetischen Entwurf ursprünglicher und einfacher Lebensweisen und deren artifizieller Präsentation manifest wird. Die natürliche Schönheit durchaus erfahrener ländlicher Wirklichkeiten wird zur spielerischen Annehmlichkeit eines locus amoenus arrangiert, der mit weichem Gras und kühlender Quelle, schattenden Bäumen und Vogelsang ein Bild ruhenden Daseins entwirft. Gleichwohl enthalten THEOKRITS Idyllen das Moment einer distanzierten Reflexivität, die sich – bisweilen in der Ironie – des historischen Verlusts einer mythischen Mensch-Natur-Einheit bewußt wird.

Einen weiteren Schritt zur Poetisierung der dargestellten Landschaft tut VERGIL (70–19) mit seinen *Bucolica*, deren »Arkadien« (vgl. Ecl. VII u. X) zur Seelenlandschaft stilisiert ist und deren Hirten als Medien der subjektiven Erlebnisweise des Dichters selbst figurieren. Arkadien wird als traumhaftes Reich imaginiert, das nun aber explizit als aus dem Kontext der Geschichte ausgegrenzt vorgestellt wird, wobei die Realgeschichte ihrerseits von außen in die poetische Welt der arkadischen Idealnatur hineinragen kann, etwa in der I. Ekloge durch die Figur des ausgewiesenen Meliboeus, der ein Opfer der Landvergabe Oktavians an die Veteranen von Philippi ist, ohne daß die Berührung der konträren Welten zu mehr als einer momentanen und privaten Befriedung führte.

Die »reine« Idylle im Sinn eines verbindlichen Gattungsmusters, an dessen Maß sich die Idyllenhaftigkeit konkreter Ausformungen bemessen ließe, existiert nicht. Das Idyllenschema ergibt sich vielmehr aus einer Reihe struktureller Merkmale sowie aus vielfältigen Einzelmotiven; es fügt sich aus jeweils neuem Zusammenspiel von Gattungskonstanten und akzidentellen Variablen. Gemeinsam und in einem inhaltlichen Sinn gattungsstiftend ist bei THEOKRIT und VERGIL das Ausmalen einer ländlichen, in sich ruhenden Szenerie, ist das Bild einer währenden, sich im Zyklus der Jahreszeiten stets erneuernden Natur, innerhalb der menschliches Dasein als handlungsarme, nur leicht und angenehm bewegte Zuständlichkeit gefaßt wird. Wenn auch in der gefühlsbetonten Idyllenwelt nicht nur Liebe und Freundschaft, sondern gleichfalls Trauer, Tod oder Sehnsucht statthaben können, so gefährden oder destruieren diese doch nie die Geborgenheit der Idyllensphäre. Als Gattung intendiert die Idylle Schicksalsenthobenheit. Ihre hermetische Exklusivität läßt Katastrophales nicht zu.

Die Rezeption THEOKRITS und seiner griechischen Nachfolger MOSCHOS und BION sowie VERGILS, HORAZ' und des spätantiken Romans *Daphnis und Chloe* des LONGOS wurde zur Grundlage der späteren Idyllendichtung und -theorie. Die Eklogen der italienischen Renaissancedichter, SANNAZAROS Vers und Prosa mischende *Arcadia* und seine *Eclogae piscatoriae*, die den Typus der Fischeridylle schufen, TASSOS *Aminta* oder GUARINIS Schäferspiel *Pastor fido*, der Schäferroman *Diana* des Spaniers MONTEMAYOR oder *L'Astrée* des Franzosen D'URFÉ, sie alle knüpfen vielfältige und weitverzweigte literarische Stränge, durch welche die Motive der antiken Bukolik und Pastoralkunst präsent gehalten werden. Es entwickelt sich eine formal und inhaltlich recht differierende poetische Richtung, die im weitesten Sinn als Schäferpoesie zu bezeichnen wäre, deren Nachfolge im deutschen Barock von OPITZ – z. B. mit seiner *Schaefferey von der Nimpfen Hercynie* (1630) – und von WECKHERLIN angetreten wurde. Der Nürnberger Dichterkreis mit HARSDÖRFFER, KLAJ u. a. übt als Pegnesischer Hirten- und Blumenorden schäferliche Poesie als ästhetisch-virtuose Form von Geselligkeit, während etwa SPEE, dessen *Trutz-Nachtigall* (posthum 1649) zahlreiche »Eklogen oder Hirten-Gespräche« enthält, mit diesen religiöse Zielsetzungen verfolgt und auf der Grundlage biblischer Metaphorik Christus zum Prototyp des Schäfers macht. Idyllisches Ideengut wurde auf solchen Wegen sowie schließlich auch durch die lyrischen »Schäferstunden« der erotischen Bukolik des 18. Jahrhunderts und die Anakreontik tradiert, ohne daß doch die Idylle als Gattung schon zu neuer Eigenständigkeit gelangt wäre.

»Alle kunstreichen idyllischen Darstellungen«, heißt es bei GOETHE später, »erwerben sich deshalb die größte Gunst, weil menschlich natürliche, ewig wiederkehrende, erfreuliche Lebenszustände einfach wahrhaft vorgetragen werden, freilich abgesondert von allem Lästigen, Unreinen, Widerwärtigen, worein wir sie auf Erden gehüllt sehn.« (*Wilhelm Tischbeins Idyllen*, VI) Eine idyllische Intention, die auf eine Darstellung glückhafter »Lebenszustände« abzielt, ist sich ihres defizienten Modus stets bewußt. Die Divergenz der Idylle zur ländlichen Realität bestimmt im frühen 18. Jahrhundert, dem Idylle und Schäferpoesie vielfach noch synonyme Begriffe waren, die Überlegungen der Idyllentheoretiker. »Unsere Landleute«, konstatiert GOTTSCHED in seinem *Versuch einer Critischen Dichtkunst* (1730), »sind mehrentheils armselige, gedrückte und geplagte Leute.« Beschreibung der realen ländlichen Verhältnisse ist für Gottsched nicht mit dem idealen Charakter der Idylle zu vereinbaren, er postuliert vielmehr die poetische Regression in eine stilisierte Vorzeit. Idylle ist ihm »Nachahmung des unschuldigen, ruhigen und ungekünstelten Schäferlebens, welches vorzeiten in der Welt geführet worden.« Die Diskrepanz zwischen Realität und Idealität, die in der Gattung Idylle selbst angelegt ist, bewegt die poetologische Diskussion, und strikter noch als GOTTSCHED formuliert J. A. SCHLEGEL in seinem Traktat *Von dem eigentlichen Gegenstande der Schäferpoesie* (1751) die idealisierende Perspektive der Idylle.

Einen neuen Maßstab für die Diskussion der Gattungsproblematik setzt der Züricher SALOMON GESSNER, dessen *Idyllen* (1756) nicht nur im deutschsprachigen Raum ungeheure Resonanz fanden, sondern gesamteuropäische Aufmerksamkeit erregten. Die GESSNERschen Idyllen synthetisieren traditionell-arkadische Bildlichkeiten mit einem neuen Gefühl empfindsamer Naturerfahrung; ihr Personal trägt noch die antiken Namen, aber ein »hoher schwarzer Tannenhain« etwa gibt schon ein nordisch-realeres Colorit. Die Spannung und Differenz von poetischer Fiktion zu realer Welt wird in der Vorstellung einer Idealnatur aufgehoben, deren Positivität als zeitlos begriffen ist, in der stets das Goldene Zeitalter als Möglichkeit gegenwärtig scheint, sofern nur die Menschenseele genügend Reinheit und Einfalt bewahrt hat, um von der Schönheit des Natürlichen affiziert zu werden. Ein ruhiges, aber intensives Naturgefühl beseelt die GESSNERschen Idyllenfiguren, dessen Wahrhaftigkeit von einer subjektiven Innerlichkeit verbürgt wird, die sich unschuldsvoll und tugendhaft weiß und als deren undeutlicher Gegenpol ein städtisch-korrumpiertes Weltverhalten gedacht ist, dem es zu entfliehen gilt: »O könnt' ich unbekannt und still, fern vom Getümmel der Stadt, wo dem Redlichen unausweichliche Fallstricke gewebt sind, wo Sitten und Verhältnisse tausend Torheiten adeln, könnt' ich in einsamer Gegend mein Leben ruhig wandeln, im kleinen Landhaus, beim ländlichen Garten, unbeneidet und unbemerkt!« *(Der Wunsch)*

GESSNERS subtile, rhythmisierte Prosa entwirft friedlich-schöne und begrenzte Landschaftsprospekte, aus deren insularem Charakter ein Bewußtsein ihrer Ausnahmehaftigkeit ablesbar wird. In Liebe und Unschuld mit der anmutigen Natur verbrüderte Menschen geben sich moderaten Entzückungen hin. Alle Beziehungen sind von Vertrauen und Vertraulichkeit bestimmt, die Zuständlichkeit der sedaten Szenen suggeriert Konstanz, und das Ideal des Goldenen Zeitalters feiert überzeugende Urständ. GESSNERS Idyllen sind Geschichten »von Großmut und von Tugend, und von der immer frohen Unschuld« *(An Daphnen)*; das Ideale dieser Klein-Welten gründet sich auf ein Empfinden, in dessen Aussprechen die Idylle allererst ihre spezifische Gestalt gewinnt. Es ist der als natürlich und vernünftig zugleich gedachte Konnex moralischen und ästhetischen Fühlens, der das Erlebnis von Natur und intimer Mitmenschlichkeit mit gleicher Harmonie umhüllt.

Während im Ausland – bis hin zu Rousseau – GESSNERS Idyllen noch adoriert wurden, artikulierte HERDER, trotz seiner Wertschätzung der GESSNERschen Kunst als einer Seelen veredelnden, schon eine erste Kritik (*Theokrit und Gessner*, 1767). Statt Moralität ist für HERDER eine naturnahe poetische Illusion Aufgabe der Idylle. Er betont eine »Naturwahrheit«, die sich in der Idylle GESSNERS vor dem Anspruch der Idealität verflüchtige. Auch der junge GOETHE beanstandet in der Rezension *Idyllen von Geßner* (1772) das Preziös-Gekünstelte der Gessnerschen Landschaft, das »Schattenwesen Geßnerischer Menschen« mit ihren allzu deliziösen Gefühlsbekundungen, und ihm war »das hölzerne Bein« in GESSNERS gleichnamiger *Schweitzer Idylle* lieber »als ein Dutzend elfenbeinerne Nymphenfüßchen«: »Wie lebendig läßt sich an diesem kleinen Stücke fühlen, was Geßner uns sein könnte, wenn er nicht durch ein zu abstraktes und ekles Gefühl physikalischer und moralischer Schönheit wäre in das Land der Ideen geleitet worden, woher er uns nur halbes Interesse, Traumgenuß herüberzaubert.«

Seit dem Sturm und Drang findet auch innerhalb der Idyllendichtung eine stärkere Einbeziehung sozialer Realitäten statt. Das GESSNERsche Naturideal, das Natur gewissermaßen als moralische Anstalt verstanden wissen wollte, wird in den Idyllen FRIEDRICH MÜLLERS, MALER MÜLLER genannt, zugunsten einer derberen, sinnlicheren Naturbeschreibung aufgegeben. Der realistische Impuls dieser Idyllen verspottet auch die graziösen GESSNERschen Schäfer als »curiose Leute, die weiß der Henker wie leben, fühlen nicht wie wir andre Menschen Hitze oder Kälte; hungern oder dursten nicht; leben nur vom Rosenthau und Blumen und was des schönen süßen Zeugs noch mehr ist« *(Die Schaf-Schur)*.

Maler Müllers Idyllen sind in stofflicher Hinsicht in biblische *(Adams erstes Erwachen und erste selige Nächte)*, antike oder mythologische *(Der Faun, Der Satyr Mopsus, Bacchidon und Milon)* und Pfälzer Idyllen *(Die Schaf-Schur, Das Nuß-Kernen, Der Christabend)* zu scheiden; in ihnen allen weichen Gessners kontemplative Zustandsschilderungen einer dynamischen, triebbestimmten Naturauffassung, die auch die Menschen einbezieht und die sich in einer leidenschaftlichen, jähen und wuchtigen Sprache manifestiert, deren Bemühen um Realitätsnähe sich in der Verwendung pfälzischen Dialekts zeigt. Maler Müllers Idyllen entwerfen keine ländlichen Unschuldswelten; die Pfälzer Idyllen thematisieren sogar Gegenwartsprobleme, wenn auch vor allem als Verletzung einer patriarchalischen Ordnung, deren gesegnete Ursprünglichkeit Müllers rustikalen Figuren gleichwohl Bedingung der von ihnen ersehnten Daseinsform bleibt.

Johann Heinrich Voss beginnt seine Idyllendichtung mit der Leibeigenen-Idylle *Die Pferdeknechte* (1775), einer harten Kritik an Herrschaftswillkür, die ein positives Pendant in der Idylle *Der Ährenkranz* (1775) hat, in welcher programmatisch ein Gegenmodell entworfen wird. Der Vossischen Idylle eignet generell ein pädagogischer Impetus, Voss nennt selbst seine Idylle *Die Kirschpflückerin* (1780) einen »Versuch, wie weit man die Denkart der Landmädchen veredeln kann, ohne unnatürlich zu werden«. Voss sucht ein aufgeklärtes Humanitätsideal im Rahmen empirisch-anschaulicher Dörflichkeit – inklusive plattdeutschen Dialekts – zu verwirklichen, so daß trotz der Beschreibung konkreter Umwelt der appellative Charakter der Idyllen zu einer erneuten Verstärkung der idealistischen Tendenz führt. Vorbildhafte Inkarnation des Postulierten ist nun allerdings nicht mehr der Schäfer, sondern – als mit der Natur in vernünftigem Einklang stehender Kulturträger – der Landpfarrer, der Organist, der Dorfschullehrer. Solche Figurenwahl bedingt bisweilen auch ein Zurücktreten der Landschaft zugunsten kultivierter Innenräumlichkeit, vor allem in *Der siebzigste Geburtstag* (1780), wenn der traditionelle locus amoenus sich in eine behagliche Wohnstube verwandelt, wenn mit der liebevoll-detaillierten Beschreibung des Interieurs die idyllenspezifische Statik sich in der Stabilität repräsentierenden schönen Dinglichkeit (etwa des »geerbten Lehnstuhl[s]«) konkretisiert. Die prinzipielle Begrenztheit der Gattung findet sich als überschaubare Ordnung wohlinstallierter Häuslichkeit wieder. Gemächlich wird der Vorstellungsrahmen der Idylle verbürgerlicht. Sonn- und Festtäglichkeiten, Liebe und Familiarität, die bescheidene Zelebrität maßvollen Genusses (sei es Kaffee, sei es Tabak), dies alles – in wohlgesetzen Hexametern und mit homerischer Freude am Detail vorgestellt – schuf ein Muster bürgerlich-idyllischen Daseins, das vor allem durch Vossens *Luise* (1783/95) im ganzen 19. Jahrhundert wirksam blieb, wenn auch die Kultivierung der Häuslichkeit schließlich zum bloßen Kult pervertierte, das Bemühen um humane Vorbildlichkeit zur repressiven Norm erstarrte und das Bewußtsein von den Dingen zur statushaften Versicherung ihres Besitzes verkam.

Vossens *Luise,* die den gewohnten Umfang idyllischer Dichtung sprengt und sich epischer Dimension nähert, liefert Goethe eine Anregung zu dem episch-idyllischen Gedicht *Hermann und Dorothea* (1796/97). Schon mit dem Gedicht *Der Wandrer* (1772) hatte Goethe eine Idylle entworfen, gesehen allerdings aus der Perspektive des Außenstehenden, und auch Werthers Wahlheimer Leben wird stark durch idyllische Züge bestimmt. In *Hermann und Dorothea* stellt Goethe den begrenzten Raum des Idyllischen in den Kontext der Geschichte. Naturnahe Geborgenheit wird beunruhigt durch »die traurigen Bilder der Zeit«, wie es in der gleichnamigen, kommentierenden Elegie heißt, wird verstört durch die Auswirkungen der Französischen Revolution. Wenn schließlich die Idylle bewahrt bleibt, so geschieht dies nicht wie bei Voss im Sinne eines Vorbilds und Musters für die Zeitgenossen, sondern die Einkehr »in die stillere Wohnung, / Wo sich, nah der Natur, menschlich der Mensch noch erzieht«, wird in dem resignativen Bewußtsein vollzogen, von der Geschichte zum Anachronismus verurteilt zu sein: »Noch einmal getrunken! / Euch besteche der Wein, Freundschaft und Liebe das Ohr!«

Schiller leistet in seiner Schrift *Über naive und sentimentalische Dichtung* die theoretische Konzeption einer Idylle, die nicht mehr als konkrete Ausformung einer literarischen Gattung, sondern als sentimentalische »Empfindungsweise« gedacht ist, in der Wirklichkeit und Ideal zur Harmonie geführt sind, in der das Ideal als wirklich vorgestellt ist: »Der Begriff dieser Idylle ist ... das Ideal der Schönheit, auf das wirkliche Leben angewendet.« Vernunft allerdings hat, so SCHILLER, auf der Suche nach der verlorenen Natur sich nicht nach Arkadien zurückzuträumen, hat vielmehr Natur als Produkt des Bewußtseins neu zu bestimmen und die Einheit von Vernunft und Sinnlichkeit in einem geschichtlichen Prozeß zu restituieren. Diesen projektierten Zustand »der Harmonie und des Friedens mit sich selbst und von außen« nennt SCHILLER Elysium. Die Idee dieser Idylle kann als Leitbild fungieren, sie kann der progressiven Annäherung an ein Ideal dienen, dessen Realisation als Utopie aufgegeben bleibt.

»Eine Art Idylle« untertitelt JEAN PAUL seine Erzählung vom *Leben des vergnügten Schulmeisterlein Maria Wutz in Auenthal* (1793), und er deutet damit schon die Erweiterung an, welche die traditionelle Idyllenform in seiner spezifischen Ausdeutung erfährt. JEAN PAUL behandelt die Idylle als »Nebenblüte« des Romans und versteht – neben dem *Wutz* – auch sein *Leben des Quintus Fixlein* (1796) und das *Leben Fibels* (1812) als Idyllen. Im »Idyllen«-Paragraphen der *Vorschule der Ästhetik* entledigt sich JEAN PAUL, seine eigene Schreibpraxis theoretisch stützend, weitgehend der bis zu GESSNER festgeschriebenen Idyllen-Topoi. Der Schauplatz – »ob Alpe, Trift, Otaheiti, ob Pfarrstube oder Fischerkahn« – erscheint ihm ebenso gleichgültig wie der soziale Stand der Figuren, die »Ferienzeit eines gedruckten Schulmannes« vermag ebenso idyllisch zu sein wie etwa »der blaue Montag eines Handwerkers«; einzig »die Menge der Mitspieler und die Gewalt der großen Staatsräder« möchte er ausgeschlossen wissen. Das Wesentliche des Idyllischen beruht für JEAN PAUL vielmehr auf einer Zuständlichkeit, die sich in der Subjektivität des Empfindenden gründet. Die Idylle, die JEAN PAUL als Gegenstück zum Trauerspiel auch »Freudenspiel« nennt, ist ihm »epische Darstellung des *Vollglücks* in der *Beschränkung*«, sie stellt gerade nicht »das verschwundene goldne Alter der Menschheit« dar, sondern die seligen Gefühle zeitgenössischer Individuen. »Vollglück« bestimmt sich ausschließlich als subjektive Befindlichkeit, die gleichzeitig jedoch in ironischen

Kontrast zu antiidyllischen Realitäten gesetzt ist, wodurch der Mikrokosmos der Idylle stets auf eine universale Dimension hin geöffnet ist.

Wenn Jean Paul – mit Herder – die »unbestimmten duftigen Allgemeinheiten Geßners« verwirft und statt dessen »die hellsten örtlichen Farben« möchte, so hatte solcher Forderung schon sehr genau Johann Peter Hebel in seinen *Alemannischen Gedichten* (1803) entsprochen. Diese idyllischen Gedichte lassen noch einmal einen begrenzten Raum entstehen, dessen Lokalkolorit seine Intensität aus dem alemannischen Dialekt bezieht. Hebel »verbauert«, nach Goethes Worten, »auf die naivste, anmutigste Weise durchaus das Universum«; diese Konvergenz von idyllisch-partikularen und gleichzeitig universellen Aspekten verdankt ihr Zustandekommen Hebels Kunst, durch Anthropomorphisierung der Natur die individuelle Landschaft auf ein kosmologisches Muster zu stimmen.

Die Gattung Idylle, die in ihrer Rückbezüglichkeit auf eine vorbildhafte Natürlichkeit humanere Daseinsweisen intendiert, bewahrt stets ein kritisch-utopisches Potential. Sie entwirft sinnenfrohe und liebevolle Miniaturen einer besseren Welt, die – zumindest implizit – als Kontraste zur konfliktbestimmten Realität und zur Undurchschaubarkeit zivilisatorischer Prozesse gedacht sind. Wo sie aber nicht auch Gegenbild, sondern nur noch Refugium ist, eignen ihr eskapistische Tendenzen, endet sie in heimeliger Provinzialität und Hausbackenheit. Demonstratives Bescheiden gerät in die Nähe von Borniertheit, bewußte Beschränkung petrifiziert zu Beschränktheit. Im späten 19. Jahrhundert schrumpft der luftige Idyllenraum schließlich zur spießbürgerlichen Gartenlaube, doch schon früher beginnt die literarische Qualität der Idyllendichtung in den restaurativen Schmollwinkeln des Biedermeier zu verblühn.

Eine große Ausnahme bildet Mörike, in dessen Werk dem Idyllischen noch einmal zentrale Bedeutung zukommt, auch über die ausdrücklich idyllischen Dichtungen wie die *Idylle vom Bodensee* oder die Pfarrhaus-Idylle des *Alten Turmhahn* mit ihrer Inventarisierung von Welt aus der Wetterhahn-Perspektive, wie die *Wald-Idylle* oder *Die schöne Buche* hinaus. Ansonsten führt die Idylle als Gattung – wenn man nicht ihre Transformation in die realistische Dorfgeschichte als legitime Nachfolge verstehen will – im 19. und erst recht im 20. Jahrhundert ein bloß rudimentäres Nachleben. Von KLEISTS Idylle *Der Schrecken im Bade* über PLATENS *Eklogen und Idyllen* und HEBBELS *Mutter und Kind* bis hin zu HOFMANNSTHALS *Idylle*, GEORGES *Hirtengedichten* oder THOMAS MANNS *Herr und Hund* und *Gesang vom Kindchen* erscheint Idylle nur mehr als Randphänomen des jeweiligen Œuvres. Die Idee des Idyllischen dagegen, wenn auch fast grundsätzlich in relativierter Form, bleibt präsent. Das statisch-tableauhafte Weltvorstellen der Idylle scheint allerdings unangemessen; Idyllisches wird seiner traditionellen Gestaltung entäußert und als kontrastierendes oder retardierendes Element in die Erzählprosa eingefügt. Statt autonomer Idyllen begegnen idyllische Enklaven innerhalb komplexer Erzählstrukturen. Daß gleichwohl (fast ungebrochene) Idyllen auch heute möglich sind, belegt aus jüngster Zeit Eckhard Henscheids schöner Roman *Maria Schnee*. Die Ambivalenz der Gattung, die Idyllisches ebenso im Sinn regressiver Weltflucht wie andererseits auch als utopischen Gegenentwurf zuläßt, gewährleistet jedenfalls immer die Möglichkeit einer kritischen Emanzipation von der jeweiligen Faktizität.

Literatur: Sengle, F.: Formen des idyllischen Menschenbildes. In: ders.: Arbeiten zur deutschen Literatur 1750–1850. Stuttgart 1965. – Ders.: Biedermeierzeit. Bd. II: Die Formenwelt. Stuttgart 1972. – Tismar, J.: Gestörte Idyllen. München 1973. – Garber, K. (Hg.): Europäische Bukolik und Georgik. Darmstadt 1976. – Kaiser, G.: Wandrer und Idylle. Goethe und die Phänomenologie der Natur in der deutschen Dichtung von Gessner bis Gottfried Keller. Göttingen 1977. – Böschenstein-Schäfer, R.: Idylle. Stuttgart [2]1978. – Schneider, H. J.: Die sanfte Utopie. Nachwort zu: H. J. Sch. (Hg.): Idyllen der Deutschen. Frankfurt a. M. 1978. – Kaiser, G.: Von Arkadien nach Elysium. Göttingen 1978. – Preisendanz, W.: Spuren der Idylle im Zeitalter des Realismus. In: Auf den Weg gebracht. Konstanz 1979, S. 419–431. – Heldt, U.: Isolation und Identität. Die Bedeutung des Idyllischen in der Epik Wilhelm Raabes. Frankfurt/M. u. a. 1980. – Burk, B.: Elemente idyllischen Lebens. Studien zu Salomon Geßner und Jean-Jacques Rousseau. Frankfurt/M. u. a. 1981. – Hämmerling, G.: Die Idylle von Geßner bis Voß. Theorie, Kritik und allgemeine geschichtliche Bedeutung. Frankfurt/M. u. a. 1981. – Glaser, H.: Der ver-rückte Garten. Idylle und künstliches Paradies im 19. Jh. In: Neue Rundschau 94 (1983) H. 2, S. 77–105. – Seeber, H. U./Klussmann, P. G. (Hg.): Idylle und Modernisierung in der europäischen Literatur des 19. Jhs. Bonn 1986. – Schneider, H. J. (Hg.): Deutsche Idyllentheorien im 18. Jh. Tübingen 1988.

DIE KOMÖDIE

von Jürgen Hein

»Man hat den Deutschen lange Zeit nicht ohne Grund ein sprödes Verhältnis zur Komödie bzw. zum Lustspiel nachgesagt« (Hinck 1977, 11). Dies hängt z. T. mit der Vorliebe für das ernste und ›hohe‹ Drama, der Bewertung des Komischen als eines ›niedrigen‹ ästhetischen Phänomens und mit der Begriffsgeschichte von ›Komödie‹ zusammen. Häufig gab es Versuche, das Komische durch seinen Bezug zum Tragischen zu legitimieren bzw. aus ihm zu erklären, doch haben sich – oft gegen die ›herrschende‹ Poetik – auch freiere, mimusbetonte Formen entwickelt, zeigt sich insbesondere in der Moderne eine Nähe zum epischen Theater. Die Abgrenzungskriterien gegenüber der Tragödie (Ständeklausel, Stil, Stoff, ›guter‹ Ausgang, Zeit- und Ortsbezug, moralisch-sittliche Maßstäbe) führten in der Poetik zur Bezeichnung der Komödie als »niedere« Gattung. Eine weitere Definitionsschwierigkeit ergibt sich daraus, daß die Komödie weder aus der Theorie des Komischen ableitbar ist noch auf das literarische Komische beschränkt ist; es gibt Komödien ohne Komik, Komik in anderen literarischen Gattungen und in der außerliterarischen Wirklichkeit. – Als ›Komödie‹ (oder ›Lustspiel‹) im engeren Sinne bezeichnet man die Kunstform des komischen Dramas; der Begriff umfaßt aber im weiteren Sinne auch verschiedenartige Formen wie Posse, Schwank, Farce, Burleske, Volksstück, Tragikomödie, absurdes und groteskes Theater u. a. mit unterschiedlicher literarischer und theatralischer Bedeutung und je anderen epochalen wie regionalen Begrenzungen. Hinzu kommen Verbindungen zum Musiktheater (Singspiel, Posse mit Gesang, Musikalische Komödie, Operette, Musical) und medienspezifische Formen (z. B. Hör- und Fernsehspiel als Komödie). Die Begriffsweite reicht von Stegreif- und Mimusformen (z. B. Commedia dell'arte) mit derbster Situationskomik über Formen mit subtiler Sprach- und Charakterkomik bis zur »ernsten Komödie« (Arntzen) und Komödien ohne Komik (z. B. »rührendes Lustspiel«).

»Was eine Gesellschaft komisch findet, worüber sie lacht, das wechselt im Lauf der Geschichte, weil es zum Wandel des Normenbewußtseins gehört« (Hinck 1977, 13), aber es gibt einen immer wieder aktualisierbaren Bestand an komischen Motiven, Figuren und Konstellationen seit ARISTOPHANES. Nach Hinck seien hier die wichtigsten Ansätze zur Theorie des Komischen zusammengefaßt: Bis zur Zeit um 1800 sind die »Überlegenheitstheorie« und die »Kontrast- oder Inkongruenztheorie« maßgebend. Nach HOBBES fließt die Lust am Komischen aus dem Gefühl der Überlegenheit, das sich im Betrachter einstellt. LESSING und MÖSER beschreiben mit den Formeln »Kontrast von Mangel und Realität« bzw. »Größe ohne Stärke« die Lust am Komischen, die aus dem Kontrast zwischen Erwartung und Erfüllung folgt. KANT formuliert in der *Kritik der Urteilskraft* (1790): »Das Lachen ist ein Affekt aus der plötzlichen Verwandlung einer gespannten Erwartung in nichts.« Der Kontrast- oder Inkongruenz-Gedanke ist auch Teil neuerer Theorien, die Komik als ein objektives *und* subjektives Phänomen sehen. Schon JEAN PAUL hat in der *Vorschule der Ästhetik* (1804) auf die Rolle des erlebenden Subjekts hingewiesen, das erst die ›Dinge‹ in komischem Licht erscheinen lasse. Das Zustandekommen komischer Wirkung ist wesentlich gebunden an das Mitspiel des Zuschauers. Die Ästhetik des Idealismus und der Romantik hat weitere Aspekte reflektiert (u. a. subjektive Freiheit und Willkür als Prinzip der Komödie; Komik als Kehrseite des Erhabenen, als Gegensatz von Erscheinung und Idee; komisches Individuum und Welt des »Zufalls«). HEGEL unterscheidet zwischen dem Lächerlichen und dem Komischen: Lächerlich könne jeder Kontrast werden, »echte Komik aber sei durch die Sicherheit der Subjektivität und die Unverletzbarkeit der komischen Persönlichkeit gekennzeichnet«, die durch den »versöhnenden Ausgang« gewährleistet ist (Hinck 1977, 17). HEGELS Auffassung neigt dem Humor-Begriff zu und schließt das Satirische weitgehend aus: »Selbstbewußte Komik schließt aggressives Lachen aus und macht die komische Figur zum geheimen Verbündeten des Publikums. Demgegenüber besteht marxistisches Verständnis von Komik zunächst auf deren satirischer Funktion, auf dem scharf zupackenden, angreifenden Charakter des Komischen«

(ebd.). Hegel und Marx entdeckten den historisch-gesellschaftlichen Aspekt des Komischen, seine humorhafte, versöhnliche, affirmative Tendenz einerseits, die satirisch-kritische, aggressiv-vernichtende Tendenz andererseits.

In der zweiten Hälfte des 19. Jahrhunderts und um die Jahrhundertwende beleben neue Theorien die Diskussion um das Komische. Sully führt das Lachen auf Urinstinkte zurück, Dugas erkennt den sozialen und kommunikativen Charakter des Lachens, das Moment der Entspannung und Befriedigung – wenn auch z. T. auf Kosten anderer (»Mangel an Mitgefühl«). Freud interpretiert die Lust am Komischen psychoanalytisch als Entlastungsfunktion. »So kann das Komische Entlastung bringen vom Druck der Tugend-Imperative«, es ist als »oft raffiniert getarnte Revolte des Triebhaften gegen die Kultur erklärbar« (Hinck, 1977, 20). »Unzulänglichkeitskomik«, Komik des Versagens, und »Überlegenheitskomik«, Komik der gesteigerten Lebensfreude, lassen sich auf der Basis dieses Ansatzes besser verstehen. – Bergsons *Le Rire* (1900) gilt als »klassische« Theorie des Komischen unseres Jahrhunderts. Hinck ist der Ansicht, daß Bergson Mittel bzw. Kategorien biete, Situationen und Vorgänge in der Komödie, Personen und ihre Fehlleistungen als komisch zu analysieren; allerdings lasse sein Komik-Begriff das utopische oder antizipierende Moment und den Entwurf-Charakter der Komödie außer acht. Bergson hat die wesentlichen Strukturen des Komischen und seine sozialen Funktionen sichtbar gemacht (Versteifungskomik, Komik der Situationsverkennung, Komik der Wiederholung u. a. lassen soziale Fehlleistungen erkennen). Er erkennt ferner schon »die – wie man heute sagen würde – Komik der Fremdbestimmtheit« und den »Gestischen Charakter des Komischen« (Hinck 1977, 23 f.).

Das Nebeneinander der Bezeichnungen ›Komödie‹ und ›Lustspiel‹ hat besonders dort zu Verwirrung und Widersprüchen geführt, wo diese nicht als Synonyme, sondern als Begriffe für unterschiedliche Ausprägungen des komischen Dramas verwendet werden, etwa wenn behauptet wird, die Komödie sei satirischer, das Lustspiel versöhnlicher. Schrimpf geht auf die Begriffsgeschichte der Bezeichnungen zurück und verfolgt sie von der frühen Neuzeit über die Poetiken des Barock und der Aufklärung bis zu A. W. SCHLEGEL: »Komödie« wurde über das Lateinische aus dem Griechischen übernommen; es gibt verschiedene etymologische Ableitungen: Komödie (κωμῳδία) als »phallisches Lied«, »Dorfgesang« oder »Traum- bzw. Nachtlied«. Die vorliterarischen mimischen Formen zeigten Rituelles, Derbes, Sinnliches, und es spricht einiges dafür, daß die alte griechische Komödie auf die sich aus den dionysischen Festzügen entwikkelnden mimischen Possen zurückführbar ist. In diesem Sinne weist auch ARISTOTELES im 4. Kapitel der *Poetik* – das eigentliche Kapitel über die Komödie ist nicht erhalten – auf die Herkunft aus den Improvisationen bei den Phallos-Prozessionen hin. Die Kommentatoren des ARISTOTELES kommen z. T. zu anderen Vermutungen. So habe die Komödie ihren Namen von den »Komödianten«, d. h. Schauspielern, die – als ›Ehrlose‹ aus der Stadt verwiesen – in den Vorstädten gespielt hätten.

Schrimpf weist darauf hin, daß es – vermittelt durch das Lateinische – in den romanischen Sprachen und im Englischen eine ununterbrochene Kontinuität in der Wortgeschichte gibt, während im Deutschen schon im 16. Jahrhundert neben ›Komödie‹ die Bezeichnung ›Lustspiel‹ auftritt und das lateinisch-griechische Wort verdrängt. ›Komödie‹ erscheint bei uns zuerst im 15. Jahrhundert mit der italienischen Betonung (commedia) in der Form ›comedia‹ oder – volkstümlicher – ›comedi‹ als Bezeichnung für ein komisches Drama. Daneben treten zwei weitere Bedeutungen: Komödie als Auftritt, Schauspiel überhaupt (auch im übertragenen Sinne, das Leben als Schauspiel meinend oder abwertend im Sinne von Spektakel, übertriebenes Getue) und – unter französischem Einfluß – als Bezeichnung für Theater überhaupt, also auch die Tragödie umfassend. Erwähnt werden muß noch eine weitere Bedeutungskomponente: Das italienische commedia bedeutete im 14. Jahrhundert »ein dichterisches Werk, das (...) gut endet und in der Volkssprache geschrieben ist« (159); einiges davon hat sich im romanischen Sprachgebrauch und im Englischen erhalten.

Die Bezeichnung ›Lustspiel‹ taucht im 16. Jahrhundert als Übersetzung von lat. comoedia auf, kommt langsam als Gattungsbezeichnung in Umlauf und setzt sich im Laufe des 17. Jahrhunderts gegenüber Parallelbegriffen (u. a. Scherzspiel,

Schimpfspiel, Freudenspiel, Kurtzweilig Spiel, Lust- und Gesangsspiel) durch. GOTTSCHED und seine Schule haben zu Beginn des 18. Jahrhunderts ›Lustspiel‹ als Gattungsbezeichnung stehend gemacht (Schrimpf, 161). Neben das Begriffspaar Tragödie – Komödie tritt nun das deutsche Trauerspiel – Lustspiel, wobei ›Lustspiel‹ fast hundert Jahre vorher gebräuchlich wird. Das Nebeneinander von Comedie und Lustspiel bzw. Freudenspiel ist in den Poetiken von OPITZ (1624) und HARSDÖRFFER (1648) bezeugt; GOTTSCHED entscheidet sich im *Versuch einer Critischen Dichtkunst vor die Deutschen* (1730) für ›Lustspiel‹, und die Mehrzahl der komisch-dramatischen Produktionen nennt sich seither Lustspiel. LESSING z. B. übersetzt GELLERTS Abhandlung *Pro comoedia commovente* (1751) mit *Für das rührende Lustspiel.* Im 18. Jahrhundert wandelt sich der Begriff weiter und nähert sich unter dem Einfluß lehrhafter und moralisierender Bestrebungen dem ernsten Schauspiel mit der Aufgabe, Bedeutung und Ansehen des aufstrebenden Bürgertums zu repräsentieren (Schrimpf, 164). Das Lustspiel gerät, z. T. in Anlehnung an die französische »Comédie larmoyante«, zum bürgerlichen Rührstück. LESSING beschreibt 1754 in der *Theatralischen Bibliothek,* wie sich Lustspiel und Trauerspiel in den Bemühungen der Zeit aufeinander zu bewegen und rührendes Lustspiel bzw. bürgerliches Trauerspiel entstehen. Viel zitiert wird seine Definition: »Das *Possenspiel* will nur zum Lachen bewegen; das *weinerliche Lustspiel* will nur rühren; die wahre *Komödie* will beides.« Obwohl LESSING hier den Begriff Komödie verwendet, nennt er das Musterbeispiel einer »wahren Komödie« *Minna von Barnhelm* ein Lustspiel.

Theoretische Rechtfertigungen und die rührenden Lustspiele selbst haben eine Entwicklung zum ernsthaften Lustspiel – auf anderer Ebene von der Posse zum Volksstück – in Gang gesetzt, die sich bis weit in das 19. Jahrhundert verfolgen läßt; z. T. wählt man nun die neutrale Bezeichnung ›Schauspiel‹ oder – im Sinne der Darstellung bürgerlicher Tugenden – die Bezeichnungen ›Familiengemälde‹, ›Sittengemälde‹. Trotz LESSINGS Kritik und den Bemühungen, die das komische Element und die Figur des Lustigmachers retten wollen, verschieben sich Lustspiel-Begriff und poetische Praxis im 18. Jahrhundert zugunsten der Hervorhebung ernsthaften, erbaulichen Vergnügens, dem das befreiende oder satirische Gelächter und die rein komischen Effekte unerwünscht sind (Schrimpf, 168). J.M.R. LENZ setzt neue Akzente, indem er die Komödie als »Gemälde der menschlichen Gesellschaft« bestimmt, das »komisch und tragisch zugleich« sei. Er wendet sich gegen das rührende Lustspiel, tritt aber nicht für eine komische Komödie ein: »Ich nenne durchaus Komödie nicht eine Vorstellung, die bloß Lachen erregt, sondern eine Vorstellung, die für jedermann ist (...), der Unterscheid von Lachen und Weinen war nur eine Erfindung späterer Kunstrichter, die nicht einsahen, warum der gröbere Teil des Volkes geneigter zum Lachen als zum Weinen sein« (vgl. Schrimpf, 169).

Zu Beginn des 19. Jahrhunderts hat sich als erster A. W. SCHLEGEL – von dem Unterschied zwischen ›alter‹ und ›neuer‹ griechischer Komödie ausgehend – um eine gattungstheoretische Unterscheidung von Komödie und Lustspiel bemüht: »Während die *Komödie* den gesamten Kosmos in ein freies, ungebundenes Spiel einbeziehe, bleibe das *Lustspiel* als niedere Form auf die häusliche und private Sphäre des Menschen beschränkt« (*Vorlesungen über dramatische Kunst und Literatur*, 1809–11). Das Lustspiel sei »eine Mischung von Scherz und Ernst. Der Dichter treibt nun nicht mehr selbst mit der Poesie und der Welt seinen Scherz (...), sondern er sucht in den Gegenständen das Scherzhafte auf: er schildert in den menschlichen Charakteren und Lagen dasjenige, was zum Scherz veranlaßt, mit einem Wort, das Lustige, das Lächerliche. Aber es soll nicht mehr als eine bloße Schöpfung der Phantasie auftreten, sondern wahrscheinlich sein, das heißt wirklich scheinen (...). Das Lustspiel muß ein treues Gemälde gegenwärtiger Sitten, es muß local und national bestimmt sein (...) insofern das Lustspiel die Verfassung des geselligen und häuslichen Lebens überhaupt schildert, ist es ein Porträt; von dieser prosaischen Seite muß es sich nach Zeit und Ort verschieden bestimmen, während die komischen Motive, ihrer poetischen Grundlage nach, immer dieselben bleiben.« SCHLEGEL beschreibt den Unterschied nicht nur im Blick auf die geschichtlichen Erscheinungsformen, er wertet zugleich, indem er das Lustspiel zwar als ›moderne‹ Form anerkennt, in der Komödie aber die ›höhere‹ Form des komischen Dramas sieht. Vom ›romantischen‹ Lustspiel erhoffte er sich, daß es das ›Prosaische‹ wieder aufhebe und die schöpferische Phantasie der Komödie erreiche (Schrimpf, 175). Demgegenüber hebt A. MÜLLER die »dialogisch-demokratische Natur des Lustspiels« in der Korrespondenz zwischen Bühne und Publikum hervor; sie ist Folge und Ausdruck der Verschränkung in das soziale Leben, der demokratische Zug erschöpft sich nicht in ästhetischer Funktion, sondern steht im Wechselverhältnis auch zu politischen Realitäten (vgl. Hinck 1977, 28 f.).

SCHILLER, der nicht zwischen Komödie und Lustspiel unterscheidet, entdeckt als erster den epischen Zug in der Komödie. Als Antwort auf die Frage nach dem dichterischen Rang der Komödie im Blick auf die Tragödie schreibt er: »Im ganzen kann man sagen: die Komödie setzt uns in einen *höhern Zustand*, die Tragödie in eine *höhere Tätigkeit*. Unser Zustand in der Komödie ist ruhig, klar, frei, heiter, wir fühlen uns weder tätig noch leidend, wir schauen an, und alles bleibt außer uns.« Die Beschreibung der Wirkung der Komödie kommt SCHLEGELS Begriff der »Komödie als eines souveränen, durch nichts gebundenen Spiels sehr nahe« (Schrimpf, 178). Kayser hat im *Sprachlichen Kunstwerk* die Unterscheidung Lustspiel – Komödie umgekehrt; er hält die Komödie für dramatischer, das Lustspiel für epischer, ›welthaltiger‹. Geschichtlich aber kann, wie Schrimpf überzeugend nachweist, eine solche terminologische Unterscheidung nicht abgeleitet werden. Der Hinweis auf die epische Distanzierung und den ›Spielcharakter‹ ist allerdings weiterführend, vor allem auch im Blick auf die Formen des epischen Theaters.

Aufgrund fehlender verbindlicher Kriterien kann man keine klare Grenzziehung zwischen Komödie und Lustspiel vornehmen, wiewohl epochenspezifische Unterschiede und Abgrenzungsversuche vorliegen; »Komödie und Lustspiel bleiben synonyme Gattungsnamen, die von den Dichtern ganz individuell und willkürlich gehandhabt werden«, dem Begriff ›Komödie‹ gebührt als internationaler Bezeichnung der Vorzug (Schrimpf, 181). Daneben behalten die vielen gattungstheoretischen Reflexionen und Unterscheidungen ihren Wert, insofern sie »unterschiedliche Grundtendenzen in der Gestaltung des Komischen, wie sie sich im komischen Drama und seinen zahlreichen historischen Formen realisieren«, differenzierend erfassen (vgl. ebd. und Hinck 1977, 27). So sollte man statt von »terminologisch fixierbaren *Grundformen* (...) von *Grundtendenzen* im komischen Drama« (Schrimpf, 182) oder mit Arntzen von der »Intention Komödie« sprechen, die sich »in der spezifischen Konstellation negativer, kritischer, satirischer und bestätigender, utopischer Elemente« (18) realisiert. Es lassen sich einerseits Tendenzen zur ›Veränderung‹, ›Entlarvung‹ (›Verlachen‹, Satire), andererseits zur ›Vermittlung‹ (›Versöhnung‹, »verhaltenes Vergnügen«) beobachten, und es gibt Formen, die die Situationskomik bzw. die Figur des Lustigmachers betonen, neben anderen, die das Schwergewicht auf die Sprachkomik und den witzigen Räsoneur legen.

Die Geschichte der Komödie und ihrer Formen vermittelt Einsichten in die vielfältigen Auseinandersetzungen mit dem Phänomen des Komischen. Die Anfänge der deutschen Komödie liegen – abgesehen vom vorliterarischen Bereich (Riten, Brauchtum) – in der Intermedienkomik des mittelalterlichen geistlichen Dramas (Salbenkrämerszene, Wächterszene, Teufelsspiel u.a.), im Neidhartspiel und in den Fastnachtspielen. Im Mittelpunkt stehen komische Figur und Situation (vgl. Einfluß der Schwank-Literatur); dramaturgisch überwiegt die Reihenform, die im Gegensatz zum Handlungstyp nicht entwicklungsfähig war und erst von späteren Revueformen wieder aufgenommen wurde. – In der Reformationszeit wurde die Komödie zum Vehikel im Glaubenskampf, im Humanismus geriet sie unter den Einfluß der lateinischen Komödie (TERENZ, PLAUTUS), u.a. bei R. v. GANDERSHEIM und CELTIS. »Delectare et prodesse« bestimmten die Komödie auch in der Form des Schuldramas. Ein Gegengewicht dazu bildeten die mimisch-improvisatorischen Spielformen der englischen und italienischen Wandertruppen mit ihrer Verselbständigung lustspielhafter Elemente, vor allem in der Ausbildung der Lustigen Person (Pickelhering, Harlekin). Die Ablösung der Simultan- durch die Sukzessionsbühne prägte die Dramaturgie der Barockkomödie. Sie wird bestimmt durch die Ständeklausel (ARISTOTELES nannte die Komödie eine »nachahmende Darstellung von niedrigen Charakteren«). Bei OPITZ heißt es: »Die Comedie besteht in schlechtem Wesen und Personen, redet von Hochzeiten, Gastgeboten, Spielen, Betrug und Schalkheit der Knechte, ruhmrätigen Landsknechten, Buhlersachen, Leichtfertigkeit der Jugend, Geize des Alters, Kupplerei.« Mit diesen Motiven wird der ›untere‹ Stand gegen die höfische Welt abgegrenzt. Teilweise tritt die Komödie im Kontext von Schäferspiel, Singspiel oder Oper als Intermezzo in Erscheinung. Repräsentativ für die Spielformen und Funktionen der Komik stehen GRYPHIUS' *Herr Peter Squentz* (1658), *Horribilicribrifax* (1663) und das Scherz- und Gesangsspiel *Verliebtes Gespenst – Die geliebte Dornrose* (1660), Komödien mit National- und Zeitcharakter.

Bis zum Beginn des 18. Jahrhunderts prägen englische, französische und italienische Einflüsse das Repertoire und regen die deutsche Produktion an, vor allem in Wien STRANITZKY, der aus Elementen des Harlekins und Pickelherings den »Hanswurst« und mit der *Ollapatrida des durchtriebenen Fuchsmundi* (1711) eine Sammlung komischer Szenen und Bearbeitungen erschafft. In ähnlicher Weise versucht dies in Deutschland J. U. KÖNIG, während die Standessatiren WEISES und CHR. REUTERS ohne Einfluß auf die nachfolgende Entwicklung blieben. Vor GOTTSCHEDS systematischen Bemühungen um die Komödie dominierten die Formen, in deren Mittelpunkt die improvisierende komische Figur steht und die von einer losen Folge komischer Situationen geprägt sind. Es entstand eine ›Dynastie‹ komischer Figuren, die die Bemühungen um eine festgelegte Handlungsführung, um »regelmäßige« Stücke störte. Die Auseinandersetzung zwischen den verschiedenen ›Parteien‹ um die literarische Bedeutung der komischen Figur führte schließlich – zumindest in Norddeutschland – zur öffentlichen Vertreibung und Verbannung des Hanswursts oder Harlekins von der Bühne.

Vor allem GOTTSCHED forderte die Regelmäßigkeit der Komödie, lehnte die Harlekinaden ab und betonte das Lehrhaft-Moralische: »Die Comödie ist nichts anders, als eine Nachahmung einer lasterhaften Handlung, die durch ihr lächerliches Wesen den Zuschauer belustigen, aber auch zugleich erbauen kann«; und »Die Personen, so zur Comödie gehören, sind ordentliche Bürger, oder doch Leute von mäßigem Stande.« Er präzisiert die seit OPITZ geltende Ständeklausel, indem er das Bürgerliche nach unten vom ›Pöbel‹ abgrenzt und nach oben bis zum ›Grafen‹ ausweitet. Ferner lehnt er die komischen Typen der italienischen Komödie ab und fordert differenzierte »Eigenschafts-« oder »Lastertypen«, die sich dann bei J. E. SCHLEGEL zu »Charaktertypen« entwickeln (vgl. Hinck, 1965). Die bloße Szenenreihung sei durch eine komische Handlung (Zielgerichtetheit, Spannung) zu ersetzen, die auf einer »wahrscheinlichen« Grundlage beruhe. GOTTSCHED wendet sich mit den Forderungen nach ›Literarisierung‹ der Komödie gegen jegliche Improvisation, damit vor allem gegen die komische Figur. Die Funktion des ›verbannten‹ Spaßmachers wird nun von einer Vielzahl von »Lastertypen« übernommen, z. B. bei der GOTTSCHEDIN (*Die Pietisterey im Fischbeinrocke* 1736, *Die ungleiche Heirat* 1743, *Der Witzling* 1745), in den frühen Stücken LESSINGS (*Der junge Gelehrte* 1747) und in der »sächsischen Typenkomödie«. Für die weitere Entwicklung und »Verbürgerlichung« der Komödie in der Aufklärung wurden die Einflüsse der »Comédie larmoyante« und sentimentale Züge wichtig, die zum rührenden Lustspiel führen, z. B. in Anklängen beim frühen LESSING in *Die Juden, Der Freigeist* (beide 1749), ausgeprägt in GELLERTS *Die Betschwester* (1745), *Die zärtlichen Schwestern* (1747) und J. E. SCHLEGELS *Die stumme Schönheit* (1747), *Der Triumph der guten Frauen* (1748). SCHLEGEL schlägt die Brücke zwischen satirischer Komödie und rührendem Lustspiel. Er betont die Funktion des komischen ›Charakters‹, hebt das ›Vergnügen‹ gegenüber der Dominanz von Verstand und Moral in der Komödie hervor, fordert Verstärkung der nationalen Züge und hebt die Ständeklausel auf. Von da aus war es nur ein kleiner Schritt zu GELLERTS Rechtfertigung des rührenden Lustspiels (*Pro comödia commovente* 1751) mit der Hervorhebung der tugendhaften Liebe und des ›positiven‹ Charakters und LESSINGS Synthese satirisch-verlachender und komisch-aufbauender Elemente in *Minna von Barnhelm* (1763). Parallel verlief die Herausbildung bürgerlichen Selbstbewußtseins in der Entwicklung des »Bürgerlichen Trauerspiels«.

In der Theorie knüpft LESSING an SCHLEGEL und GELLERT an, indem er die Darstellung von Laster und Tugend zugleich als ›realistisches‹ Abbild ›wirklichen‹ Lebens in der Komödie intendiert. Dabei wird an der sozialen und aufklärenden Funktion des Lachens festgehalten; Übergänge zum Tragikomischen widersprechen dem nicht. *Die Juden* und *Der Freigeist* sind Bindeglieder zu *Minna von Barnhelm*; hier verhindern ›rührende‹ Elemente und ›positive‹ Komik ein Abgleiten in die satirische Verlachkomödie und fordern den Zuschauer zu geistiger Auseinandersetzung heraus. *Minna von Barnhelm* gilt als Neubeginn der Lustspielgeschichte (aufklärende Funktion der Komik, psychologische Motivierung und Problemgehalt, Nationalcharakter und geschichtliche Einbettung, Figuren als Individuen und Standesrepräsentanten).

Seit der Aufklärung ist eine Zweiteilung in ›niederes‹ und ›höheres‹ Lustspiel zu beobachten. An dieser Entwicklung hat auch das »Singspiel« Anteil (u. a. WEISSE, GOETHE), das die satirischen Elemente zugunsten einer idyllischen und positiven Darstellung des Bürgertums aufgibt. Das niedere Lustspiel, dem u. a. Intrigen-, Typen- und Familienstück, Konversationsstück, Posse, Volksstück und Bühnenschwank zugerechnet werden, verdiente – wenngleich mehr am Theater als an der »Literatur« orientiert – eine gerechte Behandlung in der Geschichte der Komödie. Ebenso sind seine Zusammenhänge mit Singspiel und Operette wie mit der internationalen Unterhaltungsdramatik zu sehen.

HERDERS gegen die ›Besserungsästhetik‹ gerichtete Komödientheorie bereitet den Stücken des Sturm und Drang den Boden; seine Forderung, die Handlung in den Mittelpunkt zu stellen, verwirklicht LENZ. Für ihn ist Gegenstand der Komödie die Gesellschaft; die groteske Akzentuierung der Handlung, die Vermischung komischer und tragischer Elemente (*Der Hofmeister* 1774, *Die Soldaten* 1776) dienen der Darstellung der heterogenen Wirklichkeit und Gesellschaft. Eine weitere Annäherung an ›Natürlichkeit‹ und ›Alltagswelt‹ gelingt ihm aus kritischer Perspektive in *Der neue Menoza* (1774), während bei KLINGER (*Sturm und Drang* 1776) und GOETHE (*Götter, Helden und Wieland, Satyros* 1773) Komödie zum aggressiven und satirischen Spiel mit Kunst und Leben wird. Gleichzeitig entwickelt sich das rührende Lustspiel zum Familiengemälde (SCHRÖDER, IFFLAND) ohne gesellschaftskritische Perspektive. KOTZEBUE (*Die deutschen Kleinstädter* 1801) betreibt auf dieser Grundlage wieder eine satirische Entlarvung des Kleinbürgerlichen. – GOETHE experimentierte mit verschiedenen Formen des komischen Dramas (Schäferspiel, Singspiel, Fastnachtspiel, Farce, aristophanische Komödie) und erschloß wichtige Einflüsse des englischen, spanischen, französischen und italienischen Theaters, SCHILLER bearbeitete nach eigenen Komödienversuchen GOZZIS *Turandot* (1801), doch schufen beide nicht die ›große‹ Komödie der Klassik. GOETHES Intention, eine nationale Stegreifkomödie zum Leben zu erwecken, eine Verbindung von Volk und Theater herbeizuführen, blieb Theorie. Ansätze sind in *Der Bürgergeneral* und *Die Aufgeregten* (1793) zu erkennen. SCHILLER rückt den Komödiendichter in die Nähe des Epikers, erkennt die Distanz des Zuschauers zur Handlung (»Gemütsfreiheit«) sowie die »moralische Indifferenz« der Komödie. Damit wird die Welt des »Spiels« in der Komödie betont, die in anderer Weise das Lustspiel der Romantik bestimmt, das sich freilich auf der Bühne nicht behaupten konnte, weil es deren Bedingungen mißachtete.

Die Romantik rückte die Subjektivität des Komischen und die Willkür des Spiels in den Mittelpunkt (Theorie: FR. und A. W. SCHLEGEL, A. MÜLLER, JEAN PAUL, SCHELLING), was sich z. T. in der künstlerischen Selbstaufhebung der Komödie manifestiert, z. B. in TIECKS *Prinz Zerbino, Die verkehrte Welt* (beide 1799) und *Der gestiefelte Kater* (1797). Der Verzicht auf verlachenswerte Figuren, auf eine ›geschlossene‹ Handlung, das Ausklammern der Alltagswelt, die Lösung des Komischen vom Gesellschaftlichen und die Autonomie des Phantastischen kennzeichnen das romantische Lustspiel; auf der Bühne haben sich u. a. *Brentanos* PONCE DE LEON (1801), *Eichendorffs* DIE FREIER (1833) und BÜCHNERS *Leonce und Lena* (1836) gehalten, das freilich schon über die Romantik hinausweist. PLATENS Experimente mit der aristophanischen Komödie blieben folgenlos, während GRABBES *Scherz, Satire, Ironie und tiefere Bedeutung* (1827) auch heute noch gespielt wird. Nach LESSING gilt KLEIST als zweiter Höhepunkt in der Geschichte der Komödie. *Der zerbrochene Krug* und *Amphitryon* (1808) entwickeln auf dem Fundament des Sittlichen neue Qualitäten komischer Menschendarstellung und Sprachgestaltung. Konkretheit und Realitätsbezug des zwischenmenschlichen Geschehens kehren in die Komödie zurück.

Im Verlauf des 19. Jahrhunderts ist nicht das ›hohe‹ Lustspiel repräsentativ für die weitere Entwicklung, sondern die Vielfalt der Formen des ›niederen‹ Lustspiels, Zauberspiel und Besserungsstück, Posse, Lokalstück, Lebensbild und Volksstück, vor allem im Wiener Volkstheater, das auch GRILLPARZER beeinflußte. Daneben beherrschten die ›Erfolgsstücke‹ von TÖPFER, BIRCH-PFEIFFER, BENEDIX und später die Bühnenschwänke den Theaterspielplan. GUTZKOWS *Zopf und Schwert* (1844), FREYTAGS *Die Journalisten* (1852) und BAUERNFELDS Komödien sind fast vergessen, während GRILLPARZERS *Weh dem, der lügt* (1838) auch heute noch aus dem Spiel um Lüge und Wahrheit komisches Vergnügen zieht, weil das Komödienhafte selbst – das Verhältnis zwischen Ideal und durch menschliches Handeln erreichbarer Verwirklichung – thematisiert wird. Hebbels Komödien zeigen das Komische als Kehrseite des Tragischen, lassen keinen Raum für ein optimistisches oder utopisches Weltbild, das die Komödie konstituiert. In WAGNERS *Die Meistersinger von Nürnberg* (1845/70) geht die Komödie im Gesamtkunstwerk auf. Neue Impulse für die Komödiendichtung gehen vom Naturalismus und den vielfältigen literarischen Strömungen um die Jahrhundertwende aus. Daneben ist auf die Weiterentwicklung des komischen Dramas in der Operette und nach 1900 in den Kabarettformen hinzuweisen.

HAUPTMANNS Komödien, insbesondere *Der Biberpelz* (1893), *Schluck und Jau* (1900) und die Tragikomödie *Die Ratten* (1911) knüpfen an die gesellschaftskritische Tradition an; der offene Schluß läßt den Zuschauer kritische Blicke auf die dargestellte soziale Wirklichkeit, ihre Normen und Widersprüche werfen. Auch WEDEKIND (*Der Marquis von Keith* 1901) und STERNHEIM (Zyklus *Aus dem bürgerlichen Heldenleben* 1908–1923) greifen auf verschiedene Weise das Thema bürgerlicher und antibürgerlicher Existenz auf. Die österreichische Komödie nach 1900 vertreten BAHR, SCHNITZLER, MUSIL und HOFMANNSTHAL, der mit *Der Schwierige* (1921) nach Ansicht vieler das letzte glanzvolle Lustspiel in einer von LESSING eingeleiteten Tradition geschrieben hat. Hier wie in *Der Unbestechliche* (1923) empfindet der Zuschauer die an LESSING und KLEIST erinnernde Mischung aus

Heiterkeit und Ernst, erkennt er den Rettungsversuch zugunsten des längst gestörten Gleichgewichts zwischen den sozialen Gruppen als utopisches Element; Sprachskepsis und Akzentuierung des Anachronistischen machen in der Komödienwelt das »erreichte Soziale« im Zwischenmenschlichen sichtbar.

Die Vielfalt der Formen und Tendenzen der Komödie nach 1900 bis zum vom Film (»Lustfilm«) adaptierten Lustspiel zeigt sich an den Namen SUDERMANN, THOMA, GOETZ, HASENCLEVER, REHFISCH u. a. Es lassen sich fließende Übergänge zwischen Volksstück, Komödie und Boulevardstück in der Lustspielproduktion zwischen 1918 und 1933 feststellen (vgl. Grimm, 1976). Den Expressionisten war das Komödienhafte nur eine Facette des Schaffens (u. a. bei KOKOSCHKA, WERFEL, TOLLER); K. KRAUS' *Die letzten Tage der Menschheit* (1919) und G. KAISERS Komödien dokumentieren neue Möglichkeiten, die widersprüchliche Wirklichkeit im Medium der Komödie auf die Bühne zu bringen. Übergänge zwischen Komödie, ›neuem‹ Volksstück und epischem Theater entstehen aus der Auseinandersetzung mit der expressionistischen Dramatik und unter dem Einfluß der »Neuen Sachlichkeit« und bestimmen die Komödienproduktion bis zum Ende des 2. Weltkriegs, so vor allem in der Form des kritischen Volksstücks bei HORVÁTH und BRECHT, der sich mit *Herr Puntila und sein Knecht Matti* (1940) gegen ZUCKMAYERS ›volkstümelnden‹ *Fröhlichen Weinberg* (1925) wendet. ZUCKMAYERS *Hauptmann von Köpenick* (1931), die Komödie von dem verzweifelten Versuch des ›kleinen Mannes‹, dem Mechanismus eines »uniformierten« Staates zu entrinnen, ist das letzte große Komödienbeispiel der Vorkriegszeit. Die Nachkriegskomödie knüpft z. T. an frühere Formen an, wird vom absurden, grotesken und experimentellen Theater beeinflußt, sucht wieder Anschluß an die internationale Dramatik. Die durch BRECHT eingeleitete Richtung des Aufgehens der Komödie in Formen des epischen Theaters aufgrund der Affinität von Komik und Verfremdung erfährt durch DÜRRENMATTS These, uns komme »nur noch die Komödie« bei, eine Umkehrung. Bei ihm spielen wieder »Einfall« und »Zufall« eine große Rolle.

Ein Urteil über die Komödien nach DÜRRENMATTS *Der Besuch der alten Dame* (1956) und FRISCHS *Don Juan oder die Liebe zur*

Geometrie (1953) fällt schwer, da die Funktionsbestimmung der Komödie in Nachkriegs- und Gegenwartsliteratur noch nicht vorgenommen wurde. Eine eigene Darstellung erfordert die Geschichte der DDR-Komödie. Mit den Namen HILDESHEIMER, WITTLINGER, HACKS, LANGE und HOCHHUTH sind Perspektiven angedeutet, die durch die Übergänge zum ›neuen‹ Konversationsstück (HANDKE, BERNHARD, STRAUSS) und Formen des Anti-Theaters (W. BAUER) ergänzt werden. Ob sich die »Intention Komödie« (Arntzen) nur mehr in anderen Formen realisiert, Komödie selbst nur noch in der seichten Unterhaltungsdramatik des Boulevardtheaters und im Fernsehen möglich ist, wird die Zukunft zeigen.

Literatur: Holl, K.: Geschichte des deutschen Lustspiels. Leipzig 1923 (Nachdruck 1964). – Guthke, K. S.: Geschichte und Poetik der deutschen Tragikomödie. Göttingen 1961. – Hinck, W.: Das deutsche Lustspiel des 17. und 18. Jahrhunderts und die italienische Komödie. Stuttgart 1965. – Arntzen, H.: Die ernste Komödie. Das deutsche Lustspiel von Lessing bis Kleist. München 1968. – Catholy, E.: Das deutsche Lustspiel vom Mittelalter bis zum Ende der Barockzeit. Stuttgart 1968. – Prang, H.: Geschichte des Lustspiels von der Antike bis zur Gegenwart. Stuttgart 1968. – Steffen, H. (Hg.): Das deutsche Lustspiel I u. II. Göttingen 1968/69. – Heidsieck, A.: Das Groteske und Absurde im modernen Drama. Stuttgart 1971. – Haida, P.: Komödie um 1900. München 1973. – Martini, F.: Lustspiele – und das Lustspiel. Stuttgart 1974 ([2]1979). – Grimm, R./Berghahn, K. L. (Hg.): Wesen und Formen des Komischen im Drama. Darmstadt 1975. – Grimm, R.: Neuer Humor? Die Komödienproduktion zwischen 1918 und 1933. In: Paulsen, W. (Hg.): Die deutsche Komödie im zwanzigsten Jahrhundert. Heidelberg 1976, S. 107–133. – Preisendanz, W./Warning, R. (Hg.): Das Komische. München 1976. – Hinck, W. (Hg.): Die deutsche Komödie. Düsseldorf 1977. – Schrimpf, H. J.: Komödie und Lustspiel. Zur terminologischen Problematik einer geschichtlich orientierten Gattungstypologie. In: Z. f. dt. Philologie 97 (1978) Sonderheft, S. 152–182. – Klotz, V.: Bürgerliches Lachtheater. Komödie, Posse, Schwank, Operette, München 1980 (Neuausgabe Reinbek 1987). – Catholy, E.: Das dt. Lustspiel von der Aufklärung bis zur Romantik. Stuttgart 1982. – Grimm, R./Hinck, W.: Zwischen Satire und Utopie. Zur Komiktheorie und zur Geschichte der europäischen Komödie. Frankfurt/M. 1982 – Appel, S.: Die Funktion der Gesellschaftskomödie von 1910–1933 im europäischen Vergleich. Frankfurt/M. 1985. – Profitlich, U. (Hg.): Dramatik der DDR. Frankfurt/M. 1987. – Arntzen, H. (Hg.): Komödiensprache. Beiträge zum dt. Lustspiel zwischen dem 17. und dem 20. Jh. Münster 1988. – Freund, W. (Hg.): Dt. Komödien. Vom Barock bis zur Gegenwart. München 1988. – Wagener, H. (Hg.): Absurda Comica. Studien zur Dt. Komödie des 16. und 17. Jhs. Amsterdam 1988. – Castein, H./Stillmark, A. (Hg.): Erbe und Umbruch in der neueren deutschsprachigen Komödie. Stuttgart 1990. – Mainusch, H. (Hg.): Europäische Komödie. Darmstadt 1990.

DER KRIMINALROMAN

von Volker Ott

»Ohne Zweifel trägt der Kriminalroman alle Merkmale eines blühenden Literaturzweiges zur Schau«, beginnt BRECHT seinen Aufsatz »Über die Popularität des Kriminalromans« (*Gesammelte Werke 19*, Frankfurt 1976, S. 450–457) und trifft damit eine Feststellung, die seit der Veröffentlichung der als erste Detektiverzählung der Weltliteratur bezeichneten *Murders in the Rue Morgue* von E. A. POE im Jahre 1841 bis heute Gültigkeit besitzt. Darf man den Informationen der Verlage über Auflagenziffern (oder den Angaben internationaler Fernsehanstalten über Einschaltquoten bei der Ausstrahlung von Kriminalfilmen) Glauben schenken, gehört dieses Genre zu einem der meistrezipierten überhaupt. Diese offenkundige Beliebtheit des Kriminalromans steht jedoch in Gegensatz sowohl zur erst relativ spät einsetzenden literaturwissenschaftlichen Beschäftigung mit der Gattung als auch zu ihrer häufig zu beobachtenden Geringschätzung. Da der Kriminalroman in den seltensten Fällen mehr als spannend unterhalten will, gilt er – zumal im deutschsprachigen Raum – als wenn schon nicht minderwertige, so doch zumindest triviale Literatur. So meint selbst die renommierte Kriminalschriftstellerin DOROTHY SAYERS, der Kriminalroman sei »eine Literatur der Ablenkung«, nicht eine »Literatur der Aussage« (Vorworte zu *Great Stories of Detection, Crime and Horror*, London [16]1960). Ähnliche Uneinigkeit und Unsicherheit wie bei der Beurteilung der literarischen Qualitäten des Kriminalromans bestehen auch in bezug auf seine Definition, so daß Buchloh/Becker fast resignierend zusammenfassen: »Eine stringente Definition der Detektiverzählung ist trotz vieler Versuche nach inhaltlichen oder formalen Kriterien bis heute nicht gelungen und wird bei der Vielschichtigkeit des Genres kaum gelingen können« (3).

Definitionen. Die überwiegende Mehrzahl aller literaturwissenschaftlichen oder essayistischen Bestimmungs- und Einordnungsversuche datiert nach 1940, einem Zeitpunkt also, da wesentliche Entwicklungen des Kriminalromans bereits abgeschlossen waren und es schwierig, fast aussichtslos erschien, die Vielzahl unterschiedlicher Texte zu berücksichtigen und eine befriedigende Antwort auf die Frage zu geben, was eigentlich ein Kriminalroman, ein Detektivroman, eine Kriminalgeschichte, eine Detektivgeschichte, ein Agentenroman, ein Spionageroman, ein Thriller usw. sei. Verschiedene Verfahren zur Differenzierung bieten sich an: Nach der Länge des Textes lassen sich Kriminalroman und Detektivroman als längere (jedoch selten lange) Prosatexte, Kriminal- und Detektivgeschichte als kürzere Prosatexte bezeichnen. Unter inhaltlichen Aspekten lassen sich die Grenzen zwischen Kriminal- und Detektivroman (bzw. deren Kurzformen) mit folgender Definition ziehen: Der Kriminalroman erzählt die Geschichte eines Verbrechens unter besonderer Berücksichtigung der psychologischen (auch soziologischen) Disposition des Täters, seiner Tatmotive, des Tathergangs und der Tatfolgen. Der Detektivroman (›detective novel‹ im Englischen bzw. weitgehend sinngleich ›roman policier‹ im Französischen) gilt als Sonderform des Kriminalromans, die die Suche nach dem Täter und die Aufklärung des Tathergangs zum Inhalt hat und damit die Intention verfolgt, den Leser durch Teilnahme am Rätselraten in Spannung zu versetzen, als »neuere spezifisch angloamerikanische Abart des Kriminalromans bes. im 20. Jh., in der die psychologische Erklärung des Verbrechens zurücktritt hinter der ausführlichen Schilderung seiner Aufklärung, der Aufhellung eines fiktiven, anfangs offensichtlich unerklärbar erscheinenden und für den Leser bis zum Schluß geheimnisumwitterten Tatbestandes durch den Detektiv mit Hilfe von Indizien und logischen Schlußfolgerungen« (Gero von Wilpert, *Sachwörterbuch der Literatur*, ^{6}1979, 161). Vor allem im deutschsprachigen Raum wirkt ein ungenauer Sprachgebrauch erschwerend: Obwohl Kriminalroman und Detektivroman unbedingt voneinander zu unterscheiden sind, wird oft von ersterem gesprochen, wenn letzterer gemeint ist.

Erst spät versucht die Literaturwissenschaft, die Unterschiede zwischen beiden nicht stofflich und inhaltlich, sondern formal zu erklären. Ernst Bloch, Helmut Heißenbüttel und Richard Alewyn erkennen neben anderen in der Erzähltechnik eine Möglichkeit, Kriminalroman und Detektivroman voneinander zu unterscheiden. Am Beispiel des »ältesten und berühmtesten Kriminalfalls unserer Überlieferung« (Vogt II, 374), der Ermordung Abels durch Kain (Gen 4, 1–16), verdeutlicht Alewyn die Unterschiede. Der Kriminalroman erzählt die Begebenheiten kunstlos in chronologischer Reihenfolge, der Detektivroman »invertiert oder rückläufig« (374), er beginnt mit dem Ende, dem Mord (hier: dem erschlagenen Abel), und endet mit der Entlarvung des Täters und der Enthüllung seines Motivs (hier: Kain wegen Neids). Alewyn faßt zusammen: »Der Unterschied [...] liegt also nicht im Gegenstand – beide behandeln einen Mord – sondern in der Form: Der Kriminalroman erzählt die Geschichte eines Verbrechens, der Detektivroman die Geschichte der Aufklärung eines Verbrechens. Man kann jeden Kriminalroman auf den Kopf stellen und ihn als Detektivroman erzählen, und man kann umgekehrt jeden Detektivroman auf die Füße stellen und damit den ihm zugrunde liegenden Kriminalroman herstellen« (375). Bloch spricht sinngemäß von der »Rekonstruktion des Unerzählten« (Vogt II, 327), Heißenbüttel von der »Rekonstruktion der Spur des Unerzählten« (Vogt II, 364). Tat und Täter sind zwar Autor und Erzähler (und natürlich auch dem Täter selbst) bekannt, werden aber dem Leser nicht verraten, bleiben unerzählt und müssen so vom Detektiv als Stellvertreter des Lesers in der Handlung rekonstruiert und gefunden werden.

Konstitutive Charakteristika. Obwohl Kriminal- und Detektivroman im Laufe ihrer Entwicklung die verschiedensten Ausprägungen erfahren haben und beide sowohl unter formalen als auch unter inhaltlichen Aspekten voneinander zu trennen sind, gibt es doch einige Elemente, die sich fast immer – wenn auch in variierender Zuordnung – wiederfinden lassen. Es sind dies (1) die Tat, zumeist ein Mord, denn »ein kleineres Verbrechen als Mord reicht einfach nicht aus« (S. S. Van Dine in Vogt I, 144), (2) der Täter, demzufolge meist ein Mörder, (3) dessen Opfer, meist eine Leiche, (4) die Tatumstände wie Tatzeit, Tatort, Tatzeugen, und (5) das Motiv. Das häufigste Motiv ist eindeutig

Geld, seltener Rache, die gelegentlich gerechtfertigt erscheint (DOYLE, *A Study in Scarlet*, CHRISTIE, *Murder on the Orient Express*, *The Mousetrap*). Diese Charakteristika (1) bis (5) konstituieren den Fall, während (6) die – zumeist unschuldigen – Tatverdächtigen und deren (7) Scheinmotive den Fall verwirren und den ›red herring‹, eine falsche und irreführende Spur, ergeben. Der entweder sehr scharfsinnige oder aber sehr tatkräftige, zumeist aber überaus individualistische und exzentrische (8) Detektiv löst mit Hilfe (9) seiner speziellen Methode (bei POES Dupin dessen »analytische Kraft«, bei CHRISTIES Poirot dessen »kleine graue Zellen«), (10) seines treuen Gehilfen und Freundes (in vielen Fällen der wichtigste Ansprechpartner der fast ausnahmslos unverheirateten und einzelgängerischen Detektive und häufig Erzähler der jeweiligen Kriminalfälle) und der (11) ›clues‹ (Hinweise und Spuren, die zur Lösung führen) den Fall, während die oft als sehr ungeschickt dargestellte (12) Polizei noch oder schon wieder im Dunkeln tappt.

Dem Detektiv kommt als Identifikations- und Integrationsfigur eine besondere Funktion zu. Er ist diejenige Figur, an der der betreffende Autor seine – soweit vorhandene – Aussageabsicht am ehesten festmachen kann. HAMMETTS Sam Spade oder CHANDLERS Philip Marlowe sind als harte, jedoch moralisch noch integre Kämpfer in einer schmutzigen Welt ebenso Demonstrationsfiguren ihrer Autoren wie DÜRRENMATTS Kommissär Bärlach als Gerechtigkeit verwirklichender Richter in einer grotesken Welt. Darüber hinaus fungiert der Detektiv auch als Mittler zwischen Autor und Leser: Als »Sachwalter des fragenden Lesers innerhalb der Erzählung« (Alewyn in: Vogt II, 314) sucht und findet er stellvertretend für ihn die Lösung des Geheimnisses.

Entwicklung. Die Wurzeln des Kriminal- und Detektivromans liegen im 17. und 18. Jahrhundert; als ihre Vorläufer sind u. a. Räuber- und Schelmenromane, Moritaten und die Gothic Novel anzusehen. Die ausführliche Darstellung berühmter Kriminalfälle des französischen Rechtsgelehrten FRANÇOIS GAYOT DE PITAVAL *Causes célèbres et intéressantes* (1734 ff.) wird zur beliebten Quelle. Nach den Kriminalerzählungen SCHILLERS *Der Verbrecher aus verlorener Ehre* (1786) und HOFFMANNS *Das Fräulein von Scuderi* (1820) als bedeutende Vorläufer in Deutschland gelingt es in Amerika E. A. Poe mit vier Geschichten (*The Murders in the Rue Morgue* 1841, *The Mystery of Marie Rogêt* 1842, *The Gold-Bug* 1843 und *The Purloined Letter* 1845), die Gattung Detektiverzählung zu etablieren. Zahlreiche ihrer konstitutiven Charakteristika sind bereits hier in Perfektion ausgeprägt: der scheinbar unerklärliche Mord in einem geschlossenen Raum (›locked room puzzle‹), der mit analytischem Scharfsinn arbeitende Detektiv, sein treuer Gehilfe, die hilflose Polizei, der unschuldige Tatverdächtige, der überraschende pointierte Schluß. Charles Dickens, Sheridan le Fanu (*Uncle Silas* 1864, *Checkmate* 1871), Wilkie Collins (*The Woman in White* 1860, *The Moonstone* 1868) werden in England, Emile Gaboriau (*L'Affaire Lerouge* 1866, *Monsieur Lecoq* 1869) und Gaston Leroux in Frankreich zu führenden Kriminalschriftstellern. Arthur Conan Doyles populäre Sherlock-Holmes-Geschichten sind von 1887 bis 1927 ein literarischer Erfolg mit weitreichender Wirkung, deren Einfluß nicht zuletzt wegen der einprägsamen Detektivfigur auch heute noch zu spüren ist. Agatha Christie spielt wenig später mit den Grundsätzen und Gepflogenheiten der Gattung und gewinnt ihr so neue reizvolle Varianten ab (*The Murder of Roger Ackroyd* 1926, *Murder on the Orient Express* 1934, *Ten Little Niggers* 1939). Gleichzeitig wird jedoch in den USA Kritik an den als konstruiert, schematisch und realitätsfremd empfundenen traditionellen Detektivromanen vom ›crossword puzzle type‹ laut. Raymond Chandler (*The Big Sleep* 1939, *The Long Good-Bye* 1953) lobt in seinem 1950 erschienenen Aufsatz »The Simple Art of Murder« die Fähigkeit seines Schriftstellerkollegen Dashiell Hammett (*The Maltese Falcon* 1930, *The Glass Key* 1931), realistische Detektivromane zu schreiben, die mit der veränderten gesellschaftlichen Realität korrespondierten. »Hammett gab den Mord den Leuten zurück, die Grund haben, zu morden, und nicht nur da sind, um eine Leiche zu beschaffen, Leuten, die die Mittel zum Mord in der Hand haben und nicht mit handgeschmiedeten Duellpistolen, mit Curare und tropischen Fischen morden. Er brachte die Leute so zu Papier, wie sie waren, und ließ sie in einer Sprache reden und denken, die sie kannten« (Chandler in: Vogt I, 180). Die Detektive in den

Romanen dieser ›hard-boiled school‹, besonders HAMMETTS Samuel Spade und CHANDLERS Philip Marlowe, sind dementsprechend illusionslose, wenn auch gelegentlich nachdenkliche Rauhbeine, die angesichts ihrer rücksichtslosen, brutalen und korrupten Umwelt ihre Fälle nur noch mit Fäusten und Pistolen und nur selten mit Verstand lösen können. Nach dem Krieg entstehen vor allem im angloamerikanischen Raum eine Fülle von Agenten- und Spionageromanen, Thrillern, ›sex-and-crime-novels‹ und psychologischen Kriminalromanen (und zahlreiche Misch- und Sonderformen), die sich an die unterschiedlichsten Leserkreise richten. Gegen die Überzahl der englischen und amerikanischen Autoren nimmt sich die Produktion deutsch- und französischsprachiger Autoren verschwindend gering aus. Der Schweizer FRIEDRICH DÜRRENMATT schreibt 1958 mit *Das Versprechen* (München 1978) ein »Requiem auf den Kriminalroman« (Untertitel), in dem die konstruierte Logik der Fiktion gegen »Schicksal«, »Zufall« und »Fügung« (11) ausgespielt wird. Das ist die bislang radikalste Absage an alle Kriminalromane, denen hier rigoros die Möglichkeit abgesprochen wird, Realität auch nur einigermaßen adäquat wiederzugeben, und die so zur »nutzlosen Stilübung« degradiert werden (11). Problematisch bleibt nur, ob der Kriminalroman überhaupt die Aufgabe wahrnehmen kann oder will, Realität (wie auch immer diese verstanden werden mag) abzubilden oder sie gar zu verändern. Wie die historische Entwicklung der Gattung zeigt, wird ihr damit eine Funktion abverlangt, die ihre Möglichkeiten überfordert und ihre Grenzen sprengt. Gerade aktuelle Versuche (z. B. die *Kriminalgeschichten* vom ›Werkkreis Literatur der Arbeitswelt‹, Frankfurt 1978), im Kriminalroman eine über seine Unterhaltungsfunktion hinausgehende Aussage zu artikulieren, zeigen, daß die entstandenen Texte kaum noch als Kriminalromane bezeichnet werden können.

Literatur: Depken, F.: Sherlock Holmes, Raffles und ihre Vorbilder. Heidelberg 1914. – Caillois, R.: Le roman policier. Paris 1941. – Haycraft, H. (Ed.): The Art of the Mystery Story. New York 1946. – Rodell, M. F.: Mystery Fiction. New York 1952. – Wölcken, F.: Der literarische Mord. Nürnberg 1953. – Murch, A. E.: The Development of the Detective Novel. London 1958. – Boileau, P./Narcejac, T.: Der

Detektivroman. Neuwied, Berlin 1967. – Naumann, D.: Der Kriminalroman. Ein Literaturbericht. In: Deutschunterricht 1 (1967). – Vogt, J. (Hg.): Der Kriminalroman I und II. München 1971, ²1980/81. – Marsch, E.: Die Kriminalerzählung. München 1972, ²1983. – Reinert, C.: Das Unheimliche und die Detektivliteratur. Bonn 1973. – Schulz-Buschhaus, U.: Formen und Ideologien des Kriminalromans. Frankfurt/M. 1975. – Buchloh, P. G./Becker, J. P.: Der Detektivroman. Darmstadt 1978. – Schütz, E. (Hg.): Die Aktualität des Kriminalromans. München 1978. – Tschimmel, J.: Kriminalroman und Gesellschaftsdarstellung. Bonn 1979. – Nusser, P.: Der Kriminalroman. Stuttgart 1980. – Suerbaum, U.: Krimi. Eine Analyse der Gattung. Stuttgart 1984. – Ermert, K./Gast, W. (Hg.): Der neue deutsche Kriminalroman. Loccum 1985. – Mandel, E.: Ein schöner Mord. Frankfurt/M. 1987. – Leonhardt, U.: Mord ist ihr Beruf. Eine Geschichte des Kriminalromans. München 1990.

DIE KURZGESCHICHTE

von Leonie Marx

Mit Begriff und Gattung »Kurzgeschichte« verbinden sich in der deutschsprachigen Literatur seit dem ausgehenden 19. Jahrhundert verschiedene, zum Teil recht unterschiedliche Vorstellungen, denen jedoch das zentrale Gattungsmerkmal der Kürze gemeinsam ist. Seine sachgerechte Bewertung ist entscheidend für eine stichhaltige Definition der literarischen Form »Kurzgeschichte«.

Angesichts der Bezeichnung, sie geht auf eine Lehnübersetzung aus dem anglo-amerikanischen »short story« = ›kurze Geschichte‹ zurück, liegt es scheinbar nahe, das Merkmal der Kürze vom Umfang her zu bestimmen, womit allerdings einer begrifflichen Klärung nicht gedient ist; das belegt eine entsprechende Tradition in der amerikanischen Literatur, denn die Definition aufgrund einer begrenzten Wortanzahl erklärt nicht den Unterschied zu anderen epischen Kurzformen, etwa zur weiterhin bestehenden Novelle. Schon das bevorzugte Medium zur Veröffentlichung von Kurzgeschichten, die literarischen Zeitschriften, leisten durch auferlegte Umfangsbegrenzungen einer solchen Kategorisierung Vorschub. Doch bereits die bislang früheste, von H.-M. Damrau nachgewiesene Aufnahme der short story in Deutschland im Jahre 1886 läßt erkennen, daß es um mehr als den knappen Umfang geht. Seit diesem ersten Bestimmungsversuch im Rahmen von A. E. Schönbachs Aufsatz »Über die amerikanische Romandichtung der Gegenwart« (Deutsche Rundschau XLVII, S. 197f.) verbinden sich mehrere Aspekte mit der Vorstellung von dieser neuen Gattung, nämlich außer Kürze und dem Veröffentlichungsort in der literarischen Zeitschrift noch die besondere Verdichtung des Gehalts, eine Eigenschaft, die es von Anfang an erschwert, einen treffenden deutschen Begriff für die short story zu finden. Seit Schönbachs verschiedenen, tastenden Vorschlägen – »kurze Magazingeschichte der Amerikaner«, »Novellette«, »Skizze« (aus »sketch«

wie in WASHINGTON IRVINGS *Sketch Book*) und »kurze Geschichte« – kursieren in der deutschen Literaturkritik diese synonym gebrauchten Bezeichnungen, vermehrt um »kleine Geschichte«, »short story« und schließlich »Kurzgeschichte« (um 1895). Der quantitative Aspekt ist in diesen zahlreichen Benennungen zwar sichtbar enthalten, doch wird bei ihrer Verwendung ebenfalls die faszinierende künstlerische Komposition angesprochen, die auf eine nicht allein äußerlich straffe, sondern auch im erzähltechnischen Aufbau gedrängte, aber komplexe Form hinweist. Mit dieser, auf umfassender Andeutung beruhenden Erzähltechnik erzielt die Kurzgeschichte den für sie charakteristischen intensiven Verweisungszusammenhang. Dementsprechend setzt sich in der deutschsprachigen Literatur allmählich die entscheidende Auffassung, nämlich die qualitativ definierte Kürze, als Grundlage für das Gattungsverständnis durch, ausschlaggebend jedoch erst seit 1945. So verstanden, ergibt sich für die Kurzgeschichte als das zentrale Gestaltungsprinzip, dem sämtliche Erzählmittel unterliegen, die beziehungsreich und differenziert gehandhabte, umfassende Reduktion (Rohner, 162) mit den verschiedensten Verkürzungsmechanismen in struktureller und sprachlicher Hinsicht, wovon die nachhaltige, oft beunruhigende Faszination der Gattung ausgeht.

Als sich während des 19. Jahrhunderts eine international verbreitete Entwicklung gegen die streng genormten klassischen Literaturformen bemerkbar macht, indem sich auflockernde Erzählweisen herausbilden, die sich wirkungsvoll für die verkürzende Erzählstrategie einsetzen lassen – darunter beispielsweise der offene Anfang und Schluß –, tauchen auch Geschichten auf, in denen Ereignisse, verknappt auf ihre dramatischen Bestandteile, in gedrängter Folge dargeboten werden. Das sollte ebensowenig wie inhaltliche Gesichtspunkte zu der Annahme führen, es handele sich deshalb um frühe Kurzgeschichten; wenn sich die Gattung allmählich zum »Sammelplatz« moderner Erzählweisen entwickelt (Höllerer, 226), so muß beachtet werden, daß diese dem strukturellen Grundprinzip der – verrätselnden – Reduktion unterstehen. Am augenfälligsten ist in dieser Übergangszeit freilich die Kürze, das »Skizzenhafte«, wie Marie Herzfeld das beobachtete Phänomen 1898 nennt

(*Jugend*, 364–367), besonders seit dem Naturalismus, einerseits aufgrund des gesteigerten Interesses an Experimenten in der literarischen Moderne, andererseits durch den Ruf der Zeitschriften nach der kurzen oder ganz kurzen Geschichte bzw. Novellette in den neunziger Jahren. Gerade die literarischen Magazine von hohem Niveau, so der *Simplicissimus* und die *Jugend*, bemühen sich, die neue Gattung zu fördern. Die Auswertungskommentare ihrer Preisausschreiben sowie die prämierten Geschichten geben Aufschluß darüber, daß es um Beispiele von qualitativ zu verstehender Kürze bei begrenztem Wortumfang geht. Auch die verschiedenen Bezeichnungen verdeutlichen die literarische Umbruchszeit, denn während sie sich von der traditionellen Form der Novelle abheben – bei Anerkennung einer vergleichbaren tektonischen Prägnanz im Laufe der Begriffsdiskussion –, spiegeln sie noch die Suche nach einem adäquaten Terminus, der das faszinierend Neue mit erfaßt.

An ausländischen Vorbildern für die neue Form mangelt es nicht, wie um 1900 die vielen übersetzten Geschichten belegen: amerikanische, französische, russische, skandinavische, englische; außerdem berufen sich Kritiker und Redaktionen auf vorbildliche Autoren wie Guy de Maupassant, Anton Tschechow und Bret Harte. Eine weitere bedeutende Einwirkung auf die begriffliche Vorstellung von dieser neu aufgekommenen Gattung geht von Edgar Allan Poe aus, nicht nur durch einige seiner Geschichten, sondern auch durch seine Kompositionstheorie (drei Abhandlungen). In ihr fordert Poe eine wirkungsorientierte straffe Tektonik. Kürze wird als das zentrale Gestaltungsprinzip erkennbar, in der Forderung nämlich, die Einzelelemente einer Geschichte auf den überraschenden Schluß hin so zu konzipieren, daß von der Erzählstruktur her ein einheitlicher Eindruck entsteht (»unity of impression«); zumal die nachhaltige Wirkung und gedankliche Anregung einer solcherart erzählten Geschichte setzt die intensiv durchgeführte andeutende Verkürzung bei der stofflich-motivischen Durchgestaltung und der Behandlung von Zeit, Raum und Figuren voraus.

Wenn die Kurzgeschichte trotz des um 1900 vielfach bekundeten Interesses an dieser Form und den ausländischen Vorbildern noch Jahrzehnte brauchen soll, bis sie als qualitativ hochstehende, eigenständige Gattung in der deutschen Literatur anerkannt wird, dann lassen sich dafür mehrere Gründe anführen. Schwer zu akzeptieren, wenn überhaupt, ist nämlich die neue Form für viele Anhänger der Novelle, da sie diese traditionsreiche Gattung für die gewichtigere halten, die Kurzgeschichte dagegen als leichte Lesekost für den schnellen Verbrauch eiliger Zeitungsleser verkennen und abwerten. Nicht wenig tragen dazu freilich viele Geschichten in den Unterhaltungsbeilagen der Zeitungen bei, denn mit der Faszination an der pointierten Geschichte hat sich ein thematisch und formal anspruchslos, nämlich schablonenhaft aufgebauter Typus herausgebildet, bei dem es nur um den abschließenden Überraschungseffekt geht. Auch was den von E. A. POE berührten produktionsästhetischen Gesichtspunkt betrifft, also den handwerklichen Umgang des Autors mit Erzählmaterial und möglichen Darbietungsstrategien, so erweist sich in der Folgezeit, daß in diesem Punkt die Meinungen auseinandergehen. Besonders nach dem Ersten Weltkrieg werden mit der verstärkt einsetzenden Aufnahme amerikanischer Literatur außer Kurzgeschichten auch Handbücher zum Verfassen dieser Gattung bekannter, die zwar im Unterrricht an amerikanischen Universitäten gebräuchlich sind, in Deutschland jedoch vielfach auf eine ausgeprägt ablehnende Haltung stoßen, da der handwerkliche Aspekt dem dichterischen Mythos schadet. Daher verbindet sich des öfteren in der deutschen Kritik die Polemik gegen gedruckte »Schreibschulen« mit der Ablehnung der Kurzgeschichte aufgrund von schematisch verfaßten Geschichtenbeispielen in den Zeitungsbeilagen. Demgegenüber berufen sich einige Kritiker, teilweise mit nationalistischer Tendenz, auf eine eigene deutsche Tradition und tragen dadurch zu begrifflicher Unklarheit, vor allem zu Vermischungen mit Anekdote und Kalendergeschichte bei. Daneben besteht jedoch unübersehbar die Hochachtung vor der künstlerischen amerikanischen short story fort, deren Vertreter WILLIAM FAULKNER, THOMAS WOLFE, SHERWOOD ANDERSON, JACK LONDON, O. HENRY, WILLIAM SAROYAN, ERNEST HEMINGWAY durch Anthologien, zum Beispiel *Neu-Amerika* (1937, Hg. Kurt Ullrich) und Buchübersetzungen bekannt werden, wie auch die Australierin KATHERINE MANSFIELD. Weiterhin geschätzt bleiben auch TSCHECHOW und MAUPASSANT. Obgleich die Werke dieser Autoren größtenteils bis Anfang der vierziger Jahre verfügbar sind, erweist sich das kulturpolitische Klima der NS-Zeit als äußerst nachteilig für die deutsche Kurzgeschichte, denn schon 1933 wird die Gattung den ideologischen Richtlinien für das Feuilleton unterstellt. In dessen Rahmen soll die tägliche Kurzgeschichte ihren Lesern ideologiegerechte Vorbilder durch entsprechend angepaßte Stoff-, Themen- und Figurenwahl vermitteln. Daß dergleichen Erzählfiguren mit ihrer von Propagandazwecken gekennzeichneten Sprache und Handlungsweise kaum Interesse bei den Lesern finden können, fördert die künstlerisch eigenständige Entwicklung der deutschen Kurzgeschichte ebensowenig wie die fortbestehende eindimensional pointierte Variante. Nur vereinzelt lassen sich Gegenbeispiele, etwa in Geschichten von FRIEDO LAMPE und KURT KUSENBERG, finden, die auch eine differenziert gehandhabte Kompositionstechnik aufweisen.

Die entscheidende Änderung dieser Sachlage vollzieht sich nach dem Ende des Zweiten Weltkriegs durch einige, einander ergänzende, situationsbedingte Umstände: durch die ideologische und künstlerische Umorientierung, das Angebot an beispielhaften übersetzten Kurzgeschichten, die guten Absatzmöglichkeiten in literarischen Zeitschriften und schließlich die Aufnahme der Gattung in den Schulunterricht ab Mitte der fünfziger Jahre. Wenn sich die begriffliche Auffassung von der deutschen Kurzgeschichte als eigenständiger, der modernen (short) Short-Story entsprechenden Gattung zu festigen beginnt, so liegt das hauptsächlich an der Bedeutung, die ihr die Generation der Nachkriegsautoren beimißt; denn für viele dieser Autorinnen und Autoren stellt die Kurzgeschichte die ihnen zeitgemäße literarische Form dar, um sowohl das tiefgreifende Krisenbewußtsein als auch die vordergründigen Alltagsprobleme der Menschen in der Nachkriegszeit künstlerisch einprägsam auszudrücken. Formal und inhaltlich behalten die schon vor dem Krieg bekannten ausländischen Kurzgeschichten Modellcharakter, indem sie erneut und in erweitertem Repertoire durch Anthologien verfügbar gemacht werden. Unterstützt durch kulturpolitische Umerziehungsmaßnahmen der amerikanischen Besatzungsmacht liegt jetzt mehr Gewicht auf dem ethisch-menschlichen Wert der Grenzsituationen, den die Short-Story so oft auf unsentimentale, packende Weise vermittelt. Besonders Ernest Hemingway, berühmter Vertreter der »lost generation« nach dem Ersten Weltkrieg, wird mit seinen Geschichten sowie mit seinem Einsatz für Menschlichkeit, Frieden und Demokratie ein Vorbild für die »junge Generation« in der deutschen Literatur. Die meisten dieser Autoren beginnen um 1945 zu schreiben, suchen nach einer passenden künstlerischen Sprache und Form; ihnen bietet sich die Kurzgeschichte ihres Gestaltungsprinzips wegen geradezu an, weil sie bei aller Kürze und Prägnanz dem Experimentieren zugänglich bleibt. Ihre künstlerisch anspruchsvolle Form von überschaubarer Länge ermöglicht es, moderne Erzähltechnik zu erkunden, auch durch eigene Geschichten, zumal die Kurzgeschichte in der Zeitschrift *Story* (1946–53) als entwicklungsfähig begriffen und vorgestellt wird. Ein breites Spektrum neugegründeter deutscher Zeitschriften bemüht sich vor allem in den Jahren unmittelbar nach 1945 um die neue Autorengeneration, ihre Geschichten und ihre Vorbilder, desgleichen erste Anthologien, darunter *Tausend Gramm* (1949, Hg. Wolfgang Weyrauch) mit deutschen und übersetzten Modellgeschichten, an denen erzähltechnische Verkürzungsstrategien studiert werden können. Was viele an der Kurzgeschichte anzieht – zu dieser Zeit wird sie auch, die Umorientierung akzentuierend, gelegentlich die »story« genannt –, besteht in der Konzentration dessen, was den Gegensatz zum literarischen Angebot im Dritten Reich darstellt. Inhaltlich bedeutet das: da finden sich wirklichkeitsnahe Stoffwahl, Konflikte und Figuren, nicht die Helden- und Bauerntypen, jene »allzu gesunden und idealisierten Gestalten« der NS-Zeit, sondern Außenseiter, komplizierte Figuren, deren Offenheit schockierend wirkt; in formaler Hinsicht besticht das Raffinement, das Understatement der Short-Story (Hans Bender, 214). Viele der bekannten Nachkriegsautoren profilieren sich in den ersten zehn Jahren vorwiegend durch die Kurzgeschichte: Wolfgang Borchert, Heinrich Böll, Wolfdietrich Schnurre, Hans Bender, Siegfried Lenz, Ilse Aichinger, Marie Luise Kaschnitz, Alfred Andersch, Herbert Eisenreich.

Es ist kennzeichnend für den raschen Aufstieg der deutschen Kurzgeschichte, daß sich schon früh eine erstaunliche Variationsbreite in der strukturellen Gestaltung abzeichnet, und daß viele Autoren die Anziehungskraft und den Wert der Gattung auch theoretisch formulieren. Hatte sich seit der Zeit um 1900 eine Art Idealtyp eingebürgert, nämlich die letztlich an POE orientierte, dramatisch geraffte und abschließend pointierte Kurzgeschichte, die – verbreitet durch O. HENRYS Geschichten – später immer stärker normativ eingesetzt wurde, so findet nach 1945 neben der praktischen auch eine deutliche Umorientierung in den theoretischen Aussagen statt, sichtbar in der Abneigung gegen normative Definitionen und der Aufgeschlossenheit für die vielfältigen Gestaltungsmöglichkeiten. Vor allem interessiert der erzähltechnische Umgang mit der Kategorie Zeit, mit ihrer Beziehung zu Kürze und Wirkung, um die strukturellen Spielarten der Gattung und ihre faszinierende Doppelbödigkeit, ihr »Fallgrubensystem« (SCHNURRE, 62) zu erkunden. Damit stellt sich, genau besehen, die Frage nach der Art, wie das Grundprinzip, die alle Erzählelemente umfassende Verkürzung, eingesetzt wird, ohne die Komplexität preiszugeben, wieso stattdessen die Mehrschichtigkeit oft sogar noch zunimmt. Der Schlüssel dazu liegt hauptsächlich bei den verschiedenen Aussparungs-, besonders den Zeitraffungsmethoden. Durch sie gelingt es, Gleichzeitigkeit von räumlich getrennten Vorgängen zu evozieren, die im Film veranschaulicht werden kann und in der Literatur nach entsprechenden erzähltechnischen Strategien verlangt (F. LAMPE *Am Leuchtturm*, ERNST SCHNABEL *Um diese Zeit*, BORCHERT *An diesem Dienstag*, BENDER *Die halbe Sonne*). Ein anderer Eindruck von Gleichzeitigkeit entsteht, wenn sich aus der subjektiven Sicht einer Erzählfigur zeitlich auseinanderliegende Begebenheiten – Erinnertes und Gegenwärtiges – plötzlich in einem thematisch-motivisch vorbereiteten Augenblick überlagern und zu einer Einsicht führen (BORCHERT *Die Küchenuhr*). In knapper Erzählzeit kann die Summe eines Lebens geboten werden, indem rückläufig vom Tod zur Geburtsstunde erzählt wird, so daß Anfang und Ende eines Lebens am Schluß der Geschichte zusammengesehen werden (AICHINGER *Spiegelgeschichte*). Doppelbödigkeit kommt aber auch dort zustande, wo weniger spektakulär mit erzähltechnischen Möglichkeiten experimentiert wird. Selbst dann wirkt die Kurzgeschichte durch den subtil vorbereiteten Moment einer Einsicht, einer »epiphany«, wie JOYCE diese Bewußtseinserweiterung nennt (Vorwort zu *Dubliners*); wenigstens ist es eine Veränderung in der Bewußtseinslage einer Erzählfigur, vielleicht auch nur für mitdenkende Leser.

Nicht lediglich in der Zeitraffung, sondern – präziser formuliert – in der Proportionierung von Raffung und Dehnung der chronologisch meßbaren erzählten Zeit bei knapp dosierter Erzählzeit, aber auch in der Art, wie die chronologische Zeitfolge unterbrochen und umgestellt wird, liegt der Hauptansatzpunkt, wenn es einerseits um die Grundstruktur der Gattung, andererseits um ihre Bautypen geht. Nach diesen Kriterien lassen sich für die Nachkriegskurzgeschichte verschiedene Untergruppen der zwei Hauptkategorien: linear fortschreitendes und rückwendendes Erzählen, hierunter auch die Arten der Rahmengeschichte (Kritsch Neuse, 1980), einteilen; eine dritte Kategorie, das sogenannte zeitlose Erzählen, umfaßt den »Arabesken«-Typ (Höllerer, 242), einen monologisch-assoziativ verlaufenden Erzählvorgang ohne meßbare erzählte Chronologie. Mit diesen Bauformen verbinden sich gelegentlich Stofftypen (vgl. Marx, 77–82): die Gegenstandsgeschichte (Durzak, 1980, 132; ein Gegenstand ist Hauptfigur: BÖLL *Abenteuer eines Brotbeutels*), die Initiationsgeschichte, ein in der amerikanischen Theorie geprägter Begriff; er spielt auf die zumindest ansatzweise Hinführung eines jungen Menschen zur Erwachsenenwelt an. Erfahren wird das als Veränderung im Wissen um das Leben und sich selbst (Marcus), oft durch ein Schlüsselerlebnis (KASCHNITZ *Lange Schatten*, BÖLL *Lohengrins Tod*).

Innerhalb dieser erweiterbaren Typenreihe tragen die anderen Erzählelemente, dem Grundprinzip entsprechend, zu gedrängter Mehrschichtigkeit und Spannung bei. Andeutung und Typisierung kennzeichnen die Erzählfiguren, in deren Beziehung zur Umwelt eine Unstimmigkeit oder Krise sichtbar gemacht wird. Es finden sich immer wieder noch nicht oder nicht mehr Angepaßte: Kriegsheimkehrer, Kinder, Jugendliche, politisch Verfolgte, Einsame, Kranke, Zwiespältige, Alte. Ihre Gefühle und Konflikte enthüllen sich indirekt durch ein Zusammenspiel von Andeutungen: durch Gesten, Sprechweise, Körperhaltung, Kleidung. Abgestützt wird die so geschaffene, äußerst konzentrierte und suggestive Erzählatmosphäre noch durch den erzählten Raum, der nur skizzenhaft umrissen, aber gezielt auf den thematischen Verweisungszusammenhang und die Situation der Figuren abgestimmt ist: isolierte Räumlichkeiten, Randzonen, Verkehrsmittel als Übergangsräume häufen sich (vgl. Rohner, 173f.).

In enger Beziehung zu einem solcherart verdichteten Erzählzusammenhang steht die nahezu sprichwörtliche, auf Anfang und Schluß bezogene Offenheit der Kurzgeschichte. Zu prüfen ist schon die Funktion des Geschichtentitels für den Geschehensverlauf (Appell, Frage, unvollendeter Satz, unübliche Formulierung; vgl. Gutmann, Rohner) und bis zu welchem Grad der erste Satz schon im Geschehen selbst steht, die Einleitung also ausspart. Es findet höchstens eine Orientierung statt, eventuell verbunden mit vorausdeutender, stark verschlüsselnder oder die Leser irreführender Funktion; ob der Anfang dabei halboffen, offen und vielleicht zusätzlich noch abrupt ausfällt, hängt davon ab, inwieweit er schon Teil eines längst begonnenen Geschehens ist (vgl. Rohner, 145ff.).

Ähnlich gilt es beim Schluß der Kurzgeschichte zu differenzieren, wobei die Pointe – präzisiert als Schluß- und Stilpointe – zu beachten ist (Auzinger). Demnach bringt die Schlußpointe, auch Strukturpointe genannt, zwar einen spannungslösenden Höhepunkt für einen Geschehensverlauf, muß aber deshalb keine Geschlossenheit im Sinne einer Konfliktlösung herbeiführen. Vielmehr ist ein weiterer, »innerer Höhepunkt« dafür verantwortlich, »den tieferen Sinn« deutlich werden zu lassen (Auzinger, 71), und dieser kann über den Schluß hinausweisen auf die fortbestehende Grundproblematik, etwa in BENDERS *Die Wölfe kommen zurück*. Daraus ergeben sich verschiedene Kombinationen, denn was formal geschlossen ist, kann thematisch unabgeschlossen bleiben (vgl. Rohner, 248ff.), formaler und thematischer Höhepunkt brauchen nicht zusammenzufallen. Anders verläuft die Stilpointe, nämlich mit doppelwertiger, sinngerichteter Wortwahl. Sie enthüllt daher nicht schlagartig, sondern stetig, über die Geschichte hinweg verteilt (SCHNURRES *Reusenheben*), kann dabei aber durchaus gleichzeitig auf eine Enthüllung am Schluß zulaufen (Auzinger), so bei S. LENZ in *Ein Freund der Regierung*. Damit wird erkennbar, welche komplex angelegten Verkürzungsstrategien sich hinter POES theoretischer Formulierung, die Kurzgeschichte sei vom Schluß her geschrieben, verbergen, so daß die Gattung als »ein Stück herausgerissenes Leben« (SCHNURRE, 61) aufgefaßt werden kann, der »slice-of-life-story« SHERWOOD ANDERSONS entsprechend.

In diesem vielschichtigen Ausschnitt der Kurzgeschichte maßt sich der Erzähler nicht an, Überblick und überlegene Konfliktlösung zu besitzen, tritt vielmehr als Partner oder ironisch-provozierender, unzuverlässiger Gegenspieler des Lesers auf, dabei vielleicht selbst unsicher, als »reduzierter« auktorialer Erzähler (Piedmont, 540f.). Intensität durch Nähe zum Leser entsteht bei Begrenzung des Blickwinkels auf den einer Figur, also indem zugunsten des personalen Erzählers auf den auktorialen verzichtet oder dieser durch sofortige Verkürzung der Perspektive gleich eingangs ersetzt wird (vgl. Gutmann, 140–47); es kann auch ein Wechsel zu einem beobachtenden Erzähler, der sich besonders objektiv gibt, stattfinden.

Diese formale Vielfalt entwickelt sich in der deutschen Kurzgeschichte hauptsächlich in den ersten zwanzig Jahren nach 1945, am intensivsten in der Phase der »Trümmerliteratur«. Neue Autoren kommen hinzu: WOLFGANG HILDESHEIMER, MARTIN WALSER, GABRIELE WOHMANN, JOSEF REDING, ANGELIKA MECHTEL, PETER BICHSEL, während profilierte Kurzgeschichtenautoren die zeitnahen Themen aufnehmen, z. B. BÖLL *Du fährst zu oft nach Heidelberg*, ANDERSCH *Jesuskingdutschke*, LENZ *Tote Briefe*. Die ethisch-kritische Ausrichtung, so eng sie mit dem Aufstieg der Kurzgeschichte verbunden ist, charakterisiert ihre Themen weiterhin, ob es um Restauration und Problemverdrängung in der Wohlstandsgesellschaft – vor allem ihrer unbewältigten NS-Vergangenheit – geht, um den Widerstand der jüngeren Generation im Zuge der Studentenbewegung oder um die Problematik sozialer Randgruppen bis in die Gegenwart. In den siebziger Jahren werden auch in der DDR-Literatur Schwierigkeiten des einzelnen, innere und äußere Widerstände im DDR-Alltag zunehmend in der modernen Kurzgeschichtenform gestaltet (vgl. Durzak, 1980, 425–56), besonders die Konflikte der Jüngeren: Jurek Becker *Der Verdächtige*, Thomas Brasch *Fliegen im Gesicht*, Klaus Schlesinger *Neun*, Ulrich Plenzdorf – mit der Montagetechnik experimentierend – *Kein runter kein fern*. Zwar rücken etwa seit Mitte der sechziger Jahre mit der Dokumentarliteratur andere Gattungen in den Vordergrund, verringern sich die Möglichkeiten, in Zeitschriften und Zeitungen ein Forum zu finden, auf das diese Gattung nicht verzichten kann, doch aufgrund formaler und thematisch-ethischer Eigenschaften breitet sich die Kurzgeschichte seit den späten fünfziger Jahren im Schulunterricht (Literaturverständnis, Orientierung im Leben) aus. Der Internationale und der Deutsche Kurzgeschichtenwettbewerb von Neheim-Hüsten (vormals Arnsberg) sorgen alle zwei Jahre mit ihren mehrtägigen Veranstaltungen – öffentlichen Autorenlesungen, Einbeziehung der Schülerschaft und Bürger in die Preisverleihung – dafür, daß die Kurzgeschichte Platz in der Öffentlichkeit erhält. Die gedruckten *Befunde* belegen am Beispiel der besten, in die engere Auswahl genommenen Geschichten den Stellenwert der Gattung, noch immer ein herausforderndes Experimentierfeld für Nachwuchsautoren zu sein.

Literatur: Auzinger, H.: Die Pointe bei Čechov. Diss. München 1956. – Lorbe, R.: Die deutsche Kurzgeschichte der Jahrhundertmitte. In: Der Deutschunterricht 9 (1957) H. 1, S. 36–54. – Schnurre, W.: Kritik und Waffe. Zur Problematik der Kurzgeschichte. In: Deutsche Rundschau 87 (1961) H. 1, S. 61–66. – Bender, H.: Ortsbestimmung der Kurzgeschichte. In: Akzente 9 (1962), S. 205–225. – Höllerer, W.: Die kurze Form der Prosa. In: Akzente 9 (1962), S. 226–245. – Kusenberg, K.: Über die Kurzgeschichte. In: Merkur XIX (1965), S. 830–838. – Damrau, H.-M.: Studien zum Gattungsbegriff der Kurzgeschichte im 19. und 20. Jahrhundert. Diss. Bonn 1967. – Kilchenmann, R.: Die Kurzgeschichte. Formen und Entwicklung. Stuttgart 1967, [5]1978. – Daetz, L.: Studien zur sowjetrussischen Kurzgeschichte. Diss. München 1969. – Gutmann, P.-O.: Erzählweisen in der deutschen Kurzgeschichte (Germanistische Studien, Bd. II, H. 15). Braunschweig 1970. – Kuipers, J.: Zeitlose Zeit. Die Geschichte der Kurzgeschichtsforschung. Groningen 1970. – Goetsch, P.: Studien und Materialien zur Short Story. Frankfurt/M. 1971, [3]1978. – Piedmont, F.: Die Rolle des Erzählers in der Kurzgeschichte. In: ZfdPh 92 (1973), S. 537–552. – Rohner, L.: Theorie der Kurzgeschichte. Frankfurt/M. 1973, [2]1976. – Brandenberger, E.: Die spanische Kurzgeschichte. Bonn 1974. – Jäckel, G./Roisch, U.: Große Form in kleiner Form. Zur sozialistischen Kurzgeschichte. Halle/S. 1974. – Lubbers, K.: Typologie der Short Story. Darmstadt 1978, [2]1989. – Ahrends, G.: Die amerikanische Kurzgeschichte. Theorie und Entwicklung. Stuttgart 1980. – Durzak, M.: Die deutsche Kurzgeschichte der Gegenwart. Autorenporträts, Werkstattgespräche, Interpretationen. Stuttgart 1980, [2]1983. – Kritsch Neuse, E.: Die deutsche Kurzgeschichte. Das Formexperiment der Moderne. Bonn 1980. – Marx, L.: Die deutsche Kurzgeschichte. Stuttgart 1985. – Durzak, M.: Die Kunst der Kurzgeschichte. München 1989. – Lubbers, K. (Hg.): Die englische und amerikanische Kurzgeschichte. Darmstadt 1990. – Kritsch Neuse, E.: Der Erzähler in der deutschen Kurzgeschichte (Studies in German Literature, Linguistics, and Culture, vol. 60) Columbia / S. C. 1991.

DIE LEGENDE

von Winfried Woesler

Die Legende ist als religiöse Dichtung nicht allein mit literarischen Kategorien zu begreifen. Voll erfaßt wird sie nur von der Gemeinschaft der Glaubenden, die um den außerhalb der Welt und des Textes liegenden Sinnbezug wissen. Dabei berührt ihr Inhalt nicht den Kern der Glaubensinhalte, berücksichtigt eher ein Bedürfnis nach Vermittlung zwischen göttlicher Sphäre und Alltag. Es gibt sie in allen Kulturkreisen. Manche beziehen sich auf Orte, an denen der Religionsstifter, seine Jünger oder Heiligen verweilten; viele Ortslegenden sind z. B. mit Buddhas Leben verbunden. Reliquien, deren geheime Kraft Priester und Volk kennen, bezeugen die menschliche Wirklichkeit des Heiligen. Die Aufzeichnung solcher Überlieferungen, die später auch der Feier von Jahrestagen diente, vollzog sich sowohl in vorgegebenen Formen als auch in dichterischer Freiheit. Märtyrerlegenden lassen meist noch einen historisch und lokal bestimmbaren Kern erkennen. Freier begründet die ikonographische Legende die Herkunft eines Kultbildes, entsprechend gestaltet EURIPIDES' *Iphigenie* den Mythos von der Herkunft des Artemisbildes in einem Heiligtum bei Athen. Die onomatologische Legende, z. B. des »Marienkäfers«, entfernt sich am weitesten von Geschichte und Kult.

Die Frage nach Wesen und Funktion von Legenden stellt sich innerhalb einer Glaubensgemeinschaft anders als außerhalb. Sie gehören zu deren Leben, wirkten besonders früher in ihrer popularisierenden Art integrierend. Die christliche Legende hat oft den Charakter des preisenden Gebetes, das Gott dankt, daß er sich – auch außerhalb der Bibel – in seinen Heiligen so wunderbar offenbart; seitdem der Religionsstifter die Erde verließ, stärken Wunderberichte die Gläubigen. Wie die Heiligen auf Erden Jesus nachfolgten, so darf sich der Gläubige, dem diese imitatio schwer erreichbar scheint, Heilige, die oft trotz eigener Sünde Rettung fanden, zum Vorbild nehmen, sich an sie um Hilfe oder Fürbitte bei Gott wenden.

Außerhalb stehende Kritiker wollen oft nur scheinbar Legenden selbst treffen, richten sich letztlich gegen die sie tragende Religion oder Ideologie. Legendenzerstörung gilt als weitergreifender Akt der Aufklärung. So meinte Franz Mehring das Preußentum, als er die »Lessing-Legende« entlarvte. Auch moderne Theologie kann mit mittelalterlichen Legenden wenig anfangen, sie wurden Objekt von Volkskunde und Literaturwissenschaft.

Die folgende Darlegung beschränkt sich ganz auf den christlichen Kult und dessen Heiligenlegende, d. h. die dichterische Wiedergabe des irdischen Lebens bzw. von Lebensepisoden einer heiligen Person und auch von deren Eingreifen aus dem Jenseits auf Grund von Gebeten der Gläubigen. Dabei verstehen sich freilich die meisten lateinischen Legenden selbst als unliterarisch, ohne Kunstanspruch und Autorennennung, sie wollen »facta« nicht »ficta« vermitteln. Aus dem Kult erklärt sich der Name: Am Sterbetag eines Heiligen wurden insbesondere bei den Klostermahlzeiten aus seiner Lebensbeschreibung Passagen (legenda: neutr. pl.) vorgelesen. Später erhielt der Gesamtbericht die Bezeichnung »Legende« (legenda: fem. sg.). Bis ins 14. Jh. existiert für Märtyrerlegenden noch der Terminus »passiones«. Auch Mirakelberichte und -sammlungen heißen Legenden. Als zur Reformationszeit die Beziehung zum Heiligenkult schwand, etymologisierte man die »Legende« drastisch als »Lügende«, was bis heute den Sprachgebrauch bestimmt.

Die Funktion der christlichen Legende ergab sich aus der Heiligenverehrung, Reliquien sind meist Manifestationen der Legende. Bilder und Statuen, Altäre und Kirchen künden das Lob der Heiligen, wobei die Legende den Künstlern so viele Anregungen gab wie der Mythos in der Antike. In bestimmten Situationen – wie Unglücksfällen – wurden bestimmte Heilige angerufen. Pfarreien, Zünfte usw. vertrauten sich dem Schutz »ihres« Heiligen an, dessen Jahrestag »ihr« Festtag war und dessen Legende meist eine spezielle Bezugsmöglichkeit bot. Dieser war zugleich Integrationsfaktor und Identifikationsangebot: Ritter nahmen den Drachenbezwinger Georg zum Patron. Viele Täuflinge erhalten noch heute die Namen von Heiligen.

Ihrer großen Bedeutung entsprechend, wuchs seit dem Mittelalter das Bedürfnis, mehr von ihnen zu wissen. Mit frommen Erzählungen schmückte man ihr oft kaum bekanntes Leben aus, fixierte mündliche Überlieferungen nach hagiographischen Mustern. Klostererneuerungen, Abpfarrungen, Gelübde konnten Anlaß sein, Legenden abzuschreiben bzw. würdiger auszumalen: Je berühmter ein Heiliger, desto bedeutender waren die, die ihn verehrten. Kultmittelpunkte, z. B. Wallfahrtsorte, hoben sich durch Wunder, also das sichtbare Eingreifen Gottes in der Landschaft, hervor. Mit dem wachsenden Ruf des Heiligen kommen viele zu ihm. Lokale Mirakelerzählungen und Gebetserhörungen, von Votivtafeln bezeugt, lassen sich propagandistisch verwenden. Auch Herrschaftsansprüche wurden gelegentlich so untermauert. Nach der Eroberung Italiens ließ Rainnald von Dassel die Gebeine der legendären Drei Könige nach Köln bringen (1164). Die Wanderungen von Patrozinien und Legenden machen Kulturströme und politische Einflußsphären sichtbar.

Für die Verbreitung der Legenden waren Sammlungen wichtig, die häufig nach dem Kirchenjahr angelegt sind. Ihre Ursprünge reichen bis ins 4. Jahrhundert zu den Märtyrerakten und Mönchsviten zurück, z. B. den *Vitae Patrum* des HIERONYMUS. Diese bildeten neben den weitgehend nichtkanonisierten Kindheitsgeschichten Jesu, Marienerzählungen und Wunderberichten von Heiligen, wie sie z. B. CAESARIUS VON HEISTERBACH (ca. 1180 bis nach 1250) in zwei Mirakelbüchern aufzeichnete, wichtige Quellen für die Legendarien. Erwähnt seien aus deren Fülle die *Passiones et vitae Sanctorum* (8. Jh.), das *Windberger Legendar* (nach 1065), das *Magnum Legendarium Austriacum* (Ende 12. Jh.), das *Speculum historiale* des VINZENZ VON BEAUVAIS (Ende 12. Jh. bis 1264), die verbreitete sogenannte *Legenda aurea* des JACOBUS A VORAGINE (1230–1298) und das *Sanctuarium* des BONINIUS MOMBRITIUS (1424–1482). Wichtigste Hilfsmittel der modernen Legendenforschung sind die 1643 von JOHANN BOLLAND begonnenen, bis heute fortgesetzten *Acta Sanctorum* der Bollandisten (Brüssel, bisher 66 Bände). Als Ergänzung schufen sie die *Bibliotheca hagiographica* (1889–1910), ein Verzeichnis handschriftlicher Fassungen, und die Zeitschrift *Analecta Bollandiana* (seit 1882).

Die Gattung bestimmt sich im wesentlichen vom Stoff her. Wichtiger als Fakten in Acta oder Vita sind aus heutiger Sicht Frömmigkeit und Erbaulichkeit der Darstellung gewesen. Aber nicht von einer Glaubenswahrheit oder einem Problem ist der Text beherrscht, sondern von der Figur des »Glaubenshelden«. Die stoffliche Herkunft kann der des Schwanks ähneln: Es gibt vagabundierende Episoden, Motive, die sich bald diesem, bald jenem Helden verbinden. Auch zu den Ritterbüchern (Livres des faits) gibt es Parallelen. Von der Sage unterscheidet sich die Legende durch stärkere Ortsbezogenheit. Jene läßt Dunkelheiten bestehen, diese klärt sie auf. Wunderbare Begebenheiten machen die selbstverständliche Atmosphäre des Märchens aus; in der Legende lassen sie eine höhere Wirklichkeit durchscheinen.

A. Jolles hat die Legende eine einfache Form genannt; in der Regel wird ohne Kunstgriffe oder Reflexionen einsträngig, syntaktisch einfach und naiv erzählt. Sie gliedert sich meist, aber oft biographisch unvollständig, in die Vita, die Umstände des Todes bzw. der Grabfindung und in das wunderbare Wirken nach dem Tode (gesta). Je kurzfristiger eine Vita nach dem Tode fixiert wurde, um so stärker mußte sie sich nach J. Trier auf wandernde Motive beschränken, die fast nie als für den Lebenslauf entscheidend dargestellt wurden; erst bei historischem Abstand konnten entscheidende Phasen durch Wundermotive bestimmt werden. Für beide Formen scheint zumindest ein »spezielles« Wunder wichtig. Häufige Elemente der Vita werden stereotyp wiederverwandt: Glaubensfestigkeit und Standhaftigkeit gegenüber Versuchungen, heiligmäßiger Lebenswandel, prophetische und visionäre Begabung, Wundertätigkeit (oft analog derjenigen Jesu), Eucharistie-Wunder. Die Verbindung mit dem Kult erklärt die breite Darstellung der Grablegung, Auffindung und Überführung von Gebeinen, einschließlich der Toten- und Reliquienwunder. Die Gesta können Anrufungen und wunderbare Gebetserhörungen aufreihen. Schließlich finden sich neben genuin christlichen in ihrer Bedeutung allerdings oft überschätzte Motive aus Sagen, orientalischen und mythischen Stoffen (z. B. Inzest, redende Tiere). Stilistisch herrscht eine Neigung zum Idealisieren und zur Steigerung ins Grandiose vor. Letztere betrifft auch das Böse, das oft in Gestalt von Kaisern, Ungläubigen und Missetätern kontrastiv gesteigert wird. Solche Ausschmückung und Fabulierkunst widersprechen aus der Sicht der meist unbekannten Schreiber der stets betonten Glaubwürdigkeit ihrer Berichte nicht.

Auf eine große Untergattung mit eigenen Elementen sei besonders hingewiesen: die Märtyrerlegende. Dem Martyrium voraus geht – historisch richtig – meist ein Prozeß, in dem der Heilige durch Verhör, Verlockung oder Folter zum Abfall vom Glauben bewegt werden soll. Er beschämt aber seine Richter, oft den Kaiser selbst, durch Weisheit, Kraft und Demut, die ihm Gott verleiht. Um so mehr will man seinen Tod. Hier setzt gelegentlich die Erzählung vom »unzerstörbaren Leben« ein. Auf welche Weise der Machthaber den Heiligen auch zu töten versucht, immer wieder scheitert er an dessen wunderbaren Kräften (certamina et victoriae): Sieden in Blei, Rädern, Ertränken schaden ihm nicht. Nur gegen die Enthauptung ist auch in der Phantasie der Legendenschreiber kein Kraut gewachsen, selbst wenn vom heiligen Dionisius noch berichtet wird, wie er seinen abgeschlagenen Kopf fortgetragen hat. Oft gilt: Erst nachdem die Macht Gottes hinlänglich bewiesen und der Heilige einverstanden ist, hat der Böse Gewalt über seinen Leib; doch schon beim Tode ereignen sich so erstaunliche Wunder, daß Bekehrungen folgen. Aus heutiger Sicht hatten diese Märtyrerlegenden in der Frühgeschichte auch die Funktion, die politische Macht zu relativieren, Widerstand gegen einen »gottlosen« Herrscher als Pflicht zu deklarieren.

Für die deutsche Literatur gewann die Legende die größte Bedeutung im Hoch- und Spätmittelalter. Übertragungen und Umsetzungen aus dem Lateinischen entsprachen zum einen dem Wunsch der Volksfrömmigkeit nach Erbauung, zum anderen dem der Kirche, in ihrer Auseinandersetzung mit dem Kaiser Volk und Bürgertum zu gewinnen. Bei der damaligen religiösen Durchdringung aller kulturellen Bereiche ist es nicht verwunderlich, daß einerseits Legendenmotive in die höfische Literatur eingingen, andererseits sich auch die Legende der aktuellen literarischen Formen und Möglichkeiten bediente. Schon die *Kaiserchronik* (um 1150) hat zahlreiche Legendenstoffe aufgenommen. Zur Blütezeit der mittelhochdeutschen Literatur finden sich ausschmückende Versifikationen lateinischer Prosavorlagen, von VELDEKES *Sente Servas* (ca. 1170) bis zu KONRADS VON WÜRZBURG *Pantaleon* (ca. 1277). Daneben gibt es immer mehr die freiere Gestaltung; hier sind die weiblichen Figuren Marias und Magdalenas besonders beliebt. Innerhalb der höfischen Dichtung tragen HARTMANNS *Gregorius* (um 1195) und *Armer Heinrich* (ca. 1195) sowie WOLFRAMS *Willehalm* (1212–1218) und *Parzival* (ca. 1200–1210) – wenn auch in unterschiedlicher Verdichtung – deutlich legendenhafte Züge, wobei mehr als in kirchlichen Legenden Sünde, Buße und Erlösungssehnsucht des Helden im Mittelpunkt stehen.

Im Spätmittelalter entstanden große volkssprachliche Legendensammlungen von unterschiedlicher literarischer Qualität, darunter wahrscheinlich vom selben Verfasser das mitteldeutsche Kölner *Passional* (um 1300) als Bearbeitung der *Legenda aurea* und das mitteldeutsche *Väterbuch* (um 1300) als Bearbeitung der *Vitae Patrum;* auf dem *Passional* fußt wieder die Prosabearbeitung *Der Heiligen Leben* (1391–1400). Die Trennung vom Versschema dokumentierte schon vorher HERBORTS VON FRITZLAR *Heiligenleben* (1343–1349). Mit dieser Abwendung von der Verslegende – man löste z. B. auch KONRADS *Alexius* im 15. Jahrhundert für die klösterlichen Lesungen in Prosa auf – wurde die deutschsprachige Legende wieder zur religiösen Gebrauchsform, die nie mehr den Anschluß an die weltliche Literatur erreichen konnte. Gleichwohl wird sie in ihrer noch Jahrhunderte währenden Bedeutung für Kult, Predigt und Volksfrömmigkeit unterschätzt. H. Rosenfeld erwähnt 45 Passionale, 18 Altväterbücher und 125 Leben einzelner Heiliger, die allein bis 1520 in deutschen Druckereien entstanden sind. Auch diese innerkirchliche Beliebtheit reicht freilich in Deutschland kaum über die Reformationszeit hinaus. Nur während der Gegenreformation kam es z. B. durch Dramatisierungen noch einmal zu einer Wiederbelebung.

Versuche, die im rein ästhetischen Interesse wurzelten und den Säkularisierungstendenzen des 19. Jahrhunderts entsprachen, so bei HEINE, KELLER und FLAUBERT, konnten zwar Motive und Formen meisterhaft literarisieren, die Gattung aber nicht mehr beleben. Nur der katholisierenden Romantik von NOVALIS bis CHATEAUBRIAND, die bewußt mittelalterliche Traditionen aufgriff und die Einheit von Poesie und Religion forderte, gelang vereinzelt glaubhafte Wiedererweckung. So zeichnete BRENTANO von 1818–1823 am Krankenbett der »gottseligen« Emmerick Leiden und Visionen auf, durch die er unmittelbar göttliches Eingreifen im Irdischen zu erfahren hoffte. Bis heute bezeugen trotz aller Skepsis der Amtskirche private Gebetserhörungen und Wunderberichte das Fortdauern solcher Sehnsucht. Sie bleiben, solange es eine entsprechende Frömmigkeit gibt, die stoffliche Grundlage für eine Legendenbildung, ohne daß freilich von hier aus zur Zeit literarisches Niveau erreichbar erscheint. Die weitere Benutzung der Gattungsform kann im europäischen Kulturkreis nur noch dort überzeugen, wo wie bei GERTRUD VON LE FORT und CLAUDEL neue existenzielle Grenzerfahrungen hinzukommen.

Literatur: Delehaye, H.: Les légendes hagiographiques. Brüssel 1905, [3]1927. – Trier, J.: Der heilige Jodocus. Sein Leben und seine Verehrung, zugleich ein Beitrag zur Geschichte der deutschen Namengebung. Hildesheim und New York 1977. (Nachdruck der Ausgabe Breslau 1924. Germanistische Abhandlungen. H. 56) – Jolles, A.: Einfache Formen. Legende ... 2. Aufl. durchgesehen von A. Schossig. Halle (Saale) 1956. S. 19–49. – Rosenfeld, H.: Legende. Stuttgart 1961. (Sammlung Metzler. 9) – Böhne, W.: Artikel »Legende«. In: Lexikon für Kirche und Theologie. 6. Band. Freiburg [2]1961. – Spitz, H. J.: Artikel »Legende«, in: Wörterbuch der Symbolik. Stuttgart, 1979.

DAS LIED

von Else Rapp

Die Gattung Lied, eine der wichtigsten und sicher eine der bekanntesten Formen der Lyrik, zumal im deutschen Sprachraum, zeigt sich in vielfältigen Erscheinungsformen.

Die Wortbedeutung gibt für eine Definition nur ungefähre Anhaltspunkte. Das gemeingermanische Wort »Lied« bezeugt eine gesungene Kleindichtung, die im Gemeinschaftsleben eine Rolle spielte. Das Mittelhochdeutsche bezeichnet mit dem Plural »diu liet« das Strophenlied; der Begriff wird im 12. Jahrhundert allerdings auch für epische Dichtungen verwendet. Fremdsprachige Bezeichnungen wie »Ode«, später »Chanson« oder »Song«, die mit dem Gattungsnamen identisch zu sein scheinen, benennen eigene Gattungen oder zumindest eigene Liedtypen. Die Werke der modernen »Liedermacher« – der alte Gattungsname taucht hier wieder auf – stehen dem Song und Chanson nahe.

Das heutige Verständnis der Gattung Lied beruht weitgehend auf dem Liedbegriff der Goethezeit. Allerdings ist das Wort Lied seither häufig nicht nur Gattungsname, sondern Synonym für Lyrik, ja für Dichtung überhaupt. EICHENDORFFS »Schläft ein Lied in allen Dingen« wirkt fort; die Konnotationen des Innigen, Geheimnisvollen, Wesenhaften machen es nicht leichter, die literarische Gattung Lied zu bestimmen.

In seinem *Wörterbuch der deutschen Sprache* (1809) nennt Joachim Heinrich Campe das Lied »ein Gedicht, welches bestimmt ist, gesungen zu werden, oder welches doch gesungen werden kann; dann, in der höheren Schreibart, auch überhaupt ein Gedicht.« Diese Definition spricht die sprachlich-musikalische Doppelnatur des Liedes an. Für die Dichter der Goethezeit wird das literarische Lied erst durch die Musik lebendig. So heißt es in GOETHES Lied *An Lina:*

> Liebchen, kommen diese Lieder,
> Jemals wieder dir zur Hand,

Sitze bei'm Claviere nieder,
Wo der Freund sonst bei dir stand.

Laß die Saiten rasch erklingen
Und dann sieh in's Buch hinein;
Nur nicht lesen! immer singen!
Und ein jedes Blatt ist dein.

Ach, wie traurig sieht in Lettern,
Schwarz auf weiß, das Lied mich an,
Das aus deinem Mund vergöttern,
Das ein Herz zerreißen kann.

Angestrebt wird das ideale Gleichgewicht zwischen Text und Musik. Dieses Gleichgewicht hat sich in der Geschichte des deutschen Liedes oft genug verschoben. Je mehr sich das konzertierende Element in der Musik ausbildet, desto weniger wird die Eigengesetzlichkeit des Textes beachtet. Die Madrigale des Heinrich Schütz machen z. B. die Texte von Opitz fast unkenntlich, die Liedkompositionen der Romantiker stellen den Text vor den Hintergrund einer differenzierten Harmonik. In den »Liedern ohne Worte« hat sich die Musik verselbständigt. Andererseits drängt die Musik der Sprache die Vertonung oft zurück. In der Barockzeit wird man an Zesens Klangvirtuosentum denken, oder an Hofmannswaldaus kunst- und geistvolle Lieder, die kaum vertont wurden. Bei den geglücktesten sprachlichen Schöpfungen der Romantik ist die Vertonung manchmal fragwürdig und stellt ein Zuviel dar. Aber ob Wort-Lied oder Lied ohne Worte, für beide Extrempositionen gilt der gemeinsame Gattungsname.

Das Hauptkriterium der Gattung ist das Phänomen der »Liedhaftigkeit«. Es läßt sich im ganzen schwer definieren, doch gibt es charakteristische Merkmale. Als erstes ist die Sangbarkeit zu nennen. Die strophische Gliederung ist zwar weder im Mittelalter noch in der Neuzeit ein eindeutiges Kennzeichen, wird aber durch das Prinzip der Wiederholung als unmittelbar liedhaft empfunden. Auch Refrain und Wortwiederholungen bewirken, vor allem zusammen mit vertrauten Strophenformen, einen liedhaften Ton, selbst in Gedichten, die, wie das folgende von Benn, im ganzen kaum Lied zu nennen sind:

Durch jede Stunde,
Durch jedes Wort
Blutet die Wunde
Der Schöpfung fort
(...)

Die Vertrautheit des Sprachtons, eines der wichtigsten Kriterien des »Liedhaften«, beruht darauf, daß aus der Vielfalt der Gattung bereits eine Auswahl stattgefunden hat. Vertraut ist die einfache Strophenform, vor allem der Vierzeiler, weiterhin eine einfache Diktion, welche die Parataxe bevorzugt. Die Verszeile ist eine syntaktische Einheit. Metrische Unregelmäßigkeiten sind häufig, dürfen aber die »Sangbarkeit« nicht zerstören. Der Sprachgestus des einfachen Vorzeigens, Nennens, auch Bekennens entspricht dem Liedhaften mehr als der des Begründens und Beweisens. Das Vorbild für diesen Sprachton ist das sogenannte Volkslied, so wie es in der Goethezeit aufgenommen und weiterentwickelt wurde. In seinem Vorwort zu den *Lieder(n) im Volkston* (1785) stellt der Komponist JOHANN ABRAHAM PETER SCHULZ fest, es gehe darum, in neuen Kompositionen den »Schein des Bekannten« zu erwecken (Schwab, 106). Dies ist ihm in seiner Vertonung des *Abendlieds* von MATTHIAS CLAUDIUS überzeugend gelungen. Der Text »Der Mond ist aufgegangen« geht seinerseits in Diktion und Strophenmaß auf PAUL GERHARDTS Abendlied »Nun ruhen alle Wälder« zurück und läßt sich bis zu dem Abschiedslied »Innsbruck, ich muß dich lassen« zurückverfolgen, dessen geistliche Fassung »O Welt, ich muß dich lassen« auf PAUL GERHARDT gekommen ist (Schwab, 113). Die Vertrautheit, die als liedhaft empfunden wird, hängt also sowohl mit dem von CLAUDIUS genau getroffenen »Volkston« zusammen als auch mit der besonderen Funktion einer traditionellen Strophenform im Gemeinschaftsleben. Welche Kraft die Vorstellung vom Volkston auch in der Folgezeit hatte, zeigen die *Lieder eines fahrenden Gesellen* (1883/84) von GUSTAV MAHLER, zu denen er die Texte selbst geschrieben hat. Die Liedform im Volkston erschien ihm als der adäquate Ausdruck seines persönlichen Erlebnisses.

Die Vorstellung vom Lied als Träger eines Gefühlsausdrucks

ist seit der Goethezeit geläufig. Doch gerade dieses Kriterium erfaßt nur einen Teil, wenn auch einen bedeutenden, des deutschen Liedschaffens. Günther Müller unterscheidet zwischen dem »Distanzlied« im Liedschaffen bis etwa 1750 und dem darauf folgenden »Ausdruckslied«. Es dürfte sich herausstellen, daß im 20. Jahrhundert das Distanzlied wieder an Bedeutung gewinnt.

So erweist sich das Phänomen der »Liedhaftigkeit« als abhängig von Modellvorstellungen, die auf einer lebendigen Tradition einzelner Liedtypen und deren Funktionen im privaten und öffentlichen Leben beruhen. Die vielfältigen Möglichkeiten und Wandlungen des »Liedhaften« zeigen sich in der Geschichte der Gattung.

Die Entwicklung des literarischen Liedes ist seit dem 12. Jahrhundert festzuhalten. Als geistliches Lied wächst es aus der Liturgie heraus, z. B. in deutsch-lateinischen Mischdichtungen als »Leis«, entwickelt eigene Formen auch außerhalb des Gottesdienstes, z. B. als Kreuzzugslied, tritt in den Geißlerliedern im Sektenwesen hervor und gewinnt als Kirchenlied im engeren Sinn durch Reformation und Gegenreformation große und bis in unsere Zeit anhaltende Bedeutung. Als weltliches Lied erscheint es in der Form einstrophiger Liebeslyrik im 12. Jahrhundert, erreicht unter dem Einfluß romanischer Vorbilder einen Höhepunkt im Minnesang um 1200, verliert vom 13. Jahrhundert an den Charakter der höfisch-ritterlichen Gesellschaftskunst und nimmt derb-realistische, im Meistersang schließlich gelehrsam-geschwätzige Züge an. Bestimmte Liedtöne, d. h. reimtechnisch-metrisch-musikalische Grundschemata einer Strophe, werden fixiert und erhalten in der politischen Lieddichtung gar Verweischarakter auf bestimmte politische Positionen (Hinderer, 73 ff.). Der Erstarrung bzw. Formauflösung des weltlichen Liedes tritt Regnart mit seinen 1576 erschienenen Villanellen nach italienischem Vorbild entgegen. In Anlehnung an italienische, niederländische und französische Vorlagen vollzieht sich auch das Liedschaffen im 17. Jahrhundert. Das Freundschaftslied, das Trinklied, das intellektuell-distanzierte Liebeslied werden durchgespielt und tragen doch die unverwechselbare Handschrift der bedeutendsten Verfasser. Die Strophenform wird beibehalten, aber unter dem Einfluß des Madrigals führt z. B. HOFMANNSWALDAU die Mischung ungleicher Verse ein. Hohe Musikalität der Sprache verbindet sich mit einem stark intellektuellen Kunstverständnis.

Bei FLEMING und JOHANN CHRISTIAN GÜNTHER zeigen sich Ansätze zum Bekenntnis- oder Ausdruckslied. Dieser Liedtyp wird um die Mitte des 18. Jahrhunderts der vorherrschende. Nach dem Vorbild antiker Formen entstehen KLOPSTOCKS reimlose Lieder wie das berühmte *Rosenband,* und selbst die streng nach antiken Maßen gebaute Ode kann liedhaften Charakter annehmen – man denke an die Vertonung von HÖLTYS *Mainacht* durch JOHANNES BRAHMS. Unter dem Einfluß BÜRGERS und HERDERS wird der »Volkston« aufgenommen. »Sah ein Knab' ein Röslein stehn« (GOETHE), »In einem kühlen Grunde« (EICHENDORFF) oder »Ich weiß nicht, was soll es bedeuten« (HEINE) werden volkstümliche Lieder. Dem Volkston scheinbar ähnlich in Strophenform und Sprachgestus entsteht als völlig neuer Liedtyp GOETHES »humanes Seelenlied« (Müller, 231 ff.) oder »Gedankenlied« (Braak, Gattungsgeschichte, 212 ff.). Die vertraute Form bringt Schwierigstes an Erfahrungen und Erkenntnissen zum Ausdruck:

Und solang du das nicht hast,
Dieses: Stirb und werde!
Bist du nur ein trüber Gast
Auf der dunklen Erde.

Wenn Braak in Gedichten wie HÖLDERLINS *Hälfte des Lebens* die »Form des gedankenschweren liedhaften Gebildes« sieht, dann wird deutlich, daß damit das »Liedhafte« eine neue Dimension gewinnt (Braak, Gattungsgeschichte, 222). Einflüsse romanischer Formen, des geistlichen Liedes und vor allem des Volksliedes – man denke an die Sammlung *Des Knaben Wunderhorn* (1805–1808) – prägen das Liedschaffen der Romantik. In BRENTANOS *Wiegenlied* »Singet leise, leise, leise . . .« wird ein »vollendeter Zusammenklang von Volks-Ton und Kunst-Ton, von Sprachmelodie und Lautmalerei« erreicht (Braak, Gattungsgeschichte, 270). Die Liedform wird zum Ausdruck persönlichsten Erlebens und träumerischer Phantasie (MÖRIKE: »Laß, o Welt, o laß mich sein!« und »Du bist Orplid, mein Land!«). In EICHEN-

DORFFS Liedern stehen existentielle Unruhe – »Es zogen zwei rüst'ge Gesellen« – und metaphysische Geborgenheit nebeneinander: »Es war, als hätt' der Himmel die Erde still geküßt«. Und es werden Lieder möglich, die in ihrem persönlichen Erlebniston eine gemeinschaftsbildende Kraft besitzen. UHLANDS Lied vom guten Kameraden nahm die schmerzlichsten Erinnerungen eines Volkes aus zwei Weltkriegen in sich auf. Politische Lieder aus den Befreiungskriegen wie KÖRNERS Aufruf »Frisch auf, mein Volk! Die Flammenzeichen rauchen« haben »an der Vorstellung vom leuchtenden Heldentod mitgewirkt« (Klein, Geschichte der deutschen Lyrik, [2]1960, 453). In der Stimmung des Chauvinismus von 1870 dichtet GEIBEL: »Ein Weltgericht ist dieser Krieg«. Die Mythisierung des Nationalen wirkt weiter im Liedschaffen des Dritten Reiches:

> Wir Jungen schreiten gläubig, der Sonne zugewandt,
> Wir sind ein heilger Frühling, ins deutsche Land.
>
> (Heinrich Spitta, *Wir Jungen*)

Die gesellschaftliche Rolle des Liedes in der Nachfolge der Romantik mag die Gattung suspekt gemacht haben. In der Lyrik der Moderne erscheinen traditionelle Liedformen meistens verfremdet. BERT BRECHT und GÜNTER GRASS verfremden das Kinderlied und denunzieren damit eine heile Welt. PETER RÜHMKORFF parodiert EICHENDORFFS Lied »In einem kühlen Grunde« auf grotesk-makabre Weise *(Auf eine Weise des Joseph Freiherrn von Eichendorff)*. In bewußter Abkehr vom Liedstil der Spätromantik übernimmt BERT BRECHT für seine gesellschaftskritischen Lieder den Stil des Songs. Alte Formelemente der Gattung Lied – die Strophenform, die gebundene Rede und der Kehrreim – treten dabei wieder auf. Um seine Stellung im Liedschaffen bewußt zu machen, verwendet WOLF BIERMANN in Anlehnung an BRECHTS Ausdruck »Stückeschreiber« für sich die Bezeichnung »Liedermacher«. Der von ihm und seinen Nachfolgern geprägte Liedtyp wendet sich appellativ an eine breite Hörerschaft und fordert nicht zur Identifikation, sondern zur kritischen Auseinandersetzung auf. Literarische Anspielungen, z. B. auf HEINE oder BRECHT, zeigen das Bewußtsein einer entsprechenden politischen Liedtradition. Trotz eines starken persönlichen Engagements handelt es sich nicht um ein privates Sich-Aussprechen. Vielmehr wird man bei den »Liedermachern« von einer neuen Distanzhaltung sprechen müssen.

Haben diese Lieder Öffentlichkeitscharakter, so ist auch das individuelle Lied seit der Spätromantik nicht verstummt. Gewiß tritt mit dem Expressionismus die gewohnte Liedform zurück, und für die Lyrik nach dem 2. Weltkrieg scheint die Frage nach der Gattung Lied gegenstandslos geworden. Forderte doch Benn in seinem Marburger Vortrag 1951 allein das Gedicht zum (stummen) Lesen, »die schwarze Letter«. (Hier sei an Goethes Vorstellung von der Unzulänglichkeit der »Lettern« erinnert.) Aber ein Text, der sich dem lauten Lesen verweigert, kann sich dem Gesang trotzdem erschließen. Moderne Komponisten in der Nachfolge Schönbergs haben Gedichte vertont, die man nach traditionellen Vorstellungen kaum als Lieder ansprechen würde. Von Anton von Webern stammen Lieder nach Gedichten von Stefan George, Karl Kraus, Georg Trakl und R. M. Rilke. Selbst Gedichte von Paul Celan wurden von Komponisten wie Heimo Erbse und Aribert Reimann vertont. Offenbar haben die Musiker das Phänomen der Liedhaftigkeit in diesen Texten gefunden. Sicher ist das von Reimann vertonte Gedicht *Engführung* – der Terminus stammt aus der Fugenkomposition – nicht sanglich im Sinn des 19. Jahrhunderts; es fehlt der strophische Aufbau, und die syntaktische Einheit der Verszeile ist völlig aufgelöst. Trotzdem handelt es sich um eine Sprache von hoher Musikalität, deren Rhythmik mit dem Auge allein nur unzulänglich aufgenommen werden kann, andererseits durch lautes Sprechen kaum nachvollziehbar ist. Diese »Lieder« sind ein »Vorstoß ins Unbetretene, Ungeformte, der bewußt die Zeichen und Marken der Konvention hinter sich läßt« (Oehlmann, 919). Merkwürdig genug, daß sich die Bezeichnung »Lied«, in welchem Sinn auch immer, bei Celan selbst einstellt, wenn er z. B. sagt:

es sind
noch Lieder zu singen jenseits
der Menschen.

(Fadensonnen)

Wer möchte es da wagen, der Gattung Lied die Möglichkeit zu immer neuen Wandlungen abzusprechen?

Literatur: Müller, G.: Geschichte des deutschen Liedes vom Zeitalter des Barock bis zur Gegenwart. München 1925, Neudr. 1959. – Sydow, A.: Das Lied. Ursprung, Wesen und Wandel. Göttingen 1962. – Schwab, H. W.: Sangbarkeit, Popularität und Kunstlied. »Neunzehntes Jahrhundert« Forschungsunternehmen der Fritz Thyssen Stiftung. Studien zu Lied und Liedästhetik der mittleren Goethezeit 1770–1814. Regensburg 1965. – Wiora, W.: Das deutsche Lied. Zur Geschichte und Ästhetik einer literarischen Gattung. Wolfenbüttel u. a. 1971. – Oehlmann, W.: Reclams Liedführer. Stuttgart 1973. – Rothschild, Th.: Vorwort zu Th. R.: Liedermacher. Frankfurt 1980. – Gerlach, R.: Strophen von Leben, Traum und Tod. Ein Essay über Rückert-Lieder von Gustav Mahler. Taschenbücher zur Musikwissenschaft, hg. v. R. Schaal, Wilhelmshaven 1982.

DAS MÄRCHEN

von Therese Poser

Das Märchen ist eigentlich keine literarische, sondern eine volkstümliche, d. h. eine überwiegend mündlich überlieferte Gattung, bei der der Verfasser unbekannt und der Text variabel ist. Eine Ausnahme bildet das Kunstmärchen; bei ihm ist der Verfasser bekannt und der Wortlaut fixiert. Literaturwissenschaftliche Beschäftigung mit dem Märchen steht also vor der Schwierigkeit, seinen Gegenstand erst einmal sammeln und im Medium des Buches oder des Tonbands festhalten zu müssen. Diese Beschäftigung beginnt mit der ersten großen Sammlung volkstümlichen Erzählguts in Deutschland, mit der der Brüder GRIMM. Den Begriff des Märchens, wie wir ihn heute verstehen, gibt es erst seit ihrer Herausgabe der *Kinder- und Hausmärchen* (1812/15). Es ist ein speziell deutscher, durch die Romantik geprägter Begriff, dem in anderen europäischen Sprachen kein entsprechendes Wort zur Seite steht. Häufig wird daher in der europäischen Märchenforschung das Wort Märchen als Fremdwort übernommen.

Märe (althdt. mári, mhdt. maere) bedeutet zunächst Kunde, Bericht. Die Verkleinerungsform merechyn findet sich schon im 15. Jahrhundert. Sie erhielt bald eine pejorative Bedeutung, weil sie im Gegensatz zu wahren Berichten eine erfundene Geschichte bezeichnet.

Was ist nun ein Märchen? »Unter einem Märchen verstehen wir seit Herder und den Brüdern Grimm eine mit dichterischer Phantasie entworfene Erzählung besonders aus der Zauberwelt, eine nicht an die Bedingungen des wirklichen Lebens geknüpfte wunderbare Geschichte ...« (Bolte-Polivka, 4). »Das Märchen ist eine Kunstform der Erzählung, die neben Gemeinschaftsmotiven auch in einer die Entwicklung der Handlung bestimmenden Weise Wundermotive verwendet« (Wesselski, 104). »Das Märchen ist eine welthaltige Abenteuererzählung von raffender, sublimierender Stilgestalt« (Lüthi, Volksmärchen, 77). Zielt die letzte Definition vor allem auf den Stil des Märchens, so erfassen die beiden ersten vor allem den Aspekt des Wunderbaren, der auf Märchen im engeren Sinne, auf Zaubermärchen, zutrifft. Der Begriff kann jedoch auch im weiteren Sinne gebraucht werden. Sowohl die Sammlung der Brüder GRIMM wie auch die große von Friedrich von der Leyen herausgegebene Sammlung *Märchen der Weltliteratur* umfassen neben den »eigentlichen« Märchen Texte, die wir eher als Sagen, Legenden, Rätsel, Tiergeschichten, Schwänke u. dgl. bezeichnen würden. Auch gibt es Novellenmärchen, die keinerlei übernatürliche Ereignisse enthalten, wie z. B. *König Drosselbart*, schließlich ätiologische Märchen, die die Entstehung bestimmter Eigenschaften oder Phänomene erklären (*Die Scholle, Die ungleichen Kinder Evas*). Gemeinsam ist diesen Texten, daß sie zum mindesten zeitweise in der mündlichen Überlieferung gelebt haben und durch diese beeinflußt sind. Allerdings sind die Grenzen zu anderen Volkserzählungen, insbesondere zur Sage, manchmal fließend. Dennoch gibt es bestimmte Merkmale inhaltlicher und stilistischer Art, die für die Gattung Märchen typisch sind und die sie gegenüber verwandten Formen abgrenzen.

»Das allgemeinste Schema, das dem europäischen Märchen zugrunde liegt, ist: Schwierigkeiten und ihre Bewältigung« (Lüthi, Märchen, 28). Dabei ist die Hauptfigur, die den Konflikt bewältigen muß, kein Halbgott wie in der Mythologie und kein Heiliger wie in der Legende, sondern ein Mensch, meist sogar ein armer und zurückgesetzter: ein armer Handwerksbursche, eine schlecht behandelte Stieftochter, der Jüngste, der als Dummling gilt u. dgl. Meist gelingt die Lösung der Aufgabe oder des Konflikts mit Hilfe übermenschlicher Mächte, sogenannter Jenseitiger, die dem Helden oder der Heldin beistehen oder ihm zauberkräftige Dinge geben (Wunschring, Zauberpferd, Tischlein deck dich etc.). Die Jenseitigen können alte Frauen sein oder Zauberer, Zwerge oder hilfreiche Tiere, die im Märchen eine besondere Rolle spielen, ihre Gestalt ist nicht festgelegt. – Dem Helden tritt ein Gegenspieler gegenüber: eine böse Stiefmutter, neidische Brüder oder Schwestern, gefährliche Räuber, hartherzige Könige, Rätselprinzessinnen, aber auch Figuren der außermenschlichen Welt wie Hexen, Riesen, Teufel oder Drachen. Im übrigen ist das Figurenarsenal sehr klein, es werden nur die Figuren genannt, die für die Handlung erforderlich sind, und sie verschwinden, sobald sie nicht mehr gebraucht werden. Der böse Gegenspieler kommt um oder wird mit dem Tode bestraft, der Held jedoch gelangt zu Glück und Reichtum. Dieses Glück wird meist mit einer kurzen Formel (Heirat mit Prinz oder Prinzessin, Königreich, Reichtum) zusammengefaßt.

Formelhafte Elemente finden sich auch im Stil des Märchens. Dies gilt für Anfang und Schluß (»Es war einmal ...«, »In alten Zeiten, wo das Wünschen noch geholfen hat ...«, »Und wenn sie nicht gestorben sind, so leben sie heute noch«) ebenso wie für die eingestreuten Reimverse, die häufig den Sinn einer Beschwörung haben (»Bäumchen, rüttel dich und schüttel dich, wirf Gold und Silber über mich«). Die Handlung ist einsträngig, um die Hauptfigur gruppiert, jedoch mehrgliedrig, Stilmittel sind Wiederholung und Steigerung, die das Märchen bestimmenden Bauformeln die Zwei und die Drei. Das Märchen kann zwei Helden haben (Hänsel und Gretel) oder zweiteilig gebaut sein, entweder durch eine Parallelhandlung *(Frau Holle)* oder durch einen erneuten Konflikt, nachdem der erste bereits bewältigt ist (Typ: *Vergessene Braut*). Ebenso wichtig als Bauformel ist die Drei: Drei Brüder ziehen aus, drei Schwestern gehen zum Tanz, drei Aufgaben müssen gelöst werden, von denen die letzte die schwerste ist (»Achtergewicht«, Olrik 7). Weitere wichtige Zahlen sind die Sieben und die Zwölf, die wohl ursprünglich eine magische Bedeutung hatten, denen aber Lüthi nur noch eine formale Bedeutung zugesteht (Volksmärchen, 33).

Lüthi hat auf den abstrakten, sublimierenden Stil des Märchens hingewiesen. Es ist nicht an Ort und Zeit gebunden wie die Sage; es ist im Gegensatz zu dieser eindimensional, d. h., diesseitige und jenseitige Welt gehen nahtlos ineinander über; es gibt kein numinoses Erschrecken wie in der Sage. Gefühle werden durch Handlung dargestellt, die Menschendarstellung ist flächenhaft, nicht individualisierend und psychologisierend. Ferner fehlt im Märchen – im Gegensatz zur Sage – der Begriff der Vergänglichkeit: Als Dornröschen nach 100 Jahren erwacht, ist alles wie vorher, die Zeit ist stehengeblieben. Der Märchenheld ist isoliert, meist wandert er allein in die Welt hinaus; gerade deshalb aber ist er allverbunden, kontaktfähig gegenüber allen, denen er begegnet. Sublimiert, d. h. zugleich erhöht und entleert, ist alles, was das Märchen darstellt; sein Stil ist abstrakt und durchsichtig. Lüthi geht in seinen Stiluntersuchungen allerdings von einem Idealtypus aus, sie treffen nicht auf jedes einzelne Märchen zu. Seine Methode ist phänomenologisch, nicht historisch. Sicher hat auch die Gattung Märchen im Laufe der Jahrhunderte Veränderungen erfahren.

Eine Geschichte des Märchens als Gattung läßt sich nicht schreiben, höchstens die einzelner Märchen und seiner Varianten. Über die Anfänge des Märchens lassen sich nur Vermutungen anstellen. Manche Forscher nehmen an, daß es bereits im Neolithikum Märchen gegeben habe (Peuckert), andere setzen ihre Entstehung erst im Mittelalter an (Wesselski). Zwar ist im Volk sicher immer erzählt worden, aber ob es sich dabei um Märchen, Sagen oder Mythen gehandelt hat, läßt sich nicht feststellen. Wir müssen unterscheiden zwischen Märchen und Märchenmotiven. Letztere lassen sich schon im babylonischen *Gilgamesch*-Epos nachweisen (2000 v. Chr.), ebenso im Alten Testament (Aussetzung Moses' im Kästchen, Todesbrief des Urias etc.). Erzählungen mit Märchenmotiven sind auch aus dem alten Ägypten überliefert (1250 v. Chr.), davon stimmt eine in den Grundzügen mit unserm *Zweibrüdermärchen* überein. Allerdings waren dies religiöse Texte, keine Volkserzählungen. Sollte es diese gegeben haben, so hielt man sie wohl nicht des Aufschreibens für wert. Das gleiche gilt für das griechische und römische Altertum. Märchenmotive finden sich bei Homer (der Riese Polyphem) und bei Herodot *(Der Schatz des Rhampsinit)* sowie bei Apulejus, dessen *Amor und Psyche* mit dem Märchen vom Typ des Tierbräutigams verwandt ist.

In der lateinischen Literatur des Mittelalters finden sich vor allem Schwankmärchen wie z. B. das vom Bauern Einochs *(Unibos,* bei Grimm *Das Bürle).* Märchenmotive gibt es auch in der mittelhochdeutschen und französischen Versepik, literarische Belege für Prosamärchen jedoch erst im 16. Jahrhundert (*Das Erdkühlein,* eine Variante des *Aschenbrödel*märchens).

Luther erwähnt Märchen in seinen Tischreden, in den Predigtsammlungen der Barockzeit sind sie zu lehrhaften Zwecken eingeflochten.

Die im 16. und 17. Jahrhundert in Italien erschienenen Sammlungen von Märchen und Erzählungen (STRAPAROLA, BASILE) enthielten ebenso wie die französischen von PERRAULT (1696/97) zwar Stoffe und Motive von Volksmärchen, jedoch waren sie im Geschmack der Zeit literarisch bearbeitet. Im 18. Jahrhundert wurde Frankreich, später auch Deutschland von einer Flut von Feenmärchen überschwemmt, gegen die sich MUSÄUS mit seinen *Volksmärchen der Deutschen* (1782) richtete. Der Titel täuscht; obwohl MUSÄUS volkstümliche Stoffe bearbeitete, entsprachen Stil und Geisteshaltung keineswegs denen der Volksmärchen. Erst die Brüder GRIMM bemühten sich, die mündliche Überlieferung treu wiederzugeben. Jedenfalls versicherten sie in ihrer Vorrede zur ersten Ausgabe 1812: »Wir haben uns bemüht, diese Märchen so rein als möglich aufzufassen ... Kein Umstand ist hinzugedichtet oder verschönert und abgeändert worden«. Allerdings enthielt bereits die folgende Auflage Erweiterungen und stilistische Überarbeitungen, die WILHELM GRIMM später noch fortsetzte. So entstanden Buchmärchen, die zwischen mündlicher Überlieferung und literarischer Bearbeitung die Mitte halten. »Trotz aller stilistischen Veränderungen der Vorlagen ist die Quellentreue der Brüder Grimm im Inhaltlichen doch so groß, daß ihr Werk zum Ausgangspunkt der vergleichenden Märchenforschung werden konnte« (Röhrich, Märchen, 302). Ihr Werk wurde zum Vorbild auch für andere deutsche und europäische Märchensammlungen des 19. Jahrhunderts. Vor allem im 20. Jahrhundert wurde die Erzählforschung entwickelt, wozu mundartliche Märchensammlungen als Grundlage dienten. In unserer industrialisierten Welt gibt es freilich keine Erzählkultur mehr, Schallplatten- und Comic-Industrie haben sich des Märchens bemächtigt, kritische Umarbeitungen und Parodien betonen den Abstand zum Märchen.

Die Theorie des Märchens beschäftigte sich zunächst vor allem mit der Frage der Entstehung und Überlieferung von Märchen. Ihre Hauptrichtungen sind:

1. Die indogermanische Theorie der Brüder Grimm, die im Märchen Überreste alter, allen indogermanischen Völkern gemeinsamer Mythen sahen, die sich bis auf die heutige Zeit fortgeerbt hätten (Erbtheorie).
2. Die indische Theorie Theodor Benfeys. Er sah im *Pantschatantra,* einer Sammlung indischen Erzählguts aus dem dritten Jahrhundert vor Chr., die Hauptquelle unserer Märchen und nahm Wanderung von Indien nach Europa durch persische und arabische, überwiegend literarische Vermittlung an (Wanderungstheorie).
3. Die anthropologische Theorie, die von der Strukturgleichheit der menschlichen Seele in bestimmten Stadien der Entwicklung ausgeht und dadurch die Entstehung ähnlicher Märchen an verschiedenen Stellen der Erde unabhängig voneinander erklärt (Polygenese).
4. Die geographisch-historische Methode, die die Tradierung, Entwicklung und Variantenbildung des einzelnen Märchens verfolgt. Diese nach ihren Begründern Antti Aarne und Kaarle Krohn benannte finnische Schule hat einen Typenkatalog hergestellt, in dem für jeden Märchentyp (z. B. *Aschenbrödel, Dornröschen, Tierbräutigam* etc.) die Varianten gesammelt und eine Urform erarbeitet wurde. Wenn auch gegen diese Urform sowie gegen die Einteilungsprinzipien des Katalogs Einwände erhoben wurden, so ist doch der von Aarne begonnene und von Stith Thompson fortgesetzte Typenkatalog für die Märchenforschung unentbehrlich.

Ein neuer Ansatz für die Märchenforschung wurde durch André Jolles gegeben, der das Märchen als Naturpoesie im Sinne Jacob Grimms ansah. Er definierte es als Einfache, d. h. vorliterarische Form, bei der sich eine bestimmte Geistesbeschäftigung in der Sprache vergegenwärtigt. Diese Geistesbeschäftigung bestimmte er als »naive Moral«: die Erwartung, »wie es eigentlich in der Welt zugehen müßte« (Jolles, 200). Obwohl die Forschung heute nicht mehr an Naturpoesie glaubt, die sich »von selbst« gemacht hat, sondern einen – wenn auch anonymen – Dichter für das Märchen annimmt, so hat doch Jolles die Märchenforschung von der Stoff- und Motivsuche weg auf das Wesen des Märchens gelenkt.

Etwa gleichzeitig wie Jolles analysierte der Russe Vladimir Propp Zaubermärchen mit Hilfe der strukturalistischen Methode. Da sein Werk erst 1958 ins Englische, 1972 ins Deutsche übersetzt wurde, übte es erst wesentlich später seine Wirkung auf die angelsächsische und deutsche Märchenforschung aus. Propp stellte die These auf: »Alle Zaubermärchen bilden hinsichtlich ihrer Struktur einen einzigen Typ« (Propp, 29). Seine Methode nennt er morphologisch; wie Goethe die Urpflanze, so will er das Urmärchen herausarbeiten. Die Struktur des Märchens wird nach Propp durch konstante Aktionen bestimmt, die von verschiedenen Personen ausgeführt werden. Mangel und die Behebung des Mangels, eine Aufgabe und ihre Lösung sind nach Propp konstituierend für die Struktur des Zaubermärchens.

Fragte Propp nach der Struktur, so Lüthi nach dem Stil des Märchens (s. o., 2). Dagegen untersuchen die Volkskundler, welches Verhältnis das Märchen zur Wirklichkeit hat oder gehabt hat. »Noch das heutige Märchen zeigt wie im Spiegel ein frühes Weltbild und seine Glaubensvorstellungen« (Röhrich, Märchen, 299). Alte Vorstellungen wie Animismus und Totemismus, magische Partizipation (Haare oder Blutstropfen sind Träger magischer Kräfte, z. B. in *Die Gänsemagd),* Tabuvorstellungen, Brautwerbungssitten, aber auch alte Rechtsbräuche lassen sich im Märchen nachweisen, freilich in sublimierter Form. In den Jenseitsmotiven (Fahrt in die Unterwelt, sogenannte Zweiweltenfahrt) lassen sich Parallelen zu den bei allen Naturvölkern verbreiteten Initiationsriten finden, die mit der Vorstellung von Tod und Wiedergeburt verbunden waren.

Eine ganz andere Deutung der Geschehnisse im Märchen gibt die tiefenpsychologische Märchenforschung. Für sie ist die Fahrt des Märchenhelden in die Unterwelt eine Auseinandersetzung mit dem eignen Unbewußten; die Figuren des Märchens entsprechen Teilen der Persönlichkeit. Märchen zeigen demnach entweder einen Reifungsprozeß während der Pubertätszeit oder einen Individuationsprozeß zur Zeit der Lebensmitte. Der Tod des Gegenspielers wird als notwendige Überwindung negativer Seiten der Persönlichkeit gedeutet. Die Tiefenpsychologen betonen auch die Bedeutung der Märchenrezeption für die Entwicklung Jugendlicher. Bettelheim sieht im Märchen ein Hilfsmittel für die Identitätsfindung junger Menschen (Bettelheim, 27 und passim).

Einen andern Aspekt des Märchens faßt die soziologische Märchendeutung ins Auge. Volksmärchen ist ja nicht nur ein ethnologischer, sondern vor allem ein soziologischer Begriff. Wie das Märchen auch entstanden sein mag, Träger der mündlichen Überlieferung war das einfache Volk, seine Erzähler stammten häufig aus der Unterschicht (Röhrich, Märchen u. Wirklichkeit, 207 ff.). Von dieser Tatsache ausgehend, fragt die soziologische Märchenforschung nach dem sozialkritischen Gehalt und nach der gesellschaftlichen Funktion des Märchens für seine Rezipienten. Die utopischen Züge im Märchen hat vor allem Ernst Bloch im *Prinzip Hoffnung* betont. Auf seinen Bemerkungen aufbauend, analysiert Christa Bürger Märchen als emanzipatorisch im Unterschied zur Sage, die die Welt als unveränderlich darstelle.

Die verschiedenen Versuche soziologischer Märchenforschung wurden 1979 von Zipes zusammengefaßt und ausgebaut. Er sieht den emanzipatorischen Charakter des Märchens darin, daß der »magische Bann« durch den Helden gebrochen wird *(Breaking the Magic Spell)* und dadurch beim Rezipienten Kräfte freigesetzt werden, mit deren Hilfe der Mensch sein Leben bewältigen kann. Diese Funktion ist nach Zipes durch die literarischen Fixierungen und Umformungen, die das Volksmärchen durch Adel und Bürgertum, vor allem aber durch die modernen Medien erfahren hat, durch die es zur Ware wird, bedroht und eingeschränkt.

Die verschiedenen Versuche der Märchendeutung, die hier nur kurz skizziert werden konnten, zeigen die Vieldeutigkeit des Phänomens Märchen. Diese Vieldeutigkeit erwächst aus der Tatsache, daß Märchen keine realistische, aber auch keine allegorische Erzählform sind, sondern eine symbolische, deren Bilder sich begrifflich nicht auflösen lassen.

Literatur: Olrik, A.: Epische Gesetze der Volksdichtung. In: Zeitschrift für deutsches Altertum und deutsche Literatur, 51. Bd. (1909), S. 1–12. – Aarne, A.: The Types of the folktale. Helsinki 1910, fortges. von S. Thompson, [3]1961. – Bolte, J. u. G. Polivka: Anmerkungen zu den Kinder- und Hausmärchen der Brüder

Grimm. 5 Bde., Leipzig 1913–32. – Jolles, A.: Einfache Formen. Halle 1929, zit. nach [2]1956. – Wesselski, A.: Versuch einer Theorie des Märchens. Reichenberg 1931. – Lüthi, M.: Das europäische Volksmärchen. Bern 1947, zit. nach [4]1974. – Lüthi, M.: Märchen. Stuttgart 1962, [6]1976. – Peuckert, W. E.: Art. »Märchen«. In: Dt. Philol. i. A. III, [2]1962, Sp. 2677–2726. – Laiblin, W. (Hg.): Märchenforschung und Tiefenpsychologie. Darmstadt 1969. – Bürger, Chr.: Die soziale Funktion volkstümlicher Erzählformen. In: Ide, H. (Hg.): projekt deutschunterricht 1. Stuttgart 1971, S. 26–56. – Karlinger, F. (Hg.): Wege der Märchenforschung. Darmstadt 1972. – Röhrich, L.: Märchen und Wirklichkeit. Wiesbaden [3]1974. – Ders.: Art. »Märchen«. In: Krywalski, D. (Hg.): Handlexikon zur Literaturwissenschaft. München 1974, Sp. 299–306. – Propp, V.: Morphologie des Märchens. Hg. von K. Eimermacher. Frankfurt 1975. – Moser, D. R.: Altersbestimmung des Märchens. In: Ranke, K., u. a. (Hg.): Enzyklopädie des Märchens. Bd. 1, Berlin 1977, Sp. 408–418. – Bettelheim, B.: Kinder brauchen Märchen. Stuttgart 1977. – Zipes, J.: Breaking the Magic Spell. Austin 1979. – Scherf, W.: Lexikon der Zaubermärchen. Stuttgart 1982. – Karlinger, F. (Hg.): Grundzüge einer Geschichte des Märchens im deutschen Sprachraum. Darmstadt 1983. – Früh, S./Wehse, R. (Hg.): Die Frau im Märchen. Kassel 1985. – Gehrts, H./Lademann-Priemer, G. (Hg.): Schamanentum und Zaubermärchen. Kassel 1986. – Grätz, M.: Das Märchen in der deutschen Aufklärung. Vom Feenmärchen zum Volksmärchen. Stuttgart 1988. – Petzold, L.: Märchen, Mythos, Sage. Beiträge zur Literatur und Volksdichtung. Marburg 1989.

DIE NOVELLE

von Josef Kunz

Daß das Wort »Novelle« seinen Ursprung weniger in der literarischen als in der juristischen Sphäre hat, darauf hat H. O. Burger in seiner sorgfältig gearbeiteten Studie über ›Theorie und Wissenschaft von der deutschen Novelle‹ hingewiesen: »In der Gesetzgebung des Kaisers Justitian war die Novelle ... der Name für eine Neuigkeit, die dem bestehenden Kodex angefügt wurde.« (Zitiert nach: ›Novelle‹, 222 ff.) »Novelle« als Begriff für eine dichterische Gattung dagegen verbindet sich von früher Zeit an mit dem *Decamerone* des Boccaccio. (Dazu Werner Kraus: ›Novela – Novelle – Roman‹; vgl. ›Novelle‹, 222 ff.).

Unter diesen Umständen ist es kein Zufall, daß auch die erste deutsche Novellendichtung, Goethes *Unterhaltungen deutscher Ausgewanderter*, unverkennbar an den Zyklus Boccaccios anknüpft. Eine solche Anknüpfung ist vor allem für die Rahmenhandlung maßgebend. Die von Goethe ausgewählten Novellen sind dann allerdings nicht italienischen, sondern französischen Ursprungs. Daß die europäische Novellendichtung mit Boccaccio beginnt, besagt jedoch nicht, daß in den Jahrhunderten vorher Novellenmotive keine Beachtung gefunden hätten. Es gibt im Mittelalter eine reiche, vor allem durch den Orient angeregte mittellateinische Novellistik. Genannt sei die aus dem 12. Jahrhundert stammende *Disciplina clericalis*. Novellenmotive finden sich in reicher Zahl auch in der mhd. Dichtung. Bekannt ist Konrad von Würzburgs Versdichtung *Daz herzmaere*, ein Werk, dessen Thematik von Boccaccio aufgegriffen und in der 9. Novelle des 4. Tages novellistisch gestaltet ist. (Vgl. zu dieser Tradition des Mittelalters: H. Himmel: Geschichte der deutschen Novelle, darin vor allem das Einleitungskapitel ›Vorgeschichte und Theorie der deutschen Novelle‹, 9 f.)

Welches ist nun die Eigenart jener erzählerischen Gattungsform, die man in der Neuzeit als »Novelle« zu begreifen pflegt? Einen vorläufigen Ansatz zur Deutung gibt schon der Name

Novelle; insofern als das Wort die Vorstellung der Neuheit und der Neuigkeit in sich schließt. Darauf wird noch in der Rahmenhandlung der *Unterhaltungen* ausdrücklich verwiesen. Dort ist es der Geistliche, der die Aufmerksamkeit der Gesprächsteilnehmer auf diesen Sachverhalt richtet: »Fragen Sie selbst und fragen Sie viele andere: was gibt einer Begebenheit den Reiz? Nicht ihre Wichtigkeit, nicht der Einfluß, den sie hat, sondern die Neuheit. Nur das Neue scheint gewöhnlich wichtig, weil es ohne Zusammenhang Verwunderung erregt und unsere Einbildungskraft einen Augenblick in Bewegung setzt, unser Gefühl nur leicht berührt und unseren Verstand völlig in Ruhe läßt.«

Was demnach zunächst für die Novelle charakteristisch erscheint, ist der Überraschungscharakter in dem Geschehen. Um zu einer angemessenen Definition der Novelle zu kommen, muß man hier anknüpfen. In den zahlreichen Versuchen, das Wesen der Novelle zu definieren, angefangen bei GOETHE und den romantischen Theoretikern bis zu den Vertretern der zeitgenössischen Literaturwissenschaft, wird immer wieder auf diesen Charakter des Unerwarteten, Überraschenden, Unberechenbaren als Wesenskern der Novellenhandlung verwiesen. So schärft A. W. SCHLEGEL dem Novellendichter ein, »das Alltägliche, was in die Geschichte mit eintritt, so kurz als möglich abzufertigen« und statt dessen »bey dem Außerordentlichen und Einzigen zu verweilen«. (Vgl. dazu: ›Novelle‹, 48.) In gewisser Analogie dazu setzt TIECK den Akzent auf die Thematik des Wunderbaren in dem Geschehen. So kommt GOETHE in dem viel zitierten Gespräch mit Eckermann vom 29.1. 1822 zu der Definition der Novelle »als einer sich ereigneten unerhörten Begebenheit« (›Novelle‹, 34). Und nicht anders werden in der Moderne die Akzente gesetzt, sei es in den Arbeiten Arnold Hirschs, Robert Petschs und zuletzt noch in dem »Sprachlichen Kunstwerk« Wolfgang Kaysers. Da sich Kaysers Definition durch besondere Präzision auszeichnet, sei sie am Ende noch zitiert. Danach erfährt der Novellendichter das Geschehen »nicht als gradlinige Durchführung einer Absicht, sondern ... als plötzliche unerwartete Fügung, die die Absichten durchkreuzt« (Wolfgang Kayser: Das sprachliche Kunstwerk, Bern 1948, 350). Schärfer läßt sich das Überraschungsmoment als Keimzelle der Novellendichtung nicht betonen. Es ist mit den zitierten Versuchen einer Definition allerdings noch nicht gesagt, was sich hinter diesem mehr oder minder formalen Begriff der »Neuheit« und der »Neuigkeit« verbirgt. Dazu an anderer Stelle mehr.

Zunächst sei noch ein anderer Aspekt erwähnt, der in diesem Zusammenhang wichtig ist. Angedeutet oder auch ausdrücklich entfaltet ist der Umstand, daß in der Betonung des »Unerwarteten« und »Unberechenbaren« als der »dominierenden Intention« (Fritz Martini) immer auch die andere Seite mit anklingt. August Wilhelm Schlegel sprach zuvor von dem »Alltäglichen«, und gemeint ist damit jener Gang des Geschehens, in dem man sich auf den gewohnten Ablauf des Lebensvollzugs verläßt. In der »Krämerin«-Novelle der *Unterhaltungen* ist es für Bassompierre der durchschnittliche Tagesablauf eines im Umkreis des Königshauses lebenden Kavaliers des ›ancien régime‹, einbegriffen die selbstverständliche Rangordnung von hoch und niedrig; einbegriffen vor allem die gesellschaftlichen Zerstreuungen und amourösen Abenteuer. Das alles dann im Gegensatz zur Begegnung mit der Krämerin, die in jeder Hinsicht, in ihrer Liebesbereitschaft und in ihrem jähen Tod, das bisherige Leben fragwürdig und problematisch erscheinen läßt bzw. erscheinen lassen könnte. Wiederum war es Goethe, der auf diesen »das Ganze organisierenden Konflikt« als auf das eigentliche Spannungsfeld der Novelle hingewiesen hat (so Joachim Müller; ›Novelle‹, 467); und zwar da, wo in den *Wahlverwandtschaften* der Begleiter des Lords in diesem Sinn jene Novelle von den »Wunderlichen Nachbarskindern« zu definieren sucht, die zu erzählen er sich anschickt. Es sei »der Konflikt zwischen dem Gesetzlichen und Ungebändigten ...«, der die Handlung der Novelle bestimme, also wie bei A. W. Schlegel der Gegensatz zwischen dem verläßlich Gewohnten und dem Einbruch dessen, was alles Überschaubare und Vertraute in Frage stellt.

Wenn von einem solchen Konflikt als dem Spannungsfeld der Novelle gesprochen wird, darf allerdings nicht vergessen werden, daß nach wie vor der ursprüngliche Ansatz des Definitionsversuches gewahrt bleibt: die Novellenhandlung verstanden als Konfrontation mit dem Unerhörten. In diesem Sinn behält auch so die zuvor zitierte Mahnung A. W. Schlegels ihr Recht,

»wonach es darauf ankomme, das Alltägliche ... so kurz als möglich abzufertigen« und dafür die Aufmerksamkeit auf das »Außerordentliche« zu richten. Der Akzent in dem Konflikt liegt also nach wie vor auf dem Außerordentlichen, wenn auch die andere Seite immer mit anklingt, einmal stärker, einmal weniger stark betont.

Die eigentliche Organisationsstelle der Novellendichtung wäre dann jener ›Wendepunkt‹, von dem in den Theorien der Novelle so oft die Rede ist. Auf A. W. SCHLEGEL fußend, war es vor allem TIECK, der auf die Bedeutung eines solchen Wendepunktes in der Handlungsgestaltung hingewiesen hat, zu verstehen als der »Punkt, von welchem aus sie (die Geschichte) sich unerwartet völlig umkehrt« (›Novelle‹, 53). Anders ausgedrückt: Wendepunkt als der Punkt im Handlungsverlauf, da »eine Gemüths- und Schicksalswendung mit scharfem Akzente zeigt, was Menschenleben überhaupt ist« (so F. Th. Vischer; ›Novelle‹, 63). Um noch auf ein Beispiel hinzuweisen, sei noch einmal an die »Krämerin«-Novelle Bassompierre-GOETHES erinnert, darin Bassompierre am Ende statt dem Leben jäh dem Tod konfrontiert wird.

Vielleicht läßt sich von den vorausgegangenen Überlegungen zum Wesen der Novelle aus auch verstehen, warum gerade diese Gattungsform, mit der Renaissance beginnend, die Aktualität gewonnen und jene reiche Entfaltung und Vertiefung erfahren hat, die nicht nur für die deutsche Entwicklung von GOETHE bis THOMAS MANN, sondern auch für die europäische Dichtung – es sei nur stellvertretend an die großartigen russischen Novellendichtungen von DOSTOJEWSKI bis zu TURGENJEW erinnert – entscheidend wurde. Wenn jener »das Ganze organisierende Konflikt«, von dem im Anschluß an die *Wahlverwandtschaften* die Rede war, das eigentliche Spannungsfeld der Novelle ausmacht, dann ist ein solcher Konflikt nur auf dem Hintergrund jener neuzeitlichen Gesellschaft zu verstehen, die versucht hat, sich gegen den Einbruch des Schicksals zu schützen, um dann doch immer wieder von neuem in die Zone des Schicksals zu geraten. Vom Soziologischen her wurde die Novelle offenbar als die Dichtungsform begriffen, die am vorzüglichsten geeignet ist, die spezifischen Krisen- und Grenzsituationen dieser Gesellschaft zu gestalten. Die gleichen Krisensituationen werden, so darf man zusammenfassend sagen, auch für die Novellendichter von thematischer Bedeutung. Entweder man gerät an das, was in die Dimension der Gnade und der transzendenten Erfüllung hineinreicht. Man denkt an die zahlreichen Künstlernovellen von E. T. A. HOFFMANN über MÖRIKE, STIFTER bis zu THOMAS MANN hin. Oder man stößt an die Zone des Schicksals, erfahren als jene Macht, die jedes Streben nach Menschenwürde fragwürdig macht. Man kennt die Bedeutung des Todesmotivs für die Novelle. Man erinnert sich auch, in welchem Maße die aus dem Bewußtsein verdrängten magischen Gewalten des Bösen und der Zerstörung die Novellendichter bis zur Moderne hin angezogen haben, von BRENTANOS Novelle *Vom braven Kasperl und der schönen Annerl* bis hin zu STORM, RAABE und BERGENGRUEN. Dritte Möglichkeit: Es verschränken sich Schöpfertum und Tod. Aschenbach schreibt in THOMAS MANNS *Tod in Venedig* die kostbarsten Seiten seiner Prosa in der Todesstunde nieder. Von hier aus ist auch die viel erörterte Bedeutung des Tragischen als Thematik der Novelle zu verstehen, beispielhaft gestaltet in KLEISTS *Erdbeben in Chili,* in gleicher Gültigkeit und Konsequenz aber auch in HOFMANNSTHALS *Reitergeschichte.*

Aber wie es sich auch im einzelnen verhält, immer ist es so, daß die Thematik der Novelle, im Einklang mit einer der entscheidenden Grunderfahrungen der Neuzeit, auf die Dimension der Vertikalen bezogen ist. Indessen so, daß die Schicksalserfahrung zugleich einem Lebensvollzug konfrontiert wird, bestrebt, alles in die Horizontale des Überschaubaren und Kalkulierbaren hineinzubannen. »Als Kunstform entstand die Novelle in einer geistbeherrschten und selbstbewußten Gesellschaft, als sie erkannte, daß wie alle menschlichen Lebensformen so auch ihre schöne und abgehobene Ordnung dem entstalteten Einwirken der Mächte offenstehe ...« (Paul Hankamer, ›Spiel der Mächte‹, zitiert nach: ›Novelle‹, 239).

So etwa stellt sich das Wesen der Novelle dar. Ausgangspunkt für den Versuch einer Definition war, ausgehend von der Wortbedeutung, der Hinweis auf das Überraschungsmoment als Kern der Novellenhandlung, darin eingeschlossen der Umstand, daß sich das unerhörte Ereignis auf dem Hintergrund einer Daseinsordnung entfaltet, die das Verhältnis zu allem verloren hat, was der alte GOETHE zusammenfassend mit dem zugleich Schöpfertum und Zerstörung einschließenden Begriff des Dämonischen zu umschreiben versucht. Was zunächst mit dem Begriff der »Neuheit« und der »Überraschung« umschrieben wurde, mag zunächst noch als Zerstreuung gedacht sein, erweist sich dann aber in der Geschichte der Gattung immer stärker als geeignet, »die menschliche Natur und ihre inneren Verborgenheiten auf einen Augenblick (zu) eröffnen«, wie es schon in der Rahmenhandlung von GOETHES *Unterhaltungen* heißt. Und in dem Maße, als diese Vertiefung geschieht, gewinnt das Geschehen für den Erzähler wie für die Personen der Handlung den Charakter der Betroffenheit und Erschütterung. In diesem Sinn wandelt sich »die Vorfallsnovelle in die Persönlichkeits- und Charakternovelle« (Wolfgang Kayser). Wobei das Gleiche nicht nur für die Binnenerzählungen, sondern auch für die Rahmengeschichte sowie für die Verschränkung von Novellen und Rahmen gilt, in GOETHES *Unterhaltungen* wie in E. T. A. HOFFMANNS *Serapionsbrüdern.* Was in den Binnenerzählungen als vergangenes Geschehen geschildert wird – Ähnliches ereignet sich in dem nachprüfbaren Hier und Jetzt und gewinnt auch für die Personen des Rahmens eine unheimliche und unausweichliche Aktualität.

Was bisher über das Wesen der Novelle gesagt wurde, betraf im wesentlichen den Gehalt, die Thematik und Motivwahl. Welche Konsequenzen aber hat das alles für Form und Struktur der Dichtung? Darauf die Antwort zu geben, das heißt vom Erzähler als dem subjektiven Pol und von der Gestaltung der Handlung als dem objektiven zu sprechen. Der Fremdheit und Rätselhaftigkeit des Geschehens entspricht ein Erzähler und eine Erzählhaltung, die die Fremdheit fremd sein läßt und nicht versucht, aus der Ungewohntheit des sich Ereigneten den Stachel der Überraschung zu entfernen. So beschaffen ist die Haltung des Erzählers in der schon wiederholt zitierten Bassompierre-Novelle, obwohl es sich um einen Erzähler handelt, der als Handelnder in das Geschehen verstrickt ist. Wer die Toten sind, auf die Bassompierre am Ende stößt, wird mit keinem Wort gesagt. So ist auch die Haltung des Erzählers in KLEISTS Novelle

Marquise von O. Was in dieser vorgeht, darüber fällt kein deutendes und reflektierendes Wort. Daß sie immer wieder errötet, daß dieses Erröten Ausdruck eines Schamempfindens ist, das den tragisch-tödlichen Konflikt andeutet, in den sie gestürzt ist, das ist eine der Gebärden, die der Erzähler registriert. Was sie zum Ausdruck bringt, darüber hört man nichts. Und auch die Worte, die die Marquise in den Gesprächen äußert, führen tiefer in das Rätsel der Gestalt, als daß sie dieses enträtseln. Der erste Erzähler in der Geschichte der deutschen Novelle, der kommentierend und reflektierend berichtet, ist der in der MÖRIKE-Novelle *Mozart auf der Reise nach Prag.* Indessen, dieses Kommentieren geschieht mit höchstem Takt; so daß das Geheimnis der schöpferischen Existenz mehr vertieft als dem Geheimnis entrissen wird. Anders in der Moderne BERGENGRUEN und GERTRUD VON LE FORT, die, obwohl beide hochbegabte Novellendichter, in ihrem Hang, das Geschehen reflektierend aufzuhellen, den Takt MÖRIKES vermissen lassen. Im Vergleich dazu bedeutet die Vorliebe anderer moderner Novellendichter für den den Erzähler eliminierenden Monologue intérieur mutatis mutandis eine Rückkehr zu der die Subjektivität vermeidenden Form der Wiedergabe. So geschieht es in SCHNITZLERS *Leutnant Gustl,* so analog in KAFKAS novellistischem Gebilde *Eine kleine Frau.* Von diesen Voraussetzungen her ist es zu verstehen, daß man in den Theorien der Novelle immer wieder auf den Begriff der Objektivität als Norm des novellistischen Erzählens stößt; von FRIEDRICH SCHLEGEL im Zusammenhang seines Boccaccio-Aufsatzes, aber auch von manchen anderen, ihm darin folgenden Theoretikern dann allerdings als eine »in artistischer Formgebung verhüllte Subjektivität« gedeutet. (Friedrich Schlegel; vgl. ›Novelle‹, 39 f.; zu Arnold Hirsch vgl. ›Novelle‹, 90 f.).

Waltet im Verhältnis des Erzählens zum Geschehen weithin der Verzicht auf auktorial deutende Eingriffe, so steht die Gestaltung des Handlungsgeschehens unter dem Gesetz der Konzentration; diese zu verstehen als strenge Hinordnung und Zentrierung auf das »unerhörte Ereignis«. Wenn man sich fragt, welche Gestaltungselemente geeignet sind, eine solche Zentrierung zu ermöglichen, dann ist zunächst auf die Einsträngigkeit und Einlinigkeit der Handlungsführung zu verweisen. Die Auffächerung und Aufspaltung des Geschehens in verschiedene »Handlungsstränge« ist Privileg des Romandichters. (Vgl. dazu Eberhard Lämmert: Bauformen des Erzählens. Stuttgart 1955.) Die Novelle kennt nur die Beschränkung auf den einen Strang der Novellenhandlung. Wo das Geschehen, wie in FONTANES *Stine*, in zwei Stränge aufgegliedert wird – in einen mit der Titelgestalt im Mittelpunkt, die tragische Möglichkeit der Lebenserfahrung, mit ihrer Schwester dagegen die untragische entfaltend – hat man es mit einem Roman zu tun, auch wenn der Umfang des Werkes kaum den einer Novelle überschreitet.

Mit diesem einlinigen Novellenstrang ist dann die Notwendigkeit gegeben, alles an Räumen und Personen auszusparen, was nicht im genauen Bezug zur Novellenhandlung steht. Von Bassompierres Leben am Hof – um wieder auf diese Novelle zurückzukommen – hört man nichts. Von der Ehe der Krämerin, von ihrem Mann, von dem Verhältnis der Frau zu ihrem Mann, von den Räumen, in denen sich ihr Leben abspielt, ebensowenig. Erst HOFMANNSTHAL hat in seiner genialen Umgestaltung der Novelle den Gatten der Krämerin herausgestellt, ohne indessen die Ökonomie der Handlung zu verletzen. Würde man versuchen, die Bassompierre-Novelle zum Roman auszuweiten, dann böte sich der Raum der Hofhandlung und das Interieur der Krämerfamilie als Möglichkeit für relativ selbständige Handlungsstränge an.

Dritte Frage: Welche epischen Aufbauelemente sind geeignet, diesen Handlungsstrang der Novelle zu gestalten. Geht man wiederum von der klassischen Novelle der Renaissance aus, dann sind zwei Grundformen des Erzählens dafür bestimmend: der Bericht und die szenischen Formen des Monologs und des Dialogs. Dabei hat der Bericht als spezifische Form der Gestaltung der Handlung vorrangige Bedeutung. Grundelement jedes Berichtes ist die sogenannte Aoristreihe: »erwachte, erblickte, brach in Klagen aus ...«. Der Aorist, vertraut als die Aktionsart des Neubeginns und des Anfangs, ist dadurch besonders geeignet, das Überraschungselement in besonderer Weise herauszuarbeiten.

Dieser Hinweis bedarf allerdings einer Ergänzung. Die Aoristreihe als Schwerpunkt des Berichtes bringt schon von der Sprache her so etwas wie ein Klima der Spannung und Überraschung, aber nur als Disposition zur Gestaltung des novellistischen Geschehens im spezifischen Sinn. Für diese aber ist wesentlich die sich steigernde und sich immer stärker intensivierende Bewegung zur Pointe hin; Pointe zu verstehen als der letzte und eigentliche Wendepunkt vom Alltäglichen zur Konfrontation mit dem schlechthin Unerwarteten; in der Bassompierre-Novelle die Begegnung mit dem Tod, da, wo man die höchste Steigerung des Lebens zu erleben erhofft.

Eine solche Überraschung aber ist nie absoluter Art. Nicht anders als in der Tragödie spielt auch in der Novelle die Technik der Vorausdeutung eine entscheidende Rolle. Schon GOETHE hat in seiner Wiederaufnahme der ihm aus den Memoiren Bassompierres vertrauten Krämerin-Novelle die Vorausdeutung gegenüber der Vorlage intensiviert. HOFMANNSTHAL hat es sich angelegen sein lassen, in seiner überaus dichten Umgestaltung die Vorausdeutungen darüber hinaus um ein Vielfaches zu vermehren. Was sie bewirken, ist ein Doppeltes: Einmal wird dadurch der »Finalduktus« in der Bewegung der Handlung verstärkt. Dann aber erfährt das finale Ereignis eine Vertiefung. Nicht nur in der Gestaltung GOETHES, noch stärker in der Novelle HOFMANNSTHALS schließen die Vorausdeutungen die Mahnung in sich, darauf gefaßt zu sein, daß der Tod als drohende Möglichkeit überall und immer gegenwärtig ist.

Dem Bericht gegenüber ist das zweite Bauelement der Novelle, die Szene, zwar subordiniert, spielt aber doch im Formgefüge der Novelle eine entscheidende Rolle. Monologische und dialogische Partien sind geeignet, in das Innere der Gestalten hineinzuleuchten. Die wenigen Worte, die man aus dem Mund der Krämerin hört, weisen schon in der Fassung Bassompierres darauf hin, auf den menschlichen Rang dieser Frau zu achten, besonders da, wo sie sich weigert, zum zweitenmal mit Bassompierre in dem Dirnenhaus zusammenzutreffen. GOETHE hat diese Worte wortgetreu aufgegriffen, und HOFMANNSTHAL wiederum hat in zahlreichen Symbolen die Haltung der Frau vertieft und vergegenwärtigt. So gesehen bietet sich die Novelle, vor allem in ihrer ursprünglichen klassischen Spielart, als die verdichtetste und – noch einmal sei das Wort aufgenommen – konzentriertesten Form innerhalb der epischen Gattung dar. In diesem Sinn hat sie noch PAUL HEYSE verstanden, wenn er, einen Begriff aus der Sphäre der Malerei aufgreifend, davon sprach, daß der Novelle etwas Silhouettenhaftes eigen sein müsse. »Eine starke Silhouette – um nochmals einen Ausdruck der Malersprache zu Hülfe zu nehmen – dürfte dem, was wir im eigentlichen Sinn Novelle nennen, nicht fehlen, ja wir glauben, die Probe auf die Trefflichkeit eines novellistischen Motivs werde in den meisten Fällen darin bestehen, ob der Versuch gelingt, den Inhalt in wenige Zeilen zusammenzufassen, in der Weise, wie die alten Italiener ihren Novellen kurze Überschriften gaben, die dem Kundigen schon im Keim den spezifischen Werth des Themas verraten.« (Zitiert nach ›Novelle‹, 68)

Indessen ist die Entwicklung der Novelle über diese ursprüngliche klassische Form hinaus von der Romantik, dem späten GOETHE bis zu THOMAS MANN hin darüber hinausgegangen, die Gattungsform in vielfacher Hinsicht komplizierend. Man hat oft diese Entwicklung als Fehlentwicklung verworfen, am radikalsten Adolf von Grolmann, der von der »Formzertrümmerung« der klassischen Novelle der Renaissance sprach. (Vgl. seinen Aufsatz ›Die strenge Novellenform und die Problematik ihrer Zertrümmerung‹; ›Novelle‹, 154 f.) PAUL ERNST hat in zahlreichen um dieselbe Zeit publizierten Aufsätzen in gleicher Weise argumentiert. (Vgl. dazu Paul Ernst: Zur Technik der Novelle; ›Novelle‹, 79 f.) Ein auch nur flüchtiger Blick in das umfangreiche Novellenschaffen des Dichters macht indessen deutlich, wie wenig überzeugend es ihm auch in der Praxis seines Schaffens gelungen ist, die klassische Form zu erneuern.

Im einzelnen nachzuweisen, wie sich die Erweiterung der Novelle im 19. und 20. Jahrhundert vollzogen hat, würde den Rahmen dieser mehr lexigraphisch angelegten Arbeit sprengen. Es wäre in Überlegungen solcher Art darauf zu verweisen, wie sie sich dadurch ausgeweitet hat, daß sich der Spielraum der Handlung über den begrenzten Ausschnitt eines Menschenlebens hinaus geöffnet hat, um stattdessen den ganzen Lebenslauf in die Darstellung einzubeziehen; so von MÖRIKE, GRILLPARZER bis zu GOTTFRIED KELLERS Novelle *Pankraz der Schmoller*, der ersten der Seldwyler Geschichten; eine Umwandlung, für die der Rückgriff auf die Episodentechnik des Romans unvermeidlich war. Es wäre weiter die Aufmerksamkeit darauf zu richten, daß der Raum oft in einer Breite einbezogen wurde, wie es in der ursprünglichen Form der Gattung undenkbar erscheint. So begegnet uns die Novelle ADALBERT STIFTERS, etwa in *Brigitta*, in den *Zwei Schwestern* und in anderen Novellen. Eine dritte Möglichkeit der Ausweitung: die Verlagerung des Akzentes vom Bericht zu szenischen Partien. Man denkt an die romantische Novelle – E. T. A. HOFFMANNS *Don Juan* sei genannt –, aber auch an die Novelle KLEISTS. Wobei allerdings ein Unterschied zu beachten ist: daß in KLEISTS Novellenschaffen – vor allem in der *Marquise von O.* – die szenischen Partien zwar einen ungewohnt breiten Raum beanspruchen, daß es aber trotzdem gelingt, anders als in der romantischen Novellistik, den Vorrang des Berichtes zu behaupten und zu sichern. Letztes Beispiel für die Ausweitung: die Öffnung der Novellenform für Reflexionen und Erörterungen, damit verbunden die stärkere Einbeziehung des Erzählers in die Gestaltung; wobei es unvermeidlich wurde, daß der streng objektive Stil der klassischen Novelle – die Novelle des CERVANTES sei hier als Ausnahmefall ausgeschlossen – einer stärkeren Subjektivität weicht. Belege dafür finden sich wiederum in der romantischen Novelle: in WACKENRODERS *Berglinger*-Novelle, in der schon in anderen Zusammenhängen wiederholt genannten MÖRIKE-Novelle *Mozart auf der Reise nach Prag*, aber auch in der Novellistik des folgenden 19. und 20. Jahrhunderts, vor allem in jenen Erzählwerken, die die Perspektive der vue par derrière bevorzugen; man denke an das Novellenschaffen STORMS, an *Aquis submersus* und manche andere Novelle, aber auch an zahlreiche Novellenwerke WILHELM RAABES, vor allem an Meisterwerke wie *Die Holunderblüte* oder *Im Siegeskranz*.

Indessen: diese Erweiterungen und Modifikationen der klassischen Form bedeuten alles, nur keine Formzertrümmerung; vorausgesetzt, daß das Grundgesetz der Novellenform, das der strengen Konzentration beachtet bleibt; daß also auch dann, wenn ein ganzer Lebenslauf in die Novelle einbezogen wird, dieser auf Krisensituationen dieses Lebens eingeschränkt bleibt; beispielhaft gelungen in der schon genannten *Pankraz*-Novelle

GOTTFRIED KELLERS; daß die Beschreibung der Landschaft in strenger Korrelation mit dem Schicksal der Menschen entfaltet wird. Noch einmal denkt man an STIFTERS *Brigitta:* So wie sich in ihr hinter dem unschönen und ungefügen Äußeren eine Liebesbereitschaft unbedingter Art verbirgt, so in der abweisenden Landschaft der ungarischen Puszta ein unerwarteter Reichtum und ungeahnte Schätze der Fruchtbarkeit und des Wachstums. Das Gleiche gilt von der Einfügung reflektierender Partien in die Novellenhandlung. Davon war schon im Zusammenhang der MÖRIKE-Novelle die Rede. Aber auch in den zuvor genannten anderen Novellen gelang es, die spezifisch novellistische Spannung durchzuhalten, auch dann, wenn über dem Geschehen das Klima hoher Reflektiertheit sich ausbreitet.

Literatur:

1. *Zur Theorie der Novelle:* Wiese, B. v.: Novelle. Stuttgart 1963, ⁸1982. – Kunz, J. (Hg.): Novelle. Darmstadt 1968, ²1973 (zit. als »Novelle«). – Pohlheim, K. K.: Theorie und Kritik der deutschen Novelle von Wieland bis Musil. In: Deutsche Texte, 13. Tübingen 1970. – Pötters, W.: Begriff und Struktur der Novelle. Linguistische Betrachtungen zu Boccaccios »Falken«. Tübingen 1990. – Aust, H.: Novelle. Stuttgart 1990.

2. *Zur Geschichte der Novelle:* Klein, J.: Geschichte der deutschen Novelle von Goethe bis zur Gegenwart. Wiesbaden 1954, ⁴1960. – Himmel, H.: Geschichte der deutschen Novelle. Bern u. a. 1963. – Kunz, J.: Die deutsche Novelle zwischen Klassik und Romantik. Berlin 1966, ²1971. – Kunz, J.: Geschichte der deutschen Novelle im 19. Jahrhundert. Berlin 1976, ²1978. – Kunz, J.: Die deutsche Novelle im 20. Jahrhundert, unter bibliogr. Mitwirkung von R. Schönhaar. Berlin 1977. – Herbst, H.: Frühe Formen der deutschen Novelle im 18. Jahrhundert. Berlin 1985.

3. *Einzelanalysen:* Wiese, B. v.: Die deutsche Novelle von Goethe bis Kafka. Interpretationen I. Düsseldorf 1956, ¹³1983. – Wiese, B. v.: Die deutsche Novelle von Goethe bis Kafka. Interpretationen II. Düsseldorf 1962, ⁶1976. – Lehmann, J. (Hg.): Deutsche Novellen von Goethe bis Walser. Interpretationen für den Deutschunterricht. 2 Bde. Königstein 1980. – Interpretationen. Erzählungen und Novellen des 19. Jahrhunderts. 2 Bde. Stuttgart 1988 und 1990.

4. *Forschungsberichte:* Pohlheim, K. K.: Novellentheorie und Novellenforschung (1945–1963). DVjS 38, Sonderheft (1964). – Schober, O.: Roman – Novelle – Erzählung. In: D. Boueke (Hg.): Deutschunterricht in der Diskussion. Forschungsberichte. Bd. 2. Paderborn ²1979.

DIE ODE

von Otto Knörrich

Unsere Vorstellung von der Ode als einer einheitlichen Gattung ist hauptsächlich von KLOPSTOCK abgeleitet; die Odentheorie vor ihm erscheint unübersichtlich und widersprüchlich. Eine verwirrende Terminologie erschwert zusätzlich den Überblick über die Gattungsgeschichte. Zwar herrscht Übereinstimmung darüber, daß die Ode auf zwei antike Traditionsstränge zurückgeht, den pindarischen und den horazischen, der Gattungsbegriff selbst ist jedoch neuzeitlichen Ursprungs und hat im literarhistorischen Prozeß nur sehr langsam und mühsam Kontur gewonnen. Im Griechischen heißt »Ode« soviel wie Lied oder Gesang in einem sehr allgemeinen Sinn. Sie ist stets musikalisch begleitet, was ihre Gleichsetzung mit Lyrik überhaupt nahelegt, und gehört entweder zur Chorlyrik wie die Gesänge PINDARS oder zur monodischen (vom Einzelsänger vorgetragenen) Lyrik wie die Gedichte der äolisch-lesbischen Schule (ALKAIOS, SAPPHO), deren Vorbild dann für HORAZ bestimmend wurde. Dieser nennt seine »Oden« carmina, jedoch gewinnen gerade sie für die Entwicklung des Gattungsbegriffs in der Folgezeit zentrale Bedeutung. So nennt CELTIS, nach seinem Selbstverständnis der erste »deutsche Horaz«, seine neulateinischen Nachahmungen des Römers *Libri odarum quatuor* (1513). Die weite Begriffsverwendung entsprechend der griechischen Wortbedeutung läßt sich freilich bis in die zweite Hälfte des 18. Jahrhunderts verfolgen. GOTTSCHED definierte 1738: »Alles, was sich strophenweise nach einer Melodie singen läßt, es sey lustig, traurig, episch oder tragisch, verliebt, satyrisch, moralisch oder geistlich, das heißt eine Ode.« Entsprechend seiner Kapitelüberschrift »Von Oden oder Liedern« sind auch die Sammlungstitel *Oden und Lieder* von HAGEDORN (1742/52) und *Geistliche Oden und Lieder* von GELLERT (1757) ähnlich wie schon bei WECKHERLIN und OPITZ weniger differenzierend als zusammenfassend gemeint. Die Definition der Gattung durch ihre Abgrenzung vom Lied erfolgte dann erst

1783 durch JOHANN JOACHIM ESCHENBURG: »Überhaupt aber lassen sich zwey Hauptgattungen lyrischer Gedichte absondern, die sich durch Inhalt und Vortrag merklich unterscheiden; nämlich, die eigentliche Ode und das Lied. Jene hat erhabnere Gegenstände, stärkre Empfindungen, höhern Schwung der Gedanken und des Ausdrucks; dieses wird gewöhnlich durch leichtere und sanftere Gefühle veranlaßt, und hat daher auch einen leichtern, gemäßigtern Ton.« *(Entwurf einer Theorie und Litteratur der schönen Wissenschaften)*

Zwar zeigen sich bereits um die Mitte des 16. Jahrhunderts, bei den französischen Renaissancedichtern der Pléjade, vor allem bei RONSARD, Ansätze zu einer spezifischen Gattungskonzeption, deren Einflüsse dann ein halbes Jahrhundert später in der deutschen Barockdichtung, bei WECKHERLIN, OPITZ und GRYPHIUS sichtbar werden, jedoch ergeben sich daraus noch keine gattungsbegrifflichen Präzisierungen. Vielmehr wird man sagen müssen, daß sich zwar seit dem Humanismus eine vom Gesamtkorpus lyrischer Texte abhebbare Gattungstradition herauszubilden begann, daß diese Gattung aber, jedenfalls in Deutschland, zweieinhalb Jahrhunderte lang ohne klares Selbstverständnis blieb. Was aber den Begriff Ode anlangt, so diente er in dieser ganzen Zeit primär dazu, den Kunstanspruch hoher Poesie gegenüber dem volkstümlichen Lied zu bezeichnen. Er bot sich als Sammelbegriff für alle jene Formen der Kunstlyrik an, die noch nicht gattungsmäßig bzw. verstechnisch festgelegt waren, also im wesentlichen für alles, was nicht Elegie, Epigramm oder Sonett war. Erst die humanistische Ausrichtung des Kunstideals an den antiken Mustern, in deren Zusammenhang u. a. die Rezeption und Nachahmung von PINDAR und HORAZ erfolgte, ließ es wohl überhaupt dazu kommen, daß sich die mit diesen Namen verbundenen Dichtungstraditionen schließlich mit dem Odenbegriff verbanden.

In dem sich hier abzeichnenden ersten Abschnitt der Gattungsentwicklung, der Ode vor KLOPSTOCK, wird sie bestimmt von den verschiedenen Schwerpunktsetzungen in der Auffassung und Imitation von HORAZ und PINDAR, wobei letzterer in der deutschen Odendichtung allerdings stets mehr indirekt wirksam gewesen ist, vor allem über RONSARD vermittelt. (Erst von HÖL-

DERLIN weiß man, daß er ihn im Urtext gelesen hat.) In den neulateinischen Horazimitationen der Humanisten und auch noch in der neulateinischen geistlichen Kunstlyrik des 17. Jahrhunderts, z. B. in den Marienoden BALDES, wird das entscheidende gattungsspezifische Kriterium äußerlich-formal im Vers- und Strophenmaß gesehen. Die deutsche Sprache sperrt sich jedoch gegen die antiken »Odenmaße«, und so konnten sie nicht ohne weiteres von der lateinischen auf die deutschsprachige Lyrik übertragen werden, zumal man sie (was allerdings schon für HORAZ nicht mehr zutraf) für den musikalischen Vortrag bestimmt glaubte, während man selbst vorwiegend Sprechdichtung schuf. Das Urteil von OPITZ in seinem *Buch von der deutschen Poeterey* (1624) lautet deshalb: »Die Saphischen gesänge belangendt / bin ich des Ronsardts meinung / das sie / in unseren sprachen sonderlich / nimmermehr können angeneme sein / wann sie nicht mit lebendigen stimmen und in musicalische instrumente eingesungen werden (...)« Anstelle der äußeren Formimitation bewirkte das Vorbild des HORAZ aber eine Steigerung und Differenzierung des Formbewußtseins schlechthin. Sie wird erkennbar in einer gehobenen Stillage bis hin zum großen rhetorischen Pathos, in einer kunstvollen sprachlichen Darstellung und entsprechenden Rhythmisierung, nicht zuletzt im Gebrauch der griechischen Mythologie. Dasselbe gilt für die Rezeption PINDARS, die sich in der Lyrik der Pléjade wie in der deutschen Barocklyrik vielfach mit der des HORAZ kreuzt. Die triadische Einteilung der Epinikien PINDARS, d. h. seiner Siegeslieder für die Gewinner eines Agons, in Strophe, Antistrophe und Epode wird seit RONSARD vielfach nachgeahmt und dient z. B. bei GRYPHIUS, dem bedeutendsten Vertreter der »pindarischen Ode«, in antithetischer oder steigernder Funktion dem Ausdruck spannungsvollen barocken Lebensgefühls.

Zugleich wird aber im Nebeneinander von horazischer und pindarischer Dichtungstradition der Variationsspielraum für die Entwicklung der Gattung erkennbar. Mit dem Namen PINDARS verbindet sich die Vorstellung eines zugleich feierlich-erhabenen und enthusiastischen lyrischen Sprechens, das sich, entsprechend der alten pindarischen Formel von der heiligen Trunkenheit des Dichters, stark dem hymnischen Stil nähert. PINDARS

Dichtung ist rühmend und preisend und erfüllt sowohl religiöse als auch politisch-öffentliche Funktionen, und so findet sie vor allem in der geistlichen Odendichtung und im höfischen Herrscherlob Nachahmung. In der ersteren kann, wie etwa bei GRYPHIUS sichtbar wird, zum Einfluß PINDARS der der Psalmen hinzutreten, die man (neben PINDAR und HORAZ) als drittes Muster für die Entwicklung der Gattung ansehen kann. HERDER z. B. bezeichnet sie als Oden. Besondere Bedeutung erlangen sie unter dem Einfluß des Pietismus für die Entwicklung der KLOPSTOCKschen Ode.

Sieht man von den Staatsgedichten (vor allem den sogenannten »Römeroden«) ab, ist die horazische Dichtung im Gegensatz zur pindarischen mehr privat-geselliger als politisch-öffentlicher Natur, zugleich sprachlich gebändigter, distanzierter und bewegt sich in einer mittleren Stillage, die u. a. durch das stärkere Hervortreten der Reflexion gegenüber dem Gefühl bedingt ist. So wirkt HORAZ stilbildend für die Entwicklung der sogenannten »geselligen Ode«, die schon bei RONSARD vorherrscht, vor allem aber im Zusammenhang mit der Verbürgerlichung der Literatur während der Aufklärung Bedeutung erlangt. Bürgerliches Denken, um das so abgekürzt zu formulieren, fordert die Vermittlung des hohen Odenstils mit einer »natürlichen« Schreibweise, die den spezifischen ideologischen Bedürfnissen des Bürgertums gerecht zu werden vermag und in der Abgrenzung vom höfischen Stil der Barockzeit ihr Selbstverständnis findet – bzw. umgekehrt: die Vermittlung der enthusiasmierten »Sprache des Herzens«, in der das freigesetzte bürgerliche Individuum seinen Ausdruck sucht (Pietismus, Empfindsamkeit, Sturm und Drang), mit dem Stilisierungsgebot des nachbarocken, »klassizistischen« Kunstkonzepts. Profanität und Intimität der bürgerlichen Lebenswelt einerseits, das (zum Teil religiöse Züge annehmende) Emanzipationspathos des neuen bürgerlichen Selbstbewußtseins andrerseits waren die Pole, zwischen denen die Gattung schließlich spezifische, ihr Bild bis heute bestimmende Kontur gewann. Dabei geht die Tendenz jedoch schon bald in Richtung auf den zweiten Pol, d. h. in Richtung auf die »enthusiastische Ode« KLOPSTOCKS.

In diesem Prozeß wurde SAMUEL GOTTHOLD LANGE, nach CELTIS

und BALDE der dritte »deutsche Horaz«, mit seinen *Horatzischen Oden* (1747) und seinen Horazübersetzungen (1752) der wichtigste Vorläufer KLOPSTOCKS, vor allem hinsichtlich der Gestaltung des Erhabenen, dessen Bestimmung in der poetologischen Diskussion der Zeit eine zentrale Rolle spielte. Unter dem Einfluß der über BREITINGERS *Critische Dichtkunst* (1740) vermittelten Lehre des PSEUDO-LONGINUS vom Erhabenen als »Echo einer großen Seele« erfuhr es eine Verinnerlichung, die sich deutlich vom rhetorischen Pathos der Barockzeit abhebt. Sie leitet unmittelbar zu KLOPSTOCK über. HORAZ freilich, von dem LESSING sagte, »daß man nur aus seinen Oden, was Oden sind, lernen kan«, wurde in diesem Zusammenhang sehr einseitig als Vorbild für die erhabene Schreibart gesehen, deren Hauptmerkmale man in dem poetologischen Begriff des »Schwungs« zusammenfaßte. LANGE nennt die Sprache von HORAZ die »Sprache der Leidenschaften und Gemüthsbewegungen (welche die Sprache der Dichtkunst überhaupt, und der Ode insbesondere ist)«: »der Affect riß ihn hin, er redet lauter Empfindungen, und mahlet in einer beständigen Entzückung.« So wird er geradezu in die Nähe PINDARS gerückt, werden horazische und pindarische Ode mehr oder weniger gleichgesetzt.

Zu den formalen Mitteln der erhabenen Schreibart zählt LANGE noch nicht die horazischen Vers- und Strophenmaße, die auch noch nach seiner Meinung dem deutschen Leser fremd bleiben müssen, sucht aber den deutschen alternierenden Vers durch Auflockerungen dem horazischen Versduktus anzunähern und wird so zum Vorbild für KLOPSTOCK, als dieser die antike Metrik in die deutsche Dichtung einbürgert. Als konstitutives Element der Ode sah freilich selbst KLOPSTOCK sie nicht an, und dementsprechend ist die Gattung denn auch für Viëtor »keineswegs an die antiken Strophenformen gebunden« (176). Eine wichtige poetologische Forderung war dagegen schon für LANGE die Reimlosigkeit, weil der Reim den hohen Odenschwung hemme. Vor allem aber wurde der von BOILEAU so genannte beau désordre gefordert, der schon den »dunklen« Stil PINDARS kennzeichnete. Zu ihm gehören Sprunghaftigkeit der Gedanken, mythologische Abschweifungen, verfremdete Syntax. Er ist jedoch, und das gilt auch für KLOPSTOCK und ist bezeichnend für das auf den Ausgleich der Extreme ausgerichtete Selbstverständnis der Gattung, ebenso Ausdruck des Kunstkalküls wie des furor poeticus, auf den sich die Odendichter der Zeit gern berufen. Wenn KLOPSTOCK die Ode zum Instrument eines leidenschaftlich gesteigerten dichterischen Ausdrucksverlangens macht, so verleugnet sie doch auch bei ihm nicht ihren artistischen Charakter. Gerät er durch Übersteigerung dieses Ausdrucksverlangens an die Grenze der Gattung, so wird er sich dessen sehr wohl bewußt: Die freirhythmischen religiösen Oden aus seiner Kopenhagener Zeit, entstanden zwischen 1758 und 1764 und in der Literaturgeschichte gewöhnlich als Hymnen bezeichnet, hat er für seine erste Oden-Ausgabe von 1771 in vierzeilige Strophen unterteilt, um sie so wieder stärker an die Gattung anzubinden, die er nicht sprengen, vielmehr durch eigene, den antiken nachempfundenene Strophenmaße weiter ausbauen wollte. (Das wird auch durch seine Rückkehr zu den Odenmaßen nach 1764 bestätigt.)

Wie sehr sich die Gattungskonzeption mit dem artistischen Prinzip verknüpft hatte, zeigt sich in dem zwiespältigen Verhältnis sowohl des Göttinger Hains als auch GOETHES zur Ode. Beide stehen unter dem Einfluß KLOPSTOCKS, unter dem die Hain-Dichter viele Oden schaffen und unter dem vor allem auch GOETHES große Jugendhymnen entstehen (für GOETHE »Oden«), sie stehen zugleich aber auch unter dem Einfluß von HERDERS Programm der Naturpoesie, von dem her die antiken Formen, verglichen mit den »Naturformen« wie dem Lied, gar dem Volkslied, allzu artifiziell erscheinen mußten. (Für den klassischen GOETHE, der sich der verschiedensten lyrischen Formen, nur nicht der Ode bediente, verband sich die Gattung, so wie er sie – klopstockisch – verstand, zugleich mit der Vorstellung einer überwundenen Entwicklungsstufe: der des Sturm und Drangs.)

Wenn jemand in der deutschen Literatur die Polaritäten der Gattung im Werk ausgetragen und »aufgehoben« und die Gattung so zur Vollendung geführt hat, so war es HÖLDERLIN. Er hat sich besonders eingehend mit PINDAR beschäftigt und nennt dessen Hymnik »das Summum der Dichtkunst«, er hat aber auch geschrieben: »Da wo die Nüchternheit dich verläßt, da ist die Grenze deiner Begeisterung. (...) Man kann auch in die Höhe *fallen,* so wie in die Tiefe« *(Reflexion).* HÖLDERLIN hat gegenüber KLOPSTOCK den strengeren Gattungsbegriff, Ode und Hymne sind für ihn deutlich geschieden. In den von Beißner so genannten *Epigrammatischen Oden* (1798) mag man zu Recht »die Erfüllung der klassischen deutschen Lyrik in antikisierender Form« (Ivo Braak) sehen. HÖLDERLIN selbst nennt sie in Briefen mehrfach untertreibend »Gedichtchen«, jedoch erscheint eine Formulierung in einem Jugendaufsatz *(Parallele zwischen Salomons Sprüchwörtern und Hesiods Werken und Tagen)* geradezu als Beleg dafür, daß er in ihnen reinste Ausprägungen der Gattung sah: »Kürze ist ein anerkanntes Kennzeichen der Erhabenheit.« In einer dieser Kurzoden freilich gibt er eine Begründung der Kürze, die zugleich die Gattung selbst in Frage zu stellen droht:

Die Kürze

›Warum bist du so kurz? liebst du, wie vormals, denn
Nun nicht mehr den Gesang? fandst du, als Jüngling, doch,
In den Tagen der Hoffnung,
Wenn du sangest, das Ende nie!‹

Wie mein Glück, ist mein Lied. – Willst du im Abendrot
Froh dich baden? hinweg ists! und die Erd ist kalt,
Und der Vogel der Nacht schwirrt
Unbequem vor das Auge dir.

Höhepunkt oder Abgesang der Gattung – oder beides zugleich? Paßt die Ode auf die »Erde voller kaltem Wind« (Brecht)? Die Antwort darauf kann nicht von den epigonalen Fortsetzern von PLATEN bis R. A. SCHRÖDER und WEINHEBER gegeben werden. Jedoch taucht der Gattungsbegriff in neuerer Lyrik, selbst in der sogenannten Moderne, öfter auf, als man erwarten möchte. Dabei geht es nicht immer nur um die Parodierung oder Destruierung der Gattung, um den Widerruf ihrer ideologischen Implikate wie z. B. in der folgenden *Ode an die Natur* von GÜNTER EICH:

Wir haben unsern Verdacht
gegen Forelle, Winter
und Fallgeschwindigkeit.

Die Verdächtigung der Natur, bei deren Anblick dem zeitgenössischen Skeptiker nicht mehr geheuer ist, richtet sich gleichermaßen gegen ihre Geschöpfe (und seien sie so harmlos wie die Forelle) wie gegen ihre jahreszeitlichen Abläufe und ihre Gesetze. So kann sie nicht mehr länger zum Gegenstand einer erhabenen Schreibweise werden, und Kürze ist nicht mehr deren »anerkanntes Kennzeichen«, sondern die formale Alternative dazu: Reduktion, Lakonismus als Ernüchterung.

Ihre Parodierung mußte sich die »pindarische Ode« schon in der Aufklärung gefallen lassen. Öfters wird der Gattungsbegriff parodistisch verwendet, ohne daß damit die Gattung selbst getroffen werden soll: So satirisiert HÖLTY die Anakreontik in seiner *Petrarchischen Bettlerode*, übt HOFFMANN V. FALLERSLEBEN Zeit- und Gesellschaftskritik in seiner *Michelsode*, ähnlich PETER RÜHMKORF in Gedichten mit Titeln wie *Anode, Marode, Kommode* und *Urenkels Ode*. Die totale Destruktion der Gattung vollzieht EUGEN GOMRINGER mit seiner *Ode III*. Ihr Thema, Zürich, stellt die Beziehung zu einer der berühmtesten Oden der deutschen Literatur her, KLOPSTOCKS *Der Zürchersee*. Mit ihr wird der Inbegriff der Gattung evoziert, die ad absurdum geführt werden soll.

Eine *Ode an den Zürichsee* schrieb auch YVAN GOLL, der mehrere seiner Gedichte Oden genannt hat. Mit den antiken Metren hat auch er nichts mehr im Sinn, aber der mit der Gattungsbezeichnung geschaffene Erwartungshorizont dient hier nicht als Kontrastfolie, sondern soll in den Text mit eingehen und seine Rezeption im Sinne einer – wenn auch nur noch vage begriffenen – literarischen Konvention steuern. Ähnliches gilt, um eines der jüngsten Beispiele zu nennen, für die fünf Gedichte, die HUGO DITTBERNER in seinem Band *Ruhe hinter Gardinen* (1980) unter der Kapitelüberschrift »Einige Oden« zusammenfaßt, selbst wenn sie z. B. *Ode an mein nächtliches Klo* heißen. Zwar ist das Konzept der Gattung nur noch in höchst gebrochener, entstellter Weise im Text anwesend, aber gerade durch seine Entstellung wird es neu verwendbar gemacht – bis hin zum O-Anruf, der hier, dreißig Jahre nach Benns Verdikt über das »Andichten«, eine neue poetische Natürlichkeit gewonnen hat:

O aufgeschlagenes Fenster, o weite dunkle Ebene;
o Duft des Buchsbaumes unter mir, langsam steigst du
an meine Nase, die kalt wird von der Nacht, wie die
Nieren, wie der Hintern.

Literatur: Viëtor, K.: Geschichte der deutschen Ode. München 1923, Nachdruck Darmstadt 1961. – Fäh, O.: Klopstock und Hölderlin. Grenzen der Odenstrophe. Schaffhausen 1952. – Fischer, H. W.: Die Ode bei Voß und Platen. Paderborn 1960. – Maddison, C.: Apollo and the Nine. A History of the Ode. London 1960. – Hossfeld, R.: Die deutsche horazische Ode von Opitz bis Klopstock. Diss. Köln 1961. – Bennett, W.: German Verse in Classical Meters. Den Haag 1963. – Derks, P.: Die Sapphische Ode in der deutschen Dichtung des 17. Jahrhunderts. Münster 1970. – Hartmann, K. G.: Die humanistische Odenkomposition in Deutschland. Vorgeschichte und Voraussetzungen. Erlangen 1976.

DIE PARABEL

von Wolfgang Jeske

Überblickt man die wichtigsten Arbeiten der Forschung und ihre Definitions- und Abgrenzungsangebote zu dieser literarischen Form, fällt zunächst die Einigkeit auf bezüglich der Zusammenhänge, in denen die Parabel gesehen werden muß, während andererseits recht widersprüchliche Auffassungen über die dabei zu beachtenden Besonderheiten der benachbarten Formen festzustellen sind. Im Hinblick auf die sogenannte Didaktische Literatur werden neben Gnomischen und Satirischen die *Parabolischen Formen* unterschieden, zu denen Beispielerzählung, Spruchgedicht (ma. bîspel), Fabel, Gleichnis und eben die Parabel gerechnet werden (Braak, 162–165). Zu trennen ist davon die *Parabolische Dichtung*, d. h. die zu Drama, Roman, Novelle etc. erweiterte Parabel, die darin als Gerüst wirkt (Brettschneider, 10). Andererseits wurde die Parabel aber auch als »übergeordnete Form« im Vergleich zu bîspel, Kasus, Fabel, Gleichnis, Antimärchen bezeichnet (ebd.).

Bezüglich der genannten benachbarten Formen sind nun folgende jeweils spezifische Merkmale, die sie von der Parabel trennen, herausgestellt worden: Das *Beispiel* (die Beispielerzählung) »nennt das Gemeinte direkt«, ohne dazu ein Vergleichsmoment (tertium comparationis) zu benötigen, wenn es sich dabei auch meist um Erfindungen handelt (Philippi, 314 f.); der *Spruch* steht in der Nähe des Beispiels, jedoch ist bei ihm an die vielfältige Verwendung von Allegorien zu erinnern; der Unterschied zur *Fabel* wird an der Verlagerung der Geschehnisse aus der Tierwelt in den zwischenmenschlichen Bereich festgemacht (Heselhaus, 10) oder auch einfach geleugnet: die Fabel als »im Grunde eine spezielle Form« der Parabel (W. Kayser: Das sprachliche Kunstwerk. 1956, 123) ausgewiesen oder Fabel, Parabel und Gleichnis als »drei Namen für eine Sprachform« angegeben (Dithmar, 11); im Gegensatz dazu wurde das *Gleichnis* gerade auch als »deutlich« verschieden von der Parabel angeführt: als sich auf Allgemeingültigkeit berufender Vergleich (zumindest in einem bestimmten Punkt), der die »Autorität des allgemein Bekannten« besitze (Philippi, 314), bzw. wurde gerade die Unterscheidung von Gleichnis und Parabel als für die Gattungsbestimmung der Parabel zwingend erforderlich bezeichnet (Heselhaus, 9); relative, d.h. mehrheitliche Einigkeit besteht darüber, daß die Parabel »grundsätzlich« von der *Allegorie* zu unterscheiden sei (Philippi, 315): die Allegorie bilde nämlich keine geschlossene Einheit (Brettschneider, 14f.), ihre Verschlüsselungen ständen dem deutenden Charakter der Parabel entgegen (Dithmar, 12); andererseits werden dann doch auch wieder Parabel und Allegorie in einem Atemzug genannt (Schneider, 54; Heselhaus, 7). Die Verwirrung wird komplettiert dadurch, daß die theologische Forschung, auf die sich die literaturwissenschaftliche bezüglich der in Frage kommenden Bibeltexte stützt, gerade die Begriffe Fabel und Parabel mehrmals vertauscht hat (vgl. Philippi, 314).

Die Anfänge der Parabel in der frühneuzeitlichen Literatur sind auf Äußerungen von FRANCIS BACON in *Über die Würde und den Fortgang der Wissenschaften* (1650; dt. 1783) zurückzuführen, in denen er der parabolischen Dichtung mehr Gewicht beimaß als der erzählenden bzw. dramatischen: »Die *parabolische Poesie* nun ragt unter den übrigen hervor, und wird als eine heilige und herrliche Sache angesehen; da besonders die Religion selbst gemeiniglich ihres Werkes sich bedient und durch selbige die Verbindung göttlicher und menschlicher Dinge zu stande bringt. [...] Sie ist aber von zweydeutigem Gebrauch und wird zu Gegenseitigkeiten genuzt. Denn sie dient zur *Hülle*; sie dient aber auch zur *Erklärung*. In dieser scheint eine gewiße *Art zu belehren*; in jener ein *Kunstgriff zu verbergen*, gesucht zu werden. Diese *Art zu belehren* aber, welche zur *Erklärung* dient, wurde in den ältern Jahrhunderten sehr viel angewandt. Denn da die Erfindungen und Folgerungen der menschlichen Vernunft [...] damals neu und ungewöhnlich waren, so begrieffen die Menschen jene Feinheit der Schlüße kaum, wo sie ihnen nicht durch dergleichen Bilder und Beyspiel sinnlich gemacht wurden. [...] Der andere Gebrauch der *parabolischen Poesie* ist gleichsam den ersteren entgegen gesezt, weil er [...] zur Hülle dient, nemlich diejenigen Dinge einzuhüllen deren Würde gleichsam mit einem Schleyer bekleidet zu werden, verdient: das ist, wenn das Verborgene und Geheimnißvolle der Religion, der Politik, und der Philosophie in Fabeln und Parabeln versteckt wird« (Bacon, 2. Buch, 13. Kap.).

Auffällig ist zunächst auch hier, daß BACON Fabel und Parabel nicht trennt; dies zeigt sich auch an den sich anschließenden »Beyspielen« zu den »natürlichen«, »politischen« und »moralischen Dingen«: »Erstes Beyspiel der Philosophie nach den alten Parabeln, in den natürlichen Dingen. Von dem Universum nach der Fabel des Pans« etc.

GEORG PHILIPP HARSDÖRFFER wird da in der Vorrede zu seiner Sammlung *Nathan und Jotham. Das ist Geistliche und Weltliche Lehrgedichte* (1650/51) deutlicher: »*Das Lehrgedicht (Parabola)* erzehlet eine kurtze Geschicht/ welche ihre Deutung hat/ und zuweilen auch geschehen könte: *Die Fabel* aber erzehlet vielmals was nicht geschehen kan/ und machet nicht nur die Thiere/ sondern auch die Steine reden: diese lassen wir den alten Weibern und Kindern/ welche der Lehre wenig achten/ jene aber wird verständigeren Leuten billich beygemessen«. Nach dieser Abgrenzung von Fabel und Parabel unterscheidet HARSDÖRFFER in der Vorrede zum zweiten Teil seiner Sammlung auch Parabel und Gleichnis: »Hieraus erhellet verhoffentlich/ daß ein Vnterschied zwischen einer *Gleichniß*/ die in wenig Worten bestehet/ und einem *Lehrgedichte*/ das eine kurtze Erzehlung einer *lehrreichen Begebenheit* darstellet/ welche bey Ausübung und Kunstartigen Verfassung dieser Erfindungen nothwendig zu beobachten. Es kan auch eine in vielen Stücken bestehende Gleichniß kein Lehrgedicht heissen/ wann selbe keine Begebenheit ausdichtet [...]«.

GOTTSCHED kennt in seinem *Versuch einer Critischen Dichtkunst* (1730) nur den Begriff der Fabel, wenn er im 4. Kapitel *Von den drey Gattungen der poetischen Nachahmung und insonderheit von der Fabel* spricht: Er unterscheidet dabei aber »unwahrscheinliche, wahrscheinliche und vermischte« Fabeln, wobei in der ersten Art »unvernünftige Tiere oder wohl gar leblose Dinge« menschlich-vernunftbegabt agieren (= Fabel), in der zweiten »lauter Menschen und andre vernünftige Wesen vorkommen«, die glaubwürdig und verständig handeln (= Parabel), und die dritte eine Mischung der ersten beiden darstellt.

Nach der Bevorzugung der Parabel gegenüber der Fabel in der Nachfolge von BACON und HARSDÖRFFER wendet sich diese Präferenz mit *Gotthold Ephraim Lessings Fabeln. Drey Bücher. Nebst Abhandlungen mit dieser Dichtungsart verwandten Inhalts* (1759) ins genaue Gegenteil: In seinen – heute allgemein als *Abhandlungen über die Fabel* betitelten – Ausführungen legt LESSING neben einem Überblick über die Tradition in der Antike (ARISTOTELES; Aesopische Fabel etc.) und die theoretische Behandlung bei DE LA MOTTE, RICHER, BREITINGER, BATTEAUX folgende Forderung vor: »*Der einzelne Fall*, aus welchem die Fabel bestehet, muß als wirklich vorgestellet werden. Begnüge ich mich an der Möglichkeit desselben, so ist es ein *Beispiel*, eine *Parabel*«. Daraus leitet er seine Fabel-Definition ab: »Wenn wir einen allgemeinen moralischen Satz auf einen besondern Fall zurückführen, diesem besondern Falle die Wirklichkeit erteilen und eine Geschichte daraus dichten, in welcher man den allgemeinen Satz anschauend erkennt: so heißt diese Erdichtung eine Fabel«. Im Gegensatz dazu kann sich die Parabel mit der »bloßen Möglichkeit« anstelle der Wirklichkeit *als Grundlage* zufriedengeben: Ergebnis in beiden Fällen ist aber Dichtung und nicht *die* Wirklichkeit. HERDER übernimmt LESSINGS Definition, wenn er in *Ueber Bild, Dichtung und Fabel* (1787) vermerkt: »Die Parabel geht dem Beispiel zur Seite: denn sie ist nur ein erdichteter Fall aus der *menschlichen* Geschichte, der sich also zwischen Dichtung und Wahrheit in der Mitte verliert. Was fehlet also beiden, dem Beispiel und der Parabel am Ueberzeugenden der äsopischen Fabel? Das Hauptstück der letztern, *die innere Nothwendigkeit der Sache selbst* fehlt ihnen, durch welche sich eine Fabel vom Beispiel, von der Parabel und von allen andern Dichtungen auszeichnet«. Im Nachwort zu seiner Übersetzung der *Apologen* von J. V. ANDREÄ, die HERDER *Parabeln* (1793) nennt, weil sie sich ihm als »vermischte Gattung von Fabel und Emblem« darstellen, stellt HERDER außerdem fest: »Parabel ist eine *Gleichnisrede*, eine Erzählung aus dem gemeinen Leben mehr zu Einkleidung und Verhüllung einer Lehre, als zu ihrer Enthüllung; sie hat also etwas Emblematisches in sich. [...] Kurz Parabel ist eine Gattung

Gedichte, die zwischen der Fabel, dem Emblem, der Allegorie und Personification in der Mitte liegt«. Womit nun auch wieder alle benachbarten Formen ›vereint‹ wären.

Bei GOETHE findet sich wenig Theoretisches zur Parabel: In den *Noten und Abhandlungen zu besserem Verständnis des West-Östlichen Divans* (1819) nennt er zum *Mathal Nameh*, dem *Buch der Parabeln*, die drei gebräuchlichen thematischen »Rubriken«, in die sich Parabeln gliedern lassen: die ethische, moralische und aszetische, und fügt als weitere die den Islam lehrende bzw. die »mystische« Parabel hinzu. In *Wilhelm Meisters Wanderjahre* (1821) jedoch läßt sich Wilhelm erklären: »Bei dem Gleichnisse, bei der Parabel ist das Umgekehrte [im Vergleich zum Wunder]: hier ist der Sinn, die Einsicht, der Begriff das Hohe, das Außerordentliche, das Unerreichbare. Wenn dieser sich in einem gemeinen, gewöhnlichen, faßlichen Bilde verkörpert, so daß er uns als lebendig, gegenwärtig, wirklich entgegentritt, daß wir ihn uns zueignen, ergreifen, festhalten, mit ihm wie mit unsersgleichen umgehen können [...]. Hier ist die lebendige Lehre ausgesprochen, die Lehre, die keinen Streit erregt; [...] es ist das Rechte oder Unrechte unwidersprüchlich selbst« (II, 2).

HEGEL – um ein letztes Beispiel für die theoretische Auseinandersetzung mit der Parabel zu nennen – unterscheidet in seinen *Vorlesungen über die Ästhetik* (1835) zwischen »Vergleichungen, welche vom Aeußerlichen anfangen«, dazu gehören Fabel, Parabel etc., und »Vergleichungen, welche in ihrer Verbildlichung mit der Bedeutung beginnen«, wozu er u. a. Allegorie und Gleichnis zählt. In enger Beziehung zu Sprichwort und Apolog nennt er die in der Parabel thematisierten »Begebenheiten aus dem Kreise des gewöhnlichen Lebens« als die »allgemeine Verwandtschaft« von Parabel und Fabel, »denen sie [die Parabel] aber eine höhere und allgemeinere Bedeutung mit dem Zwecke unterlegt, diese Bedeutung durch jenen, für sich betrachtet, alltäglichen Vorfall verständlich und anschaulich zu machen«. Den Unterschied zur Fabel sieht er vor allem darin, »daß sie [die Parabel] dergleichen Vorfallenheiten nicht in der Natur und Thierwelt, sondern in dem *menschlichen* Thun und Treiben« ansiedelt. Wenn er dann als Beispiele die »Parabel vom Säemann« (vgl. A. Jülicher: Die Gleichnisreden Jesu. Tübingen 1910, I, 107 u.ö.; dagegen Heselhaus, 9) bzw. die »bekannte Geschichte des Boccaz, welche Lessing im Nathan zu seiner Parabel von den drei Ringen benutzt«, angibt, bei jenem den Kontext der Bibel, bei diesem das gesamte »dramatische Gedicht« als erst die »höhere und allgemeinere Bedeutung« ausmachend nennt – während die Parabeln, »selbständig genommen, ganz gewöhnlich« sind –, wird deutlich, daß er eigentlich nicht mehr nur von der Parabel spricht, sondern auch von der parabolischen Dichtung.

Diese Widersprüche in der theoretischen Auseinandersetzung mit der Parabel und die unterschiedlich angegebenen fließenden Übergänge zu benachbarten Formen waren deshalb so ausführlich vorzustellen, weil sie auch in die neue Forschung hineinreichen, ohne jedoch dort deutlich gekennzeichnet zu sein.

Mit dem Zusatz, daß Form und Inhalt ›eigentlich‹ nicht trennbar seien, ist die Parabel als eine Gattung bestimmt worden, »die durch ihre sprachliche Struktur gekennzeichnet ist, nicht aber durch ihren geistigen Gehalt«, bzw. modifiziert: als Gattung, in der die Symbolik »über die Intention hinaus und in die Form hinein« wirke (Brettschneider, 9). Als Merkmale wurden herausgearbeitet: erstens »das uneigentliche, gleichnishafte Sagen: das Gesagte ist nicht bereits das Gemeinte, sondern es ist die Darbietung des Gemeinten durch Konkretisierung und Hinweis auf das Gemeinte«, wobei, zweitens, die Konkretisierung »in der Sprachform des Erzählens« geschieht; im Unterschied zur Allegorie wird »ein Ereignis erzählt«. »Das dritte Merkmal ist die Notwendigkeit, das Erzählte als Beispiel aufzunehmen und aus ihm das Gemeinte herzuleiten, wobei dieser Prozeß der Übertragung vom Autor selbst durchgeführt, nur angedeutet oder ganz und gar dem Leser überlassen werden kann« (ebd., 9f.). Damit schließt sich Brettschneider der Infragestellung der Unterschiede zwischen Fabel, Parabel und Gleichnis durch Dithmar an, der die Abgrenzung dieser »drei Namen für eine Sprachform« gegenüber der Allegorie als entscheidender ansieht. »Die Parabel will nicht verrätseln oder verschlüsseln, sondern erhellen, veranschaulichen. Die Parabel ›deutet, sie kann nicht gedeutet werden‹« (Brettschneider, 11f.).

Einzig für das Neue Testament ist Dithmar zu einer Unterscheidung von Gleichnis und Parabel bereit: »Das Gleichnis zeigt im Bild etwas Alltägliches und Typisches; die Parabel stellt in bildhafter Erzählung einen interessanten Einzelfall dar« (Dithmar, 27 f.). Die moderne Parabel des 20. Jahrhunderts läßt ihm dagegen eine solche Unterscheidung als »fragwürdig, wenn nicht unmöglich« erscheinen (ebd., 26).

Bei Vergleichen allgemein werden Grundbereich (Sachhälfte oder comparatum) und Vergleichsbereich (Bildhälfte oder comparandum) unterschieden. Sie reichen zu einer Allegorie aus, bei der die verschiedenen Einzelheiten eine Entsprechung im tatsächlich Gemeinten haben. Bei der Parabel kommt als drittes Moment eine beiden Bereichen gemeinsame zentrale Aussage hinzu, die sich nicht auf nur einen Vergleichspunkt reduzieren läßt. Die behauptete Notwendigkeit der Verwendung von Bildern, die zum Ausdruck bringen sollen, »was sich anders nicht ausdrücken läßt« (Dithmar, 14), besteht wohl hauptsächlich im Hinblick auf eine bessere Verständlichkeit des Darzustellenden. Es versteht sich, daß die genannte Unterscheidung zwischen Sach- und Bildhälfte eine Konstruktion ist; die Parabel selbst ist immer nur das Bild, die Sachhälfte kann nur dann im Kunstwerk hinzutreten, wenn die Parabel als Teil etwa eines Dramas (z. B. GOETHES *Torquato Tasso*; V, 5) eingesetzt ist und dort ›die Sache selbst‹ behandelt wird. Aber auch hier darf die ›Sache‹ im Kunstwerk nicht verwechselt werden mit der Sache in der Wirklichkeit. Auf die ursprüngliche Verwendung der Parabel in der antiken Rhetorik trifft dies zwar weniger zu, da die Parabel oder Fabel »in eine *konkrete Situation* [...] hinein gesprochen« wurde, wie etwa die des Menenius Agrippa (Livius: Ab urbe condita II, 33–34); es gilt aber sicher für die »dichterisch fixierte« Situation, auch wenn sie »konkret« ist (Dithmar, 15). Dazu stellt Dithmar (17) fest: »Das Kennen der ursprünglichen Situation ist nur Ansatz zum Verständnis. Erst wenn wir diese Situation, in die hinein ein Gleichnis gesprochen wurde, als unsere eigene verstehen und akzeptieren, unser Selbstverständnis entsprechend neu konzipieren und unser Denken und Handeln entsprechend ändern oder ändern lassen, haben wir die gleichnishafte Rede verstanden«.

Als wesentlich hat Dithmar den »argumentativen«, Urteile hervorrufenden, und (im ursprünglichen Wortsinn) »problematischen« Charakter der parabolischen Rede bezeichnet; hinzu tritt insbesondere eine distanzierte Haltung, die nicht Leidenschaften weckt, sondern die Ratio anspricht. Die doppelte Aufgabe der Parabel, Hilfe zu sein, um »*fremdes Verhalten distanziert beurteilen*« und »dann *als das eigene erkennen*« zu können (Dithmar, 17f.), wird etwa in MAX FRISCHS Parabel *Burleske* (1948) als beispielhaft gelöst angesehen.

Als lehrhafte Dichtung wird die Parabel oft auch unter dem Stichwort der politischen Literatur behandelt als Ausdrucksmöglichkeit des Schwachen gegenüber dem Mächtigen, wobei die genannte Distanzierung Schutz bieten kann (›Sklavensprache‹); um diese Distanz zu erreichen (ohne der Übertragbarkeit auf die ›Sache‹ zu schaden), können auch märchenhafte Formen herangezogen werden, wie etwa in der orientalischen Tradition, oder es kann die »Wahrheit im Narrengewand« zum Ausdruck gebracht werden, wie MARTIN LUTHER in der Vorrede zu seiner Fabelsammlung (1557) vermerkt hat. Als Beispiele für die Verwendung der parabolischen Rede als »Kampfmittel« und die Kontinuität dieser Tradition werden neben SCHILLERS *Verschwörung des Fiesco zu Genua* (II, 8) (1783) auch HEINRICH HEINES *Reisebilder*, besonders *Die Bäder von Lucca* (1829), sowie BRECHTS *Geschichten vom Herrn Keuner* (ab 1930) angeführt.

Daneben gilt FRANZ KAFKA als ein wichtiger Vertreter der Gattung im 20. Jahrhundert mit Texten wie *Eine kaiserliche Botschaft* (1919) oder *Vor dem Gesetz* (1914) – hier kommt die Bedeutung des Texts im Rahmen des Romans *Der Prozeß* hinzu – und solchen, die die Gattung selbst thematisieren: *Von den Gleichnissen* (1922/23) (eine umfassende Darstellung dazu bietet die Arbeit von Binder).

Mit den Beispielen von SCHILLER und HEINE, zuvor schon LESSINGS *Nathan* – daß Dithmar (11) die immer wieder als Muster angegebene Ring*parabel* (III, 7) als Allegorie ausgewiesen hat, die von allem Parabolischen zu trennen ist, blieb weitgehend ohne Widerhall –, sind Parabeln genannt worden, die jeweils in einem größeren Ganzen eines Stücks oder Prosatexts zu sehen sind. Davon zu trennen ist die sogenannte parabolische Dichtung

(Brettschneider, 10), für die als Beispiel etwa BRECHT und der *Parabeltyp* unter seinen Stücken (im Gegensatz zum Geschichtsdrama) zu nennen ist; allerdings liegt hierbei auch ein Sonderfall vor: Während die Parabel für ihre eigentliche (feststehende) Aussage ein verständliches Bild setzt, soll im Parabeltyp bei BRECHT in Analogie zum naturwissenschaftlichen Experiment (BRECHT nennt seine Werke *Versuche*) eine bestimmte Konstellation aus der Wirklichkeit aufgebaut, vorgeführt und für den Rezipienten nachvollziehbar gemacht werden, wobei sich die Gültigkeit der Aussage erst im Nachvollziehen des Versuchs und im Vergleich mit der Wirklichkeit zu erweisen hat. Aufgrund der Absicht, Einblick in reale Zusammenhänge zu vermitteln, kann aber der Stoff der Parabelform nicht einfach untergeordnet werden (vgl. Knopf, 408).

Literatur: Parabel als Grundfigur. Beiträge von N. Miller, A. Bourk, R. Barthes. In: Akzente 6, 1959, 3, S. 200–227. – Schneider, G.: Nachwort zu G. S. (Hg.): Die Wiederkehr der Parabel. Frankfurt 1961. – Philippi, K.-P.: ›Parabolisches Erzählen‹. Anmerkungen zu Form und möglicher Geschichte. In: DVjs 43, 1969, S. 297–332. – Braak, I.: Parabolische Formen. In: I. B.: Poetik in Stichworten. Kiel 1969, S. 162–165. – Brettschneider, W.: Die moderne deutsche Parabel. Entwicklung und Bedeutung. Berlin 1971. – Wäsche, E.: Die verrätselte Welt. Ursprung der Parabel. Lessing, Dostojewski, Kafka. Meisenheim 1976. – Heselhaus, C.: Artikel »Parabel« im Reallexikon der deutschen Literaturgeschichte von Merker-Stammler, Bd. 3, Berlin 1977 [eig. 1966], S. 7–12. – Dithmar, R.: Einleitung zu R. D. (Hg.): Fabeln, Parabeln und Gleichnisse. München 1978 [zuerst 1970], S. 11–30. – Binder, H.: Parabel. In: H. B. (Hg.): Kafka-Handbuch. Stuttgart 1979, Bd. 2, S. 55–61. – Knopf, J.: Parabeltyp. In: J. K.: Brecht-Handbuch Theater. Stuttgart 1980, S. 407–410 u. ö. – Elm, T./Hiebel, H. H. (Hg.): Die Parabel. Parabolische Formen in der deutschen Dichtung des 20. Jahrhunderts. Frankfurt/M. 1986.

DIE PARODIE

von Dieter Lamping

Die Parodie war lange Zeit umstritten – allerdings weniger beim Publikum als unter den professionellen Kunstrichtern. »Ästhetische Vorurteile, moralische Verunglimpfungen, amtliche Verbote und literaturgeschichtliche Verdikte« (Verweyen/Witting, 36) bestimmten über die Jahrhunderte hinweg die offizielle Rezeption: die Parodie galt, zumindest bei den Verfassern von Poetiken und Literaturgeschichten, als »unpoetisch« und »unselbständig«, als »destruktiv« und »epigonal«, als »pietätlos« und »niedrig«. Ihr respektloser Umgang mit hoher Kunst wurde verdächtigt, zugleich eine Kritik an den höheren Ständen und an den höchsten Werten der Gesellschaft zu sein. Erst zu Beginn dieses Jahrhunderts setzte ein merklicher Wandel in der Bewertung ein, der mitunter allerdings nicht mehr als eine Umwertung der alten Abwertung war: die Parodie galt nun auf einmal als »innovativ« und »konstruktiv«, als »progressiv« und »emanzipatorisch«. Diese plötzliche Hochschätzung resultierte nicht nur aus einem neuen Verständnis der Dichtung und ihrer Formen; sie ergab sich, nicht selten, auch aus einem ganz neuen Begriff von Parodie.

Solche Differenzen, ja Divergenzen in der Verwendung des Begriffs sind für die Gattung typisch. Schon die Geschichte des Wortes verrät eine Vielzahl von Bedeutungen, die teils neben-, teils gegeneinander gebraucht wurden. Vor allem zwei Bedeutungen haben nachhaltig gewirkt. Je nachdem, ob man die (griechische) Präposition »para« mit »zuzüglich zu« oder mit »wider« übersetzte, erhielt der Terminus entweder eine additive oder eine adversative Bedeutung: Parodie als Neben- oder als Gegengesang. Diese letzte Bedeutung hat sich in der modernen Literatur durchgesetzt; sie bestimmt heute den Wortgebrauch und stellt so etwas wie die Basis dar, von der jede Definition der Gattung ihren Ausgang nehmen muß.

Parodie als »Gegengesang«: damit ist schon ein wesentliches

Merkmal dieser Form genannt: ihr »Sekundärcharakter« (Verweyen/Witting). Die Parodie ist stets auf eine Vorlage bezogen, die sie adaptiert. Der Begriff Vorlage ist, sowohl quantitativ wie qualitativ, weit zu fassen. Nicht nur ein einzelner literarischer Text, sondern auch »ein Individualstil, ein Gruppenstil, ein Epochenstil, ein Genre« (Verweyen/Witting, 97) können Gegenstand der Parodie sein. Die Vorlagen können von ganz unterschiedlicher ästhetischer Qualität sein. Wenn ROBERT NEUMANN auch meinte, die Jagdgründe der Parodie seien das Zwischenreich zwischen Gut und Schlecht, weil weder das Meisterliche noch das Miserable parodierbar sei, so gibt es doch genügend Gegenbeispiele – allen voran die zahllosen Klassikerparodien, die weder vor der *Aeneis* noch vor dem *Faust* haltmachten. Den parodierten Texten scheint letztlich nur eines gemeinsam zu sein: ihre Popularität. Die Parodie kümmert sich kaum um unbekannte Texte. Ihre Wirkung verpufft, wenn das Original nicht bekannt ist.

Parodie als »Gegengesang«: das meint offensichtlich eine besondere Art der Adaption: nicht eine mechanische, sondern eine bewußte, nicht eine epigonale, sondern eine eher reservierte. Die Parodie adaptiert eine Vorlage – um sich von ihr zu distanzieren. Sie kopiert nicht, sondern kritisiert, und das heißt: sie ist stets Ausdruck einer nicht-affirmativen Einstellung zum Original. Zur Parodie bedarf es deshalb nicht nur eines mimischen Talents, sondern auch eines kritischen Organs: sie ist, wie THOMAS MANN einmal gesagt hat, »eine Art von mimischer Kritik«.

Gegenstand ihres Mißfallens kann vieles sein: von der Sprache und dem Stil eines Autors über die Eigenarten (und Eigenheiten) eines Genres bis hin zum Rezeptionsverhalten bestimmter Leser. Was im einzelnen kritisiert wird, ist abhängig vom subjektiven ästhetischen Empfinden des Parodisten. Die Parodie kritisiert das, was seinem literarischen Geschmack zuwider ist: sei es eine Manieriertheit, eine »Mechanisierung« (Tynjanov) oder schlicht eine »Dummheit« (ROBERT NEUMANN).

Die Parodie als Darstellung dieser Kritik verfährt nicht direkt, sondern indirekt. Was sie kritisiert, wird – meistens – nicht gesagt, sondern gezeigt: mit Hilfe einer Textentstellung, die durch Übertreibung anschaulich machen soll, was dem Parodisten suspekt ist. Diese Textentstellung ist eine Verletzung, genauer: entweder eine Unter- oder eine Übererfüllung der für die Vorlage konstitutiven Textnorm. Sie darf deshalb immer nur so weit gehen, als sie durch diese Norm motiviert erscheint. Sie hat ihre Grenze da überschritten, wo sie zur Unkenntlichkeit entstellt.

Wichtigstes Mittel der parodistischen Textentstellung ist die »antithematische Behandlungsweise«, wie Verweyen und Witting sie genannt haben. Antithematische Behandlungsweise: das meint nicht nur die Ersetzung eines Themas durch ein anderes, sondern »eine strikt gegen die Thematik der Vorlage gerichtete Operation« (Verweyen/Witting, 126). Ihre Absicht ist es, eine Diskrepanz zu schaffen – etwa zwischen dem Gegenstand und der Art der Behandlung, zwischen Form und Inhalt, zwischen Text und textsortenspezifischer Erwartung. Antithematisch ist also zum Beispiel die Ersetzung eines hohen durch ein niedriges, eines wichtigen durch ein nichtiges Thema.

Die parodistische Textentstellung erstrebt stets eine komische Wirkung: sie will zum Lachen reizen. Aber es ist in aller Regel keine »bloß komische Wirkung« (Verweyen/Witting, 199), um die sie sich bemüht. Die Parodie benutzt vielmehr Diskrepanzen und Dissonanzen, Übertreibungen und Verzerrungen, um zu verspotten oder zu verhöhnen: sie will lächerlich machen. Deshalb ist es mehr als ein Lachen des Erkennens und Wiedererkennens, das sie hervorruft; es ist ein Lachen der Schadenfreude und der Agression: das Lachen als Strafe, zumindest als Lust an der Herabsetzung.

Die Parodie ist folglich Appell an den Leser, sich von der parodierten Vorlage zu distanzieren. Er soll die Textentstellung nicht nur erkennen, sondern auch gerechtfertigt finden – und, gegebenenfalls, seine Konsequenzen daraus ziehen. Die Parodie ist dann zugleich Aufforderung zur Änderung, und zwar – je nachdem, ob sie primär auf einen Autor oder auf sein Publikum einwirken will – Aufforderung zur Änderung entweder einer Produktions- oder einer Rezeptionsnorm.

Diese – notgedrungen skizzenhafte – Definition der Parodie bedeutet gegenüber den zahlreichen historischen oder aktuellen

Verwendungsweisen des Begriffs zweifellos eine Einengung. Für sie spricht jedoch, daß mit dieser Normierung zugleich eine Präzisierung gegeben ist, die der Beschäftigung mit dem Gegenstand zugute kommt. So kann die Definition zum einen helfen, Mißverständnisse zu beseitigen, die einer Auflösung des Begriffs zuarbeiten: etwa das Mißverständnis, es gebe so etwas wie eine »Zitatparodie« oder eine »unfreiwillige Selbstparodie«. Zum anderen gestattet es die Definition, die Parodie schärfer als bisher üblich gegen einige andere Formen abzugrenzen, mit denen sie oft in einem Atemzug genannt wird: vor allem gegen die Satire und die Travestie, aber auch gegen die Kontrafaktur und das Pastiche.

Mit der Satire verbindet die Parodie viel: die kritische Einstellung zu ihrem Objekt, die Indirektheit der Darstellung, die Absicht der Verspottung; eines aber trennt sie von ihr: der Bezug auf eine Vorlage. Anders als die Parodie ist die Satire in aller Regel keine Form kritischer Textverarbeitung. Genau das – eine Form kritischer Textverarbeitung – ist allerdings die Travestie, die man deshalb oft als *eine* Möglichkeit parodistischen Schreibens verstanden hat (Hempel). Von der Parodie, wie sie hier bestimmt wurde, unterscheidet sie aber die Art des Verfahrens: »während bei der Parodie die Form der Vorlage beibehalten und der Inhalt in unpassender Weise verändert wird, wird bei der Travestie der Inhalt zwar beibehalten, jedoch in eine unpassende Form ›gekleidet‹« (Verweyen/Witting, 155). Leichter noch als diese sind andere Grenzen zu ziehen: so die Grenze zum Pastiche als einer bloßen Stilimitation und zur Kontrafaktur als der geistlichen Umdichtung einer weltlichen Vorlage oder umgekehrt als der weltlichen Umdichtung einer geistlichen Vorlage, die jedoch, gar nicht parodistisch, die kommunikativen Möglichkeiten der Vorlage für die eigene Botschaft ausnutzt.

Die Parodie, wie sie hier bestimmt wurde, ist ein literarisches Verfahren und als solches von der Parodie in anderen Künsten, vor allem in der Musik, zu unterscheiden. Die literarische Parodie gibt es in allen Gattungen: in der Lyrik, im Drama und in der Epik; und es gab sie zu allen Zeiten: in der Antike, im Mittelalter und in der Neuzeit. Das Wort ist fast zweieinhalbtausend Jahre alt, die Sache womöglich noch älter. In ihren Anfängen war die Parodie »eine Neuerung in der epischen Vortragskunst, die darin bestand, daß man den Hexameter nun nicht mehr singend rezitierte, sondern eben παρὰ τὴν ᾠδήν, entgegen der gebräuchlichen Wort- und Versmelodie, d.h. im gewöhnlichen Tonfall etwa der Schauspieler im Dialog« (Hempel, 152). Eine Schreibweise wurde die Parodie erst später, nach der Trennung von Wort- und Tonkunst, und mit diesem Übergang in ein neues Medium änderte sich auch das Verfahren.

Blütezeiten erlebte die Parodie nicht selten in der »Endphase eines gattungsgeschichtlichen Entwicklungsvollzuges« (Hempel, 157): als kritische Reaktion auf die Überbewertung oder den Niedergang einer Gattung oder eines Genres. Hoch-Zeiten parodistischer Produktion waren in Frankreich das 18. Jahrhundert mit seinen fast 700 Parodien auf die klassische Tragödie vor allem Corneilles und Racines; in Deutschland die erste Hälfte des 19. Jahrhunderts mit einer Flut von Parodien auf die klassische Lyrik vor allem Schillers (und später Freiligraths); in England die zweite Hälfte des 19. Jahrhunderts mit ihren zahllosen Parodien auf die Texte vor allem romantischer Autoren wie Wordsworth, Byron und Scott.

Zur Sichtung des umfangreichen Materials empfiehlt es sich, einige Unterscheidungen zu treffen. Zu unterscheiden ist zunächst einmal zwischen Parodie und Parodistischem: zwischen der Parodie als einer eigenen Form und dem Parodistischen als einer Dimension eines literarischen Kunstwerks. Parodistisches findet sich, nebem anderem, in den größten Werken der Weltliteratur: von den Dramen des ARISTOPHANES über den *Don Quijote* und *Tristram Shandy* bis hin zu den späten Romanen THOMAS MANNS. Die Parodie als eigene Form ist dagegen, zumindest quantitativ gesehen, meist Kleinkunst. Sie bedient sich zwar mitunter auch größerer Formen – Beispiele dafür sind der pseudohomerische *Froschmäusekrieg* oder die *Faust*-Parodie F. Th. VISCHERS. Viel öfter aber kommt sie mit viel weniger aus – die kürzeste bekannte Parodie hat nur zwei Zeilen: »Lenore fuhr ums Morgenrot/Und als sie rum war, war sie tot.« Parodistische Kleinkunst gibt es in der literarischen Oberwelt, besonders gepflegt von Spezialisten wie FRITZ MAUTHNER, HANNS VON GUMPPENBERG, ROBERT NEUMANN und FRIEDRICH TORBERG, aber auch im »literarischen Untergrund« (RÜHMKORF), als eine Spezialität des Volks- und Kindermundes.

Zur weiteren Ordnung des Materials sind typologische Unterscheidungen geeignet. Am unverfänglichsten sind etwa eine Typologie nach der Gattung (der Vorlage), die eine offene Reihe mit Typen wie Liedparodie, Romanparodie oder Dramenparodie ergibt, oder eine Typologie nach den Gegenständen (der Parodie) mit der Individual- und der Genreparodie als den beiden Extremen einer geschlossenen Reihe von Möglichkeiten. Darüber hinaus existiert eine große Zahl von weiteren Typologien, doch sind die meisten von ihnen wegen des zugrundegelegten Parodiebegriffs problematisch. So hat z. B. FRANZ GRILLPARZER nach der Intention des Autors drei Typen von Parodien unterschieden: »die bloß ergötzende«, »die zugleich auch belehrende« und »die persiflierende«. Problematisch ist eine solche Typologie, weil sie voraussetzt, es gebe so etwas wie eine bloß komische (»ergötzende«) Parodie.

Bleibt abschließend ein Wort zur Bewertung dieser Form zu sagen. Man wird heute kaum noch die alte dogmatische Abwertung der Parodie teilen können – ebensowenig wie die überschwengliche Hochschätzung seitens der Russischen Formalisten, die Parodie sagten und literarische Innovation meinten. Eine gerechte Beurteilung müßte sowohl die spezifische Begrenztheit wie die spezifischen Möglichkeiten der Parodie berücksichtigen. Das ist insofern nicht ganz leicht, als das, was unter dem einen Gesichtspunkt als ihre Stärke erscheint, unter nur geringfügig verändertem Blickwinkel durchaus für ihre Schwäche gehalten werden könnte. So ist in dem Bezug auf einen anderen Text zweifellos die Begrenztheit der Parodie begründet; durch ihn erhält sie aber auch erst ihren besonderen ästhetischen Reiz: die spezifisch parodistische Mischung von Anpassung und Abweichung, von Imitation und Irritation, von Komik und Kritik.

Literatur: Grundlegend für die Theorie der Parodie ist die Studie von Verweyen, T. und Witting, G.: Die Parodie in der neueren deutschen Literatur. Darmstadt 1979 ([2]1980). – Interessant sind, neben vielen Einzeluntersuchungen, folgende Aufsätze: Tynjanov, J.: Dostojewskij und Gogol. Zur Theorie der Parodie. In:

Striedter, J. (Hg.): Russischer Formalismus. München 1971, S. 301–371. – Hempel, W.: Parodie, Travestie und Pastiche. Zur Geschichte von Wort und Sache. In: Germanisch-Romanische Monatsschrift Neue Folge, Bd.XV (1965), S. 150–176. – Hinzuweisen ist weiter auf die gattungspoetischen Überlegungen einiger Parodisten, allen voran Robert Neumann. Als Textsammlungen zu empfehlen sind besonders: Verweyen, T. und Witting, G. (Hg.): Deutsche Lyrik-Parodien aus drei Jahrhunderten. Stuttgart 1983, und: Dies. (Hg.): Walpurga, die taufrische Amme. Parodien und Travestien von Homer bis Handke. München u. a. 1989. Dort finden sich auch weiterführende Hinweise zur neueren Forschung.

DER ROMAN

von Thomas Neuhauser

Wenn immer wieder darauf hingewiesen wird, daß der Roman sich einer allgemeingültigen und vollständigen Definition entzieht, so ist gerade darin eine der hervorragendsten Eigenschaften dieser Literaturform zu sehen. »Bis zum heutigen Tag kann keine eindeutige Definition, kein Romanbegriff angesetzt werden. Es gibt nicht den Roman, sondern viele Romane.« (Reallexikon, Art. »Roman«)

Damit ist nicht mehr und nicht weniger gesagt, als daß der Roman äußerst lebendig ist und sich immer noch weiterentwikkelt.

Im Laufe seiner geschichtlichen Entwicklung hat es zwar nicht an Versuchen gefehlt, den Roman durch eine normative Poetik endgültig zu bestimmen und einzuordnen, durch seine große Wandlungsfähigkeit und die ständige Weiterentwicklung seiner vielfältigen Darstellungsmöglichkeiten konnte der Roman dieser Gefahr jedoch immer wieder entgehen. Langfristig hat sich die Romanform noch aus jedem poetologischen Korsett zu befreien vermocht, mit dem bewußt oder unbewußt versucht worden ist, ihre literarischen Spielräume und Entwicklungsmöglichkeiten einzuengen. Es kann keine für alle Zeiten gültigen Aussagen über den Roman geben, da er, wie jede Literaturform, nur als geschichtliches Phänomen zu begreifen ist (vgl. Schramke, 15 ff.). Entsprechend geht es der neueren Romanforschung auch nicht mehr darum, festzuschreiben, wie *der* Roman auszusehen hat, vielmehr bemüht man sich, ihn in den verschiedenen Stadien seiner geschichtlichen Entwicklung zu beschreiben und zu analysieren. Wenn sich daraus auch kein geschlossenes Roman-Bild ergibt, so lassen sich doch bestimmte Bezüge und Gemeinsamkeiten inhaltlicher wie struktureller Art herausarbeiten, die nicht zuletzt zum Verständnis der heutigen Romanformen beitragen.

Etymologisch stammt das Wort Roman aus dem Altfranzösischen. Seit dem 12. Jahrhundert nennt man in Frankreich alle nicht in Latein, sondern in der Volkssprache, der »lingua romana«, abgefaßten Schriften »romanz«. Dabei spielt es zunächst noch keine Rolle, ob diese Schriften in Versen oder in Prosa geschrieben sind. Bis zum Ausgang des 13. Jahrhunderts verengte sich die Bedeutung des Wortes »romanz« jedoch soweit, daß schließlich nur noch eine bestimmte Literaturform damit gemeint ist: die längere dichterische Erzählung in ungebundener Sprache. Dies ist gleichzeitig die ursprünglichste und allgemeinste sowie immer noch gültige Beschreibung für den Roman. In dieser Bedeutung ist der Begriff auch im Deutschen seit dem 17. Jahrhundert nachzuweisen (vgl. Gero von Wilpert: Sachwörterbuch der Literatur, Stichwort »Roman«).

Mit Pierre Daniel Huets *Traité de l'Origine des Romans* (Paris 1670) beginnt in Europa die poetologische Auseinandersetzung um »diese newe art zu schreiben« (John Barcley im Vorwort zu seinem *Argenis*-Roman), an der eine immer zahlreicher werdende, nicht mehr nur adelige Leserschaft Gefallen findet. Huets Schrift, in der erstmals der Roman formal und inhaltlich beschrieben wird, steht am Anfang einer zunehmenden Beachtung dieser Literaturform, zunehmend freilich nur im Vergleich zum Epos, diesem noch weit untergeordnet und keineswegs schon als literarische Kunstform akzeptiert. So beschreibt Huet denn auch die Romane seiner Zeit als »auß Kunst gezierte und beschriebene Liebes Geschichten in ungebundener Rede zu unterrichtung und Lust des Lesers« (dt. Übersetzung von Happel 1682, vgl. Lämmert, Romantheorie I, 30). Erst mit der Übersetzung von Huets Abhandlung nehmen sich nach und nach auch die deutschen Gelehrten und Poetologen des Romans an, der so recht in keines der tradierten Gattungssysteme passen will.

In der ersten deutschsprachigen Poetik, in Martin Opitz' *Buch von der deutschen Poeterey* (1624), wird der Roman überhaupt noch nicht erwähnt. Schon zwei Jahre später übersetzt aber Opitz selbst den *Argenis*-Roman von JOHN BARCLEY ins Deutsche, ein Werk, dem sein Verleger David Müller bescheinigt, daß es universale Zusammenhänge darzustellen vermag, und »alle und jede Stück der weltlichen Weisheit in einander fasset« (David Müller: Vorrede zur »Argenis«-Übersetzung, in: Kimpel/Wiedemann I, 2). Der Anspruch, das Leben in seiner Totalität darzustellen, taucht hier bereits als ein charakteristisches Kennzeichen für den Roman auf. Hauptsächlich liefern in dieser Zeit Übersetzungen die Grundlage zu Neuem; von einem eigenständigen Roman in deutscher Sprache kann noch keine Rede sein.

Ganz allgemein ist der Roman in seinen Anfängen, von wenigen Ausnahmen abgesehen, eine eher trivial-populäre Literaturform, meistens Abenteuer- und Liebesgeschichten, die zwar gern gelesen werden, denen die Anerkennung als poetische Gattung jedoch noch lange verweigert wird.

Zwei Ausnahmen unter den deutschen Romanautoren müssen gesondert betrachtet werden: Jörg Wickram markiert mit seinem Werk – besonders mit den Romanen *Galmy* (1539) und *Der Goldfaden* (1557) – den Beginn des deutschen Romans überhaupt, und seine Figuren gewinnen auch bereits eine gewisse charakteristische Individualität dadurch, daß er den gesellschaftlichen Aufstieg des Einzelnen zu seinem Thema macht. Wickram war in seiner Zeit ebenso eine Ausnahmeerscheinung wie Hans Jakob Christoffel von Grimmelshausen mit seinem in der Tradition des spanischen Schelmenromans stehenden Werk *Der abenteuerliche Simplicissimus Teutsch* (1669).

Beide thematisieren schon auf ihre Art den für das bürgerliche Zeitalter so bestimmenden Konflikt zwischen Individuum und Gesellschaft, und besonders bei Grimmelshausen deutet sich bereits der, wenn auch noch nicht psychologisch gesehene, Bruch zwischen Ich und Welt an (vgl. Jan Knopf: Frühzeit des Bürgers. Erfahrene und verleugnete Realität in den Romanen Wickrams, Grimmelshausens, Schnabels, Stuttgart 1978). Abgesehen von diesen Ausnahmen beschränkt sich jedoch die Romanproduktion hauptsächlich auf Übersetzungen, z. B. Johann Fischart: *Amadis* (1572), oder auf die Variierung der antiken Romanvorbilder, besonders Heliodors *Aithiopika* (3. Jh.), und sie folgt dabei immer dem gleichen Muster: Ein liebendes Paar wird auseinandergerissen, besteht viele Gefahren und Abenteuer und findet am Schluß glücklich zusammen. In dieser Form erreicht der höfische Barockroman in Deutschland seine intensivste Ausprägung im Werk des Herzogs Anton Ulrich, vor allem in seinem Roman *Die durchleuchtige Syrerin Aramena* (1669–73).

Gerade seine Ausführlichkeit in Liebesangelegenheiten und sein Erfindungsreichtum lassen den Barockroman bei den Lesern immer beliebter werden, während er den Gelehrten, soweit sie überhaupt von ihm Notiz nehmen, noch sehr suspekt ist. Geschichtsklitterei und Anleitung zur Sittenlosigkeit glaubt man in den Romanen zu entdecken. Sind es erfundene Geschichten, so wird den Romanen vorgeworfen, sie seien ein »lauterer Lügen-Kram« (Gotthard Heidegger: *Mythoscopia romantica: oder Discours Von den so benanten Romans*, 1698, in: Lämmert I, 53), woraus folgt, daß »wer Romane list/der list Lügen« (ebd., 55), sind es aber geschichtliche Stoffe, die der Romanautor gestaltet, und liegen seinem Roman wahre Begebenheiten zugrunde, so sind diese Romane noch »vil schlimmer/als die vorigen/denn sie machen die wahrhaffte Geschichten zu Lügen ...«. (ebd., 56).

1733 rechnet Gottsched den Roman zwar zu den Gattungen der Poesie, weist ihm jedoch »nur eine von den untersten Stellen« zu (Gottsched: *Beyträge Zur Critischen Historie Der Deutschen Sprache, Poesie und Beredsamkeit*, 1733, in: Lämmert I, 71). In Anlehnung an HUET wirft Gottsched dem Roman, im Vergleich zum Helden-Gedicht, seine ungeregelte Form, seine Weitschweifigkeit und, vor allem, seine ausführliche Beschäftigung mit der Liebe vor. Eine der fünf Regeln, die GOTTSCHED 1751 in seinem *Versuch einer Critischen Dichtkunst* für den richtigen Roman aufstellt, lautet denn auch, »daß ein guter Roman auch den Sitten keinen Schaden thun muß« (Lämmert I, 96).

Wenn Gottsched nunmehr in seiner normativen Poetik dem Roman ein eigenes Kapitel zugesteht, ist dieser als literarische Kunstform zwar noch längst nicht legitimiert oder gar emanzipiert, selbst die form- und sittenstrengen Poetologen des 18. Jahrhunderts konnten ihn jedoch nicht mehr einfach übergehen, und nicht mehr lange sollte der Roman die »unterste Stelle« in der poetischen Hierarchie innehaben. Es beginnt sich nun auch in Deutschland eine eigenständige Romankunst zu entwikkeln.

Mit CHRISTOPH MARTIN WIELAND und seiner *Geschichte des Agathon* (1767), für Lessing »der erste und einzige Roman für den denkenden Kopf, von klassischem Geschmack« (G. E. Lessing: *Hamburgische Dramaturgie*, 69. Stück), erreicht der deutsche Roman das hohe erzählerische Niveau seiner spanischen, englischen und französischen Vorbilder (CERVANTES, STERNE, FIELDING, ROUSSEAU). Wesentliche Elemente des modernen Romans sind bei WIELAND bereits zu erkennen: der auktoriale Erzähler, der die Romanhandlung kommentierend begleitet und mit dem fiktiven Leser kontinuierlich im Gespräch bleibt (vgl. Stanzel, 18 ff.), Elemente des Bildungsromans, d. h. die Hinwendung zum Psychologischen, zur inneren Entwicklung des Menschen und, vor allem, die Distanz gegenüber dem Erzählten. Die letztere ist eng mit der auktorialen Erzählsituation verbunden und die adäquate Ausdrucksform eines kritischen, sich emanzipierenden Bürgertums, und sie entspricht dem zunehmenden Bedürfnis nach »Kritik, Durchleuchtung, Analyse des Menschen, der Gesellschaft, der Zeit insgesamt« (Hillebrand: Theorie ..., 105).

In seinem *Versuch über den Roman* (1774), der ersten größeren theoretischen Schrift, die in Deutschland über den Roman geschrieben wird, stellt Friedrich von Blanckenburg den Roman gleichberechtigt an die Seite des antiken Epos, und er sieht ihn für die Neuzeit als das an, »was die Epopee, nach Maßgebung für die Griechen war« (in: Lämmert I, 145). Man merkt Blanckenburgs ganzer Romantheorie aber immer noch das Bemühen an, die Romankunst zu legitimieren und ihr gesellschaftliche Anerkennung zu verschaffen. WIELAND selbst sieht sich offenbar genötigt, seinen *Agathon* in einem Vorbericht dadurch zu verteidigen, daß er versichert, »daß Agathon und die meisten übrigen Personen, welche in seine Geschichte eingeflossen sind, wirkliche Personen sind« (in: Lämmert I, 134).

Dem Bedürfnis des zeitgenössischen Lesers nach Wahrhaftigkeit, nach Authentizität und Identifikation, kommt besonders der Briefroman entgegen, eine spezifische Form des Ich-Romans, von diesem allerdings unterschieden durch »die fast vollständige Aufhebung der Erzähldistanz« (vgl. Stanzel, 38). Gleichgültig jedoch, ob ein auktorialer Erzähler die Verbindung zum Leser durch direkte Ansprache und unterbrechende Reflexion sucht, wie etwa WIELAND, oder ob die Verbindung durch gefühlsmäßige und mitempfindende Identifikation hergestellt wird, wie in ROUSSEAUS Briefroman *La nouvelle Heloïse* (1764), beides setzt eine gewandelte, literarisch-demokratische Einstellung voraus, da sich in beiden Fällen nun auch der bürgerliche Leser direkt angesprochen fühlen kann, entweder intellektuell oder emotional (vgl. Hillebrand, 104). Die identitätsbildende Funktion des Romans für das aufstrebende Bürgertum, die sich hier bereits andeutet, erhält in der weiteren Romanentwicklung eine zunehmende Bedeutung, und sie reicht, wenn auch gebrochen, bis in unsere Gegenwart.

Mit GOETHES *Die Leiden des jungen Werthers* (1774) erreicht der Briefroman den Höhepunkt seiner kurzen Blüte, Reflexion und distanzierte Erzählhaltung setzen sich langfristig als Bauprinzipien durch, der Intellekt behält die Oberhand (vgl. Hillebrand, 105). Zum Mittelpunkt der Handlung im Roman entwikkelt sich, beeinflußt vom allgemeinen Erziehungsoptimismus der Aufklärung, die Frage, wie sich Charakter und Persönlichkeit des Individuums formen, wie der Mensch sich bildet und ausbildet. »Die innere Handlung ist zum bestimmenden Element des Romans im 18. Jahrhundert geworden«. (Hillebrand, 113) Blanckenburg erklärt in seiner Romantheorie »das ganze innre Seyn der handelnden Personen« zur inhaltlichen Maxime des Romans, wobei er betont, daß das »innre Seyn« eines Menschen nur wahrhaft und vollständig dargestellt werden könne, wenn auch die »äußern Umstände«, die darauf wirken, mit in die Darstellung einbezogen werden (in: Kimpel/Wiedemann I, 106 ff). Damit wird bereits bei Blanckenburg angedeutet, was Lukács viel später in seiner geschichtsphilosophisch orientierten *Theorie des Romans* (1920) als konstitutiv für die Entstehung der Romanform überhaupt deutet: die Aufspaltung der Welt in ein »Innen« und ein »Außen«.

Im Gegensatz zum Zeitalter des Romans gibt es im »Weltzeitalter des Epos« (Lukács) »noch keine Innerlichkeit, denn es gibt noch kein Außen, kein Anderes für die Seele« (Lukács, 22). Für Lukács ist die Entstehung und Entwicklung des Romans »ein Ausdruck der transzendentalen Obdachlosigkeit« (ebd. 32). Der Einzelne ist in der Neuzeit nicht mehr bruchlos eingebunden in den Gesamtzusammenhang der göttlichen und weltlichen Ordnung, er wird sich zunehmend seiner Vereinzelung bewußt, und er beginnt, sein »innres Seyn«, seine Individualität als einen von der Außenwelt abgetrennten, ihr sogar entgegengesetzten Bereich anzusehen. Das Zeitalter des Romans ist das Zeitalter des selbst-bewußten bürgerlichen Individuums, der Aufstieg des Romans zur dominierenden Literaturform ist untrennbar verbunden mit dem ökonomischen und politischen Aufstieg des Bürgertums im 18. und 19. Jahrhundert.

LUKÁCS steht mit seiner Romantheorie noch ganz auf den Schultern HEGELS, der schon in seinen *Vorlesungen über die Ästhetik* (1818–28), den Roman als die »bürgerliche Epopöe« bezeichnet und das für den Roman typische Grundproblem als Konflikt beschreibt »zwischen der Poesie des Herzens und der entgegenstehenden Prosa der Verhältnisse, sowie dem Zufalle äußerer Umstände« (in: Lämmert I, 262). Dies ist eine bis heute gültige philosophische Umschreibung der Problemlage im Roman, allerdings kann dieser Konflikt in den verschiedenen Romanen, selbst ein- und derselben Epoche, auf sehr unterschiedliche Art dargestellt werden.

Der Bildungsroman nach dem Vorbild von GOETHES *Wilhelm Meisters Lehrjahre* (1795–96), dessen bestimmender Einfluß bis weit ins 20. Jahrhundert reicht, versucht diesen Konflikt durch ein produktives Wechselspiel zwischen innerer Anlage und äußeren Umständen zu einem idealen Ausgleich zu bringen, wohingegen die Romantiker, zum Teil in bewußter Gegenposition zum *Wilhelm Meister*, z. B. in NOVALIS' *Heinrich von Ofterdingen* (1802), der inneren Poesie den absoluten Vorrang geben und diesen Konflikt durch eine Poetisierung des ganzen Lebens auflösen wollen. Zumindest die Romanautoren der Frühromantik (LUDWIG TIECK, FRIEDRICH SCHLEGEL, NOVALIS) verbinden damit ihre Kritik an der durch Rationalismus und Aufklärung »zur Prosa geordnete(n) Wirklichkeit« (Hegel, a. a. O.).

JEAN PAUL ist mit seinen Romanen, z. B. *Die Flegeljahre* (1805), hier gesondert zu nennen, da er sich zwar mit der frühromantischen Dichtung identifiziert, aber die »Verächter der Wirklichkeit« ablehnt (vgl. Hillebrand: Theorie..., 174).

Den Romantikern gilt der Roman als die höchste poetische Form, in der sich am ehesten die Idee von der romantischen Poesie als »progressive(r) Universalpoesie« (F. Schlegel) verwirklicht. Auch FRIEDRICH SCHLEGEL vergleicht den Roman mit dem klassischen Epos und verlangt, daß er »wie Homer ein Inbegriff der ganzen Zeitbildung« sei (F. Schlegel: *Fragmente zur Literatur und Poesie I,* in: Lämmert I, 197).

Trotz der hohen Reputation, die der Roman zu dieser Zeit also bereits genießt, ist der Streit um seine Stellung unter den Gattungen der Poesie immer noch nicht vollständig beigelegt. Sicher ist richtig, daß nach WIELANDS *Agathon* und Blanckenburgs *Versuch über den Roman* sich die Position des Romans Ende des 18., Anfang des 19. Jahrhunderts auch in Deutschland soweit festigt, »daß ihm ein gehöriger Platz in der Ästhetik eingeräumt wird« (K.-H. Hartmann, in: Lämmert I, 211). FRIEDRICH SCHILLER aber, der sich an der lebhaften und anhaltenden zeitgenössischen Diskussion um GOETHES *Wilhelm Meisters Lehrjahre* beteiligt, schreibt 1797 an GOETHE: »Die Form des Meisters, wie überhaupt jede Romanform, ist schlechterdings nicht poetisch, sie ist und liegt ganz nur im Gebiete des Verstandes, ...« (in: Lämmert I, 184). Indem er dem Roman vorwirft, zu sehr vom Verstand gelenkt zu sein, lehnt sich SCHILLER gerade gegen jenes Element auf, das die Romanform seit WIELANDS *Agathon* zunehmend bestimmt und generell als typisch für den Roman des 19. Jahrhunderts angesehen werden kann: die reflektierende und distanzierte Erzählhaltung, wie sie den »auktorialen Roman« (Franz K. Stanzel: Typische Formen des Romans) kennzeichnet.

Die von Stanzel erarbeiteten nützlichen Typisierungen (»Auktorialer Roman«, »Ich-Roman« und »Personaler Roman«), können jedoch nur als heuristische Begriffe verwendet werden, da es keine klare Abgrenzung dieser verschiedenen »Erzählsituationen« geben kann, vielmehr Mischformen die Regel sind und diese drei Kategorien für die Vielfalt der möglichen Erzählweisen nur ein grobes und unzureichendes Raster abgeben.

Bedeutender und auch dauerhafter Einfluß auf die Entwicklung des Romans im 19. Jahrhundert geht wiederum von GOETHE aus, der im Gegensatz zu SCHILLER ein ungebrochenes Verhältnis zur Gattung des Romans besitzt und der mit dem Roman *Die Wahlverwandtschaften* (1809) ein durchkomponiertes Werk in strenger Form und distanzierter Sprache vorlegt, dessen symbolische Tiefe und bedrohliche Atmosphäre in der erzählenden Dichtung neue Maßstäbe setzt. Aufgrund der Darstellung der Zeitverhältnisse und des bezugsreichen Korrespondierens der Ereignisse im Roman mit der allgemeinen gesellschaftlichen Situation lassen sich *Die Wahlverwandtschaften* dem für das 19. Jahrhundert charakteristischen Zeit- und Gesellschaftsroman zuordnen. Ihr Einfluß läßt sich von ACHIM VON ARNIMS *Gräfin Dolores* (1810) über EDUARD MÖRIKES *Maler Nolten* (1832) bis zu THEODOR FONTANES *Effi Briest* verfolgen und ist dort sicher nicht zu Ende (vgl. Jürgen Kolbe: Goethes Wahlverwandtschaften und der Roman des 19. Jahrhunderts. Stuttgart, Berlin, Köln, Mainz 1968).

Innerhalb der Romantheorie wird im 19. Jahrhundert immer weniger die Stellung des Romans in der Poetik überhaupt diskutiert, viel mehr geht es nun, angesichts der neuen und vielfältigen Erzählmöglichkeiten, um die Frage, welches die »richtige« Romanform und welches die literarästhetisch geeignetste Erzählhaltung und Erzählperspektive ist. In Auseinandersetzung mit GOETHES Romanen kritisiert Friedrich Spielhagen noch 1883 in seiner Schrift *Beiträge zur Theorie und Technik des Romans* das Hervortreten des Erzählers und seine Distanz zum Erzählten. Spielhagen spricht dem Erzähler das Recht ab, sich in Form von Reflexionen in die Handlung einzumischen und »den Leser aus der Illusion zu reißen« (in: Steinecke: Theorie und Technik des Romans im 19. Jahrhundert, 102). Er will im Roman nur die Ich-Erzählsituation gelten lassen, die dem Dichter die Freiheit gibt, »seine subjektiven Ansichten und Meinungen ausgiebig mit einfließen zu lassen, ohne dabei dem Helden in die Rolle zu fallen...« (ebd.), und die allein das »objektive« Erzählen ermöglicht, eine Erzählhaltung, bei der der Dichter hinter der Geschichte und den handelnden Personen »völlig und ausnahmslos verschwindet...« (ebd. 105). Mit dieser rigorosen Objektivitätsvorstellung verbindet SPIELHAGEN die Forderung, der Roman solle sich nur auf die eigene Gegenwart beschränken. Entsprechend lehnt er den Historischen Roman ab, von dem sich vor 1850 noch viele erhofft hatten, er werde sich zum nationalen Epos entfalten (vgl. Hillebrand, Theorie..., 225).

So überzogen SPIELHAGENS Romantheorie in ihrem normativen Anspruch ist, seine Forderung nach Gegenwartsbezogenheit ist durchaus charakteristisch für den realistischen Roman etwa ab 1840. Der endgültige Durchbruch des Romans im 19. Jahrhundert, die Entwicklung »zur repräsentativen Kunstform der Epoche« (THOMAS MANN: *Die Kunst des Romans,* 1939, in: ders.: Essays 1, Literatur, hrsg. von Michael Mann, Frankfurt/M. 1977, 352) gelingt erst dem »realistisch-demokratischen« (TH. MANN, ebd.) Roman, so wie er sich zwischen 1840 und 1880 auch in Deutschland, vor allem aber im europäischen Ausland entwikkelt (BALZAC, STENDHAL und FLAUBERT in Frankreich, DICKENS UND THACKERAY in England, DOSTOJEWSKY und TOLSTOI in Rußland).

Das Realismus-Verständnis der Roman-Autoren dieser Epoche ergibt kein einheitliches Bild, ganz allgemein ist jedoch der Anspruch erkennbar, die gesamtgesellschaftliche Wirklichkeit darzustellen und den Romanhelden als Repräsentanten seiner Zeit zu verstehen. THEODOR FONTANE schreibt 1875 in der Vossischen Zeitung: »Der Roman soll ein Bild der Zeit sein, der wir selber angehören...« (in: Lämmert I, 363). In Deutschland ist KARL IMMERMANN der erste, der mit seinem Roman *Die Epigonen* (1836) dieses nüchterne, wirklichkeitsbezogene Denken zum Ausdruck bringt. IMMERMANN wendet sich gegen das bei Autoren wie EICHENDORFF und MÖRIKE immer noch lebendige Erbe der Romantik, und er kritisiert am Roman die »Bezugslosigkeit zur historisch objektiven Wirklichkeit« (Hillebrand, 203).

Immermanns hoher realistischer Anspruch an den Roman bildet allerdings die Ausnahme. Bis zum Ende des 19. Jahrhunderts wird der Roman zunehmend vom »poetischen Realismus« bestimmt, der die Wirklichkeit im Kunstwerk stets in poetisch verklärter und überhöhter Form zur Darstellung bringt. Er erhält seine eigentliche Ausprägung mit den Romanen von GOTTFRIED KELLER *(Der grüne Heinrich,* 1854), ADALBERT STIFTER *(Nachsommer,*1857) und WILHELM RAABE *(Abu Telfan,* 1867). Die Romane THEODOR FONTANES (*Der Stechlin,* 1899) bilden Höhepunkt und gleichzeitig Abschluß dieser Epoche. Mit Fontane findet der deutsche Roman auch wieder Anschluß an die europäische Entwicklung, von der er durch seine Neigung zu Innerlichkeit und Provinzialismus, trotz aller Leistungen, abgekoppelt war.

In der Widersprüchlichkeit von wirklichkeitsbezogener Darstellung und der gleichzeitigen Idealisierung und dichterischen Überhöhung der gezeigten Wirklichkeit entspricht der »poetische Realismus« der gewandelten Mentalität des Bürgertums. Industrialisierung und materialistisches Denken festigen in der ersten Hälfte des 19. Jahrhunderts Stellung und Selbstverständnis des Bürgertums soweit, daß es im Roman auf Fluchträume oder beispielgebende idealisierte Lebensläufe verzichten kann. Die Darstellung der gesellschaftlichen Realität ist willkommen, der Leser kann sich darin wiederfinden, und wenn GUSTAV FREYTAG in seinem Roman *Soll und Haben* (1855) eine Realität beschreibt, die vom Bürgertum selbst geprägt wird und in der der Einfluß des Adels schwindet, so entspricht das ganz der Wirklichkeit. Die Sinn- und Gefühlsdefizite, die für das Individuum in einer zunehmend nüchtern-materiellen Umwelt entstehen, finden in diesen Romanen durch die Poetisierung der beschriebenen Wirklichkeit einen Ausgleich. Den sich verschärfenden Konflikt zwischen Individuum und Gesellschaft, zwischen Innen und Außen, zwischen Ideal und Wirklichkeit versucht der Roman des »poetischen Realismus« in der zweiten Hälfte des 19. Jahrhunderts noch ganz in sich aufzunehmen und zu überwinden.

Dagegen sehen die naturalistisch orientierten, von EMILE ZOLA und seinem *Roman expérimental* (1880) beeinflußten Autoren keine Möglichkeit mehr, diese schmerzlichen gesellschaftlichen Widersprüche miteinander zu versöhnen. Der Naturalismus will die Wirklichkeit ungeschminkt und ungefiltert, in ihrer ganzen Härte und Brutalität darstellen, die damit verbundene Kritik an den gesellschaftlichen Verhältnissen ist oft so radikal und unversöhnlich, daß das Bürgertum schockiert reagiert, in Deutschland z. B. auf HERMANN CONRADIS Roman *Adam Mensch* (1889). Im Vergleich zum Drama bleibt der Roman des Naturalismus in Deutschland zwar relativ unbedeutend, die Einflüsse ZOLAS und seines sozialpsychologischen Realismus gehen aber weit über den Naturalismus hinaus.

Um die Jahrhundertwende verstärken sich in ganz Europa Krisenbewußtsein und Kulturpessimismus. Die Wirklichkeit ist nicht einmal mehr »zur Prosa geordnet«, sondern wird, vor allem in den Großstädten, nur noch als ein prosaisches Chaos empfunden. Der »Zerfall der Werte«, den HERMANN BROCH in seiner Romantrilogie *DieSchlafwandler* (1931/32) für die Zeit vor und nach dem 1. Weltkrieg beschreibt, schließt den Zerfall der Wirklichkeit mit ein, aus dem heraus sich ein tiefes Mißtrauen in die Darstellbarkeit dieser auseinandergefallenen Realität entwickelt. Am deutlichsten wird diese für das beginnende 20. Jahrhundert symptomatische Erfahrung in HUGO VON HOFMANNSTHALS *Brief des Lord Chandos* (1902) und in den *Aufzeichnungen des Malte Laurids Brigge* (1910), einem Tagebuch-Roman von RAINER MARIA RILKE, der als erster deutscher Roman mit der traditionellen Erzählweise des realistischen Romans aus dem 19. Jahrhundert radikal bricht. Die Romanform beginnt sich hier bereits aufzulösen, es gibt keine kontinuierliche Handlung mehr, kein chronologisches Erzählen und keinen Erzähler im herkömmlichen Sinn.

Ein so verändertes Bewußtsein läßt den aus einer gesicherten Kenntnis des Gesamtzusammenhangs heraus erzählenden Autor nicht mehr zu. Wo sich im Roman die »auktoriale« Erzählhaltung noch behauptet, vor allem bei THOMAS MANN und ROBERT MUSIL, da wird eine umfassende ironische Erzählweise nicht mehr nur – wie im traditionellen Roman seit der Frühromantik – dazu benutzt, den Riß zwischen Innen und Außen zu überbrükken (vgl. Schramke, 95), die Ironie des Erzählers gilt nun auch der ironisch-distanzierten Erzählerrolle selbst. Auch THOMAS MANN, der den auktorialen Erzählstil in allen Variationen durchspielt und ihn auch noch in seinen späten Romanen beibehält, z. B. in *Der Erwählte* (1951), auch er mißtraut im Grunde dem realistischen Erzählen der vergangenen Epoche und macht den »Geist der Erzählung« zum Objekt seiner Ironie.

Der moderne Romancier weiß, daß in einer für das individuelle Bewußtsein längst nicht mehr überschaubaren Welt auch die Ironie ihre traditionelle Funktion nicht mehr erfüllen kann, nämlich dem Roman zu »einer wahrhaften, Totalität schaffenden Objektivität« (Lukács, 82) zu verhelfen. Die großen geistigkulturellen und politischen Krisen zu Beginn des 20. Jahrhunderts, die Erschütterungen, die der 1. Weltkrieg in Europa auslöst, bewirken auch eine Krise des Romans, die im Grunde bis in unsere Gegenwart reicht. Die Aufhebung einer geschlossenen, für das Bewußtsein erkennbaren Ordnung, führt zur »Aufhebung der Konturen des Individuums«, wie Siegfried Kracauer 1930 in der Frankfurter Zeitung schreibt (in: Lämmert II, 179), der Einzelne erfährt in der modernen Massengesellschaft »seine Nichtigkeit und die der anderen« (ebd.). Das Individuum ist inmitten einer unfaßbaren Welt von Identitäts- und Orientierungsverlusten bedroht. In der Darstellung des dissoziierten Individuums und seiner Bewußtseinslage, in der minutiösen Beschreibung seiner komplexen Psyche suchen die Romanautoren nach Überwindung der Krise und nach einer Erneuerung des in seinen erzählerischen Mitteln erschöpften Romans. Neue Erzähltechniken wie »innerer Monolog«, »Montage« und »Simultaneität« (vgl. Schramke, Kap. II u. III), von JAMES JOYCE bereits im *Ulysses* (1922) zur Darstellung von Bewußtseinsvorgängen angewendet, werden bis 1933 auch von deutschen Romanautoren verstärkt eingesetzt und weiterentwickelt. Besonders ALFRED DÖBLIN zeigt sich in seinem Roman *Berlin Alexanderplatz* (1929) von Joyce beeinflußt, ohne deshalb an eigenständiger Ausdruckskraft zu verlieren.

Während Autoren wie DÖBLIN, BROCH und MUSIL in ihren Romanen nach neuen, der verwandelten Seinserfahrung angemessenen Ausdrucksformen suchen, reagieren andere wie z. B. HERMANN HESSE auf die existenziellen Erschütterungen dieser Epoche mit einer bewußten Abkehr vom Zeitgeschehen. Für die Protagonisten von HESSES Romanen *Siddharta* (1922) und *Steppenwolf* (1927) ist der Weg nach Innen der Weg zur Selbstfindung. Eine Sonderstellung nimmt FRANZ KAFKA ein, dessen Romane *Der Prozeß* (1925) und *Das Schloß* (1926) einen späten, aber um so größeren Einfluß ausüben. Bei KAFKA kontrastiert spannungsreich ein traditioneller Erzählstil von äußerster Klarheit mit Erzählinhalten, die die Nichtigkeit des Einzelnen, seine Machtlosigkeit und sein Ausgeliefertsein an eine undurchschaubare Wirklichkeit am radikalsten und bedrohlichsten, das heißt am fortgeschrittensten zum Ausdruck bringen. Die Möglichkeit, die sich für den Roman abzeichnet, durch die konsequente Weiterentwicklung seiner erzählerischen Mittel, also durch sein Auftreten in einer neuen, »der verwirrten Welt angepaßten

Form« (Kracauer, a.a.O.) seine Krise zu überwinden, diese Möglichkeit endet in Deutschland 1933. Nach dem Exodus der intellektuellen und künstlerischen Avantgarde während der Hitler-Diktatur entsteht die ernstzunehmende deutsche Romanproduktion zwischen 1933 und 1945 im Exil.

Weder der konsequent antifaschistische Widerstandsroman wie z. B. *Das siebte Kreuz* (1942) von ANNA SEGHERS noch der vom Zeitgeschehen scheinbar unbeirrte, die traditionelle Erzählkunst auf die Spitze treibende Roman wie z. B. THOMAS MANNS *Joseph und seine Brüder* (1933–43) kann dabei die fortschrittlichen Erzähltechniken des Romans der zwanziger Jahre weiterentwikkeln. Die Exilsituation bringt für viele Autoren, die die Entwicklung des Romans in Deutschland vorangetrieben hatten, »einen Bruch, eine Stockung, eine Zäsur oder eine neue Wendung« (Martini) in ihrer Arbeit mit sich.

Mit dem Ende des 2. Weltkriegs beginnt, nach einer Pause des Atemholens, die Aufarbeitung der in Deutschland unterbrochenen Romanentwicklung. Die Tradition des modernen Bewußtseinsromans, wie sie in der Nachfolge von MARCEL PROUST und JAMES JOYCE in Amerika etwa von WILLIAM FAULKNER weitergeführt worden ist, wird von den jüngeren deutschen Autoren wieder aufgenommen. So bezeichnet etwa GÜNTER GRASS DÖBLIN als seinen Lehrer, bei MARTIN WALSER zeigt sich der Einfluß KAFKAS.

Obwohl die Krise des Romans keineswegs überwunden ist und sich das Bewußtsein, daß die Wirklichkeit sich erzählend nicht mehr vermitteln läßt (vgl. Hillebrand, Theorie…, 374), eher verstärkt hat, überwiegen im deutschen Nachkriegsroman jedoch die konventionellen Erzählmittel. In Romanen wie GÜNTER GRASS' *Die Blechtrommel* (1959) oder MARTIN WALSERS *Halbzeit* (1960) werden zwar die erzählerischen Mittel des modernen Romans genutzt, nach wie vor jedoch um damit, wenn auch zum Teil unter bewußter Reduktion, das Bild der gesellschaftlichen Wirklichkeit zu zeichnen. In der Radikalität des französischen »nouveau roman«, der die Tendenz hat, ganz auf Held und Handlung zu verzichten, sehen diese Autoren ebensowenig einen Ausweg wie in den Versuchen HEIMITO VON DODERERS, z. B. in seinem Roman *Die Dämonen* (1956), epische Totalität zurückzugewinnen, im Roman »Universalität neu zu konstituieren« (H. v. Doderer: Grundlagen und Funktion des Romans, 1958, in: Steinecke: Theorie und Technik des Romans im 20. Jh., 85).

Die »Krise des Romans«, die ja eine »Krise unserer Wirklichkeit« ist (Doderer, ebd.), setzt sich nach dem 2. Weltkrieg nicht nur fort, sie wird selbst zu einem konstituierenden Faktor für den Roman, und sie wirkt sich produktiv und innovativ auf die Entwicklung der Gattung aus.

In den sechziger und siebziger Jahren bestimmen den Roman immer kurzlebigere Tendenzen und Trends. Das Mißtrauen in die Wirklichkeitsvermittlungen der bürgerlichen Kunst und die Befragung der Literatur nach ihrer gesellschaftlichen Relevanz führen in den sechziger Jahren bis zur Ablehnung des Fiktionalen überhaupt. Auch verschiedene Romanautoren bevorzugen nun Dokumente und Fakten, wie z. B. HANS MAGNUS ENZENSBERGER in seinem Dokumentar-Roman *Der kurze Sommer der Anarchie* (1972).

Aber auch die Dokumente garantieren keine objektive Darstellung der Wirklichkeit. Von dieser Erfahrung enttäuscht, wendet sich eine ganze Autorengeneration in den siebziger Jahren der Beschreibung der eigenen, subjektiv-individuellen Wirklichkeitserfahrung zu. Man sucht nach einer glaubwürdigen und authentischen Literatur. Fiktionales vermischt sich in diesen Romanen ununterscheidbar mit Autobiographischem und wird erweitert »um jene Sprachreflexion, in der sich das heutige Subjekt wiederfindet« (Hillebrand, Theorie..., 418), so z. B. in den Romanen *Der kurze Brief zum langen Abschied* und *Wunschloses Unglück* (beide 1972) von PETER HANDKE.

Neue Erzähltechniken werden in den sechziger und siebziger Jahren hauptsächlich durch Ableitung aus den visuellen Medien entwickelt, etwa von ALEXANDER KLUGE und ROLF-DIETER BRINKMANN. So sieht denn auch REINHARD BAUMGART bereits 1968 in seinen Vorlesungen *Aussichten des Romans oder Hat Literatur Zukunft?* eine neue Zukunft des Erzählens in der »Symbiose zwischen Film und Literatur« heraufkommen (zit. nach Hillebrand: Theorie des Romans, 403).

Von den Anfängen des Romans bis ins zwanzigste Jahrhundert hinein gilt LUKÁCS' Wort, daß der Roman die »Gesinnung zur

Totalität hat« (Lukács, 47), obwohl »die Totalität des Lebens nicht mehr sinnfällig gegeben ist...« (ebd.). Ist die Welt des Romans auch unaufhebbar in ein Innen und ein Außen aufgeteilt, so zeigt der Roman doch noch das Bewußtsein eines, – wenn auch noch so schwankenden – Gleichgewichts zwischen diesen Teilen der Wirklichkeit. Für den modernen Roman im 20. Jahrhundert, vor allem nach dem 2. Weltkrieg, trifft das nicht mehr zu. Die Innenwelt, das Bewußtsein des Menschen wird zum beherrschenden Inhalt. »Der heutige Mensch erlebt primär sein Bewußtsein, in zweiter Linie erst die Welt der Dinge.« (Hillebrand: Theorie des Romans, 419) Indem die Darstellung der Bewußtseinsvorgänge im modernen Roman einen immer größeren Raum einnimmt, und zwar auf Kosten der Darstellung der bewußt wahrgenommenen Seinsvorgänge, fehlt dem Roman unserer Tage nicht nur die Totalität der alten Epen, im Grunde fehlt ihm nun auch die »Gesinnung zur Totalität«.

Literatur: Lukács, G.: Die Theorie des Romans. Berlin 1920. Nachdruck: Darmstadt, Neuwied 1971. – Stanzel, F. K.: Typische Formen des Romans. Göttingen [8]1964. – Klotz, V. (Hg.): Zur Poetik des Romans. Darmstadt 1965. – Kimpel, D./Wiedemann, K. (Hg.): Theorie und Technik des Romans im 17. und 18. Jahrhundert, Bd. I und II. Tübingen 1970. – Steinecke, H. (Hg.): Theorie und Technik des Romans im 19. Jh. Tübingen 1970. – Welzig, W.: Der deutsche Roman im 20. Jh. Stuttgart 1970. – Lämmert, E. (Hg.): Romantheorie. Dokumentation ihrer Geschichte in Deutschland. Bd. I 1620–1880. Köln 1971. Bd. II seit 1880. Köln 1975. – Ziolkowski, T.: Strukturen des modernen Romans. Deutsche Beispiele und europäische Zusammenhänge. München 1972. – Steinecke, H. (Hg.): Theorie und Technik des Romans im 20. Jh. Tübingen 1972. – Schramke, J.: Zur Theorie des modernen Romans. München 1974. – Lämmert, E.: Bauformen des Erzählens. Stuttgart 1975. – Scheunemann, D.: Romankrise. Die Entstehungsgeschichte der modernen Romanpoetik in Deutschland. Heidelberg 1978. – Hillebrand, B. (Hg.): Zur Struktur des Romans. Darmstadt 1978. – Ders.: Theorie des Romans. München 1980. – Koopmann, H. (Hg.): Handbuch des deutschen Romans. Düsseldorf 1983. – Eisele, U.: Die Struktur des modernen deutschen Romans. Tübingen 1984.

DIE SAGE

von Frank Rainer Max

»Die Sage«, formuliert Friedrich Ranke, »verlangt ihrem Wesen nach, daß sie geglaubt werde, vom Erzähler wie vom Hörer; sie will Wirklichkeit geben« (F. Ranke, 3); er definiert: »Volkssagen sind volkläufige Erzählungen objektiv unwahren, phantasiegeborenen Inhalts, der als tatsächliches Geschehnis in der Form des einfachen Ereignisberichtes erzählt wird« (4). Diese Definition, zuerst 1925 gegeben, bedarf in solcher Allgemeinheit ihrer Einschränkungen, etwa unter Berücksichtigung sich verändernder Glaubensinhalte; gleichzeitig verweist sie jedoch implizit auf die volkstümliche Gattung des Märchens, das keine Glaubenswirklichkeit beansprucht und von dem die Sage sich abzugrenzen hat. Die Märchenforschung, zu viel weitreichenderen und präziseren Ergebnissen gelangt als die Sagenforschung bislang, kann durch vergleichende Gegenüberstellung zur Konturierung der wesentlich disparateren Form der Sage dienen.

Solches Verfahren hat Tradition. Wie im Fall des Märchens war auch für die Sage die Sammel- und Editionstätigkeit der Brüder Grimm von entscheidender Bedeutung. 1816 und 1818 erschienen die zwei Bände ihrer *Deutschen Sagen*, wobei die Grimmsche Sagensammlung allerdings nur zum geringsten Teil auf lebendiger volkstümlicher Überlieferung basiert, vielmehr weitgehend aus literarischen Quellen, aus Chroniken, Heiligenviten oder mittelalterlicher Dichtung schöpft. Ebenso wie das Märchen unter den Grimmschen Begriff der »Naturpoesie« gehörend, wird die Sage von den Grimms aus dem Gegensatz zum Märchen heraus erläutert: »Das Märchen ist poetischer, die Sage historischer; jenes stehet beinahe nur in sich selber fest, in seiner angeborenen Blüte und Vollendung; die Sage, von einer geringern Mannigfaltigkeit der Farbe, hat noch das Besondere, daß sie an etwas Bekanntem und Bewußtem hafte, an einem Ort oder einem durch die Geschichte gesicherten Namen.« (Grimm, 7)

Die Raum- und Zeitverhaftetheit der Sageninhalte, das Rekurrieren der Sage auf historische Namen und Örtlichkeiten, ihre Verknüpfung mit »etwas Bekanntem«, all dies unterscheidet sie grundsätzlich vom phantastischen Spielraum des Märchenhaften. In der Sage begegnet das Wunderbare innerhalb der Bezirke menschlichen Lebens, ist mit realen Gegebenheiten verkoppelt, deren Nachprüfbarkeit auch auf das Wunderbare beweiskräftig ausstrahlt, deren Bekanntheit auch dem »Sagenhaften« Realität mitteilt. Die Einbindung von Spuk und Zauberwesen in vertraut-lokale Umstände leiht den supranaturalen Phänomenen die Wirklichkeit, welche die Sage erzählen will. Genaue Ortsangaben oder zeugnisgebende Namensnennungen vermögen auch Übernatürliches im Umkreis menschlichen Gemeinwesens als Realität zu fixieren und zu legitimieren. Der schlafende Kaiser im Berg etwa, der Karl der Große sein kann oder Friedrich Barbarossa oder Friedrich II., ja sogar Napoleon, wird von der Sage an die unterschiedlichsten Orte plaziert, so daß sich in einer Zusammenschau dieser Varianten schon aufgrund der divergierenden Lokalisationen jede Glaubwürdigkeit der betreffenden Sage von selbst auflösen würde. Andererseits bezeugen aber gerade solche vielfältigen Versuche einer Einbeziehung der Sage in den Raum des jeweils Bekannten das Bemühen um ihre Beglaubigung mittels exakter Topographie.

Neben ihrer Eingebundenheit in die vertraute Realität ist ein weiteres Charakteristikum der Sage die Dominanz des Inhaltlichen, mit der eine Gleichgültigkeit gegenüber seiner formalen Einfassung korrespondiert. Das Interesse der Sage ist ganz auf den Inhalt fixiert; sie berichtet von einem wunderbaren Erlebnis oder bemerkenswerten Ereignis, wobei dem geglaubten Faktum selbst wesentlich mehr Gewicht zuwächst als der Form des Erzählens. Gerade die Konzentration auf ein magisches oder sonst unerhörtes Phänomen bedingt sowohl die relative Formlosigkeit der Sage als auch ihre Eingliedrigkeit. Die Volkssage ist »im allgemeinen eine *einepisodische* Erzählung« (Bausinger, 179), sie bleibt oft skizzenhaft und monochrom.

Eben die Kargheit der Darbietung kann dabei die Unfaßbarkeit des zu Erzählenden veranschaulichen. Eine enigmatische Begegnung wird nicht durch sublimierende Gestaltung verschleiert oder durch abstrahierende Reflexion erhellend aufgelöst, sondern in ihrer Unbegreiflichkeit und Abgründigkeit belassen. Die Konfrontation mit Übernatürlichem erzeugt Angst, die sich bisweilen noch in der Krudität der erzählerischen Präsentation spiegelt. Die gleichzeitig verstörende wie faszinierende Begegnung mit Numinosem kann zu einer an tragische Dimensionen rührenden Daseinserschütterung führen, die über Andre Jolles' Verständnis der »einfachen Form« Sage als einer bloßen »Geistesbeschäftigung, in der sich die Welt als Familie aufbaut« (74), hinausreicht.

Ein Hauptproblem der Sagenforschung ist die große Heterogenität des Sagenmaterials. Da wird von Riesen und Zwergen erzählt, von Werwölfen, Kobolden, Elementargeistern und Hexen, von dem polymorphen Teufel und von Teufelsbündlern; von Mordtaten und wiederkehrenden Toten, von zaubermächtigen Leuten, vom Wilden Mann und vom Wilden Heer. Sagen ranken sich um Burgen und Burgruinen und wissen von geheimen Schätzen; sie berichten von seltsamen Erscheinungen in der Natur, von Kriegsvorkommnissen, vom Fluch, der auf ein ganzes Geschlecht ausgreift und von vielem anderem mehr. Der Begriff der Sage subsumiert inhaltlich äußerst Verschiedenartiges. Zudem besitzen Sagenmotive eine große Elastizität und Mobilität; sie können zu Wandergut werden und gehen in ihrer Flexibilität mit immer neuen Lokalitäten und Figuren Verbindungen ein. Sagentypen und erst recht Sagenmotive existieren in ungeheurer Vielfalt; aber während die exundierende Stofffülle alle Katalogisierungsbemühungen erschwert, verspricht eine vergleichende Sagenforschung doch erst auf der Basis von Typen- und Motivkatalogen effektiv zu werden, vor allem hinsichtlich internationaler Vergleichbarkeiten und unter Einbeziehung auch außereuropäischer Sagenwelten.

Für die Entstehung einer Sage sind in der Hauptsache drei mögliche Anlässe anzunehmen. Eine Möglichkeit ist die des subjektiven Erlebnisses in Form einer seltsamen Begegnung mit vermeintlich Übernatürlichem, die innerhalb des Rahmens der normalen Realitätserfahrung nicht erklärbar scheint. Den Bericht eines solchen Erlebnisses nennt von Sydow Memorat (78). Das Memorat basiert auf dem persönlichen Konnex des Erzählenden zum Erzählten, ist Reflex selbsterlebter Angst oder Erschütterung. Zum anderen kann die Sagenentstehung ein objektives Ereignis voraussetzen, z. B. eine Naturkatastrophe oder historische Vorkommnisse, wobei Historie, auch wenn etwa der Dreißigjährige Krieg gemeint ist, meist als Regional- oder Lokalhistorie erscheint. Eine dritte Möglichkeit der Sagengenese nimmt ein bemerkenswertes Stück gegenständlicher Realität, nimmt »Objektivationen« (Bausinger, 172) zum Anlaß erklärender Sagenbildung. Es entstehen aitiologische Sagen, auch Ursprungs- oder Erklärungssagen genannt, die eigentümliche Naturphänomene erläutern, beispielsweise die seltsame Formung von Felsblöcken ausdeuten. Burgruinen inspirieren dazu, sie mit Ursachen und Hergang der einstigen Zerstörung zu versehen, oder Namen erfahren volksetymologische Ableitungen, wie z. B. der Name des Odenwalds aus dem Ruf »O du Wald!« (Grimm, 426)

Als eine gesonderte und sozusagen uneigentliche Möglichkeit der Sagenbildung wären schließlich die Fälle zu begreifen, in denen sich die Sage nicht aus den Aberglaubensvorstellungen einer primitiven Gemeinschaft entwickelt, sondern in denen es sich um ursprünglich literarische Manifestationen handelt, die als gesunkenes Kulturgut den Weg ins Sagenhafte genommen haben.

Die genannten Anlässe möglicher Sagenbildung verbürgen jedoch noch nicht das tatsächliche Entstehen und Fortbestehen einer Sage. Sage entsteht immer im Kontext volkstümlicher Glaubens- bzw. Aberglaubensvorstellungen. Zu dem Außerordentlichen, das zum Anlaß einer Sage werden kann, muß – und dies bezeichnet eine generelle Tendenz der Sage – die Ausdeutung des Erlebnisses oder Ereignisses hinzutreten, es muß die explanative Eingliederung jenes Außerordentlichen in einen allgemeineren Sinnzusammenhang geleistet werden, wie ihn die jeweilige Glaubenswelt verbürgt, so daß der Sage oft auch ein großer religions- oder sozialgeschichtlicher Quellenwert zukommt. Darüber hinaus muß eine orale Traditionsbildung stattfinden. Erst im Weitererzählen, in einem narrativen Prozeß, der seinerseits das Material stilisierend bearbeitet, bildet sich die eigentliche Sage aus.

Durch die mündliche Überlieferungsform wie durch den prinzipiell proteischen Charakter der Sage bedingt, tendiert das Memorat einer supranormalen Begegnung dazu, sich zur dämonischen oder Glaubenssage zu wandeln, wie auch der in seinem Ansatz an lokalhistorische Gegebenheiten gebundene Ereignisbericht sich im Tradierungsprozeß zur historischen oder Wissenssage emanzipieren kann. Schon das Individualerlebnis, das sich als Memorat in der Form der Ich-Erzählung noch ganz ungebrochen artikuliert, wird oft mit vorfindlichen Erklärungsmustern versetzt. Der Ansatz zur Sagenbildung ist bereits im subjektiven Erlebnisbericht aufzuspüren, insofern das Memorat dazu neigt, sich an vorgegebenem Traditionsgut zu orientieren. Gleiches gilt für die Erzählung eines geschichtlichen Ereignisses, denn die Einordnung des singulären Geschehens in das verfügbare Schema des geläufigen Volksglaubens, seine Transformation in einen stereotypen Bilderkanon, seine Überformung und Erweiterung, seine Integration in die Sphäre eines kollektiven Glaubens leitet die Entstehung typisierter Formen ein, die von Sydow – im Unterschied zum rohen Bericht des Memorats – Fabulat (79) nennt, wobei allerdings Übergänge fließend sind und gerade die formale Indifferenz der Sage begriffliche Fixierungen problematisch macht.

Bewußtere Formgestaltung setzt im Bereich der Sage allenfalls da ein, wo das Erzählen eines übernatürlichen, dämonischen Geschehens – statt von seinem Inhalt gebannt zu sein – auf seinen Effekt bedacht ist, wo es als Gruselgeschichte zur gemütlich-narrativen Veranstaltung wird, die nicht mehr auf der Authentizität des Berichteten besteht. »Wo der Glaube aufhört, setzt das Unterhaltende ein«, schreibt Röhrich (9), der im Schwund von Glaubensbindungen die notwendige Voraussetzung für die Entwicklung eines eigenen Gattungsstils sieht, um dann jedoch gleich fortzufahren: »Im allgemeinen freilich ist die Sage mehr Bericht als künstlerisch geformte Erzählung.« (Ebd.)

Dämonische, historische oder aitiologische Sagen berichten jeweils von Numinosem, Rätselhaftem oder die Norm Sprengendem, das dem Menschen auf unvorhersehbare, die alltägliche Erfahrung übersteigende Weise begegnet, sei es in der Erscheinung einer dämonischen Gestalt, sei es als ein bemerkenswertes historisches Ereignis oder als ungewöhnliche Tat. Von einem auf irgendeine Art außerordentlichen Phänomen ihren Ausgang nehmend, dabei weitgehend auf den Inhalt des zu Berichtenden konzentriert, ist die Sage bestrebt, das Unvorstellbare zu bebildern, das Unerhörte und Unalltägliche durch ordnende und explikative Denkmuster begreiflich zu machen, die im Volksglauben vorgeprägt sind.

Literatur: Jolles, A.: Einfache Formen. Leipzig 1930. – Lüthi, M.: Volksmärchen und Volkssage. Bern 1961. – Peuckert, W.-E. (Hg.): Sagen und ihre Deutung. Göttingen 1965. – Ders.: Sage. Geburt und Antwort der mythischen Welt. Berlin 1965. – Bausinger, H.: Formen der »Volkspoesie«. Berlin 1968. – Petzoldt, L. (Hg.): Vergleichende Sagenforschung. Darmstadt 1969. Daraus zitiert wurden: Ranke, F.: Grundfragen der Volkssagenforschung (S. 1–20) und von Sydow, C. F.: Kategorien der Prosa-Volksdichtung (S. 66–89). – Röhrich, L.: Sage. Stuttgart [2]1971. – Ranke, K.: Die Welt der Einfachen Formen. Berlin–New York 1978. – Grimm, J. u. W. (Hg.): Deutsche Sagen, München 1981. – Lüthi, M.: Psychologie des Märchens und der Sage. In: Psychologie der Kultur. Bd. 2. Basel 1982, S. 461–473. – Rölleke, H.: Die Märchen- und Sagensammlung der Brüder Grimm. In: 200 Jahre Brüder Grimm. Bd. 1. Kassel 1985, S. 101–111. – Jeggle, U.: Die Sage und ihre Wahrheit. In: Der Deutschunterricht 39 (1987) H. 6, S. 37–50. – Gerndt, H.: Sagen und Sagenforschung im Spannungsfeld von Mündlichkeit und Schriftlichkeit. In: Fabula 29 (1988), S. 1–20. – Beck, H. (Hg.): Heldensage und Heldendichtung im Germanischen. Berlin u. a. 1988. – Petzoldt, L.: Märchen, Mythos, Sage. Marburg 1989. – Ders.: Dämonenfurcht und Gottvertrauen. Zur Geschichte und Erforschung unserer Volkssagen. Darmstadt 1989.

DIE SATIRE

von Dietrich Weber

Satire, die schärfste und scharfsinnigste unter den Formen der Literatur, hat es nicht anders verdient, als daß man seinerseits besonders scharf mit ihr umgeht. Scharf also ist zunächst zu fragen: Was ist sie? Schärfer (mit Bühlers und Mukařovskýs blitzenden Messern): Was ist sie auf den drei, vier Seiten, die sie wie alle Literatur hat: was als Ausdruck und was als Darstellung, was als Appell und was als ästhetisches Gebilde?

Ausdruck ist sie, das mindeste zu sagen, von Anstoßnahme. Anstoß des Satirikers an etwas in der akut ihn umgebenden Welt, das er als Mißstand ansieht. Anstoßnahme, versteht sich, im Prinzip. Praktisch mag es mehr sein, nicht bloß Reaktivität einer empfindlichen Seele, sondern moralische Besserungsabsicht, moralisches oder politisches Engagement. Andrerseits aber auch weniger: Besserwisserei, Selbstgerechtigkeit, Rachdurst. »Die erste Satyre«, meint LICHTENBERG, »wurde gewiß aus Rache gemacht. Sie zur Besserung seines Nebenmenschen gegen die Laster und nicht gegen den Lasterhaften zu gebrauchen, ist schon ein geleckter abgekühlter zahm gemachter Gedanke.« Im übrigen steht die ganze Skala, die mit der Anstoßnahme nur beginnt, je nach Temperament offen: Aggressivität, Spott- und Streitlust, heiliger Zorn, wütendes Dreinschlagen – nicht umsonst sind Anprangern, Bloßstellen, Geißeln die beliebtesten Metaphern für das, was der Satiriker tut, wobei es überdies meist ohne Seitenhiebe auf alle Herumstehenden nicht abgeht.

Darstellung ist die Satire, wie damit fast schon gesagt ist, eines Gegenstandes, der in den Augen des Satirikers einen Mißstand ausmacht oder vertritt. Hier zumal ist Schärfe der Bestimmung angebracht. Es sind keineswegs jedesmal veritable Mißstände, was der Satiriker attackiert, sondern prinzipiell immer nur das, was er – subjektiv hoffentlich guten Glaubens – dafür ansieht. Satire ist daher keineswegs, wie landläufig gern angenommen, jedesmal progressiv, fortschrittlich, auf der sogenannten richtigen

Seite. Wie überall gibt es unter den Satirikern solche und solche, die jeweils zu ihrer eigenen Meinung überreden wollen. Und es bleibt jedesmal Sache des Satire-Lesers, Berechtigung und Verbindlichkeit des scharf-satirischen Angriffs mit der gleichen Schärfe zu prüfen. Es gibt nicht nur Fürstensatire, es gibt auch Weibersatire.

Die Mißstände, die das Brot des Satirikers sind, zu präzisieren und zu katalogisieren, fällt schwer. Laster, Torheiten, Ungereimtheiten, wie das 18. Jahrhundert (beispielsweise in GOTTSCHEDS Poetik) es sah, ist zu wenig, »irgendein nichtfiktives, erkennbares und aktuell wirksames Objekt individueller oder allgemeiner Art« (Brummack, Reallexikon, 602), ist zu viel gesagt; »Verächtlichkeiten in Charakteren, Konventionen, Institutionen« (Sühnel, 508) ist schön konkret, faßt aber nicht alles. Handlich ist es, Mißstände in Auffassungen (Meinungen, Ansichten, Lehren) und Mißstände in Verhaltensweisen zu unterscheiden. Die einen sind aufzuklären und, wenn es gut geht, durch Aufklärung schon zu erledigen, die andern – zäher – sind aufzudecken und kaum anders als durch Tathandeln abzuschaffen. Am dankbarsten für den Satiriker sind real existierende Mißstände, die nicht allgemein als solche bekannt sind oder gelten: geheime scandala – hier kann er entlarven.

Appell ist die Satire, wie wiederum damit beinahe schon gesagt, den dargestellten Mißstand als Mißstand zu erkennen und, womöglich, zu seiner Abschaffung beizutragen. Mindestens überredend, schärfer: überreden wollend, ist die Satire insofern – eine »persuasive« Textsorte, wie man heute sagt – und weiterhin, wenn es sich machen läßt, ebenfalls in heutiger Terminologie ausgedrückt: »handlungsauffordernd«. Diskutieren will sie nicht, in Ruhe etwa und Argument für Argument abwägend, allenfalls denkt sie sich als Teil einer Diskussion, und wenn, dann am liebsten als den, der das letzte Wort behält.

Alles das, soweit, ist anderes auch. Ausdruck von Anstoßnahme ist beispielsweise auch die Kritik; Darstellung von Mißständen ist beispielsweise auch jedweder Mängelbericht wie jedwede gesellschaftskritische Literatur; Appell, Mißstände als Mißstände zu erkennen, ist beispielsweise auch die Polemik. Es muß also noch etwas hinzukommen, was die Satire erst zur Satire macht.

Es ist ihr spezifisch Ästhetisches. Ästhetisch ist die Satire dadurch spezifiziert, daß sie ihren Gegenstand übertreibend verzerrt, als lächerlich hinstellt und dem Spottgelächter preisgibt.

Es ist ein besonderes Lachen, das die Satire erregt – wenigstens bei denjenigen, die mit dem Satiriker eines Sinnes sind über den Mißstand oder die sich dazu haben überreden lassen, wobei seinerseits das Lachen das zwingendste Überredungsmittel sein kann. Es hat seine vielfachen Abstufungen in vielfacher Entsprechung zu den Ausdrucksformen, Darstellungsgegenständen und Appellationsweisen der Satire selbst. Es ist kein sogenanntes herzhaftes Lachen wie das über unbändig Komisches, auch kein verständnisvolles wie das, mit dem der Humorist die gebrechliche Einrichtung der Welt hinzunehmen empfiehlt, sondern ein trockenes, kaltes Lachen, kaum auch befreiend – es sei denn augenblicksweise im Auskosten des Überlegenheitsgefühls über das kritisch Ausgestellte, womit sich allerdings nicht selten das wieder herabziehende Kichern der Schadenfreude kompromittierend vermischt. Oft ist es schneidend, oft von der Sorte, die im Hals stecken bleibt – wie bei SWIFT, wenn er zur Behebung von Not und Armut in Irland den bescheidenen Vorschlag unterbreitet, einen bestimmten Prozentsatz der ohnehin verwahrlosenden Kinder der Armen nach nur geringfügigem Aufwand an Mästung den Reichen als Speise zu verkaufen. Oft auch ist es ein hohles, bitteres und zugleich ohnmächtig-verzweifeltes Lachen – wie das des Kammerdieners in SCHILLERS *Kabale und Liebe*, als er Lady Milford darüber aufklärt, daß die Juwelen für ihr Haar nichts weiter gekostet haben als die Kleinigkeit von siebentausend auf Nimmerwiedersehn als Soldaten nach Amerika verkauften Landeskindern, worunter auch ein paar seiner Söhne. Oder, weniger pathetisch, das höhnische Lachen der »deductio ad absurdum« (Liscow) – wie bei VOLTAIRE im *Candide*, wenn er zeigen kann, was alles nicht nur möglich, sondern üblich ist in der besten der möglichen Welten.

Satire – weitere scharf gestellte Frage und gleich die Antwort darauf – ist überall. »Ubiquität« der Satire hat Sühnel es genannt. Es gibt sie in allen Literaturen – selbst außerhalb der Literatur in Bild und Ton –, in allen literarischen Gattungen und zu allen Zeiten – selbst vor ihrer (zweifelhaften) Namensfindung. Die Literaturwissenschaft unterscheidet ordnend zunächst einmal Satire und Satirisches: Satire als Gattung und Satirisches als Schreibart in allen möglichen Gattungen. Satire als Gattung ist in den Anfängen ihres Namens nicht immer satirisch, oft nur buntes Allerlei, genus mixtum, Potpourri, eine Schüssel (satura) voll von Verschiedenartigem – vage assoziiert später, parallel zu der ursprünglichen Schreibung satyra, mit Satyrspiel und Saturnalie. In Prosa heißt sie – nach ihrem griechischen Ahnherrn MENIPPOS – Menippeische Satire, in Versform – nach LUCILIUS als einem ihrer römischen Kultivatoren – Lucilische Satire. Ob in Vers oder Prosa, ob als Gattung oder Schreibart, unterscheidet man weiterhin tunlich und handlich nach Ton und Haltung: scherzhafte (lachende) und ernsthafte (strafende) Satire, nach dem Gegenstand: Personal-, Zeit- und Menschheitssatire, nach der Artikulationsform: nennende und darstellende Satire. Eingebürgerte Termini, die aus dieser Systematik herausfallen, sind außerdem Ständesatire (wie Arzt- oder Gelehrtensatire) und Literatursatire.

Ihr wesentlichstes Mittel (und auch deshalb ist sie überall) ist die Ironie. Abgesehen nur von der Spielart der nennenden Satire, die etwa den »Philister vor, in und nach der Geschichte« als ihr Angriffsobjekt direkt bezeichnet, ist sie »indirekt« geführter »Angriff« im Namen einer »Norm« (Brummack, Forschungsbericht, 333), die ihrerseits meist der ironischen Verschweigung unterliegt. Überhaupt schwelgt sie in Verschweigung, Verstellung, Verkehrung, Verkleidung, Verdrehung, Verschiebung, Verschlüsselung des eigentlich Gemeinten, ohne doch jemals das Vertrauen darauf zu verlieren, daß ihr Leser die Ironiesignale zu deuten versteht. Sie lobt die Faulheit, Brutus und (mit GOTTLIEB KONRAD PFEFFEL) den guten Arzt (»denn nie läßt er die Kranken lange leiden«), und sie tadelt (bei BRENTANO) als unbegreiflich, »warum der Herr für unsre Sünden gestorben und nicht lieber zu Apolda eine kleine nützliche Mützenfabrik angelegt« hat. Sie liebt den Bock als Gärtner und überhaupt allerlei Getier von Kater Murr bis Atta Troll und sieht glasig das Schaf im Wolf oder die Ziege im Leopardenfell. Sie bewegt sich gern in fremden Ländern und fernen Zeiten, bei den Liliputanern, im Lande der Rujuks, im alten Abdera oder im Jahr 1984 (als es es noch nicht gegeben hat). Seit Karl Kraus montiert sie mit vorzüglicher Mißachtung Verlautbarungen der Großen und der Presse, ohne die eigene Stimme zu erheben, oder sammelt nur Gedrucktes in ihrem längst schon nicht mehr verzerrenden, sondern Verzerrtes glatt abspiegelnden Hohlspiegel. Am bequemsten zitiert sie nur (den jeweiligen Vorsitzenden).

Immer meint sie mehr, als sie sagt: in der Personalsatire nicht nur die karikierte Person, sondern zugleich die Zeit in ihr, und in der Zeitsatire nicht nur die Zeit, sondern die Personen in ihr, die sie repräsentieren – zumal die auf hohem Podest und in großer Pose, die weithin sichtbar sind und deren mannigfache Breitseiten sich allfälligen Anwürfen empfehlen. Gattungspuristen fordern von ihr – von der Satire auf Personen – die Einhaltung des Gebots der Repräsentativität, um die legitime Satire von der trübquellenden Privatkampagne des Pasquills zu trennen. Praktisches Indiz für das, was eine Kultur sich gerade noch gefallen oder schon nicht mehr zumuten läßt, ist jeweils der Ausgang der vom Betroffenen eingereichten Verleumdungsklage vor Gericht. Die klassische Indirektheit der Satire, zeigt sich von hier aus, ist nicht bloß Mittel zum hämischen Spaß, sondern oft genug dringend benötigte Maßnahme zum Selbstschutz des Satirikers – überall da wenigstens, wo eine Zensur stattfindet.

Ihre Geschichte ist die Geschichte von Ärger und Ärgernissen, also nicht nur die Literaturgeschichte, sondern die Weltgeschichte selbst: »die Wirklichkeit als Mangel« (Schiller). Immerhin gibt es Epochen, die ihr besonders zugetan sind und dabei besondere Formen ausprägen, und immerhin gibt es über die Epochen hinweg Meister des satirischen Fachs, was beides die Orientierung im Wirren erleichtert. Epochengeschichtliche Gleichungen sind Mittelalter und Ständesatire, Humanismus und Narrensatire, Frühaufklärung und Moralsatire, Romantik und Philistersatire; dominant seitdem die Zeitsatire und durchgängig – in bewegten Zeiten üppig aufschießend – die Personalsatire. Die Galerie der Großen, die Satiriker und nicht bloß Satiriker sind, reicht von Aristophanes, Horaz und Petronius über Rabelais und Cervantes, Swift und Voltaire bis zu Heine und Nestroy.

Zur Sichtung und Wertung, wie damit schon vorgeschlagen,

empfiehlt es sich, die in Massen vorliegende und massenhaft weitergedeihende Klein- und Gebrauchskunst à la KÄSTNER und TUCHOLSKY und die einschlägige große Kunst, in der das Satirische immer nur eine Dimension unter anderen ist – *Don Quichote, Gulliver's Travels, Candide, Atta Troll* –, auseinanderzuhalten. Anders löst sich der Begriff auf, und man gerät in Gefahr, Satire und Satirisches als ganz Spezifisches nicht mehr fassen zu können. Arntzens tiefdringende Interpretationen zur Satire leisten leider dieser Gefahr Vorschub, wenn er, mit Berufung auf MUSIL, KAFKA, KRAUS, darstellende Entdeckung »verkehrter Welt als verkehrter Weltgeschichte« (169) und »Utopie ex negativo« (166) als Wesenszug moderner Satire gleichermaßen wie moderner Literatur überhaupt hinstellt.

Die Schärfe, die die Satire vorexerziert, ist im übrigen ihr eigenes Dilemma. Sie fordert dazu heraus, alles das, was nichts als Satire ist, zu seinem eigenen Nachteil in Grenzen zu sehen. Difficile est satiram non scribere, heißt auch: es ist leicht, eine Satire zu schreiben. Satire und nichts als Satire ist Kleinkunst, Gebrauchskunst, nicht mehr. Moralisch oder politisch von (jeweils aufs neue zu diskutierendem) Wert, ist sie als Kunst bestenfalls virtuos – im Sprudeln der Einfälle, Landen der Volten und Zünden der Pointen –, schlimmstenfalls bloß gut gemeint und dann – mit Benn – das Gegenteil von Kunst. Vor allem: Je treffender sie ist zu ihrer Zeit, um so kurzlebiger ist sie. Wenn das, was sie attackiert und was sie statt des Attackierten will, nicht mehr akut ist, ist sie tot. Schade für sie als Kunst.

Schade umgekehrt für die Wirklichkeit, muß man allerdings hinzufügen, daß viele alte Satiren noch leben – weil das, was sie attackiert haben, noch lebt und das, was sie wollten, noch nicht erreicht ist. Zu schweigen von Menschheitssatiren in der Tradition der Charaktere von THEOPHRAST über LA BRUYÈRE bis CANETTI, die uns konstitutionelle Schwächen vorhalten, über die wir, menschlich-allzumenschlich, nicht wegkommen; zu reden wohl aber von alten Zeitsatiren, die vorführen, worüber wir mittlerweile hätten hinauskommen können, Satiren beispielsweise, um nur ein paar aus unserer Provinz zu nennen, von LICHTENBERG (zur Toleranz), von HOFFMANN (zur Justiz) und von HEINE (zu Deutschland).

Satire in Grenzen sehen soll nicht heißen, sie missen wollen, und schon gar nicht, sich vorstellen, daß sie eines Tages überflüssig sein könnte. Es gab, wahrhaftig und kurios genug, wie Brummack berichtet, auch diese Vorstellung, daß die Satire »im Lauf der Entwicklung zum Kommunismus unnötig, weil gegenstandslos werden müsse« (Forschungsbericht, 375). Vorläufig hat sie noch Stoff genug – und wenn es nur derartige Vorstellungen sind.

Auch den Sinn der Satire, der oft düster-pessimistischen, als ob nichts mehr ginge, und oft zugleich hoffnungsfroh-optimistischen, als ob sich alles zum Besten wenden ließe, hat einer der schon Alten scharf und musterhaft auf das gehörige Maß gebracht, LICHTENBERG in seinem Sudelbuch: wenn auch kaum unmittelbare Besserung, so doch »Vergrößerung unseres Gesichtskreises«, »Vermehrung« der »Anzahl der festen Punkte aus denen wir uns in allen Vorfällen des Lebens geschwinder orientieren können«.

Literatur: Mit den Kategorien am Anfang des Artikels beziehe ich mich auf Karl Bühler (Sprachtheorie, Jena 1934) und Jan Mukařovský (Kapitel aus der Poetik, Frankfurt/M. 1967). – Einen umfassenden Überblick über die Satireforschung gibt Jürgen Brummack (Deutsche Vierteljahrsschrift für Literaturwissenschaft und Geistesgeschichte 45, 1971, Sonderheft, 275–377). – Hilfreich zur Einführung seine handlichere Darstellung im Reallexikon der deutschen Literaturgeschichte (Lieferung 1975), Rudolf Sühnels Artikel im Fischer Lexikon Literatur (2/2, 1965) und Helmut Arntzens historisch orientierte Interpretationen (in seinem Sammelband: Literatur im Zeitalter der Information, Frankfurt/M. 1971). Nützlich für die Schule Norbert Feinäugles Anthologie Satirische Texte samt Nachwort (Reclam 9525, 1976).

DAS SCHAUSPIEL

von Dieter Baldo

Während die Tragödie seit ihrer Entstehung bei den Griechen immer im Mittelpunkt des dichterischen wie literaturwissenschaftlichen Interesses steht – seit dem Ende des 2. Weltkrieges erscheinen, so Volkmar Sander (VII), jährlich etwa 50 Aufsätze »über Probleme des Tragischen und der Tragödie« –, läßt sich für die Gattung Schauspiel ein wesentliches Theoriedefizit, oft verbunden mit einer generellen Nichtachtung, feststellen.

Friedrich Theodor Vischer kommt in seiner *Ästhetik* (1847–58) zu dem Ergebnis, daß der oberste durchgreifende Gegensatz in der dramatischen Dichtung der des Tragischen und des Komischen sei. Die Frage nach der dritten Gattung, nämlich dem Schauspiel, wird ausdrücklich verneint, da die Darstellung ernster Konflikte mit glücklichem Ausgang als schwächere Form gegenüber der Tragödie angesehen wird (vgl. auch Wilhelm Wackernagels *Poetik, Rhetorik und Stilistik* von 1837). Die im Grunde genommen alte Überzeugung vieler Dramentheoretiker, es gebe nur Tragödie und Komödie, betont auch Curt Langenbeck in seiner 1941 erschienenen Rede »Wiedergeburt des Dramas aus dem Geist der Zeit«. Das Festhalten an den »echten« Formen und den »echten« Dramen und die Abqualifizierung der sog. Mischformen als »Zwitterformen« oder gar »Abarten« (ebd.) zeugt nicht nur von Ignoranz gegenüber einer fortschreitenden Veränderung der Dramengattungen, sondern auch von einem Festhalten an angeblichen klassisch-dramaturgischen Grundgesetzen.

Seit den Stücken Niklas Manuels bezeichnet man mit Schauspiel (»schowspil«) allgemein die Aufführung von Dramen vor Zuschauern. Die Trennung von der Liturgie führt zum Anwachsen des Personals und zu einer über die Würde der Litanei hinausgehenden dramatischen Handlung (s. die Fastnachtsspiele von Hans Sachs, die Schauspiele Paul Rebhuns, Kulmans, Funkelins usw., in: Tittmann, Schauspiele). Die Worte »Spielhaus« (spelhûs, spilhûs), »Spielstätte« oder »Spielhof« (spilstat, spilhof), die bereits im 13. Jahrhundert vorkommen (Tittmann, XXXIV) und mit »theatrum« übersetzt werden, bezeichnen die besonderen Räume der Gaukler-Schaustellungen. Die deutschen Volksschauspiele des 16. Jahrhunderts lassen bereits Formen des »scenische[n] Theaters« (Genée, III) erkennen. Vor allem die Schweiz kann als Geburtsstätte des neuen, die mittelalterlichen Mysterienspiele ablösenden Theaters apostrophiert werden. Bevorzugte Themen, an denen sich die Spiele entzünden, sind das Unwesen der katholischen Priesterschaft, der Papst usw. (s. Tittmann; Genée). MANUELS erstes Fastnachtsspiel, das die Reihe seiner protestantischen Kampfdramen eröffnet, ist 1523 erstaufgeführt worden. Da der Titel auch das ganze Tableau beschreibt, sei er hier vollständig genannt: *Ein Faßnacht-Schimpf, so zu Bern uf der alten Faßnacht gebracht ist im 22. Jahr. Nämlich wie uf einer Seiten der Gassen der einig Heiland der Welt Jesus Christ, unser lieber Herr, ist uf einem Eselein geritten, uf seinem Haupt die Dornen-Kron, bei ihm seine Jünger, die armen Blinden, Lahmen und mancherlei Bresthaftigen. Uf der andern Seiten reit der Bapst in Harnisch und mit großem Kriegszeug, als hernach verstanden wird durch die Sprüch, so die zween Bauern geredt haben, Rüde Vogelnest und Claywe Pflug* (Titel ist, der Verständlichkeit halber, nach Genée zitiert). Seit GEORG PHILIPP HARSDÖRFFERS dichtungstheoretischer Schrift *Poetischer Trichter / die teutsche Dicht- und Reimkunst /ohne Behuf der lateinischen Sprache / in VI Stunden einzugiessen* (1647–53) dient das Schauspiel als Oberbegriff für Trauer-, Lust- und Schäferspiel (s. vor allem das Kap. *Von den Schauspielen ins gemein / und absonderlich von den Trauerspielen*) oder als Umschreibung für fabula, comoedia, spectaculum scenicum, tragoedia (Mehlin, 222). Fast übereinstimmend wird das Schauspiel auch als »Zwischenform von Trauer- und Lustspiel« aufgefaßt, »die unter Wahrung der ernsten Grundstimmung zur friedlichen Überwindung des Konflikts durch rechtzeitige Besinnung des Helden und zum Sieg des Guten führt« (Wilpert). Aufgrund seiner ernsten Grundhaltung rechnet man es mehr der Tragödie zu, obwohl, wie Seidler heraushebt, »die tragischen Situationen an entscheidenden Stellen des Vorgangs« durchschritten werden. Es liegt entweder ganz allgemein zwischen Tragödie und Komödie (Merker/Stammler) oder näher an der Tragödie (Wilpert). Ob es seit dem 18. Jahrhundert strukturell verschiedene, aber gleichberechtigt nebeneinanderstehende Dramentypen aufgrund der Aufhebung der binären Opposition zwischen Trauer- und Lustspiel und wegen der immer größer werdenden Bedeutsamkeit der szenischen Form und der Schauspiel-Kunst gibt (Asmuth), wird immer wieder diskutiert (s. Grimm, Pyramide und Karussell). Otto Mann beruft sich beispielsweise bei seiner geschichtlichen Analyse stets auf die Unwandelbarkeit des Dramas selbst noch in der Moderne und stuft jede neue Form, darunter auch das »epische Theater« BRECHTS, lediglich als Gegentendenz ein; ausgenommen sind die der Überlieferung nahestehenden Dramen HAUPTMANNS (Mann, Geschichte des deutschen Dramas, 19) und die CLAUDELS (Mann, Weltanschauliche Grundlagen).

GUSTAV FREYTAG bemüht sich in seinem 1863 erschienenen Lehrbuch *Die Technik des Dramas* nur um das »Drama hohen Stils«. Seine aus der Bühnenerfahrung gewonnenen Handwerksregeln verstehen sich als Regulativ der im Verfall begriffenen Form des deutschen Dramas (Dietrich, Europäische Dramaturgie des 19. Jahrhunderts, 383 ff.). Er erkennt zwar für die moderne Bühne die »Berechtigung des Schauspiels« an, sieht jedoch in ihm als der dritten, koordinierten Art lediglich eine »Unterabteilung des ernsten Dramas«. Der normative Ansatz FREYTAGS – er klammert z. B. das komische Drama, das Drama des Sturm und Drang, die Stücke BÜCHNERS und GRABBES (fast) vollständig aus und konzentriert sich hauptsächlich auf die antike Tragödie und das klassische französische und deutsche Drama – leitet sich noch aus der tragischen Konflikttheorie des 16. und 17. Jahrhunderts her, die sich angesichts des immer mehr sich ausbreitenden realistischen Dramentypus' eines LENZ' und BÜCHNERS längst erledigt hat (s. dazu: Ziegler).

Vor allem HEGEL trägt in den *Vorlesungen über die Ästhetik* (1818–1830; Kap. III: *Die dramatische Poesie*) der veränderten geschichtlichen Situation Rechnung. So liegen für ihn weder in der Tragödie noch in der Komödie die größten erreichbaren Ausdrucksmöglichkeiten, sondern im Schauspiel, das, ebenso wie die Komödie, die Subjektivität zum Gegenstand hat:

»Die tiefere Vermittlung aber der tragischen und komischen Auffassung zu einem neuen Ganzen besteht nicht in dem Nebeneinander oder Umschlagen dieser Gegensätze, sondern in ihrer sich wechselseitig abstumpfenden Ausgleichung. Die Subjektivität, statt in komischer Verkehrtheit zu handeln, erfüllt sich mit dem Ernst gediegener Verhältnisse und haltbarer Charaktere, während sich die tragische Festigkeit des Wollens und die Tiefe der Kollisionen insoweit erweicht und ebnet, daß es zu einer Aussöhnung der Interessen und harmonischen Einigung der Zwecke und Individuen kommen kann. In solcher Konzeptionsweise haben besonders das moderne Schauspiel und Drama ihren Entstehungsgrund. Das Tiefe in diesem Prinzip ist die Anschauung, daß, den Unterschieden und Konflikten von Interessen, Leidenschaften und Charakteren zum Trotz, sich eine in sich einklangsvolle Wirklichkeit dennoch durch das menschliche Handeln zustande bringe.«

Den natürlichen Grund für die *Schauspiele* und *Dramen,* diesen »Mitteldingen zwischen Tragödien und Komödien«, sieht Hegel teils durch das »Rührende im Kreis des bürgerlichen Lebens und des Familienkreises« (gemeint sind die »comédie larmoyante« und das »bürgerliche Trauerspiel«), teils durch die Beschäftigung »mit dem Ritterwesen« und dem »Triumph des *Moralischen*« gelegt. Dabei nennt er in erster Linie Goethes *Götz von Berlichingen,* mit dem die neue Richtung »in Schwung« geraten sei, Kotzebues *Menschenhaß und Reue* und Ifflands Dramen. Als »poetisches Musterbild eines Schauspiels« trachten die Individuen in Goethes *Iphigenie auf Tauris* im Verlauf der Handlung nach allseitiger Aussöhnung. Jedoch nicht nur die Dramen des 18. und 19. Jahrhunderts suchen nach der wahren Entwicklung in dem »Aufheben der Gegensätze als *Gegensätze,* in der Versöhnung der Mächte des Handelns, die sich in ihrem Konflikte wechselseitig zu negieren streben«, sondern auch die »alte Tragödie«. In Aischylos' *Eumeniden* und Sophokles' *Philoktet* kommt die Ausgleichung allerdings von außen, durch den Befehl der Götter. Kluckhohns Unterscheidung der Tragödienarten in Schicksals- und Charaktertragödie, des Lösungsdramas in Gnadendrama und Läuterungsdrama einerseits, der Historie und des Wunderspiels andererseits kommt HEGELS Begrifflichkeit am nächsten. Zu der ersten Gattung (auch »Drama im engeren Sinne oder *Entscheidungsdrama*«) zählt Kluckhohn *Philoktet*, KLEISTS *Familie Schroffenstein* usw., zu der anderen (auch »Spiel im engeren Sinne oder *Geschehensdrama*«) überwiegend die Dramen SHAKESPEARES und die des Sturm und Drang. Neben der Tragödie stehe als »nächster Verwandter« das *Lösungsdrama*, das die Menschen vor eine ebenso schwere Entscheidung stelle wie die Tragödie, aber die Tragik überwinde (247). Für das Schauspiel als typische »Ausgleichsform« oder »Ausgleichstypus«, der die klassische Strenge im wesentlichen überwindet, konstatiert Martini (295; 301) »vorherrschende Freiheit bei gemäßigter Strenge«: »Zwischen das Trauerspiel und das Lustspiel fügt sich, aufgebaut auf dem ästhetischen Reiz der ›Erhebung‹, das ›Schauspiel‹ ein, für das ein ›heiterer Ernst‹ oder ›eine ernsthafte Heiterkeit‹ gilt. Es bedeutet in Gehalt, Aufbau und Spannungen durchaus eine ›Mittelform‹ und wird als ein ›Überwindungs- oder Erlösungsdrama‹ definiert« (303).

Der für die »klassischen« Dramen typische Inszenierungsstil, nämlich die »relative Dingarmut« (Ziegler, 151), wird im »realistischen« Drama abgelöst von einer »möglichst vielfältigen und genauen Ausgestaltung und Beschreibung des szenischen Dingbestandes« (ebd., 151 f.). Die typisierte und harmonische Symmetrie des klassischen Dramas zeigt sich in seiner idealisierenden Darstellungsform, der Tendenz zur »Entstofflichung oder Verinnerlichung in der Gestaltung des Szenen- und Bühnenraumes« und der Zentralisierung des »Göttlichen« oder des »Tempels oder Tempelbezirks« (145 f.). Dafür stehen Stücke wie GOETHES *Iphigenie auf Tauris*, GRILLPARZERS *Des Meeres und der Liebe Wellen*, HEBBELS *Gyges und sein Ring* bis hin zu HAUPTMANNS *Atriden*-Tetralogie.

HAUPTMANNS Tetralogie, angeregt von GOETHES *Italienischer Reise*, in der er von seinem Plan spricht, zu seiner *Iphigenie auf Tauris* eine *Iphigenie in Delphi* zu schreiben, bleibt in der Form dem klassischen Vorbild sehr verhaftet (Stilisierung; Einheit des Raumes und der Zeit), doch die Situation der Personen ist dadurch gekennzeichnet, daß sie die »reine Menschlichkeit« nicht mehr verwirklichen können. Bei GOETHE schenkt Thoas, der

König der Taurier, Iphigenie das Leben und bricht mit dem Brauch des Landes, jeden Fremden auf dem Altar der Göttin zu opfern. Die Überwindung der tragischen Situation vollzieht sich jedoch nicht, wie im antiken Drama, ohne das Zutun des Menschen: Iphigenie versucht, indem sie die Götter herausfordert, eine auf Entscheidungsfreiheit beruhende Lebensordnung zu wagen: »Wenn / ihr wahrhaft seid, wie ihr gepriesen werdet, / so zeigt's durch euren Beistand und verherrlicht / durch mich die Wahrheit.« Der Grundgestus des Schauspiels ist Maß, Harmonie und Gelassenheit, und schließlich bringen die Hauptpersonen Thoas und Orest, um Iphigenie gruppiert (Polheim spricht von »szenische[r] Choreographie«; s. auch GOETHES *Regeln für Schauspieler* (1803), § 82–91: *Über die Stellung und Gruppierung auf der Bühne*), das Stück zum guten Ende.

Perger prägte für diese Form des Theaters den Begriff »Einortsdrama« im Gegensatz zum »Bewegungsdrama« (vgl. auch Kolbenheyer, der das »ideogene« [geistige Drama] vom »ästhogenen« [schaulustigen] Drama abgrenzt; zit. nach Perger). Die geschichtliche Entwicklung verläuft über die antike Einortstragödie (Schauspielerbeschränkung; ständige Anwesenheit des Chors auf der Bühne; strenge Handlungsökonomie), das mittelalterliche Bewegungsdrama (Passionsdrama), das Drama HANS SACHSENS und SHAKESPEARES und den »barocken Mischstil«, durch den die Vorherrschaft des französischen Dramas teilweise außer Kraft gesetzt wird, indem sich das Theatralische immer mehr der Oper annähert (s. dazu: Wolff; Barrault; Benjamin; vgl. auch das spanische Theater CALDERON DE LA BARCAS und LOPE DE VEGAS; typische Merkmale sind: Mischung von Tragödien- und Komödienelementen; egalisierende Personenkonstellation; Mißachtung der Einheit von Zeit und Ort).

Die Auflösung der Substantialität – in GOETHES *Wilhelm Meister* wird die Bewegung als treibendes Motiv der Zivilisation gepriesen – zeigt den Übergang zwischen zwei Epochen, die zunehmende Auflockerung des sozialen Gefüges im frühen 19. Jahrhundert und die in der Nachfolge der französischen Revolution sich anbahnenden gesellschaftlichen Verschiebungen, die sich jedoch nur teilweise im »ernsten Schauspiel« (Klotz, 7–17; Martino, Kap. VII) einlösen. Die Wandlung der dramatischen Bauformen und Strukturen – Tarot unterscheidet die mimetische Form = aristotelische Dramatik oder »Spiel als Wirklichkeit« und die imitatorische Form = nicht-aristotelische Dramatik oder »Wirklichkeit als Spiel« (in: Ideologie und Drama, 366; und: Mimesis und Imitatio) – läßt sich nicht als ein »Verstellen der Lichter« oder ein »Verlegen der Akzente über urhaften Einheiten« (Dietrich, Menschenbild, 369) begreifen, sondern als Ausdruck realer Wirklichkeits- und Geschichtserfahrung (BÜCHNERS Brief vom 25. Juli 1835; vgl. auch Klotz, 14).

Der Theaterreformer und Dramatiker KARL IMMERMANN, in seiner Jugend, wie er selbst in seinen *Memorabilien* (1840) betont, noch angetan vom »Äther der Poesie« des Dramas, das zum Ziel hat, sich im Theater dem »Gottesdienste des Wortes« hingeben zu können, deutet später das Kunstwerk als »historische Erscheinung, [...] bedingt in Form und Wesen durch den Charakter des Volkes, so wie durch die individuellen Umstände«. Das neue Verständnis veranlaßt ihn, sich »am Leben« zu orientieren: »Wir müssen durch das Romantische hindurch in das realistisch-pragmatische Element«. Das neue, politische Theater IMMERMANNS zeichnet sich aus durch »Faktentreue, Wirklichkeitsdichte und Wahrheit« (Denkler, 359). In seinen Briefen und Tagebüchern nennt er die Faktoren, die etwa zur Ablösung von Theologie und Philosophie durch die Natur- und Geschichtswissenschaft geführt haben. Da sei erstens die »Wirklichkeit«, die sich eine »ungeheure Geltung« erworben habe; zweitens werde die Natur, von Technik und Industrie immer mehr überlagert, der Natürlichkeit beraubt. Hauser macht die soziologisch-materialistische Auffassung des Menschen als Grund für »eine neue, von der klassischen Tragödie vollkommen verschiedene Form« des Dramas geltend.

Schon mit MERCIER und LENZ setzt eine Themenerweiterung ein (Asmuth, 29). MERCIER besteht vor allem auf der Notwendigkeit, die untersten Gesellschaftsschichten (»les conditions humaines les plus basses«) darzustellen. Neben der Beschreibung der produktiven Klassen, unter denen sich die wahren »tragischen« Helden befinden, welche mit ihrer Arbeit 200 000 Nichtstuer der Hauptstadt unterhalten, müßten die Dramatiker aber auch die Ausbeuterschichten vorführen (über MERCIER s. Martino). Mit der griechischen Tragödie verbindet beispielsweise Jacob Michael Reinhold Lenz »blinde und knechtische Furcht vor den Göttern« (in *Anmerkungen übers Theater*) und rückt stattdessen in seiner Komödie *Der Hofmeister oder Vorteile der Privaterziehung* (1774) den von der klassischen Dramaturgie gemiedenen »neuzeitlichen Menschen« in den Vordergrund. Mit diesem verbindet Lenz Homers sich auflehnende Gestalt des Diomedes, der sich gegen ein blindes Schicksal handelnd zur Wehr setzt. Diesen hebt Lenz ausdrücklich hervor, und nicht das für die Griechen »schickliche Sujet«: »Oedipe«.

In Skandinavien begründet vor allem Bjørnson das Gesellschaftsdrama mit *Ein Bankrott* (Uraufführung 1875; im folgenden abgekürzt mit UA). Mit der Hauptfigur, dem Industriellen Tjaelde, schafft *Bjørnson* den Typus des schädlichen Industriellen; außerdem wird die typische Auflösung in einem »happy end« verweigert. Angeregt durch dieses Stück, entsteht Ibsens *Die Stützen der Gesellschaft* (UA 1877), in dem er das Motiv des unerwarteten Heimkehrers zur satirischen und ironischen Strukturierung des Schauspiels verwendet. Die Anregung zur Diskussion aktueller Fragen im Drama (Frauenemanzipation in *Nora oder Ein Puppenheim*, UA 1879; Arbeiterfragen usw.) begründet sein Freund Georg Brandes in seinen Vorlesungen über die *Hauptströmungen der Literatur des 19. Jahrhunderts* (1871–1887)ß »Daß eine Literatur heutzutage lebt, zeigt sich darin, daß sie Probleme zur Debatte stellt«; eine Literatur, die sich nicht an der Wirklichkeit und deren neuen ästhetischen Normen orientiere, drohe alle Bedeutung zu verlieren. Ibsen verzichtet, die Thesen Brandes' realisierend, auf die Versform, die er in *Peer Gynt* (UA 1876) angewendet hat, und schafft eine Dramatik der »sachlichen« Prosa. Durch die Verwendung der analytischen Technik wird der Prozeß der Wahrheitsfindung in *Die Stützen der Gesellschaft* zu einem Prozeß der Vergangenheitsbewältigung. Die abgewendete Katastrophe, sozusagen die »Komödie« des letzten Aktes, zeigt nach der desillusionierenden Enthüllung des Charakters von Konsul Bernick seine Reue und Umkehr und weist so auf die dramatische Doppeldeutigkeit von Ibsens Technik hin. Die idealistischen Schlußworte Lona Hessels (»Der Geist der Wahrheit und der Geist der Freiheit – das sind die Stützen der Gesellschaft«) betonen dies noch. Das Warten auf den versöhnlichen Schluß, auf das »Wunderbare«, das dann doch nicht eintrifft, thematisiert IBSEN auch in *Nora*. Torvald Helmers »Ich bin gerettet!« wehrt Nora geradezu ab, indem sie das Scheinglück ihrer bisherigen Ehe durchschaut und das »Puppenheim« verläßt. Mit diesem Weggehen bricht Nora nicht nur aus der »Spielstube« aus, sondern auch aus der von IBSEN während des ganzen Stücks gewahrten Einheit von Ort, Zeit und Handlung. Die Aufnahme sozialer Thematik führt auch in *Die Weber. Schauspiel aus den vierziger Jahren* (1892; UA 1893) von GERHART HAUPTMANN zu einer Problematisierung der dramatischen Formen. Über »Die Krise des Dramas« schreibt Szondi in seinem Buch *Theorie des modernen Dramas 1880–1950*, und er bezieht IBSEN, TSCHECHOW, STRINDBERG und MAETERLINCK in sie mit ein: »Diese Vielfalt der epischen Situationen [in *Die Weber*]: Revue, Darstellung vor einem Fremden, Bericht, Beschreibung, sorgfältig verankert in der Wahl der Szene; das immer wieder neu Ansetzen nach Aktschluß; die Einführung neuer Personen in jedem Akt; das Verfolgen des Aufstandes in seiner Ausbreitung, wobei im letzten Akt den Aufständischen gar vorangeeilt wird – das alles deutet wiederum auf die epische Grundstruktur des Werkes hin« (65 f.).

Unter dem Einfluß des »bürgerlichen Schauspiels« und auch des »Trauerspiels« beginnt sich der »realistische« Dramentypus schon während der zweiten Hälfte des 18. Jahrhunderts vorzubereiten. LESSINGS *Miss Sara Sampson* und *Emilia Galotti* modifizieren bereits erheblich die überlieferte Tragödienstruktur durch die Aufnahme typischer Komödienelemente (s. Perger, 135). SCHILLERS *Räuber* wird ursprünglich mit »Schauspiel«, in der Bühnenbearbeitung dann mit »Trauerspiel« bezeichnet (vgl. auch GOETHES *Elpenor*, das in der Handschrift von 1783 noch den Titel »Schauspiel« trägt, im Druck jedoch »Trauerspiel«). Der Übergang vom »Trauerspiel« zum »Schauspiel« ist durchaus fließend, und gerade in der Zeit des Sturm und Drang bis zur Klassik ist die Bezeichnung unsicher, und »vieles von dem, was im Spielplan der Hamburger Bühne 1767 unter ›Drama‹ und ›Komödie‹ steht, würde heute Sch[auspiel] heißen« (Merker/Stammler, 161). Mit Zusätzen wie »Charakter-, Sitten- und

Familiengemälde« deuten die »Familienromanlustspiele« oder »Problemspiele« (Rommel, 70) den Verzicht auf große Handlung an. Die Schauspiele IFFLANDS, *Verbrechen aus Ehrsucht* (1784) und *Die Jäger* (1785), gehören zu den erfolgreichsten Stücken der damaligen Zeit, die sich mit einem programmierten glücklichen Ausgang vom Trauerspiel abheben wollen und bewußt auf Publikumswirksamkeit setzen.

Daß jedes Drama entweder Tragödie oder Komödie sein müsse, lehnt schon GOTTFRIED AUGUST BÜRGER in dem Kapitel *Von der Einteilung der Schauspielkunst* in *Aus Daniel Wunderlichs Buch* (1776) ab. Da die gattungsmäßige Klassifikation der Dramen nicht der Vorstellung von der Einheit der Natur entspricht, befürwortet er die Totalität des Dramas und die Aufhebung der von den »Theoriemacher(n)« aufgestellten Gattungen und fordert einen alles umfassenden Mischungstyp in dem Begriff des »Schauspiels«, das Komisches und Tragisches miteinander vereinen solle. BÜRGERS Begriff des »Schauspiels« weist bestimmte Beziehungen zu MERCIERS »drame« und DIDEROTS »comédie sérieuse« auf. Auch MERCIER fordert eine mittlere Gattung, die dem wirklichen Leben näherstehe. Seine Konzeption eines künftigen Theaters formuliert er in der Schrift *Du théâtre ou nouvel essai sur l'art dramatique* (1773). In Leipzig erscheint das Buch unter dem Titel *Neuer Versuch über die Schauspielkunst. Aus dem Französischen. Mit einem Anhang aus Goethes Brieftasche.*

Als der wohl berühmteste Theoretiker der »tragédie domestique et bourgeoise« ist DENIS DIDEROT zu nennen, der die »comédie larmoyante« (auch »comédie attendrissante«; in der LESSINGschen Übersetzung: »weinerliches Lustspiel«) CHASSIRONS, NIVELLE DE LA CHAUSSÉES und Madame DE GRAFIGNYS zum »genre sérieux« entwickelt. Während die englischen Dramatiker RICHARD STEELE, JOSEPH MITCHELL und GEORGE LILLO das bürgerliche Drama von der Tragödie her bestimmen – die moralische Wirksamkeit wird lediglich in emotive Erregung umgedeutet (s. Martino, 396; Szondi) –, geschieht dies in Frankreich von der Komödie her. Das »höhere« Lustspiel wird zur Domäne der französischen Dichter.

Im 38. Kapitel von *Les bijoux indiscrets* (»Die geschwätzigen Kleinodien«) von 1748 formuliert DIDEROT im Ansatz die moderne ästhetische Theorie, mit welcher er die entscheidende Wende in der Literatur des 18. Jahrhunderts herbeiführt und die beherrschenden Theorien über das Tragische und das Erhabene des 17. Jahrhunderts, DESCARTES' *Traité des passions de l'âme* (1649), BOILEAUS LONGINUS-Übersetzung *Traité du Sublime* (1674) und seine Schrift *Art poétique* (1674), im wesentlichen neutralisiert und erweitert. Mit folgendem Beispiel, das DIDEROT seine Sprecherin Miroza vortragen läßt, sucht er das klassische Prinzip der »imitatio naturae« zu veranschaulichen und neu auszulegen: Miroza führt einen Mann aus Angote, der noch nie etwas in seinem Leben von einem Schauspiel gehört hat, in eine Loge, aus der er die Bühne sieht, welche er für den Palast des Sultans hält. »Glauben Sie wohl, daß trotz allen Ernstes, in dem ich mich zu erhalten bemühte, die Täuschung dieses Fremden nur einen Augenblick dauern könnte? Müssen Sie nicht vielmehr gestehen, daß er bei dem steifen Gang der Akteurs, bei ihrer wunderlichen Tracht, bei ihren ausschweifenden Gebärden, bei ihrem seltsamen Nachdruck ihrer gereimten, abgemessenen Sprache, bei tausend andern Ungereimtheiten, die ihm auffallen würden, gleich in der ersten Szene mir ins Gesicht lachen« würde? Das Schauspiel der klassischen Tradition, das versucht DIDEROT zu verdeutlichen, erweckt nicht die Illusion, daß der Bühnenvorgang und die wirkliche Begebenheit miteinander übereinstimmen. In seinen Schriften wie *Von der dramatischen Dichtkunst* (1758), *Lobrede auf Richardson* (1760), *Das Paradox über den Schauspieler* (1770–73), den Theaterstücken *Der natürliche Sohn* (1757; UA 1771) und *Der Hausvater* (1757/58; UA 1760), begründet DIDEROT eine völlig neue Dramaturgie: Gegenstand der Nachahmung ist nicht mehr die »nature ennoblie«, die sich nach den Regeln der »bienséance« und »vraisemblence«, der »belle nature« des Abbé BATTEUX und den »drei Einheiten« RACINES und CORNEILLES richtet, sondern »le vrai de la nature«.

Dabei lehnt DIDEROT eine Stilmischung des Tragischen mit dem Komischen ab (s. dazu: *Dorval und Ich*) und begründet mit dem »genre sérieux« eine vollkommen neue Gattung, welche von Autoren wie MERCIER, SEDAINE und MARMONTEL aufgenommen und weitergeführt wird.

Durch DIDEROTS Einfluß können sich auch in Deutschland neue Dramenformen legitimieren, die von der Wirkungsart und von der Theaterpraxis her bestimmt werden (s. Krueger, 176–192). Auch im Aufführungsstil und in der Ästhetik bleibt man dem französischen Vorbild verbunden. Im 32. Stück der *Hamburgischen Dramaturgie* beruft sich LESSING auf die »Vortrefflichkeit eines Franzosen« (gemeint ist DIDEROT; vgl. auch LESSINGS Vorrede zu *Das Theater des Herrn Diderot*). Selbst das deutsche Streben nach einem Nationaltheater geht zurück auf die Forderung DIDEROTS von 1758, daß jedes Volk Schauspiele, aber seine eigenen Schauspiele haben solle (in: *Discours sur le poème dramatique*). Dem Hinweis LESSINGS im Vorwort zu seiner *Diderot*-Übersetzung folgen JACOB MAUVILLON und JOSEPH SONNENFELS und fordern ein deutsches Nationaltheater (Mortier, 71 ff.; vgl. auch die Spielpläne der damaligen Zeit, Mortier, 71 f.). Weitreichende Bedeutung kann auch JOHANN ELIAS SCHLEGELS literarkritischer Abhandlung *Vergleichung Shakespears und Andreas Gryphs bey Gelegenheit des Versuchs einer gebundenen Übersetzung von dem Tode des Julius Cäsar, aus den englischen Werken des Shakespear* (1741) zugeschrieben werden, die am Beginn der SHAKESPEARE-Rezeption und späterer dichterischer Nachahmungsversuche steht. SCHLEGELS Trauerspiel *Canut* (1747), in dem Einflüsse SHAKESPEARES wirksam werden, weist bereits auf künstlerische Gestaltungsprobleme der LESSINGschen Dramen und des Sturm und Drang voraus. Seine folgende Differenzierung der Dramentypen zeigt den Übergang vom Standes- zum Wirkungskriterium:

»Wenn ich also die Handlungen in so weit betrachte, als sie entweder das Lachen, oder ernsthafte Leidenschaften erregen; und wenn ich die Personen, ihrem Stande nach, in hohe und niedrige eintheile; so werde ich folgende Arten von Schauspielen herausbringen: *Erstlich*, Handlungen hoher Personen, welche die Leidenschaften erregen; *zweytens*, Handlungen hoher Personen, welche das Lachen erregen; *drittens*, Handlungen niedriger Personen, welche die Leidenschaften erwecken; *viertens*, Handlungen niedriger Personen, welche das Lachen erwecken; *fünftens*, Handlungen hoher oder niedriger, oder vermischter Personen, welche theils die Leidenschaften, theils das Lachen erregen« (Scherpe, 97).

SCHLEGELS Gliederung (1–4) bewegt sich zwar noch zwischen

den Polen der Ständekriterien, sein 5. Dramentypus jedoch bietet Möglichkeiten für dramatische Mischformen. Ähnlich strebt später LESSING unter der »Regel des *Kontrasts* oder der *Abstechung*« (1. Stück der *Theatralischen Bibliothek*, 1754) eine Annäherung der Gattungen an. Indem er CHASSIRONS *Reflexions sur le comique-larmoyante* (1749) und GELLERTS Abhandlung *Pro comedia commoventes* (1751) einander gegenüberstellt, liefert er seinen Beitrag zum Problem der dramatischen Mischformen. Während CHASSIRON auf den klassischen Vorbildern Komödie und Tragödie beharrt und sich gegen alle Neuerungen zur Wehr setzt, GELLERT dagegen die »Stimme der Natur« über die »Stimme der Regeln« mit Nachdruck erhebt und die Grenzen der Gattungen um so viel erweitern will, »daß sie auch jene Gattung dramatischer Gedichte mit in sich schließen können«, nämlich »Schauspiele«, versucht LESSING Fragen der Gattungspoetik im Rahmen der Dichtungspraxis zu lösen. Eine Abstufung substantiierter Kategorien liefert auch MOSES MENDELSSOHN in seinen *Briefen über die Empfindung* (1755) und den späteren Ergänzungen *Rhapsodie, oder Zusätze zu den Briefen* (1761). Die Konzeption der »Lust« wird treibendes Element zur Überwindung der mimetischen Kunstauffassung. »Durch Mendelssohns Entdekkung, daß ein in der Wirklichkeit als unvollkommen wahrgenommener Gegenstand durch seine künstlerische Verwandlung in verstärktem Maße den Eindruck der Vollkommenheit hervorrufen kann, erhielt die Erforschung der dichterischen Wirkungsmöglichkeiten entscheidende Impulse« (Scherpe, 120). In einem Brief an LESSING vom Januar 1757 lehnt MENDELSSOHN die »eingebildete Gränzscheidung« der Gattungen als Vorurteil ab. Die für unverwechselbar gehaltenen Affekte werden durch die emotionale Theorie von ihrer künstlerischen Wirkungsart als mehrdeutig und variabel eingestuft (vgl. auch JOHANN JACOB ENGELS *Anfangsgründe einer Theorie der Dichtungsarten*, 1783). In ENGELS Abhandlung *Über Handlung, Gespräch und Erzählung* (1774) wird auch auf die allgemeine Tendenz zur Vermischung des Epischen mit dem Dramatischen hingewiesen (vgl. auch die gemeinsame Arbeit von GOETHE und SCHILLER: *Über Epische und dramatische Dichtung*, entstanden 1797, veröffentlicht 1827; Asmuth, 53 ff.).

Im barocken Spielstil ist noch eine weitgehende Identität zwischen heroischer Oper (opera seria) und der Tragödie gegeben, da die Affektenlehre, welche die Unmittelbarkeit aufhebt und die Leidenschaften von der Wirklichkeit abstrahiert, von einer gemeinsamen Wurzel in den Beziehungen zwischen Sprache und Musik ausgeht (s. Unger). Erst RICCOBONIS empirische Untersuchungen wenden sich gegen die Praxis der Affektenlehre. In seinem Buch *L'Art du théatre* (1750), von LESSING übersetzt, schreibt er, »daß es keine Empfindungen und Gefühle an sich gibt, keine allgemeine Leidenschaften, sondern daß sie differenziert werden durch Charaktere und dramatische Situationen«. An Stelle der Deklamation und des sprachlichen Ausdrucks fordert er den gestischen und mimischen Ausdruck. Die neue Dramatik ruft einen ihr adäquaten Spielstil hervor, so daß sich das Schauspiel von der Oper absondert (s. auch GOETHE: *Über die Notwendigkeit, Tunlichkeit und Schicklichkeit der Trennung des Schauspiels von der Oper,* 1808). Mit dem Aufkommen der Entwicklungsdramatik löst sich auch die Geschlossenheit der auf der Bühne gezeigten Wirklichkeit auf. Im neuen Spielstil der »Gradationen« und »Verflößungen« sucht man durch Erzeugung von Illusionen die Empfindungen im Zuschauer wachzurufen. Für die Weiterentwicklung des Schauspiels waren die Mittel der szenischen Realisation sowie die Schauspiel-Kunst wesentliche Faktoren (s. vor allem Asmuth; Pütz; Mehlin; Devrient), denn mit der sinnlichen Darbietung für den Zuschauer wächst das Drama über seinen rein literarischen Wert hinaus und wird zum Schauspiel.

Für ARISTOTELES (*Poetik,* Kap. 6) stellen Text und Aufführung noch keine Einheit dar, wenn er schreibt:

»Die fürs Auge des Zuschauers berechnete *szenische Ausstattung* ist zwar sehr wirkungsvoll, doch ist sie der Kunst des Dichters am fernsten und unter allen sechs Bestandteilen [gemeint sind: Die Fabel des Stücks, die Charaktere, das Sprachliche, das Gedankliche, die szenische Ausstattung, das Musikalische] der Tragödie seinem Geist am wenigsten nah. Denn sie übt ihre Wirkung aus auch ohne Aufführung und Schauspieler. Die geschickte sinngemäße Darbietung ist weit mehr Sache des Bühnenmeisters als des Dichters.«

Lessing erinnert Moses Mendelssohn in einem Brief vom 18. 12. 1756 an die Wichtigkeit der szenischen Darstellung: »Vergessen Sie ja nicht, daß die ganze Lehre von der Illusion eigentlich den dramatischen Dichter nichts angeht, und die Vorstellung seines Stücks das Werk einer andern Kunst, als der Dichtkunst, ist.« In *Aus Goethes Brieftasche* heißt es: »Wer übrigens eigentlich für die Bühne arbeiten will, studiere die Bühne, Wirkung der Fernmalerei, der Lichter, Schminke, Glanzleinwand und Flittern.«

Im Bewegungsdrama (Lockerung des dramatischen Aufbaus; Auffächerung der dramatischen Handlung durch Mimik, Musik, Bühnendekoration usw.) wird »im Zeichen einer betont offenen Struktur des Dramas jede von Anfang bis zu Ende einheitlich zusammenhängende [...] Handlungsstruktur fast ganz preisgegeben« (Ziegler, 154), und zwar zugunsten einer Vielfalt der Einzelszenen und Einzelstimmungen (Büchners *Dantons Tod,* Lenzens *Soldaten* und der *Hofmeister*). In diesen Schauspielen oder »Geschehensdramen« (Kluckhohn, 24) wird das Schaubare der mimischen Darstellung und des Bühnengeschehens betont. Die Aufführung von Goethes *Götz von Berlichingen mit der eisernen Hand* (1773; UA 1774), die nach Wieland ein eigenes Theater erfordert, trägt beispielsweise zur Einführung des Aktvorhangs entschieden bei. Der *Götz* ist in mehr als 50 Szenen gegliedert, die Zeitdauer ist völlig unbestimmt. Insgesamt macht das Werk die Absage an die französische klassische Bühne deutlich, da sämtliche Bühnengesetze beiseite geschoben werden. Die rasch wechselnden Szenen und das Fehlen eines tragischen Konflikts vermitteln eher den Eindruck einer epischen Erzählung als den eines Dramas und darüber hinaus die starke Anlehnung an Shakespeare, den Goethe in der Ansprache vom 14. Oktober 1771, *Zum Schakespeare Tag* feiert; sein Theater sei ein schöner »Raritätenkasten, in dem die Geschichte der Welt vor unsern Augen an dem unsichtbaren Faden der Zeit vorbeiwallt«!

Die neuen Gestaltungskriterien des *Götz* sind:

1. Es wird eine konkrete und vielschichtige, alle Stände vom Bauern bis zum Kaiser umfassende soziale Wirklichkeit dargestellt.

2. Die Grundstruktur des Dramas gibt auch den Nebenpersonen noch dramatische Eigenständigkeit (vgl. Adelheids Auftritte, deren Passagen GOETHE in der Umarbeitung reduziert, um die Gesamtstruktur nicht zu gefährden).

3. Der Konflikt zwischen gegensätzlichen Weltanschauungen (Götz und Weislingen) wird in sinnlich-konkreter Gestaltungsweise gelöst; es kommt zur Konfrontation verschiedener Charaktere und nicht zum Prinzipien- oder Ideenstreit.

4. Die neue Wirklichkeit wird in einer Sprache dargestellt, die die Konventionen des alten Dramas völlig sprengt:

a) unstilisierter Sprechton;

b) auf die Personen und den Stand zugeschnittene Prosa (sprachlicher Einfluß von LUTHER und SACHS).

Auch die Gestaltungsprinzipien KLEISTS in *Der Prinz von Homburg* stellen die prinzipielle Gültigkeit des klassischen Dramas in Frage. Das Schauspiel (1809–11; UA 1821) wird von Otto Mann, ebenso wie *Das Käthchen von Heilbronn* (1807/08; UA 1810), noch unter »Trauerspiele« geführt, allerdings mit dem Zusatz, sie könnten sich jedoch nicht, was die »Klarheit der Lösung« (360) betreffe, mit SCHILLER oder GOETHE messen. HEBBEL nennt zwar den *Homburg* auch eine »Tragödie«, fügt jedoch hinzu, es sei »eine ganz neue Gestalt der Tragödie«, in der der »Werdeprozeß eines bedeutenden Menschen in voller Unmittelbarkeit vorgeführt wird« (zit. nach Fischer, 543, 548). Perger zählt gerade den *Homburg* zu den Dramen des »Mischstils«, da des Prinzen somnambuler Zustand zu Beginn des Stückes gleichsam als eine zweite Handlungsschicht, als Gegenpol zur Nüchternheit der politischen Sphäre, eingewirkt ist. Die breite Streuung des Geschehens und die bewußte Vielstimmigkeit (Einflechtung typischer Komödienelemente; Traumszenen) lassen eher musikalische als architektonische Aufbaustrukturen erkennen (Wittkowski, 285; Schlagdenhauffen; auch Kluckhohn, 259). Auch das *Käthchen*, das in KLEISTS Werk eine Sonderstellung einnimmt, bietet eine Fülle romantischer und märchenhafter Motive, und es hat mehr »von dem Charakter eines dialogisierten Romans als eines Dramas« (Weigand).

Die nicht kausale Verknüpfung der Szenen, die Komposition

mit musikalischen Mitteln (Kontrast, Wiederholung, Kontrapunkt, Variation; vgl. dazu STRINDBERG über die Kunst der Komposition, die in der Wiederholung liegt, Stefanek, 391), zeigen sich auch in den Schauspielen STRINDBERGS, *Die große Landstraße* (1909), *Glücks-Peters Reise* (1881/82) und der *Damaskus*-Trilogie (1897/1904). In Form der lockeren Szenenreihung opponieren auch die Expressionisten (GEORG KAISER, *Von Morgens bis Mitternachts,* 1912), die in ihren aktlosen Stationendramen programmatisch auf STRINDBERG zurückgreifen, gegen die Strenge der klassischen Form. Das Stationendrama überantwortet »die Sicherung von Ablauf und Einheit der Bilderfolge vor allem dem kontinuierlichen Spiel der Schauspieler, den Elementen der Szene und den Mitteln der Bühnenmaschinerie« (Denkler, zit. nach Stefanek, 388).

Die Entwicklung zu komplizierten szenisch-dramaturgischen Formen (filmische Rück- und Vorblendungstechnik; desillusionierende Handlungsunterbrechung) führt MAX FRISCH in *Biografie* (1967) vor. Kürmanns assoziatives Verfahren bei der Rekonstruktion seines Lebens überführt die »Dramaturgie der Fügung« in eine »Dramaturgie des Zufalls«; die Bühne wird zum Spielraum der Möglichkeiten, einer theatralisch erspielten Wirklichkeit. In WILDERS *Unsere kleine Stadt* (1938) ist die Bühne von Kulissen, Requisiten, überhaupt von seinem Illusionscharakter, befreit. Zur Intensivierung der Wechselwirkung zwischen Zuschauer und Bühne führt WILDER den Spielleiter ein, der, ähnlich wie der Registrator in *Biografie,* den Szenenablauf unterbricht. Bei WILDER sorgt er zusätzlich für die Requisiten, die für das Spiel benötigt werden, beschreibt den Schauplatz, spielt Nebenrollen und kommentiert das Geschehen. Ebenso wie in *Wir sind noch einmal davongekommen* (1942) zerstört WILDER die Theaterillusion, indem er die Zeitebene, in der das Stück spielt, mit der des Bühnenpersonals und der des Publikums vermischt. Diese Form des »Theater auf dem Theater« geht im wesentlichen auf PIRANDELLO zurück, der in seinen Stücken *Sechs Personen suchen einen Autor* (UA 1921) und *Heute Abend wird aus dem Stegreif gespielt* (UA 1930) die Spielmöglichkeiten des 20. Jahrhunderts im Ansatz vorgeprägt hat: »Demonstrationstheater, das absurde und das totale Theater« (Kindler, 8587). Das

Stück *Sechs Personen* ist beispielsweise nicht mehr in Akte und Szenen eingeteilt, weil es vor den Zuschauern erst gemacht werden soll. Die Bühne ist wie am Tag, ohne Kulissen und Dekoration, und der Theaterdirektor probt ein Stück von PIRANDELLO. Die Wirklichkeit, der Tod des Sohnes, löst die Spielwirklichkeit des Theaters am Ende auf. Momminas Sterben in *Heute Abend* ist ein hochtheatralischer Höhepunkt des Stückes: Bei ihrer Erzählung über den Inhalt der Oper *Die Macht des Schicksals* von Verdi bricht sie, die Arie »Schon naht die Todesstunde« intonierend, zusammen. Jedoch nicht die Dramenfigur, sondern die Schauspielerin, die diese Rolle übernommen hat, stirbt an einem Herzkrampf. PIRANDELLO übersteigert damit die Möglichkeiten des Theatralischen in einer Form des totalen Theaters, in der eine klare Abgrenzung von Theater und Wirklichkeit kaum mehr möglich wird.

WEDEKINDS *König Nicolo oder So ist das Leben* (1911) ironisiert zwar auch die Theaterformen, verbindet dies aber geschickt mit gesellschaftskritischen Tendenzen. König Nicolo, ein von einem ehemaligen Schlachtermeister entthronter und durch eine groteske Gerichtsverhandlung gedemütigter Ex-König, versucht sich nach der Kerkerstrafe als Tragöde, um sein Schicksal in tragischem Pathos darzustellen. Sein Anspruch auf Würde (»Mein Fach auf der Bühne ist die große ernste Tragödie«) wird jedoch durch Zuschauerrufe wie »Ein großartiger Komiker« desillusioniert. Mit dieser mißverstandenen Erhabenheit und dem Kunstgriff, ein Spiel im Spiel vorzuführen – selbst der Theaterdirektor schätzt Nicolos Auftritte als »Parodie« und »Karikatur« ein –, erreicht WEDEKIND eine Vermischung der dramatischen Genres.

Als letztes Beispiel mag BRECHTS Schauspiel *Leben des Galilei* (1. Fassung: 1938/39; 2. Fassung: 1945–47; 3. Fassung: 1954–56) dienen, das BRECHT mit der Absicht verfaßt hat, »das ungeschminkte Bild einer neuen Zeit zu geben« (Anmerkungen zum *Galilei*); dabei sei es weder eine »Tragödie« noch ein »optimistisches Stück«. Daß BRECHT gerade eine traditionelle Gattungsbezeichnung, nämlich Schauspiel, gewählt hat, überrascht nicht angesichts der durchgehenden Motive des Zeigens, Schauens, Experimentierens und Beweisens (vgl. auch Knopf).

Obwohl BRECHT das Stück »technisch« als »großen Rückschritt« gewertet hat, da es noch mit Atmosphäre und Einfühlung arbeite *(Arbeitsjournal)*, bestimmt es den Spielraum der handelnden Personen im Sinne des »neuen Theaters«, nämlich des »Schau-Spiels«, und nicht im Sinne des »alten Welttheaters«. Im Gegensatz zur Tragödie, welche die Kunst des Wortes über die anderen Künste stellt, thematisiert BRECHT die Praxis und die Ästhetik des Theaters (vgl. auch die Schriften über die Schauspielkunst, die Musik, den Bühnenbau und letztendlich die Zuschau-Kunst). Die Verwendung einfachster Motive im Stück verrät Brechts theatralische Absicht: Das neue kopernikanische Weltbild, im Gegensatz zum ptolemäischen, läßt sich dramatisch-experimentell nachweisen. In diesem Sinne »inszeniert« Galileo für Sarti (und auch für den Zuschauer) die Beweise. Diese kleinen »szenischen« Aufführungen mit Hilfe eines Schemels, eines Apfels usw. erweitern sich in der Jahrmarktszene, wo Pamphletisten und Balladensänger überall die neuen Ideen Galileos aufgreifen, zu einem »Spektakel« – mit Folgen. Aus dem stillstehenden »Welttheater« mit seinen Agierenden, die sich vor dem »Auge der Gottheit [...] in ihren großen und kleinen Rollen« zu »bewähren« haben, wird ein »Bewegungstheater«, das die »Große Ordnung« (Ständeklausel) hinwegspielt. Indem das alte Prinzip, daß die Sonne und auch alle Gestirne sich um die Erde drehen, widerlegt wird, kommt auch die Menschheit (und mit ihr die neue Seh- und Spielweise) in Bewegung: Man tanzt »aus der Reih«, den gefeiertsten Wahrheiten klopft man auf die Schulter, den Fürsten und Prälaten werden die Röcke gelüftet, und das Unsichtbare, das Geheimnisvolle wird sichtbar: »fette und dürre Beine, [...] Beine wie unsere Beine«, und darüber wird ein »fröhliches Gelächter« entstehen. Der anschließende Hinweis auf das »Schachspiel«, bei dem die Türme, Sinnbild für das Unbewegliche, weit über alle Felder gehen, verweist auf CALDERONS *Das große Welttheater* (erschienen 1675), in dem Gott = Autor die Spieler aufruft und ihnen ihre Rollen zuteilt: »König«, »Reicher«, »Bauer«, »Bettler« usw. Danach nimmt die »Welt« jedem Spieler die geliehenen Insignien wieder ab und öffnet ihm die Augen, um ihn erkennen zu lassen, ob er die Rolle erfüllt oder verfehlt hat.

In *Leben des Galilei* gebraucht der Mensch die »neuen« Möglichkeiten, sich selbst zu bestimmen, nachdem die Grenzen der Welt sich für ihn erweitert haben. Auch für die Gattung Schauspiel werden die »neuen« Errungenschaften nutzbar gemacht: BRECHT öffnet die Bühne, indem er heterogene Elemente wie z. B. Musik aufnimmt. Auf Grund der Beweiskraft des Theatralischen verliert außerdem die Sprache (im Disput Mathematiker-Philosoph-Galileo) ihre zentrale Bedeutung und auch ihren »Glanz«. Die Harmonie des reinen Denkens, die der Philosoph, durch das Umgehen der Umgangssprache, auch angesichts der praktischen und somit beweisbaren Wahrheit noch aufrechterhalten will, ist längst verlorengegangen. Die Erde bewegt sich, und mit dieser Erkenntnis verlieren die alten Muster, der rein formale Disput beispielsweise, ihre Wirkung, auch für das Theater. Das neue Schauspiel in Gestalt von Fastnachtsumzügen, Jahrmarktsspektakeln, Volksbelustigungen, Zirkusaufführungen usw. hat sie theatralisch überholt.

Literatur: Devrient, E.: Geschichte der deutschen Schauspielkunst. Bd. 1–4. Leipzig 1848–74. – Schauspiele aus dem 16. Jahrhundert. Hg. von J. Tittmann. 1.–2. Theil. Leipzig 1868. – Genée, R.: Lehr- und Wanderjahre des deutschen Schauspiels von Beginn der Reformation bis zur Mitte des 18. Jahrhunderts. Berlin 1882. – Lohmeyer, W.: Dramaturgie der Massen. Berlin und Leipzig 1913. – Kluckhohn, P.: Die Arten des Dramas. In: DVjs 19, 1941, S. 241–268. – Unger, H.-H.: Die Beziehungen zwischen Musik und Rhetorik im 16.–18. Jahrhundert. Hildesheim 1969 [zuerst 1941]. – Rommel, R.: Komik und Lustspieltheorie. In: DVjs 21, 1943, S. 252–286. – Curtius, E. R.: Europäische Literatur und lateinisches Mittelalter. (3. Aufl.) Bern und München 1961 [zuerst 1948]. – Perger, A.: Grundlagen der Dramaturgie. Graz und Köln 1952. – Martini, F.: Robert Petsch: Wesen und Formen des Dramas. Ein Bericht über den ungedruckten zweiten Band. In: DVjs 27, 1953, S. 289–308. – Mann, O.: Weltanschauliche Grundlagen der gegenwärtigen Situation des Dramas. In: Der Deutschunterricht 5, 1953, S. 5–19. – Weigand, H. J.: Zu Kleists *Käthchen von Heilbronn*. In: Studia philologica et litteraria in honorem L. Spitzer. Hg. von A. G. Hatcher und K. L. Selig. Bern 1958, S. 413–430. – Seidler, H.: Die Dichtung. Wesen, Form, Darstellung. Stuttgart 1959. – Ziegler, K.: Stiltypen des deutschen Dramas im 19. Jahrhundert. In: Formkräfte der deutschen Dichtung vom Barock bis zur Gegenwart. Vorträge, gehalten im Deutschen Haus, Paris 1961/62. Göttingen 1963. – Fischer, E.: Heinrich von Kleist. In: Heinrich von Kleist. Aufsätze und Essays. Hg. von W. Müller-Seidel. Darmstadt 1967, S. 459–552. – Schlagdenhauffen, A.: Die Form des Tragischen bei Heinrich von Kleist. In: Ebd., S. 553–575. – Mortier, R.: Diderot in Deutschland 1750–1850. Stuttgart 1967. – Wolff, H. C.: Oper. Szene und Darstellung von 1600–1800. Leipzig 1968. – Scherpe, K. R.: Gattungspoetik im 18. Jahrhundert. Historische Entwicklung von Gottsched bis Herder. Stuttgart 1968. – Mehlin, U. H.: Die Fachsprache des Theaters. Eine Untersuchung zur Terminologie von Bühnentechnik, Schauspielkunst und Theaterorganisation. Düsseldorf 1969. – Tarot, R.: Mimesis und Imitatio. Grundlagen einer neuen Gattungspoetik. In: Euphorion 64, 1970, S. 125–140. – Natew, A.: Das Dramatische und das Drama. Velber bei Hannover 1971. – Tragik und Tragödie. Hg. von V. Sander. Darmstadt 1971. – Denkler, H.: Politische Dramaturgie. Zur Theorie des Dramas und des Theaters zwischen den Revolutionen von 1830 und 1848. In: Deutsche Dramentheorien. Bd 1–2. Beiträge zu einer historischen Poetik des Dramas in Deutschland. Hg. von R. Grimm. Wiesbaden 1978, S. 345–373 [zuerst 1971]. – Wittkowski, W.: Weltdialektik und Weltüberwindung. Zur Dramaturgie Kleists. In: Ebd., S. 270–292. – Müller, J.: Goethes Dramentheorie. In: Ebd., S. 167–213. – Martino, A.: Geschichte der dramatischen Theorien in Deutschland im 18. Jahrhundert. Bd. 1: Die Dramaturgie der Aufklärung (1730–1780). Tübingen 1972. – Stefanek, P.: Zur Dramaturgie des Stationendramas. In: Beiträge zur Poetik des Dramas. Hg. von W. Keller. Darmstadt 1976, S. 383–404. – Grimm, R.: Pyramide und Karussell. In: Ebd., S. 352–382. – Pfister, M.: Das Drama. Theorie und Analyse. München 1977, [4]1984. – Theaterlexikon. Berlin 1978. – Frenzel, H. A.: Geschichte des Theaters. Daten und Dokumente 1470–1840. München 1979. – Pütz, P.: Grundbegriffe der Interpretationen von Dramen. In: Handbuch des deutschen Dramas. Hg. von W. Hinck. Düsseldorf 1980. – Asmuth, B.: Einführung in die Dramenanalyse. Stuttgart 1980. – Dietrich, M.: Bühnenform und Dramenform. In: Strukturelemente des Dramas. Zusammenstellung: H. Popp. München 1980, S. 7–12. – Polheim, K. K.: Die dramatische Konfiguration. In: Ebd., S. 47–51. – Klotz, V.: Bürgerliches Lachtheater. Komödie, Posse, Schwank, Operette. München 1980. – Knopf, J.: Theater. Eine Ästhetik der Widersprüche. Stuttgart 1980. – Greiner, N. u. a.: Einführung ins Drama. 2 Bde. München u. a. 1982. – Brauneck, M.: Theater im 20. Jahrhundert. Programmschriften, Stilperioden, Reformmodelle. Reinbek 1982. – Irmscher, H. D./Keller, W. (Hg.): Drama und Theater im 20. Jahrhundert. Göttingen 1983. – Werling, S.: Handlung im Drama. Versuch einer Neubestimmung des Handlungsbegriffs als Beitrag zur Dramenanalyse. Frankfurt/M. u. a. 1989.

DER SCHELMENROMAN

von Georg Kurscheidt

Der Begriff Schelmenroman bezeichnet eine Romanform, deren Komplexität sich bereits in der literaturwissenschaftlichen Terminologie widerspiegelt. Weisen Epitheta wie »moderner« oder »antiker« Schelmenroman auf weitangelegte historische Traditionen hin, so deuten Ausdrücke wie Pikaroroman, novela picaresca, gusto picaresco, novel of roguery, roman comique, roman fabuleux u. a. die vielfältigen Erscheinungsformen dieses Romantyps in den verschiedenen Nationalliteraturen an. Besonders die Bezeichnung pikarischer Roman hat sich gewissermaßen als Sammelbegriff durchgesetzt, und Etiketten wie »das Pikareske« oder »das Schelmische« finden gleichermaßen auf die Polyphem-Episode in HOMERS *Odyssee*, auf das *Satyricon* des PETRONIUS oder den *Asinus aureus* (ca. 175 n. Chr.) des APULEIUS Anwendung wie auf THOMAS MANNS *Felix Krull* (1954), GÜNTER GRASS' *Blechtrommel* (1959), MARTIN WALSERS *Halbzeit* (1960), HEINRICH BÖLLS *Ansichten eines Clowns* (1963), SIEGFRIED LENZ' *Deutschstunde* (1968) oder auf Romane wie *Der tolle Bomberg* (1924) von JOSEPH WINCKLER, *Die Powenzbande* (1930) von ERNST PENZOLDT, *In der großen Drift* (1949) von RUDOLF KRÄMER-BADONI, *Die Insel des zweiten Gesichts* (1953) von ALBERT VIGOLEIS THELEN, *Simplicius 45* (1963) von HEINZ KÜPPER u. a.

Dieser weit gefaßten Bedeutung des Begriffs steht der Schelmenroman im engeren Sinne gegenüber. Er entstand um die Mitte des 16. Jahrhunderts in Spanien – der *Lazarillo de Tormes* (1554) gilt als Prototyp der Gattung – und entwickelte sich während des 17. Jahrhunderts zu einem beliebten literarischen Genre, das auf dem Wege über Bearbeitungen und Übersetzungen Eingang in alle europäischen Literaturen fand und schließlich auch zu spezifisch nationalen Ausprägungen führte. In Deutschland wurde der Schelmenroman zu Beginn des 17. Jahrhunderts vor allem aus dem Spanischen und Französischen eingeführt, erreichte seinen Höhepunkt um 1670 mit den simplicianischen Romanen GRIMMELSHAUSENS und den Werken JOHANN BEERS, schlug in den »politischen« Romanen CHRISTIAN WEISES und JOHANN RIEMERS eine Nebenentwicklung ein und mündete Anfang des 18. Jahrhunderts in die unüberschaubare Tradition des Abenteuer- und Reiseromans ein.

Der Terminus Schelmenroman erhält als Gattungsbezeichnung nur dann Profil, wenn sich literaturwissenschaftliche Begriffsbildung am literaturgeschichtlichen Befund orientiert, d. h. sich auf den Begriff im engeren Sinne (i. e. S.) konzentriert und von dem im weiteren Sinne (i. w. S.) trennt: Der Schelmenroman i. e. S. ist die Bezeichnung einer epochal begrenzten Romangattung im Zeitalter des Barock bzw. des spanischen »Siglo de Oro«; die Verwendung des Ausdrucks Schelmenroman i. w. S. dagegen bezieht sich auf eine epochenunabhängige Erzählweise, die sich bestimmter formaler Strukturelemente aus dem Fundus des Schelmenromans (s. u.) bedient.

Das Wort Schelmenroman ist dem spanischen novela picaresca nachgebildet; der pícaro bzw. der Schelm, sein deutsches Pendant, sind die Protagonisten, die ihre Namen wie einen Stempelaufdruck tragen. Beiden Bezeichnungen haftet pejorative Bedeutung an. Die Etymologie von pícaro ist nicht ganz geklärt, doch bezeichnet der Ausdruck bei seinem frühesten Auftreten (um die Mitte des 16. Jahrhunderts) einen »gemeinen Kerl von üblem Lebenswandel« (Corominas, 255); dabei beziehen sich die abwertenden Konnotationen mehr auf die soziale Position der so charakterisierten Person als auf deren moralische Eigenschaften. Freilich trennte man nicht sehr scharf zwischen der wirtschaftlichen Not bestimmter Klassen und »pikarischer« Berufe (Bettler, Dirne, Taschendieb, Lastträger, Diener, Laufbursche, Küchenjunge, Henkersknecht u. ä.) und deren sittlicher Verkommenheit. Die moralische Komponente ist dagegen stärker in der Wortgeschichte von Schelm zu beobachten. Während das Wort zunächst (im Ahd. und Mhd.) Aas, toter Körper, Kadaver, in übertragenem Sinne auch pestilentia, Seuche bezeichnet, entwickelt sich später mehr und mehr die Bedeutung verworfener Mensch, Betrüger, Verführer, Verräter, Schurke (noch Schillers Wallenstein wird so genannt), seit dem 17. Jahrhundert wird es zugleich auch schon im heute geläufigen

Sinne verwendet: loser, neckischer Mensch, Schalk, Taugenichts.

Der Schelmenroman ist der fiktive Lebensbericht eines solchen Menschen. Er verfährt dabei nach einem relativ genau fixierten Muster. Literarische Gattungen besaßen bis etwa Ende des 18. Jahrhunderts den Charakter eines fest umrissenen Modells. Die Autoren erstrebten Anerkennung nicht durch Innovation, d. h. Durchbrechen der literarischen Konvention, sondern durch die bestmögliche Adaption gültiger Vorbilder. Originalität bestand nicht in subjektiver Neuschöpfung, sondern in souveränem Arrangement vorgegebener Gattungskomponenten. Was den Roman des Barock angeht, so dominieren, neben dem Schäferroman, zwei Gattungen, die wie die zwei Seiten einer Medaille aufeinander bezogen sind: der Heroisch-galante Roman (auch Heroischer, Höfischer oder Staats-Roman) und der Schelmenroman. Es sind die zeitgenössisch repräsentativen Gattungen der seit der antiken Stiltrennungsregel unterschiedenen »hohen« bzw. »niederen« Literatur, deren Unterscheidung in der Epik des Mittelalters im Gegensatz von höfisch-ritterlichem Epos einerseits sowie Schwank- und Märenliteratur andererseits vorgeprägt ist. Die Bedeutung des Attributs »hoch« macht eine kurze Charakterisierung des Heroisch-galanten Romans sofort klar: Er erzählt die verwirrenden, unüberschaubar komplizierten Schicksale eines, oft mehrerer Liebespaare von hohem Stande; dabei werden die Liebenden zunächst auseinandergerissen und nach Überwindung von vielerlei Gefährdungen physischer, psychischer, vor allem moralischer Art am Ende wieder glücklich miteinander vereint; mit den privaten Geschicken dieser bedeutenden Personen ist zugleich das Schicksal von Thronen und Reichen verknüpft, doch da die Helden nicht nur von sozialer, sondern auch ethischer Exklusivität sind, vermag sie die von der unberechenbaren Fortuna beherrschte Welt in ihren Tugenden, besonders in der barocken Kardinaltugend der constantia (Beständigkeit) letztlich nicht zu erschüttern; am Schluß des wohlkalkulierten Durcheinanders mehrsträngig verlaufender, ineinandergeschachtelter Handlungslinien steht die Auflösung aller Verwicklungen, feiert die sittliche Integrität der Figuren im Widerstand gegen die Welt ihren Triumph.

Das komplementäre Gegenbild bietet der dem »niederen« Genus zugehörige Schelmenroman: Niedrig vor allem ist, wie erwähnt, der soziale Rang seines Personals, das sich aus den Unterrängen der Gesellschaft, aus der dienenden Klasse, dem fahrenden Volk, dem ambulanten Gewerbe rekrutiert. »Ehrbare« Stände treten nur in der Person von Dienstherren oder Vertretern bestimmter Berufe wie Wirtsleute, Beamte, Geistliche u. ä. auf. Wie sich der Pikaro am Rande der Gesellschaft bewegt, so auch am Rande physischer, moralischer und ästhetischer Normen: »Krankheiten und Gebrechen, Armut und Elend, Falschheit und Roheit, Laster und Verbrechen werden hier in der unwahrscheinlichsten Häufung, mit den drastischsten Mitteln und in den grellsten Farben zu einem abstoßenden Pandämonium aufgeboten.« (Alewyn: Roman des Barock, 23.)

Ganz und gar unheroisch, besticht der Held des Schelmenromans weder durch Tugend noch Tapferkeit, sondern, den Weg des geringsten Widerstands suchend, durch List, Verschlagenheit und Unverfrorenheit, sozusagen durch die Cleverness des Unterprivilegierten, der nicht um Kronen, vielmehr ums bloße Überleben in einer Welt kämpft, die ihn ins Abseits gestellt hat. Statt der Vogelperspektive, die der Heroisch-galante Roman verlangt, um die zeitlich und geographisch oft ferne Welt der Historie überschauen zu können, mutet der Schelmenroman seinem Leser den Blick von unten auf die Verhältnisse am Fuße der zeitgenössischen Gesellschaft zu. Diese spiegeln sich in der bunten Vielfalt der Lebensgeschichte des Pikaros wider, die dieser retrospektiv in der Ich-Form berichtet. Die typische Schelmenbiographie: Der Held wird als junger, unerfahrener Mensch, oft unfreiwillig, in die Welt verschlagen, versucht sein Glück in allen möglichen Gewerben und Unternehmungen, das Leben spielt ihm übel mit, blinder Zufall treibt ihn hierhin und dorthin, trägt ihn bald nach oben, bald nach unten, am Ende zieht der Pikaro die Konsequenzen, indem er dieser Welt der Unbeständigkeit freiwillig und einsichtsvoll den Rücken kehrt, um als Einsiedler fortan den Blick vom Irdischen weg auf Gott und die Ewigkeit zu richten. Dies alles entfaltet sich in einer locker gefügten Reihe von Episoden, deren Zusammenhang oft ebenso willkürlich erscheint wie das Walten der Glücksgöttin Fortuna;

sie reihen sich in einsträngigem, chronologischem Nacheinander, verbunden nur durch die Figur des Helden. So erscheinen Länge und Abfolge der Handlungskette beliebig, ebenso der Zeitpunkt ihrer Beendigung. Anders als der Leser des Heroisch-galanten Romans bedarf der des Schelmenromans keines ausgeprägten Gedächtnisses, um der Handlung zu folgen, der Schelmenroman lädt ihn zum unmittelbaren Konsum seiner mehr oder weniger abgeschlossenen Einzelepisoden ein – der Pikaro als Serienheld.

Eine solche Aufzählung allgemeiner Strukturmerkmale des Schelmenromans muß jedoch sogleich relativiert werden, indem man hinzufügt, daß die Ausgestaltung dieses formalen Rahmens variiert, das Modell modifiziert werden kann. Das Arrangement seiner konstitutiven Elemente ist veränderbar und fixiert sich stets neu im Rahmen literaturgeschichtlicher Tradition und historischer Realität. Das gilt für den Schelmenroman i. e. S., erst recht aber für den Schelmenroman i. w. S., etwa den »modernen« Schelmenroman. In Hinsicht auf diesen ist überdies zu fragen, ob seine Herkunft ausschließlich in der Tradition des Schelmenromans zu suchen ist. So erscheint zumindest denkbar, daß er z. B. in seiner autobiographischen Form an Bildungsroman und Memoirenliteratur, in seiner Episodenhaftigkeit an Abenteuer- und Reiseroman anknüpft; außerdem gehört seine zum Schluß hin offene Form zu den Kennzeichen des modernen Romans im allgemeinen.

Für den Schelmenroman (i. e. S.) sind inhaltliche Kriterien von Bedeutung, vor allem sein Verhältnis zur Wirklichkeit einerseits und zu seinen Rezipienten andererseits. Auch hier erweist sich der »niedere« Schelmenroman als Gegenstück zum »hohen« Roman. Die kontemporäre poetologische Diskussion über den Schelmenroman findet in Vorreden statt, die den Autoren Gelegenheit zu theoretischer Selbstreflexion und -interpretation geben. Was die Wirklichkeit angeht, so nehmen die Schelmenromane für sich in Anspruch, diese so zu zeigen, wie sie ist, also die »Wahrheit« zu sagen. Im Gegensatz zum »hohen« Roman, dem JOHANN BEER vorwirft, er sei »nur mit erlogenen und großprahlenden Sachen angefüllet, die sich weder nachtun lassen, auch in dem Werke selbsten nirgends als in der

Phantasie des Scribenten geschehen sind« *(Teutsche Winter-Nächte)*, will der Schelmenroman nur »wahrhafte Historien« berichten. Die »Phantasie«-Welt exklusiver Idealität, in der das Tugendhafte, Gute und Schöne dominieren, erscheint als unberechtigte Fiktionalisierung einer Wirklichkeit, die aus der Sicht des Schelmenromans nicht durch göttliche ordo, sondern von menschlicher inordinatio bestimmt und von chaotischer Zufälligkeit durchwaltet ist, wie sie in der allegorischen Figur des »Baldanders« in GRIMMELSHAUSENS *Simplicissimus* Gestalt gewinnt. Ein Leben nach göttlichem Gesetz ist nur im Regreß aus dem Weltgetriebe in die Isolation des Eremiten möglich. Der Schelmenroman schildert das Leben als Widerspruch zur Norm, als »verkehrte Welt«, und indem er diese als die »wahrhafte« hinstellt, demaskiert er ihren defekten Zustand, deckt er den zentralen Widerspruch von Sein und Schein auf; er stellt das »Ideal« der »Wirklichkeit als Mangel« (Schiller) gegenüber und hält so seiner Gegenwart satirisch den Spiegel vor.

»Satyrischer Stylus« und Wahrheitsanspruch stehen für den Schelmenroman hinsichtlich seiner Wirkungsabsicht miteinander in Zusammenhang. Auf dem Titelblatt von GRIMMELSHAUSENS *»Barock-Simplicissimus«* (1671) erklärt der Autor: »Es hat mir so wollen behagen / mit Lachen die Wahrheit zu sagen«, und JOHANN BEER urteilt über die satirische Schreibart im »Unterricht an den geneigten Leser« zu Beginn seiner *Teutschen Winter-Nächte* (1682): »Auf eine solche Art wird der Leser gleichsam lachend unterrichtet, was zu seinem Besten dient«. Das Verfahren, die »Wahrheit« über die Welt in eine komische, amüsante Form zu kleiden, wird mit einer didaktischen Überlegung begründet: Da der ernste »Theologische Stylus beim Herrn Omne« auf wenig Zuspruch stoße, müsse man die »heilsamen Pillulen« »überzuckern« und »vergülden« (GRIMMELSHAUSEN, Vorrede zur Continuatio des *Simplicissimus*, 1669). Ähnliche, gleichsam als Leseanweisung aufzufassende Bilder von der Hülse und dem verborgenen Kern finden sich in vielen anderen Vorreden. Freilich darf nicht übersehen werden, daß diese nach der Horazischen Vorschrift des prodesse et delectare vorgetragene Rechtfertigung der Satire als Transportmittel versteckter Lebens- und Heilslehren zugleich der Absicherung zweier weiterer

Anliegen dient: die (Straf-)Freiheit des Narren, der den Königen die »Wahrheit« sagen darf, zu benutzen, um Gesellschaftskritik zu üben, und die etwas anrüchige, nichtsdestoweniger beim Leser wohl vorausgesetzte Faszination durch die Sphäre des Verbotenen, Lasterhaften, Normwidrigen abzuschirmen.

Ideale Utopie im Heroisch-galanten Roman, satirische Desillusionierung im Schelmenroman – beides sind Extreme, die gleichwohl dieselbe, unter religiösem Horizont vorgenommene Ausdeutung der Welt als Ort der Fragilität und Gefährdung zur Voraussetzung haben. Beide wollen »bessern«, nur auf verschiedenen Wegen: durch den Lobpreis positiver Helden in negativer Wirklichkeit einerseits, durch die Entlarvung der negativen Wirklichkeit in der Gestalt eines negativen Helden andererseits. Die Personen des Schelmenromans dienen somit als Exempelfiguren, sie sind keine Individuen, ebensowenig wie der Schelmenroman ein Entwicklungs- oder Bildungsroman ist.

Überblickt man die wichtigsten Schelmenromane unter literaturgeschichtlichem Aspekt, lassen sich drei Gruppen voneinander abheben: die spanischen Pikaroromane als Vorläufer und Vorbild, deren Übersetzungen in die jeweiligen Nationalsprachen und schließlich eigenständige Werke innerhalb der einzelnen Nationalliteraturen. Dabei muß sogleich angemerkt werden, daß auch letztere zwar autochthon, aber nicht autonom entstehen, sondern eine Vielzahl literarischer und außerliterarischer Einflüsse und Anregungen aus der gesamten europäischen Literatur verarbeiten. Für GRIMMELSHAUSENS *Simplicissimus,* den bedeutendsten deutschen Schelmenroman, hat G. Weydt (Nachahmung und Schöpfung) eine Fülle von Quellen nachgewiesen, die von mündlich tradierten literarischen Überlieferungen und volkstümlichen Schriften über wissenschaftliche und pseudowissenschaftliche Nachschlagewerke geographischer, historischer und astrologischer Art bis hin zur zeitgenössischen Literatur reichen und deren breites Spektrum einen Eindruck von der Integrationsfähigkeit des Schelmenromans vermittelt.

Zu den am frühesten in Deutschland verbreiteten Pikaroromanen gehört der *Lazarillo de Tormes;* er erschien 1554 anonym und erzählt die Geschichte Lazarillos, der verschiedenen, zumeist geistlichen Herren dient und dabei eine Welt von

Scheinheiligkeit, die Kommerzialisierung des kirchlichen Lebens (Ablaßkrämerei), den steten Kampf um Ämter und Privilegien kennenlernt; am Ende gewinnt er die Protektion eines Erzpriesters, doch nur um den Preis, daß er stillschweigend die Schmach des von diesem Gehörnten erträgt. Der Roman wurde 1559 von der Inquisition wegen seiner Kritik an Gesellschaft und Kirche verboten, in »gereinigter« Fassung 1573 *(Lazarillo castigado)* wieder aufgelegt. 1599 und 1604 erschien in zwei Teilen MATEO ALEMÁNS *Guzmán de Alfarache;* der Roman berichtet vom Leben des Sünders und Büßers Guzmán, der, nach wechselnden Schicksalen als Diener und Dieb, Kaufmann und Theologe, Zuhälter und endlich Galeerensklave, zur Besinnung kommt und auf diese Weise sowohl dem orthodoxen Leser als abschreckendes Beispiel als auch dem Autor als Vehikel satirischer Gesellschaftsschilderung dient. Ohne reuevolle Einsicht in ihr loses Leben bleibt die *Pícara Justina* (1605) von FRANCISCO LÓPEZ DE ÚBEDA, ebenso wie übrigens auch GRIMMELSHAUSENS *Courasche.* Etwa zwischen 1603 und 1614 entstanden, doch erst 1626 veröffentlicht wurde FRANCISCO GÓMEZ DE QUEVEDOS *Historia de la vida del Buscón,* der Lebensbericht eines sozialen Außenseiters, der ebenso rücksichtslos wie vergeblich um gesellschaftliche Reputation kämpft. Außerhalb der spanischen Tradition, aus der noch CERVANTES' *Novelas ejemplares* (1613), darunter besonders *Rinconete y Cortadillo,* zu nennen ist, fanden Werke aus dem Englischen, Holländischen und Französischen Zugang nach Deutschland; Wirkung übte hier vor allem der roman comique und sein prominentester Vertreter, die *Histoire comique de Francion* (1623) von CHARLES SOREL, aus, die 1662 und 1668 in Übersetzungen erschien; von der ersten Übersetzung ließ sich nachweislich Grimmelshausen beeinflussen.

Den Anfang der Reihe von Übersetzungen machte eine erste (ungedruckt gebliebene) Übertragung des *Lazarillo* (Breslau 1614); 1617 erschien in Augsburg eine weitere, fälschlich NICLAS ULENHART zugeschriebene, welche sich im Gegensatz zur ersten auf einen Text des *Lazarillo castigado* stützt; schließlich existiert die (1653 entstandene) Übersetzung eines von JUAN DE LUNA verfaßten zweiten Teils des *Lazarillo* von PAULUS KÜEFUSZ. Insgesamt zeigen die Übersetzungen, besonders die Augsburger, eine deutliche Abmilderung der sozialkritischen und antiklerikalen Tendenz des Originals in Richtung auf eine allgemeine Klage über die Hinfälligkeit der Welt. – Die deutsche Version des *Guzmán* lieferte in zwei Teilen (1615) der Jesuitenschüler ÄGIDIUS ALBERTINUS; der erste stellt eine freie Bearbeitung der Vorlage dar, der zweite (über den geläuterten Sünder) ist eine eigene Schöpfung, ebenso wie ein, weniger bedeutender, dritter, von MARTIN FREWDENHOLD verfaßter Teil (1626). Bei ALBERTINUS zeichnet sich wiederum eine Veränderung der Vorlage ab: von der satirisch verdeckten Anklage gegen religiöse Intoleranz und die gesellschaftliche Übermacht des spanischen Katholizismus zur Rechtfertigung orthodox katholischer Lehren im Dienste der Gegenreformation, als deren vorbehaltlosen Fürsprecher andere Interpreten dagegen bereits ALEMÁN selbst zu erkennen glauben. ALBERTINUS' Werk hat unmittelbar auf GRIMMELSHAUSEN eingewirkt. – ÚBEDAS *Pícara Justina* gelangte über eine italienische Fassung von 1615 nach Deutschland, die als Vorlage der zweiteiligen Übersetzung *Die Landstörtzerin Justina Dietzin Picara genandt* (1620–27) diente. Ihre deutsche Entsprechung ist GRIMMELSHAUSENS *Landstörtzerin Courasche* (1670). – Über eine französische Bearbeitung von PAUL SCARRON (1633) kommt es zur Übersetzung (1671) des letzten der spanischen Schelmenromane, QUEVEDOS *Buscón*. Sie hält sich eng an die französische Vorlage, die aus dem ursprünglich auf dem Weg nach oben scheiternden Buscón einen schließlich erfolgreichen Aufsteiger macht, der soziale Defizite durch eine geschickte Heirat zu kompensieren versteht. Diese Form der Adaption charakterisiert auch die englische Rezeption des Schelmenromans; so in RICHARD HEADS und FRANCIS KIRKMANS Roman *The English Rogue* (1665–71), der sich auf den *Guzmán* und den *Buscón* bezieht. Aus dem Pikaro wird der rogue, der betrügerische Kaufmann und »bürgerliche« Glücksritter. Dieser Tendenz zur »Verbürgerlichung« (Hirsch) steht in Deutschland eine prononciert religiöse und allgemein-moralische Deutung der Tradition gegenüber.

Über den Augsburger *Lazarillo* und den Albertinischen *Guzmán* führt der Weg zum deutschen Schelmenroman HANS JACOB CHRISTOFFEL VON GRIMMELSHAUSENS (1621–1676). An sein Hauptwerk *Der Abentheuerliche Simplicissimus Teutsch* (1668–69) schließt sich, neben einer Continuatio desselben, ein thematisch und personell zusammenhängender Zyklus simplicianischer Schriften an: die *Landstörtzerin Courasche* (1670), *Der seltzame Springinsfeld* (1670) und *Das wunderbarliche Vogel-Nest* (1. Teil 1672, 2. Teil 1675). Der *Simplicissimus* hatte so großen Erfolg, daß in der Folgezeit viele Romane aus diesem Titel Kapital zu schlagen versuchten, von denen aber nur einige, der *Frantzösische Kriegs-Simplicissimus* (1682–83), DANIEL SPEERS *Ungarischer Oder Dacianischer Simplicissimus* (1683) und schließlich noch der *Simplicissimus redivivus* (1743–44), als eigentliche »Simpliciaden« zu betrachten sind. Simplicius wird als Kind durch Kriegswirren vom Elternhaus vertrieben, von einem Einsiedler erzogen, tritt in die Welt, wird Hofnarr, Jäger von Soest, Beau Alman in Paris, Marodebruder, Schwarzwaldbauer, Weltreisender und schließlich – selbst Einsiedler. Obwohl historische Bezüge hergestellt sind, in autobiographischen Elementen, durch den Hintergrund des Dreißigjährigen Krieges, durch gelegentliche Kritik an der feudalistischen Gesellschaft (Ständebaum), erscheint die Welt im *Simplicissimus* in erster Linie sub specie aeternitatis: Was geschieht, geschieht zur Dokumentation barocker Weltdeutung, zur Exemplifizierung der prinzipiellen Hinfälligkeit irdischen Lebens. Simplicius ist keine individuelle Persönlichkeit, sondern Figur im theatrum mundi; ihm widerfährt, was kollektive Erfahrung lehrt. Der Zustand der Welt ist der gleiche wie im spanischen Schelmenroman; doch zielte dort die Reflexion auf die konkrete historische Situation (Rötzer: »Novela picaresca«, 69), so öffnet sich hier eine eschatologische Perspektive. Simplicius wendet sich nicht nur von der Gesellschaft, sondern, um seines Seelenheils willen, von der Welt schlechthin ab. Verschiedene, zahlensymbolisch, theologisch oder astrologisch orientierte Deutungen der für einen Schelmenroman höchst kunstvollen Kompositionsweise unterstreichen den weltanschauliche Allgemeingültigkeit beanspruchenden allegorischen Charakter des *Simplicissimus* (Übersicht bei Weydt: Grimmelshausen, 68–82).

Anders stellt sich die Situation in den Romanen JOHANN BEERS (1655–1679) dar. Ein Titel wie *Der Simplicianische Welt-Kucker*

Oder Abentheuerliche Jan Rebhu (1677–79) verweist auf das Vorbild des *Simplicissimus*, den BEER gut kannte, dessen Autor er aber an Kompositionstalent unterlegen war. Stärker werden seine weniger umfangreichen Werke, der *Corylo* (1679–80) und der *Jucundus Jucundissimus* (1680), eingeschätzt sowie seine satirischen Romane *Teutsche Winter-Nächte* (1682) und *Die kurtzweiligen Sommer-Täge* (1683). Bei BEER erscheint das Diesseits unter verändertem Aspekt; unzulänglich ist dessen Verfassung nach wie vor, aber sie wird akzeptiert. BEERS Figuren finden sich in der Welt zurecht, sie ist nicht mehr nur »Ergebnis einer religiösen Setzung« (Hirsch, 34), sondern Ort der Bewährung und Erfahrung, der abenteuerlichen Erlebnisse; das konventionelle Einsiedlermotiv erhält einen neuen Akzent: Das Eremitendasein ist weniger asketische Alternative zur verderbten Welt als vielmehr »Ausdruck eines neuen Lebensideals der Genügsamkeit« (Alewyn: Beer, 233); im übrigen ist, im *Welt-Kucker*, nicht fromme Isolation, sondern die eheliche Gemeinschaft das letzte Wort. Auf erzählerischer Ebene entspricht diesen Verschiebungen eine ansatzweise versuchte Individualisierung der Gestalten, eine stärker gegenständliche, in diesem Sinne »realistischere« Schilderung ihrer Umwelt und des gesellschaftlichen Lebens: beginnende »Verbürgerlichung« des Schelmenromans.

Neben dem »Abenteuer«-Roman JOHANN BEERS entwickelt sich der »politische« Roman CHRISTIAN WEISES (1642–1708), gleichfalls mit Bezug auf GRIMMELSHAUSEN, aber in erklärter Opposition zu ihm. WEISES Romane – *Die drey ärgsten Ertz-Narren* (1672), *Die drey Klügsten Leute* (1675), *Der Politische Näscher* (1678) –, nur noch formal dem Schelmenroman verwandt, entziehen die Welt dem religiösen Verdikt, ihre Figuren machen Erfahrungen nicht um der Erkenntnis der Nichtigkeit des Irdischen willen, sondern um lebensklug zu werden, sie sollen ihr Glück nicht jenseits der Wirklichkeit, sondern innerhalb derselben finden. Auch bei WEISE ist die Wirklichkeit Objekt der Satire, doch entspringt diese nicht mehr der Diskrepanz zwischen Weltzustand und religiösem Ideal, sondern zwischen Weltzustand und Vernunftideal (Voßkamp, 33f.). Nachfolger WEISES wurde JOHANN RIEMER (1648–1714) mit seinen Romanen *Der Politische*

Maul-Affe (1679), *Die Politische Colica* (1680), *Der Politische Stock-Fisch* (1681).

Mit dem »politischen« Roman gegen Ende des 17. Jahrhunderts ist die Gattungsgrenze des Schelmenromans bereits überschritten. Es läßt sich eine Reihe von Romanen nennen, die sich mehr oder weniger pikaresker Strukturen bedienen – am bekanntesten CHRISTIAN REUTERS »satirischer Reise- und Abenteuerroman« *Schelmuffsky* (1696, 2. Fassung 1696–97) –, die sich aber gattungsmäßig schwer einordnen lassen. Dem spanischen Pikaro und dem deutschen Simplicissimus folgen der französisch-holländische Avanturier (1714 erscheint in anonymer Übersetzung *Der kurtzweilige Avanturier*, der auf den holländischen Roman *De vermakelijke Avanturier*, 1695, von NICOLAUS HEINSIUS zurückgeht) sowie der englische Robinson (DANIEL DEFOE: *Robinson Crusoe*, 1719, deutsch 1720) und eine breite Schar von Robinsonaden (in Deutschland etwa JOHANN GOTTFRIED SCHNABELS *Wunderliche Fata einiger See-Fahrer*, 1731–1743, besser bekannt unter dem von LUDWIG TIECK stammenden Titel *Die Insel Felsenburg)*, doch löst sich zu Beginn des 18. Jahrhunderts der Schelmenroman i. e. S. zunehmend auf.

Literatur: Alewyn, R.: Johann Beer. Studien zum Roman des 17. Jahrhunderts. Leipzig 1932. – Hirsch, A.: Bürgertum und Barock im deutschen Roman. Ein Beitrag zur Entstehungsgeschichte des bürgerlichen Weltbildes. Köln, Graz ²1957. – Weydt, G.: Der deutsche Roman von der Renaissance und Reformation bis zu Goethes Tod. In: Deutsche Philologie im Aufriß. Bd. 2. ²1960, Sp. 1217–1356. – Alewyn, R. (Hg.): Deutsche Barockforschung. Dokumentation einer Epoche. Köln, Berlin 1965. – Ders.: Der Roman des Barock. In: H. Steffen (Hg.): Formkräfte der deutschen Dichtung vom Barock bis zur Gegenwart. Göttingen ²1967, S. 21–34. – Weydt, G.: Nachahmung und Schöpfung im Barock. Studien um Grimmelshausen. Bern, München 1968. – Nerlich, M.: Plädoyer für Lázaro: Bemerkungen zu einer »Gattung«. In: Romanische Forschungen 80 (1968), S. 354–394. – Heidenreich, H. (Hg.): Pikarische Welt. Schriften zum europäischen Schelmenroman. Darmstadt 1969. – Corominas, J.: Das Wort picaro. In: Ebd., S. 255–266. – Weydt, G. (Hg.): Der Simplicissimusdichter und sein Werk. Darmstadt 1969. – Rötzer, H. G.: Picaro – Landstörtzer – Simplicius. Studien zum niederen Roman in Spanien und Deutschland. Darmstadt 1972. – Voßkamp, W.: Romantheorie in Deutschland. Stuttgart 1973, S. 29–44. – Meid, V.: Der deutsche Barockroman. Stuttgart 1974. – Rötzer, H. G.: »Novela picaresca« und »Schelmenroman«. Ein Vergleich. In: Literatur und Gesellschaft im Barock. Aufsätze. Heidelberg 1979 (Germanisch-

Romanische Monatsschrift, Beiheft 1). – Weydt, G.: Hans Jakob Christoffel von Grimmelshausen. Stuttgart [2]1979. – Rötzer, H. G.: Der Schelmenroman und seine Nachfolge. In: H. Koopmann (Hg.): Handbuch des deutschen Romans. Düsseldorf 1983, S. 131–150; 608–610. – Parker, A.: Der pikareske Roman (Übertr. v. E. Wischer). In: Propyläen Geschichte der Literatur. Bd. 3. Berlin 1984, S. 528–542. – Gemert, G. v.: Gibt es einen deutschen Pícaro-Roman im siebzehnten Jahrhundert? Überlegungen zu einer kontroversiellen Gattungsbezeichnung. In: Akten des VII. Internationalen Germanisten-Kongresses Göttingen 1985. Bd. 9, S. 103–109. – Triefenbach, P.: Pikarischer und satirischer Roman. In: H. A. Glaser (Hg.): Deutsche Literatur. Eine Sozialgeschichte. Bd. 3: H. Steinhagen (Hg.): Zwischen Gegenreformation und Frühaufklärung: Späthumanismus und Barock. 1572–1740. Reinbek 1985, S. 338–355. – Hoffmeister, G. (Hg.): Der deutsche Schelmenroman im europäischen Kontext: Rezeption, Interpretation, Bibliographie. Amsterdam 1987. – Fechner, J.-U.: Drei Stufen deutscher Schelme. Zu Beer – Reuter – Schnabel. Mit einigen allgemeinen Überlegungen zur Gattung des Schelmenromans. In: Il picaro nella cultura Europea. A cura di Italo Michele Battafarano e Pietro Taravacci. Gardolo di Trento 1989, S. 291–320. – Über den »modernen« Schelmenroman unterrichten u. a.: Will, W. van der: Pikaro heute. Metamorphosen des Schelms bei Th. Mann, Döblin, Brecht, Grass. Stuttgart, Berlin, Köln, Mainz 1967. – Bernart, H.: Der deutsche Schelmenroman im 20. Jahrhundert. Diss. (masch.) Wien 1970. – Diederichs, R.: Strukturen des Schelmischen im modernen deutschen Roman. Eine Untersuchung an den Romanen von Thomas Mann »Bekenntnisse des Hochstaplers Felix Krull« und Günter Grass »Die Blechtrommel«. Düsseldorf, Köln 1971.

DER SCHWANK

von Jürgen Hein

Ursprünglich aus der Fechtersprache kommend, dann in übertragener Bedeutung verwendet (Schwung, Hieb, Stich), wird »Schwank« im 15. Jahrhundert zum literarischen Begriff (»schwenck und bossen«). Auch heute verwendet man die Bedeutung z. T. noch in alltagssprachlicher Bedeutung (z. B. »einen Schwank aus seinem Leben erzählen«). Man unterscheidet den epischen Schwank (Schwankerzählung) vom dramatischen Schwank (Bühnenschwank) als Form des komischen Dramas. Für die frühen dramatischen Schwankformen verwendete man in der Regel die Bezeichnungen »Fastnachtspiel«, »Possenspiel«, auch »Farce« und »Burleske«, während »Schwank« erst in der 2. Hälfte des 19. Jahrhunderts zur Bezeichnung einer spezifischen Gattung des bürgerlichen Unterhaltungstheaters wurde.

Definitionsversuche und Beschreibungen des epischen Schwanks im Verhältnis zu anderen Erzählformen (Märchen, Witz, Anekdote, Fabel, Exempel, humoristische Kurzprosa u. a.) sind, wie die Forschungsliteratur zeigt, nicht leicht, wenn man sich nicht auf die einfache Umschreibung »Erzählung eines lustigen Streichs, einer schnurrigen Geschichte« (Straßner, 1) beschränkt. Vor allem die Fülle der Einzelformen in Vers oder Prosa, lang oder kurz, dialogisch oder berichtend, als Kunst- oder »Gebrauchs«-Form, die Vielfalt der Stoffe und Themen sowie die Annäherung an andere Formen bzw. Integration in größere Formen machen eine Gattungsdefinition schwierig. Straßner hat verschiedene Definitionen überprüft und sieht die Ursachen für das »Begriffschaos« darin, daß es sich um sehr allgemeine, wenig aussagende Kennzeichnungen handelt, die keine Abgrenzungen zulassen, daß Merkmale vor- und außerliterarischen Erzählens mit denen literarischer Erscheinungsformen vermengt, daß epische und dramatische Anlage eines schwankhaften Stoffes nicht exakt getrennt und daß die distinktiven stofflichen und formalen Merkmale nicht klar herausgestellt werden.

Die stofflichen Merkmale kommen aus vor- und außerliterarischen Erzählstoffen. Sie können »komisch, lustig, heiter, scherzhaft, humorvoll, leicht, vordergründig, unterhaltend, daseinsfreudig, weltfreudig, lebensnah, herzhaft, behaglich« und/oder »derb, aggressiv, zotig, drastisch, obszön« sein; Schwankstoffe stammen meist aus den triebgebundenen Bereichen menschlichen Lebens, teils aus der Tabuzone, und beruhen auf menschlichen und sozialen Konflikten (Straßner, 4). Schwankhafte Konflikte entstehen aus dem Aufeinandertreffen »verschiedener Normbereiche« (Bausinger). Sie finden sich im Zwischenmenschlichen und Sozialen, in Differenzen zwischen »oben« und »unten«, zwischen Sitte, Gesetz, Brauch und deren Verletzung, zwischen Gebildeten und Ungebildeten, Stadt- und Landbewohnern. Die Interpretation sozialer Aspekte hängt von der Bewertung und Funktionsbestimmung des Komischen und Schwankhaften ab. So bleibt z. T. die Frage ungelöst, ob die alle Stände und Lebensformen erfassende Komik nicht letztlich die Moral und »Ordnung« relativiere und damit die rein unterhaltende Funktion des Schwanks unterstütze oder ob nicht doch eine »parteiliche«, d. h. Sympathie für die gesellschaftlich Unterprivilegierten weckende Haltung erkennbar sei. Im 17. Jahrhundert verstärkt sich erst die Abgrenzung des ›höheren‹ Bürgertums gegen »oben« *und* »unten«. So läßt sich die Behauptung, der Schwank repräsentiere typisch bürgerliche Literatur, nicht halten. Auch die Auffassung, im Schwank handhabe das »Volk« die Komik als Mittel gegen seine »Unterdrücker«, ist angesichts der Vielfalt der Formen und Tendenzen, der Unterschiede in der Typik (z. B. *Eulenspiegel* neben *Schildbürger*, neben dem Typ der Schwanksammlungen) und der fehlenden Kongruenz von gesellschaftlicher Realität und deren Abbildung im Schwank zu relativieren.

Der »Realismus« des Schwanks ist umstritten, wiewohl Schwänke Alltagshandlungen und -konflikte konzentriert und pointiert so darstellen, daß im Lachen der Hörer oder Leser ein Transfer der Schwankwirklichkeit auf die aktuelle Zeitwirklichkeit möglich wird. »Pointe«, »einsträngige Handlungsführung« und Konzentration meist auf zwei einprägsame »Bilder« sind die wesentlichen formalen Kennzeichen (Straßner, 6 f.). Ausgehend von der Charakterisierung des Schwanks als Spiel oder Wettkampf, kommt Bausinger zu drei Formtypen: »Ausgleichstyp«, »Steigerungstyp« und »Spannungstyp«. – Als Beispiel hier ein Schwank aus der *Gartengesellschaft* des Martin Montanus:

Ein Gast sagt zum Wirt, er solle ihm das Fleisch aufschneiden

Einmal kam ein Gast in eines Wirts Haus, ohne alle Wahl ein abgefeimtes Kind. Dem brachte oder stellte die Wirtin Fleisch vor, davon der größte Teil Bein war. Als solches der Gast sah, steckte er beide Hände in den Busen zugleich, als ob er lahm wäre, rief den Wirt und sprach: »Herr Wirt, kommt her und schneidet mir mein Fleisch auf! Denn ich bin in den Händen nicht so stark, noch vermag ich das aufzuschneiden.«
Der Wirt wollte dem Gast gern willfahren und das Fleisch vorschneiden; da war es lauter Bein, und er sagte: »Lieber Gast, darum hast du das Fleisch nicht zerschneiden können!« Brachte ihm ein anderes und besseres Stück und schenkte danach die Zeche und ließ ihn hinziehen.

Ob der Schwank eine eigene selbständige Erzählgattung darstellt, ist umstritten. Viele sind der Meinung, er sei eine »Erzählmöglichkeit« jeder Volks- oder Kunstform, man spreche daher besser von »schwankhaftem Erzählen«. Die Zuordnung zu den »einfachen Formen« (Jolles) – keine individuellen, sondern allzeit und überall wirksame, aus der Sprache selbst hervorgehende Gebilde – scheint dem nicht zu widersprechen, da mit der Ausdrucksform »einfaches komisches Erzählen« ein »Archetyp« bezeichnet ist, der sich in vielen Formen realisiert. Dabei spielen die gesellschaftliche Funktion der Komik und der Stellenwert des jeweiligen Mediums, in dem der Schwank ›veröffentlicht‹ wird (z. B. mündliche Tradition, Schwanksammlung, Kalender) eine besondere Rolle. Im Lachen und Verlachen, in der Möglichkeit der Identifikation des Hörers/Lesers mit dem Unterlegenen, der durch List oder auch Aggressivität seine menschliche und soziale Lage »verändern« kann, im Zur-Sprache-Bringen von Tabus (Unmoral, Sexualität, Verbrechen usw.), in der sozialkritischen Bloßstellung der »Herrschenden« (z. B. im *Eulenspiegel*) wirkt der Schwank als befreiendes Ventil für menschliche und soziale Konflikte im familiären und öffentlichen Bereich. Damit erhält er eine »didaktische« Funktion (Lehrhaftigkeit, »Besserung«, Anregung zur Kritikfähigkeit des Publikums in unterhaltender Form), die ältere Schwanksammlungen in ihren Vorreden meist ausdrücklich hervorheben. Seine Komik ist selten Selbstzweck, dient nicht nur der Unterhaltung, sondern der Akzentuierung des dargestellten Wirklichkeitsausschnitts in Richtung auf Erkenntnismöglichkeiten des Hörers oder Lesers.

Die deutschen Schwankbücher entstehen aus mehreren Quellen: aus mündlicher Erzähltradition, mittelalterlichen Versschwänken (»Märe«), Predigtliteratur und »Facetien« der Humanisten. Die in lateinischer Sprache überlieferte Schwankdichtung geht in die deutsche des Hoch- und Spätmittelalters über. Schwänke sind zunächst in schwankhaften Motiven und Szenen in epischen Großformen und als »Predigtmärlein« (u. a. Legenden, Wundergeschichten, Märchen, Parabeln, Anekdoten, Exempelgeschichten) nachweisbar, die innerhalb der Predigten der Veranschaulichung des Religiösen und Moralischen dienten. Im 13. Jahrhundert verselbständigt sich der Schwank als Form der mhd. Kleinepik, die man als »Märe« bezeichnet (selbständige Erzählung bis zu 2000 Versen von »weltlichen« Geschichten mit »menschlichem« Personal). Man unterscheidet neben dem höfisch-galanten, dem moralisch-exemplarischen Schwank und den Übergangsformen den Typ der schwankhaften Märe mit Figuren-, Situations-, Handlungs- und Sprachkomik. Dieser Typ wandelt sich im 16. Jahrhundert von der »Hoch-« zur Trivialliteratur, in der er bis in 19. Jahrhundert weiterwirkt (Straßner, 51). Neben schwankhaften Versepen – auch unter Einfluß der französischen Fabliaux-Dichtung – und Schwänken in Liedform hat sich über die Predigtmärlein – z. B. JOHANNES PAULS *Schimpf und Ernst* (1522) oder die Beispiel-Sammlung von JOHANN GEILER VON KAISERSBERG – und die humanistische lateinische Facetien-Dichtung der deutsche Prosaschwank herausgebildet. Vorbild war POGGIOS *Liber facetiarum* (1470), eine Sammlung pointierter, spielerisch-ironischer, z. T. erotischer und unterhaltender Geschichten, die teilweise von HEINRICH STEINHÖWEL und SEBASTIAN BRANT übersetzt wurden. AUGUSTIN TÜNGER gab

1486 eine eigene Sammlung heraus; bedeutender sind HEINRICH BEBELS *Facetiae* (1508–12; dt. 1558: *Die Geschwenck Henrici Bebelij*).

Um die gleiche Zeit entsteht ein anderer Typus. *Ein kurtzweilig leben von Dyl Ulenspegel* (1510/11) von HERMANN BOTE stellt die schwankhafte Biographie Eulenspiegels von der Kindheit bis zum Alter dar. Satirisch geißelt dieser die Schwächen der Menschen und Laster der Zeit, beweist List, Schlagfertigkeit und Überlegenheit gegenüber den »Herrschenden« und bestraft seine Gegenspieler. – Eine ähnliche Verknüpfung einzelner »Streiche« zeigt *Das Lalebuch* (1597), das unter dem Titel *Die Schiltbürger* (1598) bekannt wurde; in ihm wird die Überheblichkeit der Stände satirisch bloßgestellt und der Triumph der Narrheit bewiesen.

Zeugnis der bedeutenden Schwankkultur der frühen Neuzeit sind die vielen Schwanksammlungen, beginnend mit JÖRG WICKRAMS *Rollwagenbüchlein* (1555), der den Schwank von »erbaulichen Nebenzielen« loslöst und »ihn ganz auf die Weltfreude, die »bejahend-objektive Lebenskritik« hin ausrichtet (Straßner, 66 f.). Die Stoffe stammen aus der Umwelt der Kleinbürger, die Geschichten erzählen von Handwerkern, Wirten, Kaufleuten, Bauern, Pfaffen usw.; sie spotten über Ehebruch, Eifersucht, Modetorheiten, Eitelkeit, leichtfertige Lebensführung, Dummheit und Betrügereien. Es folgten JAKOB FREYS *Gartengesellschaft* (um 1556), MARTIN MONTANUS mit deren Fortsetzung und dem *Wegkürtzer* (1557), MICHAEL LINDENERS *Rastbüchlein* und *Katzipori* (1558); VALENTIN SCHUMANN bringt das *Nachtbüchlein* (1559) heraus; HANS WILHELM KIRCHHOFS umfangreiche Sammlung *Wendunmuth* (1563) gilt als »Summarium des Schwankwissens seiner Zeit« (Straßner, 70). Weitere Sammlungen schließen sich im 17. Jahrhundert an; auch die verstärkt erscheinenden Historien- und Novellenbücher enthalten Schwänke. – Im 18. Jahrhundert werden die Schwank- von den Anekdoten-Sammlungen abgelöst; aus dem 19. Jahrhundert sind die Schwänke JOHANN PETER HEBELS in den Kalenderbeiträgen und im *Schatzkästlein* nennenswert, im 20. Jahrhundert RODA RODAS *500 Schwänke* (1912). Noch lebendig ist der Typus der »Lügengeschichte«, die ihren Ausgang von den »Münchhausiaden« GOTTFRIED AUGUST

BÜRGERS (1796) nahmen und zahlreiche Fortsetzer gefunden hat.

Schwankstoffe in dramatisierter Form finden sich in allen Arten des komischen Dramas. Der frühe dramatische Schwank steht den Mimus- und Stegreifformen nahe. Dramatische Schwänke findet man auch unter der Bezeichnung Farce, Burleske, Posse, Fastnachtspiel und Sketch. Der Bühnenschwank gilt als ästhetisch geringwertige Form mit »niederer« Komik. Er entsteht auf der Grundlage der Lustspielkonventionen seit KOTZEBUE, ist von der Possentradition und dem internationalen Unterhaltungstheater beeinflußt und mit Blick auf das »Gebrauchstheater« geschrieben. Im letzten Drittel des 19. Jahrhunderts entstanden, wird er später von Boulevardtheater, Film und Fernsehen adaptiert. Zwischen 1879 und 1931 werden mehr als 1850 Stücke gezählt, darunter zunächst Einakter, dann mehr und mehr abendfüllende Stücke. Der Schwank gilt als spezifische Form der Trivialproduktion; bestimmte Inhalte, dramaturgische Mittel und Theatereffekte kehren immer wieder. BRECHT hat seine »Sympathie zu dieser Art Gattung der Dramatik« ausgedrückt, »die allgemein als niedrig gilt. Es liegt wenig Ehre im Schwank. Einmal, weil die ihn Verfassenden zu offenkundig Geld verdienen wollen, was in unserer Zeit als schimpflich gilt, und weil sie den Ruhm nicht anders betrachten als der Fabrikant irgendwelcher anderer Artikel, nämlich als willkommene Reklame; dann weil sie häufig ganz unbedenklich die Gesetze der Wahrscheinlichkeit verletzen und keine ›wirklichen Menschen‹ gestalten« (191). Produktion und Dramaturgie des Schwanks werden von den Bedingungen des bürgerlichen Unterhaltungstheaters bestimmt. BRECHT sagt weiter, es sei keine Schande, auch an Niedrigem Spaß zu haben, dies sei ein »Naturrecht«, doch das Niedrige müsse unverhüllt auftreten, und gerade das ist im Realität vorgaukelnden Schwank mit seinem Wechselspiel von verhüllter und bloßgestellter Sexualität nicht der Fall. Er unterscheidet sich von Posse und Volksstück in »Thematik, Machart, Weltbild«; in der Posse ist die Handlung Mittel zur Entfaltung des Milieus, im Schwank wird sie »eigengewichtiger Selbstzweck«, Personen und Räume sind austauschbar (Klotz, 182 f.). Es ist kein Platz mehr für die räsonierenden Mittelpunktsfiguren der Posse, Lokal- und Sozialbezug werden aufgegeben; »wenn der lokale Handlungsraum zum innerfamiliären zusammenschnurrt, bedeutet das zugleich eine Entpolitisierung« (Klotz, 183). Der Schwank wird durch Situationskomik konstituiert, der sich alles unterordnet. Sie zielt auf das schadenfrohe und zufriedene Gelächter des Publikums und verzichtet auf Sentimentalitäten, Rühreffekte und den Anschein »tieferer Bedeutung«. Thematischer Mittelpunkt ist nicht die ›Liebesgeschichte‹, sondern die ›eheliche Treue‹. »Gleichgültigkeit, Langeweile, Verdruß innerhalb der Ehe bewirken lächerlich unbeholfene Ausbrüche«, am Ende kehrt man »unverrichteter Dinge doch wieder in den Familienschoß zurück« (Klotz, 184). Hauptfigur ist der tüchtige, lebensfrohe Geschäftsbürger, der zugleich geplagter Familienvater und unterdrückter Ehemann ist; die Dramaturgie zeigt nicht den arbeitenden Geschäftsmann, sondern eine jederzeit für alle Verwicklungen verfügbare Figur; der private Bereich ist streng vom öffentlichen getrennt. Dem Ehemann gehört die Sympathie, aber Recht, Moral und Konvention sind stets auf der Seite der Frau. Töchter und Söhne handeln in gleichen Bahnen; andere Figuren ›stören‹ nur für kurze Zeit die Rollenzuweisung, aus den Mädchen sollen junge Mütter, aus den Söhnen Schwiegersöhne werden. Seitensprünge werden nicht geduldet bzw. bestraft. Außenseiter haben keine Chance in einem von gesellschaftlichen Konventionen bestimmten System. Die Handlungsdramaturgie des Schwanks liefert verbindliche Handlungsmuster; sie ist – theatergeschichtlich gesehen – reaktionär; ein Schwank ist, überspitzt gesagt, was die Bühne aus ihm macht (Wilms). Auch die Sprache steht vorrangig im Dienst der Situation, die Sprachkomik wirkt konventionell und verzichtet auf Differenzierung; dies gilt auch für den Einsatz des Dialekts. Vielfach waren Schwänke Schauspielerstücke, von Schauspielern für Schauspieler geschrieben; sie sind theatergemäß, erzielen mit geringem Aufwand größtmöglichen Effekt. In der modernen Dramatik sind experimentelle Anklänge an die Schwankdramaturgie erkennbar, BRECHT hat in der *Kleinbürgerhochzeit* (1926) diesen Weg versucht, die eigentlichen Beispiele stammen von FRANZ ARNOLD/ERNST BACH (*Die spanische Fliege* 1913, *Der wahre Jakob* 1924, *Hurra – ein Junge* 1926, *Der keusche Lebemann* 1921), OSKAR BLUMENTHAL/GUSTAV KADELBURG *Großstadt-*

luft (1897), FRANZ UND PAUL SCHÖNTHAN *Der Raub der Sabinerinnen* (1884), CARL LAUFS/WILHELM JACOBY *Pension Schöller* (1890), MAX NEAL/MAX FERNER *Der müde Theodor* (1913), OTTO SCHWARZ/CARL MATHERN *Der Meisterboxer* (1923), KARL BUNJE *Der Etappenhase* (1935) und viele andere, die z. T. unverändert in unserer Fernsehunterhaltung weiterleben. – Zum Teil ergeben sich Parallelen zu Boulevardtheater und Boulevardstück.

Literatur: Brecht, B.: Schriften zum Theater 4 (1933–1947). Frankfurt/M. 1963, S. 191–193. – Hufeland, K.: Die deutsche Schwankdichtung des Spätmittelalters. Bern 1966. – Bausinger, H.: Bemerkungen zum Schwank und seinen Formtypen. In: Fabula 9 (1967), S. 118–136. – Ders.: Formen der »Volkspoesie«. Berlin 1968 (²1980). – Straßner, E.: Schwank. Stuttgart 1968 (²1978). – Wilms, B.: Der Schwank. Dramaturgie und Theatereffekt. Deutsches Trivialtheater 1880–1930. Diss. FU Berlin 1969. – Neumann, S. A. (Hg.): Prosaschwänke aus 5 Jahrhunderten. München 1977. – Albrecht, G.: Einleitung zu: Deutsche Schwänke in einem Band. Berlin und Weimar ⁵1977. – Zimmermann, B.: Das »Hofbräuhaus der Unterhaltung«. Volkstheater im Fernsehen – Typen, Strukturen und Tendenzen. In: Kreuzer, H. und Prümm, K. (Hg.): Fernsehsendungen und ihre Formen. Stuttgart 1979. S. 126–139. – Klotz, V.: Bürgerliches Lachtheater. Komödie, Posse, Schwank, Operette. München 1980 (Neuausgabe Reinbek 1987). – Leisentritt, G.: Das eindimensionale Theater. Beitrag zur Soziologie des Boulevardtheaters. München 1979. – Bausinger, H.: Schildbürgergeschichten. Betrachtungen zum Schwank. In: W. Wunderlich (Hg.): Wunderseltsame Geschichten. Göppingen 1983, S. 25–58. – Meister, M.: Zur Struktur des Unbewußten in der Trivialkomik des Schwankes. In: Maske und Kothurn 30 (1984), S. 225–236. – Moser-Rath, E.: »Lustige Gesellschaft«. Schwank und Witz des 17. und 18. Jahrhunderts im kultur- und sozialgeschichtlichen Kontext. Stuttgart 1984. – Bollenbeck, G.: Till Eulenspiegel. Der dauerhafte Schwankheld. Stuttgart 1985. – Theiss, W.: Schwank. Bamberg 1985. – Neumann, N.: Vom Schwank zum Witz. Frankfurt/M. 1986. – Jonas, M.: Der spätmittelalterliche Versschwank. Studien zu einer Vorform trivialer Literatur. Innsbruck 1987. – Neumann, S.: Schwank. In: Deutsche Volksdichtung. Leipzig ²1987, S. 155–194.

DAS SONETT

von Dieter Mettler

Das Sonett gilt als eine der artifiziellsten, schwierigsten, aber auch willkürlichsten Gedichtformen. Da seine Regeln die Möglichkeiten der Wortwahl und der Wortstellung besonders stark einschränken und so dazu zwingen, an jeder Stelle Lösungen zu finden, die sprachlich nicht gerade naheliegen, führen sie von sich aus schon zu einer Umformung der Umgangssprache und damit zu einem formspezifischen Stil. Darum ist das Sonett vor allem in Epochen wichtig gewesen, die einen eigenen Dichtungsstil auszubilden suchten, eine Kunst-Sprache, die dann die Künstlichkeit der Sonettregeln rechtfertigte, indem die metrischen Regeln der Gedichtform und die sprachlichen des poetischen Stils sich wechselseitig bestimmten. Solche Stile waren beispielsweise der stil novo zur Zeit DANTES, der Petrarkismus und der barocke Konzeptismus. Dem Hohen Stil gemäß, von dem sie Spielarten waren, legten diese auch Regeln für die Auswahl und Behandlung der im Sonett möglichen Gegenstände fest, die noch in A. W. SCHLEGELS Forderung nachklingen, der Dichter müsse das Sonett »mit dem Bedeutsamsten, was nach Maßgabe des Gegenstandes in seiner Gewalt ist, auszufüllen suchen« (Fechner, 352). Diese in der traditionellen Hierarchie der Gattungen besonders hohe Form zeigt so deutlicher als andere, wie sehr die Selektionsregeln, die den Formen zugrundeliegen, inhaltliche Konsequenzen haben. Sie beruht auf einer Formtradition, die Neues nur als variierende Interpretation einer begrenzten Menge festgelegter Elemente zuläßt, und erfüllt so besonders gut VALERYS Bemerkungen über die klassische Kunst, deren Vorteil »in der Folge von Umformungen« liege, »die sie verlangt, um die Dinge auszudrücken und dabei die *sine qua non* auferlegten Bedingungen einzuhalten« (*Zur Theorie der Dichtkunst*, 99).

Der Name geht zurück auf lat. sonus, »Klang«, »Schall«, zu dem die altfranzösische Diminutivform sonet entstand, die dann, zunächst in der Bedeutung »Lied«, ins Italienische übernommen und im 13. Jahrhundert in der Toscana auf eine spezifische Verwendung festgelegt wurde. Es besteht aus 14 Zehn- oder Elfsilbern (in Frankreich und dann im deutschen Barock durch Alexandriner, in England durch fünffüßige Jamben ersetzt), die sich in eine Oktave, bestehend aus zwei formgleichen Quartetten, und ein Sextett aus zwei Terzetten gliedern, und zwar ursprünglich nach dem Reimschema abba/abba//cde/cde. Variationen dieser Grundform sind vor allem das »sonnet licencieux«, das neue Reime im zweiten Quartett zuläßt, die Reimfolge cdc/dcd oder cde/dce in den Terzetten und schließlich das englische Sonett, die Form SHAKESPEARES, die in der Moderne von MALLARMÉ und VALERY wieder verwendet wurde, mit der Reimfolge abab/cdcd/efef/gg.

Als Beispiel für die Grundform mag das Sonett *Kurz und gut* aus GOETHES Zyklus von 1807 gelten:

Sollt' ich mich denn so ganz an sie gewöhnen?
Das wäre mir zuletzt doch reine Plage.
Darum versuch' ich's gleich am heut'gen Tage
Und nahe nicht dem vielgewohnten Schönen.

Wie aber mag ich dich, mein Herz, versöhnen,
Daß ich im wicht'gen Fall dich nicht befrage?
Wohlan! Komm her! Wir äußern unsre Klage
In liebevollen, traurig heitern Tönen.

Siehst du, es geht! Des Dichters Wink gewärtig,
Melodisch klingt die durchgespielte Leier,
Ein Liebesopfer traulich darzubringen.

Du denkst es kaum, und sieh: das Lied ist fertig;
Allein was nun? – Ich dächt', im ersten Feuer
Wir eilten hin, es vor ihr selbst zu singen.

Die Form des Sonetts entstand, als um 1230 hohe juristische Beamte am sizilianischen Hof Friedrichs II. die Liebeslyrik der provençalischen Troubadours aufnahmen und dabei das Formalisierte dieser die Sexualität in der Form spiritualisierenden Sprache noch steigerten, indem sie sie ihrer logischen Argumentationstechnik unterwarfen. Zu Recht schrieb H. Friedrich, »daß der künstlerische Ursprung des Sonetts zugleich ein intellektueller war, eine Vernunft der Formen, ein Formenspiel der Vernunft« (33). Es setzt ein geometrisches, an harmonischen Zahlenverhältnissen orientiertes Stilideal voraus, das sich sowohl in der Architektur des Schemas ausdrückt wie in der Neigung, Gefühle in Reflexionen aufzulösen und diese in die Form antithetischer Argumentationen zu bringen, die sich symmetrisch anordnen lassen. Die symmetrischen Figuren der Rhetorik kamen dem entgegen. Wie schon die Frühromantiker bezeichnet Friedrich »die dreitaktige Denkbewegung des Syllogismus: in den Quartetten die zwei Prämissen, in den Terzetten die Konklusion« als »das innere Gefüge des Sonetts« (32), das noch den kompliziertesten Modifikationen zugrunde liege. Will man darin so etwas wie die »innere Form« des Sonetts sehen, so fragt es sich jedoch, inwieweit es verbindlich bleiben kann, wenn jenes rationalistische Stilideal, das es trägt, zerfällt. Historisch ging es nicht zufällig mit dem Ende der Barockzeit fast ganz zurück; und als die Frühromantiker es Ende des 18. Jahrhunderts wieder heraufholten, taten sie es, weil sie in den Anfängen der »modernen« Kunst, bei Dante und Petrarca, die Muster eines »objektiv« verbindlichen Stils suchten, den es zu ihrer Zeit bereits nicht mehr gab. Schon ihre Verwendung des Sonetts war Formzitat; Goethe suchte das dann auch gar nicht mehr zu verschleiern. Retrospektiv konstruierten die Romantiker das Sonett als »die Strophe *par excellence*« (A. W. Schlegel; Fechner, 350), in der jeder Teil einen anderen Stellenwert habe, also funktional sei, so daß sie »schlechterdings geschlossen und unwiederholbar« dastehe. So konnten sie an ihr paradigmatisch ihre Theorie der modernen Form als Einheit der Gegensätze entwickeln, die im französischen Symbolismus nachwirkte: »Ewiger Ruhm dem Erfinder des Sonetts. Trotz so vieler schöner Sonette, die schon gemacht worden sind, bleibt dennoch immer das schönste noch zu machen übrig, nämlich das eine, dessen vier Teile je ganz verschiedene Funktionen erfüllen und zugleich diese Stufenfolge von Unterschieden in den Strophen durch die *Linie* der gesamten Rede voll rechtfertigen.« (Valery, *Zur Theorie der Dichtkunst*, 98.) Dieses eine Sonett wäre die Erfüllung des Ideals der Form, des Formmodells, dem sich die einzelnen Sonette nur annähern, da sie die ihm immanenten strukturellen Möglichkeiten nur partiell realisieren können.

Der sich an den Syllogismus anlehnende Aufbau wird in der Grundform darin bestätigt, daß jedes Quartett durch einen eigenen Satz erfüllt wird, während bei den Terzetten ein einziger Satz, der oft durch einen Doppelpunkt am Ende des ersten Terzetts den Schluß als Konklusion vorbereitet, beide übergreift. Der Umstand, daß in dieser konstruktiven Form jeder Moment bedeutend wird, nötigt zu einem konzentrierten Stil, der manchmal zu einer Apodiktik führt, die monumental werden kann. Dies vor allem in der schon von A. W. SCHLEGEL »mächtig entscheidend« genannten Schlußzeile, die oft eine das Ganze zusammenziehende »enigmatische Sentenz« darstellt und die, besonders wenn sie, wie oft im deutschen Barock, zur Pointe wird, das Sonett dem Epigramm annähert. Bei GRYPHIUS beispielsweise kann es in eine Spruchreihe übergehen. Ist es aufgrund seiner symmetrischen Architektur eine eher statuarische Form – Typus und Struktur eines »poème stationnaire« (Valery) –, so suchte man dem früh schon entgegenzuwirken durch Stilmittel, die den Gedichtverlauf dramatisieren sollen. Das beginnt bereits mit der Variation der syntaktischen Grundform: Man ließ beispielsweise an bestimmten Stellen, vor allem im Übergang zu den Terzetten und kurz vor dem Schluß, Satzenden im Innern der Zeile und das seit TASSO auch theoretisch diskutierte Enjambement zu, oder führte ein Frage-und-Antwort-Spiel und Anreden ein, die die Form eines Dialogs, und sei es eines Dialogs des Sprechers mit sich selbst, andeuten sollen. So entsteht gerade durch die sprachliche Stilisierung hindurch jenes beherrschte, »eigentümlich kunstgeläuterte Parlando, das den Stil dieser Gattung ausmacht« (Thomas Mann, *August von Platen*). Ironisch zitiert GOETHE in unserem Beispiel diese Stilmittel: die einen Gefühlskonflikt einführende Frage, die mit dem Entschluß zum Abstand von der Gebliebten beantwortet wird, der wiederum die Frage an das widerstrebende eigene Herz hervorruft, das dann beschwichtigt wird mit dem gerade entstehenden, so in sich selbst thematischen Sonett, dessen Ende erst recht in die Rückkehr zur Geliebten mündet. Eine Gefühlsproblematik wird wie in einem inneren, von der Trennung bis zur Aufhebung der Trennung Schritt für Schritt sich aufbauenden Drama vorgeführt, das sich dann in den übrigen Sonetten des Zyklus zu einer übergreifenden Geschichte mit derselben Thematik erweitert. Was GOETHE hier absichtlich in einer sublimen Umständlichkeit hervortreten läßt, ist die für die Form charakteristische szenische Vergegenwärtigung der Reflexionsbewegungen in einem inneren Raum, in dem Gefühle und Gedanken auftreten können wie Personen, für die die Renaissance Allegorien hatte; so erschienen schon bei DANTE Melancholie, Schmerz, Zorn und Liebe, um dem Dichter den Tod der Geliebten zu verkünden:

Melancholie kam eines Tags mir nahe:
»Besuchen will ich dich,« sprach sie beim Gruße.
Mich dünkte, Schmerz und Zorn folgt' ihrem Fuße,
Die zur Gesellschaft sie sich ausersahe.

Das steigert sich bei PETRARCA: Der durch die formalen Regeln gegebene Gedichtraum verinhaltlicht sich in idealen Szenerien, in denen alles Äußere Moment einer reinen Innenwelt ist, in Reflexionslandschaften, die dann die Romantiker am Sonett so faszinierten:

Allein, nachdenklich, wie gelähmt vom Krampfe,
Durchmeß' ich öde Felder, schleichend träge,
Und wend' umher den Blick, zu fliehn die Stege,
Wo eine Menschenspur den Sand nur stampfe.

Nicht andre Schutzwehr find' ich mir im Kampfe
Vor dem Erspäh'n des Volks in alle Wege,
Weil man im Thun, wo keine Freude rege,
Von außen lieset, wie ich innen dampfe.

So daß ich glaube jetzt, Berg und Gefilde,
Und Fluß und Waldung weiß, aus welchen Stoffen
Mein Leben sei, das sich verhehlt jedweden.

Doch find' ich nicht so rauhe Weg' und wilde,
Daß nicht der Liebesgott mich stets getroffen,
Und führt mit mir, und ich mit ihm dann Reden.

(A. W. Schlegel)

Hatte sich schon in Dantes *Vita Nova* der szenische Charakter des Sonetts zu einem Zyklus, einer mythischen Biographie erweitert, so legte Petrarcas *Canzoniere,* ein durchkonstruierter, innerer »Roman« der Seele vom ersten Erscheinen Lauras bis über ihren Tod hinaus, ein Muster fest, das die europäische Lyrik bis ins 17. Jahrhundert beherrschte. Von den italienischen Petrarca-Nachfolgern wurde es in Spanien von Lope de Vega und Gongora, in Portugal von Camoes, in England von Shakespeare und in Frankreich von den Lyrikern der Pléiade (Ronsard, Du Bellay) übernommen, die wieder die deutsche Barockdichtung (Fleming) beeinflußte. Es erlaubte eine Kontinuität, die schon durch die Selbstverständlichkeit bestätigt wird, mit der diese Lyriker sich zitieren, Petrarca nimmt sich Sonette Dantes zum Vorbild und verdeutlicht das durch die Verwendung derselben Reimwörter, und die späteren übersetzen immer wieder dieselben Petrarca-Sonette, gleichsam ideale Beispiele dieses Formtyps, in den jeweils veränderten Stil, und variieren sie so. Schon bei Petrarca, der mit einem möglichst begrenzten Sprachmaterial ein Höchstmaß an Differenzierung zu erreichen suchte, hatten sich charakteristische Stilmerkmale der Sonettsprache entwickelt, die sich zu allgemeinen Regeln formalisieren ließen; so die Bildung von Begriffsreihen aus zwei und mehr parallelen oder entgegengesetzten Gliedern, die dann im selben Sonett in anderen Reihen von gleicher Gliederzahl ihre Entsprechung finden, oder die Technik des durchgeführten Vergleichs, die den Gedichtverlauf aus der systematischen Aufnahme eines Vergleichsglieds nach dem andern entwickelt. In den späteren manieristischen Stilen, etwa bei Marini oder Gongora führt das zu einer komplizierten, mit Analogietrugschlüssen arbeitenden Bildsprache, in der die symmetrische Verteilung der Bildelemente im Sonettschema ornamentale Figurationen erzeugt, die, genau kalkuliert, so wuchern, daß sie das geometrische Stilideal, das sie beherrscht, aus sich selbst heraus wieder verschleiern.

Dabei sind in dem toposhaft festgelegten Wortmaterial dieser Stile auch die Inhalte so festgelegt, daß sie zu formalen Bestimmungen dieses Sonettyps geworden sind. Sie folgen dem Neuplatonismus der Renaissance, dem zufolge sich die Seele beim Anblick der Geliebten, deren Schönheit der Widerschein der ewigen und unveränderlichen Idee der Schönheit ist, ihres eigenen Ursprungs im Reich der Ideen erinnert, zu dem sie sich in der Liebe wieder erheben möchte. Das rechtfertigt die Spiritualisierung der Personen zu körperlosen Idealgestalten wie Beatrice und Laura, denen gegenüber die realen Personen, wenn es sie überhaupt so gab und sie sich nicht fast ganz der Kunst verdanken, als bloße Anlässe gleichgültig werden. Und diese Spiritualisierung motiviert den Hohen Stil des Sonetts, der sie leistet. Sie hat aber, wie Thomas Mann es an den Sonetten MICHELANGELOS beschrieb, ihren Untergrund in einer außerordentlichen, »sich selbst immer als transzendente Sehnsucht deutenden Sinnlichkeit« *(Die Erotik Michelangelos).* Wurde die Spiritualisierung in der Geschichte dieser Lyrik immer weiter zurückgenommen, schienen die Personen immer realer, so wurden sie doch zugleich immer zu idealen Bildern durch die sich so deutende Sinnlichkeit, die Liebe selber, »diese nicht enden wollende, das ganze Leben durchziehende Verliebtheit in das Bild.« In das Bild, und nicht, wie man ergänzen möchte, in die reale Person, die aber doch in diesem Bild und durch es gesehen wird. So sucht diese Kunst das Bild immer wieder zu erfinden, die Person darin zu spiegeln, zu variieren, zu steigern und, was dann vor allem die Sonette Shakespeares beherrscht, dem Vergehen zu entziehen. Das mag die Unerschöpflichkeit des einen Themas, des Verhältnisses von Bild und Person, erklären, das die Sonettlyrik unaufhörlich zu umschreiben und immer komplexer zu entfalten sucht. Was so monoton scheinen könnte, das Beharren auf immer den gleichen Formen und Themen, ist begründet in der Wandellosigkeit des einen Bildes (SHAKESPEARE, 105. Sonett), in dem schließlich alle geliebten Personen zusammenfallen:

Du bist das Grab, drin meine Toten leben,
Geschmückt mit meiner Liebe Widerschein,
Ein jeder gab dir was ich ihm gegeben,
Der vielen Recht ist nun dein Recht allein.
Ihr Bild, das ich geliebt, lebt nun in dir,
Und alles hast (sie alle) du von mir.

(31. Sonett)

Der Platonismus kehrt später in der Romantik wieder, in den

Sonetten BÜRGERS, der Laura durch die irdischere Molly ersetzt, und wird noch in GOETHES auf den *Westöstlichen Divan* vorausweisenden Zyklus zitiert. GOETHE kehrt ihn um, indem er ihn beim Wort nimmt:

> Auf einmal schien der neue Tag enthüllet:
> Ein Mädchen kam, ein Himmel anzuschauen,
> So musterhaft wie jene lieben Frauen
> Der Dichterwelt. Mein Sehnen war gestillet.

Das Mädchen verweist nicht so sehr auf die Idee, den Himmel über ihm, als daß die Idee selber eben dieses eine Mädchen ist und nichts anderes; in ihm ist der Himmel anzuschauen. Dabei wird das Starre, die Gefühle Zurückstauende der Sonettform in ihr selbst thematisch und so gelöst. Goethe, dem die Kunst überhaupt nie so heilig war wie den ja auch deshalb zu DANTE und PETRARCA zurückgehenden Romantikern, kann mit dieser hieratischsten aller Formen zugleich salopp umgehen. Er verbindet den formalisierten Stil mit einer umgangssprachlichen, fast absichtslosen Redeweise, die er doch eigentlich ausschließt, um so die Spannung zwischen der »Vernunft der Form«, die der Natur Widerstand bieten, sie distanzieren will – und darum manchmal als höhere Pedanterie vorgeführt wird –, und der sich in ihr noch durchsetzenden, unbeherrschbaren Natur zu zeigen. Und dies so, daß beides sein Recht erhält. Die distanzierende Form wird zum Thema, weil an ihr selber besonders gut die Verschränkung von Ferne und Nähe entwickelt werden kann.

Dagegen nimmt wenig später PLATEN, der die Kunstform als mögliche Abgrenzung gegenüber einer demütigenden Realität betont, das erotisch-platonische Ideal wieder mit absolutem Ernst auf. Thomas Mann hat PLATENS Vorliebe für eine formalisierte Sprache wie der des Renaissance-Sonetts souverän aus seiner süchtigen Sexualität abgeleitet, die so als »archaisierende Konvenienz und als unpersönlich wirken und damit weltmöglich werden« konnte, ähnlich wie später in den Übertragungen der Sonette SHAKESPEARES durch den ihm verwandten GEORGE. »Doch nicht allein aus Rücksicht, nicht aus Furchtsamkeit, wie Heine meinte, sondern vor allem, weil der stark formale und formplastische Charakter dieser Gattungen eine kunstpsychologische Affinität zu seinem Eros besaß.« (August von Platen)

Weist PLATEN damit auf das »l'art pour l'art« und seine Auffassung der Kunst als letzter Transzendenz voraus, ähnlich wie die Sonette BRENTANOS die Präraffaeliten vorwegnehmen, so wird das Sonett im Symbolismus wichtig, weil es von sich aus schon das Gemachte des Kunstwerks betont: Die Erarbeitung einer Sprache, die sich der Banalität der Alltagssprache entgegensetzt; so hatte bereits BAUDELAIRE die »pythagoräische Schönheit« dieser reinen Form gerühmt, die »die Schönheit von bearbeitendem Metall und Mineral« habe. Weil die Form zwingend ist, und das heißt auch: einen Zwang ausübt, der einer der Kunst ist, springt die Idee leuchtender hervor. Die Begrenztheit ist notwendig; so gibt ein Ausschnitt des Himmels, gesehen durch eine Arkade, eine tiefere Vorstellung vom Unendlichen als ein großes Panorama von der Höhe eines Gebirges (Brief an Armand Fraisse v. 18. Feb. 1860). Die durch die Klassik verbürgte Dignität des Sonetts, der Form RONSARDS, wird gepriesen, damit in ihr gerade das gefeiert werden kann, was aus dem klassischen Kanon als vulgär oder obszön ausgeschlossen ist, damit Moderne und Klassizität in Spannung treten können. Ähnlich soll in frühen Sonetten RIMBAUDS die Ordnung der Form dem Chaos der Gefühle und der sich desintegrierenden Sprache kontrastieren; das wirkt bei den Expressionisten weiter, die sich dann aber wie RIMBAUD selbst vom Sonett wie von allen vorgegebenen Formschemata gelöst haben. Die Spannung wirkt aber auch bei BRECHT nach, der das Idealische des Sonettstils mit einer betont unidealischen Betrachtung seiner Gegenstände verband – beispielsweise einer gerade nicht mehr spiritualisierten Sexualität, die das mit DANTE zitierte platonische Muster durch die Präzision der Erfahrung widerlegen soll.

Dann haben es im späteren Symbolismus – einmal abgesehen von RILKE, der sich bemühte, den Arbeitscharakter des Gedichts wieder zum Verschwinden zu bringen, indem er das Sonettschema durch besonders viele Enjambements vergessen ließ – ganz anders MALLARMÉ und VALERY interpretiert. Für sie stellte es ein rein formales Regelsystem dar, »fait pour le simultané« (VALERY, *Oeuvres II*, 676). Als solches kommt es dem Ideal der totalen

Durchkonstruktion des Gedichts entgegen, die dazu drängt, das konventionelle Nacheinander des Gedichtverlaufs in einer reinen Gleichzeitigkeit aller Beziehungen aufzuheben. Die festgelegten Klangbeziehungen der Sonettform steigern noch die Vielzahl der rein sprachimmanenten Reflexe, die durch die Konstruktion des Wortmaterials möglich werden. Zugleich bietet die traditionelle und so vertraute Form ein Gegengewicht gegen die Fremdheit der immer abstrakter werdenden Sprache.

Hat sich auch MALLARMÉ schließlich konsequent vom Sonett gelöst, so blieb es für VALERY nach wie vor wichtig. Die als solche durchschaute Konvention wird gebraucht, weil sie Spielregeln gibt, die zwar immer willkürlich sind, die ein »Zopf« sein mögen, deren Willkür aber über der Willkür des Augenblicks steht, weil ohne sie nicht »gespielt« werden kann: Die Unendlichkeit der Wahlmöglichkeiten beim Schreiben muß eingeschränkt, eine Erwartung geschaffen werden, weil es, wenn alles möglich ist, so etwas wie Komposition überhaupt nicht geben kann.

Danach wurde das Sonett vor allem dort wichtig, wo Autoren in einer scheinbar verbürgten Kulturtradition einen Halt suchten, wie in der sorgenannten »Inneren Emigration«, im Widerstand gegen den Nationalsozialismus, nach 1945 vor allem in der DDR, deren Kulturpolitik den Traditionalismus mit der Konzeption des Erbes rechtfertigte. In einem experimentellen Zusammenhang kommt es schließlich noch in der Konkreten Poesie vor (RÜHM), als leeres formales Schema.

Literatur: Mönch, W.: Das Sonett. Gestalt und Geschichte. Heidelberg 1955. – Friedrich, H.: Epochen der italienischen Lyrik. Frankfurt 1964. – Fechner, J.–U. (Hg.): Das deutsche Sonett. Dichtungen. Gattungspoetik. Dokumente. München 1969. – Bormann, A. v.: »Wer heut Sonette schreibt ...« Hinweise zur historischen Semantik einer lyrischen Form. In: Arntzen, H. (Hg.): Literaturwissenschaft und Geschichtsphilosophie. Festschrift f. W. Emrich. Berlin 1975, S. 146–159. – Schlüter, H.–J.: Sonett. Mit Beiträgen von R. Borgmeier und H. W. Wittschier. Stuttgart 1979. – Yates, W. E.: Tradition in the German Sonnet. Bern u. a. 1981. – Schindelbeck, D.: Die Veränderung der Sonettstruktur. Frankfurt/M. u. a. 1988. – Jost, F.: Le sonnet de Pétrarque à Baudelaire. Modes et modulations. Bern u. a. 1989.

DER SPRUCH

von Bernhard Sowinski

Als Spruch (Spruchdichtung, Spruchgedicht) werden in der Literaturwissenschaft thematisch und formal unterschiedliche lyrische Gebilde verstanden, deren Gemeinsamkeit nur darin besteht, daß sie bestimmte Probleme und Erkenntnisse aus dem ethischen, sozialen, politischen und persönlichen Bereich, die allgemeine Geltung beanspruchen, in knapper, prägnanter Form vermitteln oder diskutieren. Sie sind darin anderen Formen (Epigramm, Gnome) verwandt; eine Abgrenzung ihnen gegenüber erweist sich als schwierig und ist oft nur im Einzelfall möglich. Im folgenden sollen die Probleme und Ausprägungen dieser Gattung anhand eines gattungsgeschichtlichen Überblicks verdeutlicht werden.

Die Spruchdichtung gehört zu den ältesten literarischen Gattungen. Die Bewahrung bestimmter Erkenntnisse, Lebenserfahrungen und Lehren als kulturelles Gemeinschaftserbe in einer objektivierenden sprachkünstlerischen Form geht der literarischen Wiedergabe subjektiver Erlebnisse und Empfindungen weit voraus.

Bereits in den frühen orientalischen und fernöstlichen Kulturen sind bestimmte Lebensweisheiten in Spruchform überliefert. Spruchdichtungen dieser Art sind uns schon von den Sumerern, Assyrern und Ägyptern bekannt. Die größte Verbreitung und Beachtung erfuhren – aufgrund ihres Fortlebens im Christentum – die dem König Salomon zugeschriebenen Weisheitssprüche des Alten Testaments *(Buch der Sprüche, Buch der Weisheit, Buch Jesus Sirach).* Sie bieten zugleich typische Beispiele für die inhaltliche und formale Struktur solcher frühen Spruchgedichte. Es sind vor allem religiöse, ethische und lebenspraktische Aussagen und Forderungen, die hier in längeren oder kürzeren Gebilden zum Ausdruck kommen. Formal sind diese Sprüche häufig den Psalmen nachgebildet; deren Zweizeiligkeit (vgl. z. B. Spr. 20, 29: ›Der Jünglinge Auszeichnung ist ihre Kraft, / doch die

Zier der Alten das graue Haar.‹) wird allerdings nicht immer durchgehalten. Zahlreiche Weisheitssprüche des Alten Testaments werden später von dem mittelhochdeutschen Spruchdichter FREIDANK umgeformt oder leben in Sprichwörtern fort.

Die bei allen Völkern lebendigen uralten Lebenserfahrungen in der bildhaften und anonymen Form des Sprichwortes haben ihrerseits wahrscheinlich schon die alttestamentlichen Weisheitssprüche bereichert. Die griechische und römische Literatur kennt neben solchen Sprichwörtersammlungen Weisheitssprüche auch in den Formen der *Gnome* (sententia), des *Apophthegma* und der *Hypothekai* sowie der *Chrie*. Während als *Gnome* knappe Aussprüche mit ethisch verbindlichem Inhalt verstanden werden, die von Dichtern und Weisen stammen, gelten als *Apophthegmata* zumeist situationsbezogene prägnante Zitate, als *Hypothekai* dagegen Belehrungen eines Vaters an seinen Sohn; als *Chrie* werden schließlich verschiedene Formen der Spruchweisheit begriffen, mitunter sogar Anekdoten mit einprägsamen Zitaten. Von der antiken und mittelalterlichen Rhetorik tradiert, lebte sie bis in die neuzeitliche Aufsatzlehre fort.

Neben kunstvoll zugespitzten Erkenntnissen in metrischer Form (s. Epigramm) werden auch Sprüche in Prosa tradiert, wie sie noch in unserer Zeit als Lesefrüchte aus der Weltliteratur in unzähligen Kalendern und Brevieren gesammelt erscheinen.

Auch die altnordische Literatur kennt Weisheitssprüche in poetischer Form, die Lebenserfahrungen und Lebensregeln, vorgeblich von dem Weisen und Hohen (Odin?) verkündet, festhalten. Insbesondere die Sprüche der Hávamál (10. Jh.) spiegeln Sitte und Sittlichkeit der isländischen Gesellschaft in vorchristlicher Zeit. Wie in nahezu allen archaischen Spruchliteraturen wird auch hier weisheitsvolles, kluges Verhalten gelobt, törichtes dagegen verurteilt.

In der deutschen Literatur ist eine gnomische Spruchlyrik etwa gleichzeitig mit dem frühen Minnesang und dem Beginn der höfischen Epik (um 1170) überliefert; Spuren von althochdeutschen Sprichwörtern und Reimsprüchen sind allerdings bereits in NOTKERS III. (LABEOS) *Rhetorik* (um 1000) erhalten.

Die vermutlich ersten mittelhochdeutschen Spruchdichtungen, die mit der Masse der Minnelieder in den beiden Heidelberger Handschriften A und C überliefert sind, sollen – nach der Überschrift in den Handschriften und einer Namensnennung in *Minnesangs Frühling* (= MF) 20, 17 – von einem sonst unbekannten Dichter SPERVOGEL stammen. Wahrscheinlich sind diesem jedoch nur die 23 aus jeweils vier Kurz- und zwei Langzeilen bestehenden Strophen (MF 20, 1 – 25, 10) zuzusprechen, während die restlichen 29 siebenzeiligen Strophen dem in MF 26, 21 erwähnten (wahrscheinlich älterem) HERGER zugeschrieben werden. Über beide Dichter wissen wir sonst nichts; weitere Namen von verstorbenen Adligen (25, 20 ff.), die vermutlich Gönner HERGERS waren, weisen nach Süddeutschland und in die 2. Hälfte des 12. Jahrhunderts.

Bereits in der Form unterscheiden sich diese Spruchgedichte von den zuvor skizzierten Sprüchen anderer Literaturen. Die längeren Strophen, die anderen lyrischen Formen der Zeit ähneln, sind nicht nur für knappe religiöse, moralische oder empirische Sätze geschaffen, sondern erlauben reichere Aussagen, Aufzählungen, Beispiele, Begründungen und Folgerungen. Dementsprechend sind auch die Themen dieser strophischen Sprüche reicher variiert. Neben allgemeinen Ratschlägen, Lebenserfahrungen, Sprichwörtern, ethischen Maximen erscheinen nun auch Lobsprüche über die Freigebigkeit einzelner Gönner, Klagen über die soziale Not der fahrenden Dichter, Preisreden über Freundschaft, Treue, Maß und Weisheit, Warnungen vor ungerechten und hartherzigen Herren, Anspielungen auf Streitigkeiten, aber auch religiöse und moralische Erläuterungen. Eine neue formale und inhaltliche Qualität gewinnt die mittelhochdeutsche Spruchlyrik bei WALTHER VON DER VOGELWEIDE (um 1170?–1230?) insofern, als einerseits der Spruchdichter nun auch als Minnesänger am Fürstenhof anerkannt wird, die Formen des Minnesangs dementsprechend auch die der Spruchlyrik bereichern, andererseits die Spruchdichtung zugleich zum tagespolitischen Mittel wird und so eine Aktualisierung erfährt, die uns historische Datierungen ermöglicht.

Die ältere, auf Karl Simrock zurückgehende Auffassung, wonach wir es in der Lyrik WALTHERS mit ursprünglich gesprochener Dichtung (Sprüchen) und gesungener Dichtung (Minnesang) zu tun hätten, ist inzwischen aufgegeben worden, seitdem man auch für einzelne Spruchdichtungen Melodien entdeckt hat. Friedrich Maurer hat zudem die ältere Reihung von Einzelstrophen durch eine Neugliederung der Strophen nach ihrem jeweiligen ›Ton‹, ihrer metrischen Übereinstimmung, abgelöst. Anfang und zugleich kunstvolles Muster sind die drei Sprüche im Reichston, die in ihrer Thematik, der kritisch reflektierten ethisch-politischen Darstellung und Bewertung des staufisch-welfischen Thronstreits nach Heinrichs VI. Tod (1197), ein weiteres Sujet für die Spruchlyrik erschließen. In den weiteren ›Tönen‹ WALTHERS sowie in einzelnen Gedichten (Kreuzzugs-, Alters-, Gelegenheitslyrik, Leich) kommen neben solchen allgemeinen ethischen und politischen Problemen auch konkrete tagespolitische, kirchlich-religiöse und persönliche Einzelheiten zur Sprache, wobei bei WALTHER allerdings die Neigung zu gesellschaftskritischen und allgemeingültigen Wertungen dominiert.

Diese wahrscheinlich von WALTHER VON DER VOGELWEIDE begründete ›Sangspruchdichtung‹ wird von den adligen wie nichtadligen ›Spruchdichtern‹ des 13. und des frühen 14. Jahrhunderts nachgeahmt und fortgeführt. Ihr Publikum bleibt zunächst die adlige Gesellschaft, deren Ideale wie Mißstände nun häufig poetisch dargestellt werden. Aus der Vielzahl der Spruchdichter dieser Zeit ragen einige besonders hervor: REINMAR VON ZWETER (um 1200–1260?) als Schöpfer von über 230 Spruchstrophen religiösen und moralischen oder zeitkritischen Inhalts, BRUDER WERNER (um 1190–1260?), der rd. 70–80 Spruchstrophen, meist politische Lob- und Scheltsprüche und religiöse und moralische Mahnungen schrieb, ferner der MARNER (1210?–1270?), von dem rd. 100 mittelhochdeutsche und lateinische Spruchstrophen über Tugenden und Laster, Sprichwörter, Mythen und Fabeln existieren, oder KONRAD VON WÜRZBURG (1220/30–1287), der neben epischen sowie anderen lyrischen Werken über 40 Sprüche vor allem über die Kunst, die Tugenden und Laster und die Vergänglichkeit schrieb, und schließlich HEINRICH VON MEISSEN, genannt FRAUENLOB (1260?–1318), der mit rd. 450 Spruchstrophen über alle Themen der bisherigen Spruchdichtung und zudem über neue Themen wie etwa Reflexionen über die Sprache, über Etymologien sowie über verschiedene Wissensgebiete des scholastischen Laienwissens, wie sie die nachfolgende Spruchdichtung des Meistersangs bevorzugen sollte, nach WALTHER den höchsten Rang verdient.

Neben der *Sangspruchlyrik* in der Nachfolge WALTHERS VON DER VOGELWEIDE ist die *Sprechspruchlyrik* zu erwähnen, wie sie in Anlehnung an die biblischen Weisheitssprüche und an frühmittelhochdeutsche Dictaversifizierungen (in den ›Idsteiner Vätersprüchen‹) in Reimpaarversen der höfischen Epik und in kurzen ungleichen Strophen vor allem durch FREIDANK geschaffen wurde. Seine rd. 4500 Verse, die, unter dem Titel *Bescheidenheit* (= discretio, Erkenntnis, Weisheit) gesammelt, in zahlreichen Handschriften sowie verstreut in anderen didaktischen Dichtungen überliefert sind, behandeln Erkenntnisse über Gott, Maria, die Messe, die Seele, die Sünden, Tugenden und Gebote, die Stände, Macht und Ehre, Weise und Toren, Wucher und Besitz, Alter und Jugend u. a. m. Von besonderer Zeitgebundenheit sind seine 33 Akkonsprüche, die die Situation und Stimmung des Kreuzfahrerheeres Friedrichs II. in der Festung Akkon 1228/29 reflektieren. Zeitkritik enthalten auch, bei aller Kirchentreue FREIDANKS, seine Sprüche über Rom und das Papsttum. Als erster deutscher Dichter prangert FREIDANK auch Auswüchse des beginnenden Kapitalismus (Geldverleih) an.

FREIDANK hat mit seiner auf Kürze und Prägnanz bedachten populären Spruchlyrik kaum Nachfolger gefunden, sieht man von einigen kleineren anonym überlieferten Spruchsammlungen wie z. B. den aus dem Lateinischen übersetzten *Disticha Catonis* ab. Die strophische Spruchdichtung des Spätmittelalters ist vor allem durch die künstlerischen Tendenzen und sachlich wie religiös und moralisch belehrenden Neigungen bürgerlicher Spruchdichter und Meistersinger geprägt. Aus der Vielzahl der Autoren seien auch hier nur die bedeutendsten hervorgehoben: So hat z. B. HEINRICH VON MÜGELN (um 1320–1372) neben größeren Lehrdichtungen auch über 400 mehrstrophige Spruchgedichte verfaßt, die religiöse und moralische wie auch weltliche Lehrinhalte u. a. über Träume, Natur, Poesie, Astronomie, Jahreszeiten, Minne u. a. m. vermitteln. Bei MÜGELN wie auch bei seinen Zeitgenossen und Nachfahren HEINRICH DER TEICHNER (um 1310–1375), PETER SUCHENWIRT (um 1330–1395?), HANS FOLZ (um

1450–1515?) und schließlich auch HANS SACHS (1494–1576), von dem über 1800 Spruchgedichte stammen, läßt sich eine Neigung zu belehrenden Aufschwellungen wie auch zu Formspielereien beobachten, die dem resultativen oder adhortativen Charakter der Spruchlyrik und ihrer bündigen Form abträglich sind. Die Grenzen zwischen Spruch und Lehrgedicht (›rede‹) werden so mehr und mehr verwischt.

Mit der Adaption des Epigramms durch die Humanisten, zunächst in neulateinischer, im 17. Jahrhundert auch in deutscher Sprache (OPITZ, LOGAU u. a.) kommt das Prinzip der pointierenden Raffung erneut zur Geltung, die volkstümliche Kundgabe von Erfahrungen, die Belehrung und Ermahnung des alten Spruchgedichts treten indes hier zurück. Lediglich die christlich-mystischen Sinnsprüche des ANGELUS SILESIUS (= JOHANNES SCHEFFLER, 1624–1677) knüpfen an die besinnliche Schlichtheit und Prägnanz der FREIDANK-Sprüche wieder an.

Im 18. Jahrhundert konkurrieren oft Epigramm, Lehrgedicht und Gedankenlyrik und nehmen die Rolle der Spruchdichtung ein.

Knappe volkstümliche Sprüche tauchen erst wieder im frühen 19. Jahrhundert in der Alterslyrik GOETHES auf. Zwischen 1812 und 1827 schreibt GOETHE über 900 Sprüche in Versen, zumeist viertaktige Zweizeiler oder Vierzeiler. GOETHE hat diese Sprüche in verschiedenen Gruppen zusammengefaßt veröffentlicht: als *Sprichwörtliches; Gott, Gemüt und Welt; Epigrammatisches* sowie als *Buch der Sprüche* (Hikmet Nameh = Weisheitsbuch) im *West-östlichen Divan.* Der Bündigkeit und Lebensweisheit dieser Sprüche entsprechen auch manche der *Maximen und Reflexionen* GOETHES, nur daß ihrer Prosa die Prägnanz des Verses fehlt. Folgt man E. Trunz' Anmerkungen zur Hamburger GOETHE-Ausgabe (I, 642 ff.), so umfassen die Spruchgedichte GOETHES folgende Themenbereiche: 1. Gott-Natur, 2. Bild des Menschen, 3. Praktische Lebensweisheit, 4. Selbstbildnis, 5. Kunst, 6. Wissenschaft, 7. Politik, 8. Invektiven; sie entsprechen darin auch der Thematik früherer Spruchtraditionen, wenn auch – wie Trunz und Preisendanz aufgewiesen haben – nun viele Goethesche Motive einbezogen wurden.

GOETHES Vorbild ermunterte im 19. Jahrhundert andere Auto-

ren zu ähnlichen Spruchgedichten. Aus der Vielzahl sei nur FRIEDRICH RÜCKERT (1788–1866) mit seiner Spruchsammlung (in Alexandrinern) *Die Weisheit des Brahmanen* (6 Bände 1836–39) genannt, der nach Übersetzungen orientalischer Spruchweisheit zu eigenen Gestaltungen angeregt wurde und damit beim biedermeierlich gestimmten Bürgertum große Resonanz fand.
Andere Lyriker (z. B. EICHENDORFF, STORM, FONTANE) haben gnomische oder adhortative Strophen unter Titeln wie ›Sprüche‹ oder ›Spruch‹ (z. B. H. HESSE), ›Leitspruch‹ (O. LOERKE), ›Geleitspruch‹ (G. F. JÜNGER) oder unter anderen Titeln (z. B. ›Säerspruch‹ bei C. F. MEYER) in ihr Werk eingefügt.

Eine neue Bedeutung erlangte das Spruchgedicht in der Lyrik des späten BRECHT, wo es wiederum zur Vermittlung von Erfahrungen und Einsichten in knapper volkstümlicher Form herangezogen wurde (vgl. z. B. *Gegen Verführung, Auf einen chinesischen Theewurzellöwen,* verschiedene Gedichte der *Bukower Elegien).*

Erst mit der Mischung oder Auflösung der lyrischen Gattungen in der Moderne verliert die lyrische Gattung des Spruchgedichts ihre Sonderstellung (wenn auch der Begriff als Titel noch heute vorkommt, vgl. HANS PETER KELLERS ›Spruchgedichte‹). Allerdings begegnen uns Wesensmerkmale der einstigen Spruchdichtung – aphoristische Kürze und Prägnanz, allgemeine Geltung und Publikumsgerichtetheit der Aussagen – jetzt häufiger als in der traditionellen strophischen Lyrik, so daß weiter von spruchhafter Lyrik gesprochen werden kann.

Literatur: Preisendanz, W.: Die Spruchform in der Lyrik des alten Goethe und ihre Vorgeschichte seit Opitz. Heidelberg 1952. – Maurer, F.: Die politischen Lieder Walthers von der Vogelweide, Tübingen 1954, ²1964. – Ruh, K.: Mittelhochdeutsche Spruchdichtung als gattungsgeschichtliches Problem, DVjs 42 (1968), S. 309–324. – Sowinski, B.: Lehrhafte Dichtung des Mittelalters, Stuttgart 1971. – Moser, H. (Hg.): Mittelhochdeutsche Spruchdichtung, Darmstadt 1972.

DIE TRAGIKOMÖDIE

von Peter Zahn

In einer Anmerkung im zweiten Buch der Schrift *Der Ausgang der Moderne* (1909) stellt Lublinski unmißverständlich fest: »Es gibt keine Tragikomödie, sondern höchstens eine Tragödie, in der die Personen Geistesfreiheit genug besitzen, sich durch den Intellekt über ihr Los scheinbar zu erheben und es zu verspotten – was aber die Tragödie nur vertieft. Oder es gibt eine Komödie, die kecker Weise dunkle Gewalten heraufbeschwört und mit ihnen ihr Spiel treibt – die vollkommenste Komödie.« Die Frage nach einer mittleren dramatischen Gattung kann für Lublinski nur eine negative Antwort haben, denn aus dem Blickwinkel des 19. Jahrhunderts kann nur eine sich dem Ideal (d. h. der Tragödie) verpflichtet fühlende Gattung Anspruch auf Anerkennung erheben. »Von dem Augenblick an, wo die innerste Natur und Kraft einer Kultur oder Gesellschaft erkannt wurde, ist auch der allein mögliche dramatische Stil gegeben, und wer davon abweicht, begeht einen Frevel und nebenbei eine ungeheure Dummheit. [...] Heute hat nur noch die strengste Form des Dramas, die Tragödie, eine Berechtigung, weil wir auch im Leben des Tages in einer Atmosphäre von ewig sich selbst setzenden Konflikten atmen und leben.« Setzt man nun statt Tragödie Komödie ein, so ist es zu dem Satz Dürrenmatts »Uns kommt nur noch die Komödie bei« (*Theaterprobleme*, 1954/55) nicht mehr weit. Dazwischen liegen allerdings zwei Weltkriege, die nicht zuletzt auch die Auffassung von Kunst und Ästhetik verändert haben (sollten). Da für Dürrenmatt »die reine Tragödie nicht mehr möglich ist«, möchte er »das Tragische aus der Komödie heraus erzielen« (ebd.). Während Lublinski von einer mythisierten Gesellschaftsauffassung her urteilt, dementsprechend auch *die* Tragödie zu Recht als Norm vorgibt, schafft Dürrenmatt die Mythen kurzerhand ab und erklärt die Welt für sinnlos, ihr Erscheinungsbild deshalb für grotesk, die Bühnenwirklichkeit für das einzig Ausschlaggebende. Das Verhältnis von Wirklichkeit und dramatischem Abbild ist denn auch der springende Punkt bei der Konstituierung des Begriffs Tragikomödie.

Bei Guthke, dem eifrigsten Verfechter des Begriffs Tragikomödie, spielt die Wirklichkeit nur insofern eine Rolle, als sie sich in ästhetischen Kategorien manifestiert und sich daraus wiederum Bauformen ableiten lassen. Es sind deshalb auch nur »ästhetische Phänomene«, die zu untersuchen sind, denn »es ist die Gleichheit des Phänomens, die bestimmt, was zu einer Gattung gehört« (Moderne Tragikomödie, 99). Losgelöste Phänomene – nur isoliert sind Bauformen für Guthke tragbar – führen automatisch zur synthetischen Tragikomödie, die Tragisches und Komisches eine untrennbare Verbindung eingehen läßt, wobei allerdings beides noch eindeutig erkennbar ist. Eine bloße Synthese von Tragödie und Komödie, die Arntzen (431) z. B. für unmöglich hält, ist jedoch nicht gemeint. Die »Reize des Tragikomischen« liegen in der »unendliche[n] Durchdenkbarkeit des komplizierten Mechanismus, mit dem ›Tragisches‹ und ›Komisches‹ ineinandergreifen« (Guthke, Deutsche Tragikomödie, 18 f.). Wer sich diesen Reizen hingibt, für den kann Realität, geschichtlich gewordene und sich verändernde, nur bedingt in Erscheinung treten, nämlich da, wo es »allgemeinmenschlich« zugeht; und das wiederum ist eine »Personalfrage«, die durch synthetisches Interpretieren der dramatischen Personalstruktur die gewünschte Antwort erhält.

Gesellschaftlich konkreter und dem Stand der Wissenschaft angemessener sieht Giese, der Guthke und dessen Theoreme radikal ablehnt, das Tragikomische in der Komödie aufgehoben. Er argumentiert, daß eine Komödie durchaus ernste und traurige Begebenheiten umfassen könne und nicht der Weihe durch das angeblich wertvollere Tragische bedürfe, da sie in ihrer historischen Entwicklung, den gesellschaftlichen Implikationen entsprechend, eine durchaus eigenständige Funktion habe (vgl. Giese, 50 ff.). Sein Begriff, den er an Brecht festmacht, ist das »Gesellschaftlich-Komische«, das sich über anachronistisch gewordene gesellschaftlich-politische Zustände definiert, die zwangsläufig komisch seien. Hinck hat die Vorstellung von der Zwangsläufigkeit kritisiert (vgl. Brecht-Jahrbuch 1975) und als

Beispiel die wenig komischen Auswirkungen des Faschismus hervorgehoben. Was Hinck Aristophanes zugesteht, die gesellschaftliche Bedingtheit seiner Komödien (Hinck, 13) – damit verbunden deren Verständlichkeit –, akzeptiert er bei Giese als Theorie nicht, da sie »zu expansiv« angelegt und aufgrund des fragwürdigen Komikbegriffs nicht allgemein verwendbar sei (29). Fragwürdig ist dieser allerdings nur, wenn die dramatische Darstellung mit der Wirklichkeit und das Komische eben mit dem Spaßigen gleichgesetzt wird. Vor allem nimmt Giese als objektive Gegebenheit den jeweiligen gesellschaftlichen Zustand an und leitet die subjektive Handlungsweise davon ab, was den eigentlichen tragischen Konflikt, der in allen Tragödiendefinitionen eine Rolle spielt, außer Kraft setzt.

Die Tragikomödie ist einerseits eng mit dem bürgerlichen Weltbild verbunden, das die Verknüpfung von Komischem und Tragischem als Seinsgrundlage betrachtet, gekoppelt mit der Nobilitierung des Komischen durch das Tragische, andererseits Ausdruck der bürgerlichen Hilflosigkeit gegenüber Erscheinungen, die nicht mit der traditionellen Terminologie in Einklang zu bringen sind, deshalb über den Umweg einer dritten Kategorie erfaßt werden. Was der Begriff im einzelnen umfaßt, bleibt oftmals dem Verständnis des Interpreten überlassen. So redet Guthke von vier immer wieder vorkommenden Bauformen des Tragikomischen: »die doppelseitige Point-de-vue-Technik, die Tragikomik in der Atmosphäre-Kategorie, die Polarität in der Charakterstruktur und in der Übersteigerung einer positiven wertvollen Eigenschaft« (Deutsche Tragikomödie, 105). Inwiefern diese Bauformen ausschließlich der Tragikomödie zuzurechnen sind, ist nicht ersichtlich; erst recht nicht erhellend wirkt der ständige Gebrauch des Adjektivs »tragikomisch« (tragikomische Figur, tragikomische Ironie etc.), was qualifizierend wirken soll, aber nicht im mindesten zur definitorischen Klärung beiträgt. Als Gattung kann die Tragikomödie anerkannt werden, wenn sie glaubhaft ihre Eigenständigkeit vorweisen kann. Das ist z. B. möglich durch die kritische Analyse der Gesamtstruktur eines Stückes, einschließlich der historischen Komponente, die zu ergeben hätte, daß die Widersprüche sich weder in tragischer noch komischer Weise auflösen bzw. auflösbar sind. Die folgende kurze Kritik stellt einen Versuch in dieser Richtung dar (die eingehende Diskussion wäre noch zu leisten).

HEBBEL bietet in der Widmung zu seiner Tragikomödie *Ein Trauerspiel in Sizilien* (1851), die auf einem realen Ereignis des Jahres 1845 beruht, eine Theorie an, die in der Gleichzeitigkeit von grausigem Ereignis und komischer Konstellation ein noch zu definierendes Etwas erblickt, das gleichwohl der Realität entspricht und entsprechend dargestellt werden muß. Ein Auseinanderklaffen von gesellschaftlicher Stellung und Handlungsweise einerseits und dramatischer Handlungsführung andererseits ergibt die der Wirklichkeit angemessene Tragikomik. Für HEBBEL ist der Widerspruch zwischen Form (untragisch, aber nicht komödienhaft) und Inhalt (tragisches Ereignis, aber untragisches Personal) ausschlaggebend für seine Einstufung; er unterstreicht dies noch durch die Charakterisierung der Personen, denen er Eindeutigkeit versagt. Dem Autor ist es aus seinen Erwägungen heraus auch unmöglich, einen wirklichen Schluß zu gestalten, denn die Überführung der Verbrecher und der Zusammenschluß der Hinterbliebenen (Anselmo, Sebastiano) bilden lediglich einen Endpunkt der Handlungsführung. Auch aus heutiger Sicht ist eine Auflösung nicht gegeben, vielmehr treten die Widersprüche zwischen formaler Gestaltung und inhaltlicher Implikation verschärft hervor. Sie nicht zur Synthese zu führen bzw. nicht von einer solchen auszugehen heißt das Prädikat Tragikomödie anerkennen.

Der Begriff findet sich zuerst im Prolog zu PLAUTUS' *Amphitruo,* wo er die Personalmischung (Sklaven, Könige, Götter) als Grenzüberschreitung der normalen Komödie bezeichnet. Zwar nicht als Gattung akzeptiert, aber als Benennung einer Mischgattung durchaus angewandt, erscheint die Tragikomödie als Ausdruck für ein ernstes Schauspiel mit heiterem Ausgang in der Renaissance, nach der Entdeckung von Plautus, wieder. Im Barock spielt die Mischgattung eine nicht unwesentliche Rolle, da die Komödie wegen der ihr zugewiesenen Aufgabe, das Lächerliche zu repräsentieren (den niederen Ständen vorbehalten), nicht geeignet erscheint, ernstere Themen zu erfassen, und gleichzeitig tragisches Potential ausgenutzt werden soll, aber der »gute« Schluß für eine Tragödie nicht in Frage kommt. An

CORNEILLES *Cid* (1637), von ihm selbst als Tragikomödie bezeichnet, scheiden sich schließlich die Geister. Wegen der »Regelwidrigkeit« wird das Stück von der Académie Francaise verurteilt. »Negatives« Vorbild ist zu dieser Zeit das spanische Theater von LOPE DE VEGA, das nicht nur die Diskrepanz beim Zusammentreffen von Personen verschiedenen Standes verarbeitet, sondern auch die Harmonie von Würde und Scherz, also von Tragischem und Komischem, zum Stilprinzip macht. In England ist es SHAKESPEARE, der noch Generationen später wegen seiner Vermengung von Tragik und Komik die Gemüter erhitzt. Etwas später dann in Frankreich bringt der Komödiendichter MOLIÈRE Figuren auf die Bühne, die im nachhinein als gleichermaßen komisch und tragisch eingestuft werden (und das gilt nicht nur für den *Menschenfeind* von 1665).

Im deutschen Sprachraum sind die Bestrebungen, die strenge Zweiteilung zu ergänzen, vor allem SIGMUND VON BIRKEN und JAKOB MASEN zu verdanken. In BIRKENS *Teutsche[r] Rede-bind- und Dichtkunst* (1679) wird die Auffassung vertreten, daß frühere (heidnische) Herrscher »böse« waren und deshalb das Trauerspiel entstanden sei, aber nach der christlichen Bekehrung die nun guten Herrscher nicht mehr einfach untergehen konnten (als quasi göttlich erwählte Menschen können sie nicht mehr in alter Weise schuldlos schuldig werden); so entstand das Trauer-Freudenspiel, das wohl traurig beginnt, aber fröhlich enden muß. Dieser Versuch, eine Mischgattung zu installieren, beruht ganz auf der Absicht, die eigentlich heidnischen Gattungen durch auf dem christlichen Weltbild aufgebaute zu ersetzen. MASEN, der Komödien als dem Pöbel zugehörig ablehnt, konstruiert ebenfalls Mischformen, die er Komiko-Tragödie und Tragiko-Komödie nennt. »Die Komiko-Tragödie beginnt heiter, verwickelt sich komisch und endet tragisch. Die Tragiko-Komödie verwickelt sich tragisch und endet heiter« (Dietrich/Stefanek, 22). Dabei sei die zweite Gattung die einzige, in der Standespersonen gezeigt werden und glücklich enden dürften; in der ersten Form dagegen könnten keine Standespersonen auftreten, da bei diesen komische Verwicklungen nicht möglich seien, andererseits aber auch keine niederen Personen, da diese ja nicht tragisch enden durften. Der Aufwertungsprozeß des Bürgertums erhält in der Komiko-Tragödie, dem vornehmen bürgerlichen Helden vorbehalten, seinen dramatischen Ausdruck. Trotz der allenthalben benutzten »Mischformen« kommt es zu keiner wirklichen Etablierung, was wohl nicht zuletzt an der untertänigen Haltung der in vielfacher Weise Abhängigen liegt; allerdings zeigt das ständige Bedürfnis nach Normierung bzw. Betonung bestehender Normen in der Dichtkunst, sichtbar etwa in den zahlreichen Poetik-Entwürfen, daß es Abweichungen in großer Zahl gegeben haben muß. Die Bemühungen des gestrengen GOTTSCHED, mit Hilfe der Neuberin ein »sauberes« Theater zu schaffen, zeugen von der »Verwilderung«, die das Theater im Barock heimsuchte. In der *Critischen Dichtkunst* (1751) spricht er sich vehement gegen den plautinischen Begriff der »tragicomoedia« aus und vergleicht ihn mit der Bezeichnung »lustiges Klagelied«, was natürlich absolut widersinnig sei (XI. Hauptstück, § 17). SCHMIDS *Theorie der Poesie* (1767) ist schon etwas deskriptiver: »Die Tragikomödie ist ein Unding, wenn man nicht, wie es insgeheim geschieht, Trauerspiele, die sich freudig endigen, heroische und rührende Lustspiele darunter versteht.« In den *Zusätze[n] zur Theorie der Poesie* (Dritte Sammlung, 17. Kapitel, 1769) widerspricht er VOLTAIRE, der geglaubt habe, wegen der im *Cid* verabreichten Ohrfeige sei das Werk eine Tragikomödie genannt worden; er schreibt weiter: »Als Korneille noch glaubte, eine Tragödie könne keine andre als eine unglückliche Katastrophe haben, nannte er die Vorstellung einer heroischen Handlung mit vergnügtem Ausgange, und also auch den Cid eine Tragikomödie.« Weiter bringt er zum Ausdruck, daß der Begriff ursprünglich scherzhaft gemeint gewesen sei und sich erst mit der Zeit über die spanischen und italienischen Einflüsse (der Humanismus spielt dabei eine wesentliche Rolle) im Sprachgebrauch durchgesetzt habe.

Die Möglichkeit einer Tragikomödie ist in der Aufklärung durch eine Neubewertung der Tragödie gegeben. »Im vernunft- und zweckmäßigen Aufbau der Welt, der besten der möglichen Welten, ist kein Platz für absolute Dissonanzen, metaphysische Brüche und unheilbare Konflikte und daher also auch nicht für das Tragische«, schreibt Martino (437) und lastet dem aufklärerischen Gehabe eine wirklichkeitsfeindliche und emanzipationshemmende Tendenz an (bezogen auf das aufkommende Bürgertum). Auf Ausgleich und Anpassung bedacht, entsprechend dem »Prinzip der poetischen Gerechtigkeit« (447), kenne die Aufklärung statt der Tragödie nur eine christliche Theodizee: »Die Theodizee auf der Bühne entsprach tatsächlich der Aufforderung, die Wirklichkeit hinzunehmen, wie sie war, sie entsprach einer Aufforderung zur Passivität und zur politischen Resignation« (448). Eine solche Haltung begünstigt aber auch die Anpassung der dramatischen Dichtkunst an die zu akzeptierende Wirklichkeit; LESSING vollzieht sie, indem er z. B. die aristotelische Poetik neu auslegt. War die griechische Tragödie ein Teil der griechischen »Natur«, so muß eine zeitgemäße Tragödie den gegebenen Umständen, der »neuen Natur« folgen: Die Haupt- und Staatsaktionen entsprechen nicht dem griechischen Vorbild. Die Einfühlung beruht aber auf dem Vorverständnis, das auf jeden Fall bedacht werden muß, ansonsten kann nichts Sinnvolles herauskommen, was der pädagogischen Absicht (ein erklärtes Hauptziel der Aufklärung) widerspräche. Am Beispiel von LOPE DE VEGA zeigt LESSING, daß selbst in Stücken nach dem »gotischen Geschmack« noch nach Regeln verfahren wird: »Stücke, welche die klassischen Regeln nicht beobachten, können doch noch immer Regeln beobachten und müssen dergleichen beobachten, wenn sie gefallen wollen. Diese also, aus dem bloßen Nationalgeschmacke hergenommen, wollte er festsetzen; und so ward die Verbindung des Ernsthaften und Lächerlichen die erste.« (*Hamburgische Dramaturgie*, 69. Stück.) Im gleichen Stück heißt es weiter unten: »Ist es wahr, daß uns die Natur selbst, in dieser Vermengung des Gemeinen und Erhabnen, des Possierlichen und Ernsthaften, des Lustigen und Traurigen, zum Muster dienet? Es scheint so. Aber wenn es wahr ist, so hat Lope mehr getan, als er sich vornahm; er hat nicht bloß die Fehler seiner Bühne beschönigt; er hat eigentlich erwiesen, daß wenigstens dieser Fehler keiner ist; denn nichts kann ein Fehler sein, was eine Nachahmung der Natur ist.« Daß Nachahmung doch nicht das bloße Gestaltungsprinzip sein könne, da sonst die Kunst aufhören würde, betont LESSING anschließend im 70. Stück. Das »Mischspiel« orientiere sich zwar nach der Natur, gebe aber nicht die wahre Natur wieder. »Der Hauptgedanke ist dieser: es ist wahr, und auch nicht wahr, daß die komische Tragödie, gotischer Erfindung, die Natur getreu nachahmet; sie ahmet sie nur in einer Hälfte getreu nach und vernachlässiget die andere Hälfte gänzlich; sie ahmet die Natur der Erscheinungen nach, ohne im geringsten auf die Natur unserer Empfindungen und Seelenkräfte dabei zu achten.« Für LESSING ist die ideelle Natur maßgebend, und aus diesem Grund kann er eine Tragikomödie auch insoweit anerkennen, als sie diesem Prinzip gehorcht (positives Beispiel ist für ihn SHAKESPEARE). Guthke vermißt den »weltanschaulichen Aspekt des Tragikomischen« (Deutsche Tragikomödie, 34) bei LESSING und übersieht dessen Bemühungen, den tragikomischen Aspekt in seine idealistische Weltanschauung einzubeziehen. *Minna von Barnhelm* (1767) wird allerdings von Guthke als Tragikomödie akzeptiert; er sieht darin ein Tellheim-Drama, erklärt den Major zur tragikomischen Hauptfigur und kann aufgrund dieser Prämisse die benötigten Strukturelemente ausfindig machen.

Während LESSING Mischverhältnisse im Lichte einer Nachahmung der menschlichen Natur betrachtet, greift LENZ den sozialen Aspekt auf und zeigt das Eingebundensein des Menschen in die Gesellschaft. In den *Anmerkungen übers Theater* (1774) lehnt er die Übertragung der aristotelischen Definition der Tragödie auf deutsche Verhältnisse ab und verteidigt seine Ansicht, daß Komödien sehr viel tauglicher seien als Tragödien, da sie Verhältnisse darzustellen in der Lage seien. »Meiner Meinung nach wäre immer der Hauptgedanke einer Komödie *eine Sache,* einer Tragödie *eine Person«,* und dementsprechend seien in der Komödie die Personen für die Handlung da, in der Tragödie aber die Handlung für die Personen. Daß eine Komödie durchaus nicht lächerlich und damit minderwertig sein müsse (s. Art. »Komödie«), macht LENZ in der *Rezension des neuen Menoza* (1775) deutlich: »Komödie ist Gemälde der menschlichen Gesellschaft, und wenn die ernsthaft wird, kann das Gemälde nicht lachend werden. Daher schrieb Plautus komischer als Terenz, und Molière komischer als Destouches und Beaumarchais. Daher müssen unsere deutschen Komödienschreiber komisch und tragisch zugleich schreiben, weil das Volk, für das sie schreiben, oder doch wenigstens schreiben sollten, ein solcher

Mischmasch von Kultur und Rohigkeit, Sittigkeit und Wildheit ist. So erschafft der komische Dichter dem tragischen sein Publikum.« Deutlich kommt der gesellschaftliche Aspekt zum Ausdruck, der für LENZ Ausgangspunkt und zugleich Endpunkt seiner Einschätzung der Komödie ist. Die Tragikomödie ist aufgehoben in der Komödie. LENZ »meint« nicht Tragikomödie, wie Guthke postuliert – gegen Guthkes Beurteilung von LENZ und dessen Komödien opponiert Giese zu Recht –, sondern faßt den Begriff Komödie für sich neu und versucht gleichzeitig seine Auffassung theoretisch zu untermauern, indem er die Verbindung von Tragik und Komik als gesellschaftsbedingt vorstellt und die Handlung daraus resultieren läßt, worauf der Handlungsführende (nämlich der Dichter) Rücksicht zu nehmen habe. Gemäß seiner Ansicht ist das nur in der Komödie möglich. (Daß die Welt nur noch in der Komödie darstellbar sei, diese Auffassung findet sich dann bei DÜRRENMATT wieder.)

Setzt LENZ sich noch mit der Zweiteilung auseinander, akzeptiert er sie noch vom Begrifflichen her, so geht BÜRGER in gewisser Weise darüber hinweg: »Da meinen sie nun, verbieten zu können, daß das Komische etwas Tragisches und das Tragische etwas Komisches begleite und bedenken nicht, wie sehr einem mit dem anderen oft aufgeholfen werden könne. [. . .] Ei, Lieber! wie, wenn der Teufel zu dir träte und dich bei voller Lache zum höllischen Tanz aufforderte? Dann würdest du ja wohl zum Teufel sagen: Dein Anstand ist komisch und schickt sich nicht für diese tragische Situation! Oder würdest du verlegen sein, wie du diesen Akt nennen solltest? Nenn ihn doch Tragikomödie!« *(Aus Daniel Wunderlichs Buch,* 1776) Das scheint in der Tat der Versuch zu sein, die Tragikomödie zu installieren, und für Guthke ist es eine Tatsache, daß BÜRGER »eine Integration von Tragik und Komik im Sinne hat« (Deutsche Tragikomödie, 47), wenn auch nicht die Tragikomödie im Guthkeschen Sinne. Aber in der genannten Schrift BÜRGERS ist eine ziemlich eindeutige Absage an die »Kästcheneinteilung« enthalten, und das oben angeführte Zitat geht mit den Worten weiter: »Darum kenn ich nur ein Spiel; und das heißt Schauspiel. Das sei, wie es wolle! Nur gefalle es den Kindern der Natur.« Guthke muß das übersehen haben.

Kleist nennt seinen *Amphitryon* (1807) »Ein Lustspiel nach Molière«. Gegenüber Molière steigert jedoch Kleist die Charakterisierung der Einzelpersonen und läßt die Nebenhandlung zwischen Merkur, Sosias und dessen Frau Charis als Parallele zur Haupthandlung erscheinen. Durch Betonung der Gefühlshaltung der drei Hauptpersonen (Alkmene, Jupiter, Amphitryon) sowie die verstärkend wirkende Nebenhandlung ergibt sich eine Mischung aus Tragik und Komik: Eine Trennung von Schein und Wirklichkeit ist für die menschlichen Akteure nicht möglich, erzeugt jedoch gleichzeitig jene Komik, die dem Tragischen zu widersprechen scheint, aber nur dem Betrachter zugänglich ist. Zusätzlich stellt sich am Schluß die Tragik nur als Schein heraus. Das Nebeneinander von Sittlichkeit und Sinnlichkeit hat etwas später A. W. Schlegel in seinen *Vorlesungen über dramatische Kunst und Literatur* (1808/1809) als besonderes Merkmal des Tragischen und Komischen hervorgehoben: »Daß ich es auf den einfachsten und verständlichsten Ausdruck zurückführe: das Tragische und Komische verhalten sich zueinander wie Ernst und Scherz. [...] Beide tragen zwar das Gepräge unserer gesamten Natur an sich; aber der Ernst gehört mehr ihrer sittlichen, der Scherz ihrer sinnlichen Seite an« (3. Vorlesung). Das Lustspiel ist »eine Mischung von Scherz und Ernst« (13. Vorlesung) und »bleibt innerhalb des Kreises der Erfahrung stehen« (ebd.), womit Kleists Lustspiel sich etwas außerhalb der »Legalität« bewegt (von Goethe übrigens kritisiert). Weiter heißt es in der 13. Vorlesung: »An die Stelle des Schicksals tritt der Zufall, denn dies ist eben der empirische Begriff von jenem, als dem was nicht in unserer Gewalt steht. Und so finden wir auch wirklich unter den Bruchstücken der Komiker viele Aussprüche über den Zufall wie bei den Tragikern über das Schicksal« – ein Vorgriff, wie es scheint, auf die dramaturgische Philosophie Dürrenmatts. Bei Schlegel bekommt das Lustspiel die Aufgabe zugewiesen, Tragikomisches darzustellen, wobei der pädagogische Zweck bestimmend mitwirkt und die »Komödie« gewissermaßen die »Anordnung« des Lebens darstellt.

Mit der Erkenntnis, daß Tragisches im alten Sinne nicht mehr möglich ist, setzt sich Hebbel in seinem Sendschreiben an Rötscher, später als Widmung dem Stück *Ein Trauerspiel in Sizilien*

(1851) beigegeben, auseinander und beruft sich dabei auf die spezifisch bürgerliche Realität des 19. Jahrhunderts. »Tragisch zu sein, hörten selbst die bedeutendsten auf, seit die Überzeugung der einen Partei nicht mehr mit der Überzeugung der anderen, sondern nur noch mit ihren Interessen zu kämpfen hat. Aber die Träger und Verfechter dieser Interessen, wie nichtig und erbärmlich sie auch, als Persönlichkeiten betrachtet, seien, sind der Komödie desungeachtet noch nicht verfallen, denn es gehen fürchterliche Wirkungen von ihnen aus.« Aus diesem Grund bleibe nur noch die Tragikomödie als adäquates Darstellungsmittel übrig. Dementsprechend führt der Weg des Dramatikers, der sich mit Realitäten auseinandersetzen möchte, weg vom idealistischen Drama und hin zum Gesellschaftsdrama, das Tragik nicht mehr als objektive Gewalt akzeptiert, der sich der Mensch ausgesetzt sieht, sondern als Konflikt betrachtet, der innerhalb des Menschen sich abspielt und von außerhalb durch den Menschen an ihn herangetragen wird. Gleichzeitig verändert sich die Komik, die nun nichts Lächerliches mehr hat und auch neue pädagogische Qualitäten gewinnt, in Richtung auf eine gesellschaftliche Komik, aus der Beobachtung der bürgerlichen Verhaltensweisen und zum Teil durch psychologisierende Verfahren gewonnen. So entstehen Dramen, die wegen ihres Aufbaues wohl als Tragikomödien bezeichnet werden können, aber selten von den Autoren entsprechend bezeichnet worden sind. IBSEN, WEDEKIND, SCHNITZLER wären in diesem Zusammenhang zu nennen, wobei nur SCHNITZLER eines seiner Dramen *(Das weite Land,* 1911) Tragikomödie nennt. Dafür hat HAUPTMANN schon fast eine Vorliebe für den Begriff Tragikomödie. *Die Ratten* (1911) und *Peter Brauer* (1921) werden ausdrücklich so genannt. Interessant ist, daß die Komödie *Der Biberpelz* (1893) ihre Fortsetzung in einer Tragikomödie, *Der rote Hahn* (1901), findet. Erscheinen in der Komödie das Milieu und die Figuren noch naturalistisch-komisch gezeichnet, wobei die Komik hauptsächlich an den Attitüden der Personen und am Mehrwissen des Zuschauers festgemacht ist, so ergibt die Ausweglosigkeit des Milieus mit den daraus resultierenden Handlungen bzw. Haltungen den tragischen Hintergrund für die Tragikomödie ab. Mit der Fortsetzung ist eine gewisse Resignation gegenüber den sozialen Verhältnissen verbunden, denen ein unveränderlicher Charakter zukommt, was einen anderen Autor, PIRANDELLO, zum Stilmittel des Absurden greifen läßt. Der Begriff, der sich damit verbindet, ist der des Zerfalls, der sich allerdings schon vorher deutlich auch in den Theorien und in der Diskussion von Darstellungsfragen, nicht zuletzt bei HEBBEL, niedergeschlagen hat. Erkennbar wird dies nach Mennemeier (18) allerdings erst im nachhinein: »Erst aus der heutigen Situation erkennt man, daß das Tragische und Komische sich bei PIRANDELLO einander nähern, weil beide Begriffe zusammen mit der geschichtlichen Welt, die ihnen Sinn verliehen hatte, im Zerfall begriffen waren. Das Dasein nahm damals Züge an, die weder tragisches Leiden an der Realität noch Befreiung vom Leiden und Wiederherstellung des Gleichgewichts im Lachen als mögliche Verhaltensweisen erscheinen ließen. Dem rückblickenden Betrachter enthüllt sich Pirandellos Theater als eine zeitgemäße Antwort auf die Erfahrung dessen, was man heute gern als das Absurde bezeichnet.« Die tragikomischen Züge in PIRANDELLOS Dramen beruhen auf der Zerstörung der Individualität, d. h. der Vorführung der Unmöglichkeit derselben in einer Zeit, in der nur noch eine Existenz als Rollenträger innerhalb gesellschaftlicher Relationen möglich ist und zwischenmenschliche Beziehungen zum Maskenspiel verkommen. Als Beispiel sei die *Narrenkappe* (1917) genannt, in der Tragisches und Komisches nicht allein in der Figur des Schreibers Ciampa vereint sind, sondern auch in der Vertuschung der möglichen Wahrheit (Ehebruch seiner Frau), deren Offenlegung seine gesellschaftliche Existenz ruinieren würde.

Alle in der Nachfolge PIRANDELLOS entstehenden Werke (z. B. auch von SHAW), bis hin zum modernen absurden Theater, arbeiten mit solchen Konstellationen; die Darstellung sozialer (bürgerlicher) Gegebenheiten, bei STERNHEIM und KAISER bis hin zu ZUCKMEYERS *Hauptmann von Köpenick* (1930) noch als Kritik aufgefaßt, mündet schließlich in das absurde Welttheater, aus dem es kein Entrinnen gibt, wo nach der verlorenen Individualität auch die reine Existenz fragwürdig wird. Aus einem solchen Nihilismus heraus kann aber weder die Tragödie noch die Komödie ihren Sinn beziehen, und auch einer Tragikomödie fehlt hierbei die Grundlage oder zumindest der Orientierungsrahmen, von dem aus Tragikomisches seine Wirkung erzielen könnte. So wird denn auf alte Topoi zurückgegriffen, die Frage nach einer eventuellen Gattungszugehörigkeit gar nicht gestellt oder im alten Sinne beantwortet.

Literatur: Guthke, K. S.: Geschichte und Poetik der deutschen Tragikomödie. Göttingen 1961. – Dietrich, M./Stefanek, P.: Deutsche Dramaturgie von Gryphius bis Brecht. München 1965. –Arntzen, H.: Die ernste Komödie. 1968. In: Wesen und Formen des Komischen im Drama. Hg. v. R. Grimm u. K. L. Berghahn. Darmstadt 1975. – Guthke, K. S.: Die moderne Tragikomödie. Theorie und Gestalt. Göttingen 1968. – Martino, A.: Geschichte der dramatischen Theorien in Deutschland im 18. Jahrhundert. I. Die Dramaturgie der Aufklärung. Tübingen 1972. – Giese, P. C.: Das »Gesellschaftlich-Komische«. Zu Komik und Komödie am Beispiel der Stücke und Bearbeitungen Brechts. Stuttgart 1974. – Mennemeier, F. N.: Das moderne Drama des Auslandes. 3., neu bearb. u. wes. erw. Aufl. Düsseldorf 1976. – Hinck, W.: Die deutsche Komödie. Vom Mittelalter bis zur Gegenwart. Düsseldorf 1977. – Hirst, D. L.: Tragicomedy. London 1984.

DIE TRAGÖDIE

von Dieter Baldo

Als besondere Ausprägung des Dramas repräsentiert die Tragödie noch bei HEGEL die »höchste Stufe der Poesie und Kunst überhaupt« (Hegel, *Vorlesungen über die Ästhetik,* III. Die dramatische Poesie [1835]). Ihren literarischen Rang bezieht sie im allgemeinen aus der Gestaltung unversöhnter tragischer Konflikte, die durch die Kollision zwischen subjektivem Bewußtsein und objektiv-sittlicher Weltordnung, zwischen einem »unausweichlichen Sollen« und dem »entgegenwirkende[n] Wollen« (Goethe, *Shakespeare und kein Ende,* 1826) entstehen und notwendigerweise mit dem Zusammenbruch oder gar Tod des Helden enden müssen.

Diese Bestimmung der Gattung durch eine »deutende Zauberformel« (Benno v. Wiese) wird freilich durch ihre Geschichte nicht unbedingt bestätigt. Die Geschichtlichkeit der Tragödie, das beweist die widersprüchliche Rezeption, begründet sich ebenso im feststehenden Kanon der Begriffe über Jahrhunderte hinweg (vgl. Gustav Freytags Standardisierung der aristotelischen Dramaturgie in *Die Technik des Dramas* [1863]; s. dazu: Theaterlexikon, 176; Wiegmann, 127) als auch in dessen Erweiterung bzw. in den Relativierungs- oder gar Auflösungstendenzen (s. Jakob Michael Reinhold Lenz' *Anmerkungen übers Theater* von 1774).

Die Tragödie (griech. tragodia = Bocksgesang) ist nach der *Poetik* des ARISTOTELES, ebenso wie die Komödie, aus der Improvisation entstanden und verdankt ihre Weiterentwicklung dem dithyrambischen Chorlied (griech. Dithyrambus = Chorlieder und Tänze im Bocksgewand zu Ehren des Gottes Dionysos). Wer der erste Dithyrambendichter gewesen sein soll, darüber berichtet HERODOT, und er nennt ARION aus Methymne, der um 600 v. Chr. für den Tyrannen Periander von Korinth einen Dithyrambus dichtet und auch einstudiert. Die unter der Landbevölkerung verbreiteten Vegetations- und Demeterkulte hatte ARION in poetisch-künstlerische Bahnen gelenkt. Diese Kunstform kann man als »Ausgangspunkt des antiken Dramas« (Wilpert, Art. Dithyrambus) ansehen: Der Vorsänger (exarchon) bildet gegenüber dem Chor, der die Festgesänge pantomimisch begleitet, immer mehr eine unabhängige Größe, bis er eine dramatische Person verkörpert.

Eine weitere, für die Tragödie entscheidende Veränderung ergibt sich um das Jahr 534 v. Chr., als Peisistratos in Athen die Dionysischen Feiern zum offiziellen Staatskult erhebt und er THESPIS mit der wirkungsvollen, dem wirtschaftlichen und kulturellen Stand der Polis entsprechenden Ausgestaltung beauftragt. Die grundlegende Neuerung THESPIS besteht darin, daß er dem im Tanzschritt auftretenden Chor als »Antworter« (Hypokrites) gegenübertritt und so ein bewegt gesungenes Wechselgespräch entsteht. In diesem frühen Stadium der Tragödie, so berichtet wiederum ARISTOTELES, hatte sie »Satyr- und Tanzcharakter«. THESPIS Aufführungen in der Orchestra (= kreisrunder Tanzplatz) zeigen eine Verlebendigung des Geschehens und ein Spannungsverhältnis zur ehemals kultischen Tradition. Aus der zum Teil sehr oratorienhaften Form wird eine in verschiedene Szenen aufgelöste, auf dem wichtigen Gegensatz zwischen lyrischem Chorgesang und berichtender Rede aufgebaute dramatisch-theatralische Grundform. Zu einer weitgehenden Objektivierung des »Antworters« und späteren Schauspielers führt auch die Leinwandmaske (über Bühnenfragen s. besonders Melchinger, Das Theater der Tragödie).

Die Wendung zum Ernst und zu der von ARISTOTELES beschriebenen »Erhabenheit« bahnt sich erst mit AISCHYLOS' Tragödien an *(Die Perser, Sieben gegen Theben, Orestie)*. Dieser erste uns bekannte Tragiker des Polistheaters erweitert wesentlich den Spielraum der Tragödie. Die festgelegte Form, die er durch die Hinzunahme eines zweiten Schauspielers (Deuteragonist) und durch die Neugestaltung der Orchestra (Verwendung eines variablen Versatzstückes) fortentwickelt hat, führt bei SOPHOKLES durch die Aufnahme eines dritten (Tritagonist) zu einer immer stärker werdenden Individualisierung der Rollen. Außerdem gilt Sophokles als der Erfinder des Bühnenbilds (Skenographie). Mit der Ausweitung der Rollen kommt es nicht nur zur Ausbildung immer neuer Grundformen (Prolog, Stichomythie, Botenbericht), sondern auch zu einer Differenzierung der Handlungs- und Dialogführung und entsprechend zu einer fortschreitenden Dramatisierung.

Als Tragödienexposition diente ursprünglich das Einzugslied des Chors (Parodos), dem ein Prolog oder Vorspruch vorangestellt wurde. Die Funktion beider heterogener Elemente besteht darin, die Voraussetzungen der Tragödie wie Mythos, Vorgeschichte, Personen, Ort und Zeit der Handlung zu explizieren. Während in der frühesten AISCHYLOS-Tragödie *Die Perser* das Spiel noch mit der Parodos beginnt, haben SOPHOKLES und EURIPIDES fast immer den Prolog verwendet. Gerade in der Behandlung des Chors als Keimzelle der Tragödie zeigt sich deren geschichtliche Entwicklung.

Chor und Chorführer schildern in den *Persern* den Auszug des Heeres unter seinem Führer Xerxes und prophezeien visionär den Untergang (V. 1–136). Dieses Chorlied nimmt bereits in reflektierender Form den Ablauf der ganzen Tragödie vorweg. Im dramatischen Szenenverlauf der unheilverkündenden Atossa-Szene, dem Botenbericht, der den Untergang der gesamten Flotte und die Niederlage des Heeres meldet, und im Exodos (= Schlußlied des Chors) bestätigt sich nur die vorweggenommene Erkenntnis. Die Selbständigkeit der Parodos verweist noch auf die ehemals kultische Bestimmung des Chors. Das Chorgeschehen war weitgehend unmimetisch, weder durch Aktion noch durch Bühnenrede festgelegt, und im wesentlichen Träger der Handlung (vgl. auch Rode, in: Die Bauformen der griechischen Tragödie, 85–115).

Die *Antigone* des SOPHOKLES beginnt mit einem Szenenprolog zwischen Antigone und Ismene, der in Rheisis (Rhesis = zusammenhängende Rede) und Stichomythien (schnelle Wechselgespräche) eingeteilt ist. Der Eingang der Tragödie übernimmt zwei wichtige Funktionen: Innerhalb der dialogisch-dramatischen Exposition wird das Ethos (Charakter) der Personen akzentuiert. In der nachfolgenden Parodos wiederholt der Chor das bereits angeklungene Thema des Kampfes um Theben und der gefallenen Ödipussöhne Eteokles und Polyneikes, spart jedoch die Machtpolitik Kreons aus. Der dramatische Konflikt entsteht sukzessiv, auch wenn das heitere Chorlied noch davon ablenkt. Hinter der Szene (vgl. dazu: Joerden, Zur Bedeutung des Außer- und Hinterszenischen, in: Bauformen, 369–412) begräbt Antigone trotz des strengen Verbots durch Kreon ihren Bruder. Durch die bewußte Kontrastierung von Prolog und Parodos entwickelt SOPHOKLES für den Zuschauer die »Fallhöhe« der tragischen Handlung.

Bei EURIPIDES, von ARISTOPHANES bekämpft und in der Komödie *Die Frösche* in einem großangelegten Dichterwettkampf karikiert, von ARISTOTELES jedoch für den »tragischsten« Dichter gehalten, tritt das Chorlied immer mehr aus der Handlung heraus. Das Lyrische verlagert sich vom Chor in die Einzelfiguren, und damit ist er von der »Szenenbeteiligung ausgeschlossen« (Rode, 113). In den *Phoinissen* zeigt er sich als ein inzwischen fremd gewordenes Element. Der Erzieher charakterisiert ihn: »Der Kriegsaufruhr, der die Stadt erschüttert, führt / Dort eine Schar von Frauen nach der Königsburg. / Schmähsüchtig ist ja von Natur der Frauen Art; / Und bietet sich zum Reden ihnen wenig Stoff – / Sie schaffen immer neuen; nichts Vernünftiges / Einander vorzuschwatzen: das ist ihre Lust« (Sammelband Antigone, 81 f.). Während des ganzen Stücks wird dem Chor geradezu verwehrt, in die Handlung einzugreifen. Den Klagegesang unterbindet Kreon: »Jetzt lasset eure Klagen: an Beerdigung / Zu denken, mahnt die Stunde« (ebd., 117). EURIPIDES führt die Tragödie auch in technischer Hinsicht weiter. Die Entwicklung von der Orchestra zur Skena vollzieht sich mit neuen bühnentechnischen Einrichtungen: Die »charontische Stiege« dient für Erscheinungen aus der Unterwelt, das »Ekkyklema« stellt einen Bühnenwagen dar, der »vollzogene grausige Handlungen« (Theaterlexikon, Art. Dionysien) dem Zuschauer sichtbar macht; die »Mechane« (Kran) schwenkt die Götter und Halbgötter auf die Bühne; »Theologeion« ist der Handlungsort der Götter über der Skene (Melchinger, 196 f.).

Paul Friedländer weist darauf hin, daß PLATO in EURIPIDES den Zerstörer der »hohen Tragödie« sah; dagegen habe er AISCHYLOS, den Erzieher des athenischen Volkes, und SOPHOKLES, der sich mit seiner Tragödie dem gesellschaftlichen Verfall entgegengestellt habe, als vorbildlich hervorgehoben (Friedländer, 126 ff.). ARI-

STOTELES greift EURIPIDES vor allem wegen seiner Chorgesänge an, die mit der Fabel kaum noch einen Zusammenhang haben: »Auch den Chor muß man wie einen Schauspieler und als ein wesentliches Glied des Ganzen behandeln. Auch er soll in die Handlung eingreifen. [...] Man läßt da den Chor Lieder singen, die bloße Einschiebsel sind.«

Die aristotelische *Poetik*, das zeigt sich in der Geschlossenheit der Darstellung und in der Festlegung der dramatischen Grundstrukturen bis ins Detail, ist eine Theorie der klassischen Dramenform, welche die Dominanz der Tragödie betont und die Komödie als Randerscheinung lediglich streift: Sie ahme nur niedere Charaktere nach. Wenn man die Wirkungsgeschichte der Komödie bis ins 18. Jahrhundert verfolgt, läßt sich bis dahin ein weitverbreitetes Einvernehmen mit ARISTOTELES feststellen; weitgehend bleiben kategoriale und hierarchische Bestimmungen hinsichtlich der Tragödie und Komödie bestehen. GOTTSCHED rechnet zum Personal der Komödie: »ordentliche Bürger oder doch Leute von mäßigem Stand, dergleichen auch wohl zur Not Barone, Marquis und Grafen« (Dramaturgische Schriften, 53). Auf der aristotelischen Tragödientheorie, die bis zu BRECHTS Konzeption der »anti-aristotelischen Dramatik« in *Kleines Organon für das Theater* (1948) weitergewirkt hat, beruhe, so Szondi, wesentlich die Poetik der neueren Zeit (Schriften I, 151). Folgenreich für die neuzeitliche Dramentheorie wurde weniger die strenge Gliederung (I. Prolog + Parodos; II. 1. Epeisodion [Auftritt einer Person] + 1. Stasimon [Standlied des Chors]; III.–IV. [s. II.]; V. Exodos) als die logisch strukturierte Handlungsführung: Notwendige Handlungsphasen »Desis« und »Lysis« (Verknüpfung oder Schürzung des Knotens und Lösung) ergeben mit den wirkungsästhetischen Mitteln der »Peripetie« (Umschwung; Glückswechsel), der »Anagnorisis« (Wiedererkennen) und der »Katastrophe« (Umsturz; Untergang) einen zielgerichteten Ablauf der Tragödie, wobei im Gang der Begebenheiten nichts vorkommen darf, was dem Verstand widerspricht. ARISTOTELES liefert im 6. Kapitel seiner *Poetik* jene paradigmatische Definition, die immer wieder zu unterschiedlicher Exegese geführt hat (Wiegmann, 1–13; George, 9–14; Pütz, 11–25):

»Die Tragödie ist also die Nachahmung einer ernsten und in sich abgeschlossenen Handlung, der eine gewisse Größe eigen ist. Ihre Sprache muß künstlerische Würze haben [Nestles Übersetzung lautet: »in kunstvollem Stil« (344 f.)], die je nach dem Teil der Tragödie verschieden ist. Die Handlung wird nicht durch bloßen Bericht erzählt, sondern von Menschen vorgeführt. Sie bewirkt durch Mitleid und Furcht eine Katharsis (läuternde Reinigung) von derartigen Gefühlen.« (Kap. 6)

Der griechische Wortlaut kann »außer Reinigung von diesen Gefühlen (Affekten)« (Genitivus objektivus) auch »Reinigung dieser Gefühle (von ihrem Übermaß)« (Genetivus separativus) bedeuten (Pütz, 21). Nach Pohlenz (488) verstand PLATO darunter die Scheidekunst, die das Schlechte beseitige und das Gute belasse. LESSINGS Übersetzung von »eleos« und »phobos« lautet »Mitleid« und »Furcht«. Schadewaldt schlägt »Schauder und Jammer« vor (in: Hermes, 1955, 129 ff.; s. auch: Pohlenz, in: Hermes, 1956, 49 ff.).

Die feste Grundstruktur der griechischen Tragödie, nach der ARISTOTELES seine Gattungspoetik systematisierte und die sich nach HÖLDERLIN *(Anmerkungen zum Oedipus)* durch »Zuverlässigkeit«, durch »berechnete Verfahrensart« und »Technik« auszeichnet, löst sich mit den Tragödien Senecas weitgehend auf. Diese können nicht mehr mit einem einheitlichen Weltbild, welches auch die Geschlossenheit der dramatischen Form bedingt, rechnen. Das gestörte Gleichgewicht zeigt sich in den Tragödien des SENECA in der Betonung der äußeren Effekte und der pathetischen Selbstdarstellung. Atreus in *Thystes* beginnt seinen Monolog: »Zu den Sternen erhebe ich mich, und über allen Menschen berühre ich mit stolzem Scheitel den hohen Himmelspol. Jetzt erst besitze ich die Ehrenzeichen des Königtums, jetzt den Thron des Vaters. Ich entlasse die Götter: den Gipfel meiner Wünsche habe ich erreicht.« SENECAS Tragödien lösen die ursprüngliche Einheit der Handlungsstruktur in ein flächiges Prinzip auf: statt Auseinandersetzung mit dem Gesamtkonflikt Darstellung der verselbständigten Einzelkonflikte. Die »lose Bilderfolge« (Seeck, 399) wird nicht durch argumentativ-dynamische Entwicklung zusammengehalten, sondern durch hochgesteigertes Pathos und durch bewußte »Katastrophenbereitschaft« (Thomann). Im Dialog bedient sich SENECA, wie Seeck (397) anführt, des »geistreich zugespitzten Gedankens« (ital. concetto = Einfall) und der Verknüpfung des Disparaten (»discordia concors«), die exzessive Gesten herausfordern (vgl. in *Medea* den Dialog Medea-Amme).

Alle Tragödien SENECAS bleiben in der Wahl des Stoffes den griechischen verpflichtet, ja sie suchen sich geradezu den archetypischen Vorbildern anzunähern durch die Auseinandersetzung mit den vorausgegangenen Deutungen (Übernahme von griechisch-mythologischen Topoi; vgl. die Chorpassagen in *Der rasende Herkules*: V. 524–28, 558–59 usw.). Ähnlich wie EURIPIDES schränkt jedoch auch SENECA den Chor ein. Er ist nur noch Betrachter und unterliegt einer immer stärker werdenden Tendenz der Poetisierung. Letztlich führt dies zu einer radikalen Vereinfachung des dramatischen Geschehens. Die monodischen Partien (Schauspielergesang) in der euripideischen Tragödie fassen Sprechvers, Deklamation, Gestik, sowie Gesang und Tanz (vgl. Barner, Die Monodie, 277–320) zusammen, bei SENECA dagegen treten die optischen Bühneneffekte, die zum hellenistischen Starwesen (ebd., 319) geführt haben, zurück oder sind »in das Wort verlagert« (Seeck, 392). Den tragischen Konflikt führt SENECA (oft) in aktualisierter und widersprüchlicher Form vor. In seinen *Phönikerinnen* wird gleichsam die euripideische Schlußszene zur Einleitung: Antigone betritt die Bühne, den blinden Vater führend, und erst in der anschließenden Szene wird der Eingang des EURIPIDES nachgeholt. Es führt zu einer Literarisierung der griechischen Tragödie, wenn SENECA seine Figuren auf die vorgegebene Tradition reagieren läßt: »Medea [. . .] will ich werden« (*Medea*, V. 171). Das kann sie nur sagen, da beim Zuschauer die Kenntnis von der euripideischen *Medea* vorausgesetzt wird. SENECAS Figuren reproduzieren noch einmal den vorgegebenen Rollencharakter.

Die römische Tragödie der »Silbernen Latinität« sieht ihr Interesse in der Darstellung menschlicher Empfindungen (vgl. Stoische Philosophie), und dies eröffnet der senecaischen Tragödie nicht nur neue Techniken wie die des »inneren Monologs« und des literarischen Psychologisierens – Seeck (420) spricht vom »psychologistischen Sündenfall«, Cunliffe (420) gar von der subjektiven Tragödie, im Gegensatz zur objektiven griechischen –, sondern löst auch die Figuren aus sozialen Bindungen und hebt sie in einen introspektiven »Schwebezustand« (Seeck, 413).

Der sich entwickelnden Handlung in der griechischen Tragödie entspricht die dynamische Entwicklung der Charaktere. Ödipus' Erkenntnis vollzieht sich schrittweise im agonalen Spielverlauf, d. h. im Widerstreit der Prinzipien. Dem sich erfüllenden Mythos des Labdakidenfluchs wird als Opponente die rationale Erkenntnis der Schuld, dem Unbegreiflichen das Meßbare und Vernünftige entgegengestellt. Das Tragische entsteht in der Abhängigkeit von Handlung und formaler Grundstruktur und ist integrativer Bestandteil der Tragödie. Aufgrund der zunehmenden Rhetorisierung des Tragödienstils, die SENECA auch den »Vorwurf des Schwulstes« (Seeck, 394) eingetragen hat, erscheint der tragische Konflikt bei ihm eher als Fremdkörper denn als Ausdruck der psychischen Verfassung des Helden. Seeck (423 f.) leitet die Kontinuität des neuzeitlichen Dramas (expressionistische Ich-Dramatik, existentialistisches und absurdes Drama) wesentlich aus dem senecaischen Subjektivismus her. SENECAS Schilderungen blutiger Ereignisse (Medeas Kindermord; Hercules' Wahnsinnstat) finden ihre Entsprechungen in ARTAUDS berühmtem Manifest *Das Theater der Grausamkeit* (1932).

Überhaupt kann SENECA, nach der Wiederbelebung der Tragödie im 14. bis ins 17. Jahrhundert einen gleichrangigen Platz neben den attischen Tragikern behaupten. Erst Mitte des 18. und im 19. Jahrhundert wird seine zentrale Stellung angesichts der sich herausbildenden Gräkomanie nicht mehr anerkannt. Noch SCALIGER hatte SENECA in seiner *Poetik* gleichrangig neben die griechischen Tragiker gestellt, und gegen Ende des 17. Jahrhunderts konnte es noch als Verdienst angesehen werden, ein »deutscher Seneca« zu heißen (Barner, 12). Auch LESSING hält SENECA in seiner unvollendeten Frühschrift *Von den lateinischen Trauerspielen, welche unter dem Namen des Seneca bekannt sind* (1754) noch für so bedeutend, daß er ihm seine Fehler willig vergeben wolle, kommt jedoch dann in seiner Schrift *Laokoon oder über die Grenzen der Malerei und Poesie* (1766) zu einem vernichtenden Urteil: Er nennt die senecaischen Personen »Klopffechter im Kothurne«, die unser Herz kalt lassen. (Vgl. auch August Wilhelm Schlegels *Vorlesungen über dramatische Kunst und Literatur* (1809), 15. Vorlesung.)

Nach einer Periode der totalen Unterdrückung durch die Kirchenväter und nach einer Ausrottungskampagne, die im 6. Jahrhundert in einem Verbot von Theatervorstellungen kulminiert, erlebt das antike Drama seine Wiedergeburt mit einer PLAUTUS-Komödie am Hof von Ferrara (1486), mit VITRUVS Schrift *Über die Baukunst* (1486) und mit der perspektivisch aufgebauten und gemalten Dekoration des Malers PELLEGRINO DA UDINE. (Zur Geschichte des Bühnenbilds s. Schuberth.) Die christliche Theologie und die mittelalterliche Weltanschauung hatten die antiken Traditionen zum Erliegen gebracht, der Begriff des Tragischen war in den Mysterien- und Jedermannspielen und auch bei HROSVITHA VON GANDERSHEIM (um 935–nach 975) einer Märtyrer- bzw. Keuschheitsthematik gewichen (Janota, 26). Über die Grundbegriffe der aristotelischen Tragödientheorie herrschte in den Lehrbüchern des Mittelalters »völlige Verwirrung« (Borcherdt, 69); auf den langwierigen Erschließungsprozeß durch die Kommentare von ROBERTELLO (1548), MAGGI (1550), vor allem SCALIGER (1561) und CASTELVETRO (1570), die aus den ARISTOTELES-Stellen die bekannte Einheitstheorie (Einheit der Handlung, des Ortes und der Zeit) ableiten, sei nur hingewiesen. (Nähere Ausführungen bei M. Fuhrmann, 93–105.) Der einzige bekannte Tragiker ist SENECA. Mit Tragödien, die nach seinem Muster angefertigt werden und die Tyrannen- und Märtyrerproblematik betonen, beginnt die europäische Tragödiendichtung (Lefèvre, 1–11; Tschiedel, 74 ff.).

Um 1315 schreibt der englische Dominikanermönch TREVETH einen Kommentar zu SENECAS Tragödien (teilweise abgedruckt bei George, 31 f.), und ebenfalls um 1315 entsteht ALBERTINO MUSSATOS *Eccerinis*, die als erste Tragödie der Neuzeit bezeichnet wird. Regenbogen (13) nennt sie ein »Epos mit verteilten Rollen«, das der mittelalterlichen Sprache noch sehr verhaftet bleibe. TREVETH wie MUSSATO verkennen den Darstellungsstil der antiken Aufführungen:

»In der Mitte sitzt der sagenhafte Calliopius und rezitiert die

Dichtung, während davor die Schauspieler agieren, die als *joculatores* bezeichnet sind und mit Masken erscheinen. Die *scena* dient hier aber nicht bloß als Platz für den Rezitator, sondern zugleich als Raum, aus dem die Schauspieler auftreten« (Borcherdt, 81 f.).

MUSSATOS Anlehnung an SENECA zeigt sich in der Übernahme des fünfaktigen Aufbaus mit den eingeschobenen Chorpartien, des Botenberichts und charakteristischer Handlungselemente, die an SENECAS *Phaedra* und *Thystes* erinnern (Tschiedel, 82 f.). Erst die praktische Umsetzung der Erkenntnisse VITRUVS durch POMPONIUS LAETUS bringen Klarheit über das römische Bühnenwesen und über die theatralische Aufführungspraxis.

Die erste volkssprachliche italienische Tragödie (»tragedia volgare«) des GIANGIORGIO TRISSINO, *Sofonisba* (1515), und seine Schrift *La sei divisioni della Poetica* (1529) weisen, neben den damals typischen SENECA-Bezügen, auch erste wichtige Hinweise zur aristotelischen *Poetik* auf (1449 b), nämlich die im 6. Kapitel beschriebenen Wirkungen auf das Publikum (Schauder und Jammer) und die drei Einheiten. Eine Sonderstellung innerhalb der Renaissancetragödien nimmt *Sofonisba* auch wegen des Verzichts »blutiger Horrorszenen« (Tschiedel, 95) ein. Handlungsort ist, wie in der sophokleischen *Antigone*, der Platz vor der Königsburg; der Chor bleibt nach seinem ersten Auftritt ständig auf der Bühne. TRISSINOS *Sofonisba* als erste »tragedia regolare« wird Vorbild für weitere Tragödienproduktionen (über die Wirkungsgeschichte s. Tschiedel, 113 f.). Auch die *Orbecche* (1541) von GIOVAMBATTISTA GIRALDI, genannt CINTIO, hat auf die »Cinquecento«-Tragödien erheblichen Einfluß genommen (Bsp. TORQUATO TASSOS Tragödie *Il Re Torrismondo* (1587)). *Orbeche* führt nicht nur die gewohnt »schrecklichen Begebenheiten« (Tschiedel, 103) vor, wie sie von SENECA bekannt sind, sondern verwirklicht wichtige szenische Neuerungen (»riforma giraldesca«, Kindermann, Bd. II, 67): 5-Akte-Gliederung; Simultanszenen; Einheitsdekoration; die Zwischenakte sind mit Musik und kurzen, selbständigen dramatischen Einlagen (Intermedien) ausgefüllt; Einführung eines Prologs, in dem Dichter und Darsteller vorgestellt werden (ebd., 68). Sämtliche Reformen zielen auf eine bewußt theatralische Gestaltung des Textes für die Bühne.

CINTIO läßt in seiner literaturtheoretischen Schrift *Discorsi* (1553) selbst die Kostümfrage nicht unbeachtet. Zurückgreifend auf die allerdings eingeschränkten aristotelischen Bestimmungen, versucht CINTIO beim Zuschauer, »durch prächtige Kostüme und imposante Statistenmassen unterstützt« (Borcherdt, 125), die größtmöglichen Wirkungen zu erzielen.

Die ersten Ansätze zu einer Wiederbelebung der Antike zeigen sich im französischen Renaissancetheater Mitte des 16. Jahrhunderts vor allem mit JODELLES *Cléopâtre Captive* (1552) und ROBERT GARNIERS *Hippolyte* (1573) (vgl. auch die »Pléiade«-Tragödie). An der Entwicklung der klassischen Tragödie beteiligen sich Theoretiker wie JEAN CHAPELAIN, D'AUBIGNAC, BOILEAU mit seiner Schrift *Art poétique* (1674) und im wesentlichen CORNEILLE und RACINE. Durch die Disziplinierung ihrer inneren und äußeren Formen (»Doctrine classique« und »Discours des trois unités«) wird der Tragödie der oberste Platz in der Gattungshierarchie zugewiesen. Ausschließliche Grundlage des künstlerischen Schaffens wird die Natur, welche die Kunst nachzuahmen hat (»imiter de la nature«), wobei das zusätzliche Postulat der Vernunft (»raison«) das Realistische ebenso wie das Absurde ausschalten soll. Durch den Primat der Vernunft avanciert die Sprache zum konstituierenden Ausdrucksmittel, der sich Gestik, Musik usw. unterzuordnen haben.

Ein weiterer Funktionswandel der Tragödie ergibt sich aus der Forderung, daß sie nur Personen vornehmen Standes (Ständeklausel) und große Menschen darzustellen habe (D'Aubignac, passim). Dieser immer mehr hervortretende, vornehme Grundzug der Tragödie und ihre idealisierte Künstlichkeit schließen das Volk aus, ja dieses wird sogar als Feind der »raison« betrachtet. Eine Landkarte der Poesie entwirft ein Bild, im dem die Berge die Tragödie, die Tiefe die Komödie darstellen (D'Aubignac). So entstammen die Figuren in CORNEILLES *Cid* (1636) dem Königshaus und dem Hochadel; Personen niederen Standes sind nicht vertreten. Den hierarchischen Aufbau zeigt schon das Personenregister: Obwohl der König, im Vergleich zu Rodrique, dem Cid, nur wenige Auftritte hat, wird er an erster Stelle aufgeführt. Der literarische Regelstreit, den das Werk entfacht und in den sich auch die »Académie Française« einschaltet, entzündet sich hauptsächlich an ästhetischen Fragestellungen. CHAPELAIN tadelt in *Sentiments de l'Académie Française sur la tragi-comédie du Cid* (1637) die »zu wenig spannende Entwicklung« und die Verstöße »gegen das Gesetz der Wahrscheinlichkeit und der Moral« (Kindermann, Bd. IV, 95): Cimène ehelicht den Mörder ihres Vaters.

Mit CORNEILLES *Médée* und *Oedipe* erreicht auch die Rezeption SENECAS ihren Höhepunkt, die sich nach Wanke (200 f.) in typischen Übernahmen wie »Affektmonolog, domina-nutrix-Szene, altercatio und Botenbericht« offenbart, während SENECA in RACINES *Britannicus* lediglich eine negative Bemerkung erfährt (Wanke, 207) und SOPHOKLES als Vorbild erwähnt wird. RACINES Idealvorstellung der Tragödie ist die der »simplicité d'action« im Sinne der Alten (gemeint sind Vergil, Homer und Sophokles), deren Stücke ihre Wirkung aus der »violence des passions« und der »beauté des sentiments« (Racine, Vorworte zu *Alexandre, Britannicus* und *Bérénice*) beziehen und auf das Ereignishafte, im Sinne CORNEILLES, verzichten (über die Form der französischen Tragödie s. GOETHES Brief an SCHILLER vom 23. 12. 1797). Obwohl RACINES Tragödien Brüche aufzeigen (Zons-Giesa, 276) oder bis an die »Grenzen des Möglichen getrieben« (Heitmann, 45) werden, erfüllen sie noch, so Klotz (passim), das Schema der geschlossenen Form. Auf den »geometrischen Geist« im 17. Jahrhundert weist auch Olschki hin (516 ff.).

Die englische Renaissance-Tragödie, von SHAKESPEARE zur Vollendung gebracht, opponiert im allgemeinen gegen die Einheitspraxis und strenge Reglementierung. Im *Hamlet* (1603) zählt SHAKESPEARE sämtliche möglichen und unmöglichen Gattungen auf. Polonius kündigt Hamlet die besten Schauspieler der Welt an, »sei es für Tragödie, Komödie, Historie, Pastorale, Pastoral-Komödie, Historiko-Pastorale, Tragiko-Historie, Tragiko-Komiko-Historiko-Pastorale, für unteilbare Handlung oder fortgehendes Gedicht. Seneca kann für sie nicht zu traurig, noch Plautus zu lustig sein« (2. Akt, 2. Szene). Dieser Aufzählung entsprechend lassen sich in SHAKESPEARES Stücken (fast) alle Gattungen nachweisen. Die Handlung wird nicht mehr einem Regelmuster unterworfen, sondern entwickelt sich aus dem dramatischen Gegenstand zu einer oft mehrfach gebrochenen, kaum verbundenen Szenenfolge. So erscheinen typisch komödienhafte Elemente in der Tragödie, ebenso wie die Komödie tragischen Charakter annehmen kann. Shakespeares Dramen zeigen in ihrer Tendenz eine Öffnung zum Publikum (vgl. die Chorpassage zu *Heinrich der Fünfte*). Die Wirkungselemente beschränken sich nicht auf dramenspezifische Mittel (Sprache, Intonation; vgl. auch Platz-Waurys Unterscheidung in »verbale und nonverbale Lokalisierungstechnik«, 23 ff. und die »Wortkulisse« nach Müller-Schwefe, 69), sondern der Text beinhaltet deiktische Momente.

Die Vielfalt in SHAKESPEARES Werk (z. B. die Mischung von Prosarede und Blankvers) läßt auch auf den Rückgriff auf verschiedene literarische Traditionen schließen. Für Ina Schabert sind dies: »›Mirror pattern‹, das Schema der Moralitäten, das des ›revenge play‹ und die Struktur der klassischen Komödie« (Shakespeare-Handbuch, 259). Der neue Tragödientypus, den Shakespeare geschaffen hat und der am besten mit »Charaktertragödie« (Schirmer, 88) zu bezeichnen wäre, zeigt in seiner dramatischen Bewegung die Tendenz, die Grenzen der herkömmlichen Tragödie aufzulösen. Variabilität macht die Shakespeare-Tragödie wohl zu einem bestimmbaren, aber uneinheitlichen und widersprüchlichen Formtypus. Die tragische Verwicklung entsteht aus dem Zusammenwirken von äußerem und innerem Geschehen, und in dem kontrastierenden Gegeneinander und der dargestellten Weltfülle stellt sich weniger die Frage nach »Schuld« und »Tragik« als nach dem Kräftekonflikt.

Die Grundzüge der Tragödie erscheinen im Zeitalter des deutschen Barock in erheblich modifizierter Form, die neuen Gattungen sind Schau-Spiel und Trauerspiel (George, 87; vgl. GRYPHIUS' Drama *Carolus Stuardus*). Die Übersteigerung des »Schauplatzes« zur Richtstätte oder zum »Mord-Altar« (GRYPHIUS, ebd.) ist kennzeichnend für die Barock-Dramatik. In OPITZ' 1624 erschienenem *Buch von der Deutschen Poeterey* handelt die Tragödie »nur von Königlichem Willen / Todtschlägen / Verzweiffelungen / Kinder- und Vätermörden / brande / blutschande / Kriege und Aufruhr / klagen / heulen und seuffzen und dergleichen« (s. auch Geiger, 119). Dabei beruft er sich vornehmlich auf ARISTOTELES, HORAZ, VIDA und SCALIGER.

Wie immer wieder richtig betont wird, sind die Kennzeichen der Barockpoetik »Unselbständigkeit« und »Abhängigkeit« (Schings, 48). Diese offensichtlichen Tendenzen berechtigen aber noch nicht dazu, die Barockpoetik lediglich »in knappster Form als Folie« heranzuziehen, damit sich die nachfolgenden Epochen um so deutlicher davon abheben (Benno von Wiese). Daß durch dieses Verfahren ganze Perioden schlichtweg übersehen werden, bemerkt George (9) und weist auf HANS SACHS hin, der 51 seiner Stücke »tragedien« oder »tragoedien« nannte (ebd., 10). An Benjamins prinzipieller Unterscheidung zwischen Tragödie und Trauerspiel (vgl. auch Szondi) oder des Trauerspiels als »Parodie der Tragödie« (307 ff.) läßt sich die Diskussion um die gattungsspezifischen Eigenheiten festmachen. Benjamin nennt die Dramen des Barocks in einem Gespräch mit Asja Lacis (s. Benjamin, *Schriften I*, 3, 879) »traurige Spiele«, die Verzweiflung und Verachtung der Welt ausdrücken, und hebt demgegenüber die Haltung der griechischen und der eigentlichen Tragiker der Weltliteratur hervor, die dem Schicksal gegenüber unbeugsam geblieben seien. Für die Synonymität Tragödie = Trauerspiel setzt sich Asmuth (34; vgl. auch Guthke, 1 und Schings) ein und nennt in diesem Zusammenhang PHILIPP VON ZESENS »treurspiel« (1640).

Der geschichtliche Dissoziierungsprozeß und die Nichteinhaltung des aristotelischen Nachahmungsgrundsatzes haben die Gattungsautonomie so weit außer Kraft gesetzt, daß nur noch von einer Annäherung an die Tragödie gesprochen werden kann. Das barocke Drama sieht sein Ziel nicht in der Verwirklichung des tragischen Potentials, sondern in der Verherrlichung der Seelenstärke, im Kult des Todes und der Heilsgewißheit des Märtyrers. Barocke Begriffe wie »Trauerspiel«, »Schäferspiel«, »Weltspiel« usw. verweisen auf das Motiv der Überwindung der »Trauer« im »Spiel« durch eine vollkommene Theatralisierung des Lebens. Mit dem Beibehalten der »gravitas«-Regel und der Ständeklausel verschafft sich das barocke Trauerspiel zwar noch die Vornehmheit, an der das Beispielhafte demonstriert werden kann, nähert sich aber durch Übernahmen von SENECA, ARISTOTELES und CALDERONS *Das große Welttheater* der Darstellungsform des Schau-Spiels an.

Das »bürgerliche Trauerspiel«, im Unterschied zu der heroischen Tragödie, bereitet sich mit GOTTSCHEDS »Schaubühne« vor, seiner Theaterreform in Zusammenarbeit mit der berühmten Neuberschen Truppe und mit seinem Trauerspiel *Sterbender Cato* (1732). Gottscheds Dramenproduktion und die Herausgabe der sechsbändigen Sammlung *Deutsche Schaubühne* können als Schritte zu einem eigenständigen nationalen Theater angesehen werden. Er bereitete somit LESSING den Boden, ohne daß dieser es eingesehen hätte (vgl. dazu *Briefe, die Neueste Literatur betreffend,* 17. Brief vom 16. Februar 1759). Allerdings wäre es auch zu weit gegriffen, bereits in GOTTSCHEDS Bühnenkunst für die »Anspruchsvollen und Gebildeten«, die zweifellos eine Etappe auf dem Weg von der »Pöbelkunst« zum »bürgerlichen Trauerspiel« darstellt und in der sich auch der Ausdruckswille einer bedeutender werdenden sozialen Schicht, des Bürgertums, manifestiert, mehr als eine Markierung zu sehen. Analog zu den Begriffen »Pöbelkunst« und Theater für die »Anspruchsvollen und Gebildeten« (Wierlacher, 58 ff.) formuliert GOTTSCHED seine Reformbestrebungen, in denen es ihm um eine Zurückdrängung des zum Spektakel heruntergekommenen Jahrmarkttheaters geht unter gleichzeitiger Adaption der französisch-klassizistischen Tragödie. In seinem *Versuch einer Critischen Dichtkunst* (1730) und der *Rede von der »Deutschen Gesellschaft«* (1729; Druck 1736) stellt GOTTSCHED einen Regelkatalog auf: Die Tragödie habe nicht nur dem Gebot der Wahrscheinlichkeit und einem moralischen Zweck zu folgen, sondern sich auch der dreifachen Einheit und der Einteilung in fünf Akte zu unterwerfen.

Für die Epoche des bürgerlichen Trauerspiels (»domestic tragedy« oder »tragédie bourgoise«) stehen Autoren wie LILLO, DIDEROT, LESSING, MERCIER, LENZ. Guthke (1) nennt vier Dramen, die sich unter dem Stichwort »bürgerliches Trauerspiel« vor allem einstellten: *Miß Sara Sampson, Emilia Galotti* (LESSING), *Kabale und Liebe* (SCHILLER) und *Maria Magdalena* (HEBBEL), wobei HEBBELS Versuch einer Regenerierung der bürgerlichen Tragödie (Tagebücher Hebbels 2910, 4. Dezember 1843) »etwas Unzeitgemäßes« (H. Reinhardt, 246) anhaftet, da er bestimmte Aspekte des bürgerlichen Trauerspiels verabsolutiert. Ursache des Tragischen ist nicht mehr der Konflikt zweier Stände, sondern die »Tragödie des Bürgertums« (Eloesser, 216; s. auch Guthke, 95 ff.) selbst. Hebbels »distanzierter Epilog auf die Gattung« (Guthke) leitet jedoch Ende des 19. und im 20. Jahrhundert die Entwicklung der anti-bürgerlichen gesellschaftskritischen Dramatik der Autoren IBSEN, SHAW, HAUPTMANN, WEDEKIND, STERNHEIM ein.

Wichtigste Neuerung im bürgerlichen Trauerspiel ist die Aufhebung der Ständeklausel (vgl. dazu Szondis Interpretationen zu GEORGE LILLOS *The London Merchant* (1731), in: Die Theorie des bürgerlichen Trauerspiels, 15–90). LESSING veröffentlicht unter dem Titel *Abhandlungen von dem weinerlichen oder rührenden Lustspiele* (1754) eine Verteidigung der neuen Gattung. Weder das Lustspiel noch das Trauerspiel seien von Neuerungen verschont geblieben. »Das erstere hat man um einige Staffeln erhöht, und das andere um einige herabgesetzt« (*Theatralische Bibliothek,* I. Stück). Die Wirkungsästhetik des 18. Jahrhunderts bedient sich nicht nur vollkommen neuer Gattungen (Schauspiel), sondern steigert auch die Illusion zur Identifikation. Der Zuschauer soll gleichsam in den »Sturm des Dargestellten hineintauchen« (Martini, 138). Voraussetzung dieser überhöhten Illusionierung ist der Wegfall der sozialen Schranken (vgl. LESSINGS *Hamburgische Dramaturgie* (1769), 14. Stück). Nicht mehr die »Haupt- und Staatsaktionen« (GOTTSCHED), sondern die privaten menschlichen Konflikte stehen im Vordergrund. Das Theater wird zur Schule der Menschlichkeit. Lag der Akzent im 16. und 17. Jahrhundert noch auf Furcht und Schrecken, wandelt er sich im 18. in Mitleid. LESSING beharrt auf einer Theodizee, die das Tragische durch den Glauben an die »condicio humana« aufhebt: »[...] die Bestimmung der Tragödie ist diese: sie soll *unsere Fähigkeit, Mitleid zu fühlen,* erweitern [...] *Der mitleidigste Mensch ist der beste Mensch*« (LESSINGS Brief vom November 1756 an FRIEDRICH NICOLAI; teilweise abgedruckt bei Geiger, 129 ff.).

Mit der Überwindung der klassizistischen Konventionen (Regeldramatik) geraten die Grenzen der Gattung immer mehr in Bewegung. Die Vielfalt der Möglichkeiten ergibt sich nunmehr aus dem »subjektiven Ausdrucksdrang« (Martini, 128). Diese einsetzende Subjektivität und das mangelnde Interesse des

»Sturm und Drang« an Gattungsunterschieden führt zu einer rein philosophischen Auseinandersetzung mit dem Begriff des Tragischen. Szondi läßt sie 1795 mit dem letzten der *Philosophischen Briefe über Dogmatismus und Kritizismus* von SCHELLING beginnen (Szondi, Schriften I, 157 ff.). Was die Philosophen von SCHELLING bis SCHELER beherrscht, ist weniger die Ergründung der Praxis von Drama und Theater oder die Frage nach der Poetik der Tragödie als das Suchen nach der unveränderlichen Substanz tragischer Situationen. Das »Tragische« wird zu einer allgegenwärtigen Wesensform. In SCHOPENHAUERS *Die Welt als Wille und Vorstellung* (1819) heißt es:

»Was allem Tragischen, in welcher Gestalt es auch auftrete, den eigentümlichen Schwung zur Erhebung gibt, ist das Aufgehn der Erkenntnis, daß die Welt, das Leben, kein wahres Genügen gewähren könne, mithin unserer Anhänglichkeit nicht wert sei: darin besteht der tragische Geist: er leitet demnach zur Resignation hin.«

(Vgl. auch die thematische Überhöhung des Tragischen in den Schriften von UNAMUNO, *Das tragische Lebensgefühl*, und VOLKELT, *Die Ästhetik des Tragischen;* weitere Hinweise bei Szondi und Mack.)

Die Kritik an der überlieferten Poetik erwuchs aus einer radikal emanzipatorischen Gegenbewegung. JAKOB MICHAEL REINHOLD LENZ stellt den aristotelischen drei Einheiten »hundert« entgegen. An die Stelle der tragenden Haupt- oder Mittelpunktsfigur, aus der sich die Handlung in der klassischen Dramaturgie entwickelt, setzt er sozialkritisch gesehene Begebenheiten und tragikomische Charaktere. Erst BÜCHNER und GRABBE, später WEDEKIND und BRECHT verarbeiten seine Anregungen im sozialkritischen Zeitstück.

GOETHES kritische und manchmal sogar ablehnende Haltung gegenüber dem Tragischen und der Tragödie ist vielfach überliefert (s. Müller, 207 und Briefwechsel mit Zelter und Schiller). Seine Angst vor dem Unternehmen, eine »wahre Tragödie« zu schreiben, die dem Versuch einer Selbstzerstörung gleichkomme, bekennt er in einem Brief an Schiller vom 9. 12. 1797. Sie kann GOETHE freilich nicht davon abhalten, Tragödien oder Trauerspiele wie *Egmont, Faust, Clavigo* usw. zu schreiben. *Iphigenie auf Tauris* und *Torquato Tasso* nennt er jedoch »Schauspiele«, in denen er eine vermittelnde Position zwischen dem Tragischen und der Möglichkeit einer dramatischen Gestaltung sucht. In *Nachlese zur Aristoteles' Poetik* (1827) bietet er eine angemessene Lösung des Problems an, indem er »Katharsis« mit »Ausgleichung solcher Leidenschaften«, »aussöhnende Abrundung, welche eigentlich von allem Drama, ja sogar von allen poetischen Werken gefordert wird«, übersetzt.

»Den vielleicht letzten großen europäischen Tragiker im antik-humanistischen Sinne«, nennt Borchmeyer SCHILLER, der den Absolutheitsanspruch der dramatischen Gattung stets aufrechterhielt. Für die griechischen Tragiker wie für die gesamte europäische Tragödie gehörte zur Vollständigkeit der Handlung auch deren Öffentlichkeit. SCHILLER knüpft an diesen Grundsatz wieder an und negiert damit die Tendenzen des bürgerlichen Trauerspiels (vgl. Lessing, *Hamburgische Dramaturgie*, 59. Stück). In *Die Braut von Messina* (1803) führt er den Chor wieder ein, und in der Vorrede *Über den Gebrauch des Chors in der Tragödie* begründet er dies wie folgt:

»Die alte Tragödie, welche sich ursprünglich nur mit Göttern, Helden und Königen abgab, brauchte den Chor als eine notwendige Begleitung; [...] In der neuen Tragödie wird er zu einem Kunstorgan; er hilft die *Poesie hervorbringen*. Der neue Dichter findet den Chor nicht mehr in der Natur, er muß ihn poetisch erschaffen und einführen, das ist, er muß mit der Fabel, die er behandelt, eine solche Veränderung vornehmen, wodurch sie in jene kindliche Zeit und in jene einfache Form des Lebens zurückversetzt wird.«

SCHILLERS Tragödientheorie (s. vor allem die Schriften *Über den Grund des Vergnügens an tragischen Gegenständen* (1792), *Über die tragische Kunst* (1792), *Über das Pathetische* (1793) und *Über das Erhabene* (1801)) intendiert, den Zuschauer in eine erhabene Stimmung zu versetzen und ihn so am »Übersinnlichen« teilhaben zu lassen. Allerdings sucht er nicht nach einer phänomenologischen (vgl. Schelling und Hegel), sondern nach einer auf Zweck und Wirkung ausgerichteten Bestimmung der Tragödie. SCHILLER will die Paläste wieder auftun und die Götter wieder aufstellen und »alles Unmittelbare, das durch die künstliche Einrichtung des wirklichen Lebens aufgehoben ist, wieder herstellen« (Vorrede, *Die Braut von Messina*). Einen hohen Wirkungsgrad sieht SCHILLER auch in der Darstellung der Affekte, die das 19. Jahrhundert gerade bestrebt war zu überwinden. Die affektvolle Leidensdarstellung soll beim Zuschauer den Affekt des Mit-Leidens hervorrufen *(Über die tragische Kunst)*.

Bereits SCHILLERS Abhandlung über den Chor, auf die GRILLPARZER in seiner Studie *Über die Bedeutung des Chors in der alten Tragödie* ablehnend verweist, zeigt jedoch, daß die versuchte Rückgewinnung der antiken Tragödie mit einem Verlust an Wirklichkeitsnähe verbunden war. Nach Borchmeyer (154) zieht der Chor in der *Braut von Messina* einen »Zauberkreis um die Welt des Dramas«, konzipiert als »utopisches Gegenbild« zur Wirklichkeit. Das Beschwören des alten Wirkungszusammenhangs zwischen Privatheit und Öffentlichkeit, Affekterregung und Mit-Leiden, wie es SCHILLER in seinen Stücken und Schriften versucht hat, konnte die allmähliche Auflösung der Tragödie nicht aufhalten. In seiner Schrift *Über naive und sentimentalische Dichtung* (1795/96) räumt er ein: »Wenn also die Tragödie von einem wichtigeren Punkt ausgeht, so muß man auf der anderen Seite gestehen, daß die Komödie einem wichtigeren Ziel entgegengeht, und sie würde, wenn sie es erreichte, alle Tragödie überflüssig und unmöglich machen.« HEGEL macht für die moderne Tragödie geltend, daß sie von Anfang an die Subjektivität und Partikularität aufnehme (555); für das Tragische solle sich nur dann eine Lösung ergeben, wenn es notwendig sei, denn: »Das bloße Unglück, nur weil es Unglück ist, einer glücklicheren Lösung vorzuziehen, dazu ist kein weiterer Grund vorhanden als eine gewissen vornehme Empfindlichkeit, die sich an Schmerz und Leiden weidet und sich darin interessanter findet als in schmerzlosen Situationen, die sie für alltäglich ansieht« (Bd. III, 567). Die Aufhebung des Tragischen im Komischen, erkenntnistheoretisch durch HEGEL abgesichert und als Thema von MARX aufgegriffen, bezeichnet letztendlich einen realen Vorgang im 19. Jahrhundert: die dialektische Selbstaufhebung des Tragischen (vgl. auch Szondi, I, 209), vorweggenommen durch das bürgerliche Trauerspiel.

»Das moderne *ancien regime* ist nur mehr der *Komödiant*

einer Weltordnung, deren *wirkliche Helden* gestorben sind. Die Geschichte ist gründlich und macht viele Phasen durch, wenn sie eine alte Gestalt zu Grabe trägt. Die letzte Phase einer weltgeschichtlichen Gestalt ist ihre *Komödie.* Die Götter Griechenlands, die schon einmal tragisch zu Tode verwundet waren im gefesselten Prometheus des Äschylos, mußten noch einmal komisch sterben in den Gesprächen Lukians. Warum dieser Gang der Geschichte? Damit die Menschheit *heiter* von ihrer Vergangenheit scheide.« (Marx/Engels, Bd. 1, 382)

Der pyramidale Aufbau der Tragödie (Einleitung, erregendes Moment, steigende Handlung, Höhepunkt und Umkehr) ist bereits durch Misch- und Zwitterformen wie »bürgerliches Genrebild«, »Charaktergemälde«, »Melodrama« usw. weitgehend aufgelöst. Die Gemischtheit des Publikums läßt eine Einheit der Dichtung kaum mehr zu. Das erkennt auch F. SCHLEGEL im *Lyzeumsfragment* Nr. 60: »Alle klassischen Dichtarten in ihrer strengen Reinheit sind jetzt lächerlich.« Propagiert werden auch Gattungsvarianten wie historische, soziale und politische Tragödie, um sich noch der überlieferten Großform Tragödie zu versichern. In diese Vielfalt mischt sich auch BÜCHNERS realistische Dramatik (*Dantons Tod* und sein Fragment *Woyzeck* von 1835 bzw. 1836). Das Unbehagen an der Tragödie führt zu immer neuen Gattungen: IBSEN bezeichnet seine sozialkritischen Stücke wie *Peer Gynt* (1867) und *Gespenster* (1881) als »Schauspiele«; HAUPTMANN nennt *Vor Sonnenaufgang* (1889) ein »soziales Drama«, *Das Friedensfest* (1889) eine »Familienkatastrophe«, TSCHECHOW *Die Möwe* (1895) eine »Komödie«, obwohl sie mit der Nachricht von Kostjas Selbstmord endet.

Der Verzicht auf klare Abgrenzung verwischt auch immer mehr die Handlungsursachen. KARL KRAUS' Tragödie in 5 Akten *Die letzten Tage der Menschheit* sind während des 1. Weltkriegs entstandene Aufzeichnungen, die die Ohnmacht der herkömmlichen Literatur gegenüber den Kriegsereignissen wiedergeben und die das »tragische Schicksal« in operettenhafter Form vortragen (Vorwort zu *Die letzten Tage der Menschheit*). Zwar werden bestimmte Muster der Tragödie noch einmal herangezogen (vgl. auch DÜRRENMATTS »tragische Komödie« *Der Besuch der alten Dame* (1955)), doch durch ihre Travestierung sollen sie lediglich die Sinnlosigkeit und Absurdität des geschichtlichen Verlaufs beweisen. In IONESCOS Stücken wird das Komische zum eigentlich Tragischen oder umgekehrt (s. IONESCO: *Notes et contrenotes* (1962)), so daß eine Unterscheidung gar nicht mehr getroffen werden kann.

In BRECHTS Konzeption der »nicht-aristotelischen« Dramatik werden die »tragischen« Konflikte als grundsätzlich lösbar dargestellt, jedoch nicht durch eine »Dramatik der Exposition, der Knotenschürzung und des Kulminationspunktes«. In seiner Bearbeitung der *Antigone des Sophokles* (1948) sucht er in der produktiven Auseinandersetzung mit der Tragödie der Tragik wirksam zu begegnen, indem er dem Zuschauer zeigt, wie tragische Situationen entstehen und wie sie verhindert werden können.

Neben diesen zwei Tendenzen, der Travestierung und der produktiven Weiterverarbeitung des Tragischen, wäre noch eine andere zu nennen: die Restituierung der Tragödie. HOCHHUTHS *Der Stellvertreter* (1963) bedient sich weitgehend der Schillerschen Dramentechnik und weist auch in seinem Titel »Ein christliches Trauerspiel« (in der 1. Druckfassung noch »Schauspiel«) auf weitere Affinitäten hin. Auch bei HEINER MÜLLER ist eine Annäherung an die Tragödie festzustellen. In den Dramen *Herakles 5, Horatier, Philoktet, Ödipus Tyrann* und *Prometheus* übernimmt er nicht nur griechisch-mythologische Stoffe, sondern greift auch bewußt auf den Formenkanon der klassischen Dramaturgie zurück.

Literatur: Pohlenz, M.: Die griechische Tragödie. Göttingen [2]1954 ([1]1930). – Borcherdt, H. H.: Das europäische Theater im Mittelalter und in der Renaissance. Reinbeck bei Hamburg 1969 ([1]1935). – Schirmer, F./Esch, A.: Kurze Geschichte der englischen und amerikanischen Literatur. Tübingen [4]1977 ([1]1945). – Schadewaldt, W.: Hellas und Hesperien. Ges. Schriften zur Antike und zur Neueren Literatur. Zürich und Stuttgart 1960. – Thomann, Th.: Seneca als Mittler der griechischen Tragödie. In: Seneca. Sämtl. Tragödien Bd. 1. Zürich 1969, S. 7–61. – Mack, D.: Ansichten zum Tragischen und zur Tragödie. Ein Kompendium der deutschen Theorie im 20. Jahrhundert. München 1970. – Rode, J.: Das Chorlied. In: Die Bauformen der Tragödie. Hg. von W. Jens. München 1971, S. 85–115. – Joerden, K.: Zur Bedeutung des Außer- und Hinterszenischen. In: Ebd., S. 369–412. – Barner, W.: Die Monodie. In: Ebd., S. 277–320. – Schings, H.-J.:

Consolatio Tragoediae. Zur Theorie des barocken Trauerspiels. In: Deutsche Dramentheorien I. Beiträge zu einer historischen Poetik des Dramas in Deutschland. Wiesbaden [2]1978, S. 1–44 ([1]1971). – Müller, J.: Goethes Dramentheorie. In: Ebd., S. 214–244. – Martini, F.: Die Poetik des Dramas im Stum und Drang. Versuch einer Zusammenfassung. In: Ebd., S. 123–166. – George, D. E.: Deutsche Tragödientheorien vom Mittelalter bis zu Lessing. Texte und Kommentare. München 1972. – Borchmeyer, D.: Tragödie und Öffentlichkeit. Schillers Dramaturgie im Zusammenhang seiner ästhetisch-politischen Theorie und die rhetorische Tradition. München 1973. – Szondi, P.: Die Theorie des bürgerlichen Trauerspiels im 18. Jahrhundert. Der Kaufmann, der Hausvater und der Hofmeister. München [3]1977 ([1]1973). – Melchinger, S.: Das Theater der Tragödie. Aischylos, Sophokles, Euripides auf der Bühne ihrer Zeit. München 1974. – Heitmann, K.: Das französische Theater des 17. Jahrhunderts. Wiesbaden 1977. – Shakespeare-Handbuch. Hg. von J. Schabert. Stuttgart 1978. – Müller-Schwefe, G.: William Shakespeare. Welt, Werk, Wirkung. Berlin und New York 1978. – Tschiedel, H. J.: Die italienische Literatur. In: Der Einfluß Senecas auf das europäische Drama. Hg. von E. Lefèvre. Darmstadt 1978, S. 74–131. – Wanke, Ch.: Die französische Literatur. In: Ebd., S. 173–234. – Lefèvre, E.: Senecas Tragödien. In: Ebd., S. 1–11. – Seeck, G. A.: Senecas Tragödien. In: Das römische Drama. Hg. von E. Lefèvre. Darmstadt 1978, S. 378–426. – Lefèvre, E.: Versuch einer Typologie des römischen Dramas. In: Ebd., S. 1–90. – Szondi, P.: Schriften I–II. Frankfurt a. M. 1978. – Geiger, H./ Haarmann, H.: Aspekte des Dramas. Opladen 1978. – Melchinger, S.: Die Welt als Tragödie. 2 Bde. München 1979/80. – Asmuth, B.: Einführung in die Dramenanalyse. Stuttgart 1980. – Pütz, P.: Grundbegriffe der Interpretation von Dramen. In: Handbuch des deutschen Dramas. Hg. von W. Hinck. Düsseldorf 1980, S. 11–25. – Janota, J.: Mittelalterlich-frühneuzeitliche Spiele und Dramen. In: Ebd., S. 26–34. – Fuhrmann, M.: Die Rezeption der aristotelischen Tragödienpoetik in Deutschland. In: Ebd., S. 93–105. – Kaufmann, W.: Tragödie und Philosophie. Tübingen 1980. – Söring, J.: Tragödie. Notwendigkeit und Zufall im Spannungsfeld tragischer Prozesse. Stuttgart 1982. – Wagner, H.: Ästhetik der Tragödie von Aristoteles bis Schiller. Würzburg 1987. – Breuer, R.: Tragische Handlungsstrukturen. Eine Theorie der Tragödie. München 1988.

(Die angegebenen *Aristoteles*-Zitate beziehen sich auf: *Poetik*, in der Übersetzung von Walter Schönherr, Leipzig 1979).

DAS VOLKSLIED

von Dieter Mettler

Auf die Unbestimmtheit des Begriffs »Volkslied« hat bereits GOETHE hingewiesen: »Man spricht so oft den Namen Volkslieder aus und weiß nicht immer ganz deutlich, was man sich dabei denken soll.« (Jubiläums-Ausg., Bd. 37, 257.) Für diese Schwierigkeit gibt es viele Gründe. Davon ist einer der entscheidendsten, daß es – wie überhaupt in der Folkloristik, ähnlich wie in verwandten Gebieten wie Ethnologie oder Anthropologie – unmöglich ist, den Gegenstand unabhängig von den ganz anderen kulturellen Zusammenhängen zu sehen, die den Betrachter selber jeweils bestimmen. Wie immer ungewollt, gewinnt er aus ihnen seinen Blickpunkt, leitet er aus ihnen die Kategorien für die Charakterisierung seines Gegenstandes ab und kann so nie genau sagen, inwieweit er ihn nicht schon nach solchen Vorgaben umgeformt hat, bevor er überhaupt mit seiner Charakterisierung beginnt. Er produziert Bilder, Fiktionen, ohne daß ihm das eigentlich vorgeworfen werden kann, zumal wenn diese Fiktionen, wie im Falle GOETHES und der Romantiker, gerade als solche produktiv geworden sind.

Das ist schon ein Problem der frühesten, bis heute nachwirkenden Termini der Antike und des Mittelalters wie besonders des Ausdrucks »cantus vulgi«, der als Gegenbegriff zu »musica artificialis« oder »musica regulata« gebildet wurde, so das Phänomen sofort in das hierarchische System der Stilhöhen einordnete und daraus dann auch die Richtlinien für seine Beurteilung – als noch unvollkommener und als niederer Stil nämlich – gewann. Daß sich in den Stiltrennungen soziologische Unterscheidungen verbargen, die ebenfalls lange nachwirkten, drückt schon der seit dem 15. Jahrhundert in Deutschland gebräuchliche Ausdruck »Dorfgesang« aus. Dies Problem blieb auch da noch bestehen, wo man die Volkslieder aufwerten wollte, wie in der später von HERDER aufgenommenen Bemerkung MONTAIGNES, der an der »poesie populaire et purement naturelle« die Naivität und

Anmut lobt und sie so mit der »poesie parfaicte selon l'art« (*Essais* I, Cap. 54) vergleicht, neben der sie bestehen können soll. HERDER selbst, der, angeregt von THOMAS PERCYS Sammlung *Reliques of Ancient English Poetry* (1765), den Ausdruck »Volkslied« als Lehnübersetzung des englischen »popular song« in Deutschland einführte, wollte mit »Volk« zunächst betonen, daß die Dichtung generell nicht Privileg einiger gebildeter Personen sei, sondern überall, zu allen Zeiten, bei allen Völkern unabhängig von ihrer Bildung entstehen könne. Dabei wurde »Volk« vieldeutig: Es konnte sich, auch unter dem Einfluß der Theorien Rousseaus, positiv zu »das Unverbildete«, »das Natürliche« verschieben, was sich wiederum sowohl auf das historisch Ältere, das das Ursprünglichere schien, wie auf das soziologisch »Untere« beziehen ließ.

Aber nicht nur ihre Einschätzung, sondern schon der Umstand, daß hier eine unliterarische Produktion von vornherein in Kunstzusammenhängen gesehen wird, ist ein Problem. HERDER wie GOETHE konnten ja die Volkslieder nur deshalb überhaupt beachtenswert finden, weil sie einen veränderten Literaturbegriff hatten. Während die klassischen, in Regelpoetiken kodifizierten Muster gegenüber der individuellen Erfahrung als unwahre, weil bloß eingelernte und »fein oft corrigierte Knaben- und Schulexerzitien« (HERDER, *Über Ossian und die Lieder alter Völker*, 1771) ihre Verbindlichkeit verloren, erschien der Stil der Volkslieder gerade in dem scheinbar Unvollkommenen als besonders genauer Ausdruck des lebendig, mit Augen Gesehenen. Ihre Sprache wirkte sachlich, immer bezogen auf eine lebendige, weil erfahrbare Welt, auf »daseiende Gegenstände«: »Immer die Sache, die sie sagen wollen, sinnlich, klar, lebendig anschauend (...) nicht durch Schattenbegriffe« bezeichnend. GOETHE nannte es später, in der Rezension zu ARNIMS und BRENTANOS Sammlung *Des Knaben Wunderhorn* (1806) das »lebhafte poetische Anschauen eines beschränkten Zustandes«. Dort weist er noch die pirnzipielle Unterscheidung von Volkslied und Dichtung, »natürlich« und »künstlich«, ab, indem er beides als Schöpfung desselben, überall möglichen dichterischen Genies darstellt: »Diese Art Gedichte, die wir seit Jahren Volkslieder zu nennen pflegen, ob sie gleich eigentlich weder vom Volk noch fürs Volk gedichtet sind, sondern weil sie so etwas Stämmiges, Tüchtiges in sich haben und begreifen, daß der kern-und stammhafte Teil der Nationen dergleichen Dinge faßt, behält, sich zueignet und mitunter fortpflanzt – dergleichen Gedichte sind so wahre Poesie, als sie irgend nur sein kann; sie haben einen unglaublichen Reiz, selbst für uns, die wir auf einer höheren Stufe der Bildung stehen, wie der Anblick und die Erinnerung der Jugend fürs Alter hat. Hier ist die Kunst mit der Natur im Konflikt, und eben dieses Werden, dieses wechselseitige Wirken, dieses Streben scheint ein Ziel zu suchen, und es hat sein Ziel schon erreicht. Das wahre dichterische Genie, wo es auftritt, ist in sich vollendet; mag ihm Unvollkommenheit der Sprache, der äußeren Technik, oder was sonst will entgegenstehen, es besitzt die höhere innere Form, der doch am Ende alles zu Gebote steht, und wirkt selbst im dunkeln und trüben Elemente oft herrlicher, als es später im klaren vermag.« Weil dieses dichterische Genie für Goethe analog zur Natur produziert, entziehen sich letztlich *alle* seine Produktionen der Beurteilung, ähnlich wie die mannigfaltigen Hervorbringungen der Natur, die sich auch nicht kritisieren, höchstens individuell beschreiben lassen; und so beschränkt Goethe sich auf »das unterhaltende Geschäft, sie alle der Reihe nach, so wie es uns der Augenblick eingibt, zu charakterisieren.« Damit entgeht er der Problematik, aus der Literatur gewonnene Kriterien anlegen zu müssen, die dem Volkslied unangemessen sein könnten. Ist er schon skeptisch gegenüber romantisierenden Vorstellungen von Kollektivproduktionen, so verwendet er in seiner eigenen Lyrik doch das allgemeinverständlich scheinende Muster des Volkslieds, um in ihm Erfahrungen, die keineswegs jeder hat, so zu vermitteln, daß sie den Anschein des Allgemeinen annehmen. Das Tiefste wird im Gewand von Formen gesagt, die so unprätentiös wie möglich, fast bedeutungslos scheinen.

Rechtfertigte Goethe, für den es eine Unterscheidung von »echt« und »unecht« nicht geben konnte, damit auch die »modernen« Hinzufügungen und weitergedichteten Lieder der Romantiker, so waren diese selber vielmehr daran interessiert, für die Volkspoesie eigene Kriterien einzuführen, die ihr einen Sonderbereich einräumten, der jenseits aller Bildung liegen sollte. Wie manchmal schon bei Herder, der von »wilden«

Völkern sprach, nimmt bei ihnen das Frühe, beispielsweise ein als geschlossene Welt phantasiertes Mittelalter, den Schein des Utopischen an; darum ihre Suche nach dem möglichst Alten, dem als Zeichen dieser versunkenen Welt die höhere Wahrheit zukomme. Daß das Lied heilig sei, weil keine Literatur es zustandegebracht habe, kann aber nur jemand sagen, der sich in Literatur und Bildung so genau auskennt wie BRENTANO, ein Intellektueller, dessen Reflektiertheit das Volkslied zum Bild einer Naivität wurde, in der diese Reflektiertheit die Möglichkeit sah, über sich selbst hinauszugelangen. Das paradoxe Ziel wurde es, die Unschuld zu erlernen, die Schuld zu verlernen. Schlug jedoch schon in der Romantik diese zweite Kindlichkeit manchmal in Stilpastiches, in Kitsch um, so trennte sich im späteren 19. Jahrhundert die Beschäftigung mit den Volksliedern in die philologische Aufarbeitung, die mit UHLAND beginnt und in den Positivismus mündet, und eine sentimentale, mythisierende Verklärung, die sich mit Kulturtheorien verband, deren Irrationalismus später mit Grund politisch ausgebeutet werden konnte. Auch darum ist es heute unmöglich geworden, vom Volkslied zu sprechen, ohne gleichzeitig auch von den Gründen des Interesses an ihm zu sprechen, die sein Bild jeweils bestimmt haben.

Aber noch die moderne Folkloristik hat Schwierigkeiten, für die Bestimmung des Begriffs »Volkslied« objektive Kriterien zu finden, zumal sie sich zunächst wieder von den Mythisierungen zu befreien suchen mußte, die in früheren Bestimmungen lagen und die selbst in der Abkehr von ihnen noch nachwirken. Das gilt vor allem für die romantischen, auf die Art der Entstehung fixierten Theorien, die für das Volkslied eine ganz andere, anonyme Produktionsweise annahmen. Diese steigerten sich beispielsweise bei den Brüdern GRIMM zu der Ansicht, die Volkslieder hätten sich »von selbst« gedichtet, wobei die Unzugänglichkeit des Ursprungs in ein Geheimnis umgedeutet wurde, das Glauben forderte. Daß es hier kein individuelles schöpferisches Subjekt zu geben schien, obwohl Volkslieder durchaus individuelle Autoren haben können, rechtfertigte für sie die Einsetzung von Natur und Nation gleichermaßen als allgemeinem Subjekt.

Die romantische Theorie von der produzierenden Volksseele kehrten dann E. HOFFMANN-KRAYER und J. MEIER um 1900 und vor allem H. NAUMANN nach dem Ersten Weltkrieg um in eine Theorie – immer noch eine Entstehungstheorie –, derzufolge nur die kulturtragende Oberschicht produktiv sei, während die Unterschichten, auch »primitive Gemeinschaften« genannt, nur »Kulturgut« reproduzierten, das aus der Oberschicht »abgesunken« sei. Entsprechend interpretierte NAUMANN den von GÖRRES stammenden Begriff des »Zersingens«, der Veränderung des Texts in der mündlichen Überlieferung, als Anpassung an die primitive Gemeinschaftspsyche, in der unter negativem Vorzeichen und in vulgärpsychologische Terminologie verkleidet die alte Volksseele wiederkehrt.

Demgegenüber hat die neuere Folkloristik die Frage nach der Entstehung zunehmend fallengelassen und die Kriterien für die Bestimmung des Volkslieds mehr in der spezifischen Form der Überlieferung gesucht, ganz unabhängig davon, woher das Material dieser Überlieferung kommt. Dieser Aspekt ist vor allem seit den Untersuchungen der russischen Formalisten und der Strukturalisten in den Vordergrund getreten. So heißt es bei BOGATYREV und JAKOBSON, die damit die romantische Auffassung der Folklore als Eigenbereich bestätigen: »Allein die Frage nach den Quellen des Folklorewerks liegt selbst schon ihrem Wesen nach außerhalb der Grenzen der Folkloristik. (...) Für die Folklorewissenschaft ist wesentlich nicht das außerhalb der Folklore liegende Entstehen und Sein der Quellen, sondern die Funktion des Entlehnens, die Auswahl und die Transformation des entlehnten Stoffes. (...) selbst dasjenige formelle Requisit, das auf den ersten Blick bei der Entlehnung erhalten zu sein scheint, darf nicht identifiziert werden: in diesen Kunstformen findet, nach dem Ausdruck des russischen Literaturforschers Tynjanow, eine Umschaltung der Funktionen statt.« (19) Das setzt die Annahme eines eigenen Systems der Folklore, einer »langue« im Sinne de Saussures voraus, innerhalb derer diese Funktionen festgelegt sind.

Das entscheidende Kriterium wird nun darin gesehen, daß das Volkslied a) mündlich überliefert wird und in dieser Überlieferung einer ständigen Umformung unterworfen ist, die seine spezifischen formalen Eigentümlichkeiten hervorruft, und b) gesungen wird in einer bestimmten Melodie, an der man es auch ohne Text noch erkennen kann, die dem Text gegenüber dominierend ist, die sich ebenfalls ständig verändert und dabei wiederum die Veränderungen des Texts mit beeinflußt. Das heißt, es »gibt« ein Volkslied eigentlich nur in der Reihe der Text- und Melodien-Varianten, in denen es in verschiedenen Gegenden zu verschiedenen Zeiten vorkommt. Darum sucht man in neuerer Zeit möglichst unselektiv, ohne jede qualitative Bewertung, alle noch erreichbaren Fassungen zu sammeln und so weit wie möglich die zu einem Lied gehörende Überlieferung und die besonderen Umstände, unter denen sie stattfindet, zu rekonstruieren. Die wichtigste Methode bei diesem fast unmöglichen Unternehmen ist der synchrone und diachrone Vergleich der aufgezeichneten Fassungen. Wenn also im folgenden ein Beispiel, und zwar *Der Fuhrmann,* das Lied I 203 aus dem *Wunderhorn,* zitiert wird, dann mit dem Vorbehalt, daß es, aus der Überlieferung herausgelöst, wieder wie ein Gedicht mit feststehendem Text behandelt wird:

Es thät ein Fuhrmann ausfahren,
Wohl vor das hohe hohe Haus,
Da guckt die Schöne dort
Ja dort, zum hohen Fenster raus.

Der Fuhrmann schwenkte sein Hütel,
Bot der dort einen guten, guten Tag;
Schön Dank, schön Dank, Herr Fuhrmann,
Spannt nur aus, bleibt heut noch da.

Frau Wirthin, ist sie darinnen,
Hat sie gut Bier, gut Bier und Wein,
Schenk sie der Schönen dort,
Ja dort, von dem allersüßesten ein.

Was zog er aus seiner Tasche,
Drey hundert Dukaten an Gold,
Gab sie der Schönen dort, ja dort,
Sie sollte sich kaufen einen rothen Rock.

Sie stieg auf hohe Berge,
Schaut runter aufs tiefe tiefe Thal,

Sie sieht den falschen Fuhrmann, ja Fuhrmann,
Bey dem schwarzbraunen Mägdlein stehn.

Die dort, die wandte sich umme,
Ihre Äuglein wurden, wurden naß,
Fahr nur hin, du falscher Fuhrmann, ja Fuhrmann,
Dieweil du mich betrogen hast.

Charakteristisch ist zunächst die Wiederholung des gleichen, durch die Melodie gegebenen metrischen Schemas. Dabei sind die vierzeiligen Strophen besonders häufig, doch gibt es eine große Zahl verschiedener Metren, die im Wechsel von zwei bis sechs Zeilen, kombiniert in Strophen bis zu zwölf Zeilen, auftreten können. Die Vielfalt steigert sich durch die Variabilität der Zeilenlänge und der Kadenzen innerhalb einer Strophe. Schließlich kann, was am Text nicht zu sehen ist, die Rhythmik der Melodien so komplex sein, daß sie in der herkömmlichen musikalischen Notation kaum mehr darzustellen ist, worauf schon Bartok aufmerksam gemacht hat. Keineswegs ist, wie man oft gewollt hat, Einfachheit für das Volkslied kennzeichnend; vielmehr entstehen höchst komplizierte Formen aus der Kombination bestimmter metrischer »Bausteine« (Moser, in: Handbuch II, 119), die dann auch für andere Strophenformen immer wieder verwendet werden können. Darum suchte der Strukturalismus auf allen Ebenen, von der metrischen bis zur thematischen, die Mannigfaltigkeit der vorkommenden Strukturen auf Systeme von Grundtypen, die je nach Region variieren, zurückzuführen und die Regeln anzugeben, nach denen daraus diese Mannigfaltigkeit erzeugt wird. Dabei wirkt die Metrik so auf die Sprache ein, daß Syntax, Wortstellung, ja sogar Wortbildung bis zur Abweichung von der Grammatik sich ihr anpassen: daher die typischen Wiederholungen von Worten, Halbzeilen und Zeilen; daher die bis in die Motive reichenden Parallelismen und die Kehrreime am Ende und im Innern der Strophe; daher auch die typische Wort- und Satzbetonung gegen die sprachliche Intonation. Das Übergewicht der Metrik über den Sinn erleichtert die Verschiebungen des Texts und produziert manchmal jenen kaum auflösbaren, rätselhaft-schwebenden Ton, der oft so poetisch anziehend wirkt. Es scheint ein gewisser Automatismus zu herrschen, der die Bedeutungen zurücktreten läßt und dadurch BRENTANOS Konzeption einer sich aus sich selbst, aus ihren eigenen immanenten Mechanismen weiterproduzierenden Sprache entgegenkam: Nicht eine Person, sondern die Sprache selber schien wie unwillkürlich zu reden. Auch die Formelhaftigkeit des Wortmaterials, das ähnlich wie die metrischen Bausteine ebenfalls in möglichst vielen Liedern verwendbar, also möglichst unbeschränkt kombinierbar sein sollte, macht die romantische Auffassung dieses Stils als eines rein fomalen, in gewisser Weise höchst artifiziellen Mechanismus verständlich.

Die Unbestimmtheit des Vokabulars läßt es oft vieldeutig-suggestiv erscheinen. Es entsteht ein andeutender Stil, der eine sehr viel komplexer scheinende Thematik mit einem möglichst allgemeinen sprachlichen Material wiedergibt. Häufig wird eine Gefühlsbeziehung mittels eines gegenständlichen Korrelats ausgedrückt, das sich durch Wiederholung mit einer Bedeutung auflädt, die, wie GOETHE, der diese Technik beispielsweise in dem goldenen Becher des König von Thule aufnimmt, es vom Symbol sagte, nicht völlig ausschöpfbar erscheint. Es ist eine Art Zeichensprache, in der aber die Zeichen nicht festgelegt sind; so kann Wasser oder ein gebrochenes Mühlrad Trennung bedeuten, aber auch vieles andere. GOETHE schrieb in der *Wunderhorn*-Rezension: »Der Drang einer tiefen Anschauung fordert Lakonismus; was der Prosa ein unverzeihliches Hinterstzuvörderst wäre, ist dem wahren poetischen Sinne Notwendigkeit, Tugend.« Das gilt vor allem für die charakteristische Art, Geschichten nicht linear zu erzählen, sondern ganz wenige bezeichnende Situationen nebeneinanderzureihen, ohne sie durch irgendwelche Überleitungen oder Motivierungen zu verknüpfen. Auch das hängt mit der mündlichen Überlieferung zusammen, die bestimmte szenische Formen und Motive ebenfalls wie Elementarbausteine für Situationen in den verschiedensten Liedern bereithält. Auf literarische Leser hat diese Technik so gewirkt, als fehlte da etwas, sei ausgespart, und zu Kennzeichnungen wie »fragmentarischer«, »skizzenhafter« Stil geführt, der die projektive Ergänzung fordert. Schon GOETHE wies darum auf die universelle Anwendbarkeit der Volksliedsammlung »in jedem Augenblick der Stimmung und Unstimmung, wo man denn immer etwas Gleichtönendes oder Anregendes fände«, hin.

Jedoch wurde es schon bei den Romantikern zum Problem, inwieweit nicht generell die Bedingungen für diese spezifische Überlieferungsform mit der fortschreitenden Industrialisierung schwinden. Für sie war selbstverständlich, daß sie etwas historisch Vergangenes in seinen gerade noch zu erkennenden Resten bewahrten. Das war nicht nur eine Rückphantasie, die vorkapitalistische Verhältnisse als einfache, sicher umgrenzte Welten verklärte, sondern Reaktion auf die Tatsache, daß in der modernen Gesellschaft Begriffe wie »Tradition« und »Homogenität« archaisch werden. Schon sie mußten, um neue Liedfassungen aufzufinden, immer mehr in geographische Randgebiete ausweichen, in denen sich ältere gesellschaftliche Strukturen gehalten hatten; heute hat sich das Problem noch gesteigert. Hinzukommt die »Literarisierung« (Bausinger) der Folklore; Volkslieder sind heute in vielen Liederbüchern und Schallplatten in fixierten, »richtigen« Fassungen zugänglich. Darum spricht die neue Folkloristik von einem »zweiten Dasein« des Volksliedes (Wiora), in dem es, anders als in der mündlichen Überlieferung, vermittels organisierter Pflege, beispielsweise in Gesangvereinen, in Liedbewegungen wie der musikalischen Jugendbewegung oder im Singunterricht der Schulen, erhalten bleibt. Waren diese Bewegungen, die einem Bild des »Echten« anhingen, das chauvinistische Züge trug, zunächst aversiv gegen alles, was die Kulturindustrie hervorbrachte, wobei sie in die Schwierigkeit kamen, daß sich zwischen einem »echten« Volkslied und einem von Polydor oft kaum mehr unterscheiden läßt, zudem diese Unterscheidung auch gleichgültig wird, so sucht heute umgekehrt die Folkloristik diese Unterscheidung nicht mehr aufrechtzuerhalten. Will sie auch kommerzielle Lieder nicht mehr ausschließen, so fällt die mündliche Überlieferung als Kriterium wieder weg. Ganz konsequent läßt sie dann auch den peinlich archaischen Begriff »Volkslied« fallen, der ja auch wegen seiner Vagheit Mythisierungen geradezu anregt, und ersetzt ihn durch den der Gruppensoziologie entlehnten Ausdruck »Gruppenlied« (Klusen in: Handbuch II, 89 ff.), wobei der formale Charakter der Definition einer Gruppe es gleichgültig werden läßt, ob das ein

Kegelklub, eine Gruppe von Beatle-Anhängern oder eine NS-Organisation ist. Die Schwierigkeit dieser Folkloristik, die die Funktionen von Liedern innerhalb von Primärgruppen untersuchen will, besteht jedoch darin, daß sie dann nur so unbestimmte Kriterien wie »laienmäßiger Umgang mit dem Lied« (Handbuch II, 95) übrigbehält, aus denen zwar alle früheren Mythisierungen ausgeklammert scheinen, die aber ebendarum fast leer werden.

Literatur: Dessauer, R.: Das Zersingen. Ein Beitrag zur Psychologie des deutschen Volksliedes. Berlin 1928. – Bogatyrev, P.; Jakobson, R.: Die Folklore als eine besondere Form des Schaffens. 1929. Nachgedruckt in: Blumensath, H. (Hg.): Strukturalismus in der Literaturwissenschaft. Köln 1972, S. 13–24. – Wiora, W.: Das echte Volkslied. Heidelberg 1950. – Wiora, W.: Der Untergang des Volksliedes und sein zweites Dasein. In: Das Volkslied heute. Kassel 1959, S. 9–25. – Suppan, W.: Volkslied. Seine Sammlung und Erforschung. Stuttgart 1966, [2]1978. – Bausinger, H.: Formen der »Volkspoesie«. Berlin 1968. – Schmidt, L.: Volksgesang und Volkslied. Proben und Probleme. Berlin u. a. 1970. – Brednich, R. W.; Röhrich, L.; Suppan, W. (Hg.): Handbuch des Volksliedes. Band I und II. München 1973 und 75. – Hirsch, S.: Das Volkslied im späten Mittelalter. Berlin 1974. – Strobach, H.: Deutsches Volkslied in Geschichte und Gegenwart. Berlin 1980.

DAS VOLKSSTÜCK

von Jürgen Hein

›Volksstück‹ ist nicht erst heute zu einem schillernden Begriff geworden, unter dem verschiedene kleinere dramatische Formen – z. B. Schwank, Posse, Lokalstück – subsumiert werden. ›Volksstück‹ hat aber durchaus eine eigene Tradition und ist nicht nur, wie gerade Dramen unseres Jahrhunderts und vor allem der Gegenwart zeigen, eine spezifische Form von ›Komödie‹. Eine Begriffsbestimmung muß von der Herkunft des Volksstücks aus dem Volkstheater ausgehen. Volkstheater meint dabei ein Theater »über das Volk« und »für das Volk«, d. h., es werden Geschichten »vom Volk« vorgeführt, und die Zuschauer repräsentieren das »Volk«, die breite Masse der Bevölkerung.

Seit dem Beginn des 19. Jahrhunderts bildeten sich disparate Vorstellungen von Aufgaben und Zielen des Volkstheaters heraus, die eine genaue Bestimmung des vielschichtigen Phänomens Volksstück erschweren. Die definitorischen Probleme haben mit der Bestimmung dessen zu tun, was jeweils unter »Volk« verstanden wurde. Im Blick auf die historischen Erscheinungen – hier vor allem auf das Wiener Volkstheater –, auf internationale Bezüge, den Zusammenhang von volkstümlichen Mythen und Trivialliteratur sowie auf die spätere Entwicklung des Volkstheaters zu Formen kommerzieller Unterhaltungsindustrie (bis in die Fernsehunterhaltung) empfiehlt sich eine Unterscheidung zwischen »Volkstheater als Institution« und »Volkstheater als Intention«. »Volkstheater als Institution« meint den Zusammenhang von Produktion, Aufführung und Rezeption; »Volk« bedeutet die große Masse der Bevölkerung im Gegensatz zur »Oberschicht«, zu den »Herrschenden«. Es richtet sich an die emotional und rational anders disponierten Volksschichten, wobei sich mit der jeweiligen sozialgeschichtlichen Akzentuierung von »Volk« auch die Bedingungen des Volkstheaters ändern. Auch muß ein Unterschied zwischen ländlichem und (vor-)städtischem Volkstheater gemacht werden.

»Volkstheater als Intention« meint Inhalt, Art und Dramaturgie der abgebildeten Szenen aus dem Volksleben, will Theater »für das Volk« und »über das Volk« sein, wobei naive restaurative, reaktionäre und progressiv-kritische Bedeutungen von »Volkstümlichkeit« und »Volksverbundenheit« eine entscheidende Rolle spielen. Zwischen den beiden Grundmöglichkeiten – Verklärung oder Kritik bzw. Unterhaltungstheater oder aufklärerisches Theater – haben sich vor dem Hintergrund der Veränderungen des Volks und seiner Probleme viele Spielformen von Volkstheater herausgebildet, deren programmatische Hervorbringungen meist »Volksstück« genannt werden.

Der Begriff Volksstück wird erst nach 1850 gebräuchlich; Gegenstandsbestimmung und Begriffsgeschichte interferieren und machen eindeutige Definitionen unmöglich. Zudem kann der Inhalt des Bestimmungselements »Volk« jeweils nur für einen Zeitabschnitt festgelegt werden. Die Mehrdeutigkeit des Volksstück-Begriffs und seiner unter ihm gefaßten Formen gründet auf der wechselnden und oft unklaren Bedeutung dessen, was jeweils unter Volk und Volkstümlichkeit verstanden wurde. Das Volksstück lebte von Anfang an aus der Spannung zwischen Ästhetik und sozialer Wirklichkeit, zwischen Literaturbetrieb und Theaterpraxis und zwischen Unterhaltung und Kritik. Es war zu Zeiten eine Art »Gegentheater« (gegen höfisches, bürgerliches, kommunales Theater), konnte in der Hand des Volkes zum Medium kritischer Selbstdarstellung werden, hatte befreiende Ventil- und Unterhaltungsfunktion. Zu anderen Zeiten war es bürgerliches Theater mit bildungspädagogischem Programm und diente der beschönigenden Selbstdarstellung kleinbürgerlichen Lebens. Darin macht auch die Entwicklung des proletarischen Volkstheaters zum sozialistischen Volksstück keine Ausnahme. In anderer Weise verspielte das sich zum kommerziellen Unternehmen wandelnde Volkstheater sowohl die satirisch-kritische als auch die pädagogisch-moralische Funktion nach und nach in Schwank, Boulevardkomödie und ›Volksstück im Fernsehen‹ zu Formen unkritischer und trivialer Unterhaltung.

Im Volksstück tritt »Volk« als Vielzahl selbständiger Figuren auf, ist nicht länger Randfigur wie im hohen Drama. In verschiedenen Formen (Posse, Lokalstück, Bauerndrama, Genrebild), mit in Sprache und Milieu deutlich werdendem Lokal- und Sozialbezug, mit Anspielungen auf die konkrete Zeitwirklichkeit läßt das Volksstück Figuren aus dem Volk sprechen und handeln, die ›Sache des Volks‹ vertreten. Der Begriff Volksstück meint den historisch-sozioökonomisch konkreten Bezug des Theaters auf Publikum und Gesellschaft (Publikumsstruktur, Bedürfnisse, Geschmack usw.) in ihrem wechselseitigen Verhältnis. Volksstück kann daher nicht ein einmal geprägtes Formmuster sein, das beliebig verwendbar ist, sondern eines, dessen Intentionen jeweils geschichtlich neu erkannt und unter den gegebenen Umständen dramatisch und theatralisch realisiert werden müssen. Das Volksstück bedient sich dabei auch der Dramaturgie von Komödie oder Lustspiel, doch führt die vorschnelle Reduktion seiner Formen auf das komisch-aggressive und sozialkritische Theater zu einer unreflektierten Abwertung der mehr ernsten und moralisierenden Formen und damit zu einseitiger Paradigmabildung. Überdies handelt es sich beim Volksstück auch um eine Art Neben- und Weiterentwicklung des bürgerlichen bzw. sozialen Dramas einerseits und des in anderen Bahnen verlaufenden Mimus-Theaters andererseits.

Solange es in Berlin, Frankfurt/M., Hamburg, München und vor allem in Wien mit den Vorstadtbühnen ein Volkstheater gab, als »kleinbürgerlich-plebejische Alternative zum Hoftheater der Aristokratie« (Hoffmann, 391), waren die dort gespielten Stükke, gleichgültig ob sie (Lokal-)Posse oder anders hießen, Volksstücke. Die Gattungsbezeichnung Volksstück wird jedoch erst zu einer Zeit verstärkt verwendet, in der sich die Institution Volkstheater bereits in der Auflösung befand. JOHANN NESTROY z. B. nannte nur ein einziges seiner über 80 Stücke ausdrücklich Volksstück. Die Trennung und genaue Unterscheidung einzelner dramatischer Formen und Gattungen des Volkstheaters ist gattungstypologisch wie gattungsgeschichtlich problematisch, da fast zu allen Zeiten ein Neben- und Nacheinander verschiedener Formen unter dem Einfluß der gesamteuropäischen Literatur- und Theaterentwicklung zu beobachten ist. Volksstück kann geradezu als Kontaminationsprodukt verschiedener Gattungen und Einflüsse definiert werden.

Roger Bauer, der von der Terminologie der Zeit ausgeht, zeigt durch die Analyse der damals üblichen Gattungsbezeichnungen, daß die Intentionen und Erwartungen bezüglich ›Volkstümlichkeit‹ ganz anders geartet waren, als es der romantische Volksbegriff erwarten ließe. Die tatsächlich intendierte Volkstümlichkeit – Volk als Publikum jenseits aller ständischen Unterschiede – sieht er in der Posse verwirklicht.

Unter Posse wurde und wird eine Form der »niederen« Komik verstanden, der Derbheit, mangelnde künstlerische Tiefe und Problemlosigkeit nachgesagt werden. Man betont ihren improvisatorischen Charakter, ihre mimisch-musikalische Ausgestaltung und ihre Einstellung auf den Publikumsgeschmack. Bereits im 16. Jahrhundert war der Begriff zur Bezeichnung einer Form des komischen Dramas gebräuchlich und wurde zeitweise mit dem Begriff ›Fastnachtspiel‹ synonym verwandt; für erzählte Possen verwendete man den Begriff ›Schwank‹, der dann im 19. Jahrhundert auch eine Form des komischen Dramas bezeichnen konnte. Das Possenspiel des 16. bis 18. Jahrhunderts – um 1750 kommt als Synonym der Begriff ›Burleske‹ hinzu – hat mit der Posse des 19. Jahrhunderts die etwas derbere Komik und die mimisch-improvisatorische Grundlage gemeinsam, doch ist die Posse des 19. Jahrhunderts in der Regel ein mehraktiges komisches Drama mit einer eigenen Dramaturgie, in deren Mittelpunkt die komische Volksfigur steht. Unterformen stellen die Zauberposse, die parodierende oder travestierende Posse und die Lokalposse dar, ferner gibt es Übergänge zwischen Singspiel, Posse und Operette. Die Posse ist lokal- und sozialbezogen, auch in den Formen der Illusionsdurchbrechung und der Wendung ans Publikum. Wegen dieser ›Offenheit‹ z. T. auch aufgrund ihrer satirischen Aggressivität, wurde sie ästhetisch abgewertet. Sie sei nicht in der Lage, das bürgerliche Leben widerzuspiegeln; statt Ideale aufzurichten und erzieherisch zu wirken, sei die Posse zersetzend, destruktiv und ziehe alles in den Schmutz. Demgegenüber sahen Gottfried Keller und Hermann Hettner in der Wiener Posse den Ansatz für eine neue deutsche Komödie. Die Posse verbindet die konventionelle Handlungsfiktion, oft aus Adaptionen zeitgenössischer Dramatik gewonnen, mit satirischem, gesellschaftskritischem Kommentar, den vor allem die komische Zentralfigur des Stücks – in Monologen, Dialogen, Liedeinlagen, Adressen an das Publikum – äußert. Das Spielschema, in seiner Fiktivität dem Zugriff der Zensur entzogen, ist gleichwohl der zeitkritischen Aktualisierung fähig, wenngleich sich viele Possenschreiber mit seiner Unterhaltungsfunktion begnügten. Die Posse führt vor, was die Figuren »aus ihrem Alltag machen und er aus ihnen«; durch »zentripetale« und »zentrifugale« Motive stellt sie in Sprache (Dialekt) und Handlung (Kleinbürgerleben) ein abgeschlossenes Milieu dar und gleichzeitig in Frage; »daraus erwachsen die fortschrittlichen Möglichkeiten der Gattung« (Klotz, 113 f.). Darin liegt auch der Unterschied zum Bühnenschwank des späteren 19. Jahrhunderts, der keinen Raum für Kritik mehr läßt, weil die Ambivalenz zwischen Spielmilieu und ›gemeinter‹ Wirklichkeit zugunsten einer selbstzweckhaften Handlungsmotorik aufgegeben wird.

Den von der Posse ausgesparten Bereich der ›positiven‹ Darstellung des bürgerlichen Lebens besetzte das ›Lebens-, Charakter- oder Genrebild‹, das als ernst-komisches Volksstück in einer ausgewogenen Mischung von Ernst und Komik ein getreues Abbild des wirklichen Lebens geben wollte. Mit der Ausbildung dieser Form, die der zeitgenössischen Auffassung von »Volksstück« nahe kam, begann die Ausformung jenes Volksstück-Typs, der im Prozeß der Literarisierung des Volkstheaters zum Formalismus kleinbürgerlicher, sentimentaler Selbstdarstellung erstarrte und auf den später das ›neue‹ Volksstück kritisch reagierte. Das neue Volksstück, das der zwanziger Jahre wie das der Gegenwart, ist ohne die Folie des alten nicht denkbar, setzt die Kenntnis des alten Formmusters und seiner Wirkmöglichkeiten voraus.

Daneben konnte sich der von der Posse ausgehende kritisch-satirische Volksstück-Typ besonders nach 1850, bedingt durch die verschiedenen Einflüsse (Reaktion auf 1848, Literarisierungsprozeß, Realismus-Auffassung, Wandel in den Unterhaltungsbedürfnissen usw.) nicht durchsetzen. Seine Grundstruktur bestand darin, wie eben schon angedeutet, daß eine fiktive Handlung und »Helden aus dem Volk« mit einer aktuellen, wirklichkeits- und sozialbezogenen Fabel verbunden waren, wobei das Publikum – oft aus allen Schichten der Gesellschaft zusammengesetzt – ein mitbestimmender Produktionsfaktor war. Die Rücksicht auf ein breites Publikum und die jeweiligen Aufführungsbedingungen (z. B. Konzessionsbeschränkung, Zensur) erforderten eine spezifische Struktur der in die Unterhaltung integrierten Kritik und Aufklärung, ein Zusammenspiel von Tarnung und Enthüllung, Illusion und Desillusion. Dieser Volksstück-Typ ist am lebendigen Theater, z. T. noch an der Mimus-Tradition orientiert und entzieht sich weitgehend der Literarisierung, damit auch dem Zugriff der Literaturwissenschaft. Für uns heute ist es schwer, die Spieltexte des Volkstheaters in ihrem ästhetischen Wert und in ihrer Wirklichkeitsbeziehung adäquat zu beurteilen. Von der Literaturwissenschaft als Nicht-Literatur oder Trivialliteratur im »Gebrauchstheater« abgetan, gerieten die Stücke bis auf wenige Ausnahmen – z. B. FERDINAND RAIMUND, JOHANN NESTROY, ERNST ELIAS NIEBERGALL – in Vergessenheit. Dafür festigte sich in Literaturkritik und Literaturgeschichte ein Bild vom Volksstück, das weitgehend an den Erscheinungsformen nach LUDWIG ANZENGRUBER gewonnen war.

Wiewohl es zu Beginn des 19. Jahrhunderts in mehreren Regionen und Städten zu Volkstheater-Gründungen und zur Ausbildung einer Volksstücktradition kam, kann der historische Überblick von Wien ausgehen, weil die Bemühungen anderswo – oft mit zeitlicher Verschiebung – fast immer am einzigartigen Vorbild Wiens orientiert sind. Für viele liegen die Wurzeln des Volksstücks überhaupt im Wiener Volkstheater. Hier ist im 18. Jahrhundert durch das Seßhaftwerden der Wanderbühnen und die Verbindung von höfisch-literarischem und mimusorientiertem volkstümlichen Theater ein Volkstheater entstanden, das bald alle Schichten der Bevölkerung in seinen Bann zieht. Um 1800 ist seine erste Phase, die durch die Auseinandersetzung zwischen Stegreifburleske und ›regelmäßigem‹ Drama gekennzeichnet ist (J. A. STRANITZKY, J. F. VON KURZ, PH. HAFNER), abgeschlossen. EMANUEL SCHIKANEDER, der Textdichter der *Zauberflöte*, KARL FRIEDRICH HENSLER, JOACHIM PERINET, FRANZ XAVER KARL GEWEY und FERDINAND KRINGSTEINER prägen mit der Entwicklung der verschiedenen Gattungen (Zauberspiel, Parodie, Lokal- und Sittenstück, Märchendrama) das Gesicht der zweiten Phase, die bis etwa 1815 reicht. Die Ära der Volksnarren und Lustigmacher – Hanswurst, Bernardon, Kasperl, Thaddädl – geht zu Ende, die Phase der ›Verbürgerlichung‹ beginnt. ADOLF BÄUERLES *Die Bürger in Wien* (1813) steht am Beginn der Entwicklung eines neuen Sittenstücks mit Lokal- und Sozialbezug, z. T. mit einer starken patriotischen Tendenz. Um 1820 beginnt eine Neublüte des spätbarocken Zauberspiels, gleichzeitig wandelt sich die Komik in Richtung auf die Darstellung wahrscheinlicher, lebensmöglicher Charaktere in den Stücken von BÄUERLE, JOSEF ALOIS GLEICH und KARL MEISL, die mit ihren fast 500 Stücken die Vorstadtbühnen bis in die dreißiger Jahre hinein beherrschen. Nach 1825 kündigt sich mit dem wirtschaftlichen Zerfall der Vorstadtbühnen auch im Theater das Ende der Biedermeierzeit und der Beginn des Vormärz an. Für die Zeitgenossen schien nach 1830 die glanzvolle Entwicklung des Volkstheaters vorüber zu sein; FERDINAND RAIMUNDS Tod (1836) wurde als Zeichen des endgültigen Niedergangs gesehen. Raimunds Stücke – z. B. *Der Alpenkönig und der Menschenfeind* (1828) – sind nicht minder am Theater-Alltag orientiert als die seiner Vorgänger, zugleich aber wollte er darüber hinaus, strebte zur ›Literatur‹. Es ist ein märchen- und zauberhaftes Welttheater, das die Besserung und Resozialisierung von Individuen aus eigenem Antrieb darstellt, dabei die Wirklichkeit selbst kaum in Frage stellt.

JOHANN NEPOMUK NESTROY führt die Volksstück-Tradition anders weiter. Man sollte nicht, wie dies die Literaturgeschichte z. T. immer noch tut, eine Polarität zwischen ihm und RAIMUND konstruieren oder ihn gar als Parodisten RAIMUNDS bezeichnen. Er gestaltet einen anderen Volksstück-Typ, zeigt Alltagserfahrungen der ›kleinen Leute‹: Elend und Glück, Ansätze zu einer – zumindest im Spiel glückenden – Überwindung der sozialen Misere und des Unterprivilegiertseins (z. B. in *Zu ebener Erde und erster Stock* 1835, *Der Talisman* 1841, *Der Unbedeutende* 1846); selbst in den Zauberspielen findet mit der Parodie des Zaubers und der Leugnung einer Besserung die kritisch-pessimistische Spiegelung der zeitgenössischen Lebenswirklichkeit statt (z. B. *Der böse Geist Lumpazivagabundus* 1833). Fiktive Bühnenwelt, komisch-theatralisches Spiel und Anspielungen auf die Wirklichkeit verbinden sich zu einem Bündel von Ansichten, zu

Modellen der Welt. Die Ausformung und Funktionszuweisung der Sprachebenen zwischen Dialekt und Hochsprache sowie der satirischen Akzentuierung der musikalischen Einlagen unterscheidet sein Werk von dem der Vorgänger. NESTROY erkannte die Grenzen der ernsthaft-volkstümlichen Darstellung im Volksstück, die schnell in sentimentale Klischees absinken kann, und schlug – oft gegen Publikumsgeschmack und Kritik – eine stärker satirische Richtung ein, die stilgeschichtlich als Rückkehr zum ›niederen‹, ›gemeinen‹ Stil des ursprünglichen Volkstheaters interpretiert werden kann.

Die zweite Hälfte des 19. Jahrhunderts wird meist als Periode des Volksstück-Niedergangs bezeichnet. Zu beobachten ist sowohl ein Anknüpfen an die Formen der Biedermeierzeit, an RAIMUND, NESTROY oder FRIEDRICH KAISER (diese bestritten zwischen 1848 und 1853 allein zwei Drittel des Spielplans), als auch Versuche der Annäherung von Volksstück und Operette. Aufgrund der strengeren Zensur nach 1848 ist ein Rückgang sozialkritischer Motive in den Volksstücken erkennbar. FRIEDRICH KAISER arbeitet mit seinen »Lebensbildern« dem ernsten Volksstück LUDWIG ANZENGRUBERS vor, doch gerät der Versuch einer ernsthaften, positiven Schilderung und Aktivierung bürgerlichen Selbstbewußtseins in Widerspruch zu den erstarrten Wirkungsmitteln. Auch bei ANZENGRUBER, dessen Verdienst einer Erneuerung des Volksstücks unbestritten ist, überdecken harmonisierender Formzwang des Volksstücks und moralischer Ansatz teilweise die gesellschaftskritischen Intentionen. Seine Stücke – z. B. *Die Kreuzelschreiber* 1872, *Das vierte Gebot* 1878 – markieren einen wichtigen Punkt in der Entwicklung des Volksstücks. Bei ihm löst sich das Volksstück endgültig von der Institution Volkstheater und beginnt ein Eigenleben als literarische Gattung zu führen.

Obwohl in Deutschland um 1820 auch die Lokalposse aufblühte und in mehreren Städten Vorstadtbühnen mit spezifischem Repertoire entstanden, brachten diese keinen ›deutschen‹ RAIMUND oder NESTROY hervor. Die Hamburger Lokalposse sinkt bereits vor 1848 zur Bedeutungslosigkeit herab. In Frankfurt und Darmstadt leiten die Stücke von KARL MALSS und ERNST ELIAS NIEBERGALL (*Der Datterich* 1841) eine Volksstück-Tradition ein, die wenig später im Unterhaltungstheater endet; nur NIEBERGALLS Bloßstellung kleinbürgerlicher Verhaltensweisen ist bis heute wirksam geblieben. In Berlin läßt sich eine vormärzliche von einer nachmärzlichen Phase unterscheiden. Die Vormärz-Posse (JULIUS VON VOSS, LOUIS ANGELY, KARL VON HOLTEI) gleicht in Bearbeitungspraxis fremder Vorlagen und in Dramaturgie der Wiener Posse. Eine Sonderstellung nimmt – in Berlin wie in Wien – das Volksstück im Umkreis der Revolution von 1848 ein. Nach 1850 werden die kritischen Impulse (u. a. angeregt durch ADOLF GLASSBRENNER) immer weiter abgeschwächt (vgl. DAVID KALISCH *Berlin wie es weint und lacht* 1858), das Volksstück nähert sich der Operette bzw. wandelt sich zum Schwank (ADOLF L'ARRONGE, FRANZ und PAUL SCHÖNTHAN).

Zwar hatten Operetten- und Boulevardtheater das Volksstück – bzw. das, was von ihm übrig geblieben war – noch als Abwechslung im Spielplan, doch hatte es keine spezifische Produktionsstätte mehr. Die neu gegründeten Volkstheater und Teile der Volksbühnenbewegung arbeiteten mehr in Richtung auf ein bürgerliches Bildungstheater. Film, Hörfunk und Fernsehen übernahmen später wesentliche Aufgaben des Volkstheaters; indem sie Volksstücke adaptierten, trugen sie zum weiteren Entstehen von Volksstücken wenig bei. Der Prozeß der Ablösung eines Massenmediums (Volkstheater) durch ein anderes (Film, Fernsehen) hatte für die Entwicklung der Gattung Folgen in der ›Literatur‹. Zugleich zeigt sich, daß beim Volksstück Gattungsgeschichte ohne Mediengeschichte nicht möglich ist.

Die Fortsetzung der von ANZENGRUBER eingeleiteten Richtung führt unter dem Einfluß des Naturalismus, der »Heimatkunst«-Bewegung und völkischer Tendenzen zu jenen Formen, gegen die sich das Volksstück der zwanziger Jahre wendet. Es kritisiert die Betonung des Archaischen und Schicksalhaften (z. B. bei HERMANN SUDERMANN, FRANZ KRANEWITTER, KARL SCHÖNHERR, RICHARD BILLINGER). Demgegenüber ist eine stärker sozialkritische Richtung bei LUDWIG THOMA, JOSEF RUEDERER, EMIL ROSENOW festzustellen; z. T. sind hier auch *Die Wupper* (1909) der ELSE LASKER-SCHÜLER und Affinitäten zur Gesellschaftskritik bei FRANK WEDEKIND und CARL STERNHEIM zu nennen. In den zwanziger Jahren arbeiten BERTOLT BRECHT, MARIELUISE FLEISSER, ÖDÖN VON

HORVÁTH und CARL ZUCKMAYER an der Erneuerung des vitalen und plebejischen Elements im Volksstück, indem sie die sozialen Implikationen von Region, Geschichte und Volk dem Publikum bewußtmachen wollen. ZUCKMAYERS *Fröhlicher Weinberg* (1925) gewinnt die – auch sprachliche – Vitalität des alten Volksstücks zurück; mit dem *Hauptmann von Köpenick* (1931) stößt er zum zeitkritischen Volksstück vor. Die FLEISSER geht in den Ingolstädter Stücken von der beengenden Lebensform der Provinz aus, die sich vor allem in der »geliehenen« Sprache artikuliert. Ihre Dramen sind »umgekehrte« Volksstücke, die Figuren negative Helden. Die Wiederentdeckung der Sprachschichten als Indikatoren gesellschaftlichen Bewußtseins, als Instrument kritischer Analyse, macht auch die Qualität der Volksstücke HORVÁTHS aus. Wenn er vom »alten« Volksstück spricht, das er zugleich zerstören und erneuern will, meint er das nach ANZENGRUBER sentimentalisierte Volksstück. Gerade durch die Bewußtmachung der Klischees und die Einbeziehung der Zeitwirklichkeit (vgl. *Geschichten aus dem Wiener Wald* 1931, *Kasimir und Karoline* 1932) findet er neue Möglichkeiten der Zeit-, Sozial- und Sprachkritik im Volksstück. – Was das kritische Volksstück der zwanziger Jahre auszeichnet und seine Wiederentdeckung nach 1960 bestimmt, ist die unsentimentale Parteinahme für die Randfiguren und die unter dem gesellschaftlichen Druck Zerbrechenden, ist die provozierende Kritik an den bürgerlichen Normen und Erwartungen. Hinzu kommt – allerdings für die Nachkriegs-Volksstücke kaum prägend – BRECHTS Akzentuierung des Klassenstandpunkts im Volksstück *Herr Puntila und sein Knecht Matti* (1940).

Zu den Autoren der Gegenwartsdramatik, die kritische Volks- bzw. Dialektstücke geschrieben haben, gehören: KARL OTTO MÜHL, WOLFGANG BAUER, PETER HENISCH, FRANZ BUCHRIESER, HARALD MUELLER, FRANZ XAVER KROETZ, RAINER WERNER FASSBINDER, HARALD SOMMER, MARTIN SPERR, PETER TURRINI, WOLFGANG DEICHSEL, JÖRG GRASER, FITZGERALD KUSZ, FELIX MITTERER, HEINZ R. UNGER, KERSTIN SPECHT u. a. Ausgehend von konventionellen Hör- und Sehgewohnheiten des Publikums, von der scheinbar heiteren Atmosphäre der Mundart, dem Hintergrund der regional begrenzten und sozial determinierten Heimat, einfachen Problemen und

Konflikten, einem überschaubaren Personal in einer kleinen Welt des Alltags, wird dem Zuschauer das Vertraute zur unheimlichen Idylle, zur bedrückenden Enge verfremdet. Was früher das Volksstück zeigte – Alltägliches in einer familiären, sozialen und lokalen Umwelt, begrenzt und nach außen schützend abgeschirmt –, ist hier fast ausweglose Wirklichkeit, die sich in Sprachnot und Sprachlosigkeit äußert. Die zurückgewonnene Literaturfähigkeit des Dialekts dient nicht der Unterhaltung; überhaupt fehlen die wichtigsten Wirkungsmittel des alten Volksstücks. Das neue Volksstück gewinnt seine kritische Aggressivität selten aus der Komik, sondern durch realistische Abbildung sozialer Verhältnisse. Nach 1975 geht zumindest KROETZ einen Schritt weiter (oder zurück?), indem er im Volksstück *Das Nest* positive, auf Identifikation und Einfühlung angelegte Figuren vorführt, die sprechend und handelnd ihre Wirklichkeit verändern. Im deutschsprachigen Raum mit Ausnahme der DDR haben die Formen moderner, politisch engagierter Dramatik am neuen Volksstück ebensoviel Anteil wie die Auseinandersetzung mit dem Traditionshintergrund des »alten« Volksstücks. Die Entwicklung der 80er Jahre und das nunmehr abgeschlossene Kapitel ›DDR-Volksstück‹ bedürfen einer eigenen Betrachtung.

Literatur: Hoffmann, L.: Nachwort zu einer Auswahl »Volksstücke«. Berlin 1967. – Hein, J. (Hg.): Theater und Gesellschaft. Das Volksstück im 19. und 20. Jahrhundert. Düsseldorf 1973. – Hein, J.: Das Wiener Volkstheater. Raimund und Nestroy. Darmstadt 1978 (²1991). – Profitlich, U.: »Heute sind alle guten Stücke Volksstücke«. Zum Begriff des »sozialistischen Volksstückes«. In: Z. f. dt. Philologie 97 (1978) Sonderheft, S. 182–218. – Müller, G.: Das Volksstück von Raimund bis Kroetz. München 1979. – Klotz, V.: Bürgerliches Lachtheater. Komödie, Posse, Schwank, Operette. München 1980 (Neuausgabe Reinbek 1987). – Betten, A.: Sprachrealismus im dt. Drama der siebziger Jahre. Heidelberg 1985. – Bügner, T.: Annäherungen an die Wirklichkeit. Gattung und Autoren des ›neuen Volksstücks‹. Frankfurt/M. u. a. 1986. – Profitlich, U. (Hg.): Dramatik der DDR. Frankfurt/M. 1987. – Hein, J. (Hg.): Volksstück. Vom Hanswurstspiel zum sozialen Drama der Gegenwart. München 1989. – Kormann, E.: »Der täppische Prankenschlag [. . .]«: Das neue kritische Volksstück. Tübingen 1990. – Schmitz, Th.: Volksstück. Stuttgart 1990.

DER ZEIT- UND GESELLSCHAFTSROMAN

von Wolfgang Jeske

Wenn die Forschung auch allgemein den Zeitroman als die (auch) dem Gesellschaftsroman übergeordnete Romanform anzugeben pflegt (Wilpert: Sachwörterbuch der Literatur. 1969, 298, 859), kennt sie andererseits häufig genug nur die eine oder die andere Form, meist dann nur den Zeitroman, dem der Gesellschaftsroman nahezu gleichgesetzt wird (vgl. Emmel: Roman). Ausgehend von einem thematischen Ordnungsprinzip für den Roman insgesamt – die Zeit als Romanthema im Unterschied zur Zeitstruktur des Romans vorausgesetzt –, unterscheiden sich die Begriffsbestimmungen für den Zeitroman durch eine unterschiedliche Festlegung des Zeitbegriffs: einmal allgemein auf *die* Zeit, andererseits auf die Zeit im Sinne von Zeitgeschichte, d. h. der Gegenwart. Die allgemeine Auffassung des Zeitbegriffs – am ›rigorosesten‹ von Braak angewandt (auch Emmel: Geschichte) – ermöglicht es, unter dem Zeitroman folgende Romanformen zusammenzufassen: den Utopischen Roman, den Schlüsselroman, den Historischen Roman, den Zeitroman im engeren Sinne, d. h. den Gesellschaftsroman, den Großstadtroman, den Dorf- bzw. Heimatroman sowie den Roman des ›Sozialistischen Realismus‹ (Braak, 195, 202 ff.). Die Zeitbestimmung im Sinne der Thematisierung der Gegenwart des Autors schränkt diesen Romanbegriff ein auf die Epoche, in der dies erstmals konsequent angewandt wurde, auf das 19. Jahrhundert, und damit auch auf die sich daran anschließende, ins 20. Jahrhundert wirkende Tradition (Hasubek, 219 f.). Die Abgrenzung bzw. Ausgrenzung des Gesellschaftsromans aus dem Zeitroman gestaltet sich u. a. auch deshalb schwierig, weil der Zeitroman, »der mehr als den Sektor der Gesellschaft umfaßt« (Kayser: Das sprachliche Kunstwerk. 1956, 80), für die gleiche Zeit, das 19. Jahrhundert, als ›typisch‹ erkannt wurde, in der auch der Gesellschaftsroman sich entwickelt hat. Wenn Kayser in Zeit- und Gesellschaftsroman eine besondere (gemeint: verengte) Form des von ihm so genannten »Raumromans« erblickt (Kayser, 364), legt er diesem Begriff auch die Bedeutung bei, die dem Zeitroman als dem »allgemeinere, überindividuelle Themen« behandelnden Roman beigegeben wurde (Braak, 202). Da jedoch für die unter diesem Oberbegriff Zeitroman gesammelten Romantypen eine jeweils eigene Begrifflichkeit zur Verfügung steht, die auch historisch begründet ist, gilt es hier, kurz die Unterschiede zu den anderen Formen, die eher als Vorformen, Parallelerscheinungen bzw. Fortentwicklungen anzusehen sind, zu kennzeichnen, um dann Zeit- und Gesellschaftsroman in der ›eingeschränkten‹ Bedeutung zu behandeln, d. h. die mit dem 19. Jahrhundert einsetzende und im 20. fortgeführte Tradition zu durchleuchten. Ein zu weit gefaßter Gattungsbegriff verliert an Aussagekraft.

Wenn beim Zeitroman die utopische Komponente keineswegs ausgeschlossen ist, so unterscheidet er sich vom Utopischen Roman bzw. Staatsroman in der Nachfolge von THOMAS MORE'S *Utopia* (1516), etwa in den Robinsonaden des frühen Prosaromans wie JOHANN GOTTFRIED SCHNABELS *Insel Felsenburg* (1731–43), dadurch, daß er den durch die Gesellschaft bedingten ›Zustand der Welt‹ darzustellen versucht, während der Utopische Roman dies (davor resignierend) für sinnlos hält und sich dagegen auf die ›ideale‹ Utopie zurückzieht (vgl. Jan Knopf: Frühzeit des Bürgers. Erfahrene und verleugnete Realität in den Romanen Wickrams, Grimmelshausens, Schnabels. Stuttgart 1978). Die Voraussetzungen des Schlüsselromans – die Einschränkung des Stoffs auf bestimmte tatsächliche Vorgänge und Begebenheiten und deren (verschlüsselte) Wiedergabe – erfüllt der Zeit- bzw. Gesellschaftsroman deshalb nicht, weil er die inhaltliche Beschränkung auf kleinere, überschaubare Handlungen bestimmter Personen ablehnt, sich nicht mit der Literarisierung von Zeitfiguren – wie etwa die höfische Barockdichtung – zufriedengibt, sondern auf Totalität in der Darstellung der Realität als Zustand zielt. Als ›historischer Roman‹ ist der Zeitroman des 19. Jahrhunderts nur aus heutiger Sicht zu betrachten; von dieser Gattung im eigentlichen Sinn trennt ihn aber vor allem die Thematisierung der Gegenwart im Gegensatz zu der der Geschichte in den Romanen in der Nachfolge von WALTER SCOTT, WILHELM HAUFF, FELIX DAHN u. a. Wenn im Zusammenhang mit der Beliebtheit des historischen Romans besonders bei den vor dem Faschismus geflohenen Dichtern des 20. Jahrhunderts der »*Schilderung* der alten Zeit« der Vorwurf gemacht werden kann, ein »*Lob* der alten Zeit« singen zu wollen (L. Feuchtwanger: Vom Sinn und Unsinn des historischen Romans. 1935), ist dies in der Gefahr der Flucht vor der Wirklichkeit begründet, die der Zeitroman nicht kennt; daß andererseits die ›Themen der Zeit‹ mit historischen Beispielen bewußtgemacht werden können, ohne daß dabei die spezifischen Merkmale der jeweiligen historischen Situation verwischt würden, zeigen Romane wie BERTOLT BRECHTS *Die Geschäfte des Herrn Julius Cäsar* (1938–1940; ein historischer Roman mit Verweisen auf die Gegenwart, aber *keine* Hitler-Biographie oder geschichtswissenschaftliche Darstellung). – Der in etwa parallel zum Zeitroman des 19. Jahrhunderts seine eigentliche Ausprägung findende Dorf- und Heimatroman – besonders JEREMIAS GOTTHELFS *Bauernspiegel* (1837) und *Uli der Knecht* (1841/46) – erfüllt durch seine örtliche und personelle Begrenzung nur bedingt die Forderungen, die an den Zeitroman gestellt werden, und die Romane des Sozialistischen Realismus schließlich sind historisch gesehen als Fortführung der Tradition des Zeit- bzw. Gesellschaftsromans aus dem 19. Jahrhundert zu betrachten.

Hiermit sind zugleich schon eine Reihe von für den Zeit- bzw. Gesellschaftsroman konstitutiven Merkmalen angedeutet worden, die anhand verschiedener Beispiele aus dem 19. Jahrhundert erarbeitet wurden, um gleichzeitig im Vergleich die Besonderheiten etwa zum Bildungs- oder Entwicklungsroman kenntlich zu machen. Worthmann hat für das 19. Jahrhundert eine detaillierte historische Gliederung erarbeitet: beginnend beim ›idealistischen Zeitroman‹ der zu Ende gehenden Goethezeit *(Wanderjahre)* über den ›biedermeierlichen Zeitroman‹ (IMMERMANN) und GUTZKOWS »Roman des Nebeneinander« zum ›national-‹ bzw. ›sozialliberalen Zeitroman‹ (FREYTAG, SPIELHAGEN) und dem ›realistischen‹ Zeitroman (KELLER, RAABE, FONTANE).

Die Bestimmung von Romanen des 19. Jahrhunderts als Zeitroman, die gleichzeitig die Bedeutung des Gesellschaftsromans beinhaltet und im Sinne von zeitgeschichtlich, d. h. für den Autor gegenwärtig verstanden wird, geht auf Äußerungen dieser Autoren selbst zurück oder auf zeitgenössische Theoretiker, z. B. auf die in *Wanderungen durch den Thierkreis* (1835) von LUDOLF WIENBARG gestellte Forderung nach dem »zeitgeschichtlichen Sittenroman«: »Mein Held müßte ein Zeitgenosse sein, mein Roman ein zeitgeschichtlicher. Romane, welche dieses nicht sind, halte ich für faule Fische«. Aufgrund des Bemühens der Autoren um eine nach Totalität strebende Wiedergabe der zeitgeschichtlichen Wirklichkeit, auf der die »poetische Welt des Zeitromans« basiert, die trotz des Totalitätsanspruchs nur einen Ausschnitt zeigen kann (Klemperer, 111), konnten fünf stoffliche Hauptbereiche für den Zeitroman herausgearbeitet werden: der »gesellschaftliche«, der »geistig-kulturelle« , der »sittlich-religiöse«, der »politisch-militärische« und der »wirtschaftliche« Bereich (Hasubek, 222) als die die Zeit bestimmenden Faktoren, die im Zeitroman – im Unterschied zum Entwicklungs- und Bildungsroman – im *Vordergrund* stehen, nicht nur wie dort – als Mittel der Verständigung über bestimmte Sachverhalte oder Handlungsweisen – eingeschoben werden. Entsprechend kennt der Zeitroman weniger die »Ausbreitung der Lebensschicksale eines Menschen« oder einer Gruppe, prägend wird vielmehr die »Darstellung des überindividuellen, *kollektiven* Kräftegefüges der Zeitwirklichkeit. Dieses im Mittelpunkt der Konzeption des Romanciers stehende Objekt kann als der *Held* des Zeitromans betrachtet werden« (Hasubek, 224). Dieses Primat der Zeitdarstellung hat zur Folge, daß die Darstellung der Figuren davon abhängig wird, ihr untergeordnet werden muß, zur Typisierung der Figuren führt, die als Repräsentanten bestimmter Zeitströmungen ihre Rolle ›spielen‹, als Sprachrohre der verschiedenen Bereiche eine Funktion zu erfüllen haben. Dies ist an Beispielen wie GUTZKOWS *Die Ritter vom Geiste* (1850/51), an FONTANES *Frau Jenny Treibel* (1892) oder auch SPIELHAGENS *In Reih' und Glied* (1867) nachgezeichnet worden (vgl. z. B. Wölfel u. a.).

»Die Funktion der Figuren im Zeitroman ist in erster Linie dadurch bestimmt, daß der Dichter mit Hilfe zahlreicher selbständiger Gestalten die Welt, den Zeitkosmos, zu entschlüsseln und darzustellen versucht. Die Menschen sind als Repräsentanten von typenhaftem Gepräge nur Mittel, dieses Ziel zu verwirklichen. Sie *vermitteln* ein anderes und sind in dieser Hinsicht als *medial* zu bezeichnen. Die meisten Figuren im Zeitroman erhalten ihre Glaubwürdigkeit weniger auf Grund künstlerisch-kompositorischer Absichten des Dichters, als vielmehr aus der Tatsache ihrer zeitgeschichtlichen Relevanz« (Hasubek, 228). – Verlängert man die solchermaßen für das 19. Jahrhundert beschriebene Traditionslinie und kommt – eingedenk der historisch bedingten Besonderheiten – u. a. zu BERTOLT BRECHTS *Dreigroschenroman* (1934), erstaunt es, in der Forschung (›ahnungslose‹) Urteile zu lesen, daß man darin nur »einen ganz primitiven Schlüsselroman« vor sich habe, »ein witz- und phantasieloses Gebilde« (W. Haas: Brecht. 1958) mit ›leblosen‹ und ›blutarmen‹ Figuren, das »(auch sehr weit gefaßten) Forderungen des *Realismus*« (A. Kantorowicz: Brechts Dreigroschenroman. 1934) zuwiderlaufe.

Wie die Autoren des Briefromans parallel dazu Briefsteller erarbeiteten, so hängt die Figurendarstellung im Zeitroman (als Zeittypen) zusammen mit der im 19. Jahrhundert beliebten Abfassung von Biographien bekannter ›Persönlichkeiten der Zeit‹: Als Beispiele sind etwa KARL GUTZKOWS *Öffentliche Charaktere* (1835; Chateaubriand, Wellington, Rothschild u. a.) oder HEINRICH LAUBES *Moderne Charakteristiken* (1835; Mirabeau, Talleyrand etc.) anzuführen. Entsprechend lassen sich auch für verschiedene Figuren in den Zeitromanen reale Vorbilder nachweisen, etwa zu KARL IMMERMANNS *Die Epigonen* (1836) und *Münchhausen* (1838/39; vgl. Hasubek, 229 f.). Wenn Hasubek in diesem Zusammenhang beim Zeitroman auf die »Gefahr des Veraltens durch Aktualitätsschwund« hinweist, da die Anspielungen nur für den zeitgenössischen Leser evident sind, ist das sicher (teilweise) berechtigt; unberücksichtigt bleibt dabei jedoch, daß der Zeitroman des 19. Jahrhunderts mit seinem (Anspruch auf) Zeugnischarakter heute als historisches Dokument zu betrachten ist, das erarbeitet sein will, ohne daß man dabei der entscheidenderen Gefahr, die dargestellte Wirklichkeit mit der abzubildenden, tatsächlichen Wirklichkeit zu verwechseln, erliegt. – Durch die Aufnahme von Vorbildern aus der Wirklichkeit bezüglich der Romanfiguren kommt zur genannten Typisierung auch eine individuelle Komponente hinzu, besonders bei FONTANE, die das Typenhafte jedoch nicht zu überdecken vermag.

Wie sich der Zeitroman so bei den Romanfiguren an der Wirklichkeit orientiert, wird auch der strukturelle Aufbau von ihr bestimmt: *Nicht* »die *Erfindung* einer in sich stimmigen Fabel und das chronologische Nacherzählen eines Handlungsablaufes«, wie beim Bildungsroman, können die Stoffülle angemessen bewältigen, sondern »die lockere Reihung von einzelnen Szenen ohne übergreifende Spannungsbögen«, von Diskontinuität bestimmte Momentaufnahmen oder »Augenblicksbilder« (SPIELHAGEN), die wiederum jeweils durch »Orts-, Personen- und Gegenstandseinheit [der Gespräche]« geprägt sind und sich unter diesen Gesichtspunkten auch zu mehreren größeren Bilderfolgen zusammenfügen (Hasubek, 231 ff.): GUTZKOW sprach im Vorwort zu *Die Ritter vom Geiste* vom »Roman des Nebeneinander«. Gerade das Gespräch im Zeitroman ermöglicht es, daß die Figuren selbst ihre gesellschaftliche Position vorstellen, Bindungen oder Zwänge zeigen, indem sie ›parteiisch‹ für den jeweiligen Stand Stellung beziehen, wobei wenig oder kein Raum bleibt für psychologisierende Ausführungen zum privaten Bereich. – Das Ziel, einen *Querschnitt* der Zeit zu geben (GUTZKOW nennt zum Vergleich die Aufrißzeichnung eines Bergwerks), bringt es mit sich, daß die verschiedenen darzustellenden Bereiche in mehreren »Erzählsträngen« parallel nebeneinander herlaufen, ohne sich gegenseitig die Selbständigkeit und Gleichberechtigung streitig zu machen. »Das Nebeneinander der Sphären mit ihrer erzählerisch gleichzeitigen Entfaltung erweist sich [...] als ein grundlegendes Baugesetz der meisten Zeitromane des 19. Jahrhunderts«, wie Hasubek an FONTANES *Frau Jenny Treibel* und SPIELHAGENS *Sturmflut* (1876) beispielhaft nachgezeichnet hat (Hasubek, 237).

Mit dem »Aktualismus« des Zeitromans, seinem Bemühen um Wirklichkeitsvermittlung, ist das Problem des »Realismus« angesprochen: FONTANE definiert den »Realismus unserer Zeit« als »Widerspiegelung alles wirklichen Lebens«, schließt ausdrücklich »das nackte Wiedergeben alltäglichen Lebens, am wenigsten seines Elends und seiner Schattenseiten« aus (*Unsere lyrische und epische Poesie seit 1848*, 1853). »Wenn Fontane von Realismus spricht, so meint er damit vielmehr die ›Darbietungsweise‹, die künstlerische Überformung des Wirklichkeitsstoffes.

[...] Als *realistisch* wäre demnach die Art zu bezeichnen, mit der die Dinge der Realität ihre Eigentümlichkeit in der formalen Sphäre des Kunstwerks zur Geltung bringen« (Hasubek, 239). So ist auch IMMERMANNS *Münchhausen* nicht nur Fiktion, sondern auch Thematisierung der Fiktion in der Literatur und ›in der Zeit‹ (Emmel, Geschichte, 54 ff.). Den Gegensatz dazu bildet das »nackte Wiedergeben«, das die spätere Epoche des Naturalismus kennzeichnet; zum Realismusbegriff des 20. Jahrhunderts (vorausgesetzt, es gibt einen solchen; vgl. die Diskussionen der 30er Jahre: sog. »Expressionismus-Debatte« etc.) ist der Zeitroman des 19. Jahrhunderts *eine* Vorstufe.

Als ein Stilmittel dieses Realismus wurde das Zitieren der verschiedenen Romanfiguren durch den Erzähler angegeben, das einerseits die Glaubwürdigkeit des Gesagten unterstreichen soll, andererseits die Bedeutung hervorhebt, die *den* (nicht nur dem) Zitierten beigemessen wird (Hasubek, 240 f.). Dieser Realismus schließt auch eine utopische Komponente beim Zeitroman nicht aus (er ist deshalb kein Utopischer Roman); ihr Vorhandensein bzw. Fehlen dient sogar zu einer allgemeinen Gliederung der Gattung. Ohne Utopie kommen die Romane FONTANES und SPIELHAGENS *Sturmflut* aus. Bei den Utopien ist wiederum die in die Zukunft weisende von der in die Vergangenheit gerichteten Variante zu trennen: Beispiel für die ›konservative‹ Spielart sind IMMERMANNS *Epigonen*; FREYTAGS *Soll und Haben* (1855) wird von Fortschrittsglauben getragen. Die Zeitkritik, die bei solchen Utopien vorausgesetzt ist (auch darin liegt ein Unterschied zum geschlossenen System des Utopischen Romans), fördert deren Realitätsbezug, wenn diese dann auch nur bestimmte, wünschbare Fortsetzungen oder Lösungen (von mehreren möglichen) anbieten. Diese Zeitkritik kann durch die Satire – wie in IMMERMANNS *Münchhausen* – oder durch den Protest – wie etwa in SPIELHAGENS *In Reih' und Glied* oder GUTZKOWS *Die Ritter vom Geiste* – zum Ausdruck gebracht werden (Hasubek, 242 f.).

Eine besondere Stellung beim Zeitroman kommt FRIEDRICH SPIELHAGEN zu, der neben seinen Romanen auch *Beiträge zur Theorie und Technik des Romans* (1883) – gesammelte Aufsätze aus den Jahren 1871–1882 – veröffentlichte und damit eine Art ›Theoriestreit‹ auslöste, auf den er schließlich mit seinen *Neuen*

Beiträgen zur Theorie und Technik der Epik und Dramatik (1898) antwortete. In den ersten *Beiträgen* geht er u. a. auf die bereits genannten Stichworte *Finden und Erfinden* – der Titel eines der Aufsätze und auch seiner Autobiographie (1890) – ein, d. h. die Aufnahme von Wirklichkeitsausschnitten und ihre literarische Gestaltung, die ›Befruchtung‹ des »Erfahrungsstoffes« durch die »Phantasie« , wie es bei ihm heißt; betont wird die Aufgabe des Darstellens, und zwar des Darstellens durch die Personen selbst, hinter der das Reflektieren über das Dargestellte durch den Erzähler zurücktreten, wenn nicht ganz verschwinden muß; hervorgehoben wird das Herausarbeiten des Typischen im bzw. aus dem Individuellen und die Notwendigkeit für den Dichter, einen festen Standort einzunehmen (Klemperer, 142 ff.; Rebing). SPIELHAGENS Theorie ist im Zusammenhang des Bemühens um moderne Romankonzeptionen etwa von BRECHT rezipiert und polemisch gegen THOMAS MANN eingesetzt worden.

Während der Zeitroman insbesondere als Produkt des 19. Jahrhunderts betrachtet wird und auf deutsche Autoren beschränkt bleibt, wird unter dem Begriff des Gesellschaftsromans eine weder zeitlich noch räumlich genauer eingegrenzte Gattung verstanden: Sie wurde zurückgeführt bis auf HARTMANN VON AUES *Erec* und *Iwein*, ist ausführlich für das 17. Jahrhundert mit den Beispielen PHILIPP VON ZESEN, GRIMMELSHAUSEN, WEISE u. a. behandelt worden (Cohn); nach GOETHES *Wilhelm Meisters theatralische Sendung* (1785) werden die Autoren des Zeitromans für den deutschsprachigen Raum auch zum Gesellschaftsroman gezählt, ergänzt durch Listen der europäischen Romanciers des 19. Jahrhunderts: STENDHAL, BALZAC, ZOLA, TOLSTOI, DOSTOJEWSKI u. a. m. In seinem essayistischen Beitrag hat Humm die Unterschiede des Gesellschaftsromans eines BALZAC zum sozialen Roman eines ZOLA untersucht (Humm, 15), die er darin sieht, daß der Gesellschaftsroman »einen fernen Hintergrund von Mythologie hat und einen näheren, in dem ein altes Ideal von ritterlicher Ehre sich abzeichnet. Dieses Ideal bestimmt den ganzen Gedankeninhalt des Gesellschaftsromans, sobald ethische Werte in Frage stehen« (Humm, 39). Das heißt aber auch, daß der Roman BALZACS, seine *Menschliche Komödie* (1829–54), der Roman über die ›bessere Gesellschaft‹ ist, in ihm der »Standpunkt des Ritters oder des Gentleman« vertreten wird, der als »konservativ, wenn nicht reaktionär« (Humm, 41) einzustufen ist im Vergleich zu den Figuren ZOLAS in seiner Romanserie *Les Rougon-Macquart* (1871–1893). Obwohl auch hier die Figuren aus der gleichen ›besseren Gesellschaft‹ stammen, eingesetzt jedoch als »Illustrationen von Vordergrundsideen des Verstandes« in einer »Naturwissenschaftlichen und sozialwissenschaftlichen Geschichte« (Untertitel von *Les Rougon-Marquart*), verlagert sich das Ideal vom Verhalten als Gentleman zu dem als »Mensch unter Menschen«, die propagierte ›Tugend‹ von der Ehre zur Solidarität (Humm, 30 f., 49). Damit erweist sich der soziale Roman ZOLAS auch als Zeitroman, wie andererseits der Gesellschaftsroman BALZACS ebenso (noch) zeitgemäß ist und somit den Anspruch erheben kann, als Zeitroman zu gelten.

Die hier nur kurz andeutbare Fortführung der Tradition von Zeit- und Gesellschaftsroman im 20. Jahrhundert wird geleistet – wie ich meine, mehr als durch den häufig angeführten *Zauberberg* (1924) THOMAS MANNS – durch HEINRICH MANNS von diesem selbst so bezeichnete »soziale Zeitromane«: *Im Schlaraffenland* (1900), *Die Göttinnen* (1903), *Der Untertan* (1918) etc. Der Zeitroman als Berliner oder Münchner Gegenwartsroman, als Großstadtroman in der Weiterführung von FONTANES Berlin- und MICHAEL GEORG CONRADS München-Romanen, liegt vor besonders in ALFRED DÖBLINS *Berlin Alexanderplatz* (1929), aber auch (bisher weitgehend unbeachtet) in LION FEUCHTWANGERS *Erfolg. Drei Jahre Geschichte einer Provinz* [= München] (1930).

Hinzu kommen die Romane des Sozialistischen Realismus, vertreten etwa durch ANNA SEGHERS, FRIEDRICH WOLF, LUDWIG RENN, ARNOLD ZWEIG u. a., womit nun spätestens auf das sogenannte ›Abgleiten des Zeitromans zur Tendenzliteratur‹ einzugehen wäre; der Vorwurf ist so alt wie die Geschichte des Zeitromans. Übersehen wird, daß der politische Faktor definitionsgemäß zur darzustellenden Wirklichkeit dieses Romantyps gehört (dort ist er sozusagen ›naturgemäß‹). Schon SPIELHAGEN hat in seinen *Beiträgen zur Theorie und Technik des Romans* (1883) zum Autor des Zeitromans bemerkt, »daß es dem feurigen Manne, der den Drang und auch wohl die Kraft in sich spürt, einzugreifen in die Speichen des rollenden Rades der Menschengeschicke, nicht wohl ansteht, wie der Goldschmied von Ephesus ohne Unterlaß in seiner Werkstatt zu sitzen und zu feilen«. – Zur Wirklichkeit, auf die sich der Zeitroman des 19. Jahrhunderts stützt, gehört nicht zuletzt auch ein Karl Marx.

Literatur: Klemperer, V.: Die Zeitromane Friedrich Spielhagens und ihre Wurzeln. Weimar 1913. – Cohn, E.: Gesellschaftsideale und Gesellschaftsroman des 17. Jahrhunderts. Berlin 1921. – Humm, J. R.: Der Gesellschaftsroman. Zürich 1947. – Wölfel, K.: ›Man ist nicht bloß ein einzelner Mensch‹. Zum Figurenentwurf in Theodor Fontanes Gesellschaftsromanen. In: ZfdPh 82, 1963, S. 152–171. – Hasubek, P.: Der Zeitroman. Ein Romantypus des 19. Jahrhunderts. In: ZfdPh 87, 1968, S. 218–245. – Braak, I.: Zeitroman. In: I. B.: Poetik in Stichworten. (3. Aufl.) Kiel 1969, S. 202–208. – Rebing, G.: Der Halbbruder des Dichters. Friedrich Spielhagens Theorie des Romans. Frankfurt 1972. – Worthmann, J.: Probleme des Zeitromans. Studien zur Geschichte des deutschen Romans im 19. Jahrhundert. Heidelberg 1974. – Emmel, H.: Geschichte des deutschen Romans II. Bern/München 1975. – Emmel, H.: Artikel »Roman« im Reallexikon der deutschen Literaturgeschichte von Merker-Stammler. Bd. 3, Berlin 1977, § 18 ff. – Ebersbach, V.: Soziale Zeitromane. In: V. E.: Heinrich Mann. Leben, Werk, Wirken. Frankfurt 1978, S. 66–83.

Elisabeth Frenzel · Stoffe der Weltliteratur

Ein Lexikon dichtungsgeschichtlicher Längsschnitte. 7.Aufl. 1988. XVI, 887 S. Ln. DM 38,– *(KTA 300)*

Das weitverbreitete Standardwerk, das einem Mangel der Literaturwissenschaft erfolgreich abzuhelfen sucht, verfolgt die immer wieder von Dichtern aller Zeiten und Völker behandelten literarischen Stoffe wie Hamlet, Faust, Amphitryon, Antigone oder Don Juan an ihren dichterischen Verwirklichungen und untersucht den jedem Stoff eigenen poetischen Gehalt.

Elisabeth Frenzel · Motive der Weltliteratur

Ein Lexikon dichtungsgeschichtlicher Längsschnitte. 4., überarb. u. erw. Aufl. mit Register. 1992. XVI, 907 S. Ln. DM 42,– *(KTA 301)*

Dieser Band ist als Pendant zu den »Stoffen der Weltliteratur« gedacht und bildet mit diesen zusammen ein einzigartiges Kompendium, in dem nun auch die Geschichte der literarischen Motive dargestellt ist. Die jedem Motiv eigene poetische Faszination wird vom Verliebten Alten bis zum Vater-Sohn-Konflikt unter Beschreibung von Wirkung und Variationen ausführlich untersucht.

Volker Mertens, Ulrich Müller (Hg.)
Epische Stoffe des Mittelalters

1984. 539 S. Ln. DM 34,– *(KTA 483)*

Dieses Handbuch vermittelt einen Überblick über Ursprung, Verarbeitung und Rezeption einer gesamteuropäischen Tradition. Dabei wird die literarhistorische Information über die antiken, christlichen und heroischen Stoffe sowie die Minne- und Aventiurethemen durch sozial- und geistesgeschichtliche Deutung vertieft.

Otto Knörrich · Die deutsche Lyrik seit 1945

2., neugestaltete Aufl. 1978. X, 425 S. Ln. DM 25,– *(KTA 401)*

Von esoterischer Chiffrensprache bis zu gassenhauerischem Agitprop, vom selbstgenügsamen Naturgedicht bis zu den experimentellen Texten, von der politischen Lyrik bis zum Neuen Subjektivismus der siebziger Jahre reicht die breite Ausdrucksskala lyrischer Möglichkeiten, die der vorliegende Band in ihren Hauptströmungen darstellt.

Annemarie und Wolfgang van Rinsum
Lexikon literarischer Gestalten

Bd. I: Deutschsprachige Werke. 1988. 540 S. Ln. DM 34,– *(KTA 420)*
Bd. II: Fremdsprachige Werke. 1990. 686 S. Ln. DM 42,– *(KTA 421)*

Dieses im deutschen Sprachraum bisher einzigartige Nachschlagewerk bietet mit zusammen ca. 7000 Stichwörtern einen raschen Überblick über Vorkommen, psychologische Anlage und literarhistorische Einordnung aller wichtigen Figuren der deutsch- und fremdsprachigen Literatur.

Imma Klemm (Hg.)
Deutscher Romanführer

1991. XIII, 527 S. Ln. DM 38,– *(KTA 370)*

Dieses neue Nachschlagewerk informiert über 350 Hauptwerke der deutschsprachigen Romanliteratur von den ersten Beispielen aus dem 16. Jahrhundert bis zur Gegenwart. Die Kurzdarstellungen sind wissenschaftlich fundiert, dabei zugleich auf Werk und Handlung konzentriert; Literaturhinweise erleichtern den Einstieg in die Forschungsliteratur.

Gero von Wilpert · Deutsches Dichterlexikon

Biographisch-bibliographisches Handwörterbuch zur deutschen Literaturgeschichte. 3. Aufl. 1988. XI, 900 S. Ln. DM 43,– *(KTA 288)*

Das vorliegende Lexikon umfaßt mit seinen rund 3000 Artikeln alle bedeutenden und bekannten Dichter und Schriftsteller deutscher Sprache oder Herkunft sowie die wichtigsten anonymen Werke und bietet für jeden behandelten Autor: eine Biographie, eine umfassende Charakteristik und Würdigung des Werkes, ein Verzeichnis der Hauptwerke mit Gattungsbezeichnung und Erscheinungsdaten.

Gero von Wilpert, Adolf Gühring
Erstausgaben deutscher Dichtung

Eine Bibliographie zur deutschen Literatur 1600–1990. 2., erw. Aufl. 1991. Ca. 1400 S. Ln. Ca. DM 250,– *ISBN 3-520-80902-8*

Das seit über zwanzig Jahren bestens eingeführte Werk ist unter Mitwirkung hervorragender Fachleute vollständig überarbeitet und erweitert worden. In allen erreichbaren Fällen sind die Titel durch Autopsie überprüft worden. So bietet das Werk dem Literaturwissenschaftler und Bibliothekar wie auch dem Antiquar und Büchersammler die z. Z. exaktesten Angaben zu rund 50000 Erstausgaben von etwa 1200 Autoren.

Fritz Martini · Deutsche Literaturgeschichte

Von den Anfängen bis zur Gegenwart. 19., erw. Aufl. 1991. In Zus.-arb. m. A. Martini-Wonde. VIII, 765 S. Ln. DM 34,– *(KTA 196)*

Diese aus vollendeter Stoffbeherrschung erwachsene Literaturgeschichte erfreut sich seit ihrem ersten Erscheinen ständig wachsender Beliebtheit. Von den Anfängen deutscher Dichtung bis zur jüngsten Gegenwart fehlt in ihr kein wichtiger Name, kein für die Entwicklung bezeichnendes Werk. Das Register mit über tausend Namen gibt dem Band den Wert eines verläßlichen Nachschlagewerks.

Robert Browning
Deutsche Lyrik des Barock 1618–1723

Autorisierte deutsche Ausgabe, besorgt von Gerhart Teuscher. 1980. 300 S. Ln. DM 22,– *(KTA 476)*

Ein Handbuch für Studenten und interessierte Leser. Die großen Poeten der Zeit von 1618–1723 werden sowohl in ihren individuellen Eigenarten als auch in ihren zeittypischen Eigenschaften erfaßt.

Gert Ueding (Hg.) · Karl-May-Handbuch

1987. XX, 751 S. Ln. DM 48,– *(ISBN 3-520-82701-8)*

Dieses Gemeinschaftswerk zahlreicher hervorragender Fachleute bietet die erste umfassende Bestandsaufnahme zu allen wichtigen Aspekten, die Zeit, Person, Werk und Wirkung des meistgelesenen Autors deutscher Sprache betreffen.

Hartmut Binder (Hg.) · Kafka-Handbuch

Band 1: Der Mensch und seine Zeit
1979. XXIII, 611 S. Ln. DM 48,– *(ISBN 3-520-81701-2)*

Ein alle Aspekte umfassendes Kompendium zu einem Autor des 20. Jahrhunderts, das die fast unübersehbar gewordene Kafka-Literatur und die Theorien der Kafka-Forschung präzise aufarbeitet.

Helmut Koopmann (Hg.)
Thomas-Mann-Handbuch

Mensch und Zeit – Werk – Rezeption. 1990. XVII, 997 S. Ln. DM 68,– *(ISBN 3-520-82801-4)*

Hier werden, von den derzeit maßgeblichen Thomas-Mann-Forschern und -Editoren erarbeitet, neben den großen Romanen und Erzählungen auch die politischen Schriften, das essayistische Werk sowie Tagebücher und Briefe des Schriftstellers umfassend vorgestellt. Wie die bekannten Kröner Handbücher vermittelt auch das Thomas-Mann-Handbuch ein übersichtlich geordnetes Gesamtbild von Leben und Zeit, literarischen und geistigen Einflüssen, vom Werk, seiner Ästhetik und der Rezeption.

Ken Moulden, Gero von Wilpert (Hg.)
Buddenbrooks-Handbuch

1988. XIV, 397 S. Ln. DM 38,– *(ISBN 3-520-81601-6)*

Wie kein zweites Literaturwerk dieses Jahrhunderts ist Thomas Manns früher Roman in das Bewußtsein der Öffentlichkeit gedrungen. Dieses Handbuch verfolgt den Weg des Romans von der Entstehungsgeschichte über die literarischen und lebenden Vorbilder bis zur Rezeption und Verfilmung. Untersucht werden seine Struktur und Erzählform, die Sprachebenen, Leitmotive und Symbole sowie in Einzelanalysen das Bild der Familie, der Gesellschaft, der Zeitgeschichte und die Rolle, die Musik, Kunst, Literatur, Religion und Philosophie darin spielen.

Rudolf Simek, Hermann Pálsson
Lexikon der altnordischen Literatur

1987. XI, 400 S. Ln. DM 34,– *(KTA 490)*

Zum ersten Mal wird hier der Gesamtbereich der altnordischen Literatur von den Anfängen bis ca. 1600 n. Chr. mit Artikeln über Autoren (Skalden), Werke mit Inhaltsangaben, Sammlungen (Edda), Begriffe (Strophenformen) usw. mit ausführlichen Literaturangaben erfaßt.

H. W. Drescher, R. Ahrens, K. H. Stoll
Lexikon der englischen Literatur

1979. 544 S. Ln. DM 34,– *(KTA 465)*

Neben Autoren und Werken werden Sachbegriffe, gattungs- und formspezifische Aspekte, geistesgeschichtliche Zusammenhänge, literarische Stoffe, Schlagworte, Strömungen, Gruppierungen und Randerscheinungen bearbeitet und erläutert. Als Handbuch für jeden literarisch Interessierten erfaßt das Lexikon die ganze Breite der englischen Literatur, wobei erstmals auch das gegenwärtige Literaturgeschehen in Großbritannien berücksichtigt wird.

Ina Schabert (Hg.) · Shakespeare-Handbuch

Die Zeit – der Mensch – das Werk – die Nachwelt. Unter Mitarbeit zahlreicher Fachwissenschaftler. Geleitwort von Wolfgang Clemen. 2. Aufl. 1978. XXV, 973 S. Ln. DM 48,– *(ISBN 3-520-38602-X)*

Dieses Handbuch liefert den Schlüssel zu der nahezu unübersehbaren Shakespeare-Literatur. Als Kompendium des Wißbaren über Shakespeare greift sein Rahmen über Zeit, Leben und Werk hinaus bis in die Probleme der Textkritik, der Shakespeare-Forschung, der Übersetzung, der Rezeption auf der Bühne und des Nachlebens in Literatur, Kunst und Musik.

Winfried Engler · Lexikon der französischen Literatur

2., verb. und erw. Aufl. 1984. XI, 1005 S. Ln. DM 38,– *(KTA 388)*

Das Literaturlexikon, in erster Linie für die Hand des Romanisten, aber auch jedes literarisch Interessierten gedacht, erfaßt die gesamte französische Literatur von den frühesten Anfängen bis zur Gegenwart und setzt auch formal hinsichtlich der enzyklopädischen Aufbereitung des Fachwissens neue Akzente in die etwas farblose Landschaft der deutschen Lexikographie: Nicht mehr ausschließlich Autoren und Werke stehen im Vordergrund dieser Bestandsaufnahme unserer bedeutendsten Nachbarliteratur, sondern darüber hinaus literarische Sachbegriffe, Dichtergruppen, literarische Schlagworte.

Albin Lesky · Die griechische Tragödie

5. Aufl. 1984, mit durchgesehener und erweiterter Bibliographie. 295 S. Ln. DM 25,– *(KTA 143)*

Die einschlägige Darstellung der griechischen Tragödie von Albin Lesky, auf die schon Generationen von Schülern, Studenten, Lehrern und interessierten Laien zurückgegriffen haben, wird hier mit aktualisierter Bibliographie wieder zugänglich gemacht.